HEYNE
BÜCHER
SACHBUCH

W0190310

Neues Bewußtsein – neues Leben

**Bausteine für
eine menschliche Welt**

Herausgegeben von
Michael Schaeffer und Anita Bachmann

Originalausgabe

WILHELM HEYNE VERLAG
MÜNCHEN

HEYNE SACHBUCH
Nr. 19/1

FOTONACHWEIS IN DER ABFOLGE DER AUTOREN

Süddeutscher Verlag Bilderdienst, München
Ullstein Bilderdienst, Berlin © Fritz Eschen
Ullstein Bilderdienst, Berlin
Scherz Verlag, Bern und München
Ullstein Bilderdienst, Berlin © Camera Press LTD.
Ullstein Bilderdienst, Berlin
Süddeutscher Verlag Bilderdienst, München
Suhrkamp Verlag, Frankfurt/M.
Suhrkamp Verlag, Frankfurt/M.
Scherz Verlag, Bern und München © Peter Lober, Karlsruhe
Süddeutscher Verlag Bilderdienst, München © W. Filser
Isolde Ohlbaum, München
Hanser Verlag, München
Scherz Verlag, Bern und München
Psychologie heute, Weinheim © Esotera-Archiv
Isolde Ohlbaum, München
Sphinx Medien Verlag, Basel
Rowohlt Bildarchiv, Hamburg © Fred Prager, Wien
Hazel Henderson, Florida
Süddeutscher Verlag Bilderdienst, München © Gordian Troeller, Hamburg
Isolde Ohlbaum, München
Isolde Ohlbaum, München
Isolde Ohlbaum, München
Charlene Spretnak, Kalifornien
Scherz Verlag, Bern und München
Kösel Verlag, München
Kösel Verlag, München
Ullstein Bilderdienst, Berlin © Horst Tappe, Montreux
Kreuz Verlag, Stuttgart © Fotoatelier Beno A. Demond, Zürich
Süddeutscher Verlag Bilderdienst, München
Benziger Verlag, Zürich

2. Auflage

Copyright © 1988 by Wilhelm Heyne Verlag GmbH & Co. KG, München
Copyright der Einzelrechte: siehe Quellenverzeichnis
Printed in Germany 1989
Umschlaggestaltung: Atelier Adolf Bachmann, Reischach
Satz: Fotosatz Völkl, Germering
Druck und Verarbeitung: Ebner Ulm

ISBN 3-453-02970-4

Inhalt

»GLOBAL DENKEN · LOKAL HANDELN«
VOM WIRTSCHAFTLICHEN ZUM PERSÖNLICHEN WACHSTUM

»DER MÖGLICHE MENSCH«
DIE INNERE EINHEIT VON KÖRPER, SEELE UND GEIST

Einführung

Religion und Wissenschaft, Spiritualität und Rationalität, Geist und Natur – lange Zeit standen sich diese Erlebens- und Erkenntnisformen unseres Bewußtseins unversöhnlich gegenüber. Seit Bacon und Descartes, Newton und Galilei, um nur die bedeutendsten Repräsentanten des mechanistischen Weltbildes zu nennen, hat dieser Dualismus unser Denken, Fühlen und Handeln in ganz entscheidender Weise geprägt. Aufgrund der überwältigenden Erfolge im naturwissenschaftlich-technischen Bereich besonders während der letzten 200 Jahre konnte das kausal-mechanistische Weltbild immer mehr die Führerrolle als die »höhere« Form des Bewußtseins für sich in Anspruch nehmen und religiös-spirituelle, intuitive Denk- und Erfahrungsrichtungen in die Defensive oder gar ins Abseits drängen. Die überraschende Wende kündigte sich erst mit Beginn dieses Jahrhunderts an. Ausgerechnet die Physiker, die unter allen Wissenschaftlern am stärksten mit dem mechanistischen Weltbild verbunden waren, die zuvor überzeugt gewesen waren, auch noch die letzten ungelöst gebliebenen Fragen des Lebens, des Universums lösen zu können, wurden durch ihre eigenen Forschungsergebnisse gezwungen, jene spirituell-transzendente Wirklichkeit nicht nur anzuerkennen, sondern sie geradezu als Urgrund allen Lebens zu postulieren, wenngleich sie sie vorher als sinn-losen Irr-Glauben ad absurdum zu führen versucht hatten.

Und es waren zunächst gerade die ganz großen, die herausragenden Köpfe unter den Physikern, die in der Lage waren, über den engen Horizont ihrer Wissenschaft hinauszublicken. Es war dies mehr eine intuitive Beziehung zum Transzendenten, zum Spirituellen. Niels Bohr trug beispielsweise das chinesische Yin-Yang-Zeichen, das die innere Einheit der Gegensätze symbolisiert. Werner Heisenberg beschäftigte sich mit östlicher Philosophie, insbesondere mit dem Buddhismus. Die Erforschung der atomaren und subatomaren Welt der Quantenphysik (Teilchen- oder Wellencharakter der Atome; Unschärferelation) konfrontierte die Physiker mit einer Wirklichkeit, die in der Denkweise und Sprache der klassischen Physik weder zu verstehen noch zu beschreiben war. Sie machten die tiefgreifende Erfahrung, daß immer dann, wenn sie sich dem Wesen der Dinge anzunähern und es mit ihrem Intellekt zu analysieren versuchten, daß sich dann das Objekt einer eindeutigen Bestimmung entzog, daß es untrennbar mit dem beobachtenden Subjekt zusammenhing und daß die Ergebnisse – gemessen an den Maßstäben der Newtonschen Mechanik – paradox und absurd erschienen. Diese Erfahrungen führten die Naturwissenschaften in eine tiefe Krise nicht nur intellektueller, sondern geradezu existentieller Art.

Obgleich sich dieser Umsturz im Weltbild der Physik bereits vor mehr als 50 Jahren ankündigte, hat er zu keinem tiefgreifenden Bewußtseinswandel im Denken und Handeln bei der breiten Mehrheit der Bevölkerung und ihrer Institutionen geführt. Erst in den letzten 15 Jahren ist allmählich ein Umdenkungsprozeß in Gang gekommen. Wir möchten an dieser Stelle auf den österreichisch-amerikanischen Physiker Fritjof Capra hinweisen, der in seinen Büchern »Das Tao der Physik« und »Wendezeit« faszinierende Ähnlichkeiten und Parallelen der modernen Physik mit der Mystik der fernöstlichen Weisen des Taoismus und Buddhismus nachweisen konnte. Im Gegensatz zum mechanistischen Weltbild erleben die Mystiker (es gibt auch mystische Traditionen im Christentum und im Isalm, z. B. Meister Eckhart bzw. die Sufis) die Welt nicht als Ansammlung isolierter Objekte, die vom Menschen als der Krönung der Schöpfung zu messen, zu ordnen und zu bewerten sind, sondern vielmehr alle Dinge und Erscheinungen als miteinander verbunden und als verschiedene Aspekte ein und derselben letzten Wirklichkeit. Der Kosmos wird als untrennbare organisch-dynamische Einheit verstanden. Da sich nach den Erfahrungen der modernen Physik die Materie nicht in isolierte Grundbausteine zerlegen läßt, sondern vielmehr als komplexes Netz von Beziehungen zu verstehen ist, wird die Ähnlichkeit zur Mystik deutlich. Häufig ist vom Paradigmenwechsel die Rede, wobei man unter Paradigma die Gesamtheit der Wertvorstellungen einer Gemeinschaft versteht. Wir lösen uns von dem Paradigma der analysierenden, trennenden, linearen Sichtweise, die aus der exakten kausallogischen Betrachtung der Einzelerscheinungen das Gesamtphänomen erfassen will, und wenden uns einer ganzheitlichen, ökologischen Sicht der Dinge zu, die die Verbundenheit und Zusammengehörigkeit aller Erscheinungen des Kosmos als höchste Wirklichkeitsform und Bewußtseinsstufe ansieht. Metaphorisch sprechen wir auch vom holographischen Weltbild, weil beim Hologramm jeder Teil im Ganzen und das Ganze in jedem seiner Teile enthalten ist.

»Neues Bewußtsein – neues Leben. Bausteine für eine menschliche Welt« – lautet der Titel dieses Buches, der eng mit dem Paradigmenwechsel in Verbindung steht. Unabhängig von den Erkenntnissen des »Neuen Bewußtseins« wird immer deutlicher, daß mit Hilfe des alten Paradigmas Newtonscher Prägung die weltweiten, fast alle Lebensbereiche erfassenden Probleme der Menschheit nicht mehr zu lösen sind. Besonders die Umweltprobleme in Verbindung mit dem Streben nach Wirtschaftswachstum, der Arbeitslosigkeit, dem Rüstungswahnsinn, dem Elend in der Dritten Welt haben deutlich gemacht, daß isolierte Betrachtungsweisen der Probleme immer mehr in die Sackgasse, ja zu Katastrophen führen müssen. Nur wenn wir lernen, im Sinne des neuen Paradigmas die Zusammenhänge, die globale Vernetzung und Verknüpfung der Einzelprobleme zu sehen, wenn wir bereit sind, die Gemeinschaftsinteressen über die Ich-Interessen zu stellen, werden wir eine Chance haben, auf der Erde zu überleben. Immer mehr persönlicher Wohlstand und Konsum bringt uns auf Dauer kaum mehr Glück und Zufriedenheit, sondern macht uns nur abhängiger: Persönliches, inneres Wachstum statt wirtschaftliches, äußeres sollte unser Ziel sein. »Small is beautiful« – an dieses geflügelte Wort von E. F. Schumacher mögen wir uns manchmal erinnern.

Die Beiträge, die für diese Anthologie ausgewählt wurden, haben – so unterschiedlich in Form und Inhalt, Schwierigkeitsgrad und Thema sie jeder für sich auch sein mögen – eines gemeinsam: Sie stehen den herkömmlichen Wertvorstellungen kritisch gegenüber, dies zum einen in reflektierend-philosophischer Weise, dann auch in pragmatisch-politischer Form und schließlich aus psychologischer sowie spiritueller Sicht.

Insgesamt sind vier Themengruppen oder Kapitel zusammengestellt worden, um die Übersicht und Zuordnung zu erleichtern, wobei wir uns der Problematik einer solchen Zer-Gliederung und Auf-Teilung sehr wohl bewußt sind. Selbstverständlich könnten zahlreiche Autoren mehreren Themengruppen zugeordnet werden. Aber jedes Buch ist in seinem Umfang begrenzt. Und so waren wir nicht nur gezwungen, aus Platzgründen vielfach auf kürzere Beiträge zurückzugreifen, sondern auch auf einige Autoren ganz zu verzichten, die wir sehr gern mitaufgenommen hätten. Wichtige Auswahlkriterien waren für uns schließlich neben der Bedeutung des Autors für das neue Denken und Bewußtsein eine Vielfalt in der Behandlung der Themenbereiche. Neben recht schwierigen theoretischen Grundlagentexten, beispielsweise von Thomas S. Kuhn oder David Bohm, finden Sie ganz praktisch orientierte, z. B. von Robert Jungk, provokante von Ivan Illich, spirituelle von Krishnamurti …

Die Texte können kein Ersatz für die Lektüre der Bücher der Autoren sein, sie mögen lediglich anregen, Sie vielleicht »auf den Geschmack bringen«, sich intensiver mit einzelnen Autoren zu befassen, und selbstverständlich auch mit den Problemen, die angesprochen werden.

Auch wenn viele Gedanken und Ideen, die den Paradigmenwechsel mit seiner veränderten Sicht der Wirklichkeit und der Korrektur unserer Wertvorstellungen kennzeichnen, neuartig erscheinen, sollten wir uns doch immer darüber im klaren sein, daß auch diese Erkenntnis- und Erlebensformen selbst im Abendland eine lange Geschichte aufweisen. Wir wollen in dieser Anthologie nicht auf Gedanken von Platon, Plotin oder Meister Eckhart zurückgreifen, wohl aber einige Texte von Denkern dieses Jahrhunderts vorstellen, die einen unmittelbaren Einfluß auf das »neue«, ganzheitliche, ökologische Bewußtsein ausgeübt haben. Die Überschrift des ersten Kapitels »Buddha, Tao und die Kernphysik« soll die Einwirkungen östlicher Philosophie auf die »Wegbereiter der Wendezeit« deutlich machen.

Im zweiten Kapitel »Das Netz der Wissenschaft. Vom mechanistischen Weltbild zum organischen Bewußtsein« werden recht unterschiedliche Denkmodelle aus verschiedenen Forschungsbereichen, aus der Wissenschaftstheorie, aus Physik, Biologie und Chemie vorgestellt. Der Titel spielt auf die doppelte Bedeutung des Begriffs »Netz« an – auf das »alte Bewußtsein«, das in seinem Netz, seinem

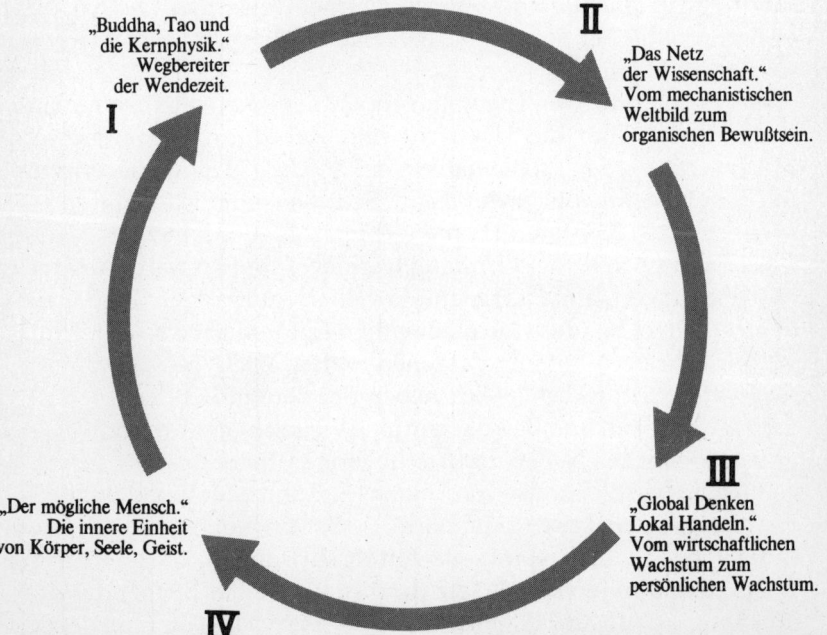

„Buddha, Tao und
die Kernphysik.“
Wegbereiter
der Wendezeit.

I

II

„Das Netz
der Wissenschaft.“
Vom mechanistischen
Weltbild zum
organischen Bewußtsein.

„Der mögliche Mensch.“
Die innere Einheit
von Körper, Seele, Geist.

III

„Global Denken
Lokal Handeln.“
Vom wirtschaftlichen
Wachstum zum
persönlichen Wachstum.

IV

Denken gefangen ist, sich verstrickt und verzettelt hat, während das Netz des »neuen Bewußtseins« gerade öffnet und verbindet, die engen Horizonte des alten Netzes sprengt.

Das dritte Kapitel ›Global denken – lokal handeln‹ (Ausspruch von Hazel Henderson). Vom wirtschaftlichen zum persönlichen Wachstum« stellt den Praxisbezug her. Die Autoren machen in ihren Beiträgen deutlich, daß auf die Ideen endlich Taten folgen müssen und diese am ehesten in kleineren, überschaubaren Bereichen realisiert werden können.

Die Beiträge des vierten Kapitels befassen sich schließlich mit den psychologischen und spirituellen Aspekten des »neuen Bewußtseins«. »›Der mögliche Mensch‹ (Titel eines Buches von Jean Houston). Die innere Einheit von Körper, Seele und Geist« – so der Titel dieser abschließenden Themengruppe. Gedanken, Einsichten und Erfahrungen von Wissenschaftlern und spirituellen Lehrern, die dazu beitragen sollen, daß die Welt lebens- und liebenswerter, menschlicher wird.

Anita Bachmann   *Michael Schaeffer*

»Buddha, Tao und die Kernphysik«

Wegbereiter der Wendezeit

PIERRE TEILHARD
DE CHARDIN

Französischer Theologe, Paläonto-
loge, Anthropologe und Philosoph;
Jesuit. Geboren 1881 in der Au-
vergne. Sein Leben war von zahlrei-
chen Expeditionen und Reisen in
aller Welt geprägt. 1950 ließ er sich
in New York nieder, wo er 1955
starb.
Wichtige Werke: »Der Mensch im
Kosmos«; »Die Entstehung des
Menschen«; »Vom Glück des Da-
seins«; »Die Zukunft des Men-
schen«; »Mein Weltbild«.
In »Mensch und Kosmos«, dessen
Schlußkapitel ausgewählt wurde,
zeigt er, wie alle Linien der Entwick-
lung von der Materie hin zum
Leben konvergieren, um sich zuletzt
im »Punkte Omega« zu vereinigen.

Die Essenz des Phänomens Mensch

Eine Welt, die sich einrollt, oder: Das kosmische Gesetz von Komplexität und Bewußtsein

In der Schule der Astronomen haben wir uns in letzter Zeit mit der Idee eines Universums vertraut gemacht, das sich (erst!) seit einigen Milliarden Jahren, von einer Art Uratom ausgehend, in Galaxien entfaltet. Diese Vorstellung einer Welt im Zustand der Explosion ist noch umstritten: Doch keinem Physiker würde es einfallen, sie zu verwerfen mit dem Einwand, sie sei zu philosophisch oder zu finalistisch. Es wird vielleicht gut tun, sich dieses Beispiel vor Augen zu halten, um die Tragweite und ihre Grenzen sowie die volle wissenschaftliche Berechtigung der von mir hier vorgebrachten Ansichten zu verstehen. In der Tat läßt sich der ganze Inhalt der langen, vorstehenden Seiten in seinem letzten Kern auf folgende einfache Feststellung zurückführen: Astronomisch erscheint uns das Universum so, als befinde es sich auf dem Weg räumlicher Ausdehnung (vom unendlich Kleinen zum unendlich Großen); physikalisch-chemisch betrachtet erscheint es uns dagegen noch klarer auf einer Bahn, als rolle es sich nach innen zu Organismen zusammen (vom ganz Einfachen zum äußerst Komplizierten). Diese eigentümliche Zusammenrollung zum Komplexen ist erfahrungsgemäß mit einer entsprechenden Zunahme von Verinnerlichung, das heißt von Psyche oder Bewußtsein verbunden.

Auf dem engbegrenzten Gebiet unseres Planeten (dem einzigen, auf dem wir bis jetzt Biologie studieren können) ist die hier erwähnte strukturelle Beziehung zwischen Komplexität und Bewußtsein empirisch erhärtet und seit jeher bekannt. Was die Originalität meines in diesem Buch eingenommenen Standpunktes ausmacht, ist folgende von Anfang an festgehaltene Annahme: Die besondere Eigenschaft der irdischen Substanzen, sich in dem Maße mit Leben zu erfüllen, wie sie komplexer werden, ist nur die Auswirkung und die einem bestimmten Raum zugehörige Erscheinungsform einer Grundströmung, die ebenso allgemein ist (und zweifellos noch bedeutsamer) als andere solche Strömungen, die die Wissenschaft bereits erforscht hat, die hier dazu führen, daß die kosmischen Schichten sich explosionsartig, wie eine Welle ausbreiten, dort, daß sie sich unter dem Einfluß von Elektro-Magnetismus und Gravitation zu Korpuskeln verdichten, oder auch durch Strahlung entmaterialisieren. Diese verschiedenen Strömungen hängen wahrscheinlich, wie wir eines Tages erkennen werden, zutiefst miteinander zusammen.

Ist dem so, dann sieht man, daß das Bewußtsein, das wir empirisch als die spezifische Wirkung organischer Komplexität deuten, weit über den lächerlich kleinen Ausschnitt hinausreicht, in dem es unserem Blick gelingt, es direkt zu erfassen. Dort wo sehr geringe oder selbst mittlere Werte von Komplexität seine Wahrnehmung völlig unmöglich machen (das heißt von den großen Molekülen abwärts), haben wir logischerweise in jedem Korpuskel die Existenz irgendeiner rudimentären Psyche zu vermuten (wenn auch im Zustand des unendlich Kleinen, beziehungsweise des unendlich Diffusen) – genau wie der Physiker Veränderungen der Masse annimmt und berechnen könnte, die bei langsamer Bewegung hervorgerufen werden (obwohl sie der direkten Erfahrung völlig unzugänglich sind).

Wo nun aber in der Welt infolge verschiedener physikalischer Umstände ... (Temperatur, Schwerkraft ...) die Komplexität nicht jene Werte zu erreichen vermag, bei denen eine Ausstrahlung von Bewußtsein in unsere Wahrnehmung treten könnte, neigen wir zu der Meinung, daß die Einrollung, die augenblicklich zum Stillstand gekommen ist, sich sogleich fortsetzen würde, sobald die Bedingungen sich verbessern würden.

Betrachtet man das Universum längs der Achse seiner Komplexitäten, so sieht man es, wie ich betonen möchte, in seiner Gesamtheit und in jedem seiner Punkte in beständigem Streben nach organischer Rückwendung zu sich selbst und daher nach Verinnerlichung. Das bedeutet für die Wissenschaft, daß das Leben seit je und überall unter einer Spannung steht und daß es durch nichts gehindert werden kann, den Prozeß, dem es entsprungen ist, dort, wo ihm ein merklicher Durchbruch gelungen ist, bis zum äußersten weiterzutreiben.

In diese Umwelt, in der die Kraft der Konvergenz des Kosmos wirksam ist, muß man sich meiner Meinung nach versetzen, wenn man das Phänomen Mensch von allen Seiten sichtbar machen und in voll zusammenhängender Weise erklären will.

Das erste Erscheinen des Menschen oder: Die Schwelle des Ichbewußtseins des Individuums

Um die Schwierigkeit der unwahrscheinlichen Verbindungen zu überwinden, die zu immer komplexeren Einheiten führen, tut das Universum auf der Bahn seiner Einrollung in den vorreflexiven Zonen[1] nur Schritt für Schritt, indem es Milliarden und Milliarden von Versuchen unternimmt. Diese Tastversuche, die sich mit dem doppelten Mechanismus der Fortpflanzung und der Vererbung verbinden, bringen jene außerordentliche Anhäufung von Lebenslinien hervor, die den »Baum des Lebens« ergeben, von dem ich weiter oben gesprochen habe – die man aber auch mit einem Zerstreuungs-Spektrum vergleichen könnte, bei dem jede Wellenlänge einer besonderen Nuance von Bewußtsein oder Instinkt entspricht. (Die Vererbung erlaubt, die einmal gewonnenen günstigen Kombinationen zu sammeln und zu verbessern, nach einem additiven Verfahren, d. h. ohne zahlenmäßige Verringerung, ja sogar unter Vermehrung der beteiligten Individuen.)

Von einem gewissen Blickpunkt aus können die verschiedenen Strahlen dieses psychischen Fächers vital gleichwertig scheinen, und so werden sie auch tatsächlich von der Wissenschaft noch oft gesehen: so viel Instinkte, so viel gleichwertige und miteinander nicht vergleichbare Lösungen eines einzigen Problems. Nun besteht die zweite Originalität der in diesem Buch entwickelten Ansichten darin, daß ich neben der Auffassung des Lebens als universaler Funktion kosmischer Ordnung der Erscheinung des *Ichbewußtseins* im Stammbaum des Menschen den Wert einer »Schwelle« oder einer Zustandsänderung zuerkenne. Gewiß keine unbedachte Behauptung (man beachte dies wohl!) noch von Anfang an auf irgendeine Metaphysik des Denkens gegründet. Vielmehr eine Entscheidung, die sich empirisch auf die merkwürdig unterschätzte Tatsache stützt, daß wir es seit dem »Übergang zur Reflexion« tatsächlich mit einer neuen Form von Biologie² zu tun haben, die neben anderen Besonderheiten durch folgende Eigenschaften charakterisiert ist:

a) Im Leben der Individuen treten entscheidend innere Ordnungsfaktoren auf (z. B. *Erfindung*), die den äußeren Ordnungsfaktoren (Spiel der benutzten Zufälle) übergeordnet sind.

b) Zwischen den Elementen erscheinen gleichfalls entscheidend echte Kräfte der Anziehung oder Abstoßung (Sympathie und Antipathie), welche die Pseudo-Anziehungs- und Pseudo-Abstoßungskräfte des Prävitalen oder der unteren Lebensformen ablösen; diese letzteren waren wohl einfachen Reaktionen auf die Krümmungen der Raum-Zeit, respektive der Biosphäre zuzuschreiben.

c) Schließlich erwacht (infolge des neuen und revolutionären Vermögens, die Zukunft vorauszusehen) im Bewußtsein jedes einzelnen Elements das Verlangen nach »unbegrenztem Weiterleben«. Das bedeutet für das Leben den Übergang von einem Zustand relativer Irreversibilität (physische Unmöglichkeit der kosmischen Bewegung der Zusammenrollung zum Stillstand zu kommen, sobald die Bewegung begonnen hat) in den Zustand einer absoluten Irreversibilität (radikale dynamische Unvereinbarkeit einer sicheren Aussicht auf den Tod des Alls mit der Fortdauer einer denkend gewordenen Evolution).

Diese verschiedenen Eigenschaften verleihen der zoologischen Gattung, die sie hat, nicht nur quantitativ und zahlenmäßig, sondern auch funktionell und vital einen unbestreitbaren Vorrang. Unbestreitbar, wiederhole ich, jedoch nur unter der Voraussetzung, daß man sich entscheidet, das empirische Gesetz von Komplexität-Bewußtsein konsequent und unbeirrbar auf die Gesamtevolution der Gattung anzuwenden.

Das soziale Phänomen oder: Der Aufstieg zur Schwelle des Kollektivbewußtseins

Rein deskriptiv betrachtet stellt der Mensch anfänglich, wie wir sahen, nur eines von den unzähligen Äderchen dar, die – anatomisch und zugleich psychisch – den Fächer des Lebens bilden. Aber nachdem diese Ader, oder wenn man lieber will, dieser Strahl, allein unter allen anderen, dank einer bevorzugten Stellung oder Struktur, aus dem Instinkt zum Denken vorzudringen vermochte, erweist er eine Fähigkeit, sich innerhalb des von ihm besetzten, bis dahin noch gänzlich freien Bezirks der Welt derartig auszubreiten, daß er ein Spektrum zweiter Ordnung erzeugt: die ungeheure Mannigfaltigkeit der bekannten anthropologischen Typen. Betrachten wir diesen zweiten Fächer. In Anbetracht der besonderen Form von Kosmogenese, die wir in diesem Buch vertreten, müssen wir das Problem, das unsere Existenz der Wissenschaft stellt, wie folgt formulieren: »In welchem Maße und – eventuell – in welcher Form gehorcht die menschliche Schicht noch immer (oder entgeht sie) den Kräften der kosmischen Involution, die sie entstehen ließ?«

Die Antwort auf diese Frage, die für unser Verhalten von vitaler Bedeutung ist, hängt ganz von der Idee ab, die wir uns vom Wesen des sozialen Phänomens machen (oder genauer: machen sollten), das sich in voller Kraft um uns entfaltet.

Aus alter Denkgewohnheit (und auch weil es uns tatsächlich schwerfällt, einen Vorgang zu überschauen, der uns in sich gefangen hält), wird das dauernd sich verstärkende Bestreben der menschlichen Myriade, sich selbst zu organisieren, noch (sehr häufig) als eine Entwicklung von Rechtsbeziehungen angesehen, der man nur eine untergeordnete Bedeutung und nur eine oberflächliche, rein »äußerliche« Analogie mit biologischen Bildungen zuspricht. Seit ihrem Auftreten – gibt man stillschweigend zu – fährt die Menschheit fort sich zu vermehren: Das zwingt sie natürlich, für ihre Glieder immer kompliziertere Ordnungsformen zu finden. Laßt uns diesen *Modus vivendi* aber nicht mit einem echten ontologischen Fortschritt verwechseln! Entwicklungsmäßig rührt sich in der Menschheit seit langem nichts mehr – wenn sich je etwas gerührt hat …

Hier halte ich es als Mann der Wissenschaft für meine Pflicht, Einwand und Protest zu erheben.

In uns Menschen – behauptet noch eine gewisse Art von Gemeinverstand[3] – sei die biologische Evolution zu ihrem Abschluß gekommen. Seitdem sich das Leben in seinem eigenen Bewußtsein spiegelt, sei es unbeweglich geworden. – Aber muß man denn nicht ganz im Gegenteil sagen, daß es einen neuen Sprung nach vorwärts macht? Man sieht ja, wie mit den wachsenden Bestrebungen der Menschheit, ihre eigene Masse zu organisieren, *pari passu* die psychische Spannung zunimmt, das Bewußtsein von Zeit und Raum, der Drang und die Fähigkeit zu Entdeckungen. Dieses große Ereignis scheint uns kein Mysterium. Ist aber in dieser vielsagenden Verbindung von technischer Ordnung und psychischer Zentrierung nicht immer noch die große Kraft deutlich am Werk (freilich in noch niemals erreichten Ausmaßen und Tiefen) – die Kraft, die uns geschaffen hat? Ist es denn möglich, nicht zu sehen, daß derselbe Zyklon, der zunächst jeden einzelnen von uns – dich und mich – zusammengerollt hat, seine Bahn über unseren Häuptern fortsetzt (diesmal auf der Höhenlinie des Sozialen) – und uns alle aneinanderdrückt, in einer Umarmung, die uns vollkommen machen will, indem sie uns zugleich organisch an alle andern bindet?

»Mit der menschlichen Gesellschaftsbildung, deren spezifische Wirkung darin liegt, daß das gesamte Bündel der denkenden Schuppen und Fibern der Erde auf sich selbst zurückgebogen wird, setzt der kosmische Wirbel der Verinnerlichung seine ureigene Bewegungsrichtung fort.« Dies ist die dritte Ansicht, zu der ich mich entschieden habe – die folgenschwerste von allen. Indem sie an die beiden vorausgehenden, oben dargelegten Postulate anknüpft und sie erweitert (das eine betrifft die vorherrschende Stellung des Lebens im Universum und das andere die des Denkens im Leben), definiert und beleuchtet sie endgültig meine wissenschaftliche Stellungnahme gegenüber dem Phänomen Mensch.

Hier ist nicht der Ort, in allen Einzelheiten aufzuzeigen, wie gut und vollständig diese organische Deutung der sozialen Tatsachen den Gang der Geschichte erklärt (oder sogar in bestimmter Richtung vorauszusehen erlaubt). Ich beschränke mich auf eine Bemerkung: Wenn sich tatsächlich jenseits der elementaren Menschwerdung, die im einzelnen Individuum gipfelt, eine zweite Menschwerdung über uns vollzieht, diesmal eine kollektive, die die ganze Art umfaßt – dann erscheint die Feststellung ganz natürlich, daß sich parallel mit der gesellschaftlichen Organisation der Menschheit dieselben drei psychobiologischen Eigenschaften, nun aber im Erdmaßstab, herausbilden, die erstmals beim Individuum der Übergang zum Denken ausgelöst hat:

a) Erstens die Fähigkeit zur Erfindung. Da sich heute alle Forschungskräfte planmäßig gegenseitig stützen, hat sie sich so rasch verstärkt, daß man bereits (wie ich weiter oben sagte) von einem Wiederanspringen (einer Wiederankurbelung) der menschlichen Evolution sprechen könnte.

b) Zweitens die Fähigkeit der Anziehung (oder der Abstoßung). Diese Kräfte wirken in der Welt noch auf chaotische Weise, doch sind sie rings um uns in einem so raschen Anstieg begriffen, daß das Wirtschaftliche (was man auch sagen mag) morgen möglicherweise dem Ideologischen und Gefühlsmäßigen gegenüber sehr wenig bei der Ordnung der Erde zählen wird.

c) Schließlich und vor allem die Forderung der Irreversibilität. Sie geht von der noch ein wenig zögernden Zone der individuellen Strebungen aus, um sich im Bewußtsein und durch die Stimme der Art kategorisch zum Ausdruck zu bringen. – Kategorisch, sage ich, und zwar in folgendem Sinn: Ein einzelner Mensch kann vielleicht dahin gelangen, sich vorzustellen, daß es ihm physisch oder sogar moralisch möglich sei, seiner vollständigen Vernichtung ins Auge zu sehen; gegenüber einer totalen Zunichtemachung der Evolution mit ihren mühsam errungenen Früchten (oder auch schon bei ihrer unzureichenden Erhaltung) würde der Menschheit, und darüber beginnt sie sich völlig klarzuwerden, nur der Streik übrigbleiben. Die Anstrengung, die Erde voranzubringen, fällt zu schwer; auch droht sie zu lange zu dauern. Nur wenn wir im Unzerstörbaren arbeiten können, vermögen wir sie auf uns zu nehmen.

Diese und noch viele andere Anzeichen scheinen mir vereint einen ernsthaften wissenschaftlichen Beweis dafür zu erbringen, daß die zoologische Gruppe Mensch (in Übereinstimmung mit dem allgemeinen Gesetz der Zentro-Komplexität) weit davon entfernt ist, sich durch fessellosen Individualismus biologisch in einen Zustand zunehmender Körnung zu verlieren, noch auch (durch Flug in den Astralraum) in siderischer Ausbreitung Rettung vor dem Tod zu suchen, oder ganz einfach in eine Katastrophe oder in Vergreisung hineinzugleiten. Nein, dank der planetarischen Ordnung und Konvergenz aller Elemente, die auf der Erde reflektierend geworden sind, strebt sie tatsächlich nach einem zweiten kritischen Reflexionspunkt, der kollektiv und übergeordnet ist: Jenseits dieses Punktes (eben weil er kritisch ist) können wir direkt nichts mehr sehen; doch (wie ich gezeigt habe) können wir voraussagen, daß sich in diesem Punkt der Kontakt vollziehen werde zwischen dem Denken, das aus der Involution der Materie entstanden ist, und einem transzendenten Brennpunkt Omega, dem Prinzip, das eine Rückwärtsentwicklung unmöglich macht und zugleich Antrieb ist und Sammler dieser Involution.

Ans Ende gelangt, will ich nur noch meine Gedanken über drei Fragen klarlegen, die meinen Lesern gewöhnlich Schwierigkeiten bereiten, nämlich: a) welcher Platz bleibt der Freiheit (und folglich der Möglichkeit eines Mißlingens der Weltentwicklung)? b) welcher Wert ist dem Geist zuzubilligen (in bezug auf die Materie)? und c) wie kann man nach der Theorie einer kosmischen Involution zwischen Gott und der Welt noch unterscheiden?

a) Was die Erfolgsaussichten der Kosmogenese betrifft, so folgt, wie ich behaupten möchte, aus dem hier eingenommenen Standpunkt keineswegs, daß der endgültige Erfolg der Menschwerdung notwendig, schicksalhaft, gesichert sei. Gewiß, die »noogenetischen« Kräfte der Kompression, der Organisation und der Verinnerlichung, unter deren Einfluß die biologische Synthese der Reflexion vor sich geht, mindern keinen Augenblick ihren Druck auf den menschlichen Stoff: Daraus ergibt sich die oben angezeigte Möglichkeit – *wenn alles gut geht* – einige deutliche Wegrichtungen der Zukunft[4] mit Sicherheit vorauszusehen. Doch eben auf Grund seiner Natur – vergessen wir das nicht – kommen im Universum (und ganz besonders beim Menschen) die großen Komplexe (das heißt immer unwahrscheinlichere, wenn auch miteinander zusammenhängende Zustände) nur durch zwei untereinander verbundene Methoden zustande: 1. tastende Benützung günstiger Fälle (die durch das Spiel der großen Zahlen hervorgerufen werden) und 2. (in einer zweiten Phase) bewußte Erfindung. Das bedeutet aber, daß die Energie der kosmischen Involution auf Grund ihres Wesens, mag sie auch noch so unbeirrbar und gebieterisch eingreifen, zwei Unsicherheitsfaktoren ausgesetzt ist, die mit einem doppelten Spiel zusammenhängen: nach unten – der Glücksfälle, nach oben – der Freiheiten. Bemerken wir immerhin noch, daß bei sehr großen Gesamtheiten (wie sie eben die Masse der Menschheit darstellt) der fragliche Prozeß die Tendenz hat, »sich unfehlbar zu machen«; mit der Vermehrung der eingesetzten Elemente nehmen die Erfolgsaussichten auf der Seite des Zufalls zu und die Möglichkeiten der Ablehnung oder des Irrtums auf der Seite der Freiheit ab.[5]

b) Was den Wert des Geistes anbelangt, so bemerke ich, daß Geist und Materie, wenn man sie als Phänomene betrachtet, worauf ich mich grundsätzlich beschränke, sich nicht als »Dinge«, als »Naturen« darstellen, sondern als einfache, aufeinander bezügliche *variable* Größen. Es handelt sich nicht darum, ihr geheimes Wesen zu bestimmen, sondern ihre Kurve als Funktion von Raum und Zeit. Ich erinnere auch daran, daß auf dieser Betrachtungsebene das »Bewußtsein« nicht als eine Art von besonderer und unvergänglicher Wesenheit erscheint und aufgefaßt werden will, sondern als eine »Wirkung«, als die spezifische Wirkung der Komplexität.

Selbst in diesen bescheidenen Grenzen scheint mir von seiten der

Erfahrung ein sehr wichtiger Beitrag zugunsten der Spekulationen der Metaphysik geliefert zu werden.

Denn wenn man die oben besagte Umstellung des Bewußtseinsbegriffes übernimmt, hindert – wie wir gesehen haben – nichts mehr, das Spektrum des »Innen der Dinge« nach unten zu verlängern, in Richtung der schwachen Komplexitäten, bis über die Grenze der Sichtbarkeit hinaus: Das bedeutet aber, daß sich das »Psychische« als etwas erweist, was in verschiedenen Graden von Konzentration der Gesamtheit der Erscheinungswelt zugrunde liegt.

Folgt man hingegen demselben »Psychischen« nach oben, in Richtung der sehr großen Komplexe, so zeigt es von dem Augenblick an, in dem wir es an den Lebewesen wahrnehmen können, je nach der »Komplexität« seiner Unterlage ein zunehmendes Streben nach Herrschaft und Eigengesetzlichkeit. An den Ursprüngen des Lebens scheint der Brennpunkt der ordnenden Kraft (B_1) in jedem individuellen Element seinen an Bewußtsein gebundenen Brennpunkt (B_2) zu erzeugen und zu kontrollieren. Doch weiter oben kehrt sich das Verhältnis um. Von der »Schwelle des Denkens des Individuums« an (wenn nicht schon früher!), beginnt B_2 sich sehr deutlich (durch »Erfindung«) um die Fortschritte von B_1 anzunehmen. Noch höher, das heißt beim (vermuteten) Nahen des Kollektivbewußtseins, beginnt B_2 aus seinem zeit-räumlichen Rahmen herauszutreten, um sich mit dem universalen und höchsten Brennpunkt Omega zu verbinden. Nach dem ersten Auftauchen die volle Erhebung. – Nach den Zukunftserwartungen, die sich an eine kosmische Involution knüpfen, gelangt nicht nur das Bewußtsein zur selben Ausdehnung wie das Universum, sondern das Universum erreicht in der Form des Geistigen, in einem Pol höchster Verinnerlichung, Gleichgewicht und Bestand.

Gibt es eine schönere empirische Stütze, um den Vorrang des Geistes metaphysisch zu begründen?

c) Schließlich, um ans Ende zu kommen – und auch um den Befürchtungen ein Ende zu machen, die beständig von gewissen Anhängern des traditionellen Spiritualismus erhoben werden, sobald von Evolution die Rede ist: daß es sich nämlich um »Pantheismus« handle – wie kann man verkennen, daß im Fall eines *konvergenten Universums*, wie ich es gezeichnet habe, das Universale Einigungs-Zentrum (eben um seine Bewegungs-, Sammlungs- und Festigungsfunktion zu erfüllen) nicht aus der Vermischung und Verwischung der von ihm zusammengefaßten elementaren Zentren entstanden sein kann, sondern als präexistent und transzendent aufgefaßt werden muß. Das ist, wenn man will, wirklich »Pantheismus« (im etymologischen Sinn), doch ein absolut legitimer Pantheismus. Denn wenn am Ende die bewußten Zentren der Welt tatsächlich nur mehr »eins mit Gott« sind, so kommt es zu diesem Zustand nicht durch Identifizierung (indem Gott zu allem wird), sondern durch die differenzierende und einigende Wirkung der Liebe (Gott ganz *in allen*) – und das ist durchaus orthodox und christlich.

---

[1] Vom Ichbewußtsein ab bereichert sich das Spiel der zufälligen Kombinationen um die »vorbedachten« oder »erfundenen«, die es gewissermaßen ersetzen (siehe weiter unten).

[2] Dieselbe Änderung wie in der Physik (durch das Auftauchen und Vorwalten gewisser neuer Begriffe), wenn sie vom Mittelgroßen zum Unermeßlichen oder umgekehrt zum unendlich Kleinen übergeht. – Man vergißt es zu leicht: Eine spezielle Biologie des unendlich »Komplexen« gibt es, und *muß* es geben.

[3] Wohlgemerkt derselbe »Gemeinverstand«, der in bezug auf so viele physikalische Probleme eben erst ein für allemal zurechtgerückt wurde.

[4] Zum Beispiel den unaufhaltsamen Fortschritt des Menschen zur gesellschaftlichen Vereinigung, zu der (den Geist befreienden) Entwicklung der Maschine und der Automation bis dahin schließlich, daß »alles versucht« und »alles gedacht« wird.

[5] Einen gläubigen Christen wird es interessieren, daß der Enderfolg der Menschwerdung (daher der kosmischen Involution) tatsächlich durch die »Wiederbelebungskraft« des in seiner Schöpfung Fleisch gewordenen Gottes verbürgt ist. Doch damit haben wir schon die Ebene der Erscheinungswelt verlassen.

WERNER HEISENBERG

Deutscher Physiker und Philosoph. Geboren 1901 in Würzburg. Ab 1927 Ordinarius für Theoretische Physik an der Universität Leipzig. 1932 erhielt er den Nobelpreis für Physik. Nach dem Zweiten Weltkrieg Mitbegründer des Max-Planck-Instituts für Physik in Göttingen, das 1958 mit ihm nach München übersiedelte. Werner Heisenberg starb 1976 in München. Wichtige Werke: »Die Einheit des naturwissenschaftlichen Weltbildes«; »Das Naturgesetz und die Struktur der Materie«. Der folgende Text ist Teil eines Manuskripts, das Heisenberg hauptsächlich während seiner Tätigkeit am Kaiser-Wilhelm-Institut für Physik in Berlin geschrieben hat.

Ordnung der Wirklichkeit

Wer sein Leben für die Aufgabe bestimmt, einzelnen Zusammenhängen der Natur nachzugehen, der wird von selbst immer wieder vor die Frage gestellt, wie sich jene einzelnen Zusammenhänge harmonisch dem Ganzen einordnen, als das sich uns das Leben oder die Welt darbietet. Zwar wird ihm vielfach das Forschen nach einzelnen Naturgesetzen ein unendlich spannendes Spiel sein, das um so glücklicher macht, je sicherer er die Regeln der Natur zu beherrschen glaubt, aber im Laufe eines Lebens würde auch das abwechslungsreichste und noch so kunstvoll geführte Spiel inhaltslos, wenn es sich nicht auf das Allgemeine bezöge. So kreisen die Gedanken immer wieder um das Problem, wie jenes Ganze zusammenhängt, das wir Welt oder Leben nennen (– je nachdem wir uns aus- oder eingeschlossen denken –) und an welcher Stelle in diesem Ganzen die besonderen Zusammenhänge stehen, denen etwa ein großer Teil der Lebensarbeit gilt. Diese Frage steht mit einer anderen, weiteren Aufgabe im Zusammenhang.

Immer dann, wenn an einer besonderen Stelle des geistigen Lebens eine grundlegende neue Erkenntnis in das Bewußtsein der Menschen tritt, muß die Frage, was denn eigentlich die Wirklichkeit sei, von neuem geprüft und beantwortet werden. In der Geschichte der Menschen heben sich verschiedene Epochen heraus, in denen die Struktur der Wirklichkeit deutliche Änderungen durchgemacht hat. Dabei kann die Frage unentschieden bleiben, ob diese Strukturänderung ihren Grund in einer neuen Erkenntnis gehabt habe, oder ob die neue Erkenntnis erst durch die Änderung in der Struktur der Wirklichkeit möglich geworden sei. Jedenfalls ahnen wir einen sinnvollen Zusammenhang, wenn wir erfahren, daß etwa in der beginnenden Neuzeit drei scheinbar völlig unabhängige, aber innerlich verwandte Ereignisse zeitlich eng beieinander liegen: die erste Fahrt des Columbus nach Amerika, die Gespräche zwischen Luther und Zwingli über die Frage, ob im Abendmahl das Brot der Leib Christi *sei* oder ihn *bedeute,* und die Entdeckung des Kopernikus.

Viele Anzeichen deuten darauf hin, daß auch in unserer Zeit eine tiefgehende Änderung der Wirklichkeit sich vorbereite. Die stürmischen und fruchtbaren Jahre nach dem ersten Weltkrieg haben die ersten Wellen einer neuen geistigen Luft in unsere nur scheinbar sichere Welt geweht, und niemand weiß, was nach den jetzt beginnenden Kriegen für die Menschen »wirklich« sein wird. Es kann kaum Zufall sein, daß sich in den letzten Jahrzehnten auch innerhalb der Naturwissenschaften das Bild der Wirklichkeit grundlegend gewandelt hat. Selbst wenn wir den Zusammenhang dieser Wandlung mit jenen größeren Veränderungen noch nicht durchschauen, so mag zu irgendeiner späteren Zeit das Verständnis dieser besonderen Vorgänge in der Naturwissenschaft einer allgemeinen geistigen Entwicklung die Wege ebnen. So wird unserer Zeit die Aufgabe gestellt, die allgemeinen Züge der modernen Naturwissenschaft als natürliche Folgerung einer bestimmten Stellung zur Wirklichkeit zu erkennen. Um diese Stellung zur Wirklichkeit soll es sich hier handeln, obwohl sie auch wieder nur Ausdruck einer Zeit und ihrer Hoffnungen sein kann.

Die verschiedenen Bereiche der Wirklichkeit

Daß die uns umgebende Welt einfach und einheitlich sei – ein Garten, den wir von der Geburt bis zum Tod durchwandern, uns gewachsen zur Lust oder zur Beschwerde – das wird uns heute nicht mehr gelehrt. Zu Bedenken und Zweifeln an dieser Einfachheit durch die Wissenschaft geneigt oder durch die Stürme der Zeit gezwungen, besinnen wir uns darauf, daß sich schon in unserem eigenen Leben die Wirklichkeit mehrfach geändert hat – nicht nur allmählich, wie eine Landschaft, die wir durchwandern, sondern plötzlich und unvorhergesehen; daß diese Veränderungen vielleicht eine tiefe Beunruhigung im Bewußtsein hervorgerufen, vielleicht die harmonische Einheit unseres Lebens gefährdet haben.

Die Kindheitserinnerungen reichen zurück in eine in Raum und Zeit eng begrenzte Welt, eine Welt, in der »Bedeuten« und »Sein« noch nicht getrennt waren und in der wir mit magischer Kraft die Wirklichkeit nach unseren Wünschen und Vorstellungen formen konnten. Wie war es doch damals: Der Faden aus dem Nähkorb der Mutter, auf den Boden gelegt, ist das hohe Seil des Akrobaten, der am vergangenen Sonntag auf dem Jahrmarkt seine Kunststücke zeigte; und ich bin der Akrobat. Ein Stück Holz ist das Pferd, das mich als Reiter trägt. Es ist wirklich das Pferd, die materiellen Eigenschaften des Steckens sind nur Schein. Im Lauf der Jahre weitet sich die Welt in Raum und Zeit, die magische Kraft zum Verwandeln wird geringer, durch mancherlei Erfahrungen gezwungen räumen wir auch der materiellen Gesetzmäßigkeit ihren Platz in der Wirklichkeit ein. Aber noch ist diese Wirklichkeit die einfache Fortsetzung jener von uns geformten kindlichen Welt.

Da erscheint in unserer Erinnerung ein anderer Tag: Das Kind besteigt eines Morgens wie schon so oft die Schaukel im heimatlichen Obstgarten und schaut über die Wiesen hinunter zum Fluß und auf die Höhen am anderen Ufer. Alles ist wie früher. Doch auf einmal fängt der Kirchturm drüben jenseits der Brücke an, in der Sonne zu glänzen. Das Leuchten breitet sich aus über die Brückenpfeiler und die Pappeln in der schrägen Wiese, es steigt mit den Windungen des Feldweges hinauf bis zum großen Holzlager und von dort zum Buchenwald auf der Höhe, bis sich wie mit einem Zauberschlag die ganze Welt verwandelt hat. Zum ersten Mal, wenn auch nur für kurze Zeit, betritt das Kind den neuen Bereich der Wirklichkeit, in dessen Allerheiligstem später die Liebe wohnt. Es wird noch manche Jahre dauern, bis die kindliche Welt ganz versunken ist, aber zwischen der Wirklichkeit, die das Kind umgibt, und jener späteren gibt es keinen allmählichen Übergang. Der Ton der Silbersaite, von der Gottfried Keller gesungen hat, kann von keiner anderen Saite erklingen.

Auch in die Jahre des tätigen Schaffens, in denen dem erwachsenen Manne neue Erfahrungen kaum mehr die Welt verändern, kann eine plötzliche und unheimliche Verwandlung der Wirklichkeit einbrechen. Zu leicht etwa verweben wir in unser Leben eine leitende Idee, einen Wunsch, der bald als der einzige Sinn dieses Lebens erscheint. An diesem Wunsch entwickeln sich alle guten Kräfte, der Glaube an seine Erfüllbarkeit erscheint als die Quelle des Lebens schlechthin. Dann kann es geschehen, daß das Schicksal die Grundlage des Wunsches plötzlich zerstört, daß es seine Unerfüllbarkeit ein für allemal festlegt. In diesem Augenblick kann sich die Welt in der unheimlichsten Weise verändern. Menschen und Dinge, die lebendig zu uns gesprochen haben, bleiben stumm und sehen starr und unwirklich aus. Dort, wo ein sinnerfüllter Zusammenhang unser Leben enthalten hatte, waltet ein starres Gesetz, das nur nach Ursache und Wirkung und ohne Ansehn höherer Zusammenhänge entscheidet. – Frühere Zeiten sprachen davon, daß Gott einen Menschen verlassen könnte. Vielleicht aber gibt es in unserer Zeit viele Menschen, für die die Welt ein graues und starres Antlitz trägt.

Es ist oft gesagt worden, daß auch für die verschiedenen Epochen in der Entwicklung der Menschheit die Wirklichkeit sehr verschieden ausgesehen habe. Jugendliche Völker scheinen über eine ähnliche magische Kraft des Verwandelns zu verfügen, wie sie uns aus der eigenen Kindheit in der Erinnerung ist. In der Blütezeit Griechenlands fand sich der Grieche in einer von Göttern und Dämonen ringsum belebten Welt; unzählige Spuren verbanden die Gegenwart mit der mythischen Vorzeit. In der Einsamkeit der Wälder war die Nähe Pans unmittelbar zu spüren, und in Gottesdiensten konnte der Gott in einer Weise gegenwärtig sein, die von uns wohl nicht mehr vollzogen werden kann.

Die Geschichte lehrt, daß diese Kraft zum Leben in nichtmateriellen Zusammenhängen in späteren Zeiten geringer geworden ist; in der späthellenistischen Zeit zeigt die Ausbreitung von Naturwissenschaft und Technik deutlich, wie die gesetzmäßigen Zusammenhänge der materiellen Welt in der Wirklichkeit an Kraft gewinnen. Dann aber bedeutet der Einbruch des Christentums eine plötzliche, unvermittelte Wandlung der Wirklichkeit. Wir wissen, daß diese Wandlung für den einzelnen Menschen, der von ihr betroffen wurde, zu den schwersten inneren Erschütterungen geführt hat. Die Bekenntnisse Augustins etwa sind ein ergreifendes Dokument für den völligen Bruch, den die Bekehrung in dem Laufe eines Lebens hervorgerufen hat.

Die Beispiele für solche grundlegenden Umgestaltungen der Wirklichkeit in der Geschichte oder im Leben des einzelnen Menschen könnten unendlich vermehrt und vertieft werden. Wir müssen uns also wohl fürs erste damit abfinden, daß sehr verschiedenartige Zusammenhänge unser Leben bestimmen können; und wenn das Wort Wirklichkeit nichts anderes bedeutet, als die Gesamtheit der Zusammenhänge, von denen unser Leben durchwirkt und getragen wird, so ist es wohl wahr, daß es sehr verschiedene Bereiche oder Schichten der Wirklichkeit geben muß.

Vielleicht sollte in dieser Verbindung auch darauf hingewiesen werden, daß die Welt, in der andere Organismen unserer Erde leben, sich noch so viel weiter von der unsrigen unterscheidet, daß wir nur indirekt aus den völlig anderen äußeren Bedingungen ihres Lebens auf jene Welt schließen können, die unmittelbar unserer Vorstellung entzogen ist. Es sei hier etwa an die Untersuchungen Uexkülls über die Umwelt der Tiere erinnert, in denen aus dem anatomischen Bau des Organismus und den physikalischen Gesetzen eine Rekonstruktion der betreffenden Umwelt unternommen wird. Dabei stehen einer solchen Untersuchung eben nur die äußeren physikalischen Bedingungen des Lebens als Ausgangspunkt zur Verfügung; und wenn man sich daran erinnert, wie wenig aus diesen äußeren Bedingungen erst für die verschiedenen Bereiche des menschlichen Lebens geschlossen werden könnte, so kann man sich eine entfernte Vorstellung von der Fülle der Möglichkeiten bilden, die sich vielleicht hinter diesen physischen Voraussetzungen entfaltet.

Wenn nun in dieser Weise von verschiedenen Bereichen der Wirklichkeit oder gar von verschiedenen Wirklichkeiten gesprochen wird, so kann freilich leicht der Einwand erhoben werden, daß es sich hier doch nur um *eine einheitliche* Wirklichkeit handele, die verschiedenen Wesen oder unter verschiedenen Bedingungen eben verschieden erscheine; daß also die Unterschiede nur etwa durch die körperlichen oder geistigen Werkzeuge bedingt seien, mit deren Hilfe der lebendige Organismus in Beziehung zu der nach unabänderlichen Gesetzen ablaufenden Welt trete. Gegen diese Überzeugung von der Einheit der Welt wird sich auch wohl nichts anführen lassen, wenn man sie in der allgemeinen Form ausspricht, daß wir doch letzten Endes die ganze Welt in *einem* sinnvollen Zusammenhang aufzufassen wünschen sollten. Aber im Bewußtsein der großen naturwissenschaftlichen Epoche, die im Beginn des 20. Jahrhunderts ihren Abschluß gefunden hat, verband sich die Vorstellung von der Einheit der Welt mit der anderen Vorstellung, daß diese Einheit ihren unmittelbaren Ausdruck finde in dem streng gesetzlichen Ablauf der äußeren materiellen Welt. Dieser objektive, in Raum und Zeit ablaufende Zusammenhang war ja offenbar für alle Wesen – gleichviel ob es sich um lebendige Organismen oder um tote Materie handelte – ohne Ausnahme verbindlich, er erschien als die eigentlich »reale« Welt, die sich in dem Bewußtsein der lebenden Wesen wie in einem – manchmal verzerrten oder trüben – Spiegel abbildete. Diese Auffassung konnte für sich geltend machen, daß auch das geistige Geschehen stets irgendwie mit materiellen Vorgängen verknüpft sei, daß es also – da ja an der eignen Gesetzmäßigkeit der materiellen Vorgänge nicht gezweifelt werden könne – vielleicht durch die materiellen Vorgänge bedingt und vorgeschrieben sei. Selbst wenn dann die selbstverständliche Tatsache hervorgehoben wurde, daß sich das geistige Geschehen qualitativ von dem materiellen Ablauf durchaus unterscheide, so stand doch scheinbar der objektiven materiellen Welt eine subjektive geistige Welt gegenüber, und die physische Gesetzmäßigkeit erschien zum mindesten als das feste Skelett, das den Bau der Welt trüge.

Aber eben in dieser Frage hat die Durchforschung der Natur in den letzten Jahrzehnten zu einer Änderung der Anschauungen gezwungen. Für uns ist der gesetzmäßige Ablauf in Raum und Zeit nicht mehr das feste Skelett der Welt, sondern eher nur ein Zusammenhang unter anderen, der durch die Art, wie wir ihn untersuchen, durch die Fragen, die wir an die Natur richten, aus dem Gewebe von Zusammenhängen herausgelöst wird, das wir die Welt nennen. Diese Auffassung ist herbeigeführt worden durch die im Fortschreiten der Naturwissenschaft gewonnene Einsicht in Gesetzmäßigkeiten, die sich nicht mehr einfach auf Abläufe in Raum und Zeit zurückführen lassen.

Damit wird von neuem die Aufgabe gestellt, die verschiedenen Zusammenhänge oder »Bereiche der Wirklichkeit« zu ordnen, zu verstehen und in ihrem gegenseitigen Verhältnis zu bestimmen; sie in Beziehung zu setzen zur Einteilung in eine »objektive« und eine »subjektive« Welt; sie gegeneinander abzugrenzen und einzusehen, wie sie durch einander bedingt sind; schließlich so zu einem Verständnis der Wirklichkeit vorzudringen, das die verschiedenen Zusammenhänge als Teile einer einzigen sinnvoll geordneten Welt begreift.

Die Beschreibung der Wirklichkeit als ein Gewebe verschiedenartiger Zusammenhänge ist natürlich nicht erst eine Folge neuerer wissenschaftlicher Entwicklungen. Im Gegenteil handelt es sich um das Aufgreifen uralter, oft verfolgter Gedankenketten, und die Berechtigung dazu, oft Gesagtes zu wiederholen, liegt nur in dem Umstand begründet, daß jene Auffassung durch die Entwicklung der Naturwissenschaften in den letzten Jahrzehnten in ein eigenartiges neues Licht gerückt worden ist. Diese Entwicklung rechtfertigt vielleicht die Hoffnung, daß es möglich sein müßte, genauer als bisher die gegenseitigen Verhältnisse der verschiedenen Wirklichkeitsbereiche zu bestimmen. Die meisten Verwirrungen in den Gedanken über die Wirklichkeit entspringen ja wohl dem Umstand, daß jedes Ding gleichzeitig an verschiedenartigen Zusammenhängen teilhat, ebenso wie jedes Wort sich gleichzeitig auf verschiedene Zusammenhänge bezieht. Daß bei dieser Sachlage überhaupt eine klare Scheidung möglich ist, bedarf des Beweises; und erst ein Beispiel, an dem die gegenseitigen Verhältnisse zweier Wirklichkeitsbereiche in mathematischer Klarheit aufgewiesen werden können, wird von der Möglichkeit überzeugen, die verschiedenen Schichten der Wirklichkeit klar zu ordnen und abzugrenzen.

Das Bewußtsein

Die höheren Bereiche der Wirklichkeit abzugrenzen und in ihrem gegenseitigen Verhältnis zu bestimmen, darf heute wohl noch niemand wagen. Denn so viel auch über diesen Teil der Welt gesagt und gedacht worden ist, die Untersuchungen haben sich hier fast stets darauf beschränken müssen, das Erfahrbare zu beschreiben und zu ordnen, und nur einzelne wenige Versuche sind unternommen worden, durch ein fast undurchdringliches Dunkel hindurch zu den Hintergründen zu gelangen, in denen diese Bereiche der Wirklichkeit untereinander und mit den niederen Bereichen zusammenhängen.

a) Bewußtsein und biologischer Zusammenhang

Zu allen Zeiten scheinen sich die Menschen darüber einig gewesen zu sein, daß als die nächsthöhere, dem organischen Leben überbaute Stufe der Wirklichkeit die Existenz von Bewußtsein, von bewußtem Leben gelten kann. Die Beziehungen zwischen dem Leben eines Individuums und seinem Bewußtsein sind dabei so eng, daß man die Frage aufwerfen muß, ob überhaupt sinnvoll eine Trennung in zwei Bereiche Bewußtsein und Leben vollzogen werden kann. Viele Anzeichen deuten im Gegenteil darauf hin, daß es Wirkungen gleicher Art sind, die die Teile eines Organismus auf eine gemeinsame Einheit beziehen und die im Bewußtsein als Wünsche oder Gefühle, als Eindrücke oder Willensakte in Erscheinung treten können.

Dieser Frage gegenüber ist oft darauf hingewiesen worden – man kann etwa an die Untersuchungen von Carus oder an die moderne Psychiatrie denken –, daß das bewußte Seelenleben sich stetig anschließt an ein viel ausgedehnteres unbewußtes Leben, zu dem es sich ähnlich verhält wie das Spiel der Wellen an der Oberfläche zu den Bewegungen des darunter liegenden Meeres. Jede Betrachtung der Vorgänge, die sich in unserem eigenen Bewußtsein abspielen, belehrt uns ja darüber, daß nur ein kleiner Teil unserer Gedanken ins helle Licht des Bewußtseins tritt, daß ein anderer größerer Teil einen von einer Art Halbdunkel erfüllten Raum durcheilt, während der größte Teil der Vorgänge sich beim Versuch ihrer nachträglichen Fixierung nur noch als eine unbestimmte Bewegung im Schattenraum des Bewußtseins zu erkennen gibt. Der Gedanke, daß es eine stetige Fortsetzung der bewußten Vorgänge in ein ganz »unbewußtes« Gebiet gibt, drängt sich uns unabweisbar auf.

Wenn dies aber wahr ist, so entsteht sogleich die weitere Frage, ob die unbewußten Vorgänge nicht unmittelbar identisch seien mit dem Leben schlechthin, also mit den Vorgängen, die einfach als Ausdruck der organischen Einheit angesehen werden können, als welche ein Lebewesen sich gegen die Umwelt abzeichnet. Schon Carus hat diese Frage gestellt. In ihrer Beantwortung hat er ein »Allgemeines« und ein »Partielles« Unbewußtes unterschieden. Das Allgemeine Unbewußte ist ihm identisch mit dem Wirken der Bildungskräfte, die das betreffende Leben gestalten; das Partielle Unbewußte gehört schon in einer bestimmten Weise zu eben der Seele, die sich auch im Bewußtsein offenbart. Es ist gewissermaßen das Dunkel, in das der Strahl des Bewußtseins leuchten kann. Das Verhältnis dieser verschiedenen, stetig ineinander übergehenden Stufen des unbewußten und des bewußten Lebens ist von Carus ausführlich beschrieben worden.

Wenn nun auch sicher ein stetiger Übergang von den ganz bewußten seelischen Vorgängen bis zum völlig unbewußten Walten der organischen Bildungskräfte beschrieben werden kann, so ist damit doch noch nichts über die Frage entschieden, ob sich nicht die *Erkenntnissituation* bei der Betrachtung des Bewußtseins von der bei der Betrachtung des Lebens grundsätzlich unterscheide. Schon mehrfach hat sich ja eine ähnliche Lage ergeben: daß zwar in der Natur scheinbar nur fließende Übergänge vorkommen, daß aber die Begriffsbildungen, mit denen wir an die Natur herantreten, die Sprache, die wir gebrauchen, scharfe Grenzen zwischen den verschiedenen Bereichen der Wirklichkeit notwendig entstehen lassen. So gehen ja etwa die chemischen Vorgänge in kleinsten räumlichen Bereichen durchaus kontinuierlich über in Bewegungsvorgänge der Elementarteilchen (der Atome und ihrer Elektronen). Trotzdem sind die chemischen Veränderungen begrifflich so scharf von den Bewegungsvorgängen der

Elementarteilchen getrennt, daß die beiden Begriffsbildungen, wie die Quantentheorie lehrt, in einem ausschließenden Komplementaritätsverhältnis stehen.

In ähnlicher Weise wird man sicher annehmen dürfen, daß eine neue Erkenntnissituation vorliegt, wenn es sich um die Betrachtung der Seele handelt als einer Einheit, die Eindrücke empfängt und fühlt, die Wünsche und Entschlüsse fassen kann. An dieser Stelle scheint eine scharfe Grenze zwischen zwei verschiedenen Bereichen der Wirklichkeit deutlich erkennbar. Allerdings bezieht sich diese Grenzziehung zunächst nicht eigentlich auf zwei in sich geschlossene und gedanklich überschaubare Bereiche der Wirklichkeit, sondern wieder nur auf ihre Projektionen in die Ebene (zwar nicht immer von Raum und Zeit, aber doch stets) der objektiven Geschehnisse. Nur insofern die Seele (unsere eigene oder die anderer Lebewesen) das *Objekt* der Betrachtungen bildet, muß sie von der Gesamtheit der biologischen Zusammenhänge, die das Lebewesen als Ganzes ausmachen, grundsätzlich unterschieden werden. Bei der Betrachtung seelischer Vorgänge finden sich ja wahrscheinlich in gesteigertem Maß Schwierigkeiten ähnlicher Art, wie sie schon bei der Untersuchung atomarer Abläufe auftraten: Ein wesentlicher Teil seelischen Geschehens wird sich bis zu einem gewissen Grad der objektiven Fixierung deswegen entziehen, weil der Akt der Fixierung selbst in die Vorgänge entscheidend eingreift. So sehr es berechtigt ist, seelische Vorgänge als etwas Objektives anzusehen, und so unsinnig es wäre, die seelische Wirklichkeit der materiellen als etwas Abgeleitetes oder Sekundäres unterzuordnen, ebensosehr muß auch betont werden, daß die Objektivierung seelischer Vorgänge eine besonders weitgehende Idealisierung des wirklichen Geschehens bedeutet. Denn das Gedächtnis, das etwa zur Fixierung eines seelischen Prozesses die gleichen Gedanken noch mal durchs Bewußtsein wandern läßt, kann zwar dafür sorgen, daß der Teil des Prozesses, der sich im hellen Licht des Bewußtseins vollzogen hatte, einigermaßen genau wiederholt wird; kann aber sicher nicht erreichen, daß der größere Teil der unbewußten Vorgänge, die mit dem Prozeß verknüpft waren, unter der neuen Situation des Fixierenwollens in gleicher Weise abläuft, wie früher. Im übrigen handelt es sich hier um einen allgemeinen Zug der wissenschaftlichen Methode: Die Vorgänge verlaufen im fließenden Zusammenhang der Natur grundsätzlich etwas anders, als dort, wo wir sie – mit den Mitteln des Experiments oder der gedanklichen Analyse – isolieren und unter die Lupe nehmen. Allerdings: Alles Sprechen über einen Vorgang ist ja schon ein Isolieren, ein Unter die Lupe Nehmen!

Die seelischen Vorgänge gehören also, insofern sie fixiertes Objekt unseres Nachdenkens sind, einem besonderen Bereich der Wirklichkeit an und können wahrscheinlich nicht in einen eindeutig festlegbaren Zusammenhang mit den Abläufen gebracht werden, die als der unmittelbare Ausdruck der biologischen Funktionen anzusehen sind. Dies hindert aber nicht, daß der Zusammenhang zwischen den rein biologischen und den seelischen Vorgängen doch so eng ist, daß die letzteren einfach als die dem Bewußtsein gegebene Form des biologischen Ablaufs gelten können.

Damit wird neben anderen Fragen auch das Problem des sogenannten psychophysischen Parallelismus angeschnitten. Es liegt fürs erste nahe, zu glauben, daß etwa jeder Folge von Gedanken ein bestimmter elektrochemischer Vorgang im Gehirn als parallel laufend zugeordnet sei, wobei die Gedanken logisch oder assoziativ verknüpft sind, die elektrochemischen Vorgänge aber nach Ursache und Wirkung durch die physiko-chemischen Gesetze determiniert ablaufen. Eine solche Formulierung ist jedoch aus verschiedenen Gründen oberflächlich. Zwar wird etwa die Untersuchung der elektrischen Potentialdifferenzen im Gehirn – insoweit sie ohne erhebliche Störung des Gedankenablaufs vorgenommen werden kann – wohl zu dem Ergebnis führen, daß eine bestimmte Gedankenkette unter denselben Bedingungen bei dem gleichen Individuum auch immer wieder zu dem gleichen zeitlichen Potentialverlauf Anlaß gibt. Das ist der Wahrheitsgehalt der genannten Formulierung. Aber es ist dabei festzustellen, daß erstens dieser Potentialverlauf für verschiedene Individuen, verschiedene Lebensalter usw. doch keineswegs der gleiche sein kann. Z. B. würde dann, wenn durch eine Verletzung wesentliche Veränderungen im Gehirn eingetreten sind, der Potentialverlauf zu dem gleichen Gedanken ganz anders aussehen als vorher. Bei der genannten Formulierung wird ferner zweitens offenbar der Umstand übersehen, daß uns die Gedanken ja nicht von der Geburt auf mitgegeben sind, so etwa wie die Organe und ihre Verrichtungen, sondern daß wir die Gedanken erst durch das Zusammenleben mit anderen Menschen erlernen. Es kann zwar sinnvoll behauptet werden, daß etwa die Leistungen gleicher Organe in zwei verschiedenen Lebewesen im wesentlichen »gleich« seien. Aber von der Gleichheit der *Gedanken* zweier Lebewesen kann erst gesprochen werden, wenn eine Verständigung über den Inhalt eines Gedankens durch Sprache oder Gebärde erreicht werden kann. Ebenso wie eine bestimmte biologische Funktion oft auf recht verschiedene Weisen materiell realisiert wird, so kann auch der gleiche Gedanke verschiedenen materiellen und biologischen Vorgängen zugeordnet werden. Es ist daher auch nicht weiter verwunderlich, daß dem elektrochemischen Ablauf im Gehirn, für den ja Begriffe wie »logische Folge« usw. nicht existieren, eine logische Kette von Gedanken »parallel läuft«. Denn das logische Schließen ist ja etwas Erlerntes, es ist dem Gehirn erst durch die Verständigung mit anderen Menschen und durch die Erfahrung aufgeprägt.

Bei der Frage nach einer strengen Korrelation zwischen den Gedanken und dem elektrochemischen Verhalten des Gehirns ist schließlich, wie schon angedeutet wurde, der Umstand wichtig, daß jede Untersuchung der Gedanken oder der Gehirnvorgänge eben den zu untersuchenden Prozeß mehr oder weniger stark stört. Jede elektrische Beeinflussung des Gehirns wird Gedanken, Willensakte, Körperbewegungen zur Folge haben und jedes Ausspüren von Gedanken muß elektrische und chemische Vorgänge im Gehirn bewirken. Aber es ist nicht die Aufgabe dieser Zeilen, solchen verwickelten Zusammenhängen nachzugehen; es sollte nur auf die grundsätzlichen Schwierigkeiten der Erkenntnissituation bei der Frage nach den Beziehungen zwischen psychischem und biologischem Geschehen hingewiesen werden.

b) Bewußtsein und Wirklichkeit

Wie sehr nun auch bei dem Versuch der Objektivierung seelisches Geschehen als etwas dem biologischen gegenüber grundsätzlich anderes erscheint, so dürfte doch eine wesentliche Seite dieser Verhältnisse richtig bezeichnet sein, wenn man die Gesamtheit der seelischen Vorgänge als die unserem Bewußtsein gegebene Form der Beziehungen ansieht, die durch den Begriff »biologische Funktionen« angedeutet wurden.

Daher ist auch die Art, wie sich die uns umgebende Umwelt in unserem Bewußtsein spiegelt, ein unmittelbarer Ausdruck der biologischen Beziehungen, die uns mit dieser Umwelt verbinden. Daher greift die Untersuchung hier von selbst zurück auf die merkwürdigen Veränderungen der Wirklichkeit, von denen am Anfang dieses Aufsatzes die Rede war. Im kindlichen Alter, in dem die Anpassungsfähigkeit am größten ist und in dem wir von der Welt, in die hinein wir geboren sind, aufs stärkste beeinflußt und verwandelt werden, in dem also unsere Stellung zur Welt noch nicht durch die Ausbildung spezieller Fähigkeiten festgelegt ist, wird auch unsere Wirklichkeit von den schöpferisch gestaltenden Beziehungen zwischen dieser

nächsten Umwelt und uns getragen. So wie jede Beziehung gegenseitig sein muß, ist auch hier die Kraft zum Verwandeln und Gestalten
der Wirklichkeit am größten. Erst wenn dieser Wachstumsprozeß sich
seinem Abschluß nähert, reift die Möglichkeit zu bestimmten, gerichteten lebendigen Verknüpfungen. Dann erst können wir in eine
Landschaft hineinwachsen oder uns mit einem Menschen verbinden.
Der Eintritt einer solchen Verknüpfung ist dabei so plötzlich und so
sehr etwas, das uns ganz unvermittelt wie von einer höheren Macht
her geschieht, daß er uns wie mit einem tiefen und heiligen Schrek-
ken erfüllen kann. Es ist, als wäre die Gottheit selber auf die Erde her-
abgestiegen und spräche zu uns eben durch diesen Menschen oder
durch diese Landschaft. Was sich hier im einzelnen vollzieht, vermag
nur der Dichter im Gleichnis zu beschreiben; denn niemand, der an
dieser Stelle dem Lieben Gott begegnet ist, würde wagen, in den Worten der gewöhnlichen Sprache über das Geschehene zu reden. Sicher
aber ist, daß hinter der Wirklichkeit einer solchen lebendigen Beziehung die ganze übrige durch die Sinne aufgenommene Welt lange
Zeit ihre Kraft verliert, daß sie entweder in den Schatten zurücktritt
oder mit eingeschmolzen wird und teilnimmt an dem Glanz, der das
ganze Bewußtsein erfüllt.

Von hier aus ist als Gegensatz auch das andere Geschehen verständlich, das am Anfang beschrieben wurde und bei dem sich die
Verbindung des Menschen mit der Umwelt von einer lebendigen Berührung in eine starre mechanische Verknüpfung zu verwandeln
scheint. Hier handelt es sich offenbar um eine wirkliche Zerstörung
lebendiger Zusammenhänge, um einen dem Tode verwandten Prozeß, der durch eine Katastrophe im Seelenleben dieses Menschen
oder wohl auch durch das allmähliche Erschlaffen des Organismus
zustande kommen kann.

Eine besondere Folge dieses Bewußtwerdens lebendiger Zusammenhänge muß noch hervorgehoben werden: daß nämlich das Bewußtsein – im Gegensatz zu allen niederen Zusammenhängen – zu
einer scharfen Trennung des Individuums von seiner Umwelt führt.
Ein Kristall kann in Teile zerlegt werden oder mit anderen Kristallen
zu einem größeren verschmelzen, die Kristalleigenschaft kommt
dabei stets jedem dieser Gebilde zu. Auch zwei Zellen können sich im
Befruchtungsvorgang zu einer vereinigen und nachträglich wieder in
zwei gleiche Zellen teilen; die Teilung kann fast beliebig fortgesetzt
werden; auch die Zelle macht also im Laufe der Zeit Wandlungen
durch, die hindern, sie etwa immer als das gleiche Individuum wiederzuerkennen. Nur das Bewußtsein sondert völlig scharf eine be-

stimmte Einheit aus, und es kann schlechterdings nicht vorgestellt werden, daß etwa das Bewußtsein eines Individuums mit dem eines anderen verschmelzen könnte oder daß eine Teilung des Bewußtseins einträte. Diese Aussonderung eines einzelnen »Ich« von der übrigen Welt ist offenbar äußerlich nur möglich, weil schon in der organischen Welt das einzelne Lebewesen eine von der Umwelt bis zu einem gewissen Grade getrennte Einheit darstellt; deshalb kann bei niederen Lebewesen, bei denen durch Teilung aus einem Organismus mehrere hervorgehen können (man kann hier etwa an die Pflanzen denken, bei denen oft ein abgeschnittener und in den Boden gesteckter Trieb zu einer neuen Pflanze werden kann), von einem Bewußtsein nicht die Rede sein. Aber es wäre nicht richtig zu sagen, daß die Aussonderung des einzelnen Ich auch eben nur *in dem Grad* stattfände, in dem die biologische Stellung des Lebewesens das zulasse. Vielmehr wird durch das Bewußtsein die Trennung stets völlig scharf vollzogen, die Erkenntnissituation läßt hier keine gradweisen Übergänge zu. Das Ich ist seiner Natur nach eine unlösbare Einheit, die entstehen oder verlöschen, aber nicht dem Prozeß des Teilens oder Zusammenfügens ausgesetzt werden kann. Während also in den niederen Bereichen der Wirklichkeit die Vorgänge sich in einem bunten, aber gesetzmäßigen Wechsel ablösen, derart, daß aus einer Situation nach Ursache und Wirkung oder dem Spiel des Zufalls folgend eine andere nächste entsteht, ist für die höheren Bereiche die Existenz letzthin unwandelbarer Einheiten charakteristisch, die, eben weil sie nicht zu etwas »anderem« werden, nur entstehen und wieder verlöschen können.

Dabei kann grundsätzlich der Einwand erhoben werden, daß es sich hier um eine scharf von der Umwelt getrennte Einheit nur in unserer Begriffsbildung handele; denn erst durch den Versuch, jene Struktur, die wir Bewußtsein nennen, zu objektivieren und zu bezeichnen, wird diese völlige Trennung erzwungen. Doch muß daran erinnert werden, daß ja die wissenschaftliche Sprache stets objektivieren und bezeichnen muß, wenn sie einen Bereich der Wirklichkeit darstellen will.

Was früher über das notwendige Zusammenpassen der verschiedenen Wirklichkeitsbereiche gesagt wurde, erzwingt wohl auch die Folgerung, daß die Einheit, die uns als das Bewußtsein eines bestimmten Menschen gegeben ist, erloschen sein muß, bevor der Körper mit dem Tode der Auflösung entgegengeht. Wenn wir trotzdem davon sprechen, daß die menschliche Seele nach dem Tode weiterleben könne, so ist damit wohl in erster Linie die Erfahrung bezeichnet, daß

die Struktur, die ein Mensch seiner Umwelt aufprägt, auch nach dem
Tode noch fortwirken kann und in dieser seiner Umwelt ganz unmittelbar zu spüren ist. Wenn wir etwa die Räume betreten, in denen ein
uns nahestehender Mensch gelebt hat und die überall die Spuren seines Wesens tragen, so können wir den Eindruck empfangen, daß der
Geist dieses Menschen noch in den Räumen lebendig sei; und dieser
Geist kann unser Tun und Lassen aufs stärkste beeinflussen. Man
kann freilich sagen, daß es doch nur die Wirkung einer aus den materiellen Spuren vollzogenen Rekonstruktion sei, die hier so besonders
deutlich in Erscheinung trete und unser Handeln leite. Aber wer
weiß, ob die »Erklärung« des Fortwirkens des Geistes durch den Begriff der Rekonstruktion besser ist, als die Erklärung der biologischen
Abläufe durch die physikalisch-chemischen Prozesse im Organismus. Vielleicht ist doch wieder die Kraft, die hier wirksam ist, etwas
Ganzes, das sich nicht ohne Zwang in eine Summe von rekonstru-
ierbaren Elementen auflösen läßt, und etwas erkenntnismäßig anderes. Aber wer versuchen wollte, die Zusammenhänge zu bezeichnen,
die durch jene Kraft unser Bewußtsein berühren, der müßte wieder
das Gebiet betreten, über das nur im Gleichnis gesprochen werden
kann.

CARL GUSTAV JUNG

Schweizer Psychiater und Psychologe. Geboren 1875 in Kesswill am Bodensee. Jung ging von Freuds Begriff der Libido aus, erweiterte ihn aber zur »psychischen Energie«. C. G. Jung starb 1961 in Zürich. Wichtige Werke: »Wandlungen und Symbole der Libido«; »Die Beziehungen zwischen dem Ich und dem Unbewußten«; »Psychologie und Religion«; »Symbolik des Geistes«. Intensive Freundschaft mit dem Sinologen Richard Wilhelm. 1928 erhält Jung dessen Übersetzung der »Goldenen Blüte«, einem Traktat aus der altchinesischen Alchimie. Er verfaßte dazu einen 50seitigen Kommentar, aus dem wir Ihnen einen Teil vorstellen möchten.

Warum es dem Europäer schwerfällt, den Osten zu verstehen

Insofern ich ein durchaus westlich fühlender Mensch bin, so kann ich nicht anders, als die Fremdartigkeit dieses chinesischen Textes aufs tiefste zu empfinden. Gewiß, einige Kenntnisse der östlichen Religionen und Philosophien helfen meinem Intellekt und meiner Intuition, diese Dinge einigermaßen zu verstehen, so wie es mir auch gelingt, die Paradoxien primitiver religiöser Anschauungen »ethnologisch« oder »vergleichend religionshistorisch« zu begreifen. Das ist ja die westliche Art, unter dem Mantel des sogenannten wissenschaftlichen Verstehens das eigene Herz zu verhüllen, einesteils, weil die »misérable vanité des savants« die Anzeichen der lebendigen Anteilnahme fürchtet und zugleich perhorresziert, anderteils, weil eine gefühlsmäßige Erfassung den fremden Geist zu einem ernstzunehmenden Erlebnis gestalten könnte. Die sogenannte wissenschaftliche Objektivität müßte diesen Text dem philologischen Scharfsinn des Sinologen reservieren und ihn jeder andern Auffassung eifersüchtig vorenthalten. Aber Richard Wilhelm hat tieferen Einblick in die hintergründige und geheimnisvolle Lebendigkeit chinesischen Wissens, als daß er eine solche Perle höchster Einsicht in der Schublade der Fachwissenschaft könnte verschwinden lassen. Es gereicht mir zu besonderer Ehre und Freude, daß seine Wahl eines psychologischen Kommentators gerade auf mich gefallen ist.

Damit läuft dieses erlesene Stück überfachlicher Erkenntnis allerdings Gefahr, in eine andere fachwissenschaftliche Schublade zu geraten. Wer aber die Verdienste abendländischer Wissenschaft verkleinern wollte, würde den Ast absägen, auf dem der europäische Geist sitzt. Wissenschaft ist zwar kein vollkommenes, aber doch ein unschätzbares, überlegenes Instrument, das nur dann Übles wirkt, wenn es Selbstzweck beansprucht. Wissenschaft muß dienen; sie irrt, wenn sie einen Thron usurpiert. Sie muß sogar andern beigeordneten Wissenschaften dienen, denn jede bedarf, eben wegen ihrer Unzulänglichkeit, der Unterstützung anderer. Wissenschaft ist das Werkzeug des westlichen Geistes, und man kann mit ihr mehr Türen öffnen als mit bloßen Händen. Sie gehört zu unserem Verstehen und verdunkelt die Einsicht nur dann, wenn sie das durch sie vermittelte Begreifen für das Begreifen überhaupt hält. Es ist aber gerade der Osten, der uns ein anderes, weiteres, tieferes und höheres Begreifen lehrt, nämlich *das Begreifen durch das Leben*. Letzteres kennt man eigentlich nur noch blaß, als ein bloßes, fast schemenhaftes Sentiment aus der religiösen Ausdrucksweise, infolgedessen man auch gerne das östliche »Wissen« in Anführungszeichen setzt und in das obskure Gebiet des Glaubens und Aberglaubens verweist. Damit ist aber die östliche »Sachlichkeit« gänzlich mißverstanden. Es sind nicht sentimenthafte, mystisch übersteigerte, ans Krankhafte streifende Ahnungen von asketischen Hinterwäldlern und Querköpfen, sondern praktische Einsichten der Blüte chinesischer Intelligenz, welch letztere zu unterschätzen wir keinerlei Anlaß haben.

Diese Behauptung dürfte vielleicht reichlich kühn erscheinen und wird darum etliches Kopfschütteln erregen, was aber bei der außerordentlichen Unbekanntheit der Materie verzeihlich ist. Überdies ist ihre Fremdheit dermaßen in die Augen springend, daß unsere Verlegenheit, wie und wo die chinesische Gedankenwelt an die unsrige angeschlossen werden könnte, durchaus begreiflich ist. Der gewöhnliche Irrtum (nämlich der theosophische) des westlichen Menschen ist, daß er, wie der Student im *Faust*, vom Teufel übel beraten, der Wissenschaft verächtlich den Rücken kehrt und östliche Ekstatik anempfindet, Yogapraktiken wortwörtlich übernimmt und kläglich imitiert.

Dabei verläßt er den einzig sicheren Boden des westlichen Geistes und verliert sich in einem Dunst von Wörtern und Begriffen, die niemals aus europäischen Gehirnen entstanden wären, und die auch niemals auf solche mit Nutzen aufgepfropft werden können.

Ein alter Adept sagte:»Wenn aber ein verkehrter Mann die rechten Mittel gebraucht, so wirkt das rechte Mittel verkehrt.« Dieser leider nur zu wahre chinesische Weisheitsspruch steht in schroffstem Gegensatz zu unserem Glauben an die »richtige« Methode, abgesehen vom Menschen, der sie anwendet. In Wirklichkeit hängt in diesen Dingen alles am Menschen und wenig oder nichts an der Methode. Die Methode ist ja nur der Weg und die Richtung, die einer einschlägt, wobei das Wie seines Handelns der getreue Ausdruck seines Wesens ist. Ist es das aber nicht, so ist die Methode nicht mehr als eine Affektation, künstlich hinzugelernt, wurzel- und saftlos, dem illegalen Zweck der Selbstverschleierung dienend, ein Mittel, sich über sich selbst zu täuschen und dem vielleicht unbarmherzigen Gesetz des eigenen Wesens zu entgehen. Mit der Bodenständigkeit und Selbsttreue des chinesischen Gedankens hat dies weniger als nichts zu tun; es ist im Gegenteil Verzicht auf das eigene Wesen, Selbstverrat an fremde und unreine Götter, ein feiger Schlich, seelische Überlegenheit zu usurpieren, all das, was dem Sinn der chinesischen »Methode« im Tiefsten zuwider ist. Denn diese Einsichten sind aus völligstem, echtestem und treuestem Leben hervorgegangen, aus jenem uralten, über tiefsten Instinkten logisch und unauflösbar zusammenhängend erwachsenen chinesischen Kulturleben, das uns ein für allemal fern und unnachahmlich ist.

Westliche Nachahmung ist tragisches, weil unpsychologisches Mißverständnis, ebenso steril wie die modernen Eskapaden nach Neu-Mexiko, seligen Südseeinseln und Zentralafrika, wo mit Ernst »primitiv« gespielt wird, wobei unterdessen der abendländische Kulturmensch seinen drohenden Aufgaben, seinem »Hic Rhodus hic salta« heimlich entwichen ist. Nicht darum handelt es sich, daß man unorganisch Fremdes imitiert oder gar missioniert, sondern, daß man die abendländische Kultur, die an tausend Übeln krankt, an Ort und Stelle aufbaut und dazu den wirklichen Europäer herbeiholt in seiner westlichen Alltäglichkeit, mit seinen Eheproblemen, seinen Neurosen, seinen sozialen und politischen Wahnvorstellungen und mit seiner ganzen weltanschaulichen Desorientiertheit.

Man gestehe es besser ein, daß man die Weltentrücktheit eines solchen Textes im Grunde genommen nicht versteht, ja sogar nicht verstehen will. Sollte man wohl wittern, daß jene seelische Einstellung, die den Blick dermaßen nach innen zu richten vermag, von der Welt nur darum so losgelöst sein kann, weil jene Menschen die instinktiven Forderungen ihrer Natur in solchem Maße erfüllt haben, daß wenig oder nichts sie hindert, die unsichtbare Wesenheit der Welt zu erschauen? Sollte vielleicht die Bedingung solchen Schauens die Befreiung von jenen Gelüsten und Ambitionen und Leidenschaften sein, die uns ans Sichtbare verhaften, und sollte diese Befreiung gerade aus der sinnvollen Erfüllung der instinktiven Forderung und nicht aus deren vorzeitiger und angstgeborener Unterdrückung erfolgen? Wird vielleicht dann der Blick für das Geistige frei, wenn das Gesetz der Erde befolgt wird? Wer der chinesischen Sittengeschichte gewahr ist und überdies den *I Ging,* jenes alles chinesische Denken seit Jahrtausenden durchdringende Weisheitsbuch sorgfältig studiert hat, der wird wohl diese Zweifel nicht ohne weiteres von der Hand weisen. Er wird überdies wissen, daß die Ansichten unseres Textes in chinesischem Sinne nichts Unerhörtes, sondern geradezu unvermeidbare psychologische Konsequenz sind.

Für unsere eigentümliche christliche Geisteskultur war der Geist und die Leidenschaft des Geistes für die jüngste Zeit das Positive und Erstrebenswerte schlechthin. Erst als im ausgehenden Mittelalter, d. h. im Laufe des 19. Jahrhunderts, der Geist anfing in Intellekt auszuarten, setzte in jüngster Zeit eine Reaktion gegen die unerträgliche Vorherrschaft des Intellektualismus ein, welche allerdings zunächst den verzeihlichen Fehler beging, Intellekt mit Geist zu verwechseln und letzteren der Untaten des ersteren anzuklagen (Klages). Der Intellekt ist tatsächlich dann ein Schädiger der Seele, wenn er sich vermißt, das Erbe des Geistes antreten zu wollen, wozu er in keiner Hinsicht befähigt ist, denn *Geist* ist etwas Höheres als Intellekt, indem er nicht nur diesen, sondern auch das Gemüt umfaßt. Er ist eine Richtung und ein Prinzip des Lebens, das nach übermenschlichen, lichten Höhen strebt. Ihm aber steht das Weibliche, Dunkle, das Erdhafte (Yin) entgegen mit seiner in zeitliche Tiefen und in körperliche Wurzelzusammenhänge hinabreichenden Emotionalität und Instinktivität. Zweifellos sind diese Begriffe rein intuitive Anschauungen, deren man aber wohl nicht entraten kann, wenn man den Versuch macht, das Wesen der menschlichen Seele zu begreifen. China konnte ihrer nicht entraten, denn es hat sich, wie die Geschichte der chinesischen Philosophie zeigt, nie so weit von den zentralen seelischen Gegebenheiten entfernt, daß es sich in die einseitige Übertreibung und Überschätzung einer einzelnen psychischen Funktion verloren hätte. Deshalb fehlte es nie an der Anerkennung der Paradoxie und Polarität des

Lebendigen. Die Gegensätze hielten sich stets die Waage – ein Zeichen hoher Kultur; während Einseitigkeit zwar immer Stoßkraft verleiht, dafür aber ein Zeichen der Barbarei ist. Die Reaktion, die im Abendland gegen den Intellekt zugunsten des Eros oder zugunsten der Intuition einsetzt, kann ich nicht anders denn als ein Zeichen des kultürlichen Fortschrittes betrachten, eine Erweiterung des Bewußtseins über die zu engen Schranken eines tyrannischen Intellektes hinaus. Es liegt mir ferne, die ungeheure Differenzierung des westlichen Intellektes zu unterschätzen; an ihm gemessen ist der östliche Intellekt als kindlich zu bezeichnen. (Das hat natürlich mit Intelligenz nichts zu tun!) Wenn es uns gelingen sollte, eine andere oder gar noch eine dritte seelische Funktion zu solcher Dignität zu bringen, wie es mit dem Intellekt geschehen ist, so hat der Westen alle Anwartschaft darauf, den Osten um ein Beträchtliches zu überflügeln. Es ist darum so beklagenswert, wenn der Europäer sich selbst aufgibt und den Osten imitiert und affektiert, wo er doch so viel größere Möglichkeiten hätte, wenn er sich selber bliebe und aus seiner Art und seinem Wesen heraus all das entwickelte, was der Osten aus seinem Wesen im Laufe der Jahrtausende herausgebar.

Im allgemeinen und von dem unheilbar äußerlichen Standpunkt des Intellektes aus gesehen, will es erscheinen, als ob das, was der Osten so überaus schätzte, für uns nichts Begehrenswertes sei. Der bloße Intellekt kann allerdings zunächst nicht verstehen, welch praktischen Belang die östlichen Ideen für uns haben könnten, weshalb er sie auch bloß als philosophische und ethnologische Kuriosa einzuordnen weiß. Das Unverständnis geht dermaßen weit, daß selbst gelehrte Sinologen die praktische Anwendung des *I Ging* nicht begriffen und das Buch deshalb als eine Sammlung abstruser Zaubersprüche angesehen haben.

Die moderne Psychologie eröffnet eine Verständnismöglichkeit

Ich habe eine praktische Erfahrung gemacht, die mir einen ganz neuen und unerwarteten Zugang zur östlichen Weisheit eröffnet hat. Dabei bin ich, wohlverstanden, nicht von einer mehr oder weniger unzulänglichen Kenntnis der chinesischen Philosophie ausgegangen, sondern vielmehr habe ich, in gänzlicher Unkenntnis letzterer, als praktischer Psychiater und Psychotherapeut meine Laufbahn begonnen, und erst meine späteren ärztlichen Erfahrungen haben mir gezeigt, daß ich durch meine Technik unbewußt auf jenen geheimen Weg geführt worden war, um den sich die besten Geister des Ostens seit Jahrtausenden gemüht haben. Man könnte dies wohl für subjektive Einbildung halten – ein Grund, weshalb ich bis jetzt mit der Veröffentlichung zögerte –, aber Wilhelm, der treffliche Kenner der Seele Chinas, hat mir die Koinzidenz freimütig bestätigt, und damit hat er mir Mut gegeben, über einen chinesischen Text zu schreiben, der seiner ganzen Substanz nach zu den geheimnisvollen Dunkelheiten des östlichen Geistes gehört. Sein Inhalt ist aber zugleich – und das ist das ungemein Wichtige – eine lebendigste Parallele zu dem, was sich in der seelischen Entwicklung meiner Patienten, die alle keine Chinesen sind, ereignet.

Um diese seltsame Tatsache dem Verständnis des Lesers näherzurücken, muß erwähnt werden, daß, wie der menschliche Körper über alle Rassenunterschiede hinaus eine gemeinsame Anatomie aufweist, auch die Psyche jenseits aller Kultur- und Bewußtseinsunterschiede ein gemeinsames Substrat besitzt, das ich als das *kollektive Unbewußte* bezeichnet habe. Diese unbewußte Psyche, die aller Menschheit gemeinsam ist, besteht nicht etwa aus bewußtseinsfähigen Inhalten, sondern aus latenten Dispositionen zu gewissen identischen Reaktionen. Die Tatsache des kollektiven Unbewußten ist einfach der psychische Ausdruck der Identität der Gehirnstruktur jenseits aller Rassenunterschiede. Daraus erklärt sich die Analogie, ja sogar Identität der Mythenmotive und der Symbole und der menschlichen Verständnismöglichkeit überhaupt. Die verschiedenen seelischen Entwicklungslinien gehen von einem gemeinsamen Grundstock aus, dessen Wurzeln in alle Vergangenheiten hinunterreichen. Hier liegt sogar der seelische Parallelismus mit dem Tier.

Es handelt sich – rein psychologisch genommen – um gemeinsame *Instinkte des Vorstellens (Imagination) und des Handelns.* Alles bewußte Vorstellen und Handeln hat sich über diesen unbewußten Vorbildern entwickelt und hängt mit ihnen stetig zusammen, namentlich dann, wenn das Bewußtsein noch keinen zu hohen Helligkeitsgrad erreicht hat, d. h. wenn es noch in allen seinen Funktionen vom Trieb mehr abhängig ist als vom bewußten Willen, vom Affekt mehr als vom rationalen Urteil. Dieser Zustand garantiert eine primitive seelische Gesundheit, die aber sofort zur Unangepaßtheit wird, sobald Umstände eintreten, die höhere moralische Leistungen erfordern. Instinkte genügen eben nur für eine im großen und ganzen gleichbleibende Natur. Das Individuum, welches mehr vom Unbewußten als von bewußter Wahl abhängt, neigt daher zu ausgesprochenem psychischen

Konservatismus. Dies ist der Grund, warum der Primitive sich auch in Jahrtausenden nicht ändert und warum er vor allem Fremden und Außerordentlichen Furcht empfindet. Es könnte ihn zur Unangepaßtheit verleiten und damit in die größten seelischen Gefahren bringen, nämlich in eine Art von Neurose. Höheres und weiteres Bewußtsein, das nur durch Assimilation von Fremdem entsteht, neigt zur Autonomie, zur Empörung gegen die alten Götter, welche nichts anderes sind als die mächtigen unbewußten Vorbilder, die bis dahin das Bewußtsein in Abhängigkeit hielten.

Je kräftiger und selbstverständlicher das Bewußtsein und damit der bewußte Wille wird, desto mehr wird das Unbewußte in den Hintergrund gedrängt, und desto leichter entsteht die Möglichkeit, daß die Bewußtseinsbildung sich vom unbewußten Vorbild emanzipiert, dadurch an Freiheit gewinnt, die Fesseln der bloßen Instinktmäßigkeit sprengt und schließlich in einem Zustand der Instinktlosigkeit oder -widrigkeit anlangt. Dieses entwurzelte Bewußtsein, das sich nirgends mehr auf die Autorität der Urbilder berufen kann, ist zwar von promethëischer Freiheit, aber auch von gottloser Hybris. Es schwebt zwar über den Dingen, sogar über dem Menschen, aber die Gefahr des Umkippens ist da, nicht für jeden individuell, aber doch kollektiv für die Schwächeren einer solchen Sozietät, welche dann, ebenfalls promethëisch, vom Unbewußten an den Kaukasus gefesselt werden. Der weise Chinese würde mit den Worten des *I Ging* sagen, daß, wenn Yang seine größte Kraft erreicht hat, die dunkle Macht des Yin in seinem Innern geboren wird, denn um Mittag beginnt die Nacht, und Yang zerbricht und wird zu Yin. Der Arzt ist in der Lage, eine solche Peripetie in wortgetreuer Übersetzung ins Lebendige zu sehen, z. B. einen erfolgreichen Nur-Geschäftsmann, der alles erreichte, was er wollte, unbekümmert um Tod und Teufel, und der auf der Höhe seines Erfolges sich von seiner Tätigkeit zurückzieht und in kürzester Zeit in eine Neurose verfällt, die ihn in ein chronisches Klageweib verwandelt, ihn ans Bett fesselt und damit sozusagen endgültig zerbricht. Alles ist da, sogar die Verwandlung des Männlichen ins Weibische. Eine genaue Parallele hiezu ist die *Nebukadnezar*-Legende im Buche Daniel, und der Caesarenwahnsinn überhaupt. Ähnliche Fälle von einseitiger Überspannung des bewußten Standpunktes und der entsprechenden Yinreaktion des Unbewußten bilden einen erheblichen Bestandteil der nervenärztlichen Praxis in unserer Zeit der Überbewertung des bewußten Willens (»Wo ein Wille ist, ist auch ein Weg«!). Wohlverstanden, ich möchte nichts vom hohen sittlichen Werte des bewußten Wollens wegnehmen. Bewußtsein und Wille

mögen als höchste Kulturerrungenschaften der Menschheit unge-
schmälert erhalten bleiben. Aber was nützt eine Sittlichkeit, die den
Menschen zerstört? Wollen und Können in Einklang zu bringen,
scheint mir mehr zu sein als Sittlichkeit. Moral à tout prix – ein Zeichen der Barbarei? Des öfteren scheint mir Weisheit besser. Vielleicht
ist es die professionelle Brille des Arztes, durch welche er die Dinge
anders sieht. Er hat ja die Schäden zu flicken, welche im Kielwasser
der übertriebenen Kulturleistung folgen.

Sei dem, wie ihm wolle, auf alle Fälle ist es eine Tatsache, daß ein
durch notwendige Einseitigkeit gesteigertes Bewußtsein sich so weit
von den Urbildern entfernt, daß der Zusammenbruch folgt. Und
schon lange vor der Katastrophe melden sich die Zeichen des Irrtums, nämlich als Instinktlosigkeit, als Nervosität, als Desorientiertheit, als Verwicklung in unmögliche Situationen und Probleme usw.
Die ärztliche Aufklärung entdeckt zunächst ein Unbewußtes, welches
sich in völliger Revolution gegen die Bewußtseinswerte befindet und
daher unmöglich dem Bewußtsein assimiliert werden kann, und das
Umgekehrte ist erst recht unmöglich. Man steht zunächst vor einem
anscheinend heillosen Konflikt, dem keine menschliche Vernunft anders beikommen kann als mit Scheinlösungen oder faulen Kompro-
missen. Wer das eine sowohl wie das andere verschmäht, ist vor die
Frage, wo denn die notwendig zu fordernde Einheit der Persönlichkeit sei, und vor die Notwendigkeit gestellt, diese zu suchen. Und
hier nun fängt jener Weg an, der vom Osten seit uralters begangen
wurde, ganz offenbar infolge der Tatsache, daß der Chinese niemals
imstand war, die Gegensätze der menschlichen Natur so auseinan-
derzureißen, daß sie sich gegenseitig bis zur Unbewußtheit aus dem
Gesicht verloren. Diese Allgegenwärtigkeit seines Bewußtseins verdankt er der Tatsache, daß das Sic et Non in ursprünglicher Nachbarschaft, wie es dem primitiven Geisteszustand entspricht, zusammen-
blieb. Immerhin konnte er nicht umhin, den Zusammenprall der Gegensätze zu fühlen und infolgedessen jenen Weg aufzusuchen, auf
dem er, wie es der Inder nennt, *nirdvandva,* d. h. frei von Gegensät-
zen, wurde.

Um diesen Weg handelt es sich in unserem Texte, um diesen selben
Weg handelt es sich auch bei meinen Patienten. Es gäbe hier allerdings keinen größeren Irrtum, als den Abendländer die chinesische
Yogaübung direkt vornehmen zu lassen, denn so bliebe sie die Ange-
legenheit seines Willens und seines Bewußtseins, wodurch einfach
das Bewußtsein wieder gegenüber dem Unbewußten verstärkt und
eben gerade die Wirkung erzielt würde, die man hätte vermeiden sol-

len. Damit würde die Neurose einfach gesteigert. Man kann nicht eindringlich genug betonen, daß wir keine Orientalen sind und daher in
diesen Dingen von einer ganz andern Basis ausgehen. Auch würde
man sich sehr täuschen in der Annahme, daß dies der Weg jedes Neurotischen oder jeder Stufe der neurotischen Problematik sei. Es handelt sich zunächst nur um solche Fälle, wo die Bewußtheit einen ab-
normen Grad erreicht und daher vom Unbewußten ungebührlich
weit abgewichen ist. Diese hochgradige Bewußtheit ist die conditio
sine qua non. Nichts wäre verkehrter, als mit Neurotischen, die
wegen ungebührlicher Vorherrschaft des Unbewußten krank sind,
diesen Weg einschlagen zu wollen. Aus eben diesem Grund hat auch
dieser Entwicklungsweg vor der Lebensmitte (normal 35–40 Jahre)
kaum einen Sinn, kann sogar durchaus schädlich sein.

Wie schon angedeutet, war die wesentliche Veranlassung, einen
neuen Weg einzuschlagen, der Umstand, daß mir das Grundproblem
des Patienten unlösbar erschien, wenn man nicht die eine oder die andere Seite seines Wesens vergewaltigen wollte. Ich arbeitete stets mit
der temperamentmäßigen Überzeugung, daß es, im Grunde genommen, keine unlösbaren Probleme gebe. Und die Erfahrung gab mir insofern recht, als ich des öftern sah, wie Menschen ein Problem einfach überwuchsen, an dem andere völlig scheiterten. Dieses »Überwachsen«, wie ich es früher nannte, stellte sich bei weiterer Erfahrung als eine Niveauerhöhung des Bewußtseins heraus. Irgendein
höheres und weiteres Interesse trat in den Gesichtskreis, und durch
diese Erweiterung des Horizontes verlor das unlösbare Problem die
Dringlichkeit. Es wurde nicht in sich selber logisch gelöst, sondern
verblaßte gegenüber einer neuen und stärkeren Lebensrichtung. Es
wurde nicht verdrängt und unbewußt gemacht, sondern erschien
bloß in einem anderen Licht und so wurde es auch anders. Was auf
tieferer Stufe Anlaß zu den wildesten Konflikten und zu panischen
Affektstürmen gegeben hätte, erschien nun, vom höheren Niveau
der Persönlichkeit betrachtet, wie ein Talgewitter, vom Gipfel eines
hohen Berges aus gesehen. Damit ist dem Gewittersturm nichts von
seiner Wirklichkeit genommen, aber man ist nicht mehr darin, sondern darüber. Da wir aber in seelischer Hinsicht Tal und Berg zugleich
sind, so sieht es aus wie eine unwahrscheinliche Einbildung, daß
man sich jenseits des Menschlichen fühlen sollte. Gewiß empfindet
man den Affekt, gewiß ist man erschüttert und gequält, aber zugleich
ist auch eine jenseitige Bewußtheit fühlbar vorhanden, eine Bewußtheit, die verhindert, daß man mit dem Affekt identisch wird, eine Bewußtheit, die den Affekt zum Objekt nimmt, die sagen kann: ich

weiß, daß ich leide. Was unser Text von der Trägheit sagt, nämlich »Trägheit, deren man nicht bewußt ist, und Trägheit deren man bewußt wird, sind tausend Meilen weit voneinander entfernt«, das gilt auch in vollstem Maße vom Affekt.

Was sich hie und da in dieser Hinsicht ereignete, nämlich daß einer aus dunkeln Möglichkeiten sich selber überwuchs, wurde mir zu wertvollster Erfahrung. Ich hatte nämlich inzwischen einsehen gelernt, daß die größten und wichtigsten Lebensprobleme im Grunde genommen alle unlösbar sind; sie müssen es auch sein, denn sie drücken die notwendige Polarität, welche jedem selbstregulierenden System immanent ist, aus. Sie können nie gelöst, sondern nur überwachsen werden. Ich fragte mich daher, ob diese Möglichkeit des Überwachsens, nämlich der weiteren seelischen Entwicklung nicht überhaupt das normal Gegebene und darum das Steckenbleiben an oder in einem Konflikt das Krankhafte sei. Jeder Mensch müßte eigentlich jenes höhere Niveau wenigstens als Keim besitzen und diese Möglichkeit unter günstigen Umständen entwickeln können. Wenn ich den Entwicklungsgang jener betrachte, welche stillschweigend, wie unbewußt, sich selber überwuchsen, so sah ich, daß ihre Schicksale insofern alle etwas Gemeinsames hatten, nämlich das Neue trat aus dem dunkeln Felde der Möglichkeiten von außen oder von innen an sie heran; sie nahmen es an und wuchsen daran empor. Es schien mir typisch zu sein, daß die einen es von außen und die anderen es von innen nahmen, oder vielmehr, daß es dem einen von außen und dem anderen von innen zuwuchs. Nie aber war das Neue ein Ding allein von außen oder allein von innen. Kam es von außen, so wurde es innerstes Erlebnis. Kam es von innen, so wurde es äußeres Ereignis. Nie aber war es absichtlich und bewußt gewollt herbeigeschafft worden, sondern es floß vielmehr herbei auf dem Strom der Zeit.

Die Versuchung, aus allem eine Absicht und eine Methode zu machen, ist für mich so groß, daß ich mich absichtlich sehr abstrakt ausdrücke, um nichts zu präjudizieren, denn das Neue soll weder dieses noch jenes sein, ansonst daraus ein Rezept gemacht wird, das man »maschinell« vervielfältigen kann, und es wäre dann wiederum »das richtige Mittel« in der Hand »des verkehrten Mannes«. Es hat mir nämlich den tiefsten Eindruck gemacht, daß das schicksalhaft Neue selten oder nie der bewußten Erwartung entspricht, und, was noch merkwürdiger ist, den eingewurzelten Instinkten, wie wir sie kennen, ebenfalls widerspricht und doch ein seltsam treffender Ausdruck der Gesamtpersönlichkeit ist, ein Ausdruck, den man sich völliger gar nicht erdenken könnte.

Und was taten diese Menschen, um den erlösenden Fortschritt herbeizuführen? Soweit ich sehen konnte, taten sie nichts (Wu Wei[1]), sondern ließen geschehen, wie der Meister Lü Dsu es lehrt, daß das Licht nach eigenem Gesetze rotiere, wenn man seinen gewöhnlichen Beruf nicht aufgebe. Das Geschehenlassen, das Tun im Nicht-Tun, das Sich Lassen des Meister Eckart wurde mir zum Schlüssel, mit dem es gelingt, die Türe zum Weg zu öffnen: *Man muß psychisch geschehen lassen können.* Das ist für uns eine wahre Kunst, von welcher unzählige Leute nichts verstehen, indem ihr Bewußtsein ständig helfend, korrigierend und negierend dazwischenspringt und auf alle Fälle das einfache Werden des psychischen Prozesses nicht in Ruhe lassen kann. Die Aufgabe wäre ja einfach genug. (Wenn nur nicht Einfachheit das Allerschwierigste wäre!) Sie besteht einzig und allein darin, daß zunächst einmal irgendein Phantasiefragment in seiner Entwicklung objektiv beobachtet wird. Nichts wäre einfacher als das, aber schon hier beginnen die Schwierigkeiten. Man hat anscheinend keine Phantasiefragmente – oder doch – aber es ist zu dumm – tausend gute Gründe dagegen. Man kann sich nicht darauf konzentrieren – es ist langweilig – was sollte dabei herauskommen? – es ist »nichts als« – usw. Das Bewußtsein erhebt ausgiebige Einwände, ja es zeigt sich öfters wie erpicht darauf, die spontane Phantasietätigkeit auszulöschen, trotzdem die höhere Einsicht und sogar die feste Absicht besteht, den psychischen Prozeß ohne Einmischung gewähren zu lassen. Zuweilen besteht ein förmlicher Bewußtseinskrampf.

Gelingt es, die Anfangsschwierigkeit zu überwinden, so setzt doch die Kritik nachher ein und versucht, das Phantasiestück zu deuten, zu klassifizieren, zu ästhetisieren oder zu entwerten. Die Versuchung, da mitzutun, ist fast unüberwindlich. Nach vollbrachter getreuer Beobachtung kann man der Ungeduld des Bewußtseins ruhig die Zügel schießen lassen, muß es sogar, sonst entstehen hinderliche Widerstände. Aber bei jeder Beobachtung muß die Tätigkeit des Bewußtseins aufs neue zur Seite geschoben werden.

Die Resultate dieser Bemühungen sind zunächst in den meisten Fällen wenig ermutigend. Es handelt sich meist um richtige Phantasiegespinste, die kein deutliches Woher und Wohin erkennen lassen. Auch sind die Wege zur Erlangung der Phantasien individuell verschieden. Manche schreiben sie am leichtesten, andere visualisieren sie, und wiederum andere zeichnen und malen sie mit oder ohne Visualisierung. Bei hochgradigem Bewußtseinskrampf können oft nur die Hände phantasieren, sie modellieren oder zeichnen Gestalten, die dem Bewußtsein oft gänzlich fremd sind.

Diese Übungen müssen so lange fortgesetzt werden, bis der Bewußtseinskrampf gelöst, bis man m. a. W. geschehen lassen kann, was der nächste Zweck der Übung ist. Dadurch ist eine neue Einstellung geschaffen. Eine Einstellung, die auch das Irrationale und Unbegreifliche annimmt, einfach weil es das Geschehende ist. Diese Einstellung wäre Gift für einen, der sowieso schon vom schlechthin Geschehenen überwältigt ist; sie ist aber von höchstem Wert für einen, der durch ausschließlich bewußtes Urteil stets nur das seinem Bewußtsein Passende aus dem schlechthin Geschehenden ausgewählt hat und damit allmählich aus dem Strom des Lebens heraus in ein totes Seitengewässer geraten ist. Hier trennen sich nun anscheinend die Wege für die beiden oben erwähnten Typen. Beide haben gelernt, das zu ihnen Kommende anzunehmen. (Wie der Meister Lü Dsu lehrt: »Wenn die Geschäfte auf uns zukommen, so muß man sie annehmen; wenn die Dinge auf uns zukommen, so muß man sie bis auf den Grund erkennen.«) Der eine wird nun hauptsächlich das von außen ihm Zukommende annehmen und der andere das von innen Kommende. Und wie es das Lebensgesetz will, wird der eine von außen nehmen, was er zuvor nie von außen angenommen, und der andere von innen, was er zuvor stets ausgeschlossen hätte. Diese Umkehrung des Wesens bedeutet eine Erweiterung, Erhöhung und Bereicherung der Persönlichkeit, wenn die früheren Werte, insofern sie nicht bloß Illusionen waren, neben der Umkehrung festgehalten werden. Werden sie nicht festgehalten, so verfällt der Mensch der andern Seite, und er gerät von der Tauglichkeit in die Untauglichkeit, von der Anpassung in die Unangepaßtheit, vom Sinn in den Unsinn, ja sogar von der Vernunft in die geistige Gestörtheit. Der Weg ist nicht ohne Gefahr. Alles Gute ist kostbar, und die Entwicklung der Persönlichkeit gehört zu den kostspieligsten Dingen. Es handelt sich um das Jasagen zu sich selber – sich selbst als ernsthafteste Aufgabe sich vorsetzen, und sich dessen, was man tut, stets bewußt bleiben und es in allen seinen zweifelhaften Aspekten sich stets vor Augen halten – wahrlich eine Aufgabe, die ans Mark geht.

Der Chinese kann sich auf die Autorität seiner ganzen Kultur berufen. Betritt er den langen Weg, so tut er das anerkannt Beste, das er überhaupt tun kann. Der Abendländer aber hat alle Autorität gegen sich, in intellektueller, moralischer und religiöser Hinsicht, vorausgesetzt, er wolle diesen Weg wirklich einschlagen. Darum ist es so unendlich viel einfacher, den chinesischen Weg nachzuahmen und den mißlichen Europäer stehenzulassen, oder weniger einfach, den Rückweg zum europäischen Mittelalter der christlichen Kirche wieder zu suchen und die europäische Mauer, welche die außen herum wohnenden armen Heiden und ethnographischen Kuriositäten vom wahren Christenmenschen scheiden soll, wieder aufzurichten. Der ästhetische oder intellektuelle Flirt mit Leben und Schicksal kommt hier zu jähem Ende. Der Schritt zu höherem Bewußtsein führt aus allen Rückendeckungen und Sicherungen heraus. Der Mensch muß sich ganz darangeben, denn nur aus seiner Integrität kann er weitergehen, und nur seine Integrität kann ihm Gewähr dafür sein, daß sein Weg nicht zum absurden Abenteuer wird.

Ob einer nun sein Schicksal von außen oder von innen empfange, die Erlebnisse und Ereignisse des Weges bleiben dieselben. Ich brauche daher nichts von den mannigfachen äußeren und inneren Ereignissen, deren unendliche Verschiedenheit ich sowieso nicht erschöpfen könnte, zu sagen. Es wäre auch in Anbetracht unseres zu kommentierenden Textes belanglos. Dagegen ist vieles zu sagen von den seelischen Zuständen, welche die weitere Entwicklung begleiten. Diese seelischen Zustände werden nämlich in unserem Text *symbolisch* ausgedrückt und zwar in Symbolen, die mir aus meiner Praxis seit vielen Jahren wohlbekannt sind.

Die Grundbegriffe

Tao

Die gewaltige Schwierigkeit der Übersetzung dieses und ähnlicher Texte[2] in den europäischen Geist besteht darin, daß der chinesische Autor immer vom Zentralen ausgeht, nämlich von dem, das wir als Spitze, Ziel oder tiefste und letzte Einsicht bezeichnen würden, also etwas dermaßen Anspruchsvolles, daß ein Mensch mit kritischem Intellekt das Gefühl hat, entweder mit lächerlicher Anmaßung oder gar barem Unsinn zu reden, wenn er es wagen sollte, einen intellektuellen Diskurs über die subtilste seelische Erfahrung der größten Geister des Ostens vom Stapel zu lassen. So beginnt unser Text: »Das durch sich selbst Seiende heißt Tao.« Und der *Hui Ming Ging* beginnt mit den Worten: »Das feinste Geheimnis des Tao sind das Wesen und das Leben.« Es ist kennzeichnend für den abendländischen Geist, daß er für Tao überhaupt keinen Begriff besitzt. Das chinesische Zeichen für Tao ist zusammengesetzt aus dem Zeichen für »Kopf« und dem Zeichen für »Gehen«. Wilhelm übersetzt Tao mit »Sinn«.[3] Andere übersetzen mit »Weg«, mit »providence« und sogar, wie die Jesuiten, mit »Gott«. Das zeigt die Verlegenheit. »Kopf« dürfte auf das Bewußtsein[4] deuten, das »Gehen« auf »Weg zurücklegen«. Die Idee wäre demnach: »bewußt gehen« oder »bewußter Weg«. Damit stimmt überein, daß »Licht des Himmels«, das als »Herz des Himmels« »zwischen den Augen wohnt«, synonym mit Tao gebraucht wird. Wesen und Leben sind im Licht des Himmels enthalten, und bei Liu Hua Yang sind sie die wichtigsten Geheimnisse des Tao. Nun ist »Licht« symbolisches Äquivalent des Bewußtseins, und das Wesen des Bewußtseins wird mit Analogien des Lichts ausgedrückt. Der *Hui Ming Ging* ist eingeleitet durch die Verse:

Willst du vollenden den diamantnen Leib ohne Ausströmen,
Mußt du mit Fleiß die Wurzel des *Bewußtseins*[5] und Lebens erhitzen.
Du mußt *erleuchten* das stets nahe selige Land
Und dort immer dein wahres Ich verborgen wohnen lassen.

Diese Verse enthalten eine Art von alchemistischer Anweisung, eine *Methode* oder einen Weg zur Erzeugung des »diamantnen Leibes«, der auch in unserem Texte gemeint ist. Hierzu bedarf es einer »Erhitzung« resp. Steigerung des Bewußtseins, damit die Wohnung des Geistwesens »erleuchtet« werde. Doch nicht nur das Bewußtsein, sondern auch das *Leben* muß gesteigert werden. Die Zusammensetzung beider ergibt »bewußtes Leben«. Nach dem *Hui Ming Ging* verstanden es die alten Weisen, die Trennung von *Bewußtsein und Leben* aufzuheben, indem sie beide pflegten. Auf diese Weise wird »die Schêli (der unsterbliche Leib) herausgeschmolzen«, und auf diese Weise wird »das große Tao vollendet«.

Wenn wir Tao als Methode oder als bewußten Weg, der Getrenntes vereinigen soll, auffassen, so dürften wir dem psychologischen Gehalt des Begriffes wohl nahekommen. Auf alle Fälle kann man unter der Trennung von Bewußtsein und Leben nicht wohl etwas anderes verstehen, als was ich oben als Abweichung oder Entwurzelung des Bewußtseins beschrieben habe. Zweifellos handelt es sich auch bei der Frage der Bewußtmachung des Gegensatzes, der »Umkehrung«, um eine Wiedervereinigung mit den unbewußten Lebensgesetzen, und die Absicht dieser Vereinigung ist die Erzielung bewußten Lebens, chinesisch ausgedrückt: *Herstellung des Tao.*

---

[1] Tun durch Nicht-Tun.
[2] Vgl. Liu Hui Yang, *Hui Ming Ging.* Chin. Blätter, herausgegeben von R. Wilhelm. Bd. I, Heft 3; siehe auch S. 116 f.
[3] (Auch als »Weg«. Vgl. S. 70, *Das Geheimnis der Goldenen Blüte.)*
[4] *Der Kopf ist ja auch der »Sitz des Himmelslichtes«.*
[5] »*Wesen*« *(sing)* und »*Bewußtsein*« *(hui)* werden im *Hui Ming Ging* promiscue gebraucht. (Beides sind Gegensätze zu »Leben« [ming], sind aber nicht miteinander identisch.)

DAISETZ TEITARO SUZUKI

Japanischer Philosoph, bedeutender Vermittler des Zen-Buddhismus im Westen. Geboren 1870 in Kanazawa. Studium der Philosophie, Indologie, Sinologie sowie westlicher Sprachen und Literatur. Als Laienschüler des Zen-Meisters Shaku Soen praktizierte er Zen-Meditation. Fast 40 Jahre lebte er in den USA und lehrte an der Columbia- und Yale-Universität. Suzuki starb 1966.
Wichtige Werke: »Die große Befreiung«; »Die Kraft des inneren Glaubens«; »Der Weg zur Erleuchtung«. In dem ausgewählten Beitrag »Das Unbewußte im Zen-Buddhismus« befaßt sich Suzuki mit der Begriffswelt der Psychoanalyse aus östlicher Sicht.

Das Unbewußte im Zen-Buddhismus

Es ist vielleicht nicht dasselbe, was ich unter dem »Unbewußten« verstehe und was Psychoanalytiker damit meinen, und ich muß daher meine Auffassung erklären. Vor allem, wie ich an die Frage des Unbewußten herangehe. Wenn ich einen solchen Ausdruck gebrauchen soll, würde ich sagen, mein »Unbewußtes« ist »metawissenschaftlich« (überwissenschaftlich) oder »antewissenschaftlich« (vorwissenschaftlich). Sie alle sind Wissenschaftler, und ich bin ein Anhänger des Zen, und meine Auffassung ist »antewissenschaftlich« – manchmal sogar »antiwissenschaftlich«, fürchte ich. »Antewissenschaftlich« ist vielleicht kein passender Ausdruck, aber er scheint das auszudrücken, was ich damit sagen möchte. Auch »metawissenschaftlich« ist vielleicht nicht schlecht, denn die Auffassung des Zen kommt zur Entfaltung, nachdem die Wissenschaft oder die Intellektualisierung seit geraumer Zeit das gesamte Gebiet menschlicher Forschung eingenommen hat; und das Zen verlangt, daß wir, bevor wir uns bedingungslos der Herrschaft der Wissenschaft über den gesamten Bereich menschlicher Tätigkeit unterwerfen, innehalten und nachdenken, ob die Dinge, so wie sie sind, in Ordnung sind.

Die wissenschaftliche Methode, die Wirklichkeit zu untersuchen, besteht darin, einen Gegenstand vom sogenannten objektiven Standpunkt aus zu betrachten. Nehmen wir beispielsweise an, eine Blume hier auf dem Tisch sei Gegenstand wissenschaftlicher Untersuchung. Die Wissenschaftler werden sie allen möglichen botanischen, chemischen und physikalischen Analysen unterziehen und uns mitteilen, was sie von diesen verschiedenen Blickwinkeln aus über die Blume gefunden haben, und sie werden sagen, daß die Untersuchung der Blume abgeschlossen und nichts weiter über sie zu sagen sei, wenn nicht zufällig im Verlauf anderer Untersuchungen etwas Neues entdeckt werde.

Das Hauptmerkmal, das die Einstellung der Wissenschaft zur Wirklichkeit auszeichnet, besteht darin, daß sie einen Gegenstand beschreibt, *über* ihn spricht, *um* ihn *herum*geht, alles festhält, was unsere Sinne und unseren Verstand erregt, und es vom Gegenstand selbst fortabstrahiert, und wenn sie glaubt, fertig zu sein, diese analytisch gebildeten Abstraktionen synthetisiert und das Ergebnis für den Gegenstand selbst hält.

Aber es bleibt immer noch die Frage offen: »Ist wirklich der ganze Gegenstand im Netz gefangen?« Ich möchte sagen: »Keineswegs!« Denn der Gegenstand, den wir glauben gefangen zu haben, ist bloß eine Summe von Abstraktionen und nicht der Gegenstand selbst. Für praktische utilitaristische Zwecke scheinen all diese sogenannten wissenschaftlichen Formeln mehr als ausreichend zu sein, aber der sogenannte Gegenstand ist nicht ganz da. Wenn wir das Netz eingeholt haben, finden wir, daß etwas durch die feineren Maschen geschlüpft ist.

Es gibt jedoch noch einen anderen Weg, der Wirklichkeit gegenüberzutreten, der vor oder nach den Wissenschaften kommt. Ich nenne ihn Zen.

I

Die Methode des Zen besteht darin, in den Gegenstand selbst einzudringen und ihn sozusagen von innen zu sehen. Die Blume kennen heißt, zur Blume werden, die Blume sein, als Blume blühen und sich an Sonne und Regen erfreuen. Wenn ich das tue, so spricht die Blume zu mir, und ich kenne all ihre Geheimnisse, all ihre Freuden, all ihre Leiden, das heißt, das ganze Leben, das in ihr pulst. Und nicht nur das: Gleichzeitig mit meiner »Kenntnis« der Blume kenne ich alle Geheimnisse des Universums einschließlich aller Geheimnisse meines eigenen Ich, das mir bisher mein Leben lang ausgewichen war, weil ich mich in eine Dualität, in Verfolger und Verfolgten, in den Gegenstand und in seinen Schatten, geteilt hatte. Kein Wunder, daß es mir niemals gelang, mein Ich zu erfassen. Und wie anstrengend dieses Spiel war!

Jetzt kenne ich jedoch mein Ich, indem ich die Blume kenne. Das heißt, indem ich mich in der Blume verliere, kenne ich mein Ich ebenso wie die Blume.

Diese Art, der Wirklichkeit gegenüberzutreten, nenne ich die Methode des Zen, die vor- oder über- oder sogar antiwissenschaftliche Methode.

Diese Art, die Wirklichkeit zu erkennen oder zu sehen, kann man auch triebhaft oder schöpferisch nennen. Während die wissenschaftliche Methode darin besteht, den Gegenstand zu töten, den Leichnam zu sezieren, die Teile wieder zusammenzusetzen und so zu versuchen, den ursprünglichen, lebendigen Leib wiederherzustellen, was in Wirklichkeit unmöglich ist, nimmt das Zen das Leben so, wie es gelebt wird, anstatt es in Stücke zu zerhacken und zu versuchen, es mit Hilfe des Verstandes wieder zum Leben zu erwecken oder in Gedanken die zerbrochenen Stücke zusammenzuleimen. Die Methode des Zen erhält das Leben als solches; es wird von keinem chirurgischen Messer berührt. Der Zen-Dichter singt:

Alles bleibt ihrer natürlichen Schönheit überlassen,
Ihre Haut ist unversehrt,
Ihre Knochen sind so, wie sie sind:
Sie braucht weder Schminke noch Puder irgendeiner Farbe.
Wie wunderbar!

Die Wissenschaften befassen sich mit Abstraktionen und besitzen keine Aktivität. Das Zen stürzt sich in die Quelle der Schöpfungskraft und trinkt aus ihr alles Leben, das sie enthält. Diese Quelle ist das Unbewußte des Zen. Die Blume ist sich jedoch ihrer selbst nicht bewußt. Ich bin es, der sie aus dem Unbewußten erweckt. Tennyson verfehlt sie, wenn er sie von der geborstenen Mauer pflückt. Basho hat sie, wenn er die Nazuna betrachtet, die bescheiden an der wilden Hecke blüht. Ich kann nicht sagen, wo genau das Unbewußte ist. Ist es in mir? Oder in der Blume? Frage ich: »Wo?«, ist es vielleicht nirgendwo. Wenn das so ist, so möge ich in ihm sein und schweigen.

Während der Wissenschaftler tötet, versucht der Künstler, etwas Neues zu schaffen. Er weiß, daß sich die Wirklichkeit nicht durch eine Sektion erfassen läßt, daher nimmt er Pinsel, Leinwand und Farben und versucht, aus seinem Unbewußten heraus zu schaffen. Wenn sich dieses Unbewußte wahrhaft und aufrichtig mit dem »kosmischen Unbewußten« identifiziert, sind die Werke des Künstlers echt. Er hat wirklich etwas erschaffen; sein Werk ist nicht die Kopie von irgend etwas, sondern hat seine eigene Berechtigung. Er malt eine Blume, die, wenn sie aus seinem Unbewußten erblüht, eine neue Blume ist und keine Imitation der Natur.

Der Abt eines gewissen Zen-Klosters wollte die Decke der Dharma-Halle mit einem Drachen schmücken lassen. Ein berühmter Maler wurde mit der Arbeit betraut. Er nahm den Auftrag an, klagte aber, er habe noch niemals einen wirklichen Drachen gesehen, wenn es überhaupt welche gab. Der Abt sagte:»Kümmere dich nicht darum, daß du das Wesen nicht gesehen hast. Werde zu einem, verwandle dich in einen lebendigen Drachen und male ihn. Versuche nicht, der üblichen Schablone zu folgen.«

Der Künstler fragte:»Wie kann ich ein Drache werden?« Der Abt antwortete:»Zieh dich in dein Privatgemach zurück und konzentriere deinen Geist darauf. Die Zeit wird kommen, wo du fühlst, daß du einen Drachen malen mußt. Das ist der Augenblick, wo du zum Drachen geworden bist und der Drache dich drängt, ihm Gestalt zu verleihen.«

Der Künstler folgte dem Rat des Abtes, und nach monatelangem angestrengtem Bemühen wurde er zuversichtlich, weil er sich aus seinem Unbewußten heraus im Drachen sah. Das Ergebnis ist der Drache, den wir heute an der Decke der Dharma-Halle im Myoshinji in Kyoto sehen.

Ich möchte noch eine andere Geschichte von der Begegnung eines Drachens mit einem chinesischen Maler erzählen. Dieser Maler wollte einen Drachen malen, aber da er noch keinen lebendigen Drachen gesehen hatte, sehnte er sich nach einer guten Gelegenheit dazu. Eines Tages schaute ein wirklicher Drache zum Fenster herein und sagte:»Hier bin ich, male mich!« Der Maler war von dem unerwarteten Besucher so überwältigt, daß er in Ohnmacht fiel, anstatt ihn genau zu betrachten. Er hat kein Bild eines lebendigen Drachen geschaffen.

Es genügt nicht zu sehen. Der Künstler muß in das Ding eindringen, es von innen erfühlen und sein Leben leben. Thoreau soll ein viel besserer Naturkenner gewesen sein als die berufsmäßigen.

Ebenso Goethe. Sie kannten die Natur, weil sie imstande waren, sie zu leben. Die Wissenschaftler behandeln sie objektiv, das heißt oberflächlich. Ich und Du mag angehen, aber in Wirklichkeit können wir es nicht sagen; denn sobald wir es sagen, bin ich Du, und du bist Ich. Der Dualismus kann sich nur dann halten, wenn er von etwas, das nicht dualistisch ist, getragen wird.

Die Wissenschaft lebt vom Dualismus; deshalb versuchen die Wissenschaftler, alles auf quantitative Messungen zurückzuführen. Zu diesem Zweck erfinden sie alle möglichen mechanischen Geräte, Technologie ist der Grundton der modernen Kultur. Alles, dessen Quantität sich nicht bestimmen läßt, lehnen sie als unwissenschaftlich oder vorwissenschaftlich ab. Sie stellen eine bestimmte Reihe von Regeln auf, und was sich damit nicht erfassen läßt, wird ganz natürlich mit der Begründung, daß es nicht zu ihrem Forschungsgebiet gehöre, beseitegeschoben. Wie fein die Maschen auch sein mögen, solange es Maschen sind, werden immer einige Dinge hindurchschlüpfen und sich daher auf keine Weise messen lassen. Quantitäten sind ihrer Bestimmung nach unendlich, und die Wissenschaften müssen eines Tages zugeben, daß sie nicht imstande sind, die Wirklichkeit restlos auf ihre Mühlen zu leiten. Das Unbewußte liegt außerhalb des Gebietes wissenschaftlicher Untersuchung. Alles, was die Wissenschaftler daher tun können, besteht darin, auf das Vorhandensein eines solchen Gebietes hinzuweisen. Und das ist für die Wissenschaft genug.

Das Unbewußte ist etwas, das man fühlt, und zwar nicht im gewöhnlichen Sinne, sondern in einem, den ich den elementarsten oder fundamentalsten Sinn nennen möchte. Das bedarf vielleicht einer Erklärung. Wenn wir sagen:»Ich fühle den harten Tisch«, oder: »Ich friere«, so gehört diese Art von Gefühl zum Bereich der Sinne und läßt sich vom Gehörs- und Gesichtssinn und dergleichen unterscheiden. Wenn wir sagen:»Ich fühle mich einsam«, oder:»Ich bin begeistert«, so ist das allgemeiner, ganzheitlicher, innerlicher, gehört jedoch noch immer in das Gebiet des relativen Bewußtseins. Aber das Gefühl des Unbewußten ist viel grundlegender und elementarer und weist auf das Alter der»Unschuld« hin, in dem das Erwachen des Bewußtseins aus der sogenannten chaotischen Natur noch nicht stattgefunden hat. Die Natur ist jedoch nicht chaotisch, denn etwas Chaotisches kann nicht für sich allein existieren. Chaos ist nur ein Name für den Bereich, der sich nicht mit den gewöhnlichen Regeln der Vernunft messen läßt. Die Natur ist in dem Sinne chaotisch, daß sie ein Reservoir unendlicher Möglichkeiten ist. Das Bewußtsein, das sich aus diesem Chaos entwickelt hat, ist etwas Oberflächliches, das die Wirklichkeit nur am Rande berührt. Unser Bewußtsein ist nichts weiter als eine unbedeutende schwimmende Insel in einem Ozean, der die Erde umgibt. Aber durch dieses kleine Stückchen Land können wir auf die unendliche Weite des Unbewußten selbst hinausblicken; ein Gefühl davon ist alles, was wir haben können, aber dieses Gefühl ist nichts Kleines: Denn mit seiner Hilfe vermögen wir zu erkennen, daß unsere fragmentarische Existenz ihre volle Bedeutung erlangt und daß wir daher sicher sein können, nicht umsonst zu leben. Die Wissenschaft kann uns schon ihrer Definition nach niemals das Gefühl vollkommener Sicherheit und Furchtlosigkeit geben, das die Frucht unseres Erfühlens des Unbewußten ist.

Man kann nicht erwarten, daß wir alle Wissenschaftler sind, aber wir sind von Natur aus so beschaffen, daß wir alle Künstler sein können – natürlich nicht bestimmte Künstler wie Maler, Bildhauer, Musiker, Dichter usw., sondern Künstler des Lebens. Dieser Beruf, »Künstler des Lebens«, mag neu und ziemlich seltsam erscheinen, aber tatsächlich sind wir alle als Künstler des Lebens geboren. Aus Unwissenheit jedoch üben die meisten von uns diese Kunst nicht aus, und das Ergebnis ist, daß wir unser Leben verpfuschen, indem wir fragen: »Was ist der Sinn des Lebens?« »Stehen wir nicht vor dem puren Nichts?« »Wohin gehen wir, wenn wir achtundsiebzig oder sogar neunzig Jahre alt geworden sind? Niemand weiß es«, usw. Wie ich höre, ist dies der Grund für die Neurosen, an denen die meisten modernen Männer und Frauen leiden. Aber der Anhänger des Zen kann ihnen sagen: Sie haben alle vergessen, daß sie als Künstler, als schöpferische Künstler des Lebens geboren wurden und daß sie von Neurosen, Psychosen, oder wie sie ihre Leiden auch nennen mögen, geheilt sein werden, sobald sie diese Tatsache und Wahrheit erkannt haben.

II.

Was versteht man nun unter einem Künstler des Lebens? Soviel wir wissen, müssen alle Arten von Künstlern irgendein Instrument benutzen, um sich auszudrücken und ihre Schöpferkraft in irgendeiner Form zu demonstrieren. Der Bildhauer benötigt Stein, Holz oder Ton sowie Meißel oder irgendwelche anderen Werkzeuge, um seine Ideen auf das Material zu übertragen. Aber ein Künstler des Lebens braucht nicht aus sich herauszugehen. Alles Material, alles Werkzeug, alle technische Handfertigkeit, die normalerweise erforderlich sind, trägt er vom Augenblick seiner Geburt, ja vielleicht schon bevor ihn seine Eltern geboren haben, in sich. Das ist ungewöhnlich und außerordentlich, sagen Sie vielleicht, aber wenn Sie ein wenig darüber nachdenken, werden Sie sicherlich verstehen, was ich meine. Wenn nicht, will ich es Ihnen noch genauer erklären: Der Körper, der physische Körper, den wir alle besitzen, ist das Material und entspricht der Leinwand des Malers, dem Holz, Stein oder Ton des Bildhauers, der Geige oder Flöte des Musikers, den Stimmbändern des Sängers. Und alles, was zum Körper gehört, wie Hände, Füße, Rumpf, Kopf, Eingeweide, Nerven, Zellen, Gedanken, Gefühle, Sinne – kurz alles, was die gesamte Persönlichkeit ausmacht –, ist gleichzeitig das Material und das Werkzeug, – mit dem der Mensch seine schöpferische Begabung in Verhalten, Benehmen, in alle Formen von Handlungen, kurz in das Leben selbst umformt. Das Leben eines Künstlers des Lebens spiegelt jedes Bild wider, das er aus der unerschöpflichen Quelle seines Unbewußten erschafft. Jede seiner Taten ist Ausdruck seiner Originalität, Schöpferkraft und lebendigen Persönlichkeit. In ihm gibt es keine Konventionalität, keine Konformität, keine hemmende Motivierung. Er bewegt sich so, wie es ihm gefällt. Sein Verhalten ist wie das des Windes, der bläst, wie er mag. Sein Ich ist nicht in seiner fragmentarischen, begrenzten, gehemmten egozentrischen Existenz eingekerkert; er hat sein Gefängnis verlassen. Einer der großen Zen-Meister der T'ang-Dynastie sagt: »Ein Mensch, der allüberall Herr seiner selbst ist, ist stets sich selbst treu.« Diesen Menschen nenne ich den wahren Künstler des Lebens.

Sein Ich hat das Unbewußte, die Quelle unendlicher Möglichkeiten berührt. Er ist »Nicht-Geist«. Der hl. Augustinus sagt: »Liebe Gott und tu, was du willst.« Dies entspricht einem Gedicht von Bunan, einem Zen-Meister des siebzehnten Jahrhunderts:

> Sei tot,
> Während du lebst,
> Völlig erstorben;
> Und handle, wie du willst,
> Und alles ist gut.

Gott zu lieben bedeutet, kein Ich zu haben, ohne Geist zu sein, ein »Toter« zu werden, von den beengenden Motivierungen des Bewußtseins frei zu sein. Der Gruß dieses Menschen enthält keinerlei menschliches Element althergebrachter Interessen. Er wird angesprochen und antwortet. Er ist hungrig und ißt. Oberflächlich betrachtet, ist er ein natürlicher Mensch, der ohne die komplizierten Ideologien moderner zivilisierter Menschen geradewegs aus der Natur kommt. Aber wie reich ist sein Innenleben! Es steht in direkter Verbindung mit dem großen Unbewußten.

Ich weiß nicht, ob man ein solches Unbewußtes als das kosmische Unbewußte bezeichnen darf. Ich möchte es deshalb so nennen, weil das, was wir allgemein den relativen Bewußtseinsbereich nennen, irgendwohin ins Unbekannte entschwindet und dieses Unbekannte, wenn es erst erfaßt wurde, in das normale Bewußtsein eintritt, wo es alle Verwicklungen ordnet, die uns mehr oder weniger stark gequält haben. Das Unbekannte tritt so in Beziehung zu unserem Geist, und insofern müssen das Unbekannte und der Geist irgendwie von der gleichen Art sein und miteinander in Verbindung stehen. Wir können daher feststellen, daß unser begrenztes Bewußtsein, soweit wir seine Grenzen kennen, uns alle möglichen Sorgen, Ängste und Unsicherheiten verschafft. Sobald wir jedoch erkennen, daß unser Bewußtsein aus etwas entspringt, das zu uns in inniger Beziehung steht, wenn wir es auch nicht so kennen, wie man relative Dinge kennt, sind wir von jeglicher Spannung befreit und vollkommen ruhig und mit uns und der Welt im allgemeinen in Einklang. Warum sollen wir dieses Unbekannte also nicht das kosmische Unbewußte oder die Quelle unendlicher Schöpferkraft nennen, aus der nicht nur Künstler aller Art ihre Inspirationen nehmen, sondern die selbst uns gewöhnliche Wesen, jeden seinen natürlichen Gaben gemäß, dazu befähigt, sein Leben in ein wahres Kunstwerk zu verwandeln?

Die folgende Geschichte verdeutlicht vielleicht, was ich unter Verwandlung unseres täglichen Lebens in ein Kunstwerk verstehe. Im achten Jahrhundert lebte Dogo, ein großer Zen-Meister der T'ang-Dynastie. Er hatte einen jungen Schüler, der Unterweisung im Zen suchte. Der Schüler blieb einige Zeit bei dem Meister, aber es gab keinen speziellen Unterricht. Eines Tages trat er zum Meister und sprach:»Ich bin schon längere Zeit bei Euch, habe jedoch keinen Unterricht bekommen. Warum? Bitte gebt mir Bescheid.« Der Meister sagte:»Wie! Seit du gekommen bist, unterrichte ich dich fortwährend im Zen.« Der Schüler protestierte:»Bitte sagt mir, worin die Unterweisung bestand.«»Wenn du mich morgens siehst, grüßt du mich, und ich erwidere den Gruß. Wenn die Morgenmahlzeit gebracht wird, nehme ich sie dankbar an. Wo weise ich nicht auf das Wesentliche des Geistes hin?« Der Schüler senkte darauf den Kopf und schien darin vertieft zu sein, die Bedeutung der Worte des Meisters zu enträtseln. Hierauf sagte der Meister zu ihm:»Sobald du beginnst, darüber nachzudenken, ist es nicht mehr da. Du mußt es unmittelbar, ohne Vernunftgründe und ohne Zögern sehen.« Dies soll den Schüler für die Wahrheit des Zen erweckt haben.

Nur ein klein wenig von der Wahrheit des Zen vermag unser eintöniges Leben, ein Leben monotoner, nicht begeisternder Gewöhnlichkeit, in ein Leben zu verwandeln, das erfüllt ist von Kunst, von echter, innerer Schöpferkraft.

In all diesem liegt etwas, das älter ist als die wissenschaftliche Erforschung der Wirklichkeit, etwas, das durch die Maschen des wissenschaftlich konstruierten Apparates schlüpft.

Das Unbewußte im Sinne des Zen ist zweifellos das Geheimnisvolle, das Unbekannte, und deshalb unwissenschaftlich oder antewissenschaftlich. Das heißt jedoch nicht, daß es außerhalb der Reichweite unseres Bewußtseins liege und etwas sei, mit dem wir nichts zu tun hätten. Vielmehr ist es im Gegenteil das uns Vertrauteste, und gerade wegen dieser Vertrautheit läßt es sich schwer greifen, wie auch das Auge sich selbst nicht sehen kann. Um sich daher des Unbewußten bewußt zu werden, muß das Bewußtsein besonders geübt werden.

Entwicklungsgeschichtlich wurde das Bewußtsein irgendwann im Laufe der Menschwerdung aus dem Unbewußten erweckt. Die Natur wirkt auf ihre Art, ihrer selbst nicht bewußt, und aus ihr entsteht der Mensch mit Bewußtsein. Das Bewußtsein ist ein Sprung, aber nicht ein Bruch, denn das Bewußtsein steht mit dem Unbewußten in konstanter, ununterbrochener Verbindung. Ja, ohne das letztere könnte das erstere gar nicht funktionieren; es würde seine Funktionsgrundlage verlieren. Das ist der Grund, weshalb das Zen erklärt, Tao sei »der Alltagsgeist« des Menschen. Unter Tao versteht das Zen natürlich das Unbewußte, das fortwährend in unserem Bewußtsein wirkt. Das folgende »Mondo« (Frage und Antwort) hilft uns vielleicht, etwas vom Unbewußten im Sinne des Zen zu verstehen: Als ein Mönch einen Meister fragte, was unter »Alltagsgeist« zu verstehen sei, antwortete dieser: »Wenn ich hungrig bin, esse ich; wenn ich müde bin, schlafe ich.«

Sie werden sicherlich entgegnen: »Wenn dies das Unbewußte sein soll, das ihr Zen-Anhänger als etwas überaus Geheimnisvolles und für das menschliche Leben höchst Wertvolles bezeichnet, da es die Ursache der Verwandlung darstellt, so müssen wir es leider bezweifeln. Alle diese ›unbewußten‹ Handlungen sind schon seit langem gemäß dem Prinzip geistiger Ökonomie dem Bereich instinktiver Reflexe zugeordnet worden. Wir sähen das Unbewußte gern mit einer viel höhe-

ren Funktion des Geistes in Zusammenhang gebracht, vor allem
wenn diese, wie bei einem Schwertkämpfer, nur nach vielen Jahren
anstrengenden Trainings erworben wird. Was die reflexbedingten
Handlungen wie Essen, Trinken, Schlafen usw. betrifft, so haben wir
sie mit den niedrigeren Tieren ebenso wie mit Kleinkindern gemeinsam. Das Zen kann sie sicherlich nicht so hoch einschätzen, daß der
voll ausgereifte Mensch darin nach einem Sinn suchen sollte.«

Sehen wir einmal, ob es zwischen dem »instinktiven« Unbewußten
und dem »hochtrainierten« Unbewußten einen wesentlichen Unterschied gibt.

Bankei, einer der großen modernen japanischen Zen-Meister,
lehrte die Doktrin vom »Ungeborenen«. Um seine Idee anschaulich
zu machen, wies er auf Tatsachen unserer täglichen Erfahrung hin,
wie einen Vogel singen hören, eine Blume blühen sehen usw., und
sagte, daß sie alle auf das Vorhandensein des »Ungeborenen« in uns
zurückzuführen seien. Jedem Satori, das es geben mag, muß diese Erfahrung und keine andere zugrunde liegen, schloß er.

Das scheint auf den ersten Blick eine Identifizierung des Bereichs
der Sinne mit dem höchst metaphysischen Ungeborenen zu bedeuten. In gewissem Sinne ist es richtig, es damit zu identifizieren, aber
ansonsten ist es falsch, denn Bankeis »Ungeborenes« ist die Wurzel
aller Dinge und umfaßt nicht nur den Sinnesbereich unserer täglichen Erfahrung, sondern auch die Gesamtheit aller vergangenen, gegenwärtigen und zukünftigen Wirklichkeiten, die den Kosmos bis an
die Grenzen der zehn Himmelsrichtungen ausfüllen. Unser »Alltagsgeist«, unsere tägliche Erfahrung oder unsere instinktiven Handlungen sind als solche ohne besonderen Wert und ohne besondere Bedeutung. Sie erlangen sie nur in bezug auf das »Ungeborene« oder
was ich das »kosmische Unbewußte« genannt habe, denn das »Ungeborene« ist der Urquell aller schöpferischen Möglichkeiten. So
kommt es, daß, wenn wir essen, nicht wir, sondern das »Ungeborene« ißt; wenn wir schlafen, schlafen nicht wir, sondern das »Ungeborene«.

Solange das Unbewußte instinktiv ist, geht es über das von Tieren
oder kleinen Kindern nicht hinaus. Es kann nicht das Unbewußte des
reifen Menschen sein. Dieser hat ein trainiertes Unbewußtes, in das
alle bewußten Erfahrungen, die er seit seiner Kindheit gemacht hat,
aufgenommen sind, weil sie insgesamt sein ganzes Wesen ausmachen. Sobald daher der Schwertkämpfer das Schwert ergreift, treten
sein technisches Können und sein Bewußtsein der Situation in den
Hintergrund, und das trainierte Unbewußte beginnt, seine Rolle in

vollem Umfange zu spielen. Das Schwert wird geschwungen, als hätte es selbst eine Seele.

Vielleicht können wir folgendes sagen: Das Unbewußte, soweit es sich auf den Bereich der Sinne bezieht, ist das Ergebnis einer langen Entwicklung in der Geschichte des Lebens, und wir haben es mit Tieren und Kindern gemeinsam. Aber wenn wir aufwachsen, ergreift der Verstand vom Bereich der Sinne Besitz, und die Naivität der Sinneserfahrung geht verloren. Wenn wir lächeln, ist es nicht ein reines Lächeln; es kommt mehr dazu. Wir essen nicht so wie in unserer Kindheit; das Essen wird mit Verstandesarbeit vermischt. Und da wir alle dieses Eindringen des Intellekts oder die Vermengung mit dem Intellekt erkennen, werden einfache biologische Handlungen durch egozentrische Interessen verseucht. Das heißt, daß es jetzt einen Herrn über das Unbewußte gibt, das nicht mehr unmittelbar in den Bereich des Bewußtseins gelangen kann. Alle Handlungen, die biologisch instinktiv funktionieren, spielen nun die Rolle bewußt und intellektuell gesteuerter Handlungen.

Im biblischen Mythos ist diese Wandlung als Verlust der »Unschuld« oder Erlangung von »Wissen« bekannt. Im Zen und im Buddhismus im allgemeinen nennt man sie »affektive Verseuchung« (klesha) oder »das Dazwischentreten des vom Verstande beherrschten Bewußtseins« (vijnana).

Das Zen verlangt nun vom reifen Menschen, sich von dieser affektiven Verseuchung zu reinigen und sich vom Dazwischentreten des Verstandes und des Bewußtseins zu befreien, wenn er aufrichtig wünscht, ein Leben der Freiheit und Spontaneität zu führen, in dem ihn solche beunruhigenden Gefühle wie Furcht, Angst oder Unsicherheit nicht überfallen können. Wenn diese Befreiung stattfindet, wirkt das »trainierte« Unbewußtsein im Bereich des Bewußtseins. Und wir wissen, was Bankeis »Ungeborenes« oder der »Alltagsgeist« des chinesischen Zen-Meisters ist.

III.

Wir sind nun bereit, Takuans Rat für seinen Schüler im Schwertkampf, Yagyu Tajima-no-kami, zu hören.

Im wesentlichen lautet Takuans Rat, den Geist stets im Zustand des »Fließens« zu erhalten, denn er sagt, wenn er irgendwo anhalte, bedeute dies, daß der Fluß unterbrochen werde, und diese Unterbrechung sei dem geistigen Wohlbefinden abträglich. Bei einem Schwertkämpfer bedeute sie den Tod. Die Gefühle trübten den Spiegel des elementaren Prajna des Menschen, und die intellektuelle Überlegung behindere seine natürliche Tätigkeit. »Prajna«, das Takuan »unbewegliches Prajna« nennt, sei die treibende Kraft für all unsere Handlungen, und zwar sowohl die inneren als auch die äußeren. Wenn es aufgehalten werde, könne der bewußte Geist nicht fließen. Das Schwert mißachte das natürliche, freie, spontane, richtunggebende Wirken des »unbeweglichen Prajna« (das unserem Unbewußten entspricht) und beginne, der bewußt erworbenen technischen Geschicklichkeit zu gehorchen. »Prajna« sei der unbewegliche Beweger, der unbewußt im Bereich des Bewußtseins wirke. Wenn der Schwertkämpfer seinem Feind gegenübersteht, soll er weder an den Gegner noch an sich selbst, noch an die Bewegungen des Schwertes seines Feindes denken. Er steht einfach mit seinem Schwert da und soll alle Technik vergessen und das Schwert wirklich nur dem Befehl des Unbewußten folgen lassen. Der Mann als Führer des Schwertes existiert nicht mehr. Wenn er zuschlägt, ist es nicht der Mann, sondern das Schwert in den Händen des Unbewußten, das zuschlägt. Es gibt Berichte, daß sich die Männer nicht einmal der Tatsache bewußt wurden, daß sie den Gegner niedergeschlagen hatten. Das Wirken des Unbewußten ist in vielen Fällen geradezu wunderbar.

Lassen Sie mich Ihnen ein Beispiel geben. Es gibt einen japanischem Film »Die sieben Samurai«, der vor einiger Zeit dem amerikanischen Publikum vorgestellt wurde. Er zeigt eine Szene, in der die unbeschäftigten Samurai eine Probe ihrer Fechtkunst ablegen. Sie ist erfunden, gründet sich aber ohne Zweifel auf historische Tatsachen. Der Anführer der Unternehmung dachte sich eine Methode aus, um jeden Schwertkämpfer zu prüfen. Er stellte einen jungen Mann aus dem Dorf hinter den Eingang, durch den jeder kommen mußte, der das Gebäude betreten wollte. Sobald ein Samurai über die Schwelle trat, sollte ihm der junge Mann einen Stockhieb versetzen und sehen, wie sich der Neuankömmling verhielt.

Der erste wurde überrumpelt und empfing den Hieb mit voller Wucht. Er bestand die Probe nicht. Der zweite wich dem Hieb aus und schlug zurück. Er wurde nicht für gut genug befunden. Der dritte blieb am Eingang stehen und sagte zu dem Mann hinter der Tür, er solle bei einem erfahrenen Krieger keinen faulen Trick versuchen. Er fühlte also die Gegenwart des verborgenen Feindes, bevor er ihn, der gut versteckt war, wirklich sah. Dies verdankte er einer langen Erfahrung, die er in turbulenten Tagen erworben hatte. Er bewies damit, daß er ein erfolgreicher Kandidat für die Aufgabe war, die in diesem Dorfe ausgeführt werden sollte.

In den feudalen Zeiten, als der Samurai in jeder Situation, die sich in seinem täglichen Leben ergeben konnte, wachsam sein mußte, scheint dieses Fühlen eines unsichtbaren Feindes bei den Schwertkämpfern zu einer bemerkenswerten Leistungsfähigkeit entwickelt worden zu sein. Selbst im Schlaf war er bereit, einer feindlichen Situation zu begegnen.

Ich weiß nicht, ob man dies einen sechsten Sinn oder eine Art von Telepathie und somit einen Gegenstand für die sogenannte Parapsychologie nennen könnte. Ich möchte aber wenigstens erwähnen, daß die Philosophen der Fechtkunst diesen von den Schwertkämpfern erworbenen Sinn dem Wirken des Unbewußten zuschreiben, das erweckt wird, wenn der Kämpfer einen Zustand der Ichlosigkeit, der Geistlosigkeit erreicht. Sie sagen, wenn der Mann die höchste Meisterschaft in der Kunst erreicht hat, ist in ihm nichts mehr von dem gewöhnlichen, relativen Bewußtsein vorhanden, in dem er erkennt, daß er sich in einem Kampf auf Leben und Tod befindet; wenn die Ausbildung vollendet ist, ist sein Geist wie ein Spiegel, in dem sich jeder Gedanke widerspiegelt, der sich im Geiste des Gegners regt, und er weiß sofort, wie und wo er den Gegner schlagen muß. (Genauer gesagt, ist das kein Wissen, sondern Intuition, die im Unbewußten stattfindet.) Sein Schwert bewegt sich förmlich mechanisch und ganz von selbst gegen einen Gegner, dem es unmöglich ist, sich zu verteidigen, weil das Schwert seine ungeschützte Stelle trifft. Das Unbewußte des Schwertkämpfers soll daher das Ergebnis von Ichlosigkeit sein, die im Einklang mit dem »Grund von Himmel und Erde« steht und daher alles niederschlägt, was sich diesem Grund entgegenstellt. Den Sieg im Fechten erringt nicht der Schnellste, der Stärkste oder der Geschickteste, sondern derjenige, dessen Geist rein und ichlos ist.

Ob wir diese Auslegung akzeptieren oder nicht, ist eine andere Frage. Tatsache ist, daß der Meister im Schwertkampf etwas besitzt, das wir das Unbewußte nennen können, und daß dieser Zustand erreicht wird, wenn er sich seiner Handlungen nicht mehr bewußt ist und alles einem Etwas überläßt, das nicht seinem relativen Bewußtsein angehört. Wir nennen es »Etwas« oder »Jemand«; da es außerhalb des gewöhnlichen Bereichs des Bewußtseins liegt, haben wir dafür keinen Namen außer einen negativen, »X« oder »das Unbewußte«. Da es auf eine Art und Weise mit dem Bewußtsein in Verbindung tritt, daß es sich alle technische Fertigkeit, die bewußt erworben wurde, zunutze macht, kann man es nicht unzutreffend »das Unbewußte« nennen.

IV.

Was ist das Wesen dieses Unbewußten? Gehört es noch zum Bereich der Psychologie, wenn auch im weitesten Sinn des Wortes? Ist es irgendwie verwandt mit dem Urquell aller Dinge wie beispielsweise dem »Grund für Himmel und Erde« oder mit etwas anderem, das in der Ontologie östlicher Denker auftritt? Oder sollen wir es den »großen, perfekten Spiegel des Wissens« (adarsanajnana) nennen, wie es manchmal von Zen-Meistern genannt wird?

Die folgende Begebenheit, die von Yagyu Tajima-no-kami Munenori, einem Schüler des Zen-Meisters Takuan, erzählt wird, steht nicht in direktem Zusammenhang mit dem Unbewußten, wie es im vorhergehenden Teil dieses Vortrages beschrieben wurde, weil er nicht wirklich einem Feind gegenüberstand. Aber für den Psychologen ist es vielleicht nicht uninteressant festzustellen, daß sich eine Fähigkeit, die man fast parapsychisch nennen könnte, durch ein bestimmtes Training entwickeln läßt. Ich muß noch hinzufügen, daß der Fall von Yagyu Tajima-no-kami natürlich nicht wissenschaftlich überprüft wurde. Aber in den Annalen der japanischen Fechtkunst ist eine Reihe solcher Fälle verzeichnet, und selbst nach unseren modernen Erfahrungen haben wir Grund, an die Wahrscheinlichkeit einer solchen »telepathischen« Intuition zu glauben. Doch muß ich nochmals sagen, daß diese Art von psychologischen Erscheinungen wahrscheinlich mit dem Unbewußten, von dem ich gesprochen habe, nichts zu tun hat.

Eines Frühlingstages bewunderte Yagyu Tajima-no-kami die blühenden Kirschbäume in seinem Garten. Allem Anschein nach war er tief in die Betrachtung versunken. Plötzlich fühlte er, wie ihn von hinten ein Sakki* bedrohte. Yagyu wandte sich um, sah aber keinen Menschen außer dem Knaben, der gewöhnlich seinem Herrn das Schwert

---

* »Sakki« bedeutet wörtlich »Mordluft«. Der Schwertkämpfer spricht häufig von einem derartigen Vorkommnis. Es läßt sich nicht beschreiben, sondern man fühlt nur im Innern, daß es von einer Person oder einem Gegenstand ausgeht. Man spricht oft davon, daß einige Schwerter von dieser »Mordluft« erfüllt seien, wogegen andere ein Gefühl der Ehrfurcht, der Ehrerbietung oder sogar der Güte vermitteln. Das wird im allgemeinen dem Charakter oder Temperament des Künstlers zugeschrieben, der das Schwert geschmiedet hat, denn Kunstwerke spiegeln den Geist der Künstler wider, und in Japan ist das Schwert nicht nur eine Waffe, sondern ein Kunstwerk. Das Sakki geht auch von einem Menschen aus, der heimlich oder offen den Gedanken, jemand zu töten, in sich trägt. Diese »Luft« soll auch über einer Gruppe von Soldaten liegen, die die Absicht haben, den Feind anzugreifen.

nachträgt. Yagyu konnte den Ursprung des Sakki nicht feststellen. Dies verwirrte ihn ungemein, denn er hatte nach einem langen Training in der Fechtkunst eine Art sechsten Sinn erworben, der ihn sofort das Vorhandensein eines Sakki entdecken ließ.

Er zog sich bald darauf in sein Zimmer zurück und versuchte, das Problem, das ihn sehr beunruhigte, zu lösen. Bisher war es ihm nämlich stets gelungen, ein Sakki zu entdecken und seinen Ursprung genau festzustellen, wenn er sein Vorhandensein fühlte. Er war über sich so verärgert, daß alle seine Diener Angst hatten, sich ihm zu nähern und ihn nach dem Grund zu fragen.

Schließlich trat einer der älteren Diener vor ihn hin und fragte ihn, ob er sich nicht wohlfühle und irgendeine Hilfe brauche. Der Herr sprach: »Nein, ich bin nicht krank. Aber ich habe im Garten draußen etwas Seltsames erlebt, das ich nicht verstehen kann, und ich denke darüber nach.« Und er erzählte den ganzen Vorfall.

Als es sich unter den Dienern herumgesprochen hatte, trat der Knabe, der dem Herrn gefolgt war, zitternd hervor und bekannte folgendes: »Als ich euch so in der Bewunderung der Kirschblüten versunken sah, hatte ich den Gedanken: Wie geschickt unser Herr mit dem Schwert auch ist, er könnte sich aller Wahrscheinlichkeit nach doch nicht verteidigen, wenn ich ihn in diesem Augenblick plötzlich von hinten niederschlüge. Möglicherweise hat der Herr diesen geheimen Gedanken von mir gefühlt.« Nach diesem Bekenntnis war der Knabe bereit, von dem Herrn für diesen unziemlichen Gedanken eine Strafe anzunehmen.

Damit war das Geheimnis aufgeklärt, das Yagyu so sehr beunruhigt hatte, und er war nicht in der Stimmung, dem unschuldigen jungen Sünder etwas zu tun. Er war zufrieden damit, daß sein Gefühl nicht getrogen hatte.

ALAN WATTS

*Englisch-amerikanischer Religions-
wissenschaftler und Philosoph.
Geboren 1915 in England, das er
1938 verließ. Professor und Rektor
an der Amerikanischen Akademie
für Asiatische Studien in San
Francisco. Jahrelange Beschäftigung mit östlicher Philosophie,
Psychologie und der asiatischen
Kultur. Alan Watts starb 1973 in
San Francisco.
Wichtige Werke: »Der Lauf des Was-
sers. Eine Einführung in den Taoismus«; »Im Einklang mit der
Natur«; »Zeit zu leben. Erinnerungen eines ›heiligen Barbaren‹«.
Thema des ausgewählten Beitrags
ist die spirituelle Erfahrung und ihr
Verhältnis zum alltäglichen Leben.*

Dies ist ES

Das Beeindruckendste bei spiritueller, intellektueller und poetischer Erfahrung des Menschen ist, jedenfalls für mich, immer das universale Vorherrschen jener verblüffenden Augenblicke der Einsicht gewesen, welches Richard Bucke das »kosmische Bewußtsein« nannte. Für diese Art Erfahrung gibt es eigentlich keine befriedigende Bezeichnung. Bezeichnet man sie als mystisch, so verwechselt man sie mit Visionen von einer anderen Welt oder von Göttern und Engeln. Bezeichnet man sie als spirituell oder metaphysisch, so suggeriert man, daß sie nicht auch äußerst konkret und physisch ist, während die Bezeichnung »kosmisches Bewußtsein« selbst mit dem unpoetischen Beigeschmack okkulten Jargons behaftet ist. Doch liegen uns aus allen historischen Epochen Berichte über dieselbe, unverkennbare Sinneswahrnehmung vor, die gewöhnlich ziemlich überraschend und unerwartet und ohne sichtbare Ursache auftaucht.

Dem so erleuchteten Individuum erscheint es als klare und überwältigende Gewißheit, daß das Universum, so wie es genau in diesem Moment als ein Ganzes und in all seinen Einzelheiten ist, völlig *richtig* ist und keiner Erklärung oder Rechtfertigung über das hinaus bedarf, was es ist. Die Existenz hört nicht nur auf, ein Problem zu sein; der Verstand, der Geist ist über die selbstverständliche und selbstgenügsame Zweckmäßigkeit der Dinge, so wie sie sind, das eingeschlossen, was man normalerweise für etwas Schlimmes hält, derart von Staunen gepackt, daß sich kein Wort finden läßt, das stark genug wäre, die Perfektion und die Wahrnehmung der Erfahrung auszudrücken. Die Klarheit der Erfahrung vermittelt die Wahrnehmung, daß die Welt transparent oder leuchtend geworden ist, und ihre Einfachheit die Wahrnehmung, daß sie von einer höheren Intelligenz durchdrungen und geordnet wird. Es ist nicht ungewöhnlich, daß der einzelne Mensch gleichzeitig das Gefühl hat, die ganze Welt sei zu seinem Körper geworden und daß, was immer er ist, nicht nur zu dem geworden ist, was alles andere auch ist, sondern es immer gewesen ist. Es verhält sich nicht so, daß er seine Identität soweit verliert, daß er nun tatsächlich durch die Augen aller anderen sieht, buchstäblich allwissend wird, sondern eher so, daß sein individuelles Bewußtsein und seine Existenz nichts weiter sind als ein Gesichtspunkt, den sich eine nicht meßbare Größe vorübergehend zu eigen macht.

Der Kernpunkt der Erfahrung scheint die innere Gewißheit oder Einsicht zu sein, daß das unmittelbare *Jetzt*, wie immer es geartet sein mag, das Ziel und die Erfüllung allen Lebens ist. Um diese Einsicht herum, und aus ihr heraus, fließt eine Ekstase der Gefühle, die Wahrnehmung einer großen Erleichterung, Frieden und Leichtigkeit und oft eine unerträgliche Liebe für die Welt, was jedoch nebensächlich ist. Häufig wird die Freude der Erfahrung mit der Erfahrung und der Einsicht, die in der Ekstase verlorengingen, durcheinandergebracht, so daß das Individuum, indem es versucht, die Nebeneffekte der Erfahrung festzuhalten, sich das Wesentliche entgehen läßt – nämlich, daß das unmittelbare *Jetzt* komplett ist, selbst wenn es nicht in Ekstase getaucht ist. Denn Ekstase ist ein notwendigerweise unbeständiger Kontrast im ständigen Fluß unserer Gefühle. Einsicht aber wird, sofern sie klar genug ist, weiter dauern; hat man ein bestimmtes Können erst einmal erreicht, wird man es nicht wieder verlieren.

Die Begriffe, mit denen man diese Erfahrung beschreibt, werden natürlich aus dem religiösen und philosophischen Gedankengut seiner Kultur gewählt werden, und deren Verschiedenartigkeit verbergen häufig ihre grundlegende Gleichheit. Wie das Wasser den Weg des geringsten Widerstandes sucht, so umgeben sich auch Emotionen mit Symbolen, die am nächsten liegen, und die Assoziation geschieht so rasch und automatisch, daß es erscheinen mag, als sei das Symbol der Kern der Erfahrung. Klarheit erinnert an Licht, und in Augenblicken einer solch akuten Klarheit mag sich die physische Wahrnehmung von alles durchdringendem Licht einstellen. Einem Theisten wird das natürlich wie ein flüchtiger Blick auf die Präsenz Gottes vorkommen, so wie in jenem berühmten Zeugnis Pascals:

Im Jahre des Herrn der Gnade 1654
Montag, der 23. November, St. Clemenstag ...
Von ungefähr halb elf am Abend
bis ungefähr halb eins, Mitternacht,

FEUER

Gott Abrahams. Gott Isaaks. Gott Jakobs
nicht der der Philosophen und der Weisen.
Gewißheit, Freude, Gewißheit, Gefühl, Freude, Frieden.

Oder in einem von William James zitierten Fall:

Der ganze Himmel schien sich zu öffnen und Strahlen von Licht und Herrlichkeit auszugießen. Nicht nur für einen kurzen Augenblick, den ganzen Tag und die ganze Nacht schienen sich Fluten von Licht und Herrlichkeit in meine Seele zu gießen, und oh, wie verwandelt ich doch war, und alles wurde neu. Meine Pferde und Schweine und alle Menschen schienen verändert.

Klarheit mag aber auch Transparenz suggerieren oder das Gefühl, daß die Welt, der wir gegenüberstehen, nicht länger ein Hindernis ist und der Körper nicht länger eine Last. Dem Buddhisten wird dies gleichermaßen selbstverständlich die Lehre von der Realität als der nicht greifbaren, undefinierbaren Leere *(sunyata)* ins Gedächtnis rufen.

Ich kam in die Halle zurück und wollte mich gerade an meinen Platz begeben, als um mich herum alles ein anderes Aussehen annahm. Eine breite Fläche öffnete sich, und der Boden sah aus, als sei er eingebrochen ... Indem ich um mich herum nach oben und unten blickte, erschien mir das ganze Universum mit seinen mannigfaltigen Sinnes-Objekten auf einmal ganz verändert; was vorher abscheulich war, samt Ignoranz und Leidenschaften, stellte sich

jetzt als nichts anderes als Ausfluß meines eigenen, innersten Wesens dar, welches in sich selbst klar, wahr und transparent blieb.[1]

Ebenso wie ein und derselbe Schmerz entweder als heißes Brennen
oder kaltes Weh beschrieben werden kann, können auch die Beschreibungen dieser Erfahrung in Formen erfolgen, die einander völlig ent-
gegengesetzt zu sein scheinen. Der eine mag sagen, daß er das Geheimnis des Lebens gelüftet hat, das aber irgendwie nicht in Worte
fassen kann. Ein anderer wird sagen, daß es niemals ein Geheimnis
gab und folglich auch keine Antwort, denn alles, was die Erfahrung
für ihn aufhellte, war die Irrelevanz und Künstlichkeit aller unserer
Fragen. Der eine erklärt, er sei überzeugt, es gäbe keinen Tod, sein
wahres Selbst sei so zeitlos wie das Universum. Ein anderer stellt fest,
daß der Tod lediglich aufgehört hat, eine Rolle zu spielen, weil der jetzige Augenblick so vollkommen ist, daß er keiner Zukunft bedarf.
Einer fühlt sich erhaben und mit einem Leben vereinigt, das von dem
seinen so unendlich verschieden ist. Wie man den Herzschlag als
etwas betrachten kann, das einem *passiert,* oder als etwas, was man
tut, je nachdem wie man es betrachtet, so wird jemand anderes das
Gefühl haben, er habe nicht einen überweltlichen Gott, sondern sein
eigenes, innerstes Wesen erfahren. Der eine wird das Gefühl erlangen, daß sein Ego oder sein Selbst sich so weit ausdehnt, daß es das
ganze Universum umfaßt, ein anderer wird meinen, er habe sich
selbst gänzlich verloren und daß das, was er sein Ego nannte, niemals
etwas anderes war als eine Abstraktion. Der eine wird sich als unendlich bereichert beschreiben, ein anderer wird sagen, er habe eine
solch absolute Armut erlangt, daß ihm nicht einmal Körper und Seele
gehörten und nichts auf der Welt ihn interessiere.
    Diese Erfahrung wird selten ohne Metaphern beschrieben, die,
wenn sie wörtlich genommen werden, in die Irre führen mögen. Als
ich mich aber mit der Lektüre von Bernard Berensons *Sketch for a Self-
Portrait* beschäftigte, gelangte ich an einen Absatz, der einer der einfachsten und »saubersten« Berichte ist, denen ich jemals begegnete.

Es war ein Frühsommermorgen. Ein silbriger Dunstschleier schim-
merte und zitterte über den Lindenbäumen. Die Luft war mit ihrem
Duft beladen; die Temperatur eine Liebkosung. Ich erinnere mich –
ich muß es mir nicht ins Gedächtnis zurückrufen –, daß ich auf
einen Baumstumpf kletterte und mich mit einemmal in Es-Haftig-
keit getaucht fand. Damals benannte ich es nicht so, »Es« und ich
waren eins.[2]

Einfach »Es« – wie wir es einsetzen, um einen Superlativ zu bezeichnen, oder das genau Getroffene oder eine eindringliche Tatsache oder etwas, nach dem wir schon immer suchten. Nicht die Neutrumsform des bloßen Objekts, sondern etwas, das noch lebendiger und viel weiter als das Persönliche ist, und für das wir dieses einfachste der Wörter benutzen, weil wir keine andere Bezeichnung dafür haben.

Im Zusammenhang mit dem Christentum ist es ganz besonders schwer, die richtigen Ausdrucksmittel für diese Erfahrung zu finden. Denn wenn diese Erleuchtung auch über ebenso viele Christen kommt wie über andere, ist der christliche Mystiker immer der Gefahr eines Konflikts mit den Verfechtern der Orthodoxie ausgesetzt. Die Dogmatiker des Christentums bestehen steif und fest auf dem radikalen Unterschied zwischen Gott und dem von ihm geschaffenen Universum wie zwischen Gott und der menschlichen Seele. Diese halten an Gottes ewigem Widerstand gegen das Böse, seinem Abscheu vor der Sünde fest, und da dieses sehr reale Wirklichkeiten unserer Tage sind, an der erfolgreichen Erlösung der Welt erst am Ende aller Zeiten. Selbst dann wird die Hölle als ein Ort für permanente Einkerkerung und Marter für die Kräfte des Bösen immer bestehen bleiben. Dessenungeachtet macht es die Doktrin der Allmacht – daß nichts, nicht einmal die Sünde, ohne Gottes Wille geschehen kann – dem christlichen Mystiker in diesem schwierigen Rahmen möglich, die unbeschreibliche Doktrin aufzustellen, daß »Sünde eine wichtige Rolle einnimmt, alles wird gut sein, und alle möglichen Dinge werden gut sein«.[3]

Die christliche Auffassung von der Realität des Bösen, von Zeit und Geschichte als dem Prozeß der Überwindung des Bösen, bleibt selbst in dem heutigen nachchristlichen Klima in uns vorhanden, so daß wir mit dem Akzeptieren des »kosmischen Bewußtseins« als mehr als einer inspirierenden Halluzination Schwierigkeiten haben. Mag es als die Vision eines zukünftigen, »in der Ferne liegenden göttlichen Ereignisses« zulässig sein, aber bei unserer progressiven Einschätzung der Welt scheint es unmöglich, es als eine Vision der Dinge so wie sie *sind* anzuerkennen. Sogar in der Beschreibung, welche Bucke uns über seine eigene Erfahrung gibt, kann man einen bezeichnenden Gebrauch der Zukunftsform ablesen:

> Ganz plötzlich, ohne irgendeine Warnung, fand ich mich von einer flammenroten Wolke eingehüllt. Einen Augenblick lang dachte ich an Feuer, eine mächtige Feuersbrunst in jener großen Stadt; als nächstes wußte ich, daß das Feuer in mir selbst war. Gleich darauf

überkam mich ein Gefühl des Frohlockens, eines freudigen Erregtseins, begleitet, oder unmittelbar gefolgt, von einer unbeschreiblichen intellektuellen Erleuchtung. Unter anderem begann ich nicht nur zu glauben, sondern ich sah, daß das Universum nicht aus toter Materie zusammengefügt ist, sondern, ganz im Gegenteil, lebendige Gegenwart ist; das ewige Leben wurde mir in meinem Traum bewußt. Es war keine innere Überzeugung, daß ich das ewige Leben besitzen würde, sondern ein Bewußtsein, daß ich ewiges Leben besaß; ich sah, daß alle Menschen unsterblich sind; daß die kosmische Ordnung so beschaffen ist, daß ohne Zufall alle Dinge zum Guten für alle und jeden zusammenwirken; daß das Gründungsprinzip der Welt, aller Welten, das ist, was wir Liebe nennen, und daß die Glückseligkeit *auf lange Sicht* für alle und jeden absolut gewiß ist. Die Vision währte wenige Sekunden und war vorüber; aber die Erinnerung daran und das Gefühl der Realität dessen, was es mich lehrte, blieb in dem Vierteljahrhundert, welches seither vergangen ist, bestehen.[4]

Dessenungeachtet korrespondiert das »Bewußtsein, daß ich ewiges Leben besaß«, mit der buddhistischen Erkenntnis, daß »seit Anbeginn alle Dinge im Nirwana sind« und daß die Erleuchtung, oder das Erwachen, nicht die Schaffung einer neuen Lage der Dinge ist, sondern das Erkennen dessen, was immer ist.

Solche Erfahrungen beinhalten dann also, daß unsere normale Sicht und Einschätzung der Welt ein subjektiver, aber kollektiver Alptraum ist. Sie suggerieren, daß unsere gewöhnliche Realität – wie wir die Welt etwa an einem Montagmorgen erleben – ein Gefüge ist aus verstaatlichter Konditionierung und Repression, ein System selektiver Gleichgültigkeit, durch das uns gelehrt wird, Aspekte und Verbindungen in der Natur zu verdecken, die nicht mit den Spielregeln des zivilisierten Lebens übereinstimmen. Trotzdem schließt die Vision beinahe unverändert die Erkenntnis ein, daß genau diese Beschränkung des Bewußtseins ebenso ein Teil des immerwährenden Weltgefüges ist. Mit den Worten des Zen-Meisters Gensha ausgedrückt:

Wenn du begreifst, sind die Dinge, wie sie sind;
Wenn du nicht begreifst, sind die Dinge, wie sie sind.

Dies »wie sie sind« bezeichnet den gänzlich unproblematischen und unabhängigen Charakter dieses ewigen Jetzt, in welchem, wie Chuang-tsu sagt,

Die Beine einer Ente, obschon sie kurz sind, nicht ohne Qual für die Ente verlängert werden können; die Beine eines Kranichs, obschon sie lang sind, nicht ohne Qual für den Kranich verkürzt werden können.

Denn irgendwie scheint die Vision durch das Akzeptieren der Richtigkeit der Tatsache, daß man sie nicht hat, zustande zu kommen, durch die Bereitwilligkeit, so unvollkommen zu sein, wie man ist – vollkommen unvollkommen.

Nun ist es einfach zu erkennen, wie diese Sehweise in Kulturen ohne den Sinn für Hoffnung und Geschichte akzeptabel sein könnte, wie sie tatsächlich die einzige Grundlage für eine Philosophie sein könnte, die das Leben erträglich machen würde. In der Tat ist es sehr wahrscheinlich, daß der »historische Dynamismus« des christlichen Westens eine ziemlich neue theologische Entdeckung ist, denn die Laisser-faire-Hymne können wir nicht länger ohne soziale Bedenken singen:

> Der Reiche in Pracht und Würde, der Arme zu seinen Füßen ruht,
> Er erhöht und erniedrigt, verwaltet ihr Hab und Gut –

und dann mit dem Ausruf enden:

> Alles, was hell und leuchtend, die Kreaturen, groß und klein,
> Alles, was voller Wunder, der Herr schuf alles ganz allein!

Aber wenn man die Erfahrung auch für diesen Zweck ausgenutzt hat, so ist sie in sich selbst doch keine Philosophie, die angelegt ist, sich zu rechtfertigen oder den Ungleichheiten des Lebens gegenüber abzustumpfen. Wie das Sich-Verlieben hat sie nur eine hauchdünne Verbindung zu irgendeinem besonderen kulturellen Hintergrund oder einer gesellschaftlichen Stellung. Ohne Unterschied kommt sie über den Reichen und den Armen, den moralisch Gefestigten und den Ungefestigten, den Glücklichen und den Unglücklichen. Sie bringt die überwältigende innere Überzeugung mit, daß die Welt in all ihren Aspekten ein Wunderwerk ist; und obwohl dies logischerweise die Notwendigkeit ausschließt, die Vision mit anderen zu teilen und sie aus ihrem Alptraum zu wecken, ist die normale Reaktion nicht ein Gefühl der Pflicht, sondern ein Gefühl reinsten Entzückens, gibt man die Erfahrung durch Wort oder Tat weiter.

Aus diesem neuen Blickwinkel erscheinen einem die Verbrechen und Verrücktheiten im alltäglichen Alptraum des Menschen weder böse noch einfältig, sondern einfach bemitleidenswert. Man hat den außerordentlich komischen Eindruck, schaut man Menschen bei ihrem gemeinen und boshaften Treiben zu, daß sie im selben Moment wie Götter aussehen – als wären sie außergewöhnlich glücklich, ohne es zu wissen. Kirillow drückt das in Dostojewskis *Die Besessenen* so aus:

»Der Mensch ist unglücklich, weil er nicht weiß, daß er glücklich ist. Es ist nur das. Das ist alles, das ist alles! Findet das einmal einer heraus, wird er sofort, im gleichen Augenblick, glücklich werden ... Alles ist gut. Ich habe das ganz unvermittelt entdeckt.«

»Und wenn einer Hungers stirbt« (fragt Stavrogin) »und wenn einer das kleine Mädchen beleidigt und ihm Gewalt antut, ist das gut?«

»Ja! Und wenn sich einer für das kleine Kind den Schädel zerschmettert, dann ist das auch gut. Und wenn es keiner tut, so ist das auch gut. Alles ist gut, alles. Es ist für alle diejenigen gut, die wissen, daß alles gut ist. Wüßten sie, daß es gut für sie ist, so wäre es gut für sie, aber solange sie nicht wissen, daß es gut für sie ist, solange wird es schlecht für sie sein. Das ist die ganze Idee, alles, was dahintersteht! ... Sie sind schlecht, weil sie nicht wissen, daß sie gut sind. Wenn sie das herausfinden, werden sie einem kleinen Mädchen keine Gewalt antun. Sie werden herausfinden, daß sie gut sind, und alle, jeder einzelne von ihnen, werden gut werden.«[5]

Normalerweise mag man sich bewußt sein, daß es zwischen der wunderbaren Struktur des menschlichen Organismus und seines Gehirns auf der einen und den Taten, zu denen die meisten Menschen beides gebrauchen, auf der anderen Seite einen schockierenden Kontrast gibt. Und gerade deshalb könnte es vielleicht einen Standpunkt geben, von dem aus das natürliche Wunder des Organismus die erniedrigenden Verrichtungen seines oberflächlichen Bewußtseins einfach überstrahlt. Auf ähnliche Weise erlaubt es diese seltsame Öffnung der Vision nicht, daß man seine Aufmerksamkeit eng auf die Details des Bösen beschränkt; diese unterwerfen sich der alles durchdringenden Intelligenz und Schönheit des Gesamtdesigns.

Eine solche Erkenntnis hat nicht das geringste mit »seichtem Optimismus« zu tun, noch mit dem Versuch, die Bedeutung des Universums mit irgendwie gefälligen philosophischen Vereinfachungsformeln zu erfassen. Daneben nehmen sich *alle* philosophischen Meinungen und Dispute aus wie hochgestochene Versionen dessen, was

Kinder sich zurufen – »Das ist's!« – »Das ist's nicht!« – »Das ist's!« – »Das ist's nicht!« –, bis sie (täten die Philosophen es nur ebenso) die Sinnlosigkeit ihres Geschreis begreifen und sich vor lauter Lachen am Boden wälzen. Darüber hinaus, so weit entfernt von der selbstgefälligen Rationalisierung eines Herrn Pangloss, gibt es die Tendenz, daß sich die Erfahrung in total extremen oder verzweifelten Situationen einstellt, etwa wenn ein Mensch keine andere Alternative mehr findet, als sich gänzlich aufzugeben.

Etwas in dieser Richtung erschien mir, als ich ungefähr acht Jahre alt war, in einem Traum. Ich war damals krank und hatte beinahe Fieberphantasien, und in diesem Traum fand ich mich mit dem Gesicht nach unten, mit gespreizten Armen und Beinen an eine riesige Stahlkugel gefesselt, die um die Erde rollte. Ich wußte mit aller Gewißheit, daß ich in alle Ewigkeit verdammt war, in diesem gräßlichen, schrecklichen Wirbel davongetragen zu werden, und meine Überzeugung war so groß, daß es keinen anderen Ausweg gab, als aufzugeben – denn dies war die Hölle, und es lag nichts anderes vor mir, außer einer sprichwörtlich unendlichen Pein. Aber in dem Augenblick, in dem ich mich meinem Schicksal ergab, war es, als schlüge die Kugel gegen einen Berg und löste sich in nichts auf, und das nächste, an das ich mich erinnere, war, daß ich auf warmem Sand saß und von der Kugel nichts übrig war als um mich herum verstreute, verbogene Blechstücke. Dies war natürlich nicht die Erfahrung »kosmischen Bewußtseins«, sondern die Erfahrung, daß die Befreiung aus extrem gefährlichen Situationen nicht außerhalb, sondern innerhalb des Problems liegt.

Jene andere Erfahrung kam erst viel später, zweimal mit großer Intensität, manchmal auch nur mit mehr, sagen wir einem Aufglühen als einem blendenden Flash. Kurz nachdem ich meine Studien der indischen und chinesischen Philosophie aufgenommen hatte, saß ich eines Nachts beim Feuer und versuchte herauszufinden, welches die richtige innere Einstellung für Meditation wäre, wie man sie gemäß hinduistischer und buddhistischer Lehren ausübt. Mir schien, als wären verschiedene Einstellungen möglich, aber da sie sich gegenseitig auszuschließen, widersprüchlich schienen, versuchte ich, eine einzige Grundeinstellung zu finden – ohne Erfolg. Am Ende beschloß ich aus reinster Verzweiflung, überhaupt keine besondere Geisteseinstellung zu haben. Mit der Macht, mit der ich alles über Bord werfen wollte, schien es mir, daß ich mich selbst mit wegwarf, denn ziemlich unvermittelt schwand mein eigenes Körpergewicht dahin. Ich fühlte, daß ich nichts mehr besaß. Die ganze Welt wurde so transparent und unversperrt wie mein eigener Geist; das »Problem des Lebens« hörte einfach auf zu existieren, und etwa achtzehn Stunden lang fühlte ich mich und alles um mich herum wie der Wind, der an einem Herbsttag welke Blätter über die Felder treibt.

Das zweite Mal, ein paar Jahre später, kam nach einer Periode, in der ich versucht hatte, das zu praktizieren, was die Buddhisten »Innere Sammlung« *(smriti)* nennen oder ständiges Bewußtmachen der unmittelbaren Gegenwart im Unterschied zum gewöhnlichen verwirrten Geschwätz von Erinnerung und Erwartung. Aber eines Abends, als dies diskutiert wurde, sagte jemand zu mir: »Aber warum *versuchen,* in der Gegenwart zu leben? Selbstverständlich sind wir immerzu *in* der Gegenwart, sogar wenn wir an die Vergangenheit oder die Zukunft denken.« Diese so ganz eindeutige Bemerkung löste wieder einmal dieses plötzliche Wohlgefühl der Schwerelosigkeit aus. Gleichzeitig schien sich die Gegenwart zu einer sich bewegenden Stille zu wandeln, einem ewigen Strom, von dem weder ich noch irgend etwas anderes abweichen konnte. Ich sah, daß alles, wie jetzt auch, ES ist – der ganze Grund, daß es Leben und ein Universum gibt. Ich sah, daß, wenn es in den *Upanischaden* heißt »Das bist du!« oder »Die ganze Welt ist Brahma«, es genau das bedeutet, was da gesagt wurde. Jedes Ding, jedes Ereignis, jede Erfahrung in ihrem unausweichlichen Jetzt-Sein und in ihrer besonderen Individualität war präzise das, wozu es bestimmt war, und das in einem Maße, daß es göttliche Autorität und Originalität erlangte. Es überfiel mich mit äußerster Klarheit: Nichts davon beruhte darauf, daß ich es so sah; die Dinge lagen nun einmal so, ob ich es verstand oder nicht, und wenn ich es nicht verstünde, wäre das immer noch ES. Darüber hinaus wurde mir allmählich klar, was die Christenheit mit Gottes Liebe meinen mochte – vor allem, daß trotz der, dem gesunden Menschenverstand entsprechenden Unvollkommenheit der Dinge, diese, wie sie sind, dennoch Gottes Liebe empfingen und daß dieses Sie-Lieben gleichzeitig ein Sie-Vergöttlichen war. Diesmal hielt das sensationelle Gefühl von Leichtigkeit und Klarheit eine ganze Woche an.

Diese Erfahrungen, die von anderen, die folgten, verstärkt wurden, wurden in meiner Arbeit, im Schreiben als auch in der Philosophie, von jener Zeit an zur treibenden Kraft, obwohl ich dahin gelangt bin zu realisieren, daß, wie ich mich *fühle,* ob das eigentliche Wohlgefühl von Friede und Klarheit nun gerade vorhanden ist oder nicht, nicht der springende Punkt ist – denn, noch einmal, sich schwer oder eingeschränkt zu fühlen, ist ebenfalls ES. Aber bei solch einem Ausgangspunkt wird ein Philosoph mit einem merkwürdigen

Kommunikationsproblem konfrontiert, in gewissem Grade vor allem damit, daß seine Philosophie eine gewisse Affinität zur Religion aufweist. Die Menschen scheinen unter dem unverrückbaren Eindruck zu stehen, daß jemand über diese Dinge spricht oder schreibt, um sie zu erhöhen, ihnen etwas Gutes angedeihen lassen will, und das gleichzeitig in der Annahme, daß der Sprecher selbst erhöht und befähigt wurde, mit Autorität zu sprechen. Mit anderen Worten wird der Philosoph in die Rolle des Predigers gedrängt, und andererseits erwartet man, daß er praktiziert, was er predigt. Demzufolge wird die Wahrheit dessen, was er sagt, auf seinen Charakter und seinen moralischen Gehalt hin überprüft – ob er Angst zeigt oder nicht, ob er ohne »materielle Krücken«, wie Wein oder Tabak, gehen kann, ob er Magengeschwüre hat oder hinter Geld her ist, ob er leicht die Beherrschung verliert oder depressive Zustände hat oder sich im falschen Augenblick verliebt oder manchmal gar ein wenig mitgenommen und müde aussieht. All diese Kriterien mögen Gültigkeit besitzen, predigte der Philosoph die Unabhängigkeit vom Menschsein oder versuchte er, sich selbst und andere radikal zu bessern.

Im Laufe eines Lebens ist es natürlich beinahe jedem Menschen möglich, sich selbst zu verbessern – innerhalb der Grenzen von Energie, Zeit, Temperament und dem Niveau, von dem er ausgeht. Dort gibt es dann offensichtlich einen angemessenen Platz für Prediger und andere technische Hilfskräfte in den Disziplinen menschlicher Verbesserung. Aber die Grenzen, innerhalb derer solche Verbesserungen möglich sind, liegen, im Vergleich mit den weiten Aspekten unserer Natur und unserer persönlichen Voraussetzungen, die die gleichen bleiben und die zu verbessern sehr schwierig sein wird, selbst wenn es wünschenswert wäre, sehr eng beieinander. Deshalb sage ich, daß, während es eine Stelle gibt, sich selbst und andere zu verbessern, Probleme zu lösen und mit schwierigen Situationen fertig zu werden, dies keinesfalls die einzige oder sogar Hauptaufgabe ist, die das Leben stellt. Noch ist es die wichtigste Aufgabe der Philosophie.

Menschliche Ziele werden innerhalb eines immens großen, kreisenden Universums verfolgt, welches keinerlei Ziel in unserem Sinn zu verfolgen scheint. Die Natur ist sehr viel spielerischer denn zielbewußt, und die Wahrscheinlichkeit, daß sie für die Zukunft keine speziellen Ziele verfolgt, muß einen nicht als Defekt betroffen machen. Im Gegenteil, die Vorgänge in der Natur, wie wir sie in beidem, der uns umgebenden Welt und den unfreiwilligen Aspekten unseres eigenen Organismus sehen, ähneln viel mehr der Kunst als Business,

Politik oder Religion. Vor allem gleichen sie der Kunst im Bereich der Musik und Tanz, welche sich entfalten, ohne auf ein in der Zukunft liegendes Ziel zuzustreben. Kein Mensch wird daran denken, daß eine Symphonie, während sie gespielt wird, eine qualitative Verbesserung erfahren müßte oder daß der Grund, sie zu spielen, darin läge, das Finale zu erreichen. Die Absicht, mit der Musik aufgeführt wird, entdeckt man in jedem einzelnen Augenblick des Spielens und des Zuhörens. Ich meine, so verhält es sich auch mit dem größeren Teil unseres Lebens, und wenn wir in unangemessener Weise damit beschäftigt sind zu improvisieren, mag es sein, daß wir ganz vergessen zu leben. Der Musiker, dessen Hauptanliegen es ist, jede Aufführung besser zu gestalten als die letzte, mag so versagen, an ihr teilzuhaben und sich seiner eigenen Musik zu erfreuen, daß er sein Publikum lediglich mit der ängstlichen Starre seiner Technik beeindrucken wird.

Folglich ist es auf keinen Fall das wichtigste Anliegen eines Philosophen, mit Moralisten und Reformern eingestuft zu werden. Im Wesen des Künstlers gibt es so etwas wie Philosophie, die Liebe des Wissens. Eine solche Philosophie wird keine Praktiken predigen oder vertreten, die auf Verbesserung zielen. So wie ich es verstehe, besteht die Arbeit des Philosophen als Künstler darin, den ewigen und ziellosen Hintergrund des menschlichen Lebens zu offenbaren und zu preisen. Rein aus Ausgelassenheit oder Verwunderung drängt es ihn, anderen von dem Standpunkt zu erzählen, von dem aus die Welt, wie sie ist, unvorstellbar gut ist, mit Menschen, die so sind, wie sie sind, zu sprechen. Abgesehen davon, wie schwierig es sein mag, diesen Standpunkt zu vertreten, ohne selbstgefällig zu klingen oder als Wunschträumer zu erscheinen, eine Spur davon mag angedeutet werden, wenn der Philosoph Glück genug hatte, ihn selbst erfahren zu haben.

Dies mag für diejenigen, die darauf beharren, in jeglicher Aktivität des Menschen die Suche nach einem Ziel zu sehen, wie eine Absicht klingen, wie ein Wunsch nach Verbesserung. Das Problem liegt da, daß unser westlicher gesunder Menschenverstand unerschütterlich aristotelisch ausgerichtet ist und wir deshalb glauben, daß die Willenskraft, außer für Gutes oder für das eigene Vergnügen, niemals aktiv wird. Bei eingehender Analyse aber stellt sich heraus, daß dies nicht mehr sagt, als daß wir tun, was wir tun, denn es gibt, wenn wir *immer* tun, was uns Spaß macht – selbst wenn wir Selbstmord begehen –, keine Möglichkeit zu zeigen, was uns, außer dem, was wir tun, gefällt. Indem ich solch eine Logik zu Rate ziehe, werfe ich nur einen

Stein zurück auf das Glashaus, aus dem sie kam, denn ich bin mir voll
bewußt, daß die Bekundungen mystischer Erfahrung einem Logik-
test nicht standhalten werden. Aber der Mystiker beansprucht nicht,
im Gegensatz zum Aristotelianer, logisch zu sein. Seine Erfahrungs-
sphäre ist das Unaussprechliche. Dies muß jedoch nicht mehr heißen,
als daß es sich um die Sphäre der physikalischen Natur handelt, um
alles, was nicht einfach Konzeption, Zahl oder Wort ist.

Wenn die Erfahrung des »kosmischen Bewußtseins« unbeschreiblich ist, ist es wahr, daß man beim Versuch, sie in Worte zu kleiden, im
Sinne von Informationsbewegung oder von Vorschlägemachen
nichts »sagt«. Die Sprache, die eine solche Erfahrung in Worte faßt, ist
mehr so etwas wie ein Ausruf. Oder besser noch, es ist eher Sprache
der Dichtkunst als die der Logik, obwohl nicht Dichtkunst im verarm-
ten Sinn des logischen Positivisten, im Sinn dekorativen und schönen
Nonsens. Denn eine Art Sprache gibt es, die möglicherweise etwas
mitteilen kann, ohne tatsächlich in der Lage zu sein, es zu sagen. Kor-
zybski stieß auf diese Schwierigkeit, als er den offenbar simplen
Punkt auszudrücken versuchte, daß die Dinge gar nicht das sind, was
wir *sagen*, sie seien es, daß beispielsweise das Wort »Wasser« selbst
nicht trinkbar ist. Er formulierte in seinem »Gesetz der Nicht-Identi-
tät«, daß »alles, was man sagt, es *sei* ein Ding, *ist* es *nicht*«. Daraus
aber wird man folgern, daß es nicht einmal ein Ding ist, denn wenn
ich sage, daß ein Ding ein Ding ist, ist es es nicht.

Worüber sprechen wir eigentlich? Er versuchte aufzuzeigen, daß
wir über die unbeschreibliche Welt des physischen Universums sprechen, die Welt, die anders ist als die Wörter. Sie wird mit Wörtern beschrieben; wollen wir sie aber direkt *kennenlernen*, müssen wir das
durch unmittelbaren Sinneskontakt tun. Was wir als Dinge bezeichnen, als Fakten oder Ereignisse, sind letztlich nichts anderes als hand-
liche Einheiten sinnlicher Wahrnehmung, erkennbare Aufhänger für
Namen, ausgewählt aus der unermeßlichen Menge aus Konturen
und Oberflächen, Farben und Strukturen, Räumen und Verdichtun-
gen, die uns umgeben. Es gibt keine andere festgelegte und endgültige Möglichkeit, diese Variationen in Dinge zu unterteilen, als Sterne
in Konstellationen zu gruppieren. Indes klärt dieses Beispiel mit Gewißheit, daß wir auf diese unbeschreibliche Welt hinweisen können,
sogar ihre Existenz ausdrücken können, ohne genau sagen zu können, *was* sie ist. Wir wissen nicht, was sie ist. Wir wissen nur, daß sie
ist. Um sagen zu können, was sie ist, müssen wir in der Lage sein, sie
zu klassifizieren; offensichtlich kann aber das »Alles«, mit dem die
Vielfalt der Dinge umschrieben wird, nicht klassifiziert werden.

Ich glaube, daß die Sphäre des »kosmischen Bewußtseins« dasselbe ist wie die unbeschreibliche Welt Korzybskis und der Semantiker. Es ist nichts »Spirituelles« im gewöhnlichen Sinn des Abstrakten oder als Idee Vorstellbaren. Es ist wirklich physisch, und eben aus diesem Grund doch unaussprechlich (oder unbeschreiblich) und undefinierbar. Das »kosmische« Bewußtsein ist eine Loslösung vom Selbstbewußtsein, d. h. von jenem festumrissenen Glauben und Gefühl, daß der eigene Organismus ein absolutes und separates Ding sei, im Gegensatz zu einer handlichen Einheit sinnlicher Wahrnehmung. Denn wenn einmal klar wird, daß unsere Anwendung der Konturen und Oberflächen der Natur zur Unterteilung der Welt in Einheiten nur eine Frage der Bequemlichkeit ist, dann wird alles, was ich mein Selbst genannt habe, vom Ganzen untrennbar sein. Dies genau ist das, was man in diesen außergewöhnlichen Momenten erfährt. Es ist nicht so, daß die Konturen und Formen, welche wir Dinge *nennen* und die wir benutzen, um Dinge zu beschreiben, in irgendeinem leuchtenden Vakuum verschwinden. Es wird einfach klar, daß, auch wenn sie als Unterteilungen benutzt werden, sie doch nicht wirklich trennen. Sosehr mich der Unterschied zwischen einem Stern und dem ihn umgebenden All beeindrucken mag, darf ich doch nicht vergessen, daß ich beides nur in Relation zueinander sehen kann und daß diese Relation nicht aufzuheben ist.

Das erstaunlichste Merkmal dieser Erfahrung ist jedoch die Überzeugung, daß diese ganze unbeschreibliche Welt »richtig« ist, so richtig, daß unsere normalen Ängste lächerlich werden, daß die Menschen, könnten sie nur sehen, vor Freude außer sich wären.

Und der König wird Luftsprünge machen,
Und der Priester wird Blumen pflücken.

Unabhängig von der Schwierigkeit, diese Sensation mit dem Problem des Bösen und des Schmerzes in Beziehung zu setzen, bleibt die Frage nach der genauen Bedeutung der Behauptung »Alles wird gut sein, alles wird gut sein und alle möglichen Dinge werden gut sein«. Ich kann nur sagen, daß die Bedeutung dieser Behauptung in der Erfahrung selbst liegt. Außerhalb dieses Bewußtseinszustandes hat sie keinerlei Bedeutung, in einem Maße, daß es sogar schwierig sein würde, an sie als eine Offenbarung ohne die eigentliche Erfahrung zu glauben. Denn die Erfahrung macht durch und durch klar, daß das ganze Universum das Spiel der Liebe in allen Schattierungen des Wortes ist, von animalischer Lust bis zu göttlicher Liebe zum Nächsten. Irgendwie bezieht dies sogar die Massenvernichtung der biologischen

Welt mit ein, wo jede Kreatur sich dadurch erhält, daß sie andere Kreaturen auffrißt. Unser gewohntes Bild der Welt wird auf den Kopf gestellt, so daß jedes Opfer so gesehen werden muß, als biete es sich selbst als Opfer dar.

Wenn wir uns fragen sollten, ob diese Vision wahr ist, können wir als erstes antworten, daß es so etwas wie Wahrheit in sich gar nicht gibt: Wahrheit steht immer in Relation zu einem eingenommenen Standpunkt. Feuer ist in Relation zu Haut heiß. Die Struktur der Welt erscheint, wie sie in Relation zu unseren Sinnesorganen und unseren Gehirnen erscheint. Gewisse Abänderungen im menschlichen Organismus könnten ihn deshalb in jene Art Wahrnehmungsempfänger verwandeln, für den die Welt so *ist,* wie man sie während dieser Vision sieht. Auf die gleiche Weise aber werden uns andere Abänderungen die Wahrheit der Welt so wiedergeben, wie sie dem Schizophrenen oder einem Menschen in tiefster Depression erscheint.

Es gibt allerdings ein mögliches Argument für die höhere Wahrheit der »kosmischen« Erfahrung. Ihre Grundlage ist die, daß kein einziges Energiesystem vollständig selbstkontrolliert sein kann, ohne daß es aufhört, sich zu bewegen. Kontrolle bedeutet Bewegungseinschränkung, und weil vollständige Kontrolle vollständige Bewegungseinschränkung wäre, muß Kontrolle immer der Bewegung untergeordnet werden, wenn es überhaupt Bewegung geben soll. In bezug auf den Menschen heißt das, totale Bewegungseinschränkung ist das Äquivalent zu totalem Zweifel, zur Weigerung, seinen eigenen Sinnen oder Gefühlen in jeder Hinsicht zu trauen, dessen Verkörperung sich vielleicht im Zustand von extremer Katatonie spiegelt, in dem jegliche Bewegung oder Kommunikation verweigert wird. Auf der anderen Seite sind Bewegung und die Aufhebung von Beschränkungen das Äquivalent zu Glaube, zur Überantwortung an das Unkontrollierbare und Unbekannte. In extremer Form würde das bedeuten, sich äußerster Launenhaftigkeit zu überlassen, und auf den ersten Blick würde ein Leben eines solch blinden Glaubens erscheinen, als korrespondiere es mit einer Welt, in der »alles richtig ist«. Diese Sicht würde allerdings jegliche Kontrolle als falsch ausschließen, und somit gäbe es keinen Platz für die Richtigkeit der Einschränkung. Ein wesentlicher Teil der »kosmischen« Erfahrung ist aber, daß die normale Beschränkung des Bewußtseins auf Ego-Gefühle ebenfalls richtig ist, aber immer nur, weil es der Abwesenheit von Beschränkung, der Bewegung und des Glaubens, untergeordnet ist.

Die Sache ist einfach die, daß, wenn es Leben und Bewegung überhaupt geben soll, die Glaubenseinstellung die Grundlage bilden muß

– die endgültige und fundamentale Einstellung – und die Einstellung zu Zweifel sekundär und untergeordnet. Dies ist eine andere Möglichkeit zu sagen, daß gegenüber dem weiten und allumfassenden Hintergrund menschlichen Lebens, mit welchem der Philosoph als Künstler sich befassen muß, es totale Bejahung und Billigung geben muß. Sonst gibt es überhaupt keine Grundlage für Vorsicht und Kontrolle, was Details im Vordergrund angeht. Aber es ist viel zu leicht, von jenen Details derart absorbiert zu werden, daß jegliches Gefühl für Proportionen verlorengeht und für den Menschen sich verrückt zu machen im Versuch, alles unter seine Kontrolle zu bringen. Wir drehen durch, werden unzurechnungsfähig und haltlos, wenn wir das Bewußtsein für und den Glauben an die unkontrollierte und ungreifbare Welt im Hintergrund verlieren, welche endgültig das ist, was wir selbst sind. Und es gibt nur einen winzigen Unterschied, wenn überhaupt, zwischen einem vollständigen, bewußten Glauben und der Liebe.

---

[1] Yüan-chou (datiert 1287), zitiert in Suzukis *Essays in Zen Buddhism*, Bd. II, S. 92.

[2] Bernard Berenson, *Sketch for a Self-Portrait*, S. 18, Pantheon Books, New York 1949.

[3] Dame Julian of Norwich (1342–ca. 1414), *Revelations of Divine Love*, 27. Ausgabe, Edition Grace Warrack, London 1949.

[4] Aus einem Privatdruck der Erfahrung von William James, *Varieties of Religious Experience*, S. 399, London 1929. Kursivschrift wurde von mir eingefügt.

[5] Dostojewski, *Die Besessenen*, S. 240–241. Zitiert aus der Übersetzung (ins Amerikanische) von Constance Garnett, Modern Library, New York, 1936.

ERICH FROMM

Deutsch-amerikanischer Psycho-
analytiker und Sozialphilosoph. Ge-
boren 1900 in Frankfurt am Main.
Gehörte mit Adorno, Horkheimer,
Benjamin und Marcuse zum Kreis
der »Frankfurter Schule«. Fromm
emigrierte 1933 in die USA, wo er
an verschiedenen Universitäten
lehrte. Von 1950–65 war er Ordina-
rius für Psychoanalyse an der Natio-
nal-Universität in Mexico-City. Er
starb 1980 in Locarno.
Wichtige Werke: »Anatomie der
menschlichen Destruktivität«; »Es
geht um den Menschen«; »Haben
oder Sein«; »Die Kunst des Lie-
bens«; »Psychoanalyse und Ethik«.
Für die Anthologie haben wir einen
Beitrag aus »Die Kunst des Lie-
bens« ausgewählt.

Die Praxis des Liebens

Die Fähigkeit des Liebens ist von unserem Vermögen abhängig, erwachsen zu werden und in unserem Verhältnis zur Welt sowie zu uns
selbst eine schöpferische Orientierung zu entwickeln. Dieser Vorgang
des Sichlösens, des Geborenwerdens, des Erwachens, erfordert als
notwendige Bedingung eine weitere Eigenschaft: Glauben. Liebe ist
im Glauben gegründet.

Was ist Glaube? Ist es notwendigerweise eine Sache des Glaubens
an Gott oder an religiöse Doktrinen? Steht Glaube im Gegensatz zu
Vernunft und rationalem Denken? Ist es vielleicht nur ein schlecht
fundiertes Wissen, das nicht bewiesen werden kann? Zunächst einmal sollte man zwischen *rationalem* und *irrationalem Glauben* unterscheiden. Unter irrationalem Glauben verstehe ich den Glauben (an
eine Person oder an eine Idee), der auf der Unterwerfung unter eine
irrationale Autorität beruht. Im Gegensatz dazu ist rationaler Glaube
eine Überzeugung, die im eigenen Denk- oder Gefühlserlebnis wurzelt. Rationaler Glaube ist in erster Linie nicht der Glaube *an* etwas,
sondern die Gewißheit und Festigkeit, die der auf dem eigenen ech-

ten Erlebnis gegründeten Überzeugung eigen ist. Glaube ist ein Charakterzug der Gesamtpersönlichkeit, und nicht etwas, was sich auf bestimmte, als wahr hingenommene Gedankeninhalte bezieht.[1]

Rationaler Glaube ist in der schöpferischen, intellektuellen und affektiven Aktivität verwurzelt. Im rationalen Denken, in dem für Glauben angeblich kein Platz ist, bildet der rationale Glaube eine wichtige Komponente. Wie kommt zum Beispiel der Wissenschaftler zu einer neuen Entdeckung? Beginnt er damit, daß er ein Experiment nach dem anderen macht, eine Tatsache nach der anderen zusammenträgt, ohne eine Vorstellung von dem zu haben, was er entdecken will? Nur selten ist eine wirklich bedeutende Entdeckung auf irgendeinem Gebiet so zustande gekommen. Der Vorgang des schöpferischen Denkens beginnt auf jedem Gebiet des menschlichen Strebens häufig mit dem, was man als »rationale Intuition« bezeichnen könnte – als dem Ergebnis umfassender vorhergegangener Studien, kritischen Denkens und Beobachtung.

Die Geschichte der Wissenschaft ist voll von Beispielen für den Glauben in die Vernunft und für rationale Intuition. Kopernikus, Kepler, Galilei und Newton waren von einem unerschütterlichen Glauben in die Vernunft erfüllt. Für diesen Glauben wurde Bruno auf dem Scheiterhaufen verbrannt und wurde Spinoza aus seiner Glaubensgemeinschaft ausgestoßen. Bei jedem Schritt von der Konzeption einer rationalen Vision bis zur Formulierung einer Theorie ist Glaube nötig: Glaube in die Vision als ein rational erstrebenswertes Ziel sowie Glaube in die Hypothese oder Theorie, solange sie noch nicht allgemeine Anerkennung gefunden hat. Dieser Glaube wurzelt im eigenen Erlebnis, der Überzeugung von der Kraft der eigenen Gedanken, Beobachtungen und Urteile. Während irrationaler Glaube bedeutet, etwas deswegen als wahr anzunehmen, *weil* eine Autorität oder die Mehrheit es behauptet, entspringt rationaler Glaube aus der unabhängigen Überzeugung, die auf eigenem schöpferischen Beobachten und Denken beruht – *trotz* der Meinung der Mehrheit.

Denken und Urteilen sind nicht die einzigen Gebiete des Erlebens, in denen sich rationaler Glaube äußert. In der Sphäre der menschlichen Beziehungen ist Glaube eine unerläßliche Eigenschaft der echten Freundschaft oder Liebe. Glauben in einen Menschen haben bedeutet, der Zuverlässigkeit und Unveränderlichkeit seiner grundlegenden Haltung, des Kerns seiner Persönlichkeit oder seiner Liebe gewiß zu sein. Damit meine ich nicht, daß ein Mensch, an den ich glaube, seine Meinung nicht ändern dürfe, sondern daß seine grundlegenden Motive die gleichen bleiben, daß zum Beispiel sein Respekt für Leben und Menschenwürde ein Teil seiner selbst und keiner Veränderung unterworfen ist.

Im gleichen Sinne haben wir Glauben in uns selbst. Wir sind der Existenz eines Selbst, eines Kernes in unserer Persönlichkeit gewahr, der unveränderlich ist und der während unseres ganzen Lebens – trotz sich ändernder Umstände und ungeachtet gewisser Veränderungen in Ansicht und Gefühl – besteht. Dieser Kern ist die Wirklichkeit hinter dem Wort »ich«, und auf ihm beruht unsere Überzeugung von der eigenen Identität. Wenn wir keinen Glauben in dieses Selbst haben, ist unser Gefühl der Identität bedroht und werden wir von anderen Menschen abhängig, deren Billigung dann zur Grundlage unseres Identitätserlebnisses wird. Nur der Mensch, der Glaube in sich selbst hat, ist fähig, anderen treu zu sein, weil allein er sicher sein kann, daß er in der Zukunft der gleiche sein wird wie heute und daß er daher auch später genauso fühlen und handeln wird, wie er es heute verspricht. Glaube zu sich selbst ist eine Vorbedingung für unsere Fähigkeit, zu versprechen, und wenn der Mensch, wie Nietzsche sagt, durch seine Fähigkeit zu versprechen definiert werden kann, ist der Glaube eine Bedingung der menschlichen Existenz. Was die Liebe anlangt, ist der Glaube in die eigene Liebe, in ihre Fähigkeit, bei anderen Liebe hervorzurufen, und in ihre Zuverlässigkeit eine ihrer Grundbedingungen.

Ein anderer Aspekt des Glaubens in andere bezieht sich auf den Glauben, den wir in die *Möglichkeiten* des anderen haben. Die elementarste Form, in der dieser Glaube besteht, ist der Glaube, den die Mutter in ihr neugeborenes Kind hat: daß es leben, wachsen, laufen und sprechen wird. In dieser Hinsicht läuft die Entwicklung eines Kindes jedoch mit so großer Regelmäßigkeit ab, daß diese Erwartungen keinen Glauben zu erfordern scheinen. Anders ist es bei jenen Möglichkeiten, bei denen es nicht gesagt ist, ob sie sich überhaupt entwickeln: die Möglichkeiten des Kindes zu lieben, glücklich zu sein, seine Vernunft zu entwickeln und schließlich besondere Möglichkeiten, wie künstlerische oder intellektuelle Begabungen. Sie sind die Saat, die heranwächst und erkennbar wird, wenn die Bedingungen für ihre Entwicklung gegeben sind – die jedoch genausogut verdorren kann, wenn die entsprechenden Bedingungen fehlen.

Zu den wichtigsten dieser Bedingungen gehört, daß der Mensch, der im Leben des Kindes eine bedeutende Rolle spielt, Glaube in diese Möglichkeiten hat. Das Vorhandensein dieses Glaubens bildet den Unterschied zwischen »Erziehung« und »Beeinflussung«. Erziehung ist identisch mit der Aufgabe, dem Kind bei der Verwirklichung seiner Möglichkeiten zu helfen. Das Gegenteil von Erziehung ist Be-einflussung, die auf dem Fehlen von Glauben in das Vorhandensein und die Entwicklung der Möglichkeiten und auf der Überzeugung be-ruht, daß ein Kind nur dann zu einem ordentlichen Menschen wird, wenn die Erwachsenen in das Kind hineinpflanzen, was wünschens-wert ist, und unterdrücken, was nicht wünschenswert zu sein scheint. In einen Roboter braucht man keinen Glauben zu haben, da in ihm kein Leben ist, das sich entfaltet.

Der Glaube in andere hat seinen Höhepunkt im Glauben in die *Menschheit.* In der westlichen Welt fand dieser Glaube seinen Aus-druck in religiöser Sprache im jüdisch-christlichen Denken; in weltli-cher Sprache fand er seinen stärksten Ausdruck in den humanisti-schen, politischen und sozialen Ideen der letzten hundertfünfzig Jahre. Wie der Glaube in das Kind, beruht auch dieser Glaube an die Menschheit auf der Vorstellung, daß die Möglichkeiten des Men-schen so sind, daß er unter entsprechenden Bedingungen fähig sein wird, eine von den Prinzipien der Gleichheit, Gerechtigkeit und Liebe getragene gesellschaftliche Ordnung aufzubauen. Bis jetzt hat der Mensch es nicht erreicht, diese Ordnung aufzubauen, und daher erfordert die Überzeugung, daß er es doch könne, Glauben. Aber wie bei jedem rationalen Glauben ist auch dieser kein Wunschdenken; vielmehr beruht er auf der Tatsache der bisherigen Entwicklung der Menschheit sowie auf dem inneren Erlebnis jedes einzelnen, auf dem eigenen Erlebnis der Vernunft und der Liebe.

Während der irrationale Glaube in der Unterwerfung unter eine Macht wurzelt, die als überwältigend stark, allwissend und allmäch-tig empfunden wird sowie in der Abdankung der eigenen Kraft und Stärke, beruht der rationale Glaube auf dem gegenteiligen Erlebnis. Wir haben Glauben in einen Gedanken, weil er das Ergebnis unserer *eigenen* Beobachtungen und unseres *eigenen* Denkens ist. Wir haben Glauben in die eigenen Möglichkeiten wie auch in die Möglichkeiten anderer und der Menschheit in dem Grade, in dem wir die Realität unseres eigenen Wachseins und Reifens erlebt haben. *Die Grundlage des rationalen Glaubens ist unsere eigene Produktivität.* Im Glauben zu leben, heißt schöpferisch zu leben. Daraus folgt, daß der »Glaube« an die Macht – im Sinne von Beherrschung – und der Gebrauch der Macht das Gegenteil des Glaubens sind. Der »Glaube« an die jeweils existierenden Mächte, eben *weil* sie existieren, ist identisch mit dem Unglauben an die Entwicklung jener Möglichkeiten, die noch nicht verwirklicht sind. Er ist die Vorhersage der Zukunft, die auf der un-veränderten Fortdauer des gegenwärtigen Zustandes beruht; es stellt sich jedoch immer heraus, daß diese Voraussagen Fehlschlüsse sind, weil sie das Wachstum der menschlichen Möglichkeiten ignorieren. Es gibt keinen Glauben an die Macht. Es gibt nur die Unterwerfung unter sie oder – auf seiten derer, die sie haben – den Wunsch, sie zu behalten. Während Macht für viele Menschen das realste aller Dinge zu sein scheint, beweist die Geschichte, daß sie die unsicherste und vorübergehendste aller menschlichen Errungenschaften ist. Auf Grund der Tatsache, daß Glaube und Macht einander ausschließen, werden alle religiösen und politischen Systeme, die ursprünglich auf rationalem Glauben errichtet wurden, korrupt und verlieren schließlich die innere Stärke, wenn sie sich auf die Macht verlassen oder sich mit ihr verbünden.

Glauben zu haben erfordert *Mut*, die Fähigkeit also, ein Risiko auf sich zu nehmen und bereit zu sein, Schmerzen und Enttäuschungen zu ertragen. Wer auf Sicherheit und Sorgenfreiheit als primären Lebensbedingungen beharrt, kann niemals Glauben haben; wer sich in einem System einschließt, bei dem Distanz und Besitz Mittel der Sicherheit sind, macht sich selbst zum Gefangenen.

Dieser Mut ist sehr verschieden von dem Mut, von dem der Prahlhans Mussolini sprach, als er sich mit dem Slogan »Gefährlich leben« brüstete. Seine Art Mut war der Mut des Nihilismus. Er stammt aus einer destruktiven Lebenshaltung, aus der Bereitwilligkeit, das Leben wegzuwerfen, weil man nicht fähig ist, es zu lieben. Der Mut der Verzweiflung ist das Gegenteil vom Mut der Liebe, wie auch das Vertrauen in die Macht das Gegenteil vom Vertrauen in die Liebe ist.

Kann man sich im Glauben und Mut üben? Glauben kann man in jedem einzelnen Augenblick üben. Man braucht Glauben, um ein Kind aufzuziehen; man braucht Glauben, um einzuschlafen, und Glauben, um irgendeine Arbeit anzufangen. Es ist nur so, daß wir an diese Art von Glauben schon gewöhnt sind. Wer ihn nicht hat, leidet an Überängstlichkeit für sein Kind, an Schlaflosigkeit oder an der Unfähigkeit, irgendeine schöpferische Arbeit zu tun; oder er ist argwöhnisch, unfähig anderen nahe zu sein, schwermütig oder nicht in der Lage, langfristige Pläne zu machen. Zu dem eigenen Urteil über einen Menschen zu stehen, wenn die allgemeine Meinung oder irgendwelche unvorhergesehenen Tatsachen es zu entkräften scheinen, zu der eigenen Überzeugung zu stehen, auch wenn sie unpopulär ist – das erfordert Glauben und Mut. Die Schwierigkeiten, Rückschläge und Sorgen des Lebens als eine Herausforderung zu nehmen, deren Überwindung uns stärker macht – das erfordert ebenfalls Glauben und Mut.

Das Sich-Üben in Glauben und Mut beginnt bei den kleinen Einzelheiten des täglichen Lebens. Der erste Schritt besteht darin, zu erkennen, wo und wann man den Glauben verliert, die Rationalisierungen zu durchschauen, mit denen der Verlust des Glaubens überdeckt werden soll, und zu erkennen, wo man feige gehandelt hat und welcher Rationalisierungen man sich hier bedient; ferner zu erkennen, daß jeder Selbstbetrug einen schwächt und daß zunehmende Schwäche zu neuem Selbstbetrug führt und so weiter in einem immer tiefer zum Unglauben führenden Kreislauf. Dann wird man auch erkennen, daß man, während man sich *bewußt* davor fürchtet, nicht geliebt zu werden, in Wirklichkeit und *unbewußt* fürchtet zu *lieben*. Einen Menschen zu lieben heißt, sich selbst zu geben, ohne eine »Sicherheit« der Gegenliebe zu haben, aber im Glauben, daß die eigene Liebe in dem geliebten Menschen Liebe hervorrufen wird. Liebe ist ein Akt des Glaubens, und wer nur wenig Glauben hat, hat auch nur wenig Liebe. Kann man mehr über das Sich-Üben im Glauben sagen? Manche können es vielleicht; wäre ich Dichter oder Philosoph, würde ich es versuchen. Da ich jedoch weder das eine noch das andere bin, kann ich nicht einmal versuchen, mehr darüber zu sagen. Ich bin sicher, daß jeder, der es möchte, genauso lernen kann, Glauben zu haben, wie ein Kind das Laufen lernt.

Eine Haltung, die von der Ausübung der Kunst des Liebens untrennbar ist, wurde bisher nur kurz erwähnt und soll jetzt ausführlicher behandelt werden: *Aktivität*. Ich habe vorhin bereits gesagt, daß mit »Aktivität« nicht gemeint ist, daß irgend etwas »getan« wird, sondern daß damit die innere Aktivität, der schöpferische Gebrauch der eigenen Kräfte gemeint ist. Liebe ist eine Aktivität; wenn ich liebe, bin ich aktiv bezogen auf die geliebte Person, und nicht nur auf sie; denn ich würde unfähig sein, mich aktiv auf die geliebte Person zu beziehen, wenn ich träge wäre und mich nicht in einem dauernden Zustand von Wachheit, Geöffnetheit und Aktivität befände. Der Schlaf ist die einzige Situation, die der Inaktivität entspricht; für die meisten Menschen gilt jedoch die paradoxe Situation, daß sie halb schlafen, wenn sie wach zu sein meinen, und halb wach sind, wenn sie schlafen wollen. Völlig wach zu sein heißt, sich oder andere nicht zu langweilen – und sich oder den anderen nicht zu langweilen ist eine Grundbedingung für die Liebe. Wach zu sein im Denken und Fühlen, im Sehen und Hören, aufmerksam und geöffnet zu sein ist eine unerläßliche Bedingung für die Kunst des Liebens. Es ist eine Illusion zu glauben, man könne sein Leben so aufteilen, daß man in der Sphäre der Liebe zwar schöpferisch, in allen anderen Sphären jedoch unschöpferisch sein kann. Es liegt im Wesen der Produktivität, daß sie keine derartige Arbeitsteilung erlaubt. Die Fähigkeit zum Lieben verlangt Intensität, Wachheit und gesteigerte Vitalität, und sie kann man nur durch schöpferische und aktive Haltung auf vielen anderen Lebensgebieten erreichen. Wenn man in anderen Sphären nicht produktiv ist, wird man es in der Liebe auch nicht sein.

Wie wir schon oben angeführt haben, ist die Liebe zu *einer* geliebten Person und die Liebe zum Nächsten nicht voneinander zu trennen. Dies heißt aber auch, daß die Fähigkeit zu lieben nicht nur von individuellen Faktoren abhängt, sondern von der zwischenmenschlichen Atmosphäre, wie sie in einer Gesellschaft existiert, und das heißt wiederum von der gesamten Struktur und Lebenspraxis einer Gesellschaft. Wie steht es mit der Nächstenliebe in unserer Gesellschaft? Während wir viel von ihr reden, ist sie in Wirklichkeit eine seltene Erscheinung. Wie könnte es auch anders sein in einem gesellschaftlichen System, das auf dem Egoismus und der Konkurrenz aufgebaut ist? Unsere Beziehung zum Mitmenschen ist selten die der Liebe und im besten Fall, wenn auch nicht so selten, von dem Grundsatz der *Fairneß* bestimmt. Fairneß bedeutet, beim Austausch von Waren und Dienstleistungen keinen Betrug und keine Gaunerei zu begehen, und dasselbe gilt für den Austausch von Gefühlen. »Was du mir gibst, gebe ich dir« lautet in der kapitalistischen Gesellschaft die vorherrschende ethische Maxime sowohl für Waren als auch für Liebe. Man könnte sogar sagen, daß die Entwicklung einer Moral der Fairneß der besondere ethische Beitrag der kapitalistischen Gesellschaft ist.

Die Gründe für diese Tatsache liegen im Wesen der kapitalistischen Gesellschaft begründet. In den vorkapitalistischen Gesellschaften wurde der Warenaustausch entweder von unmittelbarem Zwang, von der Tradition oder von den persönlichen Bindungen der Liebe oder Freundschaft bestimmt. Im Kapitalismus bildet der Austausch auf dem Markt den alles bestimmenden Faktor. Ob wir es mit dem Warenmarkt, dem Arbeitsmarkt oder dem Markt für Dienstleistungen zu tun haben – jeder tauscht das, was er besitzt, gegen das ein, was er den Marktbedingungen entsprechend erwerben will, und zwar ohne Betrug oder Gewalt.

Die Moral der Fairneß wird leicht verwechselt mit der Norm: »Was du nicht willst, das man dir tu, das füg auch keinem andern zu.« Sie kann so ausgelegt werden, als bedeute sie: »Seid fair in eurem Handel mit anderen.« In Wirklichkeit wurde sie jedoch ursprünglich als eine mehr populäre Version des biblischen »Liebe deinen Nächsten« formuliert. Und tatsächlich unterscheidet sich die jüdisch-christliche Norm der Nächstenliebe völlig von der Moral der Fairneß. Sie bedeutet, den Nächsten zu lieben, das heißt, sich für ihn verantwortlich und mit ihm eins zu fühlen; die Moral der Fairneß dagegen bedeutet, sich *nicht* verantwortlich und eins zu fühlen, sondern als getrennt – also die Rechte des Nächsten zwar zu *respektieren,* nicht jedoch ihn zu lieben. Es ist kein Zufall, daß die neutestamentarische Norm zu der populärsten religiösen Maxime unserer Zeit geworden ist; im Sinne der Moral der Fairneß ausgelegt, ist sie nämlich die einzige religiöse Maxime, die jeder versteht und die zu befolgen viele bereit sind. Das Verständnis der Liebe muß jedoch mit dem Erkennen des Unterschiedes zwischen Fairneß und Liebe beginnen.

Hier erhebt sich eine wichtige Frage. Wenn unsere gesamte gesellschaftliche und wirtschaftliche Organisation darauf beruht, daß jeder auf seinen eigenen Vorteil bedacht ist, wenn sie von dem Prinzip des Egoismus beherrscht wird, der nur durch die Moral der Fairneß in Schranken gehalten wird – wie kann man dann innerhalb des Rahmens unserer bestehenden Gesellschaftsordnung überhaupt leben und gleichzeitig Liebe üben? Bedeutet denn das nicht, alle weltlichen Interessen aufzugeben und in völliger Armut zu leben? Diese Frage wurde auf radikale Weise von den christlichen Mönchen wie auch von Menschen wie Tolstoi und Simone Weil beantwortet. Es gibt andere, die die Ansicht vertreten, innerhalb unserer Gesellschaft seien Liebe und weltliches Leben grundsätzlich unvereinbar, so daß von der Liebe zu reden, heute nur ein Mitmachen am allgemeinen Betrug darstelle; sie glauben, daß nur ein Märtyrer oder ein Verrückter in der Welt von heute lieben könne und daß daher die Diskussion der Liebe nichts als leeres Predigen sei. Dieser zwar sehr respektable Standpunkt ist aber häufig nur eine Rationalisierung des eigenen Zynismus und der eigenen Unfähigkeit zur Liebe. Dieser »Radikalismus« endet im moralischen Nihilismus.

Ich bin der Überzeugung, daß die Antwort von der *absoluten* Unvereinbarkeit von Liebe und »normalem« Leben nur in einem abstrakten Sinne richtig ist. Das *Prinzip,* das der kapitalistischen Gesellschaft zugrunde liegt, und das Prinzip der Liebe sind in der Tat unvereinbar. Aber konkret betrachtet ist die moderne Gesellschaft ein komplexes Phänomen. Der Verkäufer einer nutzlosen Ware zum Beispiel wird keinen wirtschaftlichen Erfolg haben, wenn er nicht lügt; ein Handwerker, ein Chemiker oder ein Physiker dagegen können auf ihrem Gebiet tüchtig sein – und doch ehrliche Menschen bleiben. In ähnlicher Weise könnten viele versuchen, Liebe zu üben, ohne ihre wirtschaftliche Tätigkeit aufzugeben. Selbst wenn man anerkennt, daß das Prinzip des Kapitalismus mit dem Prinzip der Liebe unvereinbar ist, muß man zugestehen, daß der Kapitalismus in sich selbst eine so widerspruchsvolle und sich ständig verändernde Struktur hat, die einem noch eine gewisse Nicht-Konformität und persönlichen Spielraum läßt. Es ist eine gefährliche Ausrede – des »radikalen« Denkens sowohl wie des Durchschnittsmenschen –, seinem existentiellen Problem im »hier und jetzt« damit auszuweichen, daß die gesellschaftlichen Umstände als der einzig determinierende Faktor angesehen werden.

Damit möchte ich allerdings nicht den Eindruck erwecken, daß wir damit rechnen können, unser gegenwärtiges Gesellschaftssystem könnte noch unendlich lange fortdauern, und wir könnten trotzdem erwarten, daß sich das Ideal der Nächstenliebe verwirkliche. Menschen, die der Liebe fähig sind, bilden innerhalb des gegenwärtigen Systems eine Ausnahme; die Liebe ist notwendigerweise in der heutigen westlichen Gesellschaft ein seltenes Phänomen – nicht nur, weil viele Tätigkeitsformen keine liebende Haltung erlauben, sondern weil in einer Gesellschaft, deren höchstes Ziel die Produktion und die Konsumtion ist, sich nur der Nicht-Konformist erfolgreich wehren kann. Jene Menschen, die die Liebe ernsthaft als die einzige wahre Antwort auf das Problem der menschlichen Existenz ansehen, müssen also zu dem Schluß kommen, daß in unserer gesellschaftlichen Struktur wichtige und radikale Veränderungen notwendig sind, wenn die Liebe zu einem gesellschaftlichen und nicht nur zu einem sehr vereinzelten, individuellen Phänomen werden soll. Die Richtung solcher Veränderungen kann im Rahmen dieses Buches nur angedeutet werden.[2] Unsere Gesellschaft wird in wachsendem Maße von einer industriellen Bürokratie und von Berufspolitikern geleitet. Die Menschen werden durch Massensuggestion beeinflußt; ihr Ziel ist es, mehr zu produzieren und mehr zu konsumieren, und zwar als Selbstzweck. Alle Aktivitäten sind wirtschaftlichen Zielen untergeordnet; die Mittel sind zum Zweck geworden. Der Mensch wird zum Ding, zum Automat: gut genährt, gut gekleidet, aber ohne wirkliche und tiefe Sorge um die Entwicklung seiner spezifisch menschlichen Eigenschaften und Aufgaben. Wenn der Mensch fähig sein soll zu lieben, muß seine Entfaltung das höchste Ziel der Gesellschaft sein. Die Wirtschaftsmaschine muß *ihm* dienen, und nicht umgekehrt. Er muß in die Lage versetzt werden, mit anderen am Erleben und an der Arbeit teilzuhaben, nicht aber – bestenfalls – an den Gewinnen. Die Gesellschaft muß so organisiert werden, daß die soziale, liebende Natur des Menschen nicht von seiner gesellschaftlichen Existenz getrennt, sondern mit ihr vereint wird; daß er nicht von seinen eigenen Kräften entfremdet ist und sie nur in der Anbetung der neuen Götzen – Staat, Produktion, Konsumtion – in vermittelter Form erlebt. Nur in einer Gesellschaft, in der, wie Marx gesagt hat, die volle menschliche Entfaltung des einzelnen die Bedingung der vollen Entfaltung aller ist, kann auch die Liebe zu einer gesellschaftlich relevanten Haltung werden. Wenn es – wie ich aufzuzeigen versuchte – wahr ist, daß die Liebe die einzig befriedigende Antwort auf das Problem der menschlichen Existenz ist, dann muß jede Gesellschaft, die die Entwicklung der Liebe ausschließt, letzten Endes an ihrem Widerspruch zu den grundlegenden Notwendigkeiten der menschlichen Natur zugrunde gehen. Wenn man von der Liebe spricht, »predigt« man nicht, und zwar aus dem einfachen Grund, weil man von dem tiefsten wirklichen Verlangen spricht, das in jedem menschlichen Wesen liegt. Daß dieses Verlangen in den Hintergrund gedrängt wurde, bedeutet noch lange nicht, daß es nicht existiert. Das Wesen der Liebe zu analysieren heißt festzustellen, daß sie heute nur selten erlebt wird; es heißt aber auch, die sozialen Bedingungen zu kritisieren, die dafür verantwortlich sind. Der Glaube an die Möglichkeit der Liebe als ein allgemeines und nicht nur ausnahmsweise individuelles Phänomen ist ein rationaler Glaube, der auf der Einsicht in das Wesen des Menschen beruht.

---

[1] Diese Auffassung entspricht der Urbedeutung des alttestamentarischen Begriffes des Glaubens. Im Hebräischen ist das Äquivalent für Glaube = Emunah, was »Gewißheit« bedeutet. (Wenn wir »Amen« sagen, so sagen wir nichts anderes als »gewiß«.)

[2] In meinem Buch *Der heutige Mensch und seine Zukunft*, Frankfurt/Main 1960, habe ich versucht, mich mit diesem Problem ausführlich zu befassen.

ALDOUS HUXLEY

Englischer Schriftsteller. Geboren 1894 in Eton. Studium der Literaturwissenschaft in Oxford. Nach seiner Auswanderung nach Kalifornien 1937 experimentierte er mit bewußtseinserweiternden Drogen und beschäftigte sich mit der buddhistisch-mystischen Kontemplation. Huxley starb 1963 in Hollywood.
Wichtige Werke: »Schöne neue Welt«; »Affe und Wesen«; »Die Kunst des Sehens«; »Die Pforten der Wahrnehmung«; »Himmel und Hölle«.
Der ausgewählte Beitrag entstammt einem Vortragszyklus mit dem Titel »Die Lage der Menschheit«, gehalten 1959 in der Universität von Santa Barbara.

Latent vorhandene menschliche Fähigkeiten

Ich möchte in diesem Vortrag über ein Thema sprechen, das für uns alle von großer Bedeutung ist: die Möglichkeit latent vorhandene menschliche Fähigkeiten voll zu entfalten. Wir sollten uns nichts vormachen und glauben, daß wir bereits alle unsere menschlichen Kräfte kennen, mit denen wir geboren sind. Möglicherweise sind viele bei den meisten von uns ausgeformt und werden genutzt. Jedenfalls ist es eine historische Tatsache, daß die Menschen heute Fähigkeiten und Kräfte entwickeln, die in der Vergangenheit nur latent vorhanden und deshalb unvorstellbar waren. Die Biologie des Menschen hat sich seit der Steinzeit nicht verändert. Wir benutzen denselben biologischen Apparat, nur effektiver als vor 15 oder 20000 Jahren. Das ist eine außerordentlich ermutigende Tatsache. Sie beweist, daß der Mensch sich weiterentwickeln kann, ohne sich notwendigerweise biologisch verändern zu müssen.

Bevor wir das Problem diskutieren, wie diese latent vorhandenen

Fähigkeiten entwickelt werden können, ist es zunächst notwendig, allgemein über menschliche Bedürfnisse zu reden. Denn wir können diese Fähigkeiten nur im Zusammenhang mit Bedürfnissen diskutieren. Fangen wir mit den Grundbedürfnissen des Menschen an, dem Bedürfnis nach Nahrung und nach Schutz des Lebens vor den Elementen wie vor natürlichen und menschlichen Feinden. Diese beiden fundamentalen biologischen Bedürfnisse müssen befriedigt sein, damit der Mensch überhaupt überleben kann.

Auf der Skala folgen dann die rein psychischen Bedürfnisse, wie das offensichtlich allgemeine Bedürfnis zu lieben und geliebt zu werden. Dieses Bedürfnis ist in den vergangenen Jahren sowohl von Anthropologen als auch von Psychologen hervorgehoben worden. Sie betonten immer wieder, daß ein Kind, sobald dieses Bedürfnis in der Kindheit nicht wirklich befriedigt wurde, dazu neigt, sich zu einem Psychopathen zu entwickeln oder geistig zurückbleibt.

Eng verwandt mit dem Bedürfnis nach Liebe ist das Bedürfnis nach Zusammengehörigkeit – das zu befriedigen, was Adler das Gemeinschaftsgefühl genannt hat, das Gefühl nach Gemeinschaft mit anderen Menschen. Dann gibt es noch das Bedürfnis nach Respekt und Anerkennung durch andere Menschen, das sehr stark ausgeprägt ist, und das Bedürfnis – etwas weniger ausgeprägt – nach Selbstachtung. Wir müssen fähig sein, uns selbst mit einer gewissen Wertschätzung zu betrachten.

Als nächstes kommen wir zu seltener auftretenden, aber dennoch sehr starken Bedürfnissen, wie dem Bedürfnis, die eigene Neugier zu befriedigen, den Wissensdurst aus reinem Selbstzweck und nicht unbedingt aus einer Notwendigkeit heraus zu stillen, dem Bedürfnis nach Ordnung, nach einem sinnvollen Leben und dem Bedürfnis nach Ausdruck. Wir sind Symbole schaffende Wesen und haben bewiesenermaßen den klaren Wunsch, das auszudrücken, was wir fühlen. Schließlich haben wir noch das Bedürfnis, bis an unsere Leistungsgrenzen zu gelangen und unsere Fähigkeiten auszuschöpfen. Letzteres ist jedoch nur dann ein grundlegendes Bedürfnis, wenn die Bedingungen zu deren Entfaltung günstig sind. Dazu fällt mir die erste Zeile von Mallarmés Sonett über Edgar Allan Poe ein: »Tel qu'en Lui-même enfin l'éternité le change!«[1] Aber wir müssen nicht unbedingt auf die Ewigkeit warten. Ich glaube, daß es noch in diesem Leben möglich ist, zu uns selbst zu finden und vollständig über unser Ego hinauszuwachsen. Jedenfalls lohnt es sich, das zu versuchen.

Wir sehen an dieser Aufzählung, daß die Bedürfnisse hierarchisch gegliedert sind. Wenn die primären biologischen Bedürfnisse nicht

befriedigt sind, können die anderen schlicht und einfach nicht empfunden werden. Sie werden nicht nur nicht realisiert und befriedigt,
sondern sie treten nicht mal in unser Bewußtsein. Ein Mensch, der
hungrig ist, denkt nur an Essen. Seine Person ist reduziert auf einen
leeren Magen und einen ausgezehrten Körper. Das ist unmenschlich.
Das gleiche gilt für das Sicherheitsbedürfnis. Wenn jemand laufend
bedroht wird, ist es für ihn außerordentlich schwierig, irgendeines
der höheren Bedürfnisse zu empfinden. Sicher ist es möglich, wenn
der Hunger gestillt ist, das Bedürfnis nach Liebe und Gemeinschaft
zu empfinden und zu befriedigen, selbst wenn man in ständiger Unsicherheit lebt. Aber es ist mit Sicherheit unmöglich, die höheren Bedürfnisse, wie zum Beispiel das nach Wissen und persönlichem
Wachstum zu empfinden.

Kommen wir jetzt zu den primären psychischen Bedürfnissen.
Selbst wenn die Bedürfnisse nach Liebe, Gemeinschaft, Achtung und
Selbstachtung befriedigt sind, ist es sehr schwer, die immanent
menschlichen Bedürfnisse nach Wissen, Ordnung und Sinn, nach
Ausdruck und Entwicklung zu empfinden. Noch wesentlich schwieriger ist es, sie umzusetzen und zu verwirklichen. Diese Bedürfnisse
sind angeboren. Es sind praktisch Instinkte. Ich weiß, Instinkt ist vielleicht nicht das richtige Wort für diesen Sachverhalt, ein Begriff, den
die Psychologen überhaupt nicht mögen. Aber ich schließe mich eher
der Meinung des großen deutschen Verhaltensforschers Konrad Lo-
renz an, der sagt, es wäre an der Zeit zu begreifen, daß Instinkt nicht
stinkt, weil, ganz egal wie man diese Dinge nennt, sie angeborene
Anlagen sind. In diesem Zusammenhang erscheint mir A. H. Maslows Idee, diese Grundbedürfnisse als schwache Instinkte zu beschreiben, als sehr hilfreich. Es sind keine »Alles-oder-Nichts-In-
stinkte«, die einen Vogel dazu treiben, ein Nest zu bauen. Es sind kon-
ditionierte Instinkte, Neigungen, die erst dann zum Vorschein kommen, wenn die »niedrigen« biologischen und psychischen Bedürfnisse befriedigt sind. Wenn diese höheren Bedürfnisse sich zeigen,
können wir wenigstens versuchen, sie zu verwirklichen, um dadurch
unsere latenten, ungenutzten Fähigkeiten zu wecken.

Mir scheint, daß wir jetzt realistisch über das überall kontrovers diskutierte Thema »Natur und Erziehung« sprechen können. Offensichtlich existieren Natur und Erziehung nicht unabhängig voneinander. Wir werden in einem spezifischen Körper und mit bestimmten
Bedürfnissen geboren und kommen in Kontakt mit einer spezifischen
Umgebung. Umgekehrt muß die spezifische Umgebung dieses spezifische Etwas mit seinem Bündel an Erbanlagen, was ihr geliefert wor-

den ist, bearbeiten. Beides wirkt synergetisch und arbeitet kontinu-ierlich zusammen. Der springende Punkt ist allerdings, daß sich diese ererbten Anlagen nur dann voll entfalten können, wenn die Umwelt-bedingungen entsprechend günstig sind. In einer widrigen Umge-bung sind selbst die besten Erbanlagen verdeckt und werden unter-drückt. Wir brauchen eine ideale Umgebung, damit wir unsere ange-borenen latenten Fähigkeiten entfalten können. Wollen wir also Euge-niker sein, müssen wir gleichzeitig Sozialreformer sein, denn es ist unsinnig, Menschen mit exzellenten Qualitäten hervorzubringen, wenn die Lebensbedingungen es verhindern, daß diese Qualitäten einer Rasse zur Entfaltung kommen. Umgekehrt ist es genauso un-günstig, wenn die Umgebung hervorragend ist, aber das Erbmaterial, auf das die Umgebung wirken kann, von schlechter Qualität ist.

Wir sollten immer an diese beiden Faktoren denken, Erziehung und Natur, Erbanlagen und Umgebung. Es sind absolut untrennbare Bereiche, die beide bis zur höchstmöglichen Stufe entwickelt werden müssen.

Unter welchen Umständen kann ein Mensch am besten seine Fä-higkeiten realisieren und seine Kräfte effektiv zum Ausdruck brin-gen? Untersuchungen haben ergeben, daß es offenbar zwei klassi-sche Situationen gibt, in denen der Mensch all seine Kraftreserven mobilisiert: zum einen im Augenblick der Krise. Wir kennen alle die außergewöhnliche Tatsache, daß die meisten Menschen sich in einem kritischen Moment nicht nur sehr gut verhalten, sondern sogar Kapa-zitäten freisetzen, von denen niemand vorher eine Ahnung hatte. Die zweite Situation, in der der Mensch außergewöhnliche Kräfte ent-faltet, tritt auf, wenn er ein Hochgefühl hat, einen Freuden- oder Kreativitätsschub. Homer nannte das *menos*; irgendeine göttliche Kraft, die in uns eindringt und uns sozusagen auf eine höhere Ebene hebt, auf der wir über unser gewöhnliches Ich hinauswachsen.

Eine Krise hat jedoch nur dann eine positive Wirkung, wenn sie kurz ist. Eine Krise, die chronisch wird und zu lange andauert, führt unausweichlich zum Zusammenbruch. Schwächere Mitglieder einer Gesellschaft brechen in Krisensituationen eher zusammen, stärkere Mitglieder halten länger durch, aber auch sie brechen auf lange Sicht unter ständigem Druck zusammen. Deshalb müssen wir einen sol-chen repressiven Dauerzustand vermeiden. Insbesondere deswe-gen, weil lange bevor Menschen wirklich zusammenbrechen, das Leben im allgemeinen schon so eingeschränkt, eingeengt und letzt-lich unmenschlich ist, daß die höheren Bedürfnisse von Individuen und Gesellschaft nicht zusammentreffen können. Gleichzeitig können wir uns nicht auf ein Hochgefühl oder einen Kreativitätsschub verlassen. Wir wissen nie, wann solche Gefühle eintreten, sie kommen einfach. Es ist jedoch durchaus möglich, daß wir irgendwann lernen, diese Gefühle zu kontrollieren und sie willentlich bis zu einem gewissen Grad hervorzurufen. Ich werde darauf später noch genauer eingehen. Im Moment können wir es mit Sicherheit noch nicht. Das heißt, wir können uns nicht auf Krisen oder diese Kraftschübe verlassen, damit sie uns helfen. Aber zurückgreifen können wir auf Menschen in einer Gesellschaft, die es mehr oder weniger gut fertigbringen, ihre Grundbedürfnisse zu befriedigen, was ihnen wenigstens Gelegenheit gibt, ihre höheren Bedürfnisse zu befriedigen. Man kann davon ausgehen, daß in einer einigermaßen vernünftigen Gesellschaft, in der die Menschen zufriedenstellend ernährt und nicht allzu großen Frustrationen ausgesetzt werden, sich die menschlichen Fähigkeiten am besten entfalten können.

Ideal wäre es, wenn sich die individuellen Fähigkeiten in allen Individuen vollständig entwickeln könnten, doch dazu brauchten wir eine perfekte Gesellschaft. Eine Sache, die sehnlichst herbeigewünscht wird, doch sicherlich nicht in absehbarer Zeit in Erfüllung gehen kann. Deshalb will ich in diesem Vortrag nicht die sozialen Reformen diskutieren, die wünschenswert wären, um den Individuen zu helfen, ihre Fähigkeiten zu entfalten. Das würde an dieser Stelle zu weit führen. Was ich tun werde, ist, über bestimmte klar sichtbare Defizite zu sprechen und zu überlegen, wie man sie zum Nutzen des Individuums und indirekt zum Nutzen der Gesellschaft in Griff bekommen könnte, und zwar in einem Sozialgefüge, das sich nicht zu sehr von unserem unterscheidet.

Auf welche Weise müssen individuelle Lebensbedingungen verbessert werden, damit unsere höheren Bedürfnisse befriedigt werden können? Welche Methoden sollten wir benutzen, um unsere Fähigkeiten zu realisieren? Lassen Sie mich ganz kurz eine mögliche Methode streifen, die bisher kaum in Betracht gezogen wurde. Man könnte sie den pharmakologischen Ansatz nennen. Vor ungefähr einem Jahr gaben sowjetische Forscher bekannt, daß sie im Rahmen eines Fünfjahresplans an einer pharmakologischen Methode arbeiteten, um die mentale Leistungsfähigkeit und Ausdauer des Individuums zu erhöhen, ohne dem Körper größere Schäden zuzufügen. Pharmakologen haben mir bestätigt, daß dies höchstwahrscheinlich kein unmöglicher Traum ist, sondern daß man durchaus davon ausgehen kann, daß für den Körper gut verträgliche chemische Substanzen gefunden werden können, um dem menschlichen Bewußtsein die

Aufgabe zu erleichtern, latent vorhandene Fähigkeiten zu erkennen und zu entfalten.

Vorstellbar wäre eine chemische Substanz, die ähnlich, aber sehr viel besser wirkt als die sogenannten Psychopharmaka, die schon in der Psychotherapie in Fällen von Depression so beachtliche Arbeit geleistet haben. Man könnte sich Substanzen vorstellen, die eine tiefe Euphorie – ein Hochgefühl, das wie gesagt eine der Bedingungen für menschliche Leistungsfähigkeit ist – hervorruft, was die Grenze zwischen dem Unterbewußtsein und dem Bewußtsein durchlässiger machen könnte. Das würde dem Unterbewußtsein oder kreativen Bewußtsein, wie es Lawrence Kubie nennt, erlauben, an die Oberfläche zu dringen und Impulse für künstlerisches Schaffen und Leistungsfähigkeit im Leben zu geben, was für einen voll entwickelten Menschen von existenzieller Wichtigkeit ist.

Vielleicht gibt es auch Substanzen, die uns ausdauernder machen, damit wir nervlichen Belastungen länger standhalten oder damit wir geduldiger und freundlicher werden. Wir alle wissen, daß es wesentlich klüger ist, zum Chef zu gehen, nachdem er gegessen hat, denn dann fühlt er sich sehr viel besser, als wenn er hungrig ist. Und wir haben alle die Erfahrung gemacht, wie sehr eine Tasse Kaffee oder Tee unsere Stimmung beeinflußt. Es scheint deshalb keinen Grund zu geben, warum nicht Substanzen gefunden werden sollten, die ebenso verträglich sind wie Tee oder Kaffee und gleichzeitig eine erheblich größere Wirkung auf unser Bewußtsein haben.

Die Pharmakologie allein ist selbstverständlich nicht dazu geeignet, das Kunststück zu vollbringen. In Verbindung damit ist ein gewisser Erziehungsprozeß unumgänglich. Zur Zeit lehren wir unsere Kinder, nützliche Dinge zu begreifen, zu verstehen, was wichtig ist, und sich wie zivilisierte Menschen zu benehmen. Aber wir trainieren nicht ihren Geist, der den Lernprozeß bewältigen muß und für die Lebensfähigkeit verantwortlich ist. Wir geben ihnen Wissen, wir geben ihnen Moralbegriffe, aber wir gehen nicht weiter und helfen ihnen nicht bei der Umsetzung dieser Anweisungen. Das ist eine der schwerstwiegenden Schwachstellen unseres heutigen Ethik- und Erziehungssystems.

Lassen Sie uns nun überlegen, in welchen Bereichen ein spezifisches Training des Geistes am nützlichsten wäre. Das Grundlegendste und Wichtigste ist ohne Zweifel der Bereich der Wahrnehmung. Um zu überleben, müssen wir unsere Bedürfnisse und Wünsche erkennen und unsere latent vorhandenen Fähigkeiten entfalten. Dazu brauchen wir einen effizienten Wahrnehmungsapparat. Erst langsam wird vielen klar, wie wichtig ein gezieltes Üben der Wahrnehmung ist. Denken Sie an die fatalen Auswirkungen, die schlechtes Sehen auf den Menschen hat. Es führt zu schlechten Lesegewohnheiten, zum Zurückbleiben in der Schule und zu den verschiedensten neurotischen und asozialen Verhaltensweisen. Diese Rückentwicklung kann sogar dazu führen, daß das Kind in die Jugendkriminalität abrutscht.

Sehen ist genau wie Sprechen und Laufen eine erlernte Fähigkeit. Wir sind nicht von Geburt an perfekt sehende Wesen. Wir lernen, perfekt zu sehen, und das ist teilweise ein psychischer, aber auch sehr stark ein mentaler Vorgang. Es wäre deshalb viel gewonnen, was die Entfaltung menschlicher Fähigkeiten betrifft, wenn man den Kindern schlicht und einfach das beibringen würde, was ich die »Kunst des Sehens« genannt habe. Diese Kunst des Sehens hat in der letzten Zeit gerade in orthodoxen Kreisen verhältnismäßig großes Aufsehen erregt, und es hat mich ziemlich amüsiert, als ich kürzlich viele meiner Vorschläge von denjenigen vertreten sah, die sich professionell mit dem Problem der Sehkraft in bezug auf Erziehung und allgemein soziale Probleme befassen. Ich hatte mich, was meine Überlegungen betraf, an Dr. W. H. Bates orientiert, einem bemerkenswerten Pionier auf diesem Gebiet, und mußte mich wie er einen Narren und einen Scharlatan schimpfen lassen.

Wir haben leider keine Zeit, detailliert darauf einzugehen, wie die Kunst des Lesens eingeübt werden kann oder wie eine Lesetherapie funktioniert. Was schlechtes Sehen Kindern wirklich antun kann, sowie einige Techniken, die benutzt werden, nicht nur die Lesetherapie, sondern viel wesentlicher die Kunst des Lesens allgemein, finden Sie in einem kurzen aber sehr prägnanten und interessanten Artikel von Dr. James Curran, der vor zwei Jahren in der Zeitschrift *Optometrical Weekly* erschienen ist und über eine ausführliche Bibliographie verfügt. Klar ist jedenfalls, daß ein solches Training nicht nur zu therapeutischen, sondern auch zu präventiven Zwecken genutzt werden kann. Und es kann zusammen mit allen anderen Lehrmethoden von frühester Kindheit an angewandt werden.

Ich glaube, man kann verallgemeinernd sagen: Je kritischer, intensiver und präziser unsere Wahrnehmung ist, um so besser ist es für unsere allgemeine Intelligenz. Ich denke, die meisten werden mir da zustimmen. Vollkommen richtig ist, daß bestimmte geistige Fähigkeiten, wie das logische Denken, höchstwahrscheinlich ohne einen gut entwickelten Wahrnehmungsapparat auskommen können. Aber richtig ist auch, daß die geistigen Fähigkeiten, die das Leben bestimmen, nicht so speziell sind wie das logische Denken und viel häufiger gebraucht werden. Um diese intelligenten Fähigkeiten zu entwikkeln, ist eine gut ausgebildete Wahrnehmung unbedingt erforderlich. Wir müssen lernen, klar und deutlich wahrzunehmen, wie es für uns ist, das zu sein, was wir sind, und dort zu sein, wo wir sind. Wir müssen wissen, was uns umgibt; wir müssen wissen, wie wir auf das reagieren, was uns umgibt; wir müssen wissen, was mit unserem Körper geschieht; und wir müssen eine klare Vorstellung davon haben, was wir denken, fühlen, wünschen und wollen. Mit anderen Worten: Wir müssen der alten sokratischen Maxime folgen: »Erkenne dich selbst.«

Bevor wir über konstruktive Wege zur Selbsterkenntnis diskutieren, lassen Sie mich auf die Hindernisse eingehen, die einer solchen Bewußtseinsentwicklung heutzutage am häufigsten im Wege stehen. Das größte Hindernis für das Bewußtsein, genauer gesagt für das kritische Bewußtsein, ist die Neurose. Neurose kann definiert werden als eine Fixierung auf einen einzigen Aspekt des Lebens, als ein Sehen der Welt durch einen einzigen, das Ganze verzerrenden Blickwinkel, und damit als Unfähigkeit, einen breiteren Ausschnitt des Lebens zu sehen und dadurch realistisch wahrzunehmen, was um uns herum passiert. Wie wir wissen, beziehen sich die meisten Neurosen auf etwas, was in der Vergangenheit stattgefunden hat, meist in der frühen Kindheit. Wir werden *jetzt* von Ereignissen beeinflußt, die *damals* stattgefunden haben, und wir reagieren in der Gegenwart unter dem Einfluß der Vergangenheit. Die Heilung von Neurosen, ganz egal, welche Methode im einzelnen angewandt wird, ist nur dann möglich, wenn eine Person aus ihrer unbewußten Obession herausgeführt wird und sich voll der Ereignisse bewußt wird, die jetzt stattfinden, und der dadurch die Möglichkeit gegeben wird, auf diese Ereignisse angemessen und realistisch zu reagieren.

Nicht neurotische beziehungsweise relativ unneurotische Menschen haben ebenfalls Bewußtseinsprobleme, Probleme die sehr häufig in der einschlägigen Literatur beschrieben werden, wie zum Beispiel die monomanische Beschäftigung mit einer einzigen Sache oder das Vorherrschen einer einzigen Leidenschaft wie Geiz, Machtgier oder Sexbesessenheit im Gegensatz zu Liebe. All das, was altmodische Moralisten als Leidenschaften bezeichnet haben, verengt unser Bewußtsein. Es sind Scheuklappen, die unser Sehvermögen einschränken und verhindern, daß wir uns selbst erkennen und uns dessen bewußt werden, was um uns herum passiert.

Eine weitere sehr verbreitete Bewußtseinsstörung ist falscher Intellektualismus. Es ist eine Überbetonung des Verstandes, der Worte und Begriffe für realer und wichtiger hält als aktuelle Ereignisse und Dinge. In den Goncourt-Schriften finden Sie eine sehr amüsante Geschichte über einen berühmten Mann, der dieser Bewußtseinsstörung erlag. Ernest Renan, ein großer französischer Gelehrter des 19. Jahrhunderts, der mit Vorliebe über Ästhetik dozierte, ließ sich aufs Ausführlichste über das Schöne, Wahre etc. aus, als ihn plötzlich Edmond Goncourt unterbrach und fragte: »Was für eine Farbe hat die Tapete in Ihrem Eßzimmer?« Renan hatte nicht die leiseste Ahnung. Er hatte offenbar keine wirklich reale Basis, um über Schönheit zu diskutieren, er redete lediglich über seine Idee und nicht über eine unmittelbare Erfahrung, was Schönheit wirklich ist.

Das Bewußtsein kann außerdem gestört sein durch Gewohnheit und Routine. Gewohnheit und Routine können sehr wertvoll sein. Sie helfen uns, Zeit zu sparen und unwichtige Dinge schnell und effektiv hinter uns zu bringen, sofern es überhaupt unwichtige Dinge gibt. Aber sie können auch extrem gefährlich sein. Werden wir das Opfer unserer Gewohnheiten und Routine, können wir auf gegenwärtige Ereignisse nicht mehr spontan reagieren. Wir neigen dazu, so zu reagieren, wie wir es von jeher gewöhnt sind, anstatt spontan hier und jetzt zu reagieren.

Die ideale Lösung wäre, wie immer, aus allem nur das Positive herauszuziehen. Wir müssen uns einerseits die Neuheit und Einmaligkeit eines jeden Ereignisses ausreichend bewußt machen und fähig sein, darauf angemessen und spontan zu reagieren. Andererseits müssen wir uns darüber im klaren sein, daß jedes Ereignis Ähnlichkeit mit Ereignissen in der Vergangenheit hat und daß unsere Erfahrungen aus der Vergangenheit uns helfen, effizienter mit der unmittelbaren Erfahrung umzugehen. Es passiert jedoch viel zu oft, daß wir uns zu sehr auf unsere Gewohnheiten, auf Worte und Begriffe verlassen, und deshalb die unmittelbare Realität direkt vor uns übersehen. Es wäre sehr verdienstvoll, wenn den Kindern in der Erziehung beides, nämlich die Wichtigkeit von Gewohnheit und das Gegenteil, die »Nicht-Gewohnheit«, beigebracht werden würden.

Kommen wir jetzt zu etwas Konstruktivem, nämlich dazu, wie man die bewußte Wahrnehmung verbessern kann. Ich will an dieser Stelle auf ein Buch hinweisen, das meiner Ansicht nach sehr lesenswert ist. Die darin vertretenen Thesen sind nicht neu, wie ich noch zeigen werde (sie sind etwa tausend Jahre alt), neu sind sie allerdings im heutigen Kontext, weil wir eine ganze Menge wichtiger Dinge vergessen haben. Das Buch heißt *Gestalt Therapy* von den Autoren Perls, Hefferline und Goodman.[2] Ihre Methode, neurotische Probleme zu lösen, besteht im wesentlichen darin, die Menschen zu lehren, sich dessen bewußt zu werden. Das ist der Anfang ihrer Therapie. Und sie beschreiben Übungen, wie man sich Ereignisse bewußt machen kann. Sie schlagen zum Beispiel vor, Sätze zu bilden, die anfangen mit »Hier und jetzt nehme ich wahr« (ganz egal was es ist), zum Beispiel »das Licht in meinen Augen, diese glänzenden Gegenstände vor mir, dieses rote Ding, dieses gelbe Papier, verschiedene Wehwehchen und Leiden, die ich habe« etc. Solche außerordentlich einfachen und scheinbar kindischen Bewußtseinsübungen sind sehr hilfreich, um unsere unsinnige Beschäftigung mit der Vergangenheit und der Zukunft, mit Tagträumen, angenehmen und unangenehmen Erinnerungen zu überwinden, die so viel Zeit und Energie in Anspruch nehmen. Kurz gesagt, sie befreien uns aus dem Morast der Nicht-Aktualität, führen uns in die Gegenwart und geben uns wenigstens die Möglichkeit, realistisch und angemessen auf das, was geschieht, zu reagieren. Die Autoren beschreiben noch eine Anzahl weiterer Übungen, zum Beispiel die Aufmerksamkeit zu verlagern und ein Objekt bewußt im Zusammenhang mit seinem Hintergrund zu betrachten (zu sehen, wie Dinge im Hintergrund, die man relativ verschwommen wahrnimmt, in den Vordergrund treten, wenn man sie aufmerksam betrachtet, und wie der Vordergrund nebensächlich und zum Hintergrund wird). Sie betonen, wie wichtig es ist, sich genauestens darüber bewußt zu werden, was mit dem Körper und was mit dem Geist geschieht. Dies ist im allgemeinen ein tiefgreifender Prozeß der bewußten Wahrnehmung, und der ist notwendig, um alle Funktionen unseres Geistes zu aktivieren.

Diese Methoden der Gestalttherapeuten sind keineswegs eine Erfindung unserer Zeit. Der Schweizer Psychotherapeut Dr. Roger Vittoz, der 1925 starb, hatte damit in der Behandlung von Neurosen sehr großen Erfolg. Soweit man das heute beurteilen kann, war er damals wesentlich erfolgreicher als die Psychoanalytiker. Seine Methode bestand hauptsächlich darin, mit seinen Patienten zu üben, sich der scheinbar trivialsten Handlungen bewußt zu werden (weil keine Handlung gänzlich trivial ist). Es war ein Bewußtseins- und Lernprozeß, der dazu befähigte, den eigenen Willen zu benutzen und zu erkennen, was zu tun ist. Als Vittoz starb, wurde seine Methode vollständig vernachlässigt. Tragischerweise passiert so etwas immer wieder mit geschichtemachenden Ideen. Sie werden gedacht und in die Praxis umgesetzt, geraten aber oft aus verschiedensten Gründen für lange Zeit völlig in Vergessenheit. Vittoz' Ideen paßten einfach nicht zu den Vorstellungen der Psychologie der damaligen Zeit. Man bevorzugte die wenigen komplizierten Methoden der Psychoanalyse gegenüber seinem geradlinigen und einfachen Ansatz, der, nach allem, was man so gehört hatte, offensichtlich sehr erfolgreich gewesen war.

Interessant ist, daß Vittoz und die Gestalttherapeuten Verfahren wiederbelebt haben, die aus der orientalischen Philosophie und Psychologie stammen und bereits vor über 1000 Jahren üblich waren. Zu lehren, wie man sich die Vorgänge in seinem Inneren und in seiner Umgebung bewußt macht, ist selbstverständlich in der buddhistischen und tantrischen wie auch der Zenpsychologie. Eine Schrift des Gottes Shiva beispielsweise beginnt mit einem Dialog zwischen ihm und seiner Frau Parvati, in dem Parvati Shiva nach dem Geheimnis ihres tiefsten Bewußtseins fragt – des Bewußtseins von *Tat Tvam Asi*, von »Das bist du«, das Bewußtsein, daß Atman und Brahman eins sind. Shiva gibt ihr daraufhin einen Katalog mit 118 Bewußtseinsübungen, die sehr wichtig zur Erlangung des vollkommenen Bewußtseins sein sollen. Es sind dies Übungen, die das Bewußtsein im alltäglichen Leben trainieren, vom Essen bis zum Niesen, vom Schlafengehen bis zum Lieben, vom Träumen bis zum Tagträumen. Es ist die umfangreichste Zusammenstellung von Bewußtseinsübungen, die ich kenne, und es ist schon grotesk, daß diese immens wertvolle psychologische Entdeckung als eine Art orientalischer Aberglaube überlebt hat, über den wir uns nie Gedanken gemacht haben. Nach so vielen Jahren kommt sie jetzt an die Oberfläche und wird ihren überaus großen Wert unter Beweis stellen.[3]

Lassen Sie mich noch eine andere Technik der Bewußtseinsfindung erwähnen, mit der sich John Dewey intensiv beschäftigt hat. Ich beziehe mich auf die Technik, die F. M. Alexander entwickelt hat. Sie macht bewußt, wie wichtig eine richtige Körperhaltung ist, die richtige Verbindung zwischen Hals und Rumpf, die das optimale Funktionieren des psychophysikalischen Organismus garantiert. Dewey, der zusammen mit Alexander diese Technik erforscht hat, schrieb die Einleitung für drei Bücher von Alexander. In einer dieser Einleitungen erklärt er ziemlich deutlich, daß diese Technik für die Erziehung die Bedeutung hat, die die Erziehung für das Leben im allgemeinen hat, nämlich daß die Erziehung erst dadurch die Möglichkeit erhält, wirklich etwas Gutes zu tun. Trotzdem gab es unter den vielen Erziehern nicht einen, der Deweys Rat befolgt hat, und seiner Methode, den Geist zu trainieren, irgendeine Art von Aufmerksamkeit zukommen ließ, obwohl Dewey sie als äußerst wichtig für die Erziehung betrachtete. Auch sie ist einfach so unter den Tisch gefallen. Soviel ich weiß, gibt es nur eine einzige Schule in den Vereinigten Staaten, in der sie in der Kindererziehung angewandt wird. Es ist ein weiteres Beispiel für eine sehr wichtige Idee, deren großer praktischer und theoretischer Wert von einem Philosophen klar erkannt wurde, die aber zum Scheitern verurteilt war, weil sie nicht in die zeitgenössischen wissenschaftlichen Vorstellungen paßte.

Ich möchte nun mit einigen anderen Möglichkeiten zum Training des Geistes fortfahren. Eine sehr wichtige geistige Übung ist das Trainieren der Phantasie. Ich erinnere an Heribert Reads *Education Through Art*, die kindliche Phantasie so zu trainieren, daß diese bemerkenswerte eidetische Metaphorik, die alle Kinder zu haben scheinen, auch im Alter erhalten bleibt. Die intensive visuelle Vorstellungskraft verschwindet im allgemeinen mit der Pubertät, aber es scheint keinen Grund zu geben, warum sie nicht konserviert und als Quelle der Freude und als intellektueller Anreiz für den Menschen, auch im Erwachsenenalter, erhalten bleiben sollte. Auch in der Gestalttherapie werden viele interessante Übungen beschrieben, wie man Phantasie entwickelt und dadurch den Geist von schlechten Denkgewohnheiten und Gefühlen befreit. Ich kann an dieser Stelle nicht näher auf sie eingehen, aber sie sind es wert, beachtet zu werden. Sie helfen uns, die Illusion einer falschen Persönlichkeit abzulegen, die wir uns mittels unserer schlechten Gewohnheiten geschaffen haben.

Vielleicht ist jetzt klar geworden, daß jede Weiterentwicklung des Bewußtseins Hand in Hand gehen muß mit der Weiterentwicklung unseres Sprachwissens und der Begriffsbildung. Wenn uns unsere direkten Erfahrungen bewußt werden, müssen wir uns auch die Beziehungen, die zwischen direkten Erfahrungen und der Welt der Symbole, der Sprache und der Begriffe, in der wir leben, bestehen, bewußt machen. Es ist wie bei einem Eisberg: Wir schwimmen im Meer der unmittelbaren Realität, aber die Spitze, die aus den unmittelbaren Erfahrungen in die Begriffswelt herausragt, bezieht sich auf die Theorie. Genausowenig wie es so etwas wie eine absolut unmittelbare Erfahrung gibt, weil alle unsere Erfahrungen mit Sprache zu tun haben, genausowenig ist es eine Frage, daß wir fähig sind, uns stärker auf die direkte Erfahrungswelt als bisher einzulassen. Es ist ungeheuer wichtig, daß wir uns der Beziehung bewußt werden zwischen den Erfahrungen, denen wir unmittelbar gegenüberstehen, und den Worten, in denen wir darüber nachdenken, mit denen wir sie ausdrücken und erklären. Mit anderen Worten: Der Entwicklung der Sprache im allgemeinen und der der Semantik im besonderen, wie sie im 20. Jahrhundert stattgefunden hat, sollte in jeder Phase der Erziehung Rechnung getragen werden. Meiner Meinung nach sollten die Wahrnehmung, die Phantasie und die Sprache, also alle Bereiche des Geistes, gleichzeitig trainiert werden, denn all das scheint mir auf essentielle Art und Weise zusammenzuwirken.

Eng verknüpft mit Bewußtseinsproblemen sind Probleme der Liebe. Liebe und Wissen gehören zusammen. Liebe ohne Wissen ist meist kraftlos und Wissen ohne Liebe häufig unmenschlich. In der heutigen Welt erleben wir viel liebloses Wissen und unbewußte Liebe – ganz zu schweigen von unbewußtem und leider sehr bewußtem Haß, der uns umgibt. Unser Problem ist es, einen Weg zu finden, um mehr Menschen die Möglichkeit zu geben, auf eine bewußte und vom Wissen gesteuerte Art zu lieben.

Seltsam genug, daß gerade wir im Bereich der Liebe viel von den primitiven Naturvölkern lernen können. Anthropologen haben in den letzten Jahren die verschiedensten psychologischen und sozialen Verhaltensweisen erforscht, die wir niemals unter Laborbedingungen hätten beobachten können. (Deshalb ist es so extrem wichtig, daß diese primitiven Völker sorgfältig und mitfühlend beobachtet werden, bevor sie verschwinden und in der aufkommenden Flut von Technologie und Propaganda untergehen.) In der Frage der Liebe finden sich außergewöhnliche Beispiele für primitive Intelligenz. Margaret Mead hat die faszinierenden Praktiken der Arapesh beschrieben, ein kleiner Stamm in Neu-Guinea, eine gewaltlose und kooperative Gesellschaft. Sie legen allergrößten Wert auf Liebe und Freundschaft und haben Methoden entwickelt, die von frühester Kindheit an benutzt werden, zur Liebe zu ermutigen und dieses Ideal fest zu verankern. Dr. Mead berichtet, wie die Arapesh-Mutter, wenn sie ihr Baby stillt, diesem immer wieder die Worte »gut, gut« ins Ohr flüstert und das Kind, während es trinkt und die Worte hört, immer wieder den Hund der Familie oder das Schwein, ein Familienmitglied oder eine fremde Person berührt. So wird das Kind mit einer Art konditioniertem Reflex erzogen, Vertrauen, Liebe und die Güte anderer Menschen zu fühlen.

Natürlich kann man sagen, daß dies nur ein bedingter Reflex ist, aber wir alle werden immer wieder beeinflußt durch bedingte Reflexe, so daß wir unsere konditionierten Reflexe eher als gut denn als schlecht betrachten sollten. Ich denke, wir können, wie so viele Soziologen hervorgehoben haben, seit die Beobachtungen über die Arapesh publiziert wurden, viel lernen von diesen primitiven Völkern, die eine Methode entdeckt haben, wie man die Liebe in einer Gesellschaft intensiviert und ihr zu größerer Bedeutung verhilft.

Es gibt noch andere Verhaltensmuster von primitiven Gesellschaften, die übernommen werden könnten und die darauf ausgerichtet sind, zwischenmenschliche Liebe zu fördern und Frustrationen abzubauen; zum Beispiel lose Familienstrukturen, wie wir sie von vielen polynesischen Gesellschaften her kennen. Dort hat ein Kind nicht nur ein Zuhause, sondern viele. Dort übernimmt die Gruppe die Verantwortung für das Kind, das gehen kann, wohin es will, sobald es laufen kann. Es wird überall Rechte und Verantwortlichkeiten finden. Diese Struktur überwindet viele der gravierenden Nachteile, an denen wir infolge unserer restriktiven Familienverhältnisse, in denen wir leben müssen, zu leiden haben. In der Vergangenheit wurde unsere Familienstruktur durch die Großfamilie geprägt, in der mehrere Generationen direkter und indirekter Verwandten zusammenlebten. Aber die polynesische Form erscheint mir noch besser als das, was wir hatten, und bei weitem besser als das, was wir heute haben. Vielleicht ist diese Vorstellung zu phantastisch, aber ich sehe nicht ein, warum wir nicht aus den Babysitting-Kooperativen, die sich gerade in der modernen Welt durchsetzen, eine Art »Kindertauschverein« entwickeln sollten. Meiner Ansicht nach wäre das genau das Richtige.

Zum Schluß möchte ich noch ein sehr unerfreuliches Thema anschneiden, und zwar das Problem der Vorurteile und gegenseitigen Antipathien, international wie national. Es ist viel zu diesem Problem gesagt worden, wie man es abbauen könnte und wie man positive Gefühle zwischen unterschiedlichen Rassen, Religionsgruppen und sozialen Klassen aufbauen könnte. Der Kern der Untersuchungen, die Methoden, die angewandt wurden, und die Ergebnisse hat Gordon Allport in seinem Buch *The Natur of Prejudice* zusammengefaßt. Allports Schlußfolgerung ist eher pessimistisch. Er sieht es als erwiesen an, daß höchstwahrscheinlich vier Fünftel aller erwachsenen Amerikaner Vorurteile haben, es gute Gründe gibt zu glauben, daß es außerordentlich schwer sein wird, dieses Verhältnis zu verändern, trotz großer Anstrengungen, die bereits gemacht worden sind, wie Gesetzesinitiativen, Aufklärung durch Massenmedien, Gruppenarbeit, individuelle Therapie, Schulerziehung etc. Einige der Methoden waren wirkungsvoller als andere, und es ist nicht auszuschließen, daß in der Zukunft weitere Methoden entwickelt werden. Obwohl die Aussichten nicht gerade rosig sind, ist Allport der Ansicht, daß es unsere Pflicht ist, jene Mittel weiter auszubauen, die positive Gefühle fördern und Vorurteile abbauen.

Eines der grundlegendsten Probleme hat William Blake in einem Epigramm treffend umschrieben: »Damn braces. Bless relaxes.«[4] Die tiefere Bedeutung dieses Satzes ist natürlich, daß sich negative Gefühle besser bezahlt machen als mehr oder weniger oberflächliche positive Gefühle. Durch Liebe werden sicherlich die meisten psychischen Kräfte freigesetzt. Trotzdem ist Haß ein wesentlich größerer Ansporn als bloße Toleranz oder Akzeptanz. Es ist ein tragisches Faktum, daß wir uns viel eher durch Haß motivieren lassen als durch diese friedfertigen Tugenden. Die Frage ist deshalb, wie können wir das schwache Gefühl von bloßer Toleranz zu etwas Wärmerem und Mächtigerem machen? Können wir erreichen, daß gute Gefühle – nicht das reine Fehlen von Haß-Gefühlen – schlechte Gefühle ersetzen? Das einzige, was meiner Meinung nach helfen kann, ist ein wesentlich verbessertes Training der Wahrnehmung, nur dann kann auf lange Sicht dem Wunsch nach negativer Emotion als Stimulus entgegengewirkt werden.

Zweifellos ist für eine Person mit einer geübten Wahrnehmung die Welt sehr viel interessanter als für eine Person mit ungeübter Wahrnehmung. Sie hat sicherlich weniger das Bedürfnis nach Ersatzbefriedigungen durch Westernfilme, Mördergeschichten oder, was viel gefährlicher ist, Rassenhaß oder nationalistischen Fanatismus. Ich denke, wenn jeder gemäß dem Satz von Blake seine Pforten der Wahrnehmung aufstoßen würde und wenn wir die Welt als grenzenlos ansehen könnten, ließen wir mit Sicherheit davon ab, Stierkämpfe zu bewundern, Minderheiten anzugreifen und unsere Aggressionen an fremden Völkern abzureagieren. All diese Dinge greifen ineinander. Hoffen wir, daß wir früher oder später eine Methode finden werden, mit der sich unser Bewußtsein und die verschiedenen Übungen, positiv zu fühlen, verbinden lassen. Hoffen wir, daß sich immer mehr Menschen auf der Welt human verhalten und wir unsere latent vorhandenen positiven Fähigkeiten entfalten können.

---

[1] Stéphane Mallarmé, *Le Tombeau d'Edgar Poe*, in *Poésies*, Gallimard, Paris 1942, dt.: *So wie die Ewigkeit ihn zu sich Selbst führte* in: Stéphane Mallarmé, *Sämtliche Gedichte*. Französisch und Deutsch, Verlag Lambert Schneider, Heidelberg 1984.

[2] Frederick S. Perls, Ralph F. Hefferline und Paul Goodman, *Gestalt Therapy*, Julian Press, New York 1951.

[3] Paul Reps, *Centering*, in: *Zen Flesh, Zen Bones*, Anchor Books, Garden City, N. Y. 1961, S. 157.

[4] William Blake, *The Marriage of Heaven and Hell*, Proverbs of Hell, in: *The Blake Complete Poems*, hrsg. von W. H. Stevenson, Longman Group Ltd. New York 1971, S. 110.

GREGORY BATESON

Englisch-amerikanischer Anthropo-
loge und Philosoph. Geboren 1904
in Cambridge. Professor an der Uni-
versity of California in Santa Cruz.
Mitwirkung an der Informations-
theorie; Ausarbeitung der »Double-
bind-Theorie« der Schizophrenie.
Bateson starb 1980 in San Fran-
cisco.
Sein Hauptwerk ist 1981 unter dem
Titel »Ökologie des Geistes. Anthro-
pologische, psychologische und epi-
stemologische Perspektiven« er-
schienen.
Der ausgewählte Beitrag ist seinem
letzten Buch »Geist und Natur.
Eine notwendige Einheit« entnom-
men, in dem Bateson seine Erkennt-
nistheorie darstellt und entwickelt.

Geist und Natur. Eine notwendige Einheit.

Einführung[1]

So beweist auch Plotin, der Platoniker, in seiner Abhandlung von der
Vorsehung, daß diese sich von dem höchsten Gotte, dessen Schönheit
geistig und unaussprechlich ist, bis herab zum Irdischen und Nieder-
sten erstrecke, und bekräftigt es durch die Schönheit der Blüten und
Blätter. Diese alle, so wertlos und rasch vergänglich sie sind, könn-
ten, versichert er, keine so wohlproportionierten Formen haben, wür-
den sie nicht von daher geformt, wo die geistige und unwandelbare
Form, die alles zugleich in sich schließt, ständig zu Hause ist.

Augustinus
Vom Gottesstaat

Im Juni 1977 dachte ich, ich hätte die Ansätze für zwei Bücher. Das
eine nannte ich *The Evolutionary Idea* (Die Idee der Evolution), das andere *Every Schoolboy Knows* (Jeder Schuljunge weiß).[2] Das erste sollte
ein Versuch sein, die Theorien der biologischen Evolution im Licht
der Kybernetik und der Informationstheorie zu überdenken. Als ich

aber anfing, das Buch zu schreiben, kam es mir schwierig vor, mit einem tatsächlichen Publikum vor Augen zu formulieren, das, wie ich hoffen konnte, die formalen und daher einfachen Voraussetzungen meiner Aussagen verstehen würde. Mir wurde erschreckend deutlich, daß der Schulbetrieb in diesem Lande, in England und, wie ich annehme, im gesamten Abendland, so eindeutig darauf hinauslief, alle entscheidenden Probleme zu umgehen, daß ich ein zweites Buch würde schreiben müssen, um zu erklären, was mir elementare Ideen zu sein schienen, die für die Evolution und für nahezu alles weitere biologische oder soziale Denken relevant waren – für das tägliche Leben und für das Einnehmen des Frühstücks. Die offizielle Erziehung vermittelte den Menschen fast nichts über die Natur all dieser Dinge an den Meeresküsten und in den Rotholz-Wäldern, in den Wüsten und Ebenen. Sogar Erwachsene, die selbst Kinder haben, sind nicht in der Lage, eine vernünftige Erklärung von Begriffen wie Entropie, Sakrament, Syntax, Zahl, Quantität, Muster, lineare Relation, Name, Klasse, Relevanz, Energie, Redundanz, Kraft, Wahrscheinlichkeit, Teile, Ganzes, Information, Tautologie, Homologie, Masse (entweder im newtonschen oder im christlichen Sinne), Erklärung, Beschreibung, Regel der Dimensionen, logischer Typ, Metapher, Topologie und so weiter zu geben. Was sind Schmetterlinge? Was sind Seesterne? Was sind Schönheit und Häßlichkeit?

Mir schien, die Ausformulierung einiger dieser ganz elementaren Ideen könnte ein wenig ironisch den Titel *Jeder Schuljunge weiß* tragen.

Als ich aber in Lindisfarne saß und an diesen beiden Manuskripten arbeitete, manchmal hier und manchmal dort ein Stück anfügte, wuchsen die beiden allmählich zusammen, und das Ergebnis dieser Annäherung war, was man wohl als eine *platonische* Auffassung bezeichnet.[3] Mir schien, daß ich in *Schuljunge* ganz elementare Ideen der *Erkenntnistheorie* niederschrieb, es ging also darum, *wie wir etwas wissen können*. Unter das Pronomen *Wir* faßte ich natürlich den Seestern und den Rotholz-Wald, das sich teilende Ei und den Senat der Vereinigten Staaten.

Und zu dem *Etwas*, das diese Geschöpfe auf verschiedene Weise wissen, zählte ich »wie man in fünfstellige Symmetrie wächst«, »wie man einen Waldbrand überlebt«, »wie man wächst und doch die gleiche Form beibehält«, »wie man lernt«, »wie man eine Verfassung schreibt«, »wie man ein Auto erfindet und fährt«, »wie man bis sieben zählt« und so weiter. Wunderbare Geschöpfe mit fast übernatürlichen Kenntnissen und Fertigkeiten.

Vor allem bezog ich auch die Frage »Wie aber Evolution?« ein, denn mir schien, daß sowohl Evolution als auch Lernen denselben formalen Regelmäßigkeiten oder sogenannten Gesetzen unterliegen mußten. Ich begann, wie man sieht, die Ideen des *Schuljungen* zu benutzen, um nicht nur unser eigenes Wissen, sondern auch das *weitere Wissen* zu reflektieren, das der Leim ist, der die Seesterne, Seeanemonen, Rotholz-Wälder und menschliche Kommissionen zusammenhält. Meine beiden Manuskripte wurden zu einem einzigen Buch, weil es ein einziges Wissen gibt, das sowohl die Evolution als auch *Ansammlungen* von Menschen charakterisiert, selbst wenn Kommissionen und Nationen solchen zweibeinigen Genies wie dir und mir dumm erscheinen mögen.

Ich überschritt die Linie, die manchmal dazu dienen soll, das menschliche Wesen einzuschließen. Mit anderen Worten, beim Schreiben wurde der Geist für mich zu einer Reflexion großer Teile und vieler Teile der natürlichen Welt außerhalb des Denkers.

Alles in allem waren es nicht die rohesten, die einfachsten, die animalischsten und primitivsten Aspekte der menschlichen Gattung, die sich in den natürlichen Phänomenen spiegelten. Vielmehr waren es es die komplexeren, die ästhetischen, die feinen und die eleganten Aspekte von Menschen, in denen sich die Natur spiegelte. Nicht meine Gier, meine Zweckgerichtetheit, meine sogenannten »animalischen« sogenannten »Instinkte« und so fort erkannte ich auf der anderen Seite dieses Spiegels, dort drüben, in der »Natur«. Vielmehr entdeckte ich dort die Wurzeln der menschlichen Symmetrie, Schönheit und Häßlichkeit, Ästhetik, die wirkliche Lebendigkeit und das kleine bißchen Weisheit des menschlichen Wesens. Seine Weisheit, seine körperliche Grazie und selbst seine Gewohnheit, schöne Gegenstände herzustellen, sind ganz genauso »animalisch« wie seine Grausamkeit. Schließlich bedeutet das Wort »animalisch« ja gerade »mit Geist oder Seele *(animus)* begabt«.

Vor diesem Hintergrund erweisen sich diejenigen Theorien vom Menschen, die von der animalischsten und am schlechtesten angepaßten Psychologie ausgehen, als unwahrscheinliche Grundprämissen, um sich der Frage des Psalmisten zu nähern: »Herr, was ist der Mensch?«

Ich konnte niemals den ersten Schritt der Genesis akzeptieren: »Am Anfang war die Erde wüst und leer.« Diese ursprüngliche *tabula rasa* hätte für die nächste Milliarde Jahre ein unglaubliches thermodynamisches Problem geschaffen. Vielleicht war die Erde niemals mehr eine *tabula rasa* als dies eine menschliche Zygote ist – ein befruchtetes Ei.

Es begann so auszusehen, als seien die althergebrachten und noch immer herrschenden Vorstellungen von der Erkenntnistheorie, besonders von der menschlichen Erkenntnistheorie, die Spiegelung einer obsoleten Physik und als stünden sie in einem ganz eigenartigen Kontrast zu dem wenigen, was wir über lebende Dinge zu wissen scheinen. Es war, als seien die Mitglieder der Gattung Mensch dazu bestimmt, völlig einmalig und völlig materialistisch zu sein, und das vor dem Hintergrund eines lebendigen Universums, das allgemein (statt einmalig) und spirituell (statt materialistisch) war.

Es scheint etwas wie ein Greshamsches Gesetz der kulturellen Evolution zu geben, nach dem die übervereinfachten Ideen immer die verfeinerten ersetzen werden und das Vulgäre und Hassenswerte immer an die Stelle des Schönen treten wird. Und doch erhält sich das Schöne am Leben.

Es begann so auszusehen, als sei organisierte Materie – und ich weiß nichts über unorganisierte Materie, sofern es so etwas überhaupt gibt – selbst in einer so einfachen Menge von Relationen, wie sie in einer Dampfmaschine mit Regler besteht, weise und hochentwickelt, verglichen mit dem Bild der menschlichen Seele, das der orthodoxe Materialismus und ein Großteil der orthodoxen Religion gemeinhin zeichnete.

Der Keim dieser Ideen steckte schon in meinem Geist, als ich noch ein Junge war. Ich möchte aber von zwei Kontexten ausgehen, in denen diese Gedanken anfingen, nach Ausdruck zu verlangen: In den fünfziger Jahren hatte ich zwei Lehraufgaben. Ich unterrichtete Mitarbeiter eines psychiatrischen Krankenhauses der Veterans Administration in Palo Alto und junge Beatniks an der California School of Fine Arts in San Francisco. Ich möchte Ihnen berichten, wie diese beiden Kurse anfingen, wie ich auf diese beiden entgegengesetzten Gruppen zuging. Wenn Sie diese beiden ersten Vorlesungen nebeneinanderstellen, werden Sie sehen, was ich sagen will.

Den Psychiatern legte ich eine Aufgabe in Form einer kleinen Examensprüfung vor und sagte ihnen, daß sie am Ende des Kurses die Fragen darin verstehen sollten. Frage 1 verlangte kurze Definitionen von (a) »Sakrament« und (b) »Entropie«. Die jungen Psychiater in den fünfziger Jahren waren im allgemeinen unfähig, *auch nur eine* von beiden Fragen zu beantworten. Heute sind es wohl einige mehr, die anfangen könnten, über Entropie zu reden. Und ich nehme an, es gibt noch einige Christen, die sagen könnten, was ein Sakrament ist?

Ich legte meiner Klasse die zentralen Begriffe aus zweitausendfünfhundert Jahren des Nachdenkens über Religion und Wissenschaft vor. Ich hatte den Eindruck, daß sie als zukünftige Doktoren (medizinische) der menschlichen Seele zumindest einen Fuß auf jeder Seite der alten Argumente haben sollten. Sie sollten mit den wesentlichen Ideen sowohl der Religion als auch der Wissenschaft vertraut sein.

Bei den Kunststudenten ging ich direkter vor. Es war eine kleine Gruppe von etwa zehn bis fünfzehn Studenten, und ich wußte, daß ich mich in eine Atmosphäre von Skepsis begab, die an Feindschaft grenzte. Als ich eintrat, war klar, daß man in mir eine Inkarnation des Teufels erwartete, der zugunsten des *Comon Sense* von Atomkrieg und Schädlingsbekämpfungsmitteln argumentieren würde. In jenen Tagen (und selbst heute?) hielt man die Wissenschaft für »wertfrei« und unbeeinflußt durch »Emotionen«.

Darauf war ich vorbereitet. Ich hatte zwei Papiertüten und öffnete die erste davon, in der ein frisch gekochter Krebs steckte, den ich auf den Tisch legte. Dann forderte ich die Klasse etwa folgendermaßen heraus: »Ich möchte von Ihnen Argumente hören, die mich davon überzeugen werden, daß dieses Objekt das Überbleibsel eines Lebewesen ist. Wenn Sie wollen, können Sie sich vorstellen, daß Sie Marsbewohner sind und daß man auf dem Mars mit Lebewesen vertraut ist, da Sie ja in der Tat selbst leben. Aber natürlich haben Sie noch nie Krebse oder Hummer gesehen. Eine Reihe von Objekten wie dieses, viele davon fragmentarisch, sind – vielleicht mit einem Meteor – angekommen. Ihre Aufgabe ist es, sie zu untersuchen und zu dem Schluß zu kommen, daß sie die Überreste von Lebewesen sind. Wie würden Sie zu dieser Schlußfolgerung gelangen?«

Natürlich war die Frage, die ich den Psychiatern gestellt hatte, die *gleiche* wie die für die Künstler: Gibt es eine biologische Spezies der Entropie?

Beide Fragen betrafen die tiefer liegende Vorstellung einer Grenzlinie zwischen der Welt des Lebendigen (wo *Unterscheidungen* getroffen werden und *Unterschiede* Ursachen sein können) und der Welt unbelebter Billardkugeln und Galaxien (wo Kräfte und Wirkungen die »Ursachen« von Ereignissen sind). Dies sind die beiden Welten, die Jung (im Anschluß an die Gnostiker) *creatura* (das Lebendige) und *pleroma* (das Unbelebte) nennt.[4] Ich fragte: Welches ist der Unterschied zwischen der physikalischen Welt der *pleroma*, wo Kräfte und Wirkungen eine hinreichende Erklärungsgrundlage bilden, und der *creatura*, wo man nichts verstehen kann, ohne *Unterschiede* und *Unterscheidungen* heranzuziehen?

In meinem Leben habe ich die Beschreibungen von Stöcken, Steinen und Billardkugeln in eine Kiste, die Pleroma, gesteckt und sie

dort liegen gelassen. In die andere Kiste steckte ich die Lebewesen:
Krebse, Menschen, Probleme der Schönheit und Probleme des Unterschiedes. Der Inhalt der zweiten Kiste ist Gegenstand dieses Buchs.

Kürzlich habe ich mich über die Unzulänglichkeiten der abendländischen Erziehung ereifert. Das war in einem Brief an meine Mitarbeiter an der University of California, und der folgende Satz schlich sich
in meinen Brief ein:

Brich das Muster auf, das die Lerninhalte verbindet,
und du zerstörst notwendigerweise alle Qualität.

Ich biete Ihnen den Ausdruck *das Muster, das verbindet* als ein Synonym, als einen anderen möglichen Titel dieses Buches an. *Das Muster, das verbindet.* Warum lehren die Schulen fast nichts über das Muster, das verbindet? Ist es etwa so, daß sich die Lehrer bewußt sind,
den Makel des Todes zu tragen, der alles, was sie berühren, in Ge-
schmacklosigkeit verwandelt, und deshalb klugerweise nichts berühren oder lehren wollen, was für das wirkliche Leben von Bedeutung
ist? Oder verhält es sich so, daß sie den Makel des Todes tragen, *weil*
sie es nicht wagen, irgend etwas Lebenswichtiges zu lehren? Was ist
los mit ihnen?

Welches Muster verbindet den Krebs mit dem Hummer und die Or-
chidee mit der Primel und all diese vier mit mir? Und mich mit Ihnen?
Und uns alle sechs mit den Amöben in einer Richtung und mit dem
eingeschüchterten Schizophrenen in einer anderen?

Ich möchte Ihnen sagen, warum ich mein ganzes Leben lang Bio-
loge war, was es ist, das ich immer versucht habe zu studieren. Welche Gedanken kann ich hinsichtlich der gesamten biologischen Welt,
in der wir leben und unser Dasein fristen, mit anderen teilen? Wie ist
diese Welt zusammengesetzt?

Was jetzt gesagt werden muß, ist schwierig, scheint ganz *leer* zu
sein und ist doch von sehr großer und tiefer Bedeutung für Sie und
mich. In diesem historischen Zeitpunkt halte ich es für wichtig, was
das Überleben der gesamten Biosphäre angeht, die, wie Sie wissen,
bedroht ist.

Welches ist das Muster, das alle Lebewesen verbindet?

Lassen Sie mich zu meinem Krebs und zu meiner Klasse von Beatniks zurückkehren. Ich hatte das große Glück, Menschen zu unterrichten, die keine Wissenschaftler waren und deren Geisteshaltung
sogar als antiwissenschaftlich bezeichnet werden kann. Unausgebil-
det, wie sie alle waren, gingen ihre Neigungen zur Ästhetik. Ich

möchte dieses Wort für den Augenblick so definieren, daß sie *nicht* waren wie Peter Bly, die Figur, von der Wordsworth sang:

> A primrose by the river's brim
> A yellow primrose was to him:
> And it was nothing more.

> (Eine Primel am Flußrand
> War eine gelbe Primel in seiner Hand;
> Und sonst war sie nichts.)

Sie würden der Primel eher mit *Anerkennung* und *Einfühlung* begegnen. Mit *Ästhetik* meine ich Aufmerksamkeit für *das Muster, das verbindet*. Sie sehen also, daß ich Glück hatte. Vielleicht war es ein glückliches Zusammentreffen, daß ich sie mit einer Frage konfrontierte, die (obwohl ich dies nicht wußte) eine ästhetische war: *Wie sind Sie auf dieses Geschöpf bezogen? Welches Muster verbindet Sie mit ihm?*

Indem ich sie auf einen imaginären Planeten versetzte, den »Mars«, entkleidete ich sie aller Gedanken an Hummern, Amöben, Kohlköpfe und so weiter und zwang die Diagnose des Lebens zurück in die Identifikation mit dem lebendigen Selbst: »*Sie selbst* tragen die Festpunkte, die Kriterien, mit denen Sie den Krebs betrachten könnten, um herauszufinden, daß auch er die gleichen Anzeichen aufweist.« Meine Frage war viel komplizierter, als ich wußte.

Sie sahen sich also den Krebs an. Und als erstes meldeten sie sich mit der Beobachtung, daß er *symmetrisch* ist; das heißt, die rechte Seite gleicht der linken.

»Sehr gut. Sie meinen, er ist komponiert wie ein Gemälde?« (Keine Antwort.)

Dann beobachteten sie, daß eine Schere größer war als die andere. Er war also *nicht* symmetrisch.

Ich deutete an, daß sie, wenn eine Reihe dieser Objekte mit einem Meteor gekommen wären, feststellen würden, daß es bei fast allen Exemplaren dieselbe Seite (rechts oder links) sein würde, an der sich die größere Schere befände. (Keine Reaktion. »Worauf will Bateson hinaus?«)

Wieder bei der Symmetrie angelangt, sagte jemand: »*Ja, eine Schere ist größer als die andere, aber beide sind aus den gleichen Teilen aufgebaut.*«

Ah! Was für eine schöne und edle Behauptung das ist, wie der Sprecher höflich die Vorstellung in den Mülleimer warf, daß *Größe* von primärer oder tieferer Bedeutung sein könne, und dem *Muster, das ver-*

bindet, nachging. Er verwarf eine Asymmetrie in der Größe zugunsten einer tieferen Symmetrie in den formalen Relationen.

Ja, tatsächlich, die beiden Scheren sind dadurch charakterisiert (häßliches Wort), daß sie *ähnliche Relationen zwischen Teilen* verkörpern. Niemals Quantitäten, immer Gestalten, Formen und Relationen. Das war in der Tat etwas, das den Krebs als ein Mitglied der *creatura* charakterisierte, als ein Lebewesen.

Später ergab sich, daß nicht nur die beiden Scheren nach demselben »Grundmuster« aufgebaut sind (d. h. nach korrespondierenden Mengen von Relationen zwischen korrespondierenden Teilen), sondern daß sich diese Relationen zwischen korrespondierenden Teilen in der Reihe bis hinunter zu den zur Fortbewegung dienenden Gliedmaßen erstrecken. Wir konnten in jedem Bein Teile ausfindig machen, die den Teilen in der Schere entsprachen.

Und natürlich gilt dasselbe für unseren eigenen Körper. Der Oberarmknochen entspricht dem Oberschenkelknochen, und die Speiche entspricht dem Schienbein; die Handwurzelknochen entsprechen den Fußwurzelknochen; die Finger entprechen den Zehen.

Die Anatomie des Krebses beruht auf Wiederholung und Rhythmus. Wie die Musik, wiederholt sie mit Modulationen. In der Tat entspricht die Richtung vom Kopf zum Schwanz einer Zeitfolge: In der Embryologie ist der Kopf älter als der Schwanz. Ein Informationsfluß vom Vorder- zum Hinterteil ist möglich.

Professionelle Biologen sprechen von phylogenetischer *Homologie,* wenn es um die *Klasse* von Tatsachen geht, die repräsentiert wird durch die formale Ähnlichkeit zwischen meinen Gliederknochen und denen eines Pferdes. Ein weiteres Beispiel ist die formale Ähnlichkeit zwischen den Extremitäten eines Krebses und denen eines Hummers.

Das ist *eine* Klasse von Tatsachen. Eine andere (irgendwie ähnliche?) ist, was man als *serielle Homologie* bezeichnet. Ein Beispiel hierfür ist die rhythmische Wiederholung mit Veränderung von Extremität zu Extremität längs des Tieres (Krebs oder Mensch); ein weiteres (vielleicht nicht ganz vergleichbares, wegen des Unterschiedes in der Zeitrelation) wäre die bilaterale Symmetrie des Menschen oder des Krebses.[5]

Lassen Sie mich von vorne anfangen. Die Teile eines Krebses sind durch verschiedene Muster der bilateralen Symmetrie, der seriellen Homologie und so weiter verbunden. Wir wollen diese Muster *innerhalb* des individuellen wachsenden Krebses *Verbindungen erster Ordnung* nennen. Aber nun sehen wir uns Krebs und Hummer an und finden erneut einen Zusammenhang über ein Muster. Diesen wollen wir *Verbindung zweiter Ordnung* oder phylogenetische Homologie nennen.

Nun wenden wir uns dem Menschen oder dem Pferd zu und finden, daß wir auch hier Symmetrien und serielle Homologien entdecken können. Wenn wir die beiden gleichzeitig betrachten, finden wir die gleiche gattungsüberschreitende Teilhabe an einem Muster mit einem Unterschied (phylogenetische Homologie). Und natürlich finden wir auch dieselbe Verwerfung von Größen zugunsten von Gestalten, Mustern und Relationen. Mit anderen Worten, wird diese Verteilung formaler Ähnlichkeiten ausformuliert, dann stellt sich heraus, daß die Anatomie grob drei Ebenen oder logische Typen von deskriptiven Aussagen aufweist:

1. Die Teile jedes Mitglieds der *creatura* müssen mit anderen Teilen desselben Individuums verglichen werden, um Verbindungen erster Ordnung zu ergeben.

2. Krebse müssen mit Hummern, Menschen mit Pferden verglichen werden, wenn man ähnliche Relationen zwischen den Teilen entdecken will (d. h. Verbindungen zweiter Ordnung).

3. Der *Vergleich* zwischen Krebsen und Hummern muß mit dem Vergleich zwischen Menschen und Pferden verglichen werden, um Verbindungen dritter Ordnung zu ergeben.

Wir haben eine Stufenleiter des Denkens konstruiert: Wie denkt man nach über – worüber? Ach ja, über das Muster, das verbindet.

Meine zentrale These läßt sich nun in Worten andeuten: Das *Muster, das verbindet, ist ein Metamuster*. Es ist ein Muster von Mustern. Und genau dieses Metamuster definiert die weitreichende Verallgemeinerung, daß es in der Tat *Muster sind, die verbinden*.

Oben habe ich davor gewarnt, daß wir auf eine Leere stoßen würden, und so verhält es sich auch tatsächlich. Der Geist ist leer; er ist ein Un-ding. Er existiert nur in seinen Ideen, und auch diese sind Undinge. Nur die Ideen sind immanent, in ihren Beispielen verkörpert. Und die Beispiele sind ebenso Un-dinge. Die Schere *beispielsweise* ist nicht das *Ding an sich;* sie ist gerade *nicht* das »*Ding an sich*«. Vielmehr ist sie das, was der Geist daraus macht, nämlich ein *Beispiel* für irgend etwas anderes.

Lassen Sie mich in den Klassenraum der jungen Künstler zurückkehren.

Sie werden sich daran erinnern, daß ich *zwei* Papiertüten hatte. In einer war der Krebs. In der anderen hatte ich eine wunderschöne große Muschelschale. Aus welchem Anzeichen, fragte ich sie, könnten Sie ersehen, daß die spiralförmige Schale Teil eines Lebewesens war?

Als sie etwa sieben war, schenkte jemand meiner Tochter Cathy ein Katzenauge, das in einen Ring eingelassen war. Sie trug ihn, und ich fragte sie, was das war. Sie sagte, es war ein Katzenauge.

Ich fragte: »Aber was *ist* es?«

»Na ja, ich weiß, daß es nicht das Auge einer Katze ist. Ich nehme an, es ist eine Art Stein.«

Ich erwiderte: »Nimm ihn ab und sieh dir die Rückseite an.«

Das tat sie und rief aus: »Oh, da ist eine Spirale drauf! Es muß zu etwas Lebendigem gehört haben.«

Tatsächlich sind diese grünlichen Scheiben die Kiemendeckel (spercula) einer Spezies von tropischen Meeresschnecken. Am Ende des Zweiten Weltkrieges brachten Soldaten viele davon vom Pazifik mit zurück.

Cathy hatte recht mit ihrer Grundprämisse, daß alle Spiralen in dieser Welt, außer Strudeln, Galaxien und Spiralwinden, in der Tat von Lebewesen hervorgebracht werden. Zu diesem Thema besteht eine umfangreiche Literatur, für die sich einige Leser interessieren könnten (die Schlagwörter sind *Fibonacci-Reihen* und *Goldener Schnitt*).

Aus alledem ergibt sich nun, daß eine Spirale eine Figur ist, die sich durch Anfügung am offenen Ende in *einer* Dimension entwickelt und dabei *im Wachstum ihre Gestalt (d. h. ihre Proportionen) beibehält*. Sie sehen, es gibt keine wirklich statischen Spiralen.

Aber die Klasse hatte Schwierigkeiten. Sie suchten nach all den schönen formalen Charakteristika, die sie freudig an dem Krebs entdeckt hatten. Sie hatten die Vorstellung, daß es formale Symmetrie, Wiederholung von Teilen, modulierte Wiederholung und so weiter waren, worauf der Lehrer hinaus wollte. Aber die Spirale war *nicht* bilateral symmetrisch; sie war nicht segmentiert.

Sie mußten herausfinden, (a) daß alle Symmetrie und Zellteilung irgendwie eine Folge, ein Effekt der Tatsache des Wachstums war; (b) daß Wachstum formale Anforderungen stellt; und (c) daß eine davon (in einem mathematischen, einem ideellen Sinne) durch die Spiralform erfüllt wird.

Die Muschelschale trägt also den *Prochronismus* der Schnecke – ihren Bericht darüber, wie sie *in ihrer eigenen Vergangenheit* ein formales Problem der Musterbildung gelöst hat. Auch sie proklamiert ihre Zugehörigkeit zu dem Muster der Muster, das verbindet.

Insoweit sind alle von mir angebotenen Beispiele – die Muster, die teilhaben an dem Muster, das verbindet, die Anatomie von Krebs und Hummer, die Muschel, der Mensch und das Pferd – oberflächlich gesehen statisch gewesen. Die Beispiele waren die erstarrten Formen, Ergebnisse regelmäßiger Veränderung, in der Tat, aber selbst doch schließlich fixiert, wie die Figuren in Keats »Ode on a Grecian Urn« (Oder auf eine griechische Urne):

> *Fair youth, beneath the trees, thou can'st not leave*
> *Thy song, nor ever can those trees be bare;*
> *Bold lover, never never canst thou kiss,*
> *Though winning near the goal-yet do not grieve;*
> *She cannot fade, though thou hast not thy bliss,*
> *Forever wilt thou love, and she be fair!*

> *(O Jugend, jauchzend rings in grünem Licht:*
> *Dein edles Laubdach stürzt kein rauher Wind.*
> *Du ungestüm Verliebter auf den Höhn:*
> *Dein Mund küßt in die Luft – doch gräm dich nicht;*
> *Nie schwindet sie, obgleich sie dir entrinnt,*
> *Und immer liebst du, immer bleibt sie schön.)*
> (Übers. von Heinz Piontek, Insel 1960)

Wir sind dazu erzogen worden, alle Muster, mit Ausnahme der musikalischen, als etwas Festes aufzufassen. Das ist zwar sehr einfach und bequem, aber natürlich vollkommener Unsinn. In Wahrheit ist die richtige Weise anzufangen, über das Muster, das verbindet, nachzudenken, es *primär* (was immer das bedeuten mag) als einen Tanz ineinandergreifender Teile aufzufassen, und erst sekundär als festgelegt durch verschiedenartige physikalische Grenzen und durch diejenigen Einschränkungen, die Organismen typischerweise durchsetzen.

Es gibt eine Geschichte, die ich früher schon verwendet habe und die ich erneut vortragen möchte: Ein Mann wollte wissen, wie es sich mit dem Geist verhält – nicht in der Natur, sondern in seinem eigenen großen Computer. Er fragte ihn (zweifellos in makellosem Fortran): »Rechnest du damit, daß du jemals denken wirst wie ein menschliches Wesen?«

Die Maschine machte sich daran, ihre eigenen Rechengewohnheiten zu analysieren. Schließlich druckte sie ihre Antwort auf einem Stück Papier aus, wie dies solche Maschinen zu tun pflegen. Der Mann eilte hin, um die Antwort zu erfahren, und fand die sauber getippten Worte vor:

Das erinnert mich an eine Geschichte

Eine Geschichte ist ein kleiner Knoten oder Komplex der Art von Verbundenheit, die wir als *Relevanz* bezeichnen. In den sechziger Jahren kämpften die Studenten für »Relevanz«, und ich möchte annehmen, daß irgendein A für irgendein B relevant ist, wenn beide, A und B, Teile oder Komponenten derselben »Geschichte« sind.

Und erneut begegnen wir der Verbundenheit auf mehr als nur einer Ebene:

Erstens die Verbindung zwischen A und B vermöge ihrer Teilhabe an derselben Geschichte.

Und dann die Verbundenheit der Menschen, die sich daraus ergibt, daß sie alle mit Hilfe von Geschichten denken. (Denn der Computer hatte mit Sicherheit recht. Genau so denken die Menschen.)

Nun möchte ich zeigen, daß, egal was das Wort *Geschichte* in der Geschichte, die ich Ihnen erzählt habe, bedeutet, die Tatsache des Denkens mittels Geschichten nicht zu einer Isolation der menschlichen Wesen von den Seesternen und den Seeanemonen, den Kokospalmen und den Primeln führt. Wenn die Welt verbunden ist, wenn ich überhaupt grundsätzlich recht habe mit dem, was ich sage, dann muß das *Denken mit Hilfe von Geschichten* vielmehr allem Geist oder allen Geistern gemeinsam sein, ob es sich nun um uns oder die Rotholz-Wälder und Seeanemonen handelt.

Kontext und Relevanz müssen nicht nur für alles sogenannte Verhalten (diejenigen Geschichten, die nach außen in »Handlung« projiziert werden), sondern auch für all jene inneren Geschichten, die Sequenzen der Herausbildung einer Seeanemone, charakteristisch sein. Ihre Embryologie muß irgendwie aus dem Stoff von Geschichten bestehen. Und dahinter wiederum muß auch der Evolutionsprozeß über Millionen von Generationen, durch den die Seeanemone, wie Sie und ich, entstehen konnte – muß auch dieser Prozeß aus dem Stoff von Geschichten aufgebaut sein. Es muß eine Relevanz in jedem Schritt der Phylogenese und auch zwischen den Schritten vorliegen.

Prospero sagt: »Wir sind solcher Stoff wie der zu Träumen«, und gewiß hat er beinahe recht. Aber manchmal denke ich, daß Träume nur Fragmente dieses Stoffs sind. Es ist, als sei der Stoff, aus dem wir gemacht sind, vollkommen transparent und deshalb nicht wahrnehmbar, und als seien die einzigen Erscheinungen, deren wir gewahr werden können, Risse und Ebenen von Brüchen in dieser transparenten Matrix. Träume, Wahrnehmungsgegenstände und Geschichten sind vielleicht Risse und Unregelmäßigkeiten in der einförmigen und zeitlosen Matrix. Ob das Plotin meinte, als er von einer »geistigen und unwandelbaren Form« sprach, »die alles zugleich in sich schließt«?

Was ist eine Geschichte, daß sie die As und Bs, ihre Teile, verbinden kann? Und ist es wahr, daß die allgemeine Tatsache dieser Art der Verbundenheit aller Teile dem zugrundeliegt, was es bedeutet, lebendig zu sein? Ich biete Ihnen den Begriff des *Kontexts* an, die Vorstellung eines *Musters in der Zeit.*

Was geschieht, wenn ich beispielsweise zu einem Freudschen Psychoanalytiker gehe? Ich trete ein und erzeuge etwas wie einen *Kontext,* der zumindest symbolisch (als ein Teil der Vorstellungswelt) durch das Schließen der Tür begrenzt und isoliert ist. Die Geographie des Raumes und die Tür werden als eine Darstellung irgendeiner eigenartigen, nicht geographischen Mitteilung verwendet.

Aber ich komme mit Geschichten – nicht einfach einem Vorrat an Geschichten, den ich beim Analytiker abliefere, sondern Geschichten, die in mein gesamtes Dasein eingebaut sind. Die Muster und Abfolgen der Kindheitserfahrung sind in mich eingebaut. Vater hat das und das getan; meine Tante tat das und das; und was sie taten, geschah außerhalb meiner Haut. Aber was ich auch immer dabei gelernt haben mag, mein Lernen spielte sich innerhalb meiner Erfahrungssequenz von dem ab, was diese wichtigen anderen – meine Tante, mein Vater – taten.

Nun komme ich zu dem Analytiker, diesem neuerdings wichtigen anderen, den man als einen Vater (oder vielleicht einen Antivater) zu sehen hat, weil nichts Bedeutung hat, solange man es nicht in irgendeinem Kontext sieht. Diese Sicht wird *Übertragung* genannt und ist ein allgemeines Phänomen in menschlichen Beziehungen. Sie ist ein universelles Charakteristikum jeglicher Interaktion zwischen Personen, weil schließlich die Form dessen, was gestern zwischen Ihnen und mir vorgefallen ist, darauf einwirkt, in welcher Form wir heute aufeinander reagieren. Und diese Gestaltung ist im Prinzip eine *Übertragung* aus vergangenem Lernen.

Dieses Phänomen der Übertragung exemplifiziert die Wahrheit der Wahrnehmung des Computers, daß wir in Geschichten denken. Der Analytiker wird auf das Prokrustesbett der Kindheitsgeschichten des Patienten gelegt. Durch den Bezug zur Psychoanalyse habe ich aber die Idee der »Geschichte« auch eingeengt. Ich habe angedeutet, daß es etwas mit dem *Kontext* zu tun hat, einem entscheidenden Begriff, der teilweise ungeklärt ist und daher untersucht werden muß.

Und »Kontext« ist mit einem anderen ungeklärten Begriff, dem der

»Bedeutung«, verknüpft. Ohne Kontext haben Worte und Handlungen überhaupt keine Bedeutung. Das gilt nicht nur für die menschliche Kommunikation mit Worten, sondern auch für alle Kommunikation schlechthin, für alle geistigen Prozesse, für jeglichen Geist, den eingeschlossenen, der einer Seeanemone sagt, wie man wächst, und der Amöbe mitteilt, was sie als nächstes tun soll.

Ich stelle eine Analogie her zwischen dem Kontext in der oberflächlichen und teilweise unbewußten Sphäre persönlicher Beziehungen und dem Kontext in den tieferen, archaischeren Prozessen der Embryologie und der Homologie. Ich behaupte, daß das Wort *Kontext*, was es auch immer bedeutet, ein angemessenes Wort ist, das *notwendige* Wort, um alle diese entfernt verwandten Prozesse zu beschreiben.

Wir wollen uns die Homologie von hinten ansehen. Gemeinhin beweist man, daß eine Evolution stattgefunden hat, indem man Fälle von Homologie zitiert. Ich möchte umgekehrt vorgehen. Wir wollen einmal annehmen, daß die Evolution stattgefunden hat, und davon ausgehend nach der Natur der Homologie fragen. Wir stellen also die Frage, was irgendein Organ *ist*, wenn man es im Lichte der Evolutionstheorie sieht.

Was ist ein Elefantenrüssel? Was ist er phylogenetisch gesehen? Was hat ihm die Genetik zu sein aufgetragen?

Wie Sie wissen, lautet die Antwort, daß der Rüssel des Elefanten seine »Nase« ist. (Selbst Kipling wußte das!) Und ich setze das Wort »Nase« in Anführungszeichen, weil der Rüssel durch einen inneren Kommunikationsprozeß im Wachstum definiert wurde. Der Rüssel ist aufgrund eines Kommunikationsprozesses eine »Nase«: Es ist der Kontext des Rüssels, der ihn als eine Nase identifiziert. Was zwischen zwei Augen und oberhalb des Mundes steht, ist eine »Nase«, und damit hat es sich. Es ist der *Kontext*, der die Bedeutung festlegt, und es muß sicherlich der aufnehmende Kontext sein, der den genetischen Instruktionen ihre Bedeutung zuweist. Wenn ich dies eine »Nase« und das eine »Hand« nenne, dann zitiere – oder verfälsche – ich die in der Entwicklung des wachsenden Organismus auftretenden Instruktionen, und ich zitiere, wie die Gewebe, von denen die Mitteilung aufgenommen wurde, die Intention der Mitteilung verstanden.

Manche Leute ziehen es vor, Nasen mittels ihrer »Funktion« zu definieren – der des Riechens. Formuliert man aber diese Definitionen aus, dann gelangt man an denselben Punkt, wobei man einen zeitlichen anstelle eines räumlichen Kontexts verwendet. Man legt dem

Organ Bedeutung bei, indem man ihm eine gegebene Rolle in Inter-
aktionssequenzen zwischen Geschöpf und Umgebung zuweist. Ich
bezeichne das als einen *zeitlichen* Kontext. Die zeitliche Klassifizierung durchschneidet die räumliche Klassifizierung von Kontexten.
Aber in der Embryologie muß die erste Definition stets mit Hilfe formaler Relationen erfolgen. Der fötale Rüssel kann im allgemeinen
nichts riechen. Embryologie ist *formal.*

Ich möchte diese Art der Verbindung, dieses verbindende Muster,
ein wenig genauer veranschaulichen, indem ich eine Entdeckung
Goethes zitiere. Er war ein bemerkenswerter Botaniker, der über
große Fähigkeiten verfügte, das Nichttriviale zu erkennen (d. h. die
Muster zu erkennen, die verbinden). Er brachte Klarheit in das Voka-
bular der schwerfälligen vergleichenden Anatomie blühender Pflanzen. Er entdeckte, daß ein »Blatt« als »ein flaches grünes Ding« oder
ein »Stiel« als »ein zylindrisches Ding« nicht befriedigend definiert
ist. Der Weg, auf dem man die Definition anzustreben hat – und zweifellos läuft die Sache tief in den Wachstumsprozessen der Pflanze genauso ab –, ist, darauf zu achten, daß sich die Knospen (d. h. junge
Stiele) in den Winkeln von Blättern herausbilden. Davon ausgehend,
konstruiert der Botaniker die Definitionen auf der Grundlage der Relationen zwischen Stiel, Blatt, Knospe, Winkel und so weiter.

»Ein Stiel ist das, was Blätter trägt.«
»Ein Blatt ist das, was eine Knospe in seinem Winkel hat.«
Ein Stiel ist das, was einmal eine Knospe an dieser Stelle war.«

All das ist bekannt – oder sollte zumindest bekannt sein. Aber der
nächste Schritt ist vielleicht neu.

Es herrscht eine parallele Verwirrung im Sprachunterricht, die niemals ausgeräumt worden ist. Es kann sein, daß die professionellen
Linguisten heute wissen, was was ist, aber den Kindern in der Schule
wird weiterhin Unsinn beigebracht. Man erzählt ihnen, daß ein »Substantiv« der »Name einer Person, eines Ortes oder einer Sache« ist,
daß ein »Verb« »ein Zeitwort« ist und so weiter. Das heißt, man lehrt
sie in einem zarten Alter, daß die richtige Weise, etwas zu definieren,
darin besteht zu bestimmen, was es vermutlich an sich selbst *ist*, anstatt auf seine Relationen zu anderen Dingen einzugehen.

Die meisten von uns können sich noch daran erinnern, daß ihnen
gesagt wurde, ein Substantiv sei »der Name einer Person, eines Ortes
oder einer Sache«. Und wir erinnern uns auch noch an die tödliche
Langeweile, die beim Zerlegen oder Analysieren von Sätzen aufkam.

Heute sollte das alles anders sein. Man könnte den Kindern erzählen, daß ein Substantiv ein Wort ist, das bestimmte Relationen zu einem Prädikat hat. Ein Verb hat eine bestimmte Relation zu einem Substantiv, seinem Subjekt. Und so weiter. Die Beziehung könnte als Grundlage der Definition eingesetzt werden, und dann könnte jedes Kind einsehen, daß an dem Satz »›Gehen‹ ist ein Verb« etwas faul ist.

Ich erinnere mich noch an die Langeweile, mit der wir Sätze analysierten, und an die Langeweile, später in Cambridge, vergleichende Anatomie zu lernen. Beide Themen waren als Lehrstoffe quälend irreal. Man hätte uns etwas vermitteln *können* über das Muster, das verbindet: daß alle Kommunikation einen Kontext erfordert, daß es ohne Kontext keine Bedeutung gibt und daß Kontexte Bedeutung vermitteln, weil es eine Klassifizierung von Kontexten gibt. Der Lehrer hätte so argumentieren können, daß Wachstum und Differenzierung durch Kommunikation kontrolliert werden müssen. Die Gestalten von Tieren und Pflanzen sind Umwandlungen von Mitteilungen. Die Sprache selbst ist eine Kommunikationsform. Die Struktur der Eingabe muß als Struktur irgendwie in der Ausgabe reflektiert sein. Anatomie *muß* eine Analogie zur Grammatik enthalten, weil jegliche Anatomie eine Umwandlung von Mitteilungsmaterial ist, das durch den Kontext gestaltet werden muß. Und schließlich ist die *Gestaltung durch den Kontext* nur ein anderer Ausdruck für *Grammatik*.

Wir kommen also zurück zu den Mustern der Verbindung und zu der abstrakteren, allgemeineren (und höchst leeren) Aussage, daß es in der Tat ein Muster von Mustern der Verbindung gibt.

Dieses Buch lebt von der Überzeugung, daß wir Teile einer lebendigen Welt sind. Ich habe diesem Kapitel einen Absatz von Augustinus als Motto vorangestellt, in dem die Erkenntnistheorie des Kirchenvaters klar zum Ausdruck kommt. Heute löst eine solche Behauptung Nostalgie aus. Die meisten von uns haben diesen Sinn für die Einheit der Biosphäre und der Menschheit verloren, der uns alle mit einem sicheren Gefühl für Schönheit ausstatten und verbinden würde. Die meisten von uns glauben heute nicht, daß das größere Ganze, abgesehen vom Auf und Ab unserer begrenzten Erfahrung, grundsätzlich schön ist.

Wir haben den Kern des Christentums verloren. Wir haben Shiva eingebüßt, den Tänzer des Hinduismus, dessen Tanz auf der trivialen Ebene sowohl kreativ als auch destruktiv, dessen Wesen als ganzes aber die Schönheit ist. Wir haben Abraxas verloren, den schrecklichen und schönen Gott des Tages und der Nacht, wie ihn die Gnostiker kannten. Uns ging der Totemismus verloren, der Sinn für die Parallelität zwischen der menschlichen Organisation und der von Tieren und Pflanzen. Wir haben sogar den sterbenden Gott verloren.

Wir beginnen, mit ökologischen Ideen zu spielen, und obwohl wir diese Ideen unmittelbar zu Kommerz oder Politik trivialisieren, regt sich doch zumindest noch ein Impuls in der menschlichen Brust, die gesamte natürliche Welt, der wir angehören, zu vereinigen und dadurch zu heiligen. Man kann jedoch beobachten, daß es in der Welt viele verschiedene und sogar gegensätzliche Erkenntnistheorien gegeben hat und noch gibt, die sich darin gleichen, daß sie eine letzte Einheit betonen, und die auch, obwohl das weniger sicher ist, die Vorstellung hervorheben, daß diese letzte Einheit *ästhetisch* ist. Die Einheitlichkeit dieser Weltanschauungen läßt hoffen, daß die große Autorität der quantitativen Wissenschaft vielleicht nicht so weit geht, eine allem zugrundeliegende einigende Schönheit zu leugnen.

Ich halte an der Voraussetzung fest, daß unser Verlust des Sinnes für ästhetische Einheit ganz einfach ein erkenntnistheoretischer Fehler war. Ich glaube, daß dieser Fehler schwerwiegender sein kann als all die kleineren Ungereimtheiten jener älteren Erkenntnistheorien, die sich in der grundlegenden Einheit trafen

Ein Teil der Geschichte unseres Verlusts des Sinnes für Einheit ist in Lovejoys *Great Chain of Being*[6] erzählt worden; hier wird die Geschichte von der klassischen griechischen Philosophie bis hin zu Kant und den Anfängen des deutschen Idealismus im achtzehnten Jahrhundert verfolgt. Es ist der Werdegang der Idee, daß die Welt zeitlos auf *deduktive Logik* aufgebaut ist/war. Diese Idee tritt in dem Motto aus dem *Gottesstaat* deutlich zutage. Der höchste Geist oder der Logos steht an der Spitze der deduktiven Kette. Darunter folgen die Engel, dann die Menschen, die Affen und so weiter bis hinunter zu den Pflanzen und Steinen. Alles befindet sich in einer deduktiven Ordnung und ist durch eine Prämisse, die unser zweites Gesetz der Thermodynamik vorwegnimmt, in diese Ordnung eingebunden. Die Prämisse besagt, daß das »Vollkommenere« niemals aus dem »Unvollkommeneren« hervorgehen kann.

In der Geschichte der Biologie war es Lamarck[7], der die große Kette des Seins umkehrte. Indem er darauf beharrte, daß der Geist den lebenden Geschöpfen immanent ist und deren Transformationen bestimmen kann, entging er der negativ ausgerichteten Prämisse, daß das Vollkommene immer dem Unvollkommenen vorausgehen muß. Dann entwickelte er eine Theorie des »Transformismus« (den wir *Evolution* nennen würden), die bei den Infusorien (Protozoen) anfing und dann hochführte zu Mann und Frau.

Auch die Lamarcksche Biosphäre war noch eine *Kette*. Die Einheit der Erkenntnistheorie wurde trotz einer Verlagerung des Schwergewichts vom transzendenten Logos auf den immanenten Geist beibehalten.

Die folgenden fünfzig Jahre sahen den exponentiellen Aufstieg der industriellen Revolution, den Triumph der Technik über den Geist, so daß die kulturell angemessene Erkenntnistheorie für *Origin of Species* (1859; Über die Entstehung der Arten) ein Vorstoß war, den Geist als Erklärungsprinzip auszuschalten. Ein Anrennen gegen Windmühlenflügel.

Es gab viel tiefgreifendere Proteste als die Schreie der Fundamentalisten. Samuel Butler, Darwins fähigster Kritiker, erkannte, daß die Leugnung des Geistes als ein Erklärungsprinzip untragbar war, und versuchte die Evolutionstheorie wieder auf Lamarck zurückzuführen. Dem stand aber die Hypothese von der »Vererbung erworbener Eigenschaften« im Wege (die selbst Darwin in Anspruch nahm). Diese Hypothese – wonach die Reaktionen eines Organismus auf seine Umwelt die Genetik der Nachkommen beeinflussen konnte – war ein Irrtum.

Ich werde so argumentieren, daß es sich hierbei spezifisch um einen erkenntnistheoretischen Irrtum der logischen Typisierung handelt, und eine Definition des *Geistes* vorschlagen, die sich stark von den Vorstellungen unterscheidet, an denen sowohl Darwin als auch Lamarck festhielten. Insbesondere werde ich davon ausgehen, daß das Denken der Evolution insofern gleicht, als es ein stochastischer Prozeß ist.

In dem Ansatz dieses Buchs wird die hierarchische Struktur des Denkens, die Bertrand Russell als *logische Typisierung* bezeichnete, die Stelle der hierarchischen Struktur der großen Kette des Seins einnehmen, und es soll versucht werden, eine geheiligte Einheit der Biosphäre zu begründen, die weniger erkenntnistheoretische Irrtümer enthält als die Versionen dieser geheiligten Einheit, die von den verschiedenen Religionen in der Geschichte angeboten worden sind. Entscheidend ist, daß die Erkenntnistheorie, ob richtig oder falsch, *explizit* sein soll. Dann wird eine gleichermaßen explizite Kritik möglich sein.

Die unmittelbare Aufgabe dieses Buchs besteht also darin, ein Bild zu entwerfen von der Welt, wie sie in ihren geistigen Aspekten zusammengehalten wird. Wie passen Ideen, Schritte logischer oder pragmatischer Folgerichtigkeit und ähnliches zusammen? Wie ist die Logik, das klassische Vorgehen, um Ideenketten zu bilden, auf eine äußere Welt von Dingen und Geschöpfen, Teilen und Ganzen bezogen? Treten Ideen tatsächlich in Ketten auf, oder ist diese geradlinige Struktur von Gelehrten und Philosophen aufgezwungen? In welchem Verhältnis steht die Welt der Logik, die »zirkuläre Argumente« umgeht, zu einer Welt, in der zirkuläre Verursachungsketten eher die Regel als die Ausnahme sind?

Was muß in einem unermeßlichen Netzwerk oder in einer Matrix von ineinander verwobenem Mitteilungsmaterial und abstrakten Tautologien, Prämissen und Exemplifikationen untersucht und beschrieben werden?

Aber nein, zumindest im Jahr 1979 gibt es keine konventionelle Methode, einen solchen Wirrwarr zu beschreiben. Wir wissen noch nicht einmal, wo anfangen.

Vor fünfzig Jahren hätten wir angenommen, daß die besten Verfahren für eine solche Aufgabe entweder logische oder quantitative oder beide gewesen wären. Wir werden aber sehen, wie jeder Schuljunge wissen sollte, daß die Logik gerade ungeeignet ist, um rekursive Schaltungen zu erfassen, ohne Paradoxien zu erzeugen, und daß Quantitäten gerade nicht der Stoff komplexer Kommunikationssysteme sind.

Mit anderen Worten, Logik und Quantität erweisen sich als ungeeignete Hilfsmittel, um Organismen in ihrer Interaktion und inneren Organisation zu beschreiben. Die besondere Natur dieser Unangemessenheit wird im Anschluß dargelegt, aber im Augenblick wird der Leser gebeten, die Behauptung als wahr anzuerkennen, daß es, zumindest im Jahr 1979, keine konventionelle Weise gibt, die Phänomene der biologischen Organisation und der menschlichen Interaktion zu erklären oder auch nur zu beschreiben.

John von Neumann hat vor dreißig Jahren in seiner *Spieltheorie* gezeigt, daß den Verhaltenswissenschaften ein reduziertes Modell fehlt, das für die Biologie und Psychiatrie leisten könnte, was Newtons Partikel für die Physik vermochte.

Es gibt allerdings eine Reihe von etwas unzusammenhängenden Einsichten, die der Aufgabe dieses Buchs zugute kommen werden. Ich werde daher die Methode von Little Jack Horner aufgreifen und eine Feder nach der anderen herausziehen, sie nebeneinander anordnen, um eine Gesamtschau zu erhalten, von der aus wir dazu übergehen können, einige grundlegende Kriterien des geistigen Prozesses aufzulisten.

Im 2. Kapitel, »Jeder Schuljunge weiß«, werde ich dem Leser einige Beispiele für das vorführen, was ich als einfache notwendige Wahrheiten ansehe – notwendig erstens, wenn der Schuljunge jemals lernen soll zu denken, und dann auch notwendig, weil die biologische Welt, wie ich glaube, auf diese einfachen Aussagen eingestellt ist.

Im dritten Kapitel werde ich in derselben Weise vorgehen, nur daß ich dem Leser hier eine Reihe von Fällen vorführen werde, in denen sich zwei oder mehr Informationsquellen zusammenfinden, um eine Information zu ergeben, die von anderer Art ist als das, was in den beiden getrennten Quellen vorgegeben war.

Gegenwärtig existiert keine Wissenschaft, die sich speziell für die Kombination von Informationsstücken interessieren würde. Ich werde aber die Argumentation vertreten, daß der Evolutionsprozeß auf solchen doppelten Informationszunahmen beruhen muß. Jeder evolutionäre Schritt ist eine zusätzliche Information für ein bereits existierendes System. Weil das so ist, werden die Kombinationen, Harmonien und Mißklänge zwischen aufeinanderfolgenden Informationsstücken und -schichten viele Probleme des Überlebens mit sich bringen und viele Richtungen der Veränderung bestimmen.

Das vierte Kapitel, »Die Kriterien des Geistes«, wird die Charakteristika zum Gegenstand haben, die in der Tat in unserer irdischen Biosphäre immer kombiniert zu sein scheinen, wenn wir es mit Geist zu tun haben. Der Rest des Buchs wird sich stärker auf Probleme der biologischen Evolution konzentrieren.

Allem liegt die These zugrunde, daß es möglich und einträglich ist, über viele Probleme der Ordnung und der Unordnung im biologischen Universum *nachzudenken,* und daß wir heute über einen beachtlichen Vorrat an Denkmitteln verfügen, die wir nicht einsetzen, weil wir – ob Professoren oder Schuljungen – einerseits viele gegenwärtig verfügbaren Einsichten nicht kennen und weil wir andererseits nicht bereit sind, die Notwendigkeiten anzuerkennen, die sich aus einem klaren Blick für die menschlichen Nöte ergeben.

---

[1] Ein Großteil dieses Kapitels wurde am 17. November 1977 in der Cathedral of Saint John the Divine, New York, als Vorlesung gehalten.

[2] Ein Lieblingsausdruck von Lord Macaulay. Er soll gesagt haben: »Jeder Schuljunge weiß, wer Montezuma gefangengenommen und wer Atahualpa hingerichtet hat.«

[3] Platons berühmteste Entdeckung betraf die »Realität« der Ideen. Gewöhnlich denken wir, daß ein Teller »real«, jedoch seine Rundheit »nur eine Idee« ist. Platon stellte aber erstens fest, daß der Teller in Wahrheit nicht rund ist, und zweitens, daß sich die Welt so wahrnehmen läßt, als enthalte sie eine sehr große Anzahl von Objekten, die der »Rundheit« ähneln, sich ihr annähern oder sich darum bemühen. Deshalb behauptete er, daß die »Rundheit« *ideell* ist (wobei sich das Adjektiv von *Idee* herleitet) und daß solche ideellen Bestandteile des Universums die tatsächliche Erklärungs-

grundlage für seine Formen und seine Struktur bilden. Für ihn, wie für William Blake und viele andere, war das »körperliche Universum«, das unsere Zeitungen für »real« halten, eine Art Nebenprodukt des wahrhaft Realen, nämlich der Formen und Ideen. Im Anfang war die Idee.

4 C. G. Jung, *Septem Sermones ad Mortuos* (1916).

5 Im Fall der Serialität kann man sich leicht vorstellen, daß jedes voranliegende Segment Informationen an das nächste weitergibt, das sich unmittelbar dahinter entwickelt. Solche Informationen könnten die Orientierung, Größe und sogar Gestalt des neuen Segments bestimmen. Schließlich liegt das voranliegende Segment auch zeitlich voran und könnte der quasi-logische Vorgänger oder das Modell für seinen Nachfolger sein. Die Relation zwischen früher und später wäre dann asymmetrisch und komplementär. Man kann verstehen und sogar erwarten, daß die symmetrische Relation zwischen rechts und links doppelt asymmetrisch ist, d. h. daß jede Seite eine komplementäre Kontrolle über die Entwicklung der anderen hat. In diesem Fall würde das Paar einen Regelkreis der *reziproken* Kontrolle begründen. Es ist überraschend, daß wir fast nichts über das riesige Kommunikationssystem wissen, das mit Sicherheit existieren muß, um das Wachstum und die Differenzierung zu kontrollieren.

6 Arthur O. Lovejoy, *The Great Chain of Being: A Study of the History of an Idea* (Cambridge, Harvard University Press, 1936).

7 J.-B. Lamarck, *Philosophie Zoologique* (1809) [deutsch: *Zoologische Philosophie*, übers. v. H. Schmidt, Leipzig 1909].

Das Netz
der Wissenschaft

Vom mechanistischen Weltbild
zum organischen Bewußtsein

THOMAS S. KUHN

*Amerikanischer Physiker und Wissenschaftshistoriker. Geboren 1922. Sein 1962 erschienenes Hauptwerk »The Structure of Scientific Revolutions«, das 1967 unter dem Titel - »Die Struktur wissenschaftlicher Revolutionen« in deutscher Sprache erschien, hat eine Wende in der Wissenschaftstheorie ausgelöst. Kuhns zentrale These ist, daß sich Fortschritt in der Wissenschaft nicht durch kontinuierliche Veränderung, sondern vielmehr durch revolutionäre Prozesse ereignet. Es findet ein Paradigmenwechsel statt.
Für die Anthologie wurde Kapitel IX, »Das Wesen und die Notwendigkeit wissenschaftlicher Revolutionen«, seines Hauptwerkes ausgewählt.*

Das Wesen und die Notwendigkeit wissenschaftlicher Revolutionen

Diese Bemerkungen erlauben es uns endlich, die Probleme zu betrachten, die diesem Essay seinen Titel geben. Was sind wissenschaftliche Revolutionen, und welches sind ihre Funktionen in der wissenschaftlichen Entwicklung? Ein großer Teil der Antwort ist in den vorangegangenen Abschnitten schon vorweggenommen worden. Insbesondere hat die bisherige Diskussion gezeigt, daß hier als Revolutionen jene nichtkumulativen Entwicklungsepisoden angesehen werden, in denen ein älteres Paradigma ganz oder teilweise durch ein nicht mit ihm vereinbares neues ersetzt wird. Darüber muß noch mehr gesagt werden, und ein wesentlicher Teil davon kann durch eine weitere Frage eingeleitet werden: Warum sollte der Wechsel eines Paradigmas eine Revolution genannt werden? Angesichts der weitgehenden und wesentlichen Unterschiede zwischen politischer und wissenschaftlicher Entwicklung fragt es sich, welche Parallelität die Metapher zu rechtfertigen vermag, die in beiden Vorgängen Revolutionen sieht.

Ein Aspekt der Parallelität sollte bereits offensichtlich sein. Politische Revolutionen werden durch ein wachsendes, doch oft auf einen Teil der politischen Gemeinschaft beschränktes Gefühl eingeleitet, daß die existierenden Institutionen aufgehört haben, den Problemen, die eine teilweise von ihnen selbst geschaffene Umwelt stellt, gerecht zu werden. Ganz ähnlich werden die wissenschaftlichen Revolutionen durch ein wachsendes, doch ebenfalls oft auf eine kleine Untergruppe der wissenschaftlichen Gemeinschaft beschränktes Gefühl eingeleitet, daß ein existierendes Paradigma aufgehört hat, bei der Erforschung eines Aspekts der Natur, zu welchem das Paradigma selbst den Weg gewiesen hatte, in adäquater Weise zu funktionieren. Bei der politischen und wissenschaftlichen Entwicklung ist das Gefühl eines Nichtfunktionierens, das zu einer Krise führen kann, eine Voraussetzung für die Revolution. Darüber hinaus gilt diese Parallelität, mag dies auch die Metapher überfordern, nicht nur für die großen Paradigmawechsel, welche Kopernikus oder Lavoisier zuzuschreiben sind, sondern auch für die viel kleineren, die mit der Assimilierung eines neuen Phänomens wie Sauerstoff oder Röntgenstrahlen verbunden sind. Wie wir am Schluß von Abschnitt V bemerkten, müssen wissenschaftliche Revolutionen nur denen als revolutionär erscheinen, deren Paradigmata davon berührt werden. Den Außenstehenden mögen sie, wie die Balkanrevolutionen im frühen zwanzigsten Jahrhundert, als normaler Bestandteil eines Entwicklungsprozesses vorkommen. Die Astronomen konnten die Röntgenstrahlen beispielsweise als bloße Kenntniserweiterung hinnehmen, denn ihre Paradigmata wurden durch die Existenz der neuen Strahlung nicht berührt. Aber für Leute wie Kelvin, Crookes und Röntgen, deren Forschung sich mit der Strahlungstheorie oder mit Kathodenstrahlröhren befaßte, verletzte das Auftauchen der Röntgenstrahlen notwendigerweise ein Paradigma, während es ein anderes schuf. Deshalb konnten diese Strahlen erst entdeckt werden, nachdem bei der normalen Forschung etwas nicht geklappt hatte.

Dieser genetische Aspekt der Parallele zwischen politischer und wissenschaftlicher Entwicklung dürfte jetzt nicht mehr zweifelhaft sein. Die Parallele hat aber einen zweiten und tieferreichenden Aspekt, von dem die Bedeutung des ersten abhängt. Politische Revolutionen gehen darauf aus, politische Institutionen auf Weisen zu ändern, die von jenen Institutionen verboten werden. Ihr Erfolg erfordert daher, daß eine Reihe von Institutionen zugunsten einer anderen teilweise aufgegeben wird, und in der Zwischenzeit wird die Gesellschaft von keiner Institution richtig regiert. Anfangs ist es nur die Krise, welche die Rolle politischer Institutionen schmälert, so wie wir sie die Rolle der Paradigmata haben schmälern sehen. Eine wachsende Zahl von Menschen wird in wachsendem Maß dem politischen Leben entfremdet und verhält sich mehr und mehr exzentrisch. Wenn sich die Krise dann vertieft, verschreiben sich viele dieser Menschen irgendeinem konkreten Programm für die Erneuerung der Gesellschaft in einem neuen institutionellen Rahmen. An diesem Punkt teilt sich die Gesellschaft in einander bekämpfende Lager oder Parteien, von denen die eine die alte institutionelle Konstellation zu verteidigen sucht, während die andere eine neue zu errichten trachtet. Und wenn diese Polarisierung einmal eingetreten ist, *versagt die eigentliche politische Auseinandersetzung.* Da ihre Meinung über das institutionelle System, innerhalb dessen ein politischer Wandel erreicht und bewertet werden kann, auseinander geht, da sie keinen überinstitutionellen Rahmen für die Beilegung der revolutionären Differenzen anerkennen, müssen die Parteien eines revolutionären Konfliktes letzten Endes zu den Methoden der Massenüberredung Zuflucht nehmen, die oft genug Gewalt einschließen. Obwohl Revolutionen bei der Herausbildung politischer Institutionen eine wichtige Rolle gespielt haben, hängt diese Rolle doch davon ab, daß sie teilweise außerpolitische oder außerinstitutionelle Ereignisse sind.

Dieser Essay soll im folgenden aufzeigen, daß das historische Studium des Paradigmawechsels ganz ähnliche Charakteristika in der Entwicklung der Wissenschaften enthüllt. Wie die Wahl zwischen konkurrierenden politischen Institutionen erweist sich die zwischen konkurrierenden Paradigmata als eine Wahl zwischen unvereinbaren Lebensweisen der Gemeinschaft. Da sie diesen Charakter hat, kann die Wahl nicht nur von den Bewertungsverfahren, die für die normale Wissenschaft charakteristisch sind, bestimmt werden – und wird es auch nicht –, denn jene Verfahren hängen zum Teil von einem bestimmten Paradigma ab, und dieses Paradigma ist strittig. Wenn Paradigmata in eine Diskussion über die Wahl von Paradigmata eingehen – und sie müssen es ja –, dann ist ihre Rolle notwendigerweise zirkulär. Jede Gruppe verwendet ihr eigenes Paradigma zur Verteidigung eben dieses Paradigmas.

Der sich ergebende Zirkel macht die Argumente natürlich nicht falsch oder auch nur unwirksam. Derjenige, der ein Paradigma voraussetzt, wenn er es verteidigt, kann trotzdem eine klare Darstellung davon geben, wie die wissenschaftliche Praxis für jene aussehen wird, welche die neue Naturanschauung annehmen. Diese Darstellung kann sehr überzeugend sein, oft sogar zwingend. Und doch, wie stark sie auch sein mag, dieses im Kreis gehende Argument hat nur den Status eines Überredungsversuches. Es kann nicht logisch oder auch nur probabilistisch zwingend gemacht werden für jene, die sich weigern, in diesen Kreis einzutreten. Die den beiden Parteien in der Diskussion über ihre Paradigmata gemeinsamen Prämissen und Werte sind dafür nicht ausreichend. Wie bei politischen Revolutionen gibt es auch bei der Wahl eines Paradigmas keine höhere Norm als die Billigung durch die jeweilige Gemeinschaft. Um zu entdecken, wie wissenschaftliche Revolutionen durchgeführt werden, müssen wir deshalb nicht nur die Wirkung der Natur und der Logik untersuchen, sondern auch die Methoden der überredenden Argumentation, die innerhalb der sehr speziellen Gruppen, aus denen sich die Gemeinschaft der Wissenschaftler zusammensetzt, wirksam sind.

Um herauszufinden, warum die Frage der Paradigmawahl niemals durch Logik und Experiment allein eindeutig entschieden werden kann, müssen wir kurz das Wesen der Gegensätze untersuchen, welche die Verfechter eines traditionellen Paradigmas von ihren revolutionären Nachfolgern trennen. Das ist das Hauptziel dieses und des folgenden Abschnitts. Wir haben jedoch schon zahlreiche Beispiele für solche Gegensätze erwähnt, und zweifellos bietet die Geschichte noch viele andere. Zweifelhafter als ihre Existenz – und deshalb auch vorrangig zu behandeln – ist die Frage, ob solche Beispiele wichtige Informationen über das Wesen der Wissenschaft liefern. Wenn wir die Paradigmaablehnung als eine historische Tatsache anerkennen – zeugt das von etwas anderem als von menschlicher Leichtgläubigkeit und Verwirrung? Gibt es sachliche Gründe dafür, daß die Rezipierung eines neuen Phänomens oder einer neuen wissenschaftlichen Theorie die Ablehnung eines älteren Paradigmas erfordern muß?

Halten wir zunächst fest, daß sich derartige Gründe, falls es welche gibt, nicht von der logischen Struktur wissenschaftlicher Kenntnisse herleiten. Im Prinzip könnte ein neues Phänomen auftauchen, ohne daß es sich zerstörend auf irgendeinen Teil früherer wissenschaftlicher Praxis auswirkte. Während heute die Entdeckung von Leben auf dem Mond auf existierende Paradigmata zerstörend wirken würde (denn diese erzählen uns ja Dinge vom Mond, die mit Leben dort anscheinend nicht vereinbar sind), hätte die Entdeckung von Leben in einem weniger bekannten Teil des Milchstraßensystems nicht diese Wirkung. Desgleichen muß eine neue Theorie nicht unbedingt mit einer ihrer Vorgängerinnen in Konflikt geraten. Sie kann sich ausschließlich mit Phänomenen befassen, die man vorher nicht kannte, wie sich zum Beispiel die Quantentheorie (diese aber nicht ausschließlich) mit subatomaren Phänomenen befaßt, die vor dem zwanzigsten Jahrhundert unbekannt waren. Oder die neue Theorie könnte einfach auf einer höheren Ebene liegen als die bisher bekannten, sie könnte eine ganze Gruppe von Theorien einer niedrigeren Ebene zusammenfassen, ohne eine davon wesentlich zu verändern. Heute liefert die Theorie der Energieerhaltung gerade solche Verbindungen zwischen Dynamik, Chemie, Elektrizitätslehre, Optik, Wärmetheorie etc. Es lassen sich noch weitere, die Verträglichkeit nicht ausschließende Beziehungen zwischen alten und neuen Theorien finden. Jede einzelne könnte durch den historischen Prozeß, durch den sich die Wissenschaft entwickelt hat, belegt werden. In diesem Fall wäre die wissenschaftliche Entwicklung wirklich kumulativ. Neue Phänomene würden einfach eine Ordnung in einem Bereich der Natur aufdecken, wo vorher keine gesehen wurde. In der Entwicklung der Wissenschaft würde neues Wissen an die Stelle von Unwissenheit treten, nicht von Wissen einer anderen und unvereinbaren Art.

Natürlich hätte sich die Wissenschaft (oder ein anderes und vielleicht weniger wirksames Unternehmen) auf diese völlig kumulative Weise entwickeln können. Viele Menschen waren in dem Glauben, sie hätte es getan, und die meisten scheinen noch immer anzunehmen, Kumulation sei zumindest das Ideal, das die historische Entwicklung zeigen würde, wäre sie nicht so oft durch menschliche Subjektivität verzerrt worden. Für diesen Glauben gibt es gewichtige Gründe. In Abschnitt X werden wir erkennen, wie eng die Anschauung von der Wissenschaft als Kumulation mit einer herrschenden Erkenntnistheorie verknüpft ist, welche Wissen als eine Konstruktion ansieht, die vom Geist unmittelbar auf nackten Sinnesdaten errichtet wird. Und in Abschnitt XI werden wir die starke Unterstützung untersuchen, die dem gleichen historiographischen Schema durch die Methoden einer wirksamen Wissenschaftspädagogik gewährt wird. Und doch, trotz der immensen Glaubwürdigkeit dieses Idealbildes gibt es immer mehr Gründe für die Frage, ob das wirklich ein Bild der *Wissenschaft* sein kann. Nach der dem Paradigma vorausgehenden Periode hat die Assimilierung aller neuen Theorien und fast aller neuen Phänomene tatsächlich die Zerstörung eines früheren Paradigmas und einen folgenden Konflikt zwischen konkurrierenden Schulen wissenschaftlicher Auffassungen erforderlich gemacht. Eine kumulative Erwerbung unvorhergesehener Neuheiten erweist sich als eine

fast nicht existente Ausnahme von der Regel wissenschaftlicher Entwicklung. Wer historische Tatsachen ernst nimmt, muß den Verdacht
haben, daß die Wissenschaft nicht zu dem Ideal tendiert, welches uns
unsere Vorstellung von ihrem kumulativen Wesen nahegelegt hat.
Vielleicht ist sie ein Unternehmen anderer Art.

Wenn uns jedoch widerstrebende Tatsachen zu dieser Einsicht bringen können, dann könnte ein zweiter Blick auf das bisher Behandelte
erkennen lassen, daß eine kumulative Erwerbung von Neuheiten
nicht nur in Wirklichkeit selten, sondern auch im Prinzip unwahr-
scheinlich ist. Normale Forschung, die ja kumulativ ist, verdankt
ihren Erfolg der Fähigkeit von Wissenschaftlern, regelmäßig Probleme auszuwählen, die mit theoretischen und empirischen Methoden ähnlich den bereits existierenden gelöst werden können. (Das ist
auch der Grund, warum ein übermäßiges Interesse an praktischen
Problemen ohne Rücksicht auf ihre Beziehung zum vorhandenen
Wissen und den vorhandenen Methoden so leicht die Entwicklung
der Wissenschaft hemmen kann.) Wer sich aber bemüht, ein aufgrund des vorhandenen Wissens und der vorhandenen Methoden
definiertes Problem zu lösen, blickt nicht nur suchend in die Runde.
Er weiß, was er erreichen will. Dementsprechend entwirft er seine Instrumente und orientiert seine Überlegungen. Die unerwartete Neuheit, die neue Entdeckung, kann nur insoweit auftreten, wie sich das,
was er von der Natur und seinen Instrumenten erwartet, als falsch erweist. Oft ist die Bedeutung der sich ergebenden Entdeckung propor-
tional dem Ausmaß und der Hartnäckigkeit der Anomalie, in der sie
sich ankündigte. Offensichtlich muß es also zwischen dem einen Paradigma, das eine Anomalie enthüllt, und dem anderen, das später
die Anomalie gesetzeskonform macht, einen Konflikt geben. Die Beispiele für Entdeckung durch Paradigmazerstörung, die wir in Abschnitt VI untersuchten, haben uns nicht mit bloßen historischen Zu-
fällen konfrontiert. Es gibt keinen anderen Weg, auf dem Entdeckungen gemacht werden könnten.

Das gleiche Argument trifft sogar noch deutlicher für die Erfindung
neuer Theorien zu. Im Prinzip gibt es nur drei Arten von Phänomenen, für die eine neue Theorie entwickelt werden könnte. Die erste
umfaßt Phänomene, die von bereits existierenden Paradigmata gut erklärt werden, und diese bieten selten ein Motiv oder einen Ausgangspunkt für die Konstruktion einer neuen Theorie. Wenn sie es aber
tun, wie es bei den drei berühmten, am Schluß von Abschnitt VII dis-
kutierten Vorwegnahmen der Fall ist, werden die sich ergebenden
Theorien selten anerkannt, da die Natur keine Grundlage für Unter-

scheidungen liefert. Eine zweite Klasse umfaßt jene Phänomene, deren Wesen durch existierende Paradigmata erklärt wird, deren Einzelheiten aber nur durch eine weitere Artikulation der Theorie verstanden werden können. Auf diese Phänomene richten die Wissenschaftler häufig ihre Forschung, doch diese Forschung zielt mehr auf die Artikulation schon vorhandener als auf die Erfindung neuer Paradigmata. Nur wenn die Versuche einer Artikulation keinen Erfolg haben, begegnen die Wissenschaftler dem dritten Typ von Phänomenen, den anerkannten Anomalien, deren charakteristisches Merkmal ihr hartnäckiger Widerstand gegen jede Einordnung in die vorhandenen Paradigmata ist. Nur dieser Typ läßt neue Theorien entstehen. Paradigmata liefern alle Phänomene (mit Ausnahme von Anomalien), die im Gesichtsfeld des Wissenschaftlers einen durch Theorie bestimmten Platz einnehmen.

Wenn aber neue Theorien aufgeboten werden, um Anomalien in der Beziehung einer existierenden Theorie zur Natur aufzulösen, dann muß die erfolgreiche neue Theorie Voraussagen ermöglichen, die sich von den aus ihrer Vorgängerin abgeleiteten unterscheiden. Dieser Unterschied wäre nicht möglich, wenn die beiden Theorien logisch vereinbar wären. In dem Prozeß, in dem die zweite rezipiert wird, muß sie die erste verdrängen. Sogar eine Theorie wie die der Energieerhaltung, die heute als ein logischer Überbau erscheint, der nur durch unabhängig aufgestellte Theorien in Beziehung zur Natur steht, hat sich historisch nicht ohne Paradigmazerstörung entwickelt. Vielmehr tauchte sie aus einer Krise auf, zu deren wesentlichen Bestandteilen die Unvereinbarkeit zwischen der Newtonschen Dynamik und einigen kürzlich formulierten Konsequenzen der Stofftheorie der Wärme gehört. Erst nachdem die Stofftheorie abgelehnt worden war, konnte die Energieerhaltung ein Teil der Wissenschaft werden.[1] Und erst nachdem sie eine Zeitlang ein Teil der Wissenschaft gewesen war, konnte sie als Theorie einer logisch höheren Ordnung erscheinen, als eine Theorie, die nicht mit ihren Vorgängerinnen in Konflikt stand. Es ist schwer zu erkennen, wie neue Theorien überhaupt ohne solche zerstörenden Veränderungen in der Auffassung der Natur auftauchen könnten. Man kann sich zwar vorstellen, daß die älteren wissenschaftlichen Theorien logisch in den auf sie folgenden enthalten sind, aber historisch hat das wenig für sich.

Vor einem Jahrhundert wäre es nach meiner Meinung möglich gewesen, die Argumentation für die Notwendigkeit von Revolutionen an diesem Punkt auf sich beruhen zu lassen. Heute aber ist das leider ausgeschlossen, da die eben entwickelte Anschauung nicht aufrechterhalten werden kann, wenn man die am weitesten verbreitete derzeitige Interpretation des Wesens und der Funktion wissenschaftlicher Theorien akzeptiert. Diese Interpretation, die eng mit dem frühen logischen Positivismus verknüpft ist und von seinen Nachfolgern nicht kategorisch abgelehnt wird, möchte den Umfang und die Bedeutung einer anerkannten Theorie so einschränken, daß sie unmöglich mit irgendeiner späteren Theorie in Konflikt geraten kann, die Voraussagen über einige der gleichen Naturphänomene macht. Der bekannteste und stärkste Gesichtspunkt für diese eingeschränkte Auffassung einer wissenschaftlichen Theorie taucht in Diskussionen über die Beziehungen zwischen der heutigen Einsteinschen Dynamik und den älteren dynamischen Gleichungen auf, die sich aus Newtons *Principia* ergeben. Vom Standpunkt dieses Essays aus sind diese beiden Theorien im selben Sinn grundlegend unvereinbar wie die Kopernikanische und die Ptolemäische Astronomie: Die Einsteinsche Theorie kann nur in der Erkenntnis akzeptiert werden, daß die Newtonsche falsch war. Heute ist das noch die Ansicht einer Minderheit.[2] Wir müssen deshalb die am weitesten verbreiteten Einwände untersuchen.

Der Kernpunkt dieser Einwände läßt sich folgenderart darstellen. Die relativistische Dynamik kann nicht gezeigt haben, daß die Newtonsche Dynamik falsch ist, denn die Newtonsche Dynamik wird noch immer mit großem Erfolg von den meisten Ingenieuren und, in bestimmten Anwendungen, von vielen Physikern gebraucht. Außerdem kann die Berechtigung des Gebrauchs der älteren Theorie gerade aus der Theorie, die jene bei anderen Anwendungen ersetzt hat, bewiesen werden. Mit Einsteins Theorie kann gezeigt werden, daß Voraussagen aufgrund Newtonscher Gleichungen bei allen Anwendungen, die einer kleinen Zahl einschränkender Bedingungen genügen, so gut wie unsere Meßinstrumente sind. Wenn die Newtonsche Theorie beispielsweise eine gute Näherungslösung ergeben soll, so müssen die relativen Geschwindigkeiten der betrachteten Körper im Vergleich zur Lichtgeschwindigkeit klein sein. Unter dieser und einigen anderen Bedingungen scheint die Newtonsche Theorie aus der Einsteinschen ableitbar zu sein, von der sie demnach ein Spezialfall wäre.

Aber eine Theorie, so fährt der Einwand fort, kann unmöglich mit einem ihrer Spezialfälle in Konflikt stehen. Wenn also die Einsteinsche Wissenschaft die Newtonsche Dynamik als falsch erscheinen läßt, dann nur, weil einige Anhänger Newtons so unvorsichtig waren zu behaupten, die Newtonsche Theorie bringe völlig präzise Ergeb nisse hervor oder sie sei bei sehr hohen relativen Geschwindigkeiten gültig. Da sie dafür keine Beweise haben konnten, übten sie Verrat an den Wissenschaftsnormen, als sie solche Behauptungen aufstellten. Soweit die Newtonsche Theorie jemals eine wahrhaft wissenschaftliche, von aussagekräftigen Daten gestützte Theorie war, ist sie es noch immer. Nur übertriebene Ansprüche für die Theorie – Behauptungen, die niemals so recht ein Teil der Wissenschaft waren – konnten durch Einstein als falsch ausgewiesen werden. Von diesen rein menschlichen Übertreibungen befreit, ist die Newtonsche Theorie niemals angefochten worden und kann auch nicht angefochten werden.

Eine passende Variante dieses Arguments genügt durchaus, jede jemals von einer Gruppe kompetenter Wissenschaftler gebrauchte Theorie gegen Angriffe zu feien. Die vielgeschmähte Phlogistontheorie zum Beispiel gab einer großen Zahl von physikalischen und chemischen Phänomenen eine Ordnung. Sie erklärte, warum Körper brannten – sie waren mit Phlogiston angereichert – und warum Metalle so viel mehr gemeinsame Eigenschaften hatten als ihre Erze. Die Metalle waren alle aus verschiedenen elementaren Erden in Verbindung mit Phlogiston zusammengesetzt, und dieses Phlogiston, das allen Metallen gemeinsam war, erzeugte gemeinsame Eigenschaften. Darüber hinaus erklärte die Phlogistontheorie eine Anzahl von Reaktionen, bei denen sich durch die Verbrennung von Substanzen wie Kohlenstoff und Schwefel Säuren bildeten. Sie erklärte auch die Abnahme des Volumens, wenn die Verbrennung in einem abgeschlossenen Luftvolumen geschah – das bei der Verbrennung frei werdende Phlogiston »zerstörte« die Elastizität der Luft, von der es absorbiert wurde, genauso wie Feuer die Elastizität einer Stahlfeder »zerstört«.[3] Wären dies die einzigen Phänomene, welche die Phlogistontheoretiker für ihre Theorie in Anspruch nahmen, so hätte diese Theorie niemals angefochten werden können. Ein ähnliches Argument würde für jede Theorie taugen, die jemals erfolgreich auf irgendeine Gruppe von Phänomenen angewandt worden ist.

Um aber Theorien auf diese Weise zu retten, muß ihr Anwendungsbereich auf jene Phänomene und jene Exaktheit der Beobachtung beschränkt werden, mit denen die bereits vorhandenen experimentellen Daten aufwarten.[4] Geht man nur einen Schritt weiter (und dieser Schritt kann kaum vermieden werden, wenn der erste einmal getan ist), so verbietet eine solche Einschränkung dem Wissenschaftler den Anspruch darauf, »wissenschaftlich« über ein noch nicht beobachtetes Phänomen zu sprechen. Sogar in ihrer schwächeren Form untersagt sie es dem Wissenschaftler, sich bei seiner eigenen Forschung auf eine Theorie zu verlassen, wann immer diese Forschungsarbeit ein Gebiet betritt oder einen Grad der Genauigkeit sucht, wofür es in der bisherigen Praxis mit dieser Theorie keinen Präzedenzfall gibt. Diese Verbote sind logisch einwandfrei. Ihre Anwendung würde aber das Ende der Forschung bedeuten, durch die sich die Wissenschaft weiter entwickelt.

Nun ist auch dieser Punkt praktisch eine Tautologie. Ohne Bindung an ein Paradigma könnte es keine normale Wissenschaft geben. Außerdem muß sich diese Bindung auf Gebiete und Genauigkeitsgrade erstrecken, für die es keinen vollständigen Präzedenzfall gibt. Täte sie es nicht, so könnte das Paradigma keine Rätsel aufgeben, die nicht schon gelöst worden sind. Dazu kommt, daß nicht nur die normale Wissenschaft von der Bindung an ein Paradigma abhängt. Wenn eine existierende Theorie den Wissenschaftler nur in bezug auf existierende Anwendungen bindet, dann kann es keine Überraschungen, Anomalien oder Krisen geben. Aber gerade dies sind die Wegweiser, die den Pfad zur außerordentlichen Wissenschaft zeigen. Wenn positivistische Einschränkungen des Bereichs der legitimen Anwendbarkeit einer Theorie wörtlich genommen werden, dann muß der Mechanismus, der einer wissenschaftlichen Gemeinschaft sagt, welche Probleme zu fundamentalen Veränderungen führen können, aufhören zu funktionieren. Und wenn das eintritt, wird die Gemeinschaft zwangsläufig in ein Stadium zurückkehren, das der Zeit vor dem Paradigma sehr ähnlich und ein Zustand ist, in dem alle Mitglieder Wissenschaft praktizieren, aber der Effekt dessen, was sie hervorbringen, kaum etwas mit Wissenschaft zu tun hat. Ist es wirklich ein Wunder, daß der Preis für bedeutsamen wissenschaftlichen Fortschritt eine Bindung ist, die das Risiko eingeht, falsch zu sein?

Und was noch wichtiger ist, in dem Argument des Positivisten gibt es eine aufschlußreiche logische Lücke, die uns unmittelbar zum Wesen der revolutionären Verbindung zurückführt. Kann die Newtonsche Dynamik wirklich aus der relativistischen Dynamik *abgeleitet* werden? Wie würde eine solche Ableitung aussehen? Denken wir uns eine Reihe von Aussagen, E_1, E_2, ..., E_n, die zusammen die Gesetze der Relativitätstheorie verkörpern. Diese Aussagen enthalten Variable und Parameter, welche räumliche Lage, Zeit, Ruhemasse etc. darstellen. Aus diesen kann mit Hilfe des Systems der Logik und der Mathematik eine ganze Reihe weiterer Aussagen deduziert werden, einschließlich einiger, die durch Beobachtung überprüfbar sind. Um die Tauglichkeit der Newtonschen Dynamik als Spezialfall zu beweisen, müssen wir zu der E_i-Reihe weitere Aussagen hinzufügen, zum Beispiel $(v/c)^2 \ll I$, wodurch der Bereich der Parameter und Variablen eingeschränkt wird. Diese erweiterte Reihe von Aussagen wird nun manipuliert, um eine neue Reihe, N_1, N_2, ..., N_m, zu erhalten, die dann in ihrer Form mit Newtons Bewegungsgesetzen, Gravitationsgesetz etc. identisch ist. Scheinbar ist die Newtonsche Dynamik aus der Einsteinschen abgeleitet worden, gemäß einigen einschränkenden Bedingungen.

Und doch ist die Ableitung falsch, wenigstens bis zu diesem Punkt. Die N_i-Reihe ist zwar ein Spezialfall der Gesetze der relativistischen Mechanik, aber es sind nicht die Newtonschen Gesetze. Oder zumindest nicht, solange die Newtonschen Gesetze nicht in einer Weise neu interpretiert werden, die vor Einsteins Arbeit unmöglich gewesen wäre. Die Variablen und Parameter, die in der Einsteinschen E_i-Reihe räumliche Lage, Zeit, Masse etc. darstellten, kommen in der N_i-Reihe immer noch vor, und dort stellen sie noch immer Einsteins Raum, Zeit und Masse dar. Aber die physikalischen Beziehungen dieser Einsteinschen Begriffe sind auf keinen Fall mit denen der Newtonschen Begriffe gleichen Namens identisch. (Die Newtonsche Masse bleibt erhalten; die Einsteinsche ist verwandelbar in Energie. Nur bei niedrigen relativen Geschwindigkeiten können diese beiden in der gleichen Weise gemessen werden, und sogar dann dürfen sie nicht als gleich angesehen werden.) Solange wir die Definitionen der Variablen in der N_i-Reihe nicht ändern, sind die abgeleiteten Aussagen nicht newtonisch. Ändern wir sie aber, so kann man rechtens nicht sagen, wir hätten die Newtonschen Gesetze *abgeleitet*, zumindest nicht in irgendeinem Sinn von »ableiten«, wie er heute allgemein anerkannt wird. Unser Argument hat natürlich erklärt, warum die Newtonschen Gesetze überhaupt zu funktionieren schienen. Damit berechtigt es vielleicht einen Kraftfahrer, sich so zu verhalten, als lebte er in einem Newtonschen Universum. Ein Argument gleicher Art wird gebraucht, um die geozentrische Astronomie in der Ausbildung der Geometer zu rechtfertigen. Das Argument hat aber noch immer nicht das geleistet, was es leisten wollte. Das heißt, es hat noch nicht gezeigt, daß die Newtonschen Gesetze ein Grenzfall der Einsteinschen Gesetze sind. Denn bei diesem Grenzübergang haben sich nicht nur die Gesetze geändert. Gleichzeitig haben wir die fundamentalen Strukturelemente abwandeln müssen, aus denen sich das Universum, auf welches sie angewandt werden, zusammensetzt.

Dieser Zwang, die Bedeutung von feststehenden und vertrauten Begriffen zu ändern, ist der Brennpunkt der revolutionären Wirkung der Einsteinschen Theorie. Wenn die sich ergebende Begriffsumwandlung auch weniger durchschlagend ist als der Wechsel von der geozentrischen zur heliozentrischen Auffassung, vom Phlogiston zum Sauerstoff oder von der Korpuskular- zur Wellentheorie, so zerstört sie doch ebenso eindeutig ein vorher gültiges Paradigma. Wir werden sie vielleicht noch als den Prototyp revolutionärer Neuorientierungen in den Wissenschaften sehen lernen. Gerade weil er nicht die Einführung zusätzlicher Objekte oder Begriffe mit sich bringt, zeigt der Übergang von der Newtonschen zur Einsteinschen Mechanik mit besonderer Deutlichkeit, daß die wissenschaftliche Revolution eine Verschiebung des Begriffsnetzes ist, durch welches die Wissenschaftler die Welt betrachten.

Diese Bemerkungen sollten genügen zu zeigen, was in einer anderen philosophischen Atmosphäre vielleicht als selbstverständlich hingenommen worden wäre. Wenigstens für Wissenschaftler sind die meisten augenscheinlichen Unterschiede zwischen einer fallengelassenen wissenschaftlichen Theorie und ihrer Nachfolgerin sehr real. Zwar läßt sich eine veraltete Theorie immer als ein Spezialfall ihrer modernen Nachfolgerin ansehen, doch muß sie für diesen Zweck umgewandelt werden. Und diese Umwandlung kann nur dank der Vorteile einer späteren Einsicht, der deutlichen Führung durch die neuere Theorie unternommen werden. Außerdem wäre, selbst wenn jene Umwandlung ein einwandfreies Mittel für die Auslegung der älteren Theorie darstellte, das Ergebnis ihrer Anwendung eine derart begrenzte Theorie, daß sie nur das bereits Bekannte neu formulieren könnte. Ihrer Ökonomie wegen wäre diese Neuformulierung nützlich, sie würde jedoch als Richtschnur für die Forschung nicht ausreichen.

Wir wollen deshalb als erwiesen annehmen, daß die Gegensätze zwischen aufeinanderfolgenden Paradigmata ebenso notwendig wie unversöhnbar sind. Können wir dann deutlicher sagen, was für Gegensätze das sind? Der auffälligste Typ ist schon wiederholt vorgeführt worden. Aufeinanderfolgende Paradigmata teilen uns verschiedene Dinge über das, was es im Universum gibt, und sein Verhalten mit. Das heißt, sie weichen bei Fragen wie der Existenz subatomarer Teilchen, der Materialität des Lichts und der Erhaltung von Wärme und Energie voneinander ab. Das sind die wesentlichen Unterschiede zwischen aufeinanderfolgenden Paradigmata, und sie erfordern keine weiteren Erklärungen. Paradigmata unterscheiden sich aber in mehr als der Substanz, denn sie zielen nicht nur auf die Natur, sondern auch wieder zurück auf die Wissenschaft, die sie hervorbrachte. Sie sind die Quelle aller Methoden, Problemgebiete und Lösungsnormen, die von einer reifen wissenschaftlichen Gemeinschaft zu irgendeinem Zeitpunkt anerkannt werden. Daraus ergibt sich, daß die Annahme eines neuen Paradigmas oft eine neue Definition der entsprechenden Wissenschaft erfordert. Manche alte Probleme können an eine andere Wissenschaft abgegeben oder für völlig »unwissenschaftlich« erklärt werden. Andere wieder, die vorher nicht existierten oder völlig unbedeutend waren, können mit einem neuen Paradigma geradezu ein Haupttypus wichtiger wissenschaftlicher Leistung werden. Und wie sich die Probleme ändern, so ändert sich oft auch die Norm, die eine wirklich wissenschaftliche Lösung von einer bloßen metaphysischen Spekulation, einem Wortspiel oder einer mathematischen Spielerei unterscheidet. Die normal-wissenschaftliche Tradition, die aus einer wissenschaftlichen Revolution hervorgeht, ist mit dem Vorangegangenen nicht nur unvereinbar, sondern oft sogar inkommensurabel.

Die Wirkung von Newtons Werk auf die normale Tradition wissenschaftlicher Praxis im siebzehnten Jahrhundert liefert ein treffendes Beispiel für diese subtileren Folgen eines Paradigmawechsels. Vor Newtons Geburt war es der »neuen Wissenschaft« des Jahrhunderts endlich gelungen, die Aristotelischen und scholastischen Erklärungen zu verwerfen, die vom Wesen materieller Körper sprechen. Die Aussage, daß ein Stein falle, weil ihn sein »Wesen« zum Mittelpunkt des Universums treibe, war nun zu einem rein tautologischen Wortspiel geworden, was sie vorher nicht gewesen war. Fortan mußte der ganze Strom der Sinneserscheinungen, einschließlich Farbe, Geschmack und sogar Gewicht, anhand von Größe, Form, Lage und Bewegung der Elementarteilchen der Grundmaterie erklärt werden. Den elementaren Atomen andere Eigenschaften zuzuschreiben, war ein Zuflucht nehmen beim Okkulten und kam deshalb für die Wissenschaft nicht in Frage. Molière erfaßte den neuen Geist genau, als er den Arzt verspottete, der die Wirksamkeit des Opiums als Schlafmittel mit seiner einschläfernden Kraft erklärte. In der zweiten Hälfte des siebzehnten Jahrhunderts zogen es viele Wissenschaftler vor, der runden Form der Opium-Elementarteilchen die beruhigende Wirkung auf die Nerven, um die sie sich bewegten, zuzuschreiben.[5]

In einer früheren Periode waren Erklärungen mittels okkulter Eigenschaften ein wesentlicher Teil produktiver wissenschaftlicher Arbeit gewesen. Trotzdem erwies sich die neue Festlegung des siebzehnten Jahrhunderts auf mechanisch-korpuskulare Erklärung für eine Anzahl von Wissenschaften als immens fruchtbar, indem sie diese von Problemen befreite, die einer allgemein anerkannten Lösung getrotzt hatten, und ihnen dafür andere lieferte. So sind zum Beispiel in der Dynamik die drei Newtonschen Gesetze der Bewegung weniger das Ergebnis neuartiger Experimente als des Versuchs, wohlbekannte Beobachtungen anhand der Bewegungen und Wechselwirkungen neutraler Elementarteilchen neu zu interpretieren. Betrachten wir nur einen konkreten Fall. Da neutrale Korpuskeln nur durch Kontakt aufeinander einwirken konnten, richtete die mechanisch-korpuskulare Naturanschauung die wissenschaftliche Aufmerksamkeit auf ein völlig neues Studienobjekt – die Veränderung der Teilchenbewegung durch Kollision. Descartes machte das Problem bekannt und lieferte seine erste auf Vermutungen beruhende Lösung. Huygens, Wren und Wallis entwickelten es weiter, teils dadurch, daß sie mit kollidierenden Pendelgewichten experimentierten, vor allem aber dadurch, daß sie altbekannte Eigenschaften der Bewegung auf das neue Problem übertrugen. Und Newton fügte ihre Ergebnisse in seine Bewegungsgesetze ein. Die einander gleiche »actio« und »reactio« des dritten Gesetzes sind die Veränderungen der Bewegungsgröße der beiden an der Kollision beteiligten Körper. Die gleiche Bewegungsänderung liefert die Definition der dynamischen Kraft, die im zweiten Gesetz enthalten ist. In diesem Fall wie auch sonst oft im siebzehnten Jahrhundert erzeugte das Korpuskularparadigma ein neues Problem und gleichzeitig auch einen großen Teil der Lösung dieses Problems.[6]

Und doch, obwohl ein großer Teil der Newtonschen Arbeit sich auf die Probleme und Normen richtete, die vom mechanisch-korpuskularen Weltbild hergeleitet waren, war die Wirkung des aus seiner Arbeit entstehenden Paradigmas eine weitere, teilweise destruktive Veränderung der für die Wissenschaft gültigen Probleme und Normen. Die Schwerkraft, die als eine der Materie innewohnende Anziehung zwischen jedem Teilchenpaar interpretiert wurde, war eine okkulte Eigenschaft im gleichen Sinne, wie es die »Falltendenz« der Scholastiker gewesen war. Deshalb war die Suche nach einer mechanischen Erklärung der Schwerkraft eines der lockendsten Probleme für die, welche die *Principia* als Paradigma annahmen, solange die Normen der Korpuskulartheorie wirksam blieben. Newton wandte dieser Suche viel Aufmerksamkeit zu, und viele seiner Nachfolger im achtzehnten Jahrhundert taten das gleiche. Die einzige andere Möglichkeit war die Ablehnung der Newtonschen Theorie, weil sie die Schwerkraft nicht erklären konnte, und auch diese fand viele Anhänger. Dabei triumphierte letztlich keine dieser Anschauungen. Da die Wissenschaftler einerseits die Wissenschaft ohne die *Principia* nicht praktizieren, andererseits aber dieses Werk den Korpuskularnormen des siebzehnten Jahrhunderts nicht anpassen konnten, übernahmen sie allmählich die Anschauung, daß die Schwerkraft in der Tat etwas der Materie Innewohnendes sei. In der Mitte des achtzehnten Jahrhunderts war diese Interpretation fast allgemein anerkannt, und das Ergebnis war eine echte Rückkehr (was nicht das gleiche ist wie ein Rückschritt) zu einer scholastischen Norm. Innewohnende Kräfte der Anziehung und Abstoßung traten neben Größe, Form, Lage und Bewegung als physikalisch nicht reduzierbare Primäreigenschaften der Materie.[7]

Die sich ergebende Veränderung der Normen und des Problembereichs der Physik war wiederum folgerichtig. In den Jahren nach 1740 konnten die Elektriker beispielsweise vom Anziehungs-»Vermögen« der elektrischen Flüssigkeit sprechen, ohne damit den Spott herauszufordern, dem Molières Doktor ein Jahrhundert vorher begegnet war. Indem sie das taten, zeigten die elektrischen Phänomene immer mehr eine Ordnung, die sich von jener unterschied, welche sie gezeigt hatten, als sie noch für die Wirkungen einer nur durch Kontakt wirkenden mechanischen Ausdünstung angesehen wurden. Insbesondere konnte, nachdem die elektrische Fernwirkung zu einem eigenen Studienobjekt geworden war, das Phänomen, das wir heute Aufladung durch Induktion nennen, als eine ihrer Wirkungen erkannt werden. Früher war es, wenn überhaupt wahrgenommen, der unmittelbaren Wirkung von elektrischen »Atmosphären« oder von Kriechströmen, die in jedem elektrischen Labor unvermeidlich sind, zugeschrieben worden. Die neue Auffassung der induktiven Wirkungen war wiederum der Schlüssel zu Franklins Analyse der Leidener Flasche und damit auch für das Auftauchen eines neuen und newtonischen Paradigmas für die Elektrizitätslehre. Dynamik und Elektrizitätslehre waren auch nicht die einzigen wissenschaftlichen Gebiete, die von der Legitimierung der Suche nach der Materie innewohnenden Kräften berührt wurden. Die umfangreiche Literatur im achtzehnten Jahrhundert über chemische Affinitäten und homologe Reihen leitet sich ebenfalls von diesem übermechanischen Aspekt des Newtonismus her. Die Chemiker, die an diese charakteristischen Anziehungskräfte zwischen den verschiedenen chemischen Spezies glaubten, führten Experimente durch, an die früher nicht zu denken war, und suchten nach neuen Reaktionsarten. Ohne die in diesem Prozeß entwickelten Daten und chemischen Vorstellungen wären die späteren Arbeiten Lavoisiers und ganz besonders Daltons undenk-

bar.[8] Änderungen der Normen für zulässige Probleme, Begriffe und
Erklärungen können eine Wissenschaft umwandeln. In einem gewissen Sinn, auf den ich im nächsten Abschnitt hinweisen werde, können sie sogar die Welt umwandeln.

Weitere Beispiele für diese nichtsubstantiellen Unterschiede zwischen aufeinanderfolgenden Paradigmata können in der Geschichte jeder Wissenschaft in fast allen ihren Entwicklungsperioden gefunden werden. Für den Augenblick wollen wir uns mit nur zwei weiteren und weitaus kürzeren Beispielen begnügen. Vor der chemischen Revolution war es eine der anerkannten Aufgaben der Chemie, die Eigenschaften chemischer Substanzen und die Veränderung dieser Eigenschaften im Verlaufe chemischer Reaktionen zu erklären. Mit Hilfe einer kleinen Zahl elementarer »Prinzipien« – eines davon war das Phlogiston – sollte der Chemiker begründen, warum manche Stoffe sauer, andere metallisch, brennbar etc. sind. Einiger Erfolg war in dieser Richtung erzielt worden. Wir haben schon gesehen, wie das Phlogiston erklärte, warum die Metalle so viel gemeinsam hatten, und wir hätten auch für die Säuren eine entsprechende Beweisführung finden können. Lavoisiers Reform jedoch schaffte schließlich die chemischen »Prinzipien« ab und endete damit, die Chemie um einige tatsächliche und viele potentielle Möglichkeiten der Erklärung ärmer zu machen. Um diesen Verlust wettzumachen, war eine Veränderung der Normen erforderlich. Während eines großen Teils des neunzehnten Jahrhunderts sprach das Unvermögen, die Eigenschaften von Verbindungen zu erklären, nicht gegen eine chemische Theorie.[9]

Clerk Maxwell teilte mit anderen Befürwortern der Wellentheorie des Lichts im neunzehnten Jahrhundert die Überzeugung, daß sich die Lichtwellen durch einen materiellen Äther fortpflanzen müssen. Das Ersinnen eines mechanischen Mediums, das solche Wellen trüge, war für viele seiner fähigsten Zeitgenossen ein Standardproblem. Seine eigene Theorie jedoch, die elektromagnetische Theorie des Lichts, hatte überhaupt keine Erklärung für ein Medium, das in der Lage wäre, Lichtwellen zu tragen, und sie machte ganz offensichtlich das Auffinden einer Erklärung noch schwieriger, als es vorher bereits erschien. Anfänglich war Maxwells Theorie aus ebendiesen Gründen weithin abgelehnt worden. Aber wie bei Newtons Theorie erwies es sich auch bei derjenigen Maxwells als schwer, auf sie zu verzichten, und als sie den Status eines Paradigmas erlangte, änderte sich die Haltung der Gemeinschaft ihr gegenüber. In den ersten Jahrzehnten des zwanzigsten Jahrhunderts wirkte Maxwells Beharren auf der Existenz eines mechanischen Äthers bald nur noch wie ein

Lippenbekenntnis, was es ganz entschieden nicht gewesen war, und die Versuche, ein solches ätherisches Medium zu ersinnen, wurden aufgegeben. Die Wissenschaftler hielten es nicht mehr für unwissenschaftlich, von einer elektrischen »Verschiebung« zu sprechen, ohne anzugeben, was verschoben wurde. Das Ergebnis war wiederum eine neue Reihe von Problemen und Normen, die schließlich wesentlich an der Entstehung der Relativitätstheorie beteiligt waren.[10]

Diese charakteristischen Verlagerungen in der Auffassung der wissenschaftlichen Gemeinschaft von ihren gültigen Problemen und Normen wären für die Thesen dieses Essays weniger bedeutungsvoll, wenn man annehmen könnte, daß sie sich immer von einem methodologisch niedrigeren zu einem höheren Typ vollzögen. In diesem Falle würden auch ihre Wirkungen als kumulativ erscheinen. Es ist kein Wunder, daß einige Historiker behauptet haben, die Geschichte der Wissenschaft zeige eine fortlaufende Steigerung der Reife und Verfeinerung der menschlichen Auffassung vom Wesen der Wissenschaft.[11] Doch ist es noch viel schwieriger, Argumente für eine kumulative Entwicklung der wissenschaftlichen Probleme und Normen vorzubringen als für eine Kumulierung von Theorien. Der Versuch, die Schwerkraft zu erklären, wurde zwar von den meisten Wissenschaftlern des achtzehnten Jahrhunderts mit Gewinn aufgegeben, war aber nicht auf ein an sich illegitimes Problem gerichtet; die Einwände gegen innewohnende Kräfte waren weder unwissenschaftlich noch in irgendeinem herabsetzenden Sinne metaphysisch. Es gibt keine äußeren Normen, die eine Beurteilung dieser Art gestatten. Was geschah, war weder ein Absinken noch eine Hebung der Normen, sondern einfach ein Wechsel, den die Annahme eines neuen Paradigmas forderte. Außerdem ist dieser Wechsel seitdem rückgängig gemacht worden und könnte es nochmals werden. Im zwanzigsten Jahrhundert gelang es Einstein, die Schwerkraft zu erklären, und diese Erklärung hat die Wissenschaft zu einer Reihe von Kanons und Problemen zurückgebracht, die in diesem speziellen Punkt eher denen von Newtons Vorgängern als denen seiner Nachfolger ähneln. Ein anderes Beispiel: Die Entwicklung der Quantenmechanik hat das methodologische Verbot, das in der chemischen Revolution entstand, umgekehrt. Die Chemiker versuchen jetzt, und zwar mit großem Erfolg, die Farbe, den Aggregatzustand und andere Eigenschaften der in ihren Laboratorien verwendeten und erzeugten Substanzen zu erklären. Ein ähnlicher Umschwung könnte selbst in der elektromagnetischen Theorie im Gange sein. Der Raum ist in der heutigen Physik nicht die inaktive und homogene Grundlage, als die er in Newtons und Maxwells Theorie auftrat; einige seiner neuen Eigenschaften sind den einst dem Äther zugeschriebenen nicht unähnlich; eines Tages werden wir vielleicht wissen, was eine elektrische Verschiebung ist.

Indem die obigen Beispiele die Betonung von den kognitiven auf die normativen Funktionen des Paradigmas verlagern, erweitern sie unser Verständnis der Art und Weise, in der Paradigmata dem wissenschaftlichen Leben Form verleihen. Vorher haben wir in der Hauptsache die Rolle des Paradigmas als Träger einer wissenschaftlichen Theorie untersucht. In dieser Rolle funktioniert es, indem es dem Wissenschaftler sagt, welche Entitäten es in der Natur gibt und welche nicht, und wie sie sich verhalten. Durch diese Informationen entsteht eine Landkarte, deren Einzelheiten durch reife wissenschaftliche Forschung aufgehellt werden. Und da die Natur viel zu komplex und vielfältig ist, um auf gut Glück erforscht zu werden, ist diese Landkarte genauso wichtig für die kontinuierliche Weiterentwicklung der Wissenschaft wie Beobachtung und Experiment. Durch die von ihnen verkörperten Theorien erweisen sich die Paradigmata als grundlegend für die Forschungstätigkeit. Sie sind jedoch für die Wissenschaft in noch anderer Hinsicht konstitutiv, und darauf kommt es uns nun an. Besonders unsere letzten Beispiele zeigen, daß die Paradigmata die Wissenschaftler nicht nur mit einer Landkarte versorgen, sondern auch mit einigen wesentlichen Richtlinien für die Erstellung einer Landkarte. Wenn der Wissenschaftler ein Paradigma erlernt, erwirbt er sich Theorien, Methoden und Normen, gewöhnlich in einer unentwirrbaren Mischung. Wenn Paradigmata wechseln, gibt es deshalb normalerweise bezeichnende Verschiebungen der Kriterien, welche die Zulässigkeit von Problemen und den sich anbietenden Lösungen bestimmen.

Diese Beobachtung bringt uns zum Ausgangspunkt dieses Abschnittes zurück, denn sie liefert uns den ersten deutlichen Hinweis darauf, warum die Wahl zwischen konkurrierenden Paradigmata regelmäßig Fragen aufwirft, die mit den Kriterien der normalen Wissenschaft nicht gelöst werden können. In dem Maße – einem ebenso bezeichnenden wie lückenhaften Maß –, in dem die Auffassungen zweier wissenschaftlicher Schulen darüber, was ein Problem und was eine Lösung ist, auseinandergehen, werden sie zwangsläufig aneinander vorbeireden, wenn sie über die relativen Vorzüge ihrer jeweiligen Paradigmata diskutieren. In den sich regelmäßig ergebenden, teilweise im Kreis laufenden Argumenten wird für jedes Paradigma gezeigt, daß es mehr oder weniger den Kriterien, die es sich selbst

vorschreibt, gerecht wird und einigen jener Kriterien, die ihm von seinen Gegnern zudiktiert werden, nicht völlig genügt. Es gibt auch
noch andere Gründe für die Lückenhaftigkeit logischer Kontakte, die
durchweg die Paradigmadiskussionen charakterisiert. Da beispielsweise kein Paradigma jemals alle von ihm definierten Probleme löst
und da keine zwei Paradigmata genau dieselben Probleme ungelöst
lassen, bringen Paradigmadiskussionen immer die Frage mit sich: Die
Lösung welcher Probleme ist bedeutsamer? Wie der Streit konkurrie-
render Normen kann diese Wertfrage nur im Rahmen von Kriterien
entschieden werden, die außerhalb der normalen Wissenschaft liegen, und gerade diese Zuflucht zu äußeren Kriterien macht ganz offensichtlich die Paradigmadiskussionen revolutionär. Es geht aber
noch um etwas Grundlegenderes als Normen und Werte. Bisher habe
ich nur behauptet, Paradigmata seien konstitutiv für die Wissenschaft. Jetzt möchte ich darlegen, inwiefern sie auch für die Natur
konstitutiv sind.

---

[1] Silvanus P. Thompson, *Life of William Thomson Baron Kelvin of Largs* (London 1910), I,
S. 266–81.

[2] Siehe z. B. die Bemerkungen von P. P. Wiener in *Philosophy of Science*, XXV (1958),
S. 298.

[3] James B. Conant, *Overthrow of the Phlogiston Theory* (Cambridge 1950), S. 13–16;
sowie J. R. Partington, *A Short History of Chemistry* (2. Aufl., London 1951), S. 85–88.
Der vollständigste und verständnisvollste Bericht über die Leistungen der Phlogistontheorie steht bei H. Metzger, *Newton, Stahl, Boerhaave et la doctrine chimique* (Paris
1930), Teil II.

[4] Vgl. die Schlußfolgerungen, die durch eine ganz andere Art der Analyse erreicht
wurden, bei R. B. Braithewaite, *Scientific Explanation* (Cambridge 1953), S. 50–87,
bes. S. 76.

[5] Über die allgemeine Korpuskulartheorie siehe Marie Boas, »The Establishment of
the Mechanical Philosophy«, *Osiris*, X (1952), S. 412–541. Zur Wirkung der Teilchen-
form auf den Geschmack siehe *ibid.*, S. 483.

[6] R. Dugas, *La mécanique au XVIIᵉ siècle* (Neuchâtel 1954), S. 177–85, 284–98, 345–56.

[7] I. B. Cohen, *Franklin and Newton: An Inquiry into Speculative Newtonian Experimental
Science and Franklin's Work in Electricity as an Example Thereof* (Philadelphia 1956), Kap.
VI–VII.

[8] Zur Elektrizitätslehre siehe *ibid.*, Kap. VIII–IX. Zur Chemie siehe Metzger, *op. cit.*,
Teil I.

[9] E. Meyerson, *Identität und Wirklichkeit* (Leipzig 1930), Kap. X.

[10] E. T. Whittaker, *A History of the Theories of Aether and Electricity*, II (London 1953),
S. 28–30.

[11] Einen brillanten und völlig modernen Versuch, die wissenschaftliche Entwicklung
in dieses Prokrustesbett zu bringen, unternimmt C. C. Gillispie, *The Edge of Objecti-
vity: An Essay in the History of Scientific Ideas* (Princeton 1960).

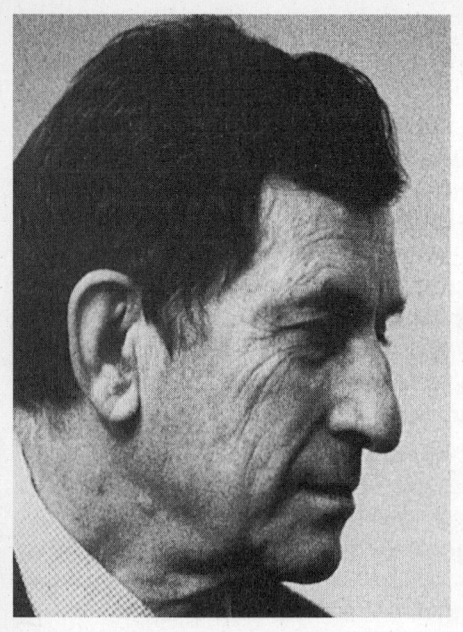

DAVID BOHM

Amerikanischer Physiker. Geboren 1917 in Pennsylvania im Osten der USA. Promotion in Physik an der University of California in Berkeley. Danach lehrte er in Princeton sowie an den Universitäten in São Paulo, Haifa, Bristol und London (Birbeck College). Der Einstein-Schüler verfaßte grundlegende Werke zur Quanten- und Relativitätstheorie: »Quantum Theory«; »The Special Theory of Relativity«. In seinem Werk »Die implizite Ordnung. Grundlagen eines dynamischen Holismus« erschien, entwarf Bohm eine umwälzend neue Theorie, die die Trennung von Geist und Materie überwindet.

Die implizite Ordnung

1. Zwei Weltanschauungen: Organizismus und Mechanismus

Im Laufe der Geschichte haben die Weltanschauungen, d. h. die allgemeinen Vorstellungen von der kosmischen Ordnung und der Wirklichkeit als Gesamtheit, einander abgelöst. Jede dieser Anschauungen hat den wesentlichen Geist ihrer Zeit zum Ausdruck gebracht, und jede hat wiederum tiefgreifende Auswirkungen auf den einzelnen und auf die Gesellschaft als ganze gehabt, nicht nur im physischen Sinne, sondern auch im psychologischen und ethischen. Diese Auswirkungen waren mannigfacher Art, aber eine der bedeutendsten darunter ist das Auftreten von Vorstellungen universaler Ordnung.

Ich möchte damit beginnen, zwei Beispiele für solche Weltanschauungen zu geben, die in dieser Erörterung eine Schlüsselstellung einnehmen werden. Bei der ersten handelt es sich um die altgriechische

Vorstellung, nach der die Erde das Zentrum des Universums ist und von sieben konzentrischen himmlischen Sphären umgeben wird, die in ihrer Beschaffenheit an Vollkommenheit zunehmen. Zusammen mit der Erde bilden sie ein Ganzes, und dieses wurde als ein einheitlicher Organismus betrachtet, dessen Bewegungen als sinnvoll galten.

Vor allem Aristoteles vertrat die Auffassung, daß jeder Teil in diesem Organismus seinen ihm eigenen Ort innehätte und daß all sein Treiben als ein Bemühen anzusehen sei, diesem eigenen Ort zuzustreben und die ihm bestimmte Aufgabe auszuführen. Dem Menschen kam in diesem ganzen System eine zentrale Bedeutung zu, und man ging davon aus, daß sein rechtes Verhalten für die allumfassende Harmonie des Universums entsprechend notwendig sei.

Im Unterschied dazu erscheint die Erde in der modernen Sicht als ein bloßes Staubkorn in einem unermeßlich großen Universum materieller Körper (Sterne, Milchstraßen usw.). Diese wiederum bestehen letztlich aus Atomen, Molekülen und sich aus diesen aufbauenden Strukturen, als ob es sich um Teile einer universellen Maschine handelte. Diese Maschine stellt offenbar kein sinnvolles Ganzes dar (jedenfalls soweit man bisher feststellen kann). Ihr zugrunde liegt eine Ordnung unabhängig voneinander existierender Teile, welche sich durch Kräfte, die sie aufeinander ausüben, blind wechselseitig beeinflussen. Letztlich läßt diese Ansicht einer universalen Ordnung natürlich nur den Schluß zu, daß der Mensch im Grunde unbedeutend ist. Was er tut, hat nur insofern einen Sinn, wie er dem in seinen Augen eine Wichtigkeit beimessen kann, wobei jedoch das Universum als ganzes seinen Hoffnungen, Zielen, moralischen und ästhetischen Werten und eben auch seinem endgültigen Schicksal gleichgültig gegenübersteht.

Es ist klar, daß diese zwei Anschauungen auf lange Sicht zu sehr unterschiedlichen Folgerungen für unsere ganze Lebenseinstellung führen, welche durchaus tiefgreifend und weitgehend sein können. (Beispielsweise ist der Mensch sehr viel eher dazu geneigt, sich psychisch in einem organismischen Weltbild zu Hause zu fühlen als in einem mechanistischen.) Gegen Ende dieses Vortrags werden wir einige dieser Folgerungen näher erörtern. Aber im Moment möchten wir nur die Aufmerksamkeit auf die Tatsache lenken, daß eine mechanistische Ordnungsvorstellung die moderne Wissenschaft und Technologie zum größten Teil durchdrungen hat und daß sie ausschließlich aus diesem Grund heute einen Hauptfaktor im menschlichen Leben auf der ganzen Welt darstellt.

2. Der Mechanismus in der Physik

Es ist trotz allem die Physik, in der das mechanistische Weltbild seine umfassendste Ausgestaltung erfuhr, vor allem im neunzehnten Jahrhundert, als sein Triumph nahezu vollkommen erschien. Von der Physik ausgehend hat sich der Mechanismus seitdem in andere Wissenschaften hinein verbreitet sowie in beinahe alle menschlichen Tätigkeitsbereiche. Eine Untersuchung der Form, die der Mechanismus in der Physik angenommen hat, ist also erforderlich, wenn wir jene mittlerweile mehr oder weniger herrschende Weltanschauung verstehen wollen, die uns alle tief erfaßt hat. In einer solchen Untersuchung kann die Richtigkeit und Notwendigkeit des Mechanismus bewertet und kritisiert werden, vor allem im Hinblick darauf, ob der gegenwärtige Wissensstand in der Physik (und anderswo) eine solche Anschauung weiterhin stützt und bestärkt oder ob heute andere Anschauungen möglich sind.

Wir werden zu Beginn die wesentlichen Merkmale des Mechanismus in der Physik anführen, und um dessen Bedeutung klarer zu machen, werden wir einige seiner Hauptzüge mit denen eines organismischen Weltbildes vergleichen.

(i) Die Welt wird soweit wie möglich auf eine Reihe von Grundelementen reduziert. Typischerweise wurden diese als Teilchen wie Atome, Elektronen, Protonen, Quarks usw. angenommen, aber diesen lassen sich noch verschiedenartige Felder (elektromagnetische, Gravitationsfelder usw.) hinzufügen, die sich kontinuierlich im Raum ausdehnen.

(ii) Die Beziehung dieser Elemente zueinander ist im Grunde *äußerlicher* Natur, und zwar sind sie nicht nur im Raum voneinander getrennt, sondern, was wichtiger ist, ein jedes ist in seiner Wesensart von der des anderen unabhängig. Folglich wachsen die Elemente nicht organisch als Teile eines Ganzen, sondern man kann sie, wie schon erwähnt, mit Maschinenteilen vergleichen, deren Formen von außen auf den Bau der Maschine, in der sie ihren Dienst tun, zugerichtet werden.

(iii) Wie ebenfalls schon zuvor angeführt, besteht eine mechanische Wechselwirkung zwischen den Elementen, die sich somit nur durch gegenseitige äußerliche Beeinflussung aufeinander beziehen (z. B. durch äußere Wirkkräfte, von denen ihr inneres Wesen nicht sonderlich tief berührt wird). Im Unterschied dazu kann in einem Organismus sogar das Wesen jedes Teils von Veränderungen in den Bewegungen anderer Teile tiefgreifend beeinflußt werden, und folglich sind die Teile vor allem *innerlich* (internal) miteinander verbunden. Natürlich wird die Existenz von Organismen auch in einer mechanistischen Anschauung zugestanden, aber man nimmt an, daß ihr Verhalten früher oder später in der oben beschriebenen Weise als Ergebnis der Wechselwirkungen der am Bau beteiligten Moleküle (wie etwa der für die genetische Information zuständigen DNS) erklärt werden kann, wobei diese wiederum letztlich auf Anordnungen kleinerer Teilchen (wie Elektronen, Protonen oder Quarks) zurückgeführt werden können, von denen man am Ende entdecken wird, daß sie nur äußerlich (external) und mechanisch miteinander verbunden sind.

Es wird außerdem zugestanden, daß ein solches Ziel erst noch wirklich erreicht werden muß, da immer noch vieles unbekannt ist. Wesentlich für das *mechanistische reduktionistische Programm* ist jedoch die Annahme, daß es *nichts* gibt, was sich nicht früher oder später in dieser Weise abhandeln ließe. Um diese Annahme zu beweisen, weisen ihre Anhänger auf deren bisherigen Erfolg hin. Aber dies ist natürlich keinesfalls ein Beweis. Wenn man also voraussetzt, daß diese Annahme unbegrenzt gültig ist, so ist dies im Grunde ein *Glaubenssatz*, der in den Antrieben für die meisten modernen wissenschaftlichen Vorhaben mitschwingt und so einen Gutteil der menschlichen Energie liefert, die zu deren Durchführung erforderlich ist. Es ist dies ein modernes Gegenstück zu dem früheren Glauben an religiöse Vorstellungen, die im allgemeinen auf Weltanschauungen des mehr organismischen Typs gründen und zu ihrer Zeit ebenfalls die Energie zu großen sozialen Vorhaben abgaben.

Wieweit läßt sich dieser moderne Glaube an den Mechanismus rechtfertigen? Natürlich steht es außer Frage, daß er in einem sehr wichtigen Bereich gute Dienste tut und daß er eine Revolution in unserer Lebensweise herbeigeführt hat. Wie schon erwähnt, sah es im neunzehnten Jahrhundert in der Tat so aus, als ob sich dieser Glaube kaum begründet in Zweifel ziehen ließe, da man ja, allem Anschein nach, auf etliche Jahrhunderte erfolgreicher Anwendung dieser Weltanschauung zurückblicken konnte. Es überrascht daher kaum, daß die Physiker jener Zeit in der Regel ein unerschütterliches Vertrauen in seine Richtigkeit besaßen. Um dies zu veranschaulichen, können wir auf Lord Kelvin verweisen, einen der führenden theoretischen Physiker jener Zeit, der die Meinung vertrat, die Physik sei in ihrer Entwicklung mehr oder weniger abgeschlossen. Er gab daher jungen Männern den Rat, sich nicht auf dieses Feld zu begeben, denn bei aller weiteren Arbeit darin würde es sich nur um »Verfeinerung der nächsten Kommastellen« handeln. Er erwähnte allerdings zwei

»Wölkchen« am Horizont, nämlich die negativen Ergebnisse des Michelson-Morley-Experiments sowie die Schwierigkeiten, zu einem Verständnis der von einem schwarzen Körper ausgesandten Strahlung zu gelangen. Man muß zugestehen, daß Lord Kelvin wenigstens in der Lage war, sich seine »Wölkchen« richtig auszusuchen, denn dies waren genau die Ausgangspunkte für die Entwicklung der Relativitäts- und der Quantentheorie, die vereint eine radikale Umwälzung in der Physik herbeiführten und das gesamte Begriffsgefüge der bis dahin herrschenden Newtonschen (klassischen) Physik über den Haufen warfen. Dies ist ein schönes Anschauungsbeispiel für die Gefahr der Selbstgefälligkeit in unseren Weltanschauungen und macht deutlich, wie notwendig es ist, ihnen gegenüber ständig eine eher vorläufige, prüfende und fragende Haltung einzunehmen.

3. Die Relativitätstheorie als ein wichtiger Fort-Schritt vom Mechanismus

Dies ist nicht der Ort dafür, im einzelnen zu erläutern, wie im frühen zwanzigsten Jahrhundert – und zwar ausgerechnet auf dem Feld der Physik, die die entscheidende Stütze einer mechanistischen Weltanschauung gewesen war – eine neue Entwicklung begann, in deren Verlauf diese mechanistische Anschauung schließlich als völlig unzulänglich angesehen wurde.

Wir werden hier lediglich einen kurzen, auf Fachsimpeleien verzichtenden Abriß dieser Entwicklung geben.

Wir beginnen mit der Relativitätstheorie, durch die eine Anzahl grundlegend neuer Vorstellungen von Raum, Zeit und Materie eingeführt wurde. Für unsere Zwecke jedoch besteht die hauptsächliche neue Idee Einsteins darin, daß er die Auffassung von abgetrennten und unabhängigen Teilchen als Grundbausteinen des Universums durch die von Feldern, die sich kontinuierlich im Raum ausdehnen, ersetzte. Wir können diese Ideen mit Hilfe der Analogie einer strömenden Flüssigkeit wie etwa Wasser veranschaulichen. In einer solchen Flüssigkeit kann sich ein *Strudel* bilden, der eine sich ständig erneuernde Figur in der Bewegung des Ganzen ist (siehe Abb. 1), welches selbst unbewegt bleibt. Da die Bewegung schwächer wird, je weiter man sich von der Mitte des Strudels entfernt, bezieht diese Figur fern auftretende Erscheinungsweisen der Strömung nicht nennenswert mit ein und besitzt so eine gewisse relative Unabhängigkeit von dem Geschehen in entlegeneren Bereichen der Flüssigkeit. Wir

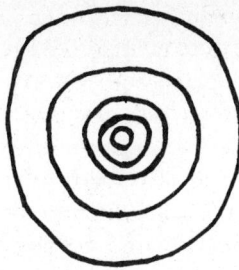

Abb. 1

können daher die *Form* der Bewegung ohne weiteres geistig abheben und ihr einen Namen geben (nämlich Strudel oder Wirbel), als ob sie ein gesondertes Ding wäre. Aber offensichtlich ist dies nur eine Sprech- und Denkweise und keine Beschreibung dessen, was wirklich geschieht (nämlich ein ununterbrochenes Strömen der Flüssigkeit).

Um genauer zu erkennen, was es mit unserer Analogie auf sich hat, wollen wir uns jetzt zwei Strudel denken, die weit voneinander entfernt sind. Ihre Strömungsfiguren (dargestellt in Abb. 2) beeinflussen einander nur schwach, so daß sie nahezu unabhängig voneinander sind.

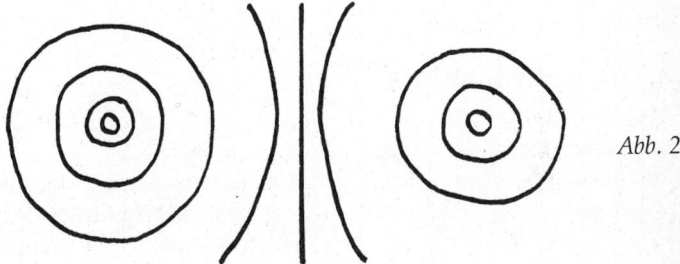

Abb. 2

Stellen wir uns nun vor, wir brächten die beiden Strudel einander näher, so daß die Bewegungsfiguren einander stärker beeinflußten (wie in Abb. 3 gezeigt). Nähert man sie einander noch mehr an, so könnten sie in einer einzigen komplexen Strudelstruktur aufgehen.

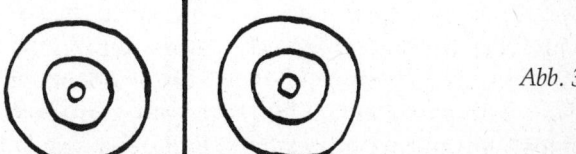

Abb. 3

Wir haben es hier mit einem Beispiel für bruchlose *Ganzheit in strömender Bewegung* zu tun. Besondere »Dinge« (wie die Strudel) sind dieser Sichtweise zufolge relativ konstante und sich unabhängig verhaltende Formen, die in Wahrnehmung und Denken vom Ganzen abgehoben wurden.

Dies alles war natürlich den Physikern des neunzehnten Jahrhunderts wohlbekannt. Jedoch gingen die meisten von ihnen in ihrer Arbeit stillschweigend davon aus, daß sich reale Flüssigkeiten wie eben Wasser aus Myriaden von elementaren Atomteilchen zusammensetzen, die nur annähernd kontinuierlich »strömen« (wie Sandkörner in einer Sanduhr). Man betrachtete also die Wirklichkeit, die der makroskopisch beobachteten Flüssigkeit zugrunde lag, als ein Gefüge einzelner mechanischer Elemente in Form von Teilchen.

Auf der Grundlage der Relativitätstheorie jedoch brachte Einstein Argumente vor, die zeigten, daß solche Elementarteilchen nicht mit den Gesetzen der Physik, wie sie in dieser Theorie entwickelt worden waren, vereinbar seien. Statt dessen schlug er vor, von einem Komplex kontinuierlicher, den ganzen Raum durchdringender Felder auszugehen, worin »Teilchen« als feste und relativ unabhängige Anordnung anzusehen seien, die dort örtlich begrenzt auftraten, wo das Feld stark war (wie in Abb. 4 gezeigt). Diese würden wie die Strudel

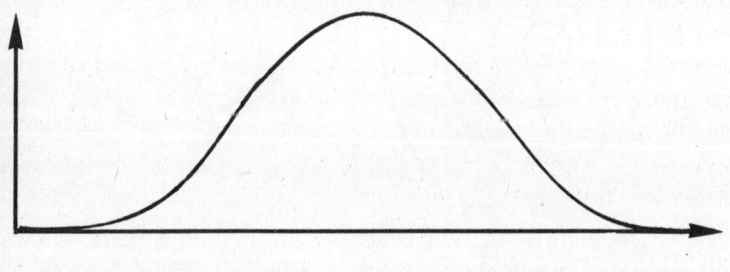

Abb. 4

im Wasser allmählich in immer schwächere Felder auslaufen. Mathematisch zeigte er auf, daß sich solche Feldstrukturen als feste Einheit durch den Raum bewegen (wie etwa ein Wirbel aus Rauchringen). Näherten sich zwei einander an, so begannen sie, sich gegenseitig mehr und mehr zu beeinflussen (Abb. 5). Schließlich gingen sie ineinander auf (wie in Abb. 6 gezeigt).

Jedes sogenannte Teilchen wird damit als eine Abstraktion von einem

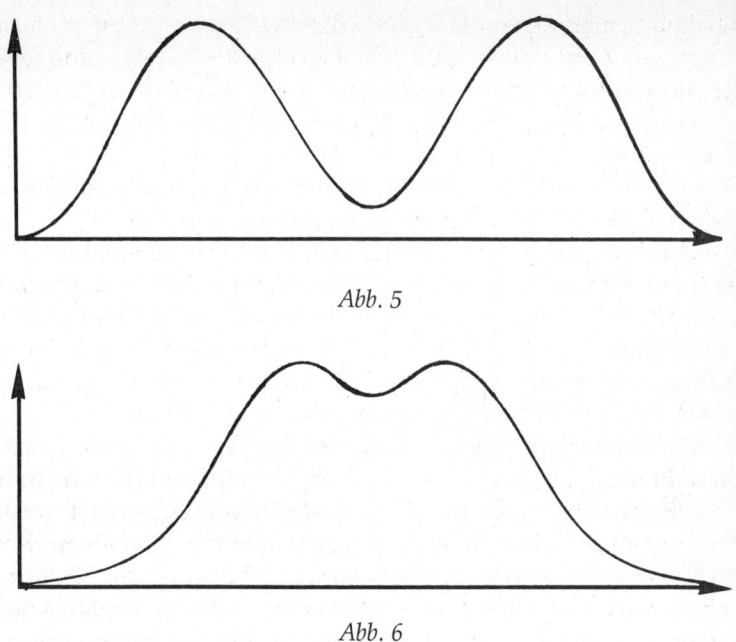

Abb. 5

Abb. 6

relativ unabhängigen und festen Muster von Feldbewegungen er-klärt, welches sich ohne irgendeinen Bruch im Raum ausbreitet. Das Universum erscheint in dieser Sicht als ein *bruchloses Ganzes in strö-mender Bewegung*.

Dieser Ansatz widersprach in einer wichtigen Art und Weise der Annahme von getrennten »elementaren« Bausteinen des Univer-sums, die für die mechanistische Weltanschauung charakteristisch ge-wesen war. Und doch hielt er damit noch an einigen Wesenszügen des Mechanismus fest, da die Feldelemente an den verschiedenen Raumpunkten als getrennt existierend und als nicht innerlich in ihrem Wesenskern miteinander verbunden betrachtet wurden. Die getrennte Existenz dieser Grundelemente wurde noch durch die An-nahme ihrer rein *lokalen* Verbindung unterstrichen (d. h. das Feld konnte an einem bestimmten Punkt nur von Feldern in unendlich nah benachbarten Punkten beeinflußt werden). Im Gesamtfeld sah man folglich eine Art mechanisches System, das subtiler war als ein System von Teilchen. Dennoch war der Feldansatz ein wichtiger Fort-Schritt von der mechanistischen Weltanschauung, obwohl er sich wei-terhin im allgemeinen Bezugsrahmen dieser Anschauungsweise be-wegte.

4. Der Umsturz des Mechanismus in der Quantentheorie

Die Quantentheorie brachte jedoch den Mechanismus tatsächlich in
einer sehr viel gründlicheren Weise zum Einsturz, als es die Relativitätstheorie tat. Wir nennen hier ihre drei Hauptmerkmale:

(i) Alles Tun, alle Bewegung erfolgt in einzelnen, unteilbaren Einheiten, den *Quanten*. (Daher der Name Quantentheorie.) Zum Beispiel war in den von Bohr aufgestellten frühen Fassungen der Theorie
für ein Elektron eine gewisse Anzahl von gesonderten Umlaufbah-
nen möglich (siehe Abb. 7). Man nahm an, daß das Elektron von einer
dieser Bahnen zur anderen springen würde, ohne sich dabei kontinuierlich durch den dazwischenliegenden Raum zu bewegen. Jeder
Form von Tätigkeit ist es eigen, derart gesondert und unteilbar zu verlaufen (ob es sich nun um Teilchen oder um Felder handelt). Der Eindruck scheinbarer Kontinuität, den man bei der Beobachtung meistens gewinnt, entsteht, weil die einzelnen Quanten sehr klein sind.
Eine normale sichtbare Bewegung setzt sich also aus einer sehr großen Anzahl einzelner Sprünge zusammen, von denen ein jeder zu
klein ist, um wahrnehmbar zu sein (außer vielleicht mit den allerempf-
findlichsten Instrumenten). Man muß also alle im großen Maßstab
(und das heißt im klassischen Sinne) scheinbar kontinuierlichen Bewegungen als Folgen einzelner Schritte verstehen. Ein solcher Gedanke widerspricht eindeutig der älteren klassischen Vorstellung
einer Kontinuität in der Bewegung, die das Fundament für die mechanistischen Gedankengänge der Newtonschen (klassischen) Physik
abgibt.

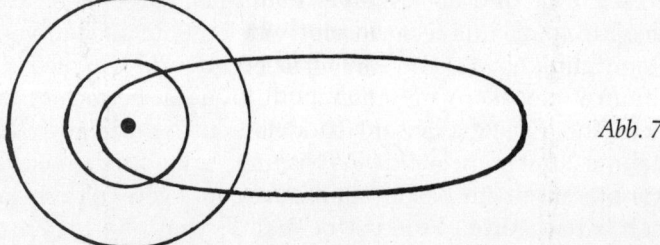

Abb. 7

(ii) Wie man herausgefunden hat, besitzen Materie und Energie allem
Anschein nach ausnahmslos Doppelcharakter, und zwar insofern, als
sie entweder als eine kontinuierliche Welle oder als ein gesondertes
Teilchen auftreten können, je nachdem wie sie in einem Experiment

behandelt werden. So kann sich das Elektron beispielsweise, das im klassischen Sinne ein Teilchen ist, unter entsprechenden Umständen auch wie eine Welle verhalten, jedoch ist die Wellenlänge so klein, daß sich dies nicht zeigt, es sei denn unter äußerst verfeinerten Beobachtungsbedingungen. In ähnlicher Weise kann sich Licht, das im klassischen Sinne eine Welle ist, unter entsprechenden Umständen wie ein Teilchen (oder eine Ansammlung von Teilchen) verhalten, aber die Energie solcher Teilchen ist so niedrig, daß sich dies ebenfalls, außer unter äußerst verfeinerten Beobachtungsbedingungen, nicht zeigt. Die Tatsache, daß jedes System entsprechend dem allgemeinen Zustand seines Umfelds (das in diesem Fall aus dem Beobachtungsinstrumentarium besteht) entweder die Merkmale der Welle oder die des Teilchens aufweisen kann, läßt sicherlich keinen Vergleich mit dem Mechanismus zu. In der Tat gleicht die Wandelbarkeit im Wesen einer Einheit entsprechend solcher Bedingungen sehr viel eher dem, was man bei lebenden (und sogar bewußten) Organismen antrifft, als etwas, was man bei einer Maschine erwarten würde.

(iii) Man stößt auf eine neue eigentümliche Besonderheit: die *Nicht-Ortsgebundenheit der Verbindung,* d. h. eine enge Beziehung zwischen Teilchen oder anderen Elementen (z. B. Feldern), die weit entfernt voneinander sein können. Dies verletzt die klassische mechanische Forderung nach *Ortsgebundenheit der Verbindung* (die wir bereits in der Erörterung von Einsteins Gedanken zur Beschaffenheit des Feldes erwähnt haben). Diese Forderung besagt, daß die *Grund*elemente, aus denen sich das Universum aufbaut (ob nun Teilchen oder Felder), nur dann nachhaltig miteinander verbunden sind, wenn sie sich im Raum berühren oder wenn sie einander unendlich nahe sind.

Um weiter herauszuarbeiten, wie diese drei Schlüsselmerkmale der Quantentheorie den grundlegenden mechanistischen Annahmen widersprechen, wollen wir zuerst die Tatsache betrachten, daß alle Bewegung und Wechselwirkung in einzelnen unteilbaren Quanten abläuft. Dies bedeutet, daß alle Teile des Universums durch unteilbare Glieder miteinander verbunden sind, so daß es letztlich unmöglich ist, die Welt in unabhängig voneinander existierende Teile aufzuspalten (im Prinzip erstreckt sich dies sogar auf den Beobachter und das Beobachtete). Weiterhin hängt die wesentliche Beschaffenheit eines jeden Teils (Welle oder Teilchen) ganz und gar von diesem Netz unteilbarer Quantenglieder ab, worin es seinen Wirkungszusammenhang findet. Und da sich schließlich die unteilbare Allverbundenheit sogar in entfernte Bereiche des Raums erstrecken kann, so folgt daraus, daß selbst das Wesen eines jeden Teils in nachhaltiger Weise vom

Geschehen an durchaus weit von ihm entfernten Orten abhängen kann.

Natürlich tritt dies alles im allgemeinen nur bei höchst verfeinerten Beobachtungsverfahren zutage. Bei gewöhnlicher Feineinstellung (einschließlich der klassischen oder Newtonschen Physik) werden geläufige mechanistische Vorstellungen gute Näherungswerte erbringen. So können wir verstehen, warum das mechanistische Programm über Hunderte von Jahren (d. h. bis die Beobachtungen hinreichend verfeinert waren, um das fundamentalere, nicht-mechanische Gefüge zu enthüllen) leidlich gute Dienste tat. Wenn wir jedoch tiefer gehen wollen und vor allem, wenn wir das Wesen des Universums von Grund auf verstehen wollen, so müssen wir zur Kenntnis nehmen, daß uns dies über die Grenzen dessen hinausführt, was das mechanistische Programm zu leisten vermag. Denn die Meinung, man könne die Welt in Form von unabhängig voneinander existierenden Elementen analysieren, die in ihrer Wesensart einander *äußerlich* (external) sind, hat Schiffbruch erlitten. Es muß hier hinzugefügt werden, daß die Quantentheorie einen weiteren wohlbekannten Grundsatz der klassischen Physik bestreitet, nämlich ihren völligen Determinismus. Zu seiner Veranschaulichung dient gewöhnlich Laplaces Idee eines Dämons, der die Ausgangsposition und Geschwindigkeit aller das Universum bildenden Teilchen wüßte. Zöge er nun Newtons Bewegungsgesetze zu Rate, so könnte ein solcher Dämon im Prinzip das Verhalten dieser Teilchen für alle Zeit berechnen und könnte demnach sowohl die ganze Vergangenheit als auch die ganze Zukunft des gesamten Universums kennen.

Die Gesetze der Quantentheorie würden jedoch eine solche Berechnung nicht zulassen, weil sie *statistische* sind, d. h., sie geben nur Wahrscheinlichkeiten an, nach denen sich dies oder jenes zutragen wird, aber sie bestimmen nicht im einzelnen, was tatsächlich in jedem Fall geschehen wird. Daher sind die Quantengesetze nicht deterministisch, obwohl innerhalb der Grenzen einer Anordnung, die groß genug ist, um sich noch mit normalen Mitteln beobachten zu lassen, derart viele einzelne Schritte notwendig sind, daß die Vorhersage von Wahrscheinlichkeitsgesetzen nahezu deterministisch wird (wie auch Versicherungsstatistiken dazu benutzt werden können, um einigermaßen genau den Prozentsatz der Menschen in einer großen Gruppe vorherzusagen, die auf diese oder jene Weise ums Leben kommen werden, obwohl sich damit nichts darüber aussagen läßt, was genau jedem einzelnen zustoßen wird).

Es muß jedoch betont werden, daß die Frage Determinismus oder

Indeterminismus nur geringe, wenn nicht gar keine Beziehung zu der Frage Mechanismus oder Nicht-Mechanismus aufweist. Denn es ist der Angelpunkt des Mechanismus, daß er eine Anzahl von Grundelementen zur Verfügung haben muß, die *einander äußerlich* (external) und *äußerlich miteinander verbunden* sind, wie schon zuvor beschrieben. Ob diese Elemente dann deterministischen oder statistischen Gesetzen gehorchen, berührt nicht die Frage nach der mechanischen Natur der Grundbausteine (so sind z. B. ein Flipperautomat oder ein Rouletteller, die nach den »Zufallsgesetzen« funktionieren, nicht weniger mechanisch als eine Maschine, deren Verhalten gänzlich bekannt und vorhersagbar ist).

5. Bruchlose Ganzheit – eine nicht-mechanistische Sichtweise im Einklang mit der Relativitäts- und der Quantentheorie

Wir wollen uns nun der Frage zuwenden, wie die Quantentheorie und die Relativitätstheorie im Hinblick auf die mechanistische Weltanschauung zueinander stehen. Diese Frage ist nicht leicht zu behandeln, denn es scheint nicht möglich zu sein, die *physikalischen Grundbegriffe* der beiden Theorien schlüssig aufeinander zu beziehen. Denn die Relativitätstheorie verlangt *strikte Kontinuität, strikten Determinismus* und *strikte Ortsgebundenheit* bei der Formulierung ihrer Gesetze, wohingegen die Quantentheorie dabei *Diskontinuität, Indeterminismus* und *Nicht-Ortsgebundenheit* verlangt. Daher scheinen sie in absolutem Widerspruch zueinander zu stehen. Und in der Tat sind diese beiden Komplexe von *physikalischen Begriffen* innerhalb des gegenwärtigen allgemeinen Bezugsrahmens dieser beiden Theorien bisher noch nie schlüssig in einer vereinten Theorie zusammengebracht worden.

Wenn wir dem Problem einer in sich stimmigen (kohärenten) Zusammenschau von Relativitäts- und Quantentheorie näherkommen wollen, so mag uns dies dazu führen, eine neue Frage in Erwägung zu ziehen. Anstatt unser Augenmerk darauf zu richten, wie die Grundbegriffe dieser beiden Theorien einander widersprechen, wollen wir vielmehr danach fragen, was sie gemein haben. Was die beiden nämlich gemein haben, ist ihre Auffassung von der bruchlosen Ganzheit des Universums. Eine jede sieht diese Ganzheit unter einem völlig anderen Blickwinkel. Ist jedoch die Ganzheit ihr gemein-

samer Faktor, so ist dies vielleicht der beste Ansatzpunkt, um mit der
Suche nach neuen physikalischen Ideen zu beginnen, mit deren Hilfe
wir die neuartigen und schemenhaften Umrisse verstehen können,
die sich in diesen Theorien erkennen lassen (wie auch in der wesentlich mathematischen Formulierung ihrer Einheit in den Quantenfeld-
theorien).

Wir haben soweit gesehen, daß jeder Weltanschauung ihre eigenen
grundlegenden Ordnungsvorstellungen unablösbar innewohnen.
Wie bereits ausgeführt, beinhaltete die altgriechische Anschauung
die Ordnung zunehmender Vollkommenheit von der Erde zu den
Himmeln sowie die in dem Gedanken enthaltene Ordnung, daß
jeder Teil danach strebe, seinen ihm eigenen Ort einzunehmen und
seine ihm bestimmte Aufgabe im Ganzen zu erfüllen. Die der Newtonschen Physik implizite Weltanschauung gründet sich jedoch auf
die Auffassung, daß eine solche Ordnung vollkommen unwichtig sei
und daß das eigentlich Wichtige die mechanische Ordnung einer Reihenfolge von Stellen sei, die von jedem Teilchen durchquert werden,
sowie der Stärke jener Kräfte, die sie aufeinander ausüben. Diese letztere Ordnung wird nun mathematisch in *Koordinaten* ausgedrückt,
die ursprünglich von Descartes eingeführt wurden. (Dabei handelt es
sich um ein Gitternetz, mit dessen Hilfe die genaue Ortsbestimmung
von Punkten durch Zahlen vorgenommen werden kann.) Wie das
Wort selbst andeutet, sind solche Koordinaten Mittel zum Beschreiben einer Ordnung, und natürlich ist die Ordnung gerade von der
Art, wie es ein Denken über das Universum erfordert, das von Grund
auf mechanischer Natur ist.

Wir gelangen so ganz von selbst zu der Frage: Ist es möglich, eine
neue Ordnung zu entwickeln, die dafür geeignet ist, über das Wesen
eines bruchlosen, ganzheitlichen Universums nachzudenken? Diese
würde vielleicht von der Ordnung des Mechanismus so verschieden
sein, wie es die letztere von der altgriechischen Vorstellung einer Ordnung zunehmender Vollkommenheit in einem organischen Universum ist.

Dies führt uns jedoch zur nächsten Frage: Was *ist* Ordnung? Wir
können mit der Feststellung beginnen, daß alles, was wir tun, Ordnung in *irgendeiner* Form voraussetzt, so daß eine umfassende und
eindeutige Definition von Ordnung gar nicht möglich ist. Dennoch
können wir mit Hilfe einer Anzahl von typischen Beispielen auf die
Bedeutung dieser Vorstellung hinweisen. Es gehören dazu die Ordnung der Zahlen, die Ordnung von Punkten auf einer Linie, die Ordnung einer funktionierenden Maschine, die komplexere und feinere

Ordnung eines funktionierenden Organismus, die vielen Ordnungen der Töne in der Musik, die Ordnung einer Sprache, die Ordnung im Denken usw. Offentsichtlich erstreckt sich die Ordnungsvorstellung über ein weites und nicht genau festlegbares Feld, und wir nehmen einmal an, wir hätten, wie oben angedeutet, bereits einen (eher stillschweigenden als ausdrücklichen) Begriff davon, was Ordnung ist.

6. Der Holograph als ein Beispiel für eine Ordnung bruchloser Ganzheit

Da dieses stillschweigende Ordnungsgefühl zum größten Teil letztlich auf der Erfahrung sinnlicher Wahrnehmung gründet (wie es die oben betrachteten Beispiele klarmachen), so mag man fragen, ob es nicht ein typisches Beispiel oder eine Analogie in unserer Erfahrung gibt, die als ein Wink in die neue Ordnung bruchloser Ganzheit dienen könnte, die hier vorgebracht wird. Zu dieser Frage mag darauf hingewiesen werden, daß die Arbeitsweise wissenschaftlicher Instrumente oft eine Schlüsselrolle gespielt hat, wenn es galt, gewisse Ordnungsvorstellungen anschaulich und klar zu machen.

So ist die Linse beispielsweise eine Erfindung, um ein Bild hervorzubringen (siehe Abb. 8), wobei jeder Punkt P eines Objektes einem Punkt Q auf dem Bild (zu einem hohen Näherungsgrad) entspricht. Wird das Bild auf einer Fotografie festgehalten, so stellt dies gewissermaßen ein *Wissen* des Objektes dar. Mit Hilfe von Teleskopen, Mikroskopen, sehr schnellen oder sehr langsamen Kameras usw. hat sich diese Art von Wissen durch Entsprechung von Punkten auf Dinge ausgedehnt, die zu weit entfernt, zu klein, zu schnell, zu langsam usw. sind, um mit dem bloßen Auge gesehen werden zu können. Und so werden die Leute in den Glauben versetzt, daß sich letzten Endes alles nach dem Muster einer Entsprechung von einzelnen Elementen wissen ließe. Auf der Linse basierende Instrumente haben

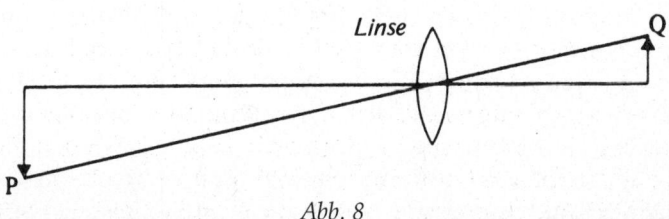

Abb. 8

somit der mechanistischen Denkweise einen enormen Auftrieb gegeben, nicht nur in der Wissenschaft, sondern in jedem Lebensbereich.
Sind irgendwelche Instrumente entwickelt worden, die in ähnlicher
Weise dazu beitragen würden, ein lebhafteres Interesse für eine
Denkweise zu wecken, die mit der bruchlosen Ganzheit übereinstimmt? Es zeigt sich, daß es mehrere gibt. Ich beginne mit der Beschreibung des *Holographen* (der von Denis Gabor erfunden wurde).
Der Name stammt von zwei griechischen Worten, nämlich »holos« –
»ganz« und »graphein« – »schreiben«, d. h., ein Holograph »schreibt
das Ganze«.

Dieses Instrument beruht auf einer anderen Erfindung, dem *Laser*,
der einen Lichtstrahl erzeugt, in dem die Wellen hochgradig geordnet
und gleichmäßig sind (im Unterschied zu denen gewöhnlicher Licht-
quellen, bei denen sie ziemlich chaotisch sind). Das Licht eines solchen Lasers fällt dann (siehe Abb. 9) auf einen halb versilberten Spiegel, der einen Teil des ursprünglichen Strahls durchläßt, so daß er
seine Bahn geradlinig fortsetzen kann, während ein anderer Teil auf
ein Objekt abgelenkt wird. Dieses zerstreut die Wellen, und diese zer-
streuten Wellen pflanzen sich weiter fort, bis sie auf den durchgelas-
senen Teil des ursprünglichen Strahls treffen. Hier verbinden sich die
zwei Wellenzüge und bringen ein sogenanntes Interferenzmuster
hervor. Dieses ist in Wirklichkeit eine sehr komplexe Verteilung von
Wellenbewegungen, die im allgemeinen zu fein ist, um im einzelnen
für das bloße Auge sichtbar zu sein. Das Interferenzmuster wird dann
von einer Fotografie aufgenommen. Diese sieht natürlich so ziemlich
nach gar nichts aus und ist, wie oben angedeutet, unscharf und kaum
erkennbar. Der nächste Schritt besteht darin, die Fotografie mit einem
ähnlichen Laserlicht wie dem ursprünglich verwendeten zu beleuchten (siehe Abb. 10). Ein Wellenmuster tritt dann aus der Fotografie
hervor, das dem von dem ursprünglichen Objekt ausgehenden ähnelt. Wird nun das Auge vor die Fotografie gebracht, so erscheint ein
Bild eines dreidimensionalen Objektes. Aber dies ist für unsere
Zwecke hier nicht der Hauptpunkt. Der Hauptpunkt ist der, daß
jeder Teil der Fotografie ein Bild des *ganzen Objektes* liefern kann (als
ob man durch ein Fenster von der Größe des beleuchteten Abschnitts
schauen würde). In Abb. 9 sehen wir, daß Wellen von dem ganzen
Objekt in jeden Abschnitt der Fotografie einfallen, und folglich ent-
hält das Muster, das sie hervorbringen, Information über das gesamte
Objekt. Auf diese Weise enthält ein aufgenommenes holographisches
Bild ein Wissen, das keine Entsprechung von Punkt zu Punkt mit dem
Objekt aufweist. Unsere Aufmerksamkeit wird somit auf eine neue

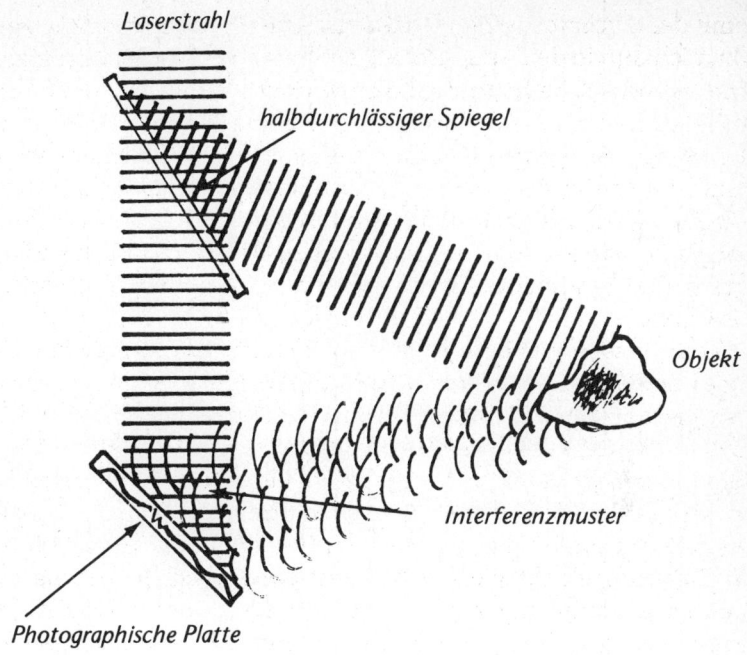

Laserstrahl

halbdurchlässiger Spiegel

Objekt

Interferenzmuster

Photographische Platte

Abb. 9

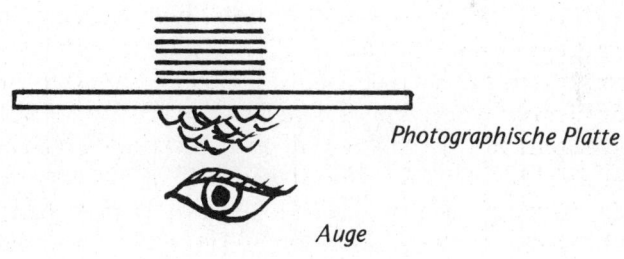

Photographische Platte

Auge

Abb. 10

Art von Wissen gelenkt, worin Information über ein Ganzes in jeden Teil eines Bildes *eingefaltet* ist. (Um eine vorläufige Idee von der Bedeutung des Wortes »einfalten« in diesem Zusammenhang zu gewinnen, kann es von Nutzen sein, sich vorzustellen, wie die Berührungspunkte eines zusammengefalteten Blattes Papier die wesentlichen Bezüge im Gesamtmuster in sich binden können, welches offen zutage tritt, wenn das Blatt entfaltet wird.)

7. Die implizite Ordnung

Natürlich ist die Fotografie in dem oben angeführten Beispiel nur eine statische Aufnahme des Lichts, das ja eine Wellenbewegung ist. Die direkt aufgenommene Wirklichkeit ist diese Bewegung selbst, worin sich Information über das ganze Objekt in jeden Teil des Raums *dynamisch* eingefaltet findet, worauf diese Information sich dann im Bild *entfaltet.*

Wir können beobachten, daß ein ähnliches Prinzip von Einfalten und Entfalten in sehr vielen Bereichen anzutreffen ist. So faltet beispielsweise das Licht in einem Zimmer Information über dieses Ganze in jedem seiner Bereiche in sich ein, und ein beliebig ausgerichtetes Auge kann diese Information in ein Bild auf der Netzhaut entfalten (das in einer ungeheuer großen Bandbreite von Strukturen im Gehirn und im Nervensystem weiter eingefaltet und entfaltet wird). In ähnlicher Weise faltet das Licht, das in ein Teleskop einfällt, Information über das gesamte Universum von Zeit und Raum in sich ein. Und allgemeiner gesagt, falten Wellenbewegungen aller Art das Ganze in jedem Teil des Universums in sich ein.

Das Prinzip von Einfalten und Entfalten läßt sich auch ohne weiteres in sehr viel vertrauteren Zusammenhängen beobachten. So ist z. B. die Information, aus der einmal ein Fernsehbild wird, in eine Radiowelle eingefaltet und wird von dieser als ein Signal geleitet. Die Aufgabe des Fernsehapparats besteht in der Tat nur darin, diese Information zur Wiedergabe auf dem Bildschirm zu entfalten. Dies sah man besonders bei älteren Fernsehgeräten ganz deutlich, die einen Knopf zur synchronen Bildeinstellung hatten. Wenn die Einstellung nicht stimmte, so zog sich das Bild zu einer unbestimmten Figur zusammen (die in mancher Hinsicht dem Interferenzmuster im Holographen ähnlich sah). Bei richtiger Einstellung konnte sich das Bild dann zu seiner eigentlichen Ordnung entfalten.

Der mechanistischen Weltanschauung sind alle diese Beispiele für Einfalten und Entfalten nun wohlbekannt. Aber man erklärt sie durch die Aussage, die primäre Wirklichkeit sei letztlich jener Grundbestand an unabhängig voneinander existierenden Elementen (Teilchen und Feldern), die das Universum bildeten, während das Einfalten und Entfalten nur ein sekundärer Aspekt der Wirklichkeit sei. Statt dessen behaupten wir hier, daß die Bewegung des Einfaltens und Entfaltens letztlich die primäre Wirklichkeit ist und daß die Objekte, Wesen, Formen usw., die aus dieser Bewegung auftauchen, sekundär sind.

Wie ist das möglich? Wie bereits ausgeführt, zeigt die Quantentheorie, daß alle sogenannten Teilchen, die die Materie im allgemeinen bilden, auch Wellen wie die des Lichts sind (so könnte man im Prinzip Hologramme unter Verwendung von Elektronen-, Protonen-, Tonwellen- u. a. Strahlen herstellen). Der entscheidende Punkt ist dann, daß die mathematischen Gesetze der Quantentheorie, die für diese Wellen und folglich für die gesamte Materie gelten, sichtlich genau eine solche Bewegung beschreiben, wie sie oben erläutert wurde, die also zum einen eine ständige Einfaltung des Ganzen in einen jeden Teilbereich vollzieht wie auch zum anderen eine Entfaltung jedes Teilbereichs in das Ganze. Obwohl dies viele besondere Formen annehmen kann, von denen einige mittlerweile bekannt sind und andere nicht, ist eine solche Bewegung, wie wir gesehen haben, allumfassend. Wir werden dieses allumfassende Spiel des Einfaltens und Entfaltens die *Eine Bewegung* (holomovement) nennen. Damit stellen wir die Eine Bewegung als das im Grunde Wirkliche dar, so daß all das, was man gewöhnlich als Wesen, Objekte, Formen usw. ansieht, relativ stabile, unabhängige und autonome Erscheinungsweisen der Einen Bewegung sind (wie der Strudel eine solche Erscheinungsweise der Strömungsbewegung einer Flüssigkeit ist). Die grundlegende Ordnung dieser Bewegung ist daher Einfalten und Entfalten. Wir schauen also nun das Universum durch die Brille einer neuen Ordnung an, die wir die *implizite Ordnung* nennen wollen. (Das Wort »implizit« geht zurück auf lateinisch »plicare« – »falten«, das auch in Worten wie Multiplikation, Verviel-fältigung und Replikation, Nachfaltung, vorkommt.)

In der impliziten Ordnung ist alles in alles gefaltet. Es ist wichtig, an dieser Stelle anzumerken, daß das ganze Universum im Prinzip durch die Eine Bewegung *aktiv* in einen jeden Teil eingefaltet wird. Dies bedeutet, daß jene dynamische Aktivität, die die Grundlage dafür abgibt, was ein jeder Teil innerlich und äußerlich *ist*, ihrerseits darauf beruht, daß ihr das gesamte Universum und somit alle anderen Teile implizit sind. (Natürlich sind die verschiedenen Teile in unterschiedlichen Weisen und in unterschiedlichem Maß ineinander eingefaltet, wie es eben für jeden Teil charakteristisch ist, aber das Grundprinzip der Einfaltung des Ganzen wird dadurch nicht angegriffen.)

Die Einfaltung ist also nicht nur eine oberflächliche oder passive. Vielmehr möchten wir noch einmal betonen, daß in einem fundamentalen Sinne jeder Teil *in seiner wesentlichen Aktivität* innerlich mit dem Ganzen sowie mit allen anderen Teilen verbunden ist. Die mechanistische Vorstellung, nach der die äußerliche Verbindung als *fundamental* anzusehen ist, wird somit bestritten, obwohl natürlich solche Verbindungen immer noch als wirklich angesehen werden, jedoch von sekundärer Bedeutung. Dies will besagen, daß jene Ordnung, nach der die Welt ein Gefüge von Dingen ist, die einander wesentlich äußerlich sind, als eine Ordnung zweiten Ranges aus der Bewegung der Entfaltung hervorgeht, die ihrerseits einer tieferen und innigeren impliziten Ordnung entspricht. Die Ordnung der einander äußerlichen Elemente heißt demnach die *entfaltete Ordnung* oder die *explizite Ordnung*. So wird in der Tat die geläufige Denkweise zu diesem Thema auf den Kopf gestellt, und dadurch gelangen wir zu der neuen Auffassung einer impliziten Ordnung.

Das Hologramm ist natürlich nur ein besonderes Beispiel für eine implizite Ordnung. Sein Wert besteht in diesem Zusammenhang darin, daß es eine gute Analogie dafür abgibt, in welcher Weise implizite Ordnung wichtig für das Quantenverhalten der Materie ist. Diese Analogie ist deshalb besonders gut, weil, wie schon angedeutet, die Gesetze der Fortpflanzung jener Wellen, die mit den wesentlichen Quantengesetzen in Verbindung gebracht werden, ebenfalls mit der Relativitätstheorie zu vereinbaren sind. Und folglich sehen wir, daß die implizite Ordnung in der Lage ist, einen bedeutsamen Zusammenhang mit den beiden grundlegendsten Theorien der modernen Physik aufzuweisen.

Aber Analogien haben natürlich ihre Grenzen, denn es macht ja ihr Wesen aus, daß sie dem Gegenstand des Interesses nur in einigen Beziehungen gleichen und in anderen von ihm abweichen. Eine der hauptsächlichen Grenzen der Analogie mit dem Hologramm besteht (wenigstens so, wie es gemeinhin analysiert wird) darin, daß sie nicht in angemessener Weise *alle* Quanteneigenschaften der beteiligten Wellen in Betracht zieht. Im besonderen unterläßt sie es zu berücksichtigen, daß die Energie dieser Wellen in getrennten Einheiten oder Quanten (Photonen genannt) abgegeben wird und daß die Felder an verschiedenen Orten im allgemeinen keine reinen lokalen Verbindungen miteinander eingehen (wie wir zuvor bereits erwähnten). Der Analogie mit dem Hologramm gehen daher noch einige der wesentlichen Züge der Quantenganzheit ab. Für eine stichhaltigere Analogie müßte man sich der modernen relativistischen Quantenfeldtheorie bedienen. Aber ein solches Herangehen wäre natürlich (wenigstens zur Zeit) so abstrakt und mathematisch, daß es nicht so hilfreich wäre wie eine Analogie mit dem Zweck, die Bedeutung der impliziten Ordnung dem intuitiven und imaginativen Erkennen klarzumachen.

8. Die Ausdehnung der impliziten Ordnung auf Leben und Bewußtsein

Es ist tatsächlich möglich, eine unendliche Anzahl zusätzlicher Analogien für die implizite Ordnung beizubringen. Es ist jedoch nicht unsere Absicht, an dieser Stelle weiter in solche Details zu gehen. Vielmehr wollen wir jetzt fortfahren und die allgemeinere, über die Physik hinausgehende Bedeutung der impliziten Ordnung erörtern.

Zunächst einmal wollen wir das Beispiel eines Lebewesens, wie es eine einem Samen entwachsene Pflanze darstellt, betrachten. Der Same leistet jedoch nur einen sehr kleinen Beitrag zur Substanz der ausgewachsenen Pflanze und zu der für ihr Wachstum erforderlichen Energie. Diese kommen aus der Luft, dem Wasser, dem Erdboden und dem Sonnenlicht. Modernen genetischen Gedankengängen zufolge enthält der Same *Information* in Form der DNS, die auf die Materie übertragen wird, aus der schließlich eine Pflanze entsteht. Wir sind bereits dahin gelangt, den Begriff der impliziten Ordnung für die Materie im allgemeinen zu verwenden. Ständig entfaltet sie sich und faltet sich wieder in einen Hintergrund ein, und so kann man davon sprechen, daß sich sogar die unbelebte Materie (z. B. ein Elektron) gewissermaßen ständig »selbst erneuert«. Durch die zusätzliche Information von einem Samen jedoch entfaltet sie sich, um statt dessen eine Pflanze zu erzeugen (die dann mehr Samen für neue Pflanzen erzeugen kann).

Wir wollen nun solch einen Gedankengang auf ein System anwenden, das aus einer großen Anzahl von Pflanzen besteht, auf einen Wald beispielsweise, von dem wir annehmen, daß er eine lange Lebenszeit besitzt. Stellen wir uns vor, daß wir solch einem Wald alle hundert Jahre einen Besuch abstatten. Man würde Veränderungen erblicken, als ob die Bäume sich »bewegt«, »den Raum durchmessen« oder sich »verwandelt« hätten. Dies ist auch ein gutes Bild dafür, wie Elektronen und andere Elementarteilchen, der impliziten Ordnung folgend, erhalten und verändert werden. (Natürlich ist die Zeitspanne ungeheuer viel kürzer.) Und allgemeiner können wir dann sagen, daß alle Materie, belebt oder unbelebt, sich in einem endlosen Prozeß der Nachahmung von Formen, die zwar ähnlich, aber doch verschieden sind, aus einem größeren Ganzen entfaltet und sich wieder dahinein zurückfaltet. Es läßt sich also in dieser Hinsicht kein scharfer Trennungsstrich zwischen lebendiger und nicht lebendiger Materie ziehen.

Wir wollen nun fortfahren mit der Erörterung des Bewußtseins, von dem wir annehmen, daß es Denken, Fühlen, Begehren, Wille, Handlungstrieb und eine unbestimmte Anzahl weiterer Eigenschaften umfaßt, von denen wir einige später erörtern werden. Die Frage lautet also: Finden wir eine implizite Ordnung im Bewußtsein?

Um diese Frage zu beantworten, wollen wir uns zuerst den Denkprozeß ansehen. Bei der Beschreibung dieses Vorgangs können wir auf Gedanken hinweisen, die implizit sind. Dies gibt zu verstehen, daß ein bestimmter Gedanke in irgendeiner Weise andere Gedanken in sich schließen kann, die er *impliziert*, d. h. in sich einfaltet. Eine solche Implikation mag in manchen Fällen gleichbedeutend sein mit einer *Konsequenz* oder *Folgerung,* wenn sie den Regeln der Logik gehorcht. Dies ist jedoch nur ein Sonderfall von Implikation (wie etwa der einer gleichmäßigen Spur in einer Folge von Tintentropfen). Man entdeckt tatsächlich, daß Implikation ein viel weiteres Bedeutungsfeld umfassen kann, von der bloßen Assoziation zum Gefühl dafür, daß eins zum andern »paßt«, und weiter zu einem stillschweigenden oder unausgesprochenen Grund für den implizierten Gedanken. All diese kann man als in den fraglichen Gedanken eingefaltet ansehen, so daß sie durch Entfaltung aus diesem hervorgehen können.

Es kann hier hinzugefügt werden, daß die Sprache, die für die Mitteilung des Gedankens und für seine genaue Ausprägung wesentlich ist, sich ebenfalls, wie man sehen kann, in einer impliziten Ordnung befindet. Schließlich ist das Wort nur ein Zeichen oder Symbol und für sich von geringer Bedeutsamkeit. Wichtiger als das Wort allein ist offensichtlich seine *Bedeutung.* Im allgemeinen wird diese nur in einem viel größeren Zusammenhang richtig bestimmt. So mag zum Beispiel die Bedeutung eines bestimmten Wortes stark von anderen Wortgruppen beeinflußt werden, die ihm im Redefluß keineswegs nahe zu sein brauchen, sondern durchaus einen großen Abstand zu ihm haben können. Dies läßt darauf schließen, daß die Bedeutung eines jeden Wortes (und dann auch jeder Wortverbindung wie die eines Satzes, eines Abschnittes usw.) letztlich in den ganzen mitgeteilten Inhalt eingefaltet ist. Solch eine Vorstellung wird noch stärker dadurch erweckt, daß man oft spüren kann, wie eine ganze Wortfolge anscheinend aus der Neigung eines einzigen Augenblicks hervorquillt, ohne daß eine bewußte Entscheidung über ihre Ordnung erforderlich wäre, ganz so als ob sie sich aus etwas entfaltet hätte, was bereits in der Neigung angelegt gewesen wäre.

Ein weiteres interessantes Beispiel, das an ein Einfalten denken läßt, kann man darin sehen, daß wir im allgemeinen ein Empfinden dafür haben, ob ein Wort in unserer Sprache gängig ist oder nicht, ohne daß wir erst unser Gedächtnis danach »durchforsten« müßten. Während also Substantivbildungen zu Verben (z. B. »Sprache«) im normalen Sprachgebrauch gewöhnlich entsprechende Verben besitzen (»sprechen«), so wissen wir doch auf Anhieb, daß dies bei anderen Substantiven mitunter nicht zutrifft (z. B. entspricht dem Substantiv »Wort« kein durchaus denkbares Verb »worten«). Die unmittelbare Abrufbarkeit dieses Wissens läßt in der Tat darauf schließen, daß die Gesamtheit einer bestimmbaren Sprache ein unteilbares Ganzes ist, woraus sich die verschiedenen Worte (und natürlich ihre möglichen Bedeutungen) alle entfalten.

Wir sehen also, daß man begründet für die Annahme plädieren kann, daß das Denken und die es äußernden und gestaltenden Sprachformen sich in einer impliziten Ordnung befinden. Darüber hinaus läßt sich erkennen, daß in gewissem Sinne Denken und Sprache Gefühle weiter in sich einfalten und daß umgekehrt Gefühle Denken und Sprache in sich einfalten. (So entfaltet sich der Gedanke an eine Gefahr in das Gefühl der Angst, das sich weiter in Worte entfaltet, die dieses Gefühl mitteilen, und in Gedanken, die darauf abzielen, sich in Sicherheit zu bringen.) In gleicher Weise falten sowohl Gedanken als auch Gefühle Neigungen in sich ein. Diese spitzen sich nun wiederum zu einem entschlossenen Willen und zu dem Drang zu handeln zu. Neigung, Wille und Drang entfalten sich im Handeln, das, wenn nötig, mit weiterem Denken einhergeht. Es zeigt sich, daß alle Erscheinungsweisen des menschlichen Geistes sich gegenseitig einfalten und sich durch Entfalten und Einfalten ineinander verwandeln. Auf diese Weise gelangen wir zu einer Ansicht, in der der menschliche Geist nicht mit sich selbst entzweit oder vielfach in unabhängig voneinander existierende Funktionen oder Elemente zersplittert erscheint.

Wenn man aufmerksam ist, kann man eine ganze Menge weiterer Anhaltspunkte dafür finden, daß der menschliche Geist im wesentlichen nach einer impliziten Ordnung arbeitet, wie sie oben beschrieben wurde. Des weiteren liefert die moderne Wissenschaft eine Vielzahl von Nachweisen für die Annahme, daß sinnliche Wahrnehmung und körperliches Handeln sich in erster Linie in einer im wesentlichen impliziten Ordnung befinden und daß unser Bewußtsein von der entfalteten Ordnung dieser tieferen und innigeren impliziten Ordnung entspringt. Es wird in den späteren Gesprächen möglich sein, diese Frage detaillierter zu behandeln. Hier jedoch kann ich zwei Beispiele geben, die auf allgemeiner und jedem zugänglicher Erfahrung beruhen.

Zuerst wollen wir darüber nachdenken, wie wir Musik hören. Bei
einiger Aufmerksamkeit zeigt sich, daß uns, wenn ein Ton angeschla-
gen wird, mehrere vorhergehende Töne noch wie eine Art unmittelbares »Echo« oder »Nachhallen« im Bewußtsein gegenwärtig sind.
Dies muß von der *Erinnerung* unterschieden werden, die man sich
von ihrem Sitz, wo sie dauerhafter gespeichert wird, *zurückruft* oder
auf die man sich *besinnt*. (Z. B. wird die Erinnerung an Töne, die im
Abstand von einer Minute aufeinander folgen, nicht als »Musik«
wahrgenommen, und die Musik geht dabei zum größten Teil verloren.) Man kann spüren, daß jeder Ton, wie er langsam verklingt und
in eine schwächer werdende Folge von »Echos« ausläuft, sich irgendwie in verschiedene Aspekte des Bewußtseins einfaltet, wozu Gefühle, Assoziationen verschiedenster Art, Bewegungsimpulse usw.
gehören. Es soll hier der Gedanke angeregt werden, daß dies als eine
Art impliziter Ordnung angesehen werden kann, d. h., man kann
das Beisammensein der »Echos« und anderer Wirkungen mehrerer
Töne in verschiedenen Graden von Implizität empfinden (und zwar
als eine Struktur, die dem Muster einander durchdringender Tintentropfen gleicht, wenn sie etliche Male neu aufgetragen werden und
sich dabei ineinander einfalten). Der wesentliche Punkt, auf den ich
hier aufmerksam machen möchte, ist das gleichzeitige Beisammensein mehrerer solcher Töne, das dem Gefühl für die fließende Bewegung des Themas zugrunde liegt und dabei dessen wesentliche Identität wahrt (was erklärt, warum Töne, die erst nach langen Pausen aufeinander folgen, im allgemeinen weder das Gefühl einer fließenden
Bewegung übermitteln noch einer gewahrten Identität des Themas).
   Das zweite Beispiel, das ich hier gerne anführen würde, ist das Radfahren. In diesem Zusammenhang möchte ich zunächst auf die Tatsache aufmerksam machen, daß man, um sicher aufrecht zu bleiben, *in*
die Richtung fahren muß, in die man fällt. Michael Polanyi hat in diesem Zusammenhang darauf hingewiesen, daß eine einfache, auf den
Gesetzen der Physik basierende Berechnung zeigt, daß der Neigungs-
winkel des Fahrrads und der Einschlagwinkel des Vorderrads bei
sachgemäßem Fahren durch eine bestimmte einfache Formel miteinander verbunden sind. Aber natürlich würde jeder Versuch, dieser
Formel zu *folgen*, beim tatsächlichen Radfahren nur hinderlich sein
(wenn sie auch bei anderen Anlässen, etwa beim Entwerfen neuer
Fahrradmodelle, dienlich sein mag). Es ist hier von entscheidender
Bedeutung, daß die Gesamtbewegung, deren Resultat (mit einem
hohen Annäherungsgrad) von der Formel beschrieben wird, das
Reinergebnis einer Tätigkeit auf einer völlig anderen Ebene ist, bei der

Muskeln, Nerven und Gehirn beansprucht sind. Diese Tätigkeit ist äußerst komplex und erfordert Geschick, und es leuchtet ein, daß sich unmöglich eindeutig angeben läßt, wie man das tut oder was da genau vor sich geht. Ich schlage vor, daß wir auch diese Tätigkeit als eine Art implizite Ordnung betrachten, die sich in eine äußere Ordnung von Bewegungen des Fahrrads, wie sie von der Formel beschrieben wird, entfaltet. Das Gesetz der entfalteten (expliziten) Ordnung bildet sich also als eine Abstraktion von einer einzelnen Erscheinungsweise einer viel umfassenderen impliziten Ordnung.

Indem wir Übung im Radfahren gewinnen, speichern wir das, was wir dabei gelernt haben, irgendwie in Form einer Geschicklichkeit, die eine Art von Wissen darstellt. Polanyi nennt dies *stillschweigendes Wissen*, weil sich seine Eigenart nicht in Worte fassen läßt. Stillschweigendes Wissen (das ich ebenfalls als implizit oder infältig verstanden wissen möchte) wird augenscheinlich in allen Lebenslagen benötigt. In der Tat spielt ein solches stillschweigendes Wissen stets eine Rolle, wenn man wirklich etwas zu tun hat, ganz gleich was es auch sei. Wenn man z. B. ein Zimmer durchqueren möchte, so mag das abstrakte Denken ein geistiges Bild des angestrebten Ziels, das man erreichen will, vor Augen führen, aber wie das nun tatsächlich getan wird, ist ebenso unsagbar wie das Geschick, das man braucht, um wirklich Fahrrad zu fahren. Und was die Ausübung des abstrakten Denkens betrifft, so ist das, was einer wirklich dabei tut, womöglich mit einem noch höheren Maß von Unbeschreiblichkeit behaftet und noch weniger lokalisierbar, als was einer tut, um körperliche Bewegungen zu vollführen.

Auf der Grundlage all dessen möchte ich zur weiteren Diskussion den Gedanken vorbringen, daß sowohl Geist als auch Materie letztlich implizit geordnet sind und daß entfaltete Ordnungen in allen Fällen als Komplexe relativ autonomer, gesonderter und unabhängiger Objekte, Wesen und Formen entstehen, die sich aus impliziten Ordnungen entfalten. Dies bedeutet, daß der Weg für ein Weltbild frei gemacht wird, worin sich Geist und Materie schlüssig miteinander verbinden lassen, ohne daß man dabei in eine reduktionistische Position verfiele, für die eines von beiden bloß eine abgeleitete Folgeerscheinung des anderen ist. (So gilt dem Materialismus der Geist nur als Funktion der Materie und dem Idealismus die Materie nur als Funktion des Geistes.) Unser Vorschlag besagt vielmehr, daß sich beide, Geist und Materie, von einem gemeinsamen Grund abheben, der jenseits von beiden und letzten Endes unbekannt ist. Da sie jedoch die implizite Ordnung gemein haben, ist es ihnen möglich, eine rational erfaßbare Beziehung zueinander einzugehen – das ist der wesentliche Punkt. Da sie sich darüber hinaus von ihrem Grund durch Entfaltung abheben, so falten sie beide diesen Grund in sich ein, und damit falten sie sich gegenseitig ein, so daß ihre Beziehung von Grund auf eine innerliche (internale) ist. Auf diese Weise haben wir den Weg offen gelassen, um alle Unterschiede, die man zwischen Geist und Materie finden mag, anzuerkennen, ohne dadurch in einen Dualismus zu verfallen.

An dieser Stelle sollte darauf hingewiesen werden, daß die Frage nach dem Zusammenhang von Geist und Materie seit langem diejenigen verwirrt hat, die sich ernsthaft darein vertieft haben. Descartes hat eine besonders klare und scharfe Formulierung der damit verbundenen Schwierigkeiten gegeben. Er sah die Materie als ausgedehnte Substanz an (d. h. als im Raum in Form von abgetrennten Objekten ausgebreitet existierend). Den Geist behandelte er als denkende Substanz, die nicht derart abgetrennt und ausgedehnt sei. Denn obwohl wir klare und scharf umrissene Gedanken haben können, existieren diese nicht als abgetrennte und ausgedehnte Elemente in irgendeiner Art von Raum. Descartes meinte, die beiden Substanzen seien derart verschieden voneinander, daß es keine Möglichkeit gäbe, ihre Beziehung klar zu formulieren. Das Problem ihres Zusammenhangs ist seiner Auffassung nach dadurch zu lösen, daß Gott ins Spiel gebracht wird, der beide geschaffen habe und der folglich der Grund ihrer Verbindung sei. (So pflanze Gott z. B. unserem Geist klare und deutliche Gedanken ein, die eine richtige Entsprechung zu den abgetrennten, ausgedehnten Objekten im Raum darstellen können.)

Seit der Zeit von Descartes hat man die Annahme, daß sich Probleme dieser Art unter Berufung auf das Wirken Gottes lösen ließen, mehr oder weniger fallenlassen. Aber es ist von denen, die mit der cartesianischen Dualität von Geist und Materie weitermachen, im allgemeinen nicht bemerkt worden, daß dies das Problem, wie die zwei zusammenhängen, ungelöst läßt.

In der Tat löst die implizite Ordnung das Problem dieser cartesianischen Dualität, das lange Zeit das menschliche Denken durchzog. Denn statt zu sagen, es gäbe zwei Ordnungen: die explizite Ordnung der ausgedehnten Struktur und so etwas wie eine implizite Ordnung des Denkens, stellen wir nun die These auf, daß es nur eine einzige universale Ordnung für Geist und Materie gibt, und es sind (wissenschaftliche und allgemeinere) Nachweise für die Stichhaltigkeit der Aussage erbracht worden, daß es sich dabei um die implizite Ordnung handelt. Die implizite Ordnung stellt demnach klar eine mögliche Grundlage für einen anderen Zugang zum Verständnis des Wesens des Universums dar, worin letztlich alles als in einem einzigen Ganzen, das Geist und Materie in einem Wesenszusammenhang umfaßt, aufgehoben erscheint.

9. Die Ganzheit und wie sich die Teile darin einfügen

Es muß an dieser Stelle sehr nachdrücklich betont werden, daß ein ganzheitlicher Ansatz, wie der oben gegebene, nicht bedeutet, daß wir nun auch tatsächlich in der Lage sein müßten, diese Gesamtheit des Daseins in unseren Begriffen und unserem Wissen einzufangen. Er bedeutet vielmehr erstens, daß wir diese Gesamtheit als ein bruchloses und nahtloses Ganzes verstehen, worin jedes relativ unabhängige und autonome Element (Wesen, Objekt, Form usw.) gemeinsam mit den anderen in einem Hintergrund von letztlich unermeßlicher Ausdehnung und innerer Tiefe aufgeht. Und zweitens bedeutet er, daß wir, insofern wir die Ganzheit mit Hilfe des Begriffes der impliziten Ordnung erfassen, die letztendliche Internalität des Bezugs notwendigerweise als grundlegend annehmen. Eine solche Auffassung wird auch von einem organismischen Gesichtspunkt aus vorgebracht, wobei jedoch bei diesem, wie wir zuvor gesehen haben, die Möglichkeit nicht ausgeschlossen werden kann, daß Organismen eine mechanistische Grundlage in ihren angenommenen Bauteilchen besitzen.

Im Hinblick auf diese Frage der Ganzheit und der Internalität des Bezugs ist es wichtig, sich zu merken, daß »Ganzes« und »Teile« einander wechselseitig bedingende Kategorien sind und daß die eine die andere impliziert. Denn sicherlich ist es klar, daß etwas nur dann ein Teil sein kann, wenn es, wenigstens potentiell, ein größeres Ganzes gibt, von dem es ein Teil *ist*. Dies gilt offensichtlich sowohl für mechanische Teile (die durch ein äußeres Tun geformt werden) als auch für organische Teile (die im Zusammenhang der Tätigkeit des Ganzen geformt werden).

Um zu verstehen, wie mit der Wechselbeziehung zwischen dem Ganzen und den Teilen in der impliziten Ordnung umgegangen wird, wollen wir zur Vorstellung der Einen Bewegung *(Holomovement)* zurückkehren. Innerhalb der Einen Bewegung schält sich jeder Teil, wie wir gesehen haben, als relativ unabhängig, autonom und stabil heraus, und er tut dies vermöge der besonderen Art und Weise, in der er *aktiv* das Ganze (und demnach alle anderen Teile) in sich einfaltet. Wir gehen somit davon aus, daß seine fundamentalen Eigenschaften und Bewegungen, innerlich wie äußerlich, die für das, was er *ist*, wesentlich sind, ihre grundlegende Bestimmung in einem solchen inneren Bezug und nicht im Zustand der Isolation und durch äußerliche Wechselwirkung empfangen. Dies bedeutet natürlich, daß alle Teile durch derartige Beziehungen mit dem Ganzen *innerlich (internal)* verbunden sind.

Solche Internalität der Verbindung wird am unmittelbarsten im Bewußtsein wahrgenommen. Der Bewußtseinsinhalt jedes Menschen ist offensichtlich im Grunde eine Einfaltung der Gesamtheit des Daseins, körperlich und geistig, innerlich (internal) und äußerlich (external). Diese Einfaltung ist in dem Sinne *aktiv*, daß sie in grundlegender Weise in die Handlungen eingeht, die wesentlich dafür sind, was ein Mensch *ist*. Jeder Mensch ist somit innerlich mit der Gesamtheit, einschließlich der Natur und der ganzen Menschheit, verbunden (er ist somit auch innerlich mit anderen Menschen verbunden). Weiterhin behaupten wir hier, daß letztlich die Verbindung der Teile mit dem Ganzen in der Materie im allgemeinen in gleicher Weise zu denken ist und daß dies in der Quantentheorie angelegt ist. (Was wir zusätzlich vorbringen, ist eine ähnliche Verbindung von Geist und Materie.) Wir betonen daher noch einmal, daß die implizite Ordnung nicht die Bedeutung der Teile in Abrede stellt, sondern diese vielmehr auf eigene Weise als relativ stabile, unabhängige und autonome untergeordnete Ganze *(sub-wholes)* behandelt. Die Ganzheit wird so an die erste Stelle gesetzt, während die Teile an zweiter folgen, und zwar in dem Sinne, daß das, was sie sind und was sie tun, nur im Licht des Ganzen verstanden werden kann.

10. Ganzheit und Fragmentierung

Eine wichtige Konsequenz eines solchen ganzheitlichen Ansatzes besteht darin, daß er dazu beitragen kann, die weitreichende und allgegenwärtige Fragmentierung zu beenden, die von der mechanistischen Weltanschauung ausgeht. Man kann ein zusätzliches Verständnis vom Wesen solcher Fragmentierung erlangen, wenn man nach dem Bedeutungsunterschied der Worte »Teil« und »Fragment« fragt. Wie wir gesehen haben, steht ein Teil (sei er nun mechanisch oder organisch) in einem inneren Wesenszusammenhang mit einem Ganzen. Dies gilt aber nicht für ein Fragment. Dieses Wort kommt von lateinisch »frangere« – »brechen«, d. h., ein Fragment ist ein Bruchstück, ein Splitter. Schlägt man mit einem Hammer auf eine Uhr, so erhält man keine Teile, sondern Bruchstücke, die in ihrer Einzelheit keinen sinnvollen Bezug zum Bau einer ganzen Uhr aufweisen. In gleicher Weise erhält der Schlächter, der einen Tierkadaver zerlegt, keine Teile des Tiers, sondern ebenfalls Fragmente ohne sinnvollen Bezug zum Bau eines ganzen Tieres.

Natürlich gibt es Bereiche, in denen die Erzeugung von Bruchstükken wichtig und angebracht ist (z. B. das Zermalmen von Steinen zur Herstellung von Beton). Was wir jedoch hier erörtern, ist jenes unsachliche und unangebrachte Zersplittern, das sich ganz allgemein einstellt, wenn wir die »Teile«, die in unserem Denken auftauchen, als primäre und unabhängig existierende Bausteine der ganzen Wirklichkeit (einschließlich uns selbst) ansehen. Eine Weltanschauung wie der Mechanismus, der das Ganze des Daseins als aus solchen »Elementar«teilchen zusammengesetzt betrachtet, ist für diese fragmentarische Denkweise eine starke Stütze, und diese äußert sich ihrerseits in weiteren Gedanken, die eine solche Weltanschauung untermauern und entwickeln. Als eine Folge dieser allgemeinen Haltung versäumt es der Mensch schließlich, den Unterscheidungen zwischen den Dingen ihre eigentliche Bedeutung zukommen zu lassen (nämlich als nützliche und praktische Denkverfahren, die auf eine relative Unabhängigkeit oder Autonomie dieser Dinge hinweisen), und statt dessen fängt er an, *sich selbst* und *seine Welt* so zu sehen und zu erfahren, als ob alles bloß noch aus abgetrennten und unabhängig voneinander existierenden Einzelteilen bestünde. Läßt sich der Mensch von dieser Anschauungsweise leiten, so trachtet er danach, sich selbst und die Welt in seinem Handeln aufzusplittern, so daß alles seinem Denken zu entsprechen scheint. Er erlangt so den scheinbaren Beweis für die Richtigkeit seines fragmentarischen Selbst-Weltbildes und bemerkt dabei nicht, daß er es selbst ist, der, getreu seinem Denkschema handelnd, jene Zersplitterung bewirkt hat, die nunmehr eine autonome Existenz unabhängig von seinem Wollen und Wünschen zu haben scheint.

Die Fragmentierung ist folglich eine Geisteshaltung, die ganz allgemein die Bereitschaft mit sich bringt, die Dinge in irrelevanter und unangebrachter Weise zu zersplittern. Sie ist gleichermaßen eine Haltung, in der Elemente, die nicht wirklich in enger Beziehung zueinander stehen, fälschlich verbunden und vereinigt werden, als ob sie Teile von Ganzen wären. Diese zwei Vorgehensweisen sind in der Tat zwei Seiten eines einzigen Prozesses, worin der Versuch, die Dinge in einer irrigen Weise zusammenzubringen, uns im gleichen Atemzug dazu führt, die Ganzheiten, denen sie tatsächlich angehören, aufzusplittern zu versuchen. Zum Beispiel sind alle Teile der Menschheit wesentlich voneinander abhängig und miteinander verbunden. Jedoch wird im allgemeinen verschiedenen begrenzten Gruppen, wie sie etwa auf der Familie, der Nation, der Rasse, der Religion, der Ideologie usw. basieren, eine absolute und anmaßende Bedeutung verliehen. Dies besagt, daß solche Gruppen in der Tat als unteilbare Ganze angesehen werden, so daß man es für außerordentlich wichtig hält, die Unterscheidungen zwischen ihnen aufrechtzuerhalten. Auf diese Art und Weise wird die Menschheit buchstäblich in eine brodelnde Masse einander bekämpfender Gruppen fragmentiert (d. h. eben zersplittert). Aber da die verschiedenen Individuen und Untergruppen unterschiedliche Beziehungen zu denen außerhalb der Gruppe haben, mit der sie sich identifizieren, so entsteht eine weitere Tendenz zur Zersplitterung der Gruppen selbst, deren Einheit nun wieder als von höchster Wichtigkeit angesehen wird. Als eine Folge davon kommt es zur weltweiten Zersplitterung, die die Menschen von der Zusammenarbeit für das gemeinsame Wohl und wirklich sogar fürs Überleben abhält. Diese Zersplitterung, die durch und durch zerstörerisch ist, kann heute als das Hauptmerkmal unserer gesellschaftlichen und psychologischen Wirklichkeit bezeichnet werden. Solange der Mensch von sich selbst in einer derart fragmentarischen Weise denkt, kann er sich nicht im Ernst als mit der ganzen Menschheit, und folglich mit anderen Menschen, innerlich verbunden ansehen. In gleicher Weise wird er versuchen, sich selbst von der Natur abzutrennen, seinen Geist von seinem Körper und immer so fort, ohne Grenze. Dies ist weder seiner körperlichen noch seiner geistigen Gesundheit zuträglich.

Fassen wir zusammen: Das fragmentarische Denken bereitet einer Wirklichkeit den Grund, die sich ständig in ungeordnete, disharmonische und zerstörerische Teilaktivitäten aufsplittert. Es scheint daher sinnvoll, ernsthaft die These zu prüfen, daß eine Denkweise, die vom umfassendsten möglichen Ganzen ausgeht und sich in einer dem wirklichen Wesen der Dinge angemessenen Weise zu den Teilchen (untergeordneten Ganzheiten) hinab bewegt, eher eine andere Wirklichkeit zutage fördern würde, und zwar eine geordnete, harmonische und schöpferische. Damit dies aber auch tatsächlich geschieht, genügt es nicht, daß wir diesen Gedanken rein intellektuell ausspinnen. Er muß auch tief in unser Wollen und Handeln und in der Tat in unser ganzes Sein eingehen. Dies soll heißen, daß wir ihn auch *meinen* müssen, mit allem, was wir denken, fühlen und tun. Um dies herbeizuführen, bedarf es eines Schrittes, der weit über das hinausgeht, was wir hier erörtert haben.

ILYA PRIGOGINE

Russisch-belgischer Chemiker und Physiker. Geboren 1917 in Moskau. Studium der Chemie an der Freien Universität Brüssel, wo er seit 1947 Professor ist. Seit 1967 Direktor des nach ihm benannten Instituts für statische Dynamik und Thermodynamik an der Universität Austin/ Texas. 1977 erhielt Prigogine den Nobelpreis für Chemie.
Er untersucht vor allem die Thermodynamik irreversibler Prozesse. Wichtige Werke: »Vom Sein zum Werden. Zeit und Komplexität in den Naturwissenschaften«; »Dialog mit der Natur«.
In »Dialog mit der Natur« diskutiert er das veränderte Verhältnis zwischen Mensch und Natur.

Ausklang: Von der Erde zum Himmel

1. Eine offene Wissenschaft

Wissenschaft bedeutet sicherlich, die Natur zu manipulieren, doch ist sie zugleich ein Versuch, die Natur zu verstehen, tiefer in Fragen einzudringen, die seit Generationen immer wieder gestellt wurden. Eine dieser Fragen durchzieht wie ein Leitmotiv, fast wie eine Obsession, dieses Buch und ebenso die Geschichte von Wissenschaft und Philosophie: die Frage nach der Beziehung zwischen Sein und Werden, zwischen Beständigkeit und Wandel.

Wir haben verschiedentlich von den vorsokratischen Spekulationen gesprochen: Ist der Wandel, der die Dinge entstehen und vergehen läßt, einer ansonsten dauerhaften Substanz von außen aufgezwungen? Ist er das Ergebnis einer inneren, eigenständigen Aktivität der Materie? Bedarf es einer Triebkraft, oder ist das Werden etwas den Dingen Immanentes? Im 17. Jahrhundert entstand die Wissenschaft von der Bewegung in Gegensatz zu dem biologischen Modell einer spontanen und autonomen Organisation der natürlichen Wesen. Sie stand deshalb vor einer ähnlichen Alternative, denn wenn jeglicher Wandel nichts anderes als Bewegung ist, was ist dann für diese Bewegung verantwortlich? Muß man sich der Auffassung der Atomisten anschließen, die lediglich Atome im leeren Raum, deren zufällige Zusammenstöße und deren instabile Verbindungen kennen? Oder ist die Bewegung einer »Kraft« zuzuschreiben, die auf die Massen wirkt, welche lediglich deren träge Grundlage bilden? Diese Alternative warf das Problem auf, ob man der Natur eine gesetzmäßige Ordnung zuschreiben könne. Ist die Natur ihrem Wesen nach zufällig? Ist ein regelmäßiges Verhalten lediglich das flüchtige Resultat eines zufälligen Ereignisses, oder ist das Gesetz bestimmend?

In unserer Einleitung haben wir geschrieben, daß das Bild der Natur einen radikalen Wandel durchgemacht habe hin zum Mannigfaltigen, zum Zeitbedingten, zum Komplexen. Wir gelangen zu einer pluralistischen Auffassung. Wir finden sowohl reversible als auch irreversible Prozesse. Ein beeindruckendes Beispiel sind die lebenden Systeme. Aus detaillierten Untersuchungen des molekularen Geschehens geht, wie wir in Kapitel V schon erwähnten, hervor, daß lebende Systeme sowohl Gleichgewichts- als auch gleichgewichtsferne Prozesse umfassen. So stellt beispielsweise der Ruhezustand eines Axons, das der Weiterleitung eines Nervenimpulses dient, einen Nichtgleichgewichtszustand dar, während die Erregung des Axons zu einer Situation führt, die dem Gleichgewicht näher kommt.

Wir leben in einer pluralistischen Welt, die nicht durch allumfassende Schemata, durch universelle, einheitliche Bezugsrahmen beschrieben werden kann. Wir haben in der Einleitung von der »Angst des modernen Menschen« gesprochen. Die Wissenschaft liefert uns heute ein Bild von der Natur, das hinreichend komplex ist, so daß wir uns allmählich darin wiederzuerkennen vermögen. Wir stehen nicht mehr vor der tragischen Wahl zwischen einer entfremdenden Wissenschaft oder einer antiwissenschaftlichen Ideologie.

Angesichts der Komplexität der Wissenschaftsgeschichte versagt jede schematische Beschreibung. Wir haben schon in Kapitel VIII betont, daß das Wachstum der Wissenschaft mehr als nur eine monotone Entfaltung der wissenschaftlichen Disziplinen ist. Konvergierende Entwicklungen in der Forschung können die Fachgrenzen durchbrechen und zu neuen Synthesen führen, deren Konsequenzen über den engeren Rahmen der Wissenschaft weit hinausgehen. Diese Auffassung weicht durchaus von der psychologisch-gesellschaftlichen Analyse ab, anhand derer Thomas Kuhn kürzlich die positivistische Konzeption der Entwicklung der Wissenschaft bekräftigt hat: daß die Tendenz zu fortschreitender Spezialisierung und Fächerabgrenzung gehe, daß das »normale« Verhalten der Wissenschaftler bei den »ernsthaften«, »stillen« Forschern zu finden sei, die mit »allgemeinen« Fragen nach der umfassenden Bedeutung ihrer Forschung keine Zeit verschwenden und sich strikt an die speziellen Probleme ihres Faches halten, und daß die wissenschaftliche Entwicklung im wesentlichen von kulturellen, ökonomischen und sozialen Problemen unabhängig sei[1].

Es ist hier nicht der Platz, diese Auffassung gründlicher zu erörtern. Wir möchten jedoch darauf hinweisen, daß Kuhns Darstellung historisch lokalisiert und partiell ist: *Historisch lokalisiert,* weil die wissenschaftliche Aktivität der Auffassung Kuhns um so mehr entspricht, wenn man sie im Rahmen der heutigen Universitäten betrachtet, in denen die Forschung und die Ausbildung künftiger Forscher systematisch innerhalb ein und derselben akademischen Struktur miteinander verknüpft sind. Diese akademische Struktur entstand im 19. Jahrhundert. Nur innerhalb dieses Rahmens finden wir den Schlüssel zu dem impliziten Wissen, nämlich zu dem »Paradigma«, auf dem nach Kuhn die gesamte »normale« Forschung beruht. Die Studenten erlernen, indem sie in Übungen die paradigmatischen Probleme, die von früheren Generationen gelöst wurden, nachvollziehen, die Begriffe, auf welche sich die Forschung innerhalb einer bestimmten Gemeinschaft stützt. Auf diese Weise werden sie in die Kriterien eingeführt, welche ein Problem als interessant und eine Lösung als annehmbar definieren. Der Übergang vom Studenten zum Forscher vollzieht sich allmählich; der Wissenschaftler löst dann seine Probleme mit Hilfe ähnlicher Verfahren. Der einzige Unterschied ist, daß die Probleme, vor denen er steht, zuvor noch nicht gelöst worden sind. Mit *partiell* ist gemeint, daß Kuhns Darstellung sich in unserer Zeit – und für diese Zeit besitzt sie die größte Relevanz – nur auf einen spezifischen Aspekt der wissenschaftlichen Aktivität bezieht. Dieser Aspekt ist jedoch bei den einzelnen Forschern und in verschiedenen institutionellen Zusammenhängen von unterschiedlicher Bedeutung.

Nach Kuhns Auffassung tritt der Wandel eines Paradigmas durch eine Krise zutage: Das Paradigma ist nicht mehr eine stillschweigend angenommene, »selbstverständliche« und nahezu unmerkliche Regel, sondern wird tatsächlich in Frage gestellt. Die Einmütigkeit der Angehörigen der wissenschaftlichen Gemeinschaft ist dahin, und statt dessen stellen sie »grundlegende« Fragen und zweifeln die Legitimität ihrer Methoden an. Die aufgrund ihrer Ausbildung homogene Gruppe diversifiziert sich nun. Verschiedene Standpunkte, kulturelle Erfahrungen und philosophische Überzeugungen kommen zum Ausdruck und spielen oft eine ausschlaggebende Rolle für die Entdeckung eines neuen Paradigmas, das, sobald es aufgetaucht ist, zu einer noch heftigeren Auseinandersetzung führt. Die rivalisierenden Paradigmen werden auf die Probe gestellt, bis schließlich Differenzen, die durch die akademischen Regelkreise verstärkt und stabilisiert werden, den Sieger bestimmen. Mit dem Auftreten einer neuen Generation von Wissenschaftlern herrscht dann wieder stillschweigendes Einverständnis. Es werden neue Lehrbücher geschrieben, und die Dinge verstehen sich erneut »von selbst«.

Die Triebkraft, die hinter der wissenschaftlichen Entwicklung steckt, ist nach dieser Auffassung ein äußerst konservatives Verhalten der wissenschaftlichen Gemeinschaften, die hartnäckig ein und dieselben Verfahren, ein und dieselben Begriffe auf die Natur anwenden und immer wieder auf einen ebenso hartnäckigen Widerstand der Natur stoßen. Wenn die Natur sich nicht in der geltenden Sprache äußert, kommt es zu der Krise, in deren Heftigkeit sich der Zusammenbruch der geltenden Anschauungen widerspiegelt. Jetzt werden alle intellektuellen Mittel auf die Suche nach einer neuen Sprache gerichtet. Die wissenschaftlichen Gemeinschaften machen demnach systematisch Krisen durch, die ihnen gegen ihren Willen aufgezwungen werden. Die von uns untersuchten Fragen haben uns dazu gebracht, andere Aspekte zu betonen als jene, denen Kuhns Darstellung gilt. Wir haben uns vor allem mit den Kontinuitäten befaßt, und zwar nicht mit den »offenkundigeren«, sondern mit den verborgenen Kontinuitäten, und dabei ging es insbesondere um jene Fragen, über die zumindest einige Wissenschaftler nie aufgehört haben, sich Gedanken zu machen. Jede Generation hat auf ihre Weise die eigentümliche Natur des komplexen Verhaltens, die Beziehung zwischen der irreversiblen Welt von Chemie und Biologie und der reversiblen Beschreibung der klassischen Physik erörtert. Das ist ja auch hinreichend verständlich. Weniger verständlich ist, daß diese, von Stahl, Diderot, Venel und vielen anderen aufgeworfenen Probleme jemals in Vergessenheit geraten konnten.

In der Tat war die Geschichte der Physik während der letzten hundert Jahre durch eine Reihe von Krisen gekennzeichnet, die der von Kuhn gegebenen Darstellung durchaus entsprechen, denn keine dieser Krisen war von den Wissenschaftlern gewollt. Die neuere Wissenschaftsgeschichte ist jedoch ebenfalls durch eine Reihe von Problemen gekennzeichnet, die sich in ganz bewußter und durchsichtiger Weise aus Fragestellungen ergeben, die sowohl wissenschaftliche als auch philosophische Aspekte aufweisen. Man kann daher nicht sagen, daß der Wissenschaftler sich wie ein Kuhnscher Schlafwandler verhalten *müsse.*

Die Wissenschaftsgeschichte ist ebenso wie die Ökologie (Toulmin[2]) und die Sozialgeschichte ein komplexer Prozeß, der gleichzeitig Ereignisse umfaßt, die durch lokale Wechselwirkungen, aber auch durch globale Programme bestimmt sind. Sie ist außerdem eine dramatische Geschichte von unerfüllten Bestrebungen, von erfolglosen Ideen und Leistungen, die, bevor sie vollendet waren, ihrer ursprünglichen Bedeutung beraubt wurden. Wieder liefert Einstein ein gutes Beispiel. Er führte mit seiner Relativitätstheorie, seinem Welle-Teilchen-Dualismus und seiner kosmologischen Theorie den Angriff auf die klassische Erkenntniskonzeption. Dennoch ging sein Programm von der Hoffnung aus, wieder eine neue universale Rationalität zu begründen.

Ungeachtet dessen, was die Zukunft noch bringen mag, haben die großen Entdeckungen Einsteins und seiner Nachfolger uns mit einem Universum konfrontiert, dessen Struktur wir erst allmählich erfassen. Einstein hat mit Recht die Kreativität der Physik hervorgehoben. Er schrieb[3]: »Die Ratio gibt den Aufbau des (theoretischen) Systems (der Physik); die Erfahrungsinhalte und ihre gegenseitigen Beziehungen sollen durch die Folgesätze der Theorie ihre Darstellung finden. In der Möglichkeit einer solchen Darstellung allein liegt der Wert und die Berechtigung des ganzen Systems und im besonderen auch der ihm zugrunde liegenden Begriffe und Grundgesetze. Im übrigen sind letztere freie Erfindungen des menschlichen Geistes, die sich weder durch die Natur des menschlichen Geistes noch sonst in irgendeiner Weise a priori rechtfertigen lassen.« Wir glauben, daß diese Kreativität des Menschen uns nicht in Gegensatz zur Natur bringt, sondern uns vielmehr hilft, in einer gewissen Weise zu erkennen, daß wir ein Teil der Natur sind.

2. Jenseits der Tautologie

Die Welt der klassischen Wissenschaft war von ewigen Gesetzen beherrscht. Es war eine geordnete Welt, eine Welt, in der nur noch Ereignisse stattfinden können, die schon immer aus dem augenblicklichen Zustand des Systems ableitbar waren.

Eigentlich war diese Konzeption nichts Neues. Sie geht innerhalb der westlichen Welt auf die aristotelische Konzeption des göttlichen und unwandelbaren Himmels zurück. Nur auf diese Himmelswelt können wir nach Ansicht des Aristoteles hoffen, eine exakte mathematische Beschreibung anzuwenden. Es war in unserem Buch von der Klage die Rede, die Wissenschaft habe die Welt »entzaubert«. Diese Entzauberung hängt aber paradoxerweise mit der Glorifizierung der irdischen Welt zusammen. Sie geht darauf zurück, daß die klassische Wissenschaft das Werden und die natürliche Vielfalt, die Aristoteles als Attribute der sublunaren, minderen Welt auffaßte, leugnete. Die klassische Wissenschaft brachte den Himmel wieder auf die Erde. Sie verwirklichte den Traum einer unzerstörbaren Welt, die für Aristoteles der eigentliche Gegenstand des geistigen Strebens war. Das war jedoch offenbar nicht die Absicht der Väter der modernen Wissenschaft. Wenn sie die Ansicht des Aristoteles bestritten, wonach die Mathematik dort endet, wo die Natur beginnt, so wollten sie nicht das Unwandelbare entdecken, das sich hinter dem Veränderlichen verbarg, sondern vielmehr die wandelbare, vergängliche Natur bis an die Grenzen des Universums ausdehnen. Galilei wundert sich am ersten Tag seines *Dialogs über die Weltsysteme* darüber, daß manche glauben, die Welt wäre ein edlerer Ort, wenn die Sintflut nur ein Eismeer zurückgelassen hätte oder wenn die Erde die unzerstörbare Härte von Jaspis hätte: Mögen jene, die glauben, die Erde wäre schöner, nachdem sie in eine Kristallkugel verwandelt wurde, durch den Blick der Medusa in eine diamantene Statue verwandelt werden!

Doch bei all den Objekten, welche die ersten Physiker wählten, um die Möglichkeit einer quantitativen Beschreibung zu erkunden – dem idealen Pendel mit seiner konservativen Bewegung, den einfachen Maschinen und den Planetenbahnen –, bei all den Objekten, mit denen der experimentelle Dialog zunächst geführt wurde, fand man eine *einzige* mathematische Beschreibung, die tatsächlich die göttliche Idealität der aristotelischen Himmelskörper wiedergab.

Die Objekte der klassischen Dynamik beschäftigen sich, genau wie die Götter des Aristoteles, nur mit sich selbst. Sie können nichts lernen. Jeder Punkt des Systems weiß in jedem Augenblick, was er jemals wissen muß, nämlich die Verteilung der Massen im Raum und deren Geschwindigkeiten. Jeder Zustand enthält die gesamte Wahrheit über alle möglichen anderen Zustände, und man kann jeden Zustand nehmen, um die anderen vorherzusagen, gleichgültig, wo sie sich auf der Zeitachse befinden. Insofern führt diese Beschreibung zu einer Tautologie, denn sowohl die Zukunft als auch die Vergangenheit sind in der Gegenwart enthalten.

Der grundlegende Betrachtungswandel der modernen Wissenschaft, der Übergang zum Zeitlichen, zum Mannigfaltigen, kann als Umkehrung jener Bewegung aufgefaßt werden, die den Himmel des

Aristoteles auf die Erde brachte. Nun bringen wir die Erde zum Himmel. Wir entdecken, angefangen von den Elementarteilchen bis hin zu den kosmologischen Modellen, den Primat von Zeit und Wandel.

Es ist interessant, die Ähnlichkeit der konzeptuellen Veränderungen einerseits auf der phänomenologischen, thermodynamischen Ebene und andererseits auf der mikroskopischen Ebene festzustellen. Wir haben in Kapitel IV die eigentümliche Entstehung der Thermodynamik beschrieben, an die sich der seltsame Sprung von der Technologie zur Kosmologie anschloß. Wir haben darauf hingewiesen, daß Fouriers Gesetz der Wärmeleitung einer der Ausgangspunkte der Thermodynamik war. In der Tat war die Wärmeleitung der erste irreversible Prozeß, der quantitativ beschrieben wurde, und das sollte einen Skandal hervorrufen: Die Identität der mathematischen Formulierung der Naturgesetze und der klassischen Mechanik war für immer gebrochen.

Fouriers Gesetz beschreibt einen spontanen Prozeß, den Prozeß der Ausbreitung der Wärme, aber es bietet keine Möglichkeit, diesen Prozeß zu steuern. Da die Wärmeleitung die Ursache einiger der Verluste ist, die in einer Wärmemaschine auftreten können, war die Thermodynamik als die Lehre von den Wärmemaschinen zwar die erste Wissenschaft, die mit der Irreversibilität in enge Berührung kam, doch war sie dabei eine Wissenschaft, die *gegen* die Irreversibilität kämpfte; es ging ihr zunächst nicht darum, irreversible Prozesse zu erforschen, sondern sie zu vermeiden. Dabei blieb die Sache jedoch nicht stehen. Die Tatsache, daß unkontrollierte Umwandlungen, Verluste immer zur Entropieerzeugung beitragen, wurde umformuliert zu einer positiven Aussage, nämlich zum Zweiten Hauptsatz der Thermodynamik. Jetzt war das Interesse zum ersten Mal nicht mehr auf das Manipulierbare gerichtet, sondern im Gegenteil auf das, was seiner Definition nach spontan und nichtmanipulierbar ist.

Wir haben die einzelnen Etappen der Geschichte der Thermodynamik beschrieben. Über diese Etappen sind wir der »sublunaren Natur« nähergekommen, deren Wachstum und Verfall von Aristoteles beschrieben wurde. Die von der Natur eingeschlagenen Wege können nicht mit Sicherheit vorausgesagt werden; der Zufall spielt in ihr eine irreduzible und sogar weit entscheidendere Rolle, als selbst Aristoteles annahm: In einer Natur, die Verzweigungen aufweist, können geringfügige Unterschiede, unbedeutende Schwankungen, sofern sie unter geeigneten Umständen auftreten, sich über das gesamte System ausbreiten und neue Funktionen, ein neues Gesamtverhalten begründen.

Interessant ist, daß unser Verständnis der mikroskopischen Beschreibungsebene sich ganz parallel zu dem der makroskopischen Ebene entwickelte. Für die klassische Physik galt die Möglichkeit, Trajektorien zu identifizieren und die Anfangsbedingungen beliebig zu manipulieren, als ein Axiom. Mit der Relativitätstheorie und der Quantenmechanik traten neue fundamentale Elemente hinzu. Dennoch haben die Axiome der klassischen Mechanik sich in modifizierter Form erhalten. Wie schon in Kapitel IX betont wurde, beginnen wir nun, die Grenzen der Gültigkeit dieser grundlegenden Annahmen zu erkennen. Wir beginnen zu erkennen, warum wir in den meisten, uns interessierenden Fällen das ideale »maximale Wissen« weder in der klassischen noch in der Quantenmechanik erreichen können. In unserem »partizipatorischen« Universum können wir die Anfangsbedingungen nicht beliebig manipulieren.

Der Gedanke, daß die statistische Beschreibung unreduzierbar sei, ist in der Physik nicht neu. So sprechen, wie Brush[4] bemerkt, die Physiker des 19. Jahrhunderts oft von Unbestimmtheit, von Unregelmäßigkeit, von der zufälligen Natur der molekularen Bewegung, insbesondere, um die Anwendung statistischer Argumente zu rechtfertigen. Maxwell schrieb beispielsweise in seinem Artikel »Atom«, der 1875 in der *Encyclopaedia Britannica* erschien, daß die Unregelmäßigkeit der Elementarbewegung notwendig sei, damit sich das System irreversibel verhält. An anderer Stelle bemerkte er dagegen, daß die Unregelmäßigkeit auf unserer Unkenntnis beruhe. Die Unterscheidung zwischen einer intrinsischen Unbestimmtheit und einer »erkenntnistheoretischen« Unbestimmtheit blieb vielfach uneindeutig. Aus dieser Uneindeutigkeit wurde dann ein Gegensatz, als das Problem der Interpretation des Quantenformulismus auftauchte. Maxwell selbst ahnte allerdings, in welcher Richtung die Lösung liegen könnte, die wir heute erkennen, denn bei der Erörterung der Instabilität der Bewegung sprach er von den singulären Punkten, an denen geringfügige Ursachen unangemessene Wirkungen hervorrufen (siehe Kapitel II).

Wir wissen heute, daß die Instabilität der Bewegung tatsächlich eine ausschlaggebende Rolle spielen kann. Wir haben in Kapitel IX die Mechanismen der Irreversibilität beschrieben. Das wichtigste Resultat dieser Diskussion besteht darin, daß die Zukunft nicht länger gegeben ist. Sie ist nicht länger in der Gegenwart enthalten. Das bedeutet das Ende des klassischen Ideals der Allwissenheit – das heißt natürlich, das Ende eines rein theoretischen Problems. Niemand hat je behauptet, er sei tatsächlich imstande, die Trajektorien eines komplexen dynamischen Systems vorherzusagen. Schließlich wurde selbst der Laplacesche Dämon erstmals in der Einleitung zu Laplaces Abhandlung über die Wahrscheinlichkeit erwähnt. Der Laplacesche Dämon war nicht das Symbol universaler Herrschaft. Er garantierte nicht, daß es möglich sei, alles vorherzusagen. Er verkündete lediglich, daß *vom Standpunkt der theoretischen Physik aus* die Zukunft in der Gegenwart enthalten sei, daß das Werden und die Innovation, die Welt der Prozesse, in der wir leben und die ein Teil von uns ist, wenn nicht Illusionen, so doch zumindest Erscheinungen seien, die durch unsere Beobachtungsweise bestimmt sind.

Die Naturwissenschaften haben sich somit auf der makroskopischen wie auf der mikroskopischen Ebene von einer Konzeption der objektiven Realität befreit, die glaubte, das Neue und das Mannigfaltige im Namen eines unwandelbaren universellen Gesetzes leugnen zu müssen. Sie haben sich von einer Faszination freigemacht, die uns die Rationalität als etwas Geschlossenes und die Erkenntnis als etwas Abschließbares erscheinen ließ. Dadurch sind sie offen geworden für das Unerwartete, das sie nicht länger zum Resultat einer unvollkommenen Erkenntnis oder einer unzureichenden Kontrolle erklären. Sie haben sich dem Dialog mit einer Natur geöffnet, deren Inhalt nicht durch eine alles beherrschende Rationalität erschöpft werden kann.

Wir gelangen zu einem Dialog mit einer offenen Welt, bei deren Konstruktion wir selbst eine Rolle spielen. Diese Öffnung der Wissenschaft hat Serge Moscovici sehr schön als eine »Keplersche Wende« bezeichnet, im Unterschied zu der »Kopernikanischen Wende«, bei der die Idee des absoluten Standpunkts aufrechterhalten blieb. Wir haben am Anfang dieses Buches einige Zitate angeführt, in denen die Wissenschaft mit einer Entzauberung der Welt gleichgesetzt wurde. Nun wollen wir zitieren, wie Moscovici die Wissenschaften beschreibt, die heute erfunden werden: »Die Wissenschaft ist in dieses Abenteuer, das unser Abenteuer ist, verwickelt worden, um alles, was sie berührt, zu erneuern, und alles, was sie durchdringt, zu erwärmen – die Erde, auf der wir leben, und die Wahrheiten, die uns das Leben ermöglichen. Was wir bei jeder Wende vernehmen, ist nicht der Widerhall eines Endes, nicht die Glocke, die ein Ableben verkündet, sondern die Stimme einer immer wieder neuen Wiedergeburt und eines immer wieder neuen Anfangs der Menschheit und der Mentalität, die in ihrer vergänglichen Dauer für einen Augenblick fixiert sind. Deshalb sind die großen Entdeckungen nicht, wie die des Kopernikus, auf einem Totenbett versteckt, sondern sie liegen, wie die Keplers, offen am Wege der Wachträume und der lebendigen Leidenschaften.«[5]

In den letzten Abschnitten dieses Buches haben wir nun noch einige der Konsequenzen zu untersuchen, die sich aus dieser Erneuerung der Wissenschaft, welche sich um uns herum vollzieht, ergeben.

3. Zeit und Zeiten

Mehr als drei Jahrhunderte lang ist in der Physik behauptet worden, die Zeit sei im Grunde ein geometrischer Parameter, mit dessen Hilfe die Entfaltung der einander folgenden dynamischen Zustände beschrieben werden könne. In diesem Sinne hat Emile Meyerson[6] die Geschichte der modernen Wissenschaft als fortschreitende Verwirklichung einer, wie er meinte, grundlegenden Kategorie der menschlichen Vernunft dargestellt. Das Mannigfaltige und Wandelbare mußte auf das Identische und Dauerhafte reduziert, die Zeit mußte eliminiert werden. In unserer Zeit verkörpert Einstein dieses Bestreben, die Physik in einer Weise zu formulieren, die auf der fundamentalen Ebene keinen Bezug zur Irreversibilität enthält. Gewiß ist seine Relativitätstheorie ein Meilenstein in unserem Verständnis der Zeit, aber in einem anderen Sinne: In der speziellen Relativitätstheorie hängt die Zeit mit der gleichförmigen Bewegung und der Ausbreitung des Lichts, in der allgemeinen Relativitätstheorie mit der Gravitation und der gekrümmten Raum-Zeit zusammen. Auf diese Aspekte können wir in diesem Buch nicht eingehen. Bei all seinen Generalisierungen der Zeit hielt Einstein jedoch entschieden an einer Zeitkonzeption fest, deren Grundbestandteil die Reversibilität war.

Zu einer historischen Szene kam es am 6. April 1922[7] bei der *Société de Philosophie* in Paris, als Henri Bergson gegen Einstein die Auffassung zu begründen versuchte, daß es eine Vielzahl von nebeneinander existierenden »erlebten« Zeiten gebe. Einstein erwiderte kategorisch, daß er die »Zeit der Philosophen« wegen deren Inkompetenz ablehne. Keine erlebte Erfahrung könne retten, was die Wissenschaft verneint habe.

Das Urteil der Inkompetenz war tatsächlich in einem gewissen Maße gerechtfertigt. Bergson hatte offenkundig Einsteins Relativitätstheorie mißverstanden. Allerdings bestand auch bei Einstein ein gewisses Vorurteil: Die *durée*, Bergsons erlebte Zeit, hätte in die Grundlagen der Physik die Irreversibilität eingeführt, die Einstein allenfalls auf der phänomenologischen Ebene zuließ.

Es ist faszinierend, den Briefwechsel zwischen Einstein und Michele Besso zu verfolgen, seinem engsten Freund seit seiner Jugend-

zeit in Zürich[8]. Besso war Ingenieur und Wissenschaftler, wandte sich
aber gegen Ende seines Lebens immer stärker der Philosophie und Literatur sowie all jenen Problemen zu, die mit der menschlichen Existenz zusammenhängen. Immer wieder kam er auf dieselben Fragen
zurück: Was ist Irreversibilität? Wie hängt sie mit den Gesetzen der
Physik zusammen? Und immer wieder antwortete Einstein mit einer
Geduld, die er nur gegenüber seinem engsten Freund bewies: Irreversibilität ist bloß eine Illusion, die durch »unwahrscheinliche« Anfangsbedingungen hervorgerufen wird. Über Jahre hinweg wurde
dieser Dialog fortgesetzt, bis Besso, der acht Jahre älter war als Einstein, nur wenige Monate vor Einstein starb. In einem letzten Brief an
seine Schwester und seinen Sohn schrieb Einstein: »Nun ist er mir
auch mit dem Abschied von dieser sonderbaren Welt ein wenig vorausgegangen. Dies bedeutet nichts. Für uns gläubige Physiker hat die
Scheidung zwischen Vergangenheit, Gegenwart und Zukunft nur die
Bedeutung einer wenn auch hartnäckigen Illusion.« In seinem Bestreben, die grundlegenden Gesetze der Physik zu erkennen, setzte Einstein das Intelligible mit dem Unwandelbaren gleich. Die Sonne des
Intelligiblen scheint, um den schönen Ausdruck Platos zu benützen,
nur auf die ewige Welt der Ideen, nicht auf die vergängliche Welt der
Erscheinungen.

Dieser Zusammenprall zwischen der Idee einer irreversiblen, in die
Zukunft gerichteten Zeit und der »zeitlosen« Zeit der Physik, der Zusammenprall zwischen Dynamik und Entropie hat allerdings, wie
wir verschiedentlich erwähnten, tiefe Gräben innerhalb der Wissenschaft aufgerissen, hat Wissenschaft und Philosophie voneinander
entfremdet und ist einer der Faktoren gewesen, die für das Auftreten
der »zwei Kulturen« verantwortlich waren. Man kann sagen, daß die
Physik heute nicht mehr die Zeit und auch nicht ihre Richtung leug-
net. Sie erkennt an, daß es die irreversible Zeit der Entwicklungen
zum Gleichgewicht gibt, die rhythmische Zeit der Strukturen, deren
Aktivität von den sie durchfließenden Strömen genährt wird, die sich
verzweigende Zeit der Entwicklung durch Instabilitäten, ja sogar die
mikroskopische Zeit, die wir in Kapitel IX eingeführt haben und in
der sich die dynamische Instabilität auf der mikroskopischen Ebene
äußert. Jedes komplexe Wesen beinhaltet eine Vielfachheit von Zeiten, die alle durch subtile und komplexe Verbindungen miteinander
verknüpft sind. Die Entdeckung der Multiplizität der Zeit war keine
plötzliche »Offenbarung«. In Wirklichkeit haben die Wissenschaftler
nur aufgehört, etwas zu leugnen, was *jeder wußte.*

Wir haben davon gesprochen, daß sich aus dieser Leugnung Spannungen innerhalb der Kultur ergaben. Was ursprünglich eine kühne Wette gegen die vorherrschende aristotelische Tradition gewesen war, verwandelte sich immer mehr in eine dogmatische Behauptung, die sich gegen all jene richtete, die als Chemiker, Biologen und Mediziner die qualitative Vielfalt der Natur respektiert wissen wollten. Am Ende des 19. Jahrhunderts hatte sich dieser innerwissenschaftliche Konflikt verlagert und bestimmte das Verhältnis zwischen »der Wissenschaft« und der übrigen Kultur, insbesondere der Philosophie. Wir haben in Kapitel III die eindrucksvolle Geschichte des abendländischen Denkens und seinen beständigen Kampf um eine neue Einheit der Erkenntnis beschrieben. Die »erlebte Zeit« der Phänomenologen, der Gegensatz zwischen der objektiven Welt der Wissenschaft und der »Lebenswelt«, die sich dieser angeblich entzieht, könnte mit dem Bedürfnis erklärt werden, ein letztes Bollwerk gegen die Verheerungen der Wissenschaft zu errichten.

Wir haben in Kapitel IX das Konzept eines partizipatorischen Universums hervorgehoben. Wir haben diese Idee präziser als den Ausdruck eines gemeinsamen Pfeils der Zeit zu bestimmen versucht. Man kann unser ganzes Buch als eine Ausarbeitung dieses einen Themas betrachten. Wir sind davon ausgegangen, daß die Zeit ein ursprünglicher Begriff ist, der jeder wissenschaftlichen Bemühung vorausgeht. Keine Erforschung der Umwelt und um so weniger eine physikalische Beschreibung, sei sie nun reversibel oder irreversibel, ist ohne eine zeitlich orientierte Aktivität denkbar. Die Vorbereitung eines Experiments verlangt, daß zwischen »vorher« und »nachher« unterschieden wird. Nur weil wir uns der Irreversibilität des Werdens bewußt sind, können wir die reversible Bewegung erkennen. Gleichwohl stellt die Welt der reversiblen Trajektorien ein *begriffliches und technisches Bezugsschema* dar. Von diesem Schema ausgehend, können wir mit den in Kapitel IX erörterten Mitteln die Irreversibilität unmittelbar in die Dynamik einführen. Wir gelangen so zur Entropie und schließlich unter gleichgewichtsfernen Bedingungen zu dissipativen Strukturen. Diese dissipativen Strukturen besitzen eine zeitliche Orientierung, und wir erkennen in ihnen gerade jene Eigenschaft, von der wir ausgegangen sind. Der Kreis hat sich somit geschlossen. Wir gelangen zu einer selbstkonsistenten Beschreibung, die sowohl die Welt unserer Erfahrung als auch uns, die wir sie beschreiben, einschließt.

Dieses Schema ist jedoch kein apriorisches, das aus einer logischen Struktur ableitbar wäre. Es besteht überhaupt keine Notwendigkeit dafür, daß dissipative Strukturen tatsächlich in der Natur vorkom-

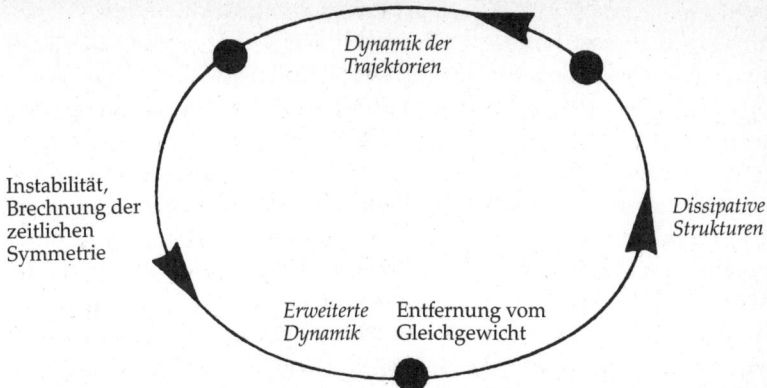

men; die »kosmologische Tatsache« eines weit vom Gleichgewicht entfernten Universums ist die Voraussetzung dafür, daß die makroskopische Welt eine von »Beobachtern« bewohnte Welt, also eine belebte Welt ist. Dieses Schema stellt deshalb keine logische oder erkenntnistheoretische Wahrheit dar, sondern bezieht sich auf unsere Existenz als makroskopische Wesen in einer weit vom Gleichgewicht entfernten Welt.

Ein wesentliches Merkmal dieses Schemas ist, daß es keine fundamentale Beschreibungsweise voraussetzt; jede der drei Beschreibungsebenen impliziert die andere und wird von ihr impliziert.

Die Brechung der Zeitsymmetrie zieht Konsequenzen für andere Symmetrien nach sich, auch für Symmetrien im geometrischen Raum. Das ist eine Lehre, die wir aus den Verzweigungen ziehen, die wir in Kapitel V untersucht haben. Schon die Unterscheidung zwischen stabilen makroskopischen Strukturen und instabilen Strukturen im Sinne der Thermodynamik *setzt* eine gebrochene Zeitsymmetrie *voraus*. Der Stabilitätsbegriff der Thermodynamik, der eine asymptotische Rückkehr in den Anfangszustand oder im Gegenteil eine Instabilität mit exponentiell wachsenden Abweichungen einschließt, wäre in einer Hamiltonschen zeitlich reversiblen Welt nicht möglich.

Wir haben die Entwicklung der Physik in diesem Buch nur fragmentarisch darstellen können. Jüngere Forschungen in der Elementarteilchen-Physik deuten auf die Möglichkeit einer neuen Synthese zwischen verschiedenen Arten von Wechselwirkungen hin. Interessanterweise gibt es gleichzeitig Anzeichen dafür, daß der Fortschritt, der auf der Ebene der Elementarteilchen gemacht wurde, mit dem Problem der Irreversibilität verknüpft werden könnte. Vielleicht nähern wir uns einer Auffassung, für welche die Elementarteilchen le-

diglich die »Träger« der Irreversibilität sind, der grundlegende Mechanismus, mit dessen Hilfe das Universum eine Form von Gleichgewicht zu erreichen versucht. Damit würden wir uns weit von der Auffassung der klassischen Dynamik entfernen, nach der Elementarteilchen zeitlich reversible Objekte sind. Es ist noch zu früh, um hier Argumente für diese Auffassung vorzutragen. Dennoch ergeben sich
aus dem großartigen Fortschritt, den die einheitliche Theorie von
Weinberg-Salaam gebracht hat, und aus den noch ehrgeizigeren Ansätzen, den »Großen Einheitlichen Eichtheorien«, neue Möglichkeiten namentlich für die ersten Etappen des physikalischen Universums. Sowohl in der Welt der Physik als auch in der Welt der Biologie
entdecken wir nun auffällige Dissymmetrien. Wir finden einen großen Überschuß an Teilchen, während die Feldgleichungen, auf welche die theoretische Physik sich stützt, eine gleiche Menge von Teilchen und Antiteilchen vorhersagen. Wir stoßen wieder auf die Frage
von »Gesetz« oder »Zufall«. Wir müssen möglicherweise den ganzen
Begriff des »Gesetzes« revidieren. Wir können nur deshalb von
menschlichen Gesetzen sprechen, weil es Menschen gibt, und von
biologischen Gesetzen, weil es lebende Systeme gibt. Können wir
aber in einem physikalischen Universum, dessen Materiedichte anfangs Werte aufwies, die über unsere, auf dem gegenwärtigen Zustand des Universums beruhende Vorstellung weit hinausgehen, von
ewigen Gesetzen der Gravitation sprechen? Oder können wir vielleicht von der Geburt der Gesetze, der Geburt der Zeit sprechen?

Vor einigen Jahrhunderten schrieb Maimonides im *Führer der Unschlüssigen*[9]: »Zur Gesamtheit der erschaffenen Dinge gehört aber
auch die Zeit. Denn die Zeit hängt von der Bewegung ab, … und dieses Bewegte selbst, mit dessen Bewegung die Zeit zusammenhängt,
ist erschaffen und geworden, nachdem es vorher nicht gewesen war.«
Dieser Ausspruch klingt in unseren Ohren merkwürdig modern.

4. Ein Strudel in einer turbulenten Natur

Wir kommen hier in eine Situation, wie man sie ähnlich seit langem
in der Soziologie kennt. Merleau-Ponty hat immer wieder auf die Notwendigkeit hingewiesen, sich dessen bewußt zu sein, was er eine
»Wahrheit in der Situation« genannt hat[10]: »Solange ich am Ideal eines
absoluten Beobachters, einer Erkenntnis ohne Standpunkt festhalte,
kann ich in meiner Situation nur eine Quelle des Irrtums sehen. Wenn
ich aber einmal erkannt habe, daß ich durch sie mit allen Handlungen

und allen Erkenntnissen verbunden bin, die für mich sinnvoll sind, und daß sie zunehmend alles enthält, was für mich *sein* kann, dann enthüllt sich mir mein Kontakt mit dem Sozialen in der Endlichkeit meiner Situation als der Ausgangspunkt jeglicher Wahrheit, einschließlich der Wahrheit der Wissenschaft, und da wir eine Idee der Wahrheit besitzen, da wir in der Wahrheit sind und nicht aus ihr heraus können, bleibt mir nur noch, eine Wahrheit in der Situation zu definieren«. Die Wissenschaft kann demnach von sich behaupten, eine *humane* Wissenschaft zu sein, die von Menschen für eine menschliche Welt geschaffen ist. In unserer Gesellschaft mit ihrem breiten Spektrum an kognitiven Verfahren nimmt unsere Wissenschaft die eigentümliche Stellung einer poetischen Befragung der Natur ein – in dem ursprünglichen Wortsinne, daß der Poet ein Macher ist, d. h. daß er aktiv manipuliert und erforscht. Mittlerweile ist diese Wissenschaft jedoch imstande, die Natur, welche sie befragt, zu respektieren. Aus dem Dialog mit der Natur, den die klassische Wissenschaft mit ihrer Auffassung führte, daß die Natur ein Automat sei, ist eine völlig andere Auffassung erwachsen, nach der gerade die Tatsache, daß wir die Natur befragen, zu der ureigenen Aktivität der Natur gehört.

Daß die Spaltung der »zwei Kulturen« im Schwinden begriffen ist, läßt sich daran erkennen, daß wir den Sinn bestimmter philosophischer Fragen, die sich auf die Situation des Menschen in der Welt beziehen, heute besser verstehen. Diese Möglichkeiten wollen wir durch einige knappe Hinweise auf Leibniz, Whitehead und Lukrez verdeutlichen[11].

Leibniz hat den seltsamen Begriff der Monaden eingeführt, metaphysischer Entitäten, die nicht miteinander kommunizieren, »ohne Fenster, durch die etwas hinein- oder hinausgelangen kann«. Man hat seine Auffassungen oft als »logischen Unsinn« abgetan, und doch ist es, wie wir in Kapitel II, Abschnitt 3, gesehen haben, eine wesentliche Eigenschaft aller integrablen Systeme, daß es eine Transformation gibt, nach der sie durch nicht-wechselwirkende Entitäten beschrieben werden können. Diese Entitäten drücken in ihrer ganzen Bewegung ihren jeweiligen Anfangszustand aus, koexistieren aber gleichzeitig wie die Monaden mit all den anderen Entitäten in einer »prästabilierten« Harmonie. In dieser Darstellung spiegelt der Zustand jeder einzelnen Entität, obwohl er vollkommen selbstbestimmt ist, den Zustand des gesamten Systems bis in die kleinste Einzelheit wider. Man kann alle integrablen Systeme als »monadische« Systeme auffassen. Umgekehrt kann man die Leibnizsche Monadologie in die Sprache der Dynamik übersetzen: *Das Universum ist ein integrables Sy-*

stem. Die Monadenlehre wird zur konsequentesten Formulierung eines Universums, aus dem jegliches Werden eliminiert ist.

Mit der Philosophie Whiteheads gelangen wir an das andere Ende des Spektrums. Für ihn ist das Sein nicht vom Werden zu trennen. Whitehead schrieb: »Die Erhellung der Bedeutung des Satzes ›Alles fließt‹ ist eine der Hauptaufgaben der Metaphysik«[12]. Physik und Metaphysik treffen sich heute in einer Konzeption der Welt, die den Prozeß, das Werden, als konstitutiv für die physikalische Existenz annimmt und in der die existierenden Entitäten – anders als die Leibnizschen Monaden – miteinander wechselwirken und daher auch geboren werden und sterben können.

Dort, wo die klassische Physik von einer gesetzmäßigen, geordneten Welt oder, was gleichbedeutend ist, von einer monadischen Theorie paralleler Veränderungen spricht, spricht Lukrez von dem ebenfalls parallelen, gesetzmäßigen und ewigen Fall der Atome durch den unendlichen Raum. Wir haben bereits von dem *clinamen* und von der Instabilität der laminaren Strömungen gesprochen. Wir können jedoch darüber hinausgehen. Wie Serres[13] gezeigt hat, ist der unendliche Fall ein *Modell,* nach dem wir uns die Genese der Natur, die Störung vorstellen können, welche die Dinge entstehen läßt. Würde nicht der senkrechte Fall »ohne Grund« durch das *clinamen,* die »kleine Abweichung«, gestört, so daß zwischen den monoton fallenden Atomen Begegnungen und sogar Verbindungen gestiftet werden, dann könnte keine Natur erschaffen werden; unter der Herrschaft der Gesetze des Fatums *(foedera fati)* würde sich immer nur die Verknüpfung zwischen äquivalenten Ursachen und Wirkungen wiederholen.

> Denique si semper motus connectitur omnis
> et uetere exoritur (semper) novus ordine certo
> nec declinando faciunt primordia motus
> principium quoddam quod fati foedera rumpat,
> ex infinito ne causam causa sequitur,
> libera per terras unde haec animantibus exstat …?[14]

Man kann sagen, Lukrez habe das *clinamen* in dem gleichen Sinne *erfunden,* in dem archäologische Relikte »erfunden« werden: Man »ahnt«, daß sie da sind, bevor man zu graben beginnt. Woher kämen, wenn es nur monotone, reversible Trajektorien gäbe, die irreversiblen Prozesse, die wir hervorrufen und erfahren?

Dort, wo die Trajektorien nicht mehr determiniert sind, wo die *foedera fati,* welche die geordnete und monotone Welt der deterministischen Veränderung regieren, versagen, beginnt die Natur. Dort beginnt auch eine neue Wissenschaft, welche die Geburt, die Ausbreitung und den Tod der natürlichen Wesen beschreibt. »Die Physik des Falls, der Wiederholung, der rigorosen Verkettung wird ersetzt durch die schöpferische Wissenschaft des Zufalls und der Umstände«[15]. Die *foedera fati* werden ersetzt durch die *foedera naturae*, die nach Serres gleichzeitig »Gesetze« der Natur, d. h. lokale, singuläre, historische Zusammenhänge bezeichnen, aber auch ein »Bündnis«, eine Art von Vertrag mit der Natur.

Anhand der Lukrezschen Physik stoßen wir also wieder auf den Zusammenhang, den wir innerhalb der neuzeitlichen Erkenntnis entdeckt hatten, den Zusammenhang zwischen den Entscheidungen, die einer physikalischen Beschreibung zugrunde liegen, und einer philosophischen, ethischen oder religiösen Konzeption bezüglich der Stellung des Menschen in der Natur. Der Physik der universellen Zusammenhänge tritt eine andere Wissenschaft entgegen, die nicht mehr im Namen von Gesetz und Herrschaft die Störung oder die Zufälligkeit bekämpft. Gegen die klassische Wissenschaft, die von Archimedes bis Clausius reicht, tritt die Wissenschaft von den Turbulenzen und den sich verzweigenden Entwicklungen: »Hier erreicht die griechische Weisheit einen ihrer Höhepunkte. Wo der Mensch in der Welt, von der Welt, in der Materie, aus Materie ist, dort ist er kein Fremder, sondern ein Freund, ein Vertrauter, ein Tischgenosse und ein Gleicher. Er hat einen venerischen Pakt mit den Dingen. Dagegen beruhen viele andere Weisheiten und viele andere Wissenschaften auf dem Bruch dieses Paktes. Der Mensch ist für die Welt, für die Dämmerung, für den Himmel, für die Dinge ein Fremder. Er haßt sie, er bekämpft sie. Seine Umwelt ist ein gefährlicher Feind, den er bekämpfen, den er in Knechtschaft halten muß … Epikur und Lukrez leben in einer versöhnten Welt. Wo die Wissenschaft von den Dingen und die Wissenschaft vom Menschen ineins fallen. Ich bin eine Störung, ein Strudel in einer turbulenten Natur«[16].

5. Die Erneuerung der Natur

Die Erneuerung der modernen Wissenschaft bedeutet keinen Bruch mit der Vergangenheit. Wir glauben vielmehr, daß sie uns eher die Bedeutung und die Klugheit alter Erkenntnisse und Bräuche begreifen läßt, daß die Botschaft der modernen Wissenschaft heute größere Allgemeingültigkeit für sich beanspruchen kann. Für sie besteht zwi-

schen Zeit, Rationalität und Alltagsverstand kein Gegensatz mehr.
Michel Serres spricht häufig von dem Respekt, den Bauern und Seeleute gegenüber der Welt empfinden, in der sie leben. Sie wissen, daß
es ein natürliches Zeitmaß gibt und daß man das Wachstum der Lebewesen, diesen Prozeß einer autonomen Transformation, den die Griechen *physis* nannten, nicht vorantreiben kann[17]. In diesem Sinne ist
unsere Wissenschaft endlich zu einer physikalischen Wissenschaft geworden, denn sie hat endlich eingeräumt, daß die Dinge, *und nicht
nur die belebten Dinge,* autonom sind. In der Einleitung sprachen wir
von einem »neuen Zustand der Natur«, der zum Teil auf menschliche
Aktivität zurückzuführen ist. Das Wachstum dieser neuen, von Maschinen und Techniken bevölkerten Natur, die Entwicklung von sozialen und kulturellen Praktiken und das Anwachsen der Städte sind
ebenso wie das Wachstum der Pflanzen kontinuierliche, autonome
Prozesse, in die wir sicherlich modifizierend und organisierend eingreifen können, deren eigenes Entwicklungstempo wir jedoch respektieren müssen. Sobald wir die Natur im Sinne von *physis* entdekken, wird es uns möglich, auch die Komplexität jener Probleme zu
verstehen, mit denen es die Sozialwissenschaften zu tun haben. Sobald wir den »Respekt« erlernt haben, den uns die physikalische
Theorie gegenüber der Natur aufnötigt, wird es uns möglich, auch
andere geistige Ansätze respektieren zu lernen. Wir müssen lernen,
die vielfältigen, von den menschlichen Gesellschaften hervorgebrachten Erkenntnisse, Praktiken und Kulturen nicht mehr zu beurteilen, sondern vielmehr miteinander zu kreuzen und neue Verbindungen zwischen ihnen zu schaffen. Nur so werden wir den beispiellosen Herausforderungen unserer Epoche gerecht werden können.

Was ist das für eine Welt, die wir wieder zu respektieren gelernt
haben? Wir haben nacheinander die klassische Weltauffassung und
die sich entwickelnde Welt des 19. Jahrhunderts beschrieben. In beiden Fällen ging es um eine dualistische Welt, in der der Kontrolleur
dem Kontrollierten, der Herrschende dem Beherrschten gegenüberstand. Gleichgültig, ob man die Natur als eine Uhr oder als einen
Motor auffaßte oder ob man in ihr den Gang eines Fortschritts sah,
der zu uns hinführt – es ging um eine stabile Realität, deren Existenz
man sich vergewissern konnte. Was können wir von der Welt sagen,
die den gegenwärtigen Wandel der Wissenschaft hervorgebracht hat?
Es handelt sich um eine Welt, die wir als eine natürliche verstehen
können, sobald wir verstehen, daß wir ein Teil von ihr sind, eine Welt,
aus der sich jedoch die alten Gewißheiten verflüchtigt haben. Nirgendwo – weder in der Musik noch in der Malerei, der Literatur oder

den Sitten – finden wir ein Modell, das für sich allein Legitimität beanspruchen kann. Überall beobachten wir vielfältige Experimente, deren Ergebnis ungewiß ist und von denen einige gelingen, während andere nur von kurzer Dauer sind.

Diese Welt, die anscheinend die Sicherheit von stabilen, dauerhaften Normen aufgegeben hat, ist zweifellos eine gefährliche und unsichere Welt. Blinde Zuversicht vermag sie uns nicht einzuflößen, aber vielleicht jenes Gefühl einer gedämpften Hoffnung, das in gewissen talmudischen Texten offenbar dem Gott der Schöpfung zugeschrieben wurde[18]: »Sechsundzwanzig Versuche gingen der gegenwärtigen Schöpfung vorauf, und sie waren alle zum Scheitern verurteilt. Die Welt des Menschen ist mitten aus dem Chaos der zurückgebliebenen Trümmer hervorgegangen, doch besitzt er selbst deshalb keinen Garantieschein: Auch er ist dem Risiko des Scheiterns und der Rückkehr ins Nichts ausgesetzt. ›Möge diese gelingen‹ *(Halway Sheyaamod)*, rief Gott aus, als er die Welt schuf, und diese Hoffnung, welche die weitere Geschichte der Welt und der Menschheit begleitete, hat von Anfang an klargemacht, daß diese Geschichte von radikaler Unsicherheit gekennzeichnet ist.«

[1] Kuhn, T., *Die Struktur wissenschaftlicher Revolutionen*, Frankfurt 1967.

[2] Toulmin, S., *Menschliches Erkennen*, Bd. 1, Frankfurt 1978.

[3] Einstein, A., »Zur Methodik der theoretischen Physik« in *Mein Weltbild*, a.a.O., S. 115.

[4] Brush, S., »Irreversibility and Indeterminism: From Fourier to Heisenberg«, in *Journal of the History of Ideas*, Bd. 37, 1976, S. 603–630.

[5] Moscovici, S., *Hommes domestiques et hommes sauvages*, S. 297–298.

[6] Meyerson, E., *Identity and Reality*, New York 1962.

[7] Veröffentlicht in Bergson, H., *Mélanges*, Paris 1972, S. 1340–1346.

[8] *Albert Einstein-Michele Besso, Briefwechsel. 1903–1955*, Paris 1972.

[9] Mose ben Maimon (Maimonides), *Führer der Unschlüssigen*, Hamburg 1972, Bd. II, S. 89.

[10] Merleau-Ponty, M., »Le philosophe et la sociologie«, in *Eloge de la philosophie*, Paris 1960, S. 136–137.

[11] Zum folgenden siehe auch Prigogine, I., Stengers, I. und Pahaut, S., »La dynamique de Leibniz à Lucrèce«, in *Critique* »spécial Serres«, Bd. 35, Januar 1979, S. 34–55.

[12] Whitehead, A. N., *Process and Reality*, S. 240–241. Siehe zu diesem Thema Leclerc, I., *Whitehead's Metaphysics*, Bloomington Indiana 1975.

[13] *La naissance de la physique dans le texte de Lucrèce*, a.a.O., S. 139.

[14] Lukrez, *Über die Natur der Dinge*, 2. Buch, Vers 251–257: »Schließlich, wenn immer jede Bewegung verknüpft ist und aus der alten Bewegung immer wieder die neue in bestimmter Ordnung entsteht und die Urkörper nicht durch Abbiegen vom Wege einen Anfang der Bewegung machen, der die Gesetze des Fatums bräche, daß nicht Ursache auf Ursache folge seit unendlicher Zeit, woher kommt dann den lebenden Wesen die ganze Welt hin, woher kommt, frage ich, dieser freie, vom Fatum losgerissene Wille …?«

[15] Serres, M., a.a.O., S. 136.

[16] Serres, M., a.a.O., S. 162.

[17] Serres, M., a.a.O., S. 85–86 und »Roumain et Faulkner traduisent l'Ecriture«, in *La traduction*, Paris 1974.

[18] Neher, A., »Vision du temps et de l'histoire dans la culture juive«, in *Les cultures et le temps*, Paris 1975, S. 179.

HANS PETER DÜRR

Deutscher Physiker. Geboren 1929 in Stuttgart. Schüler Werner Heisenbergs und Edward Tellers. 1971 wurde Dürr als Nachfolger Heisenbergs Direktor des Werner-Heisenberg-Instituts am Max-Planck-Institut für Physik und Astrophysik in München. Mitbegründer des »Global Challenges Network«, das Forschungsprojekte im Umweltbereich fördert. 1987 erhielt er den »Alternativen Nobelpreis«.
Der ausgewählte Vortrag wurde erstmals zur 100-Jahrfeier des »Neuen Universums« 1983 gehalten. Er findet sich auch im 1988 erschienenen Sammelband »Das Netz des Physikers. Naturwissenschaftliche Erkenntnis in der Verantwortung« wieder.

Naturwissenschaft und Wirklichkeit

Der Beitrag naturwissenschaftlichen Denkens zu einem möglichen Gesamtverständnis unserer Wirklichkeit

Wissenschaft und Technik prägen unser Zeitalter, sie beherrschen direkt oder indirekt wesentliche Teile unseres Lebens. Sie haben dem Menschen auf kaum vorstellbare Weise die Möglichkeit eröffnet, sich die Natur dienstbar zu machen und sein eigenes Los auf dieser Welt zu erleichtern. Wissenschaft und Technik haben dem Menschen aber auch – und dies wird uns heute immer mehr bewußt – die Fähigkeit verliehen, sich selbst und seine ganze Umwelt, in die er eingebettet ist, zu zerstören. So feiern Wissenschaft und Technik heute höchste Triumphe und geben gleichzeitig den Blick in den Abgrund preis. Sie stürzen den sehenden und wachen Teil der Menschheit in bedrückende Zweifel, wie diese atemberaubende Entwicklung wohl weitergeht und ob sie langfristig eine Situation vermeiden kann, die wir aus irdischer, menschlicher Sicht als Katastrophe bezeichnen müßten.

Wir erleben heute in den Ländern der nördlichen Hemisphäre, welche diese Entwicklung anführen, bei vielen jungen Leuten eine Grundstimmung, die als wissenschafts- und technikfeindlich interpretiert wird. Diese Interpretation mag in Einzelfällen zutreffen, doch halte ich sie als allgemeine Aussage für falsch. Richtig erscheint mir, daß viele Menschen erkennen, daß die durch naturwissenschaftliches Denken erfaßbare, oder allgemeiner: die durch wissenschaftliche Methoden beschreibbare Wirklichkeit nicht die eigentliche, die ganze Wirklichkeit darstellt und darstellen kann, ja daß durch Wissenschaft nicht einmal der für uns Menschen »wesentliche Teil« dieser eigentlichen Wirklichkeit beleuchtet wird, daß es deshalb in unserem Zeitalter der Wissenschafts- und Technikeuphorie dringend nötig ist, wieder auf die prinzipiellen Grenzen der Wissenschaft, insbesondere der Naturwissenschaft und der aus ihren Erkenntnissen entwickelten Technik, hinzuweisen. Es ist nicht wissenschaftsfeindlich, wenn auf solche prinzipielle Grenzen der Wissenschaft aufmerksam gemacht wird. Gerade das Aufzeigen der Grenzen schärft den Blick für das, was man begreifen kann, es festigt letzten Endes die Fundamente des Wissenschaftsgebäudes.

Es ist vielleicht auf den ersten Blick überraschend, daß die Grenzen der Wissenschaft gerade dort am deutlichsten sichtbar wurden, wo unsere wissenschaftliche Methode sich bisher am überzeugendsten und genauesten bewährt hatte, nämlich in der Physik, in der Mechanik, der klassischen Mechanik Newtons. Die Welt erschien nach der klassischen Mechanik wie ein einziges großes Uhrwerk, das nach strengen und unverrückbaren Grenzen ablief. Für Gott schien kein Platz mehr. Gott war nur mehr eine Umschreibung für das noch nicht wissenschaftlich Gewußte. Gott war also gewissermaßen ein Sammelbegriff für alle Phänomene, die der unwissende Mensch noch nicht erfolgreich als speziellen Teil dieses komplizierten Räderwerks deuten konnte. Gott sollte deshalb in dem Maße entbehrlich werden, wie neue Kenntnisse und Einsichten erworben würden. Notwendig war Gott letztlich nur noch als Schöpfer, als der Konstrukteur dieses Uhrwerks und als derjenige, der es in Gang gesetzt hatte. Die Technik erlaubte es dem Menschen, ihm in dieser Weise nachzueifern. Die Kenntnis der Gesetze verschaffte dem Menschen Macht über die Natur.

Es zeigte sich bald, daß die Mechanik nicht ausreichte für die Beschreibung aller beobachteten physikalischen Phänomene. Insbesondere die elektrischen und magnetischen Erscheinungen wollten sich nicht der Mechanik unterordnen. Jede neue Einsicht warf neue Fragen und Probleme auf. Viele Phänomene entzogen sich einem Verständnis durch Komplexität – in der Vielfalt war das Gesetzmäßige nicht mehr auszumachen. Der menschliche Geist jedoch bohrte weiter, versuchte das komplizierte Geflecht zu entwirren.

Unser Wissen ist heute in viele Einzeldisziplinen zerstückelt, die jeweils nur noch ein Fachmann übersehen und »verstehen« kann, wobei »verstehen« meist nicht sehr viel mehr bedeutet, als daß er mit diesem Gebiet mehr oder weniger vertraut ist, daß er sich darin, wie etwa in seiner Wohnung, bewegen und zurechtfinden kann. Meist beobachten wir nicht mehr direkt die Natur, sondern verwenden dazu immer kompliziertere Geräte. Sie wirken wie überlange Stöcke, die uns erlauben, weiter vorzufühlen, Entfernteres zu berühren, stärker auszuholen, die andererseits aber, gerade wegen ihrer großen Länge, sich zwischen uns und die Natur schieben und bewirken, daß uns der unmittelbare, tastende Kontakt, das »Fingerspitzengefühl« für die Erfassung der Wirklichkeit im ganzen verlorengeht. Wohl können wir durch Konzentration und geduldiges Stochern dieses »Fingerspitzengefühl« durch den Stock hindurch transportieren, d. h. wir können lernen, auch durch eine lange Kette von technischen Geräten hindurch neue Sensibilität zu entwickeln und die ursprüngliche Entfremdung überwinden. Aber dieser Lern- und Anpassungsprozeß benötigt Zeit, und wir können ihn aufgrund unserer begrenzten Lernfähigkeit nur bewältigen, wenn wir unser Erfahrungsfeld drastisch einschränken.

Das Wissen in seiner Gesamtheit, wie es durch die Wissenschaften vermittelt wird, ist deshalb für den einzelnen in diesem Sinne nicht mehr erfaßbar und überschaubar. Wir fühlen uns trotz großer Anstrengung von den ständig wachsenden Anforderungen an unsere Auffassungsfähigkeit überfordert. Wir behelfen uns in dieser Notlage, indem wir aufgeben, alles geistig zu durchdringen und verstehen zu wollen, und bauen »schwarze Kästen« ein, die wir – ähnlich wie Autos, Fernseher, Waschmaschinen – einfach durch Knopfdruck und Hebel bedienen, ohne ihre Wirkungsweise zu verstehen. In dieser uns überfordernden Situation erscheint uns die Wirklichkeit auf die Existenz und Wirkung der vielen Werkzeuge und technischen Hilfsmittel reduziert, mit denen wir uns so reichlich umgeben haben. Unsere hochdifferenzierte und harmonisch natürliche Mitwelt wird usurpiert und dominiert durch eine von uns selbst geschaffene, bornierte, mechanistisch strukturierte und funktionierende Teilwelt. Diese Teilwelt verstellt uns den Blick auf die eigentliche Wirklichkeit und isoliert uns von ihr.

Es stellt sich nun die Frage, ob es andere und insbesondere zur Erfassung der ganzheitlichen Struktur der Wirklichkeit effektivere Arten der Welterfahrung gibt als die, mit unzählig vielen, überlangen spitzen Stöcken in ihr herumzustochern, wie es die Wissenschaft versucht. Noch prinzipieller stellt sich die Frage, ob eigentlich das Ganze, als welches ich als Erlebender und Erkennender die Welt – mich als erkennendes Ich eingeschlossen – begreife, ob eigentlich das Ganze sich überhaupt als Summe von Teilchen verstehen läßt, d. h. ob eine analytische, zerlegende Betrachtungsweise, wie sie von der Naturwissenschaft praktiziert wird, überhaupt ein geeignetes Mittel des Weltverständnisses ist.

Was meint eigentlich ein Naturwissenschaftler, wenn er von Erkenntnis spricht, was ist die Art seines Wissens, das einer solchen Erkenntnis entspringt? Wie steht das Wissen der »Wissenschaft«, und hier insbesondere der sogenannten »exakten Naturwissenschaften« in Beziehung zur eigentlichen Wirklichkeit, zur ursprünglichen Welterfahrung, was immer wir darunter verstehen mögen?

Von der Beantwortung dieser Fragen wird es abhängen, welchen Beitrag naturwissenschaftliches Denken prinzipiell zu einem Gesamtverständnis unserer Wirklichkeit leisten kann. Dies sind erkenntnistheoretische Fragen, deren Beantwortung eigentlich einem Philosophen überlassen werden sollte. Die modernen Entwicklungen in den Naturwissenschaften, insbesondere die umwälzende Erkenntnis in der Physik zu Beginn unseres Jahrhunderts, die zur Formulierung der Quantenmechanik geführt haben, haben aber den Naturwissenschaftler geradezu in diese Fragestellung hineingedrängt. Er mußte zu seiner Überraschung feststellen, daß seine Kenntnisse von und sein Wissen über die von ihm abstrakt vorgestellte Wirklichkeit sehr viel mit den Methoden zusammenhängen, mit denen er die Natur erforscht. Lassen Sie mich diese Beziehung zwischen den Erkenntnissen der Naturwissenschaft über die Wirklichkeit zur »eigentlichen« Wirklichkeit mit einer einprägsamen Parabel beschreiben, die von dem berühmten englischen Astrophysiker Sir Arthur Eddington in seinem 1939 erschienenen Buch *The Philosophy of Physical Science* angeführt wird.

Eddington vergleicht in dieser Parabel den Naturwissenschaftler mit einem Ichthyologen, einem Fischkundigen, der das Leben im Meer erforschen will. Er wirft dazu sein Netz aus, zieht es an Land und prüft seinen Fang nach der gewohnten Art eines Wissenschaftlers. Nach vielen Fischzügen und gewissenhaften Überprüfungen gelangt er zur Entdeckung von zwei Grundgesetzen der Ichthyologie:

1. Alle Fische sind größer als fünf Zentimeter.
2. Alle Fische haben Kiemen.

Er nennt diese Aussagen Grundgesetze, da beide Aussagen sich ohne Ausnahme bei jedem Fang bestätigt hatten. Versuchsweise nimmt er deshalb an, daß diese Aussagen auch bei jedem künftigen Fang sich bestätigen, also wahr bleiben werden.

Ein kritischer Betrachter – wir wollen ihn einmal den Metaphysiker nennen – ist jedoch mit der Schlußfolgerung des Ichthyologen höchst unzufrieden und wendet energisch ein:

»Dein zweites Grundgesetz, daß alle Fische Kiemen haben, lasse ich als Gesetz gelten, aber dein erstes Grundgesetz, über die Mindestgröße der Fische, ist gar kein Gesetz. Es gibt im Meer sehr wohl Fische, die kleiner als fünf Zentimeter sind, aber diese kannst du mit deinem Netz einfach nicht fangen, da dein Netz eine Maschenweite von fünf Zentimetern hat!«

Unser Ichthyologe ist aber von diesem Einwand keineswegs beeindruckt und entgegnet: »Was ich mit meinem Netz nicht fangen kann, liegt prinzipiell außerhalb fischkundlichen Wissens, es bezieht sich auf kein Objekt der Art, wie es in der Ichthyologie als Objekt definiert ist. Für mich als Ichtyhologen gilt: Was ich nicht fangen kann, ist kein Fisch.«

Soweit die Parabel. Sie läßt sich als Gleichnis für die Naturwissenschaft verwenden. Bei Anwendung dieses Gleichnisses auf die Naturwissenschaft entsprechen dem Netz des Ichthyologen das gedankliche und methodische Rüstzeug und die Sinneswerkzeuge des Naturwissenschaftlers, die er benutzt, um seinen Fang zu machen, d. h. naturwissenschaftliches Wissen zu sammeln, dem Auswerfen und Einziehen des Netzes die naturwissenschaftliche Beobachtung.

Wir sehen sofort, daß dem Streit zwischen dem Ichthyologen und dem Metaphysiker kein eigentlicher Widerspruch zugrunde liegt, sondern dieser nur durch die verschiedenen Betrachtungsweisen der Kontrahenten verursacht wird. Der Metaphysiker geht von der Vorstellung aus, daß es im Meer eine objektive Fischwelt gibt, zu der auch sehr kleine Fische gehören können. Vielleicht gibt es für ihn dafür auch gewisse Hinweise, wenn er etwa vom Ufer aus ins Wasser schaut. Aber er hat Schwierigkeiten, deren »Objektivität« im Sinne des Ichthyologen zu beweisen, denn im Sprachgebrauch des Ichthyologen ist ein Objekt etwas, was er mit dem Netz fangen kann. Der Metaphysiker empfindet diese Bedingung der Fangbarkeit als unzulässige subjektive Einschränkung der für ihn objektiven Wirklichkeit und bestreitet dem Ichthyologen deshalb die Relevanz seiner Aussage.

Der Ichthyologe ist hier anderer Meinung. Es ist für ihn uninteressant, ob er mit seinem Fang eine Auswahl trifft oder nicht. Er bescheidet sich mit dem, was er fangen kann und hat deshalb gegenüber dem Metaphysiker den Vorteil, daß er nirgends vage Spekulationen anstellen muß. Die Schärfe seiner Aussagen beruht wesentlich auf dieser Selbstbescheidung. Seine Beschränkung auf das Fangbare erscheint darüber hinaus vom praktischen Standpunkt aus ohne große nachteilige Konsequenzen. Für die Fischesser ist das Wissen, das der Ichthyologe etabliert, völlig ausreichend, da ein nicht fangbarer Fisch für ihn uninteressant ist.

Ein zweiter Betrachter, den wir den Erkenntnistheoretiker nennen wollen, versucht im Streit des Ichthyologen und Metaphysikers zu vermitteln. Er stimmt dem Metaphysiker zu, daß das erste Grundgesetz des Ichthyologen über die Minimalgröße der Fische einen subjektiven Charakter hat, aber er geht nicht so weit, daß er diesem Grundgesetz deshalb seine Relevanz abspricht. Er weist den Ichthyologen aber darauf hin, daß er dieses Grundgesetz nicht nur auf dem langwierigen und mühsamen Umweg des wiederholten Fischfangs und Ausmessens der Fische entdecken kann, sondern viel unmittelbarer und überzeugender durch eine Messung der Maschenweite des Netzes. Dieser erkenntnistheoretische Zugang verschafft dem Gesetz absolute Gültigkeit. Dies entspricht der Kantschen Aussage, daß die grundlegenden allgemeinen Einsichten der Physik sich deshalb *in* der Erfahrung bewähren, weil sie notwendige Bedingungen *für* die Erfahrung aussprechen. Für das zweite Grundgesetz »Alle Fische haben Kiemen« kann im Gegensatz dazu eine solch strenge Allgemeingültigkeit nie gefordert werden. Prinzipiell besteht hier immer die Möglichkeit, daß man durch Fischen in anderen Bereichen einmal auch einen Fisch ohne Kiemen zutage fördert. Dieses Gesetz gilt deshalb immer nur im Sinne einer Wahrscheinlichkeitsaussage. Dies ist die Art von Erfahrung, wie sie uns von den Empiristen gepredigt wird.

Das Gleichnis unseres Ichthyologen ist selbstverständlich zu einfach, um die Stellung des Naturwissenschaftlers und seine Beziehung zur Wirklichkeit angemessen zu beschreiben. Aber das Gleichnis ist doch differenziert genug, um wenigstens die wesentlichen Merkmale einer solchen Beziehung zu charakterisieren. Die Naturwissenschaft handelt nicht von der eigentlichen Wirklichkeit, der ursprünglichen Welterfahrung oder allgemeiner: was dahinter steht!, sondern nur von einer bestimmten Projektion dieser Wirklichkeit, nämlich von dem Aspekt, den man, nach Maßgabe detaillierter Anleitungen in Experimentalhandbüchern, durch »gute« Beobachtungen herausfiltern kann. Dieser Aspekt der Wirklichkeit kann dann auch von jedermann, der sich an die gleichen Vorschriften hält, nachgeprüft werden. Entsprechend seinem Projektionscharakter ist das auf diese Weise ermittelte naturwissenschaftliche Wissen im allgemeinen ein eingeschränktes Wissen von der metaphysisch vorgestellten eigentlichen Wirklichkeit. Darüber hinaus erhält das wissenschaftliche Wissen durch die Projektion auch eine bestimmte Prägung, wodurch sich der Charakter der wissenschaftlichen Welt gegenüber der eigentlichen Wirklichkeit qualitativ verändert. Wirklichkeit und ihr naturwissenschaftliches Abbild stehen sich deshalb etwa einander gegenüber wie ein Gegenstand zu seiner Zeichnung oder bestenfalls seiner Photographie (s. Abb. 1). Wir könnten hier auch das Platonsche Höhlengleichnis verwenden.

Die grundlegenden Änderungen im Weltbild der Physik, insbesondere durch die Entdeckung der Quantenmechanik im ersten Drittel unseres Jahrhunderts, haben die Aufmerksamkeit der Naturwissenschaftler auf diese erkenntnistheoretischen Fragen gelenkt. Die prinzipielle Beschränkung wissenschaftlicher Aussagen wurde deutlich. Es erscheint uns allen natürlich, daß unsere ursprüngliche Erfahrung reicher ist im Vergleich zu der Erfahrung, welche sich wissenschaftlich fundieren läßt. Denn unsere Erfahrung beginnt schon dort, wo wir uns noch ganz als integrierten Teil einer Gesamtwirklichkeit erleben, wo wir noch nicht angefangen haben, uns als Subjekt vom Objekt zu trennen, wo wir noch nicht angefangen haben, unserem existentiellen Ich eine objektiv erfahrbare Außenwelt gegenüberzustellen. Viele für uns wichtige Erfahrungen, z. B. auf religiösem oder künstlerischem Gebiet, erfüllen nicht die Auswahlkriterien einer wissenschaftlichen Betrachtung. Sie können deshalb weder mit der Naturwissenschaft konfrontiert werden noch mit dieser in Widerspruch geraten – sie beziehen sich, in unserer Parabel, auf Fische, die man nicht fangen kann.

Bei unserer bisherigen Argumentation hat die Vorstellung eines Netzes eine entscheidende Rolle gespielt. Das Netz symbolisiert die Wirklichkeitsverengung und Qualitätsänderung durch unser Denken. Man mag an dieser Stelle zweifeln, ob die Vorstellung eines bestimmten Netzes – als Metapher für das gedankliche Rüstzeug und die wissenschaftlichen Methoden – der tatsächlichen Situation in der Naturwissenschaft gerecht wird. Es erscheint eher angemessen, sich den Naturwissenschaftler als einen weit intelligenteren Ichthyologen vorzustellen, der mit immer besseren und raffinierteren Netzen – insbesondere mit solchen kleinerer Maschenweite – fischt, um Schritt um Schritt zu einer genaueren und vollständigeren Erfassung der Wirklichkeit zu kommen. Zweifellos ist in dieser Hinsicht unser ursprüngliches Gleichnis zu einfach. Letztlich war es gerade die Möglichkeit, verschiedene Netze zu verwenden, die unmißverständlich auf den Projektionscharakter der »physikalischen Wirklichkeit« hinwies. Ein Elektron zum Beispiel offenbarte sich bei der einen Beobachtungsmethode als Teilchen, bei einer anderen als Welle, also in zwei gänzlich verschiedenen Formen, und zwar – im Sinne der herkömmlichen Objektvorstellung – sogar in unverträglichen Formen. Dieses Beispiel macht deutlich, daß der Naturwissenschaftler wohl verschiedene Netze zur Wirklichkeitserfassung hat, andererseits jedoch auch, daß eine prinzipielle Einschränkung in der Auswahl aber bestehen bleibt. Es gibt kein Netz, mit dem er das Etwas »Elektron« fischen, d. h. objektivieren kann, das die komplementären Seiten Teilchen-Welle vereinigt läßt (s. Abb. 1).

Die »naturwissenschaftliche Welt« unterscheidet sich, wie schon vorher erwähnt, auch qualitativ von der eigentlichen Wirklichkeit, von der sie ein projektives Abbild ist. Dies ist in unserem Ichthyologengleichnis deutlich geworden. Bei der Untersuchung seines Fangs versucht der Ichthyologe nicht zu beschreiben, *was* ein Fisch (von mehr als fünf Zentimeter) ist, sondern konzentriert sich nur auf gewisse Eigenschaften des Fisches, in unserem Beispiel: seine Länge: Die Länge bezeichnet eine Beziehung zwischen einem Fisch und einem Stück Holz, das er als Meßlatte verwendet. Daß ein Fisch und ein Stück Holz sich überhaupt vernünftig vergleichen lassen, liegt daran, daß man sich auf eine Eigenschaft beschränkt, die beiden gemeinsam ist, nämlich die abstrakte Eigenschaft »Länge«. Die quantitative Beschreibung, d. h. die Möglichkeit, Aussagen in Zahlen zu fassen – in unserem Fall die Angabe der Zahl »fünf« in Meßlattenlängen »Zentimeter« –, und ganz allgemein die Möglichkeit, bei der Formulierung von Aussagen und Verknüpfungen die Mathematik zu verwenden, hängt genau mit der Möglichkeit zusammen, von den Inhalten der Dinge, also dem »was«, ganz abzusehen und sich allein auf die Beziehung von Vergleichbarem, also das »wie«, zu konzentrieren. In engem Kontakt zur eigentlichen Wirklichkeit, aber neben dieser eigentlichen Wirklichkeit errichtet der Naturwissenschaftler ein neues, andersartiges, nämlich ein mathematisch strukturiertes Gebäude, das er durch einen Prozeß von »trial and error« immer besser

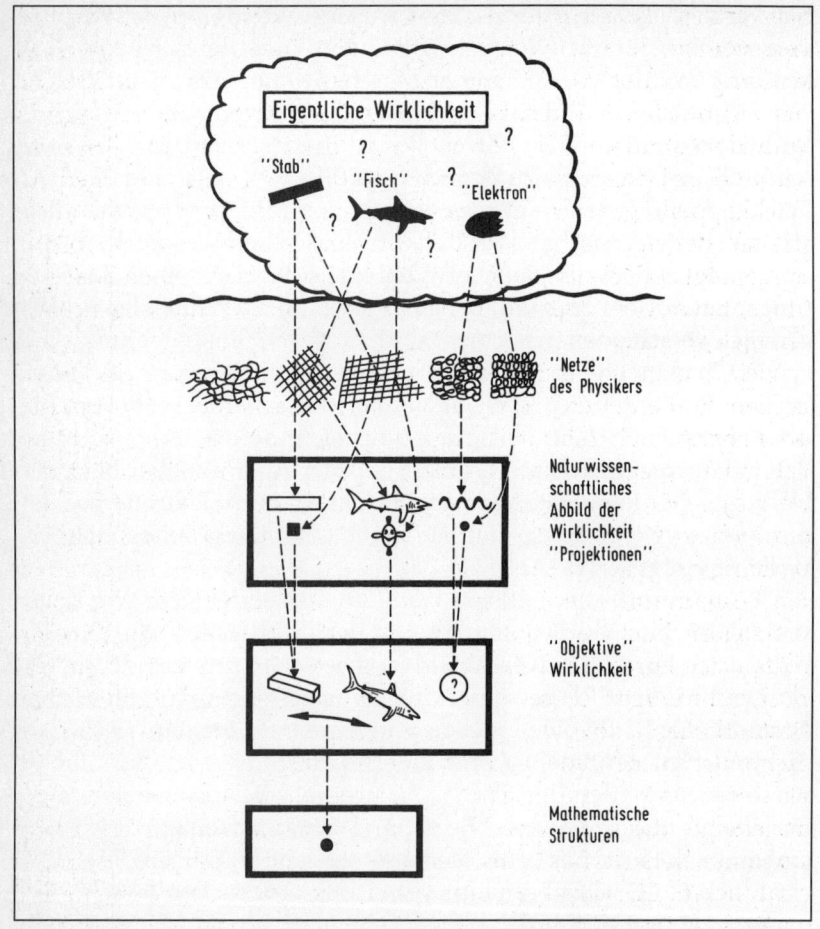

Abb. 1: *Beziehung der »naturwissenschaftlichen« Wirklichkeit zur »eigentlichen«*
Wirklichkeit

der Struktur (nicht dem Inhalt) der Wirklichkeit nachzubilden versucht (s. Abb. 1). Er wählt dazu ein Netz, eine Sprache, ein Paradigma, das der Wirklichkeit in gewisser Weise angepaßt ist und eine
Optimierung dieses Übersetzungsprozesses erlaubt.

Im Gleichnis des Ichthyologen heißt dies etwa, daß dieser zunächst
kein Meeresforscher, sondern einfach ein Fischesser war, der alle
möglichen Fischfangmethoden – Steinewerfen, Stechen, Angeln
usw. – durchprobierte, um möglichst viele Fische zu fangen, bis er
schließlich das für diesen Zweck äußerst effiziente Netz entdeckte.

Das Netz ist also nicht etwas, was ganz unabhängig von der Wirklichkeit, vom Fischreich, vorgegeben ist, sondern es hat sich in Wechselwirkung mit der Wirklichkeit als geeignet angeboten. Die Struktur der eigentlichen Wirklichkeit hat also wesentlichen Einfluß auf die Wahl der Paradigmen und Denkschemata, mit denen wir sie zu erfassen und zu beschreiben versuchen. Wir haben es also mit einer Art Rückkoppelung zu tun. Die »naturwissenschaftliche Wirklichkeit« ist deshalb der eigentlichen Wirklichkeit deutlich eingeprägt. Deutlicher eingeprägt jedenfalls als etwa »David« im unbehauenen Marmorblock, bevor der Meißel des Michelangelo ihn für uns alle sichtbar »freigelegt« hat.

Viele Naturwissenschaftler, so scheint es mir, sind sich der prinzipiellen Beschränkung ihrer Wirklichkeitserfassung nicht bewußt, oder aber sie halten für irrelevant, was prinzipiell nicht wissenschaftlich erfaßt werden kann. Vielfach ist ihr Wirklichkeitsverständnis noch sehr von der Vorstellung des 19. Jahrhunderts geprägt, nach der eine genaue Kenntnis des augenblicklichen Zustands der Welt in Verbindung mit einer exakten Kenntnis der Naturgesetze zu einer scharfen Bestimmung aller zukünftigen Ereignisse führt. Die Welt selbst wird als ein hochgradig kompliziertes System aufgefaßt, dessen Qualitäten sich letztlich auf die Bewegungen von ungeheuer vielen, nur noch mit wenigen Eigenschaften begabten, zeitlich unveränderlichen Bestandteilen – seien sie nun Atome oder noch kleinere Bausteine: Elementarteilchen oder Quarks – zurückführen lassen. Die Zeit wird als wesentliche Ordnungsstruktur ausgezeichnet. Das zeitlich Unveränderliche, das »Beharrende«, wird als »Materie« begriffen. Etwas verstehen bedeutet zunächst, es in seine »Bestandteile« zerlegen, es analysieren. Das Ganze gewinnt man zurück als Summe seiner Teile.

Dieses einfache Bild von der Wirklichkeit hat sich entscheidend verändert. Der wesentliche Einschnitt erfolgte durch die Quantenmechanik. War es bisher schon immer notwendig, bei ungenauer Kenntnis eines Zustands auf ganz präzise Aussagen und insbesondere Vorhersagen zu verzichten und sich mit der Angabe ihrer Wahrscheinlichkeiten zu begnügen, so stellte sich nun heraus, daß der Wahrscheinlichkeitscharakter von physikalischen Aussagen nicht allein von der subjektiven Unkenntnis herrührt, sondern dem Naturgeschehen selbst eingeprägt ist. Eine noch so genaue Beobachtung aller Fakten in der Gegenwart reicht prinzipiell nicht aus, um das zukünftige Geschehen vorherzusagen, sondern eröffnet nur ein bestimmtes Feld von Möglichkeiten, für deren Realisierung sich bestimmte Wahrscheinlichkeiten angeben lassen. Das zukünftige Geschehen ist also nicht mehr determiniert, nicht festgelegt, sondern bleibt in gewisser Weise offen. Das Naturgeschehen ist dadurch kein mechanistisches Uhrwerk mehr, sondern hat den Charakter einer *fortwährenden Entfaltung*. Die Schöpfung ist nicht abgeschlossen – die Welt ereignet sich in jedem Augenblick neu.

Ich möchte diesen wichtigen Punkt noch etwas näher ausführen. Ich muß dazu unsere Vorstellungskraft etwas strapazieren und bitte deshalb um Nachsicht und Geduld. Ich tue dies, um anzudeuten, daß hinter diesen vagen Sprechweisen eine streng und scharf faßbare Struktur verborgen ist.

Nach der klassisch-mechanistisch-atomistischen Vorstellung besteht die Welt aus einer großen Anzahl von nicht mehr weiter zerlegbaren, strukturlosen und unzerstörbaren Bausteinen, von irgendwelchen Atomen. »Atome« sollen hierbei nicht die Atome im engeren Sinne, die Bausteine der chemischen Elemente bedeuten, sondern deren Subpartikel, die sogenannten Elementarteilchen, wie insbesondere den Elektronen der Atomhülle und den Protonen und Neutronen des Atomkerns, oder eigentlich deren Bausteinen, den sogenannten Quarks, oder gar deren vermuteten Untereinheiten, den Preonen usw. Welches nun letztlich die kleinsten Bausteine sind, soll uns hier nicht kümmern, sondern nur, daß es überhaupt solche kleinsten und unzerstörbaren Bausteine der Materie gibt, also »Objekte« in einem bestimmten Sinne, die zeitlich unveränderlich sind, also über alle Zeiten hin mit sich selbst identisch bleiben. Sie verbürgen bei dieser Vorstellung gewissermaßen die zeitliche Kontinuität unserer Welt. Jedes dieser Atome könnten wir anschaulich mit einem unendlich langen, in seiner ganzen Länge mit sich selbst gleichbleibenden Nylonfaden vergleichen, der aus frühester Vergangenheit kommt und in die fernste Zukunft läuft (s. Abb. 2). Die Welt ist ein dickes Nylonseil, das aus unzählig vielen solcher Fasern besteht. Das Weltgeschehen besteht nur in einer komplizierten Durchmischung und Umordnung dieser vielen Atome, in unserem Bild also in den Verflechtungen und Verwicklungen der einzelnen Nylonfäden entlang des Seils. Diese Verwicklungen sind in einem mechanistischen Weltbild nicht zufällig, sondern gehorchen ganz bestimmten Gesetzen. Für die Erfassung der materiellen Wirklichkeit würde es deshalb unter diesen Umständen prinzipiell ausreichen, das Nylonseil an einem bestimmten Querschnitt zu kennen, um seine Struktur der ganzen Länge nach abzuleiten, also: Die genaue Kenntnis des Zustands der Welt zu einem bestimmten Zeitpunkt, z. B. im jetzigen Augenblick, sollte prinzipiell ausreichen, das Vergangene voll zu rekon-

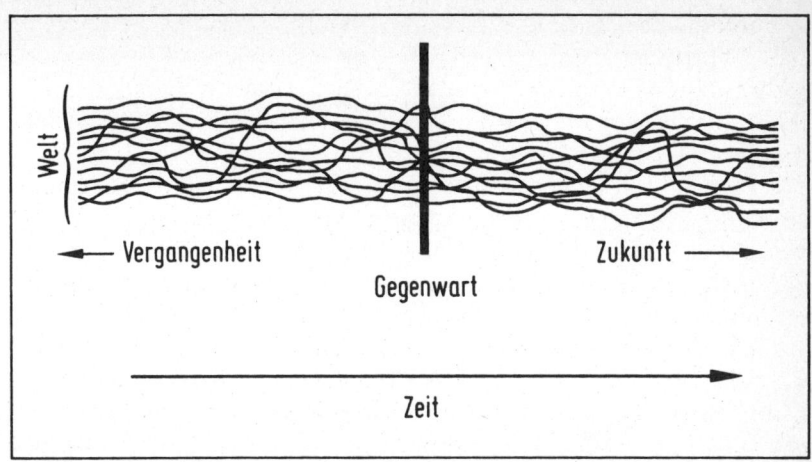

Abb. 2: *Deterministisch-atomistisches Weltmodell »Nylonseil«*

struieren und das Künftige eindeutig vorherzusagen. Ich sage »prinzipiell«, denn praktisch wird es selbstverständlich gänzlich unmöglich sein, sich eine vollständige Kenntnis der Welt zu einem bestimmten Zeitpunkt zu verschaffen. Man würde also auch in diesem Fall praktisch mit der Ungewißheit leben müssen. Aber eine strenge Determiniertheit des Weltgeschehens würde – wenn man auch die belebte Welt und die Menschen mit in diese Gesetzmäßigkeit einbezieht – keine Freiheit des Handelns mehr zulassen! Das Weltgeschehen würde unbeeinflußbar wie ein Uhrwerk ablaufen! Es bestünde auch kein prinzipielles Verständnis darüber, was die »Gegenwart« auszeichnet, was sie bedeutet.

Nach der quantenmechanischen Vorstellung gibt es jedoch kein Teilchen mehr, d. h. ein mit sich zeitlich identisches lokalisiertes Objekt. Das klassische Bild z. B. eines kräftefreien Elektrons, das sich aufgrund einer konstanten Geschwindigkeit ($\vec{v}$ von einem bestimmten Punkt *A* zu einem anderen Punkt *B* auf einer geraden Bahn $A \rightarrow B$ bewegt, muß quantenmechanisch ganz anders interpretiert werden (s. Abb. 3). Auch hier kann man in gewissem, abgeschwächtem Sinne von einem Ausgangszustand »Elektron am Punkt *A* mit Geschwindigkeit $\vec{v}$« sprechen. Die Abschwächung kommt in prinzipiellen Unschärfen dieser Zustandsfestlegung zum Ausdruck (Heisenbergsche Unschärferelationen), was letztlich die Unverträglichkeit signalisiert, ein Elektron als *Objekt* zu betrachten. Die quantenmechanischen Gesetzmäßigkeiten bewirken nun aber nicht, daß das Elektron zu einem späteren Zeitpunkt einen entsprechenden Zustand am Punkt *B* ein-

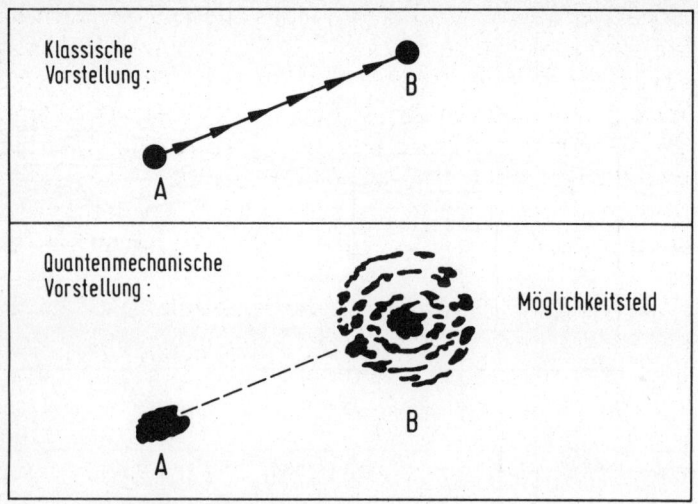

Abb. 3: »Bahn« eines Elektrons

nimmt, sie sagen vielmehr nur voraus, daß ein Zustand »Elektron« an irgendeinem anderen Ort mit einer bestimmten Wahrscheinlichkeit auftreten muß. Dies beinhaltet ein enormes Mehrwissen. Es ist dieses Mehrwissen, was die klassische Definition eines Objekts verhindert. Das Möglichkeitsfeld für das Auftreten des Teilchens ist »wellenartig«, d. h. es hat die Eigenschaft, daß bei Überlagerung von zwei Möglichkeiten diese sich nicht nur verstärken, sondern auch abschwächen können.

Daß dieses nur statistisch festgelegte Kausalverhalten Ursache → Wirkung nicht zu einem völlig chaotischen dynamischen Verhalten führt, rührt nun daher, daß die durch den Ausgangszustand bei A ausgelösten Möglichkeitswellen sich im allgemeinen bei Überlagerung praktisch überall fast völlig zu Null wegkompensieren, außer an ganz bestimmten Stellen, nämlich gerade dort, wo wir das Teilchen aufgrund einer klassischen Bahnvorstellung erwarten würden. Dies hat zur Folge, daß die Bewegungsgesetze der Mechanik sich aus Extremalprinzipien – etwa dem Hamiltonschen Prinzip – ableiten lassen. Die kontinuierliche Verknüpfung der Punkte A nach B und ihre Bezeichnung als »Bahn eines bestimmten Teilchens« gelingt also nur aufgrund eines Mittelungsprozesses. Folglich ist auch die Identifizierung des Teilchens bei A mit dem B nachgewiesenen (wir sprechen von einem bestimmten Elektron!) nur bei dieser vergröberten Betrachtungsweise möglich.

Aus quantenmechanischer Sicht gibt es also keine zeitlich durchgängig existierende objektivierbare Welt, sondern diese Welt ereignet sich gewissermaßen in jedem Augenblick neu. Die Welt »jetzt« ist nicht mit der Welt im vergangenen Augenblick substantiell identisch. Aber die Welt »im vergangenen Augenblick« präjudiziert die Möglichkeiten zukünftiger Welten auf solche Weise, daß es bei einer gewissen vergröberten Betrachtung so erscheint, als ob bestimmte Erscheinungsformen, z. B. Elementarteilchen, ihre Identität in der Zeit bewahren.

Die Welt entspricht also keinem aus vielen kontinuierlichen Nylonfäden geflochtenen Nylonseil, bei der Vergangenheit und Zukunft prinzipiell offen, prinzipiell unbestimmt; die Vergangenheit dagegen ist festgelegt, durch Fakten (irreversible makroskopische Prozesse) in der Gegenwart dokumentiert. Die Gegenwart bezeichnet den Zeitpunkt, wo Möglichkeit zur Faktizität, zur Tatsächlichkeit gerinnt. In unserem Bild vom Nylonseil entspricht dies eher einem nur mehr in die Vergangenheit sich erstreckenden Halbseil, dessen Fäden in der Gegenwart gleichsam aus einem unstrukturierten Lösungsbad herausgezogen werden, sich also gewissermaßen im jeweils gegenwärtigen Augenblick aus einer qualifizierten Unbestimmtheit neu bilden (s. Abb. 4). Eine Extrapolation in die Zukunft ist prinzipiell nicht möglich.

Die zeitliche Kontinuität der Welt beruht also nicht auf ihrem »objektiven« Charakter, nicht darauf, daß also gewisse Objekte, Dinge, Materieklümpchen existieren, sondern darauf, daß ihr eine gewisse »Erwartung« innewohnt, welche ihre zeitliche Entwicklung formt.

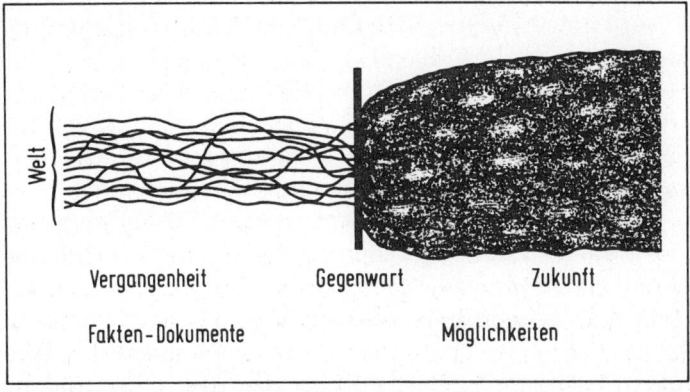

Abb. 4: *Quantenmechanisches Weltmodell »Nylon-Halbseil«*

Es fällt uns schwer, uns die Welt und ihren Inhalt (»Dinge«), ihre Zustände nicht-objekthaft vorzustellen. Unser ganzes Begriffssystem, unsere Sprache ist ja auch auf dieser »zeitlos gedachten« Struktur aufgebaut. Um sie trotzdem in ihrer »Erwartungs-Struktur« denken zu können, führen wir abstrakt den objekthaft klingenden Begriff eines »virtuellen Zustands« ein und stellen diesen Zustand formal durch einen Vektor in einem unendlich-dimensionalen Zustandsraum (Hilbertraum) dar. Seine jeweilige (im allgemeinen zeitlich veränderliche) Richtung beschreibt die (im allgemeinen zeitlich veränderlichen) Wahrscheinlichkeiten für die möglichen Realisierungen. Dieser Zustandsvektor repräsentiert die ständige Erwartung und die zwingende Aufforderung, daß sich die Welt in irgendeiner Form neu ereignet.

Durch den Kunstgriff, die Objekte der klassischen Vorstellung in der Quantenbeschreibung durch »Zustandsvektoren« zu ersetzen, wird jedoch die Objektivierbarkeit der Welt nicht wieder hergestellt.

Die Zustandscharakterisierung ist eher vergleichbar mit einer Vorgehensweise bei einem Würfel, wenn wir die Wahrscheinlichkeit des Auftretens der sechs verschiedenen Augenzahlen geeignet charakterisieren wollen. Wir tun dies, indem wir diesem Würfel einen Vektor der Länge 1 in Richtung der Hauptdiagonalen in einem sechs-dimensionalen Raum zuordnen und die Projektionen dieses Vektors auf die sechs Koordinatenachsen als ein Maß für die Wahrscheinlichkeit des Auftretens der sechs verschiedenen Augenzahlen beim Würfeln interpretieren. Da wir uns anschaulich nur einen Raum mit höchstens drei Raumdimensionen vorstellen können, lassen Sie mich den Würfel mit seinen sechs möglichen Lagen auf einem Tisch durch einen »Würfel« mit nur zwei möglichen Lagen ersetzen, der in diesem Fall dann etwa einer Münze mit ihrer Vor- und Rückseite oder ihrem Kopf und Wappen entspricht (s. Abb. 5). Das Verhalten einer Münze beim »Würfeln«, also wenn sie auf den Tisch geworfen wird, kann ich durch einen Vektor $\vec{\psi}$ der Länge 1 in der Hauptdiagonalen eines 2-dimensionalen Raumes, einer Ebene, charakterisieren (s. Abb. 6), d. h. einen Pfeil in einer Richtung, bei der seine Projektion auf die $i = 1,2$ Koordinatenachsen denselben Wert $\psi_1 = \frac{1}{2}$ besitzen. Denn aufgrund des Satzes von Pythagoras gilt dann gerade für die Gesamtlänge des Vektors $\psi_1^2 + \psi_2^2 = 1$. Das Quadrat der Projektion $\psi_1^2 = \frac{1}{2}$ auf die i^{te} Achse bezeichnet hier die Wahrscheinlichkeit, daß bei einem Wurf entweder $i = 1$, d. h. Kopf, oder $i = 2$, d. h. Wappen auftreten wird. Wir sehen an diesem Beispiel, daß der abstrakte Vektor das zukünftige statistische Verhalten der Münze beschreibt und streng determi-

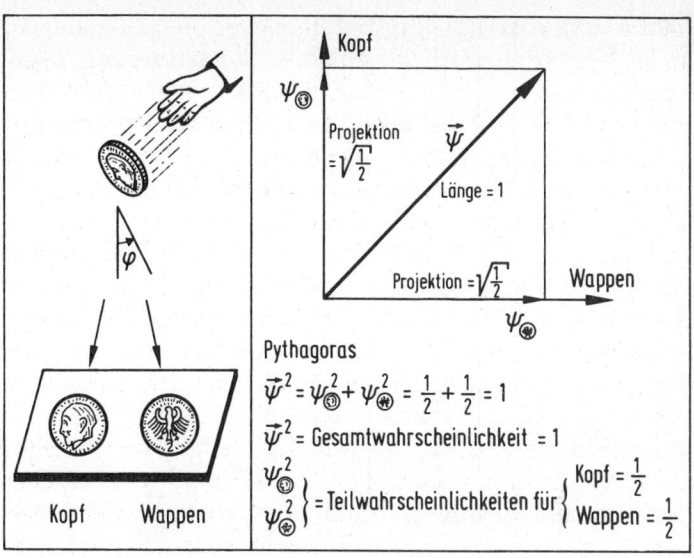

Abb. 5: *Zweiseitiger »Würfel« = Münze*
Abb. 6: *Kopf-Wappen Wahrscheinlichkeit*

niert. Dieser Vektor hat jedoch keine objektive Existenz wie die materielle Münze oder der materielle Würfel selbst, sondern ist nur ein Abbild zukünftiger Ergebniserwartung beim Würfeln.

Der quantenmechanischen Wirklichkeit entspricht nun ein solcher abstrakter, im allgemeinen sogar unendlich dimensionaler Vektor, was einem Würfel mit unendlich vielen Seiten entspräche, ohne jedoch mit einer materiellen Basis wie beim materiellen Würfel oder der materiellen Münze verbunden zu sein.

Die einzelnen Würfe mit unserem Würfel oder unserer Münze sind (im Idealfall) völlig unabhängig voneinander, sie sind rein zufällig, sie werden durch kein Kausalgesetz miteinander verkoppelt. Trotzdem schält sich bei einer langen Würfelfolge ein ehernes Gesetz heraus, nämlich daß jede Augenzahl mit einer Wahrscheinlichkeit von ⅙ und, bei unserer Münze, Kopf und Wappen je mit einer Wahrscheinlichkeit von ½ vorkommt. Hier entsteht eigentümlicherweise Ordnung aus Zufall, aus Chaos.

Wie kann so etwas überhaupt geschehen? Das umgekehrte, daß nämlich Ordnung durch Vielfalt zum Chaos führt, ist uns eher geläufig und begreiflich.

Offensichtlich wird diese Ordnung durch eine »Verengung« der

Wirklichkeit durch den Akt des Würfelns bewirkt. Die unendlich vielen unterschiedlichen durch den Winkel φ charakterisierbaren, gleichberechtigten Orientierungen der Münze, welche die bei beliebig vielen Würfen zufälligen Ausgangssituationen repräsentieren, werden beim Aufschlag auf den »Tisch«, die Linie, auf nur zwei verschiedene Lagen reduziert (s. Abb. 5). Dadurch wird Ordnung erzeugt.

Das Würfelspiel ist für die Beschreibung des eigentlichen Sachverhalts noch nicht ganz korrekt, es ist noch zu einfach. Die beim Würfeln auftretenden Teilwahrscheinlichkeiten werden als Quadrate von positiven Projektionen, von positiven Amplituden beschrieben. In der Quantenmechanik ist dies nicht mehr der Fall. Hier werden die (positiven) Wahrscheinlichkeiten als Absolutquadrate von komplexwertigen Wahrscheinlichkeitsamplituden dargestellt. Die komplexwertigen Wahrscheinlichkeitsamplituden verhalten sich dann wie Wellen mit positiven und negativen Ausschlägen, die bei Überlagerung, bei Interferenz, sich verstärken oder schwächen und insbesondere sich auch wechselseitig auslöschen können. Bei der Überlagerung der üblichen klassischen Wahrscheinlichkeiten kann man nie zu einer Gesamtwahrscheinlichkeit Null kommen, wenn nicht bestimmte Teilwahrscheinlichkeiten auch Null sind.

Auch ist nicht klar, was dem Gleichnis des Würfels in unserem Bilde – also der plötzlichen Verengung der Wirklichkeit, ihrer Fixierung, durch den Akt des Würfelns – in der Physik entspricht. Dies hängt zusammen mit dem Akt einer Messung, die, wie man das ausdrückt, zu einem Kollaps des Wahrscheinlichkeitswellenpakets, oder, wie ich dies hier bezeichnet habe, zur Gerinnung des Möglichen zum Faktischen führt. Eine Messung setzt einen großen Apparat voraus, der sich im wesentlichen nach klassischen Gesetzen verhält, bei dem also die Effekte der Quantenphysik sich hinreichend ausgemittelt haben. Damit der Apparat aber überhaupt für eine Messung geeignet ist, muß er eine entsprechende Empfindlichkeit besitzen. Er stellt im allgemeinen ein hochinstabiles System dar, das durch die zu messenden Effekte zum Kippen gebracht wird: Eine winzig kleine Ursache kann hier also eine Lawine, einen irreversiblen Prozeß in Gang setzen, an dessen Ende ein makroskopisches Dokument, ein Faktum steht, nämlich der durch den Meßapparat angezeigte Meßwert.

Diese Kipp-Prozesse, dieses Ingangsetzen von irreversiblen Prozessen mit makroskopischen Endstrukturen, passiert jedoch nicht nur bei dem Vorgang, den wir Messung nennen, sondern diese Verwandlung von Möglichem in Faktisches geschieht auch ohne unser Zutun. Dieser stetige Gerinnungsprozeß verleiht der Zeit eine absolute Bedeutung. Der zeitliche Ablauf spiegelt einen fortlaufenden Evolutionsprozeß wider. Die Evolution ist somit eigentlich nicht in der Zeit, sondern Zeit und Evolutionen sind ihrem eingeprägten Charakter nach dasselbe. Die jeweilige Gegenwart bezeichnet die stetige Ausformung von Möglichem zu Tatsächlichem, es entspricht einem fortlaufenden Ordnungsprozeß.

In der formellen Sprache einer Quantenfeldtheorie wird das Faktische durch einen mit klassischen Eigenschaften begabten Grundzustand beschrieben, die dynamische Entwicklung der Möglichkeiten durch gewisse Quantenfeldoperatoren, die auf diesen Grundzustand wirken. Die Entwicklung des Universums vom sogenannten Urknall an entspricht einem Prozeß fortwährender Ausdifferenzierung und Strukturierung, die – in der Sprache der Quantenfeldtheorie – zu immer höheren Ordnungen des Grundzustandes und einer Verminderung seiner Symmetrie führen (s. Abb. 7).

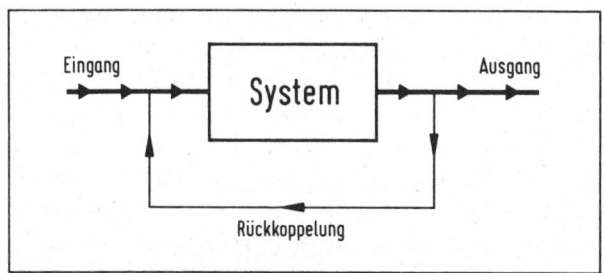

Abb. 7: *Rückgekoppelte Systeme*

Wir wollen hiermit die Abschweifung ins Abstrakte beenden und die Frage stellen, warum diese Spitzfindigkeiten der Quantenmechanik für uns überhaupt von Bedeutung sind. Denn durch die Erkenntnisse der Quantenphysik sind selbstverständlich die uns so geläufigen Vorstellungen eines mechanistisch-deterministischen Verhaltens der Materie nicht ganz unbrauchbar geworden. Trotz Quantenmechanik fahren wir Auto oder fliegen wir in einem Flugzeug in der festen und – Gott sei Dank – auch berechtigten Überzeugung, daß diese Transportmittel in ihrem Bewegungsverhalten ausreichend determiniert sind und deshalb auch durch geeignete Manipulationen des Fahrers oder des Piloten beherrscht werden können. Dieses deterministische Verhalten der Materie ergibt sich nämlich für die meisten Objekte unseres Alltags trotz quantenmechanischer Grundstruktur als extrem gute Näherung. Für diese im Vergleich zu Atomdimensionen riesengroßen Systeme mittelt sich nämlich das unbestimmte Verhalten der einzelnen Atome, aufgrund ihrer großen Anzahl, fast gänzlich aus. Es ist hier etwa so, als ob wir jeweils gleichzeitig mit etwa 10^{24} Würfeln würfeln würden. Nach der Wahrscheinlichkeitstheorie würden in diesem Fall Abweichungen vom exakten gleichen Auftreten aller Augenzahlen nur etwa $1/\sqrt{10^{24}} \times 100\% = 10^{100}\%$, also ein zehnmilliardstel % betragen.

Die prinzipiell zeitlich offene Struktur der Naturgesetzlichkeit ist also für makroskopische Systeme, für Gegenstände unserer gewohnten Umgebung, durch die fast vollständige statistische Ausmittelung völlig verdeckt und sollte deshalb für unseren Alltag keinerlei Bedeutung haben. Man stellt nun allerdings fest, daß es selbst im streng deterministischen Fall – also im Rahmen der klassischen Mechanik, wo streng deterministische Gesetze gelten – unter geeigneten Umständen nicht mehr möglich ist, aus einer gegebenen Anfangssituation die zukünftige Entwicklung vorherzusagen – das Berechenbare kann unberechenbar werden. Solche Verhältnisse können auftreten, wenn mechanische Systeme »nichtlinear rückgekoppelt« werden, d. h. wenn eine Endkonfiguration eines Systems dem System als neue Anfangskonfiguration eingefüttert wird, was eine neue Endkonfiguration erzeugt, die wieder eingefüttert wird und so in unendlicher Folge (s. Abb. 8). Solche Systeme können trotz ihrer prinzipiell deterministischen Struktur ein völlig unvorhersagbares chaotisches Verhalten entwickeln. Dynamische Systeme dieser Art werden heute von vielen Wissenschaftlern an großen Computern simuliert und studiert. Ihr mögliches chaotisches Verhalten hängt mit Instabilitäten des dynamischen Systems zusammen, was dazu führt, daß winzig kleine Abweichungen in der Anfangskonfiguration zu völlig anderen Endkonfigurationen führen. In diesem Fall gilt dann nicht mehr die für unsere täglichen Planungen eigentlich unentbehrliche Grunderfahrung, daß ähnliche Ursachen auch zu ähnlichen Folgen führen. Selbstverständlich sind uns auch solche Situationen im täglichen Leben nicht ganz unbekannt, z. B. wenn wir mit einem Auto auf einer engen Straße fahren: Eine seitliche Verschiebung von wenigen Zentimetern kann hier unseren eigenen Lebenslauf dramatisch verändern.

Die jüngsten Untersuchungen von Ilya Prigogine und anderen an stark gekoppelten chemischen und biologischen Systemen, die aufgrund äußerer Einflüsse weit aus ihrer thermodynamischen Gleichgewichtslage herausgedrückt sind, zeigen, daß solche sogenannten dissipativen Systeme die Möglichkeit zu verschiedenartigen Entwick-

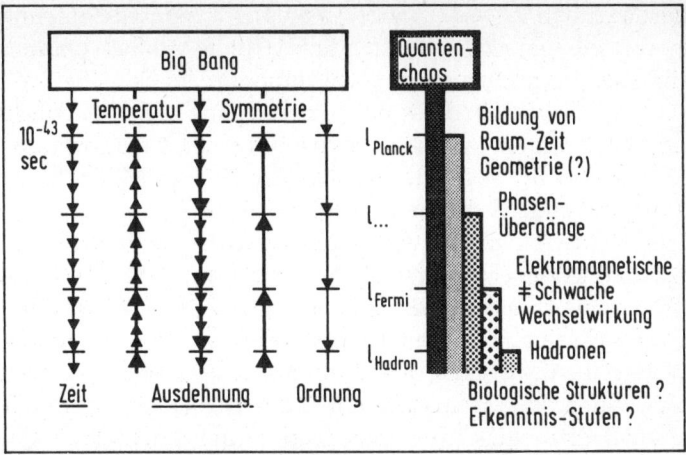

Abb. 8: *Entwicklung des Universums*

lungen erlangen, die von unmerklich kleinen Schwankungen gesteuert werden. Es ist deshalb vielleicht erlaubt zu sagen, daß die im Mikroskopischen prinzipiell angelegte Entfaltung neuer Möglichkeiten in solchen besonderen Situationen der üblichen statistischen Ausmittelung entkommen und auf diese Weise zur makroskopischen Ebene durchstoßen können. Entscheidend ist hierbei die nichtlineare Rückkopplung, daß Endkonfigurationen wieder zum Anfang zurückkehren. Unter gewissen Bedingungen gelingt solchen Systemen eine Selbstorganisation, aufgrund derer im Laufe der Zeit sich immer höhere Ordnungsstrukturen entwickeln können. Dieses Verhalten könnte deshalb den entscheidenden Schlüssel zum Verständnis des Lebendigen liefern und den Weg zu einer Beschreibung des Lebens im Rahmen einer allgemeinen Theorie der Materie öffnen.

Lassen Sie mich an dieser Stelle meinen kleinen Ausflug in die Erkenntnistheorie und die moderne Physik abbrechen. Es war nicht meine Absicht, Sie hier mit einer Kost zu füttern, die auch für den Fachmann nicht leicht verdaulich ist. Ich wollte mit meinen Ausführungen nur andeuten, daß uns in den letzten Jahrzehnten nicht nur ein überreiches, kaum mehr zu überblickendes Wissen zugewachsen ist, sondern daß sich auch die Paradigmen der Wissenschaft und, verknüpft damit, unsere Einstellung zur Wissenschaft gewandelt hat. Trotz anhaltender Euphorie in der Einschätzung unserer Fähigkeiten, durch Wissenschaft und Technik letztlich alle anstehenden Probleme lösen und alle dabei auftretenden Schwierigkeiten in den Griff bekommen zu können, sind wir vom Anspruch her, was Wissenschaft in diesem Sinne prinzipiell leisten kann, heute viel bescheidener geworden. Wir empfinden dies nicht als Einbuße. Im Gegenteil, die Wissenschaft hat uns durch diese Begrenzung ganz neue und großartige Dimensionen aufgezeigt. Die Quantenmechanik hat dafür die ersten bedeutsamen Zeichen gesetzt. Sie hat der Zeit im Mikroskopischen eine neue Qualität verliehen. Aufgrund der Untersuchungen an nichtlinear rückgekoppelten Systemen und an dissipativen, chemischen und biologischen Systemen – welche die Fähigkeit offener Nichtgleichgewichtssysteme zur autokatalytischen Strukturbildung und Selbstorganisation offenbarten – wurde diese neue Qualität der Zeitlichkeit auch für makroskopische Systeme deutlich. Wir erleben heute die Ausbreitung eines neuen Paradigmas, das nicht mehr am statischen Begriff eines Zustands, sondern am dynamischen Begriff eines Prozesses orientiert ist. Das Ganze ist mehr als die Summe seiner Teile, wenn die Teile stark miteinander verflochten sind und alles »im Fluß« ist.

Die Technik basiert auf einem streng determinierten Verhalten. Wir erzwingen dieses Verhalten durch geschickte Konstruktionen, welche die Teilsysteme geeignet voneinander isolieren und die isolierten, abgeschlossenen Untersysteme nur an wenigen Kreuzungspunkten kontrolliert miteinander in Verbindung treten lassen. Wegen dieser »faserigen« Struktur haben technische Apparate deshalb wenig Ähnlichkeit mit biologischen Systemen. Biologische Systeme bauen auf Prozessen auf, sie gleichen mehr den Stromfäden eines Wildwassers.

Wegen ihrer extremen Komplexität und Vernetzung des Wirkungszusammenhangs ähneln gesellschaftliche und wirtschaftliche Systeme viel mehr den biologischen Systemen. Sie sträuben sich deshalb gegen eine Strukturierung nach technischem deterministischem Vorbild. Dies wird indirekt immer wieder am völligen Versagen unserer Prognosen im gesellschaftlich-wirtschaftlich-politischen Bereich erkennbar. Vieles, was uns heute – insbesondere bei der Jugend – an Wissenschafts- und Technikfeindlichkeit begegnet, ist – so glaube ich – letztlich nicht gegen Wissenschaft und Technik selbst gerichtet, sondern betont nur die Tatsache, daß die mechanistische und statische Betrachtungsweise für eine Großzahl unserer heutigen Probleme völlig ungeeignet ist, da sie die besondere Qualität der Zeit außer acht läßt. Um solche Probleme besser zu erfassen, müssen wir die statische Betrachtungsweise zu überwinden versuchen und lernen, dynamisch und ganzheitlich zu denken.

Lassen Sie mich zum Ende kommen und zusammenfassend zur

Anfangsfrage dieser Abhandlung zurückkehren, welchen Beitrag naturwissenschaftliches Denken zu einem möglichen Gesamtverständnis unserer Wirklichkeit leisten kann.

Ein Blick auf unser naturwissenschaftliches Wissen heute zeigt uns in eindrucksvoller Weise, daß naturwissenschaftliches Denken sich als enorm fruchtbar erwiesen hat, eine ungeheure Vielfalt verschiedenartiger Phänomene auf einfachere Sachverhalte zurückzuführen und damit auch ihre innere Verwandtschaft, ihre gemeinsame Wurzel aufzudecken. Darüber hinaus hat dieses Denken auch – und das scheint mir besonders wichtig – eine erstaunlich große Fähigkeit bewiesen, durch weitere Abstraktionsstufen über seine eigenen ursprünglichen begrifflichen Grenzen hinauszuwachsen. Andererseits sind die prinzipiellen Grenzen dieses Denkens klar erkennbar geworden. Sie machen deutlich, daß Wirklichkeitserfahrung durch dieses Denken nie ausgeschöpft werden kann. Insbesondere ist das durch dieses Denken erzeugte Abbild der Wirklichkeit wertfrei und nicht sinnbehaftet, da es bei seiner Konstruktion aus dem ganzheitlichen Sinnzusammenhang der eigentlichen Wirklichkeit herausgelöst wurde.

Was und wieviel wir durch naturwissenschaftliches Denken von der eigentlichen Wirklichkeit verstehen können, hängt davon ab, was wir unter »verstehen« verstehen. Unsere tägliche Erfahrung lehrt uns, daß »etwas verstehen« einen sehr subjektiven Charakter hat. Meist kennzeichnet es eine Situation, einen Zeitpunkt in einer Erfahrung oder Erfahrungskette, wo wir aufhören weiterzufragen, da uns die Erfahrung unmittelbar einleuchtend ist. Für den Naturwissenschaftler bedeutet »etwas zu verstehen« mehr etwas von der Art, daß man diesem »etwas« in seinem Wissenschaftsgebäude einen angemessenen Platz zuweisen kann. Ein Physiker behauptet, auf diese Weise die Quantenmechanik zu verstehen, obgleich sie nach dem ersten Kriterium unverständlich ist.

Am erfolgreichsten ist naturwissenschaftliches Denken da, wo die Wirkungsverflechtung verschiedener Komponenten schwach ist, wo das Ganze sich in guter Näherung als Summe seiner isoliert gedachten Teile auffassen läßt. Problematisch ist naturwissenschaftliches Denken aber dort, wo die Vernetzung stark und die Komplexität groß ist. Damit wir in der Vielfalt nicht blind werden, sollten wir auf die uns wohl mögliche intuitive ganzheitliche Betrachtungsweise der Welt nicht verzichten, bei der es leichter fällt, Gestalten zu erkennen und Bewertungen vorzunehmen.

ERICH JANTSCH

Österreichisch-amerikanischer Astrophysiker. Geboren 1929 in Wien. Als Gastprofessor war er 1969 am Massachusetts Institute of Technology und danach an mehreren amerikanischen und europäischen Universitäten tätig. Jantsch starb 1980 Berkeley.
In seinem Hauptwerk »Die Selbstorganisation des Universums. Vom Urknall zum menschlichen Geist« stellt Jantsch die These auf, daß die neueren Forschungsergebnisse in der Chemie, Physik, Biologie, Ökologie u. a. ein neues Verständnis nicht nur der Natur, sondern auch der Menschheit ermöglichen.
Für die Anthologie wurde die Einleitung seines Hauptwerks ausgewählt.

Die Geburt eines Paradigmas aus einer Metafluktuation

In girum imus nocte et consumimur igni
(Wir kreisen in der Nacht und werden von Feuer verzehrt)

Altes lateinisches Palindrom

Eine Zeit der Erneuerung

Die relativ kurze Periode zwischen der Mitte der 60er Jahre und dem Beginn der 70er Jahre nimmt in der Geschichte unseres Jahrhunderts eine besondere Stellung ein. Es war eine Periode, in der traditionelle gesellschaftliche und politische Strukturen in Frage gestellt wurden, in der zunächst kaum ernstgenommene Proteste gegen Einengungen menschlichen Lebens zu machtvollen Prozessen wurden, die nach Ausdruck drängten und nach neuen, ihnen gemäßen Strukturen. Auf den einfachsten Nenner gebracht, ging es dabei immer um Selbstbestimmung und Selbstorganisation und damit auch um Offenheit und

Formbarkeit der Strukturen, kurz, um die Möglichkeit ihrer Evolution. Die Forderung nach Freiheit der Rede war nur der Funke, der 1964/65 auf dem Campus von Berkeley zündete. Was folgte, glich einem Buschfeuer, das sehr rasch rund um die Welt alle wesentlichen Belange menschlichen und vor allem gesellschaftlichen Lebens erfaßte. Der Protest gegen die Starrheit und Wirklichkeitsfremdheit der Universität erweiterte sich zur Forderung nach einer Neugestaltung der gesellschaftlichen Realität. Herrschende Regierungen und Systeme gerieten in äußerste Bedrängnis, vor allem in Frankreich und in der Teschechoslowakei im Schicksalsjahr 1968. In China brach gleichzeitig die Kulturrevolution starre Strukturen auf; als einziger Staatsmann hieß Mao Tse-tung diese Selbsterneuerungs-Dynamik willkommen.

Der Sturm ging vorüber, die Strukturen hatten scheinbar widerstanden – aber die Welt war nicht mehr die gleiche. Die geistigen Strukturen hatten sich gewandelt; neue Werte bestimmten die Leitbilder. Internationale Großmachtpolitik sah sich zunehmend geächtet und mußte schwere Schlappen in Kauf nehmen, nicht nur in Vietnam. Die Diktaturen in Griechenland, Portugal und Spanien verschwanden wie ein Spuk. Auch Watergate war wohl eine Folge dieser moralischen Neubesinnung. In der Frage der Bürgerrechte kam in Amerika eine Lawine ins Rollen, die bald Afrika und sogar den Mittleren Osten erreichen sollte und schließlich die Frage der Menschenrechte schlechthin aufs internationale Tapet brachte. Die Helsinki-Konferenz wurde unerwartet zum Bumerang für die Diktaturen des Ostens. Aber auch die eingefrorenen Strukturen des Welthandels, die einseitig die Industriestaaten begünstigt hatten, wurden in der Erdölkrise des Jahres 1973 erstmals zum Teil aufgebrochen – und hier ist wohl am allerwenigsten Zweifel an tiefgreifenden weiteren Änderungen am Platze.

Die politischen und wirtschaftlichen Aspekte jener turbulenten Jahre und ihre Folgen sind wohl die weithin sichtbarsten, doch nicht die einzigen von Gewicht. Eher noch wichtiger erscheint jene Intensivierung des menschlichen Bewußtseins, die zu einer Neugestaltung der individuellen menschlichen Beziehungen zur Umwelt – zu den Mitmenschen ebenso wie zur Natur – führte. Handelt es sich bei Politik und Wirtschaft um makroskopische Aspekte der Systeme menschlichen Lebens, so sind hier nun mikroskopische Aspekte angesprochen; beide sind nicht ohne einander denkbar. Das Bewußtsein einer untrennbaren Verbundenheit mit der Natur – ja sogar der menschlichen Existenz als integralem Aspekt dieser Natur – hat den vordem esoterischen Begriff des Ökosystems in einen immens praktischen gewandelt. Konzepte des Umweltschutzes rangieren heute national und international auf gleicher Ebene mit jenen Konzepten der Wirtschaft, mit denen sie oft so schlecht zusammenpassen. Gemeinsam mit der (an und für sich selbstverständlichen) Begrenztheit nicht erneuerbarer Ressourcen sind sie sogar dabei, wesentliche Änderungen in den herkömmlichen Wirtschaftsprozessen zu erzwingen, vor allem hinsichtlich der Aufgabe von linearen Einwegprozessen zugunsten von Kreisprozessen (Rezirkulation/*recycling*). Neben dem Schutz der Natur vor den Auswirkungen der Technik wird aber auch der Schutz des einzelnen Konsumenten betont, was zumindest in Amerika vor Ralph Nader nicht selbstverständlich war.

Vielleicht die wichtigste Änderung im Bewußtsein breitester Kreise aber ist die Erkenntnis, daß technische Entwicklung ein Produkt menschlichen Geistes ist, nicht ein Aspekt eines blinden Fortschrittes, dem man sich nicht in den Weg stellen darf. Nicht die mit phantastischer Präzision geplante und ausgeführte Mondlandung war der größte technische Triumph dieser Periode, sondern die Aufgabe des Projekts eines amerikanischen zivilen Überschallflugzeugs unter dem Druck der öffentlichen Meinung.

Diese Neubesinnung war der eigentliche Erfolg jener expliziten Beschäftigung mit der Zukunft, die in der gleichen Periode viele Menschen zu faszinieren begann. Bertrand de Jouvenel (1964) mit seinem Begriff der *futuribles* – einer Vielfalt möglicher Zukünfte – und der spätere Physik-Nobelpreisträger Dennis Gabor (1963) mit seinem Konzept normativer Prognose – »Die Zukunft erfinden!« – schufen die Grundlagen für eine bewußte und offene Gestaltung der Zukunft. Damit war jene Linearität in der Zielvorgabe gebrochen, die im konventionellen wirtschaftlichen Denken noch immer machtvoll weiterwirkt, vor allem auch in ökonometrischen Modellen. Während Wirtschaftspolitik auf der Permanenz wirtschaftlicher und gesellschaftlicher Strukturen aufbaut und mit makroskopischen Durchschnitten rechnet, erkennt eine prozeßorientierte Beschäftigung mit der Zukunft die Macht der individuellen Imagination, der Vision, die in vielen Menschen Resonanz auszulösen und die Strukturen der Wirklichkeit zu ändern vermag.

Doch nicht nur die Außenbeziehungen des Menschen sind seit den 60er Jahren durch ein wachsendes neues Bewußtsein einer Umweltverbundenheit in Raum und Zeit gekennzeichnet, sondern auch die inneren Beziehungen des Menschen zu sich selbst. Die intensive Beschäftigung mit dem Phänomen des menschlichen Bewußtseins an sich, das für den Westen neue Interesse an einer »humanistischen« (das heißt nichtreduktionistischen) Psychologie, an teils aus anderen Kulturen importierten Techniken einer »holistischen« Medizin, die Körper und Geist als Einheit betrachtet (wie etwa die sich rasch verbreitende chinesische Akupunktur), die Beschäftigung mit nichtdualistischen fernöstlichen Philosophien und ihren Übungen wie Meditation und Yoga – all dies ist nur ein weiterer, wichtiger Aspekt jener Fluktuation, die zu Beginn des letzten Drittels dieses Jahrhunderts einen wesentlichen Teil der Menschheit durchzuckte. Zumindest im kalifornischen Berkeley, wo diese Zeilen geschrieben werden, läßt sich kaum daran zweifeln. Hier lassen sich die vielen Dimensionen dieser Fluktuation noch in allen ihren Verästelungen studieren, wenn sich auch die mächtige Woge selbst verlaufen hat. Hier ist Zeitgeschichte unteilbar.

Selbsterneuerung der Wissenschaft

Verfolgt man den heutigen Universitätsbetrieb und arbeitet man dicke Lehrbücher auch neueren Erscheinungsdatums durch, so könnte man meinen, die Wissenschaft sei nahezu unberührt durch jene turbulente Zeit hindurchgegangen. Sicher, der Forderung rebellischer Studenten nach mehr gesellschaftlicher Relevanz wurde mit einer Reihe von interdisziplinären Zentren und Programmen Rechnung getragen, von denen viele seitdem das Zeitliche gesegnet haben. Auch im Umgang mit Wissen ist in der wirtschaftlichen Rezession Anpassung – an eine gegebene Struktur der Gesellschaft, der Wirtschaft, der Berufe und der Stufenleiter von Erfolg und Anerkennung – zum Schlüsselwort fürs Überleben geworden.

Daß der im akademischen Bereich grassierende Reduktionismus nicht nur eine abstrakte Denkschrumpfung, sondern ein auch in gesellschaftlicher Hinsicht gemeingefährliches Phänomen ist, wurde mir auf eindrückliche Weise klar, als Peter Brooks' Dramatisierung eines anthropologischen Berichts, *The Ik*, in Berkeley aufgeführt wurde. Der englische Anthropologe Colin Turnbull hatte in den Bergen von Uganda einen kleinen Stamm von etwa tausend Menschen entdeckt, der sich mit der erzwungenen Verpflanzung von seinem ursprünglichen Jagdterritorium nicht abfand, aber sich auch keine neue Existenzbasis schaffen konnte oder wollte (Turnbull, 1972). In dieser Situation des Hungers und der Verzweiflung reduzierten sich, immer gemäß Turnbulls Modell, menschliche Beziehungen auf krassesten Egoismus. Mütter verjagten ihre Kinder von der Feuerstelle, ster-

bende alte Leute wurden ausgesetzt, um der Verpflichtung eines Totenmahls zu entgehen, Raub und Mord wurden zur fast einzigen
Überlebensstrategie. »Jeder gegen jeden« war die Devise. In einem
Gespräch mit Professoren und Studenten der Universität betonte
Turnbull seine Überzeugung, in diesem Verhalten die »wahre
menschliche Natur« entdeckt zu haben, die nach Abwurf der Kultur
(die ja nur ein Luxus sei) zum Vorschein komme. Mehr noch, er sah
in den Ik die Vorläufer eines allgemeinen evolutionären Trends. Turnbull ging in der Pervertierung des Menschen also noch wesentlich
weiter als Freud. Für seine Behauptung führte er nicht nur seine eigene »Bekehrung« zur Ideologie eines absoluten Egoismus der Befriedigung physischer Bedürfnisse an, sondern auch den Umstand, daß
Schwerverbrecher in englischen Gefängnissen das Stück und vor
allem Turnbulls Vision hochinteressant fanden. Vom Abschaum zur
Avantgarde der Evolution – da kann man schon ein bißchen stolz werden auf seine Untaten. Den Gipfelpunkt des Absurden allerdings
steuerte ein alter Professor zu diesem gelehrten Gespräch bei. Er erklärte mit bewegter Stimme, Turnbulls Erkenntnisse seien für ihn deswegen zu einer Offenbarung, zur Erfüllung eines lebenslangen Traumes geworden, weil er nun in aller Klarheit sehe, daß die Wissenschaft schon immer der große Wegbereiter einer absoluten Reduktion
des Menschen auf seine »objektiven« Überlebensfunktionen gewesen sei. Die Parallele zwischen Wissenschaft, Raub und Mord blieb
unwidersprochen im Raum stehen, und die Entdeckung einer neuen
Pseudo-Wahrheit ließ die wissenschaftsgläubigen Teilnehmer an
jenem denkwürdigen Gespräch erschauern. Statt Entsetzen sah ich
glänzende Augen und offene Münder …

Und doch bereitet sich auch in der Wissenschaft eine gewaltige Umstrukturierung vor. Gebiete, die für lange Zeit nur Spekulationen zugänglich waren, wie die Kosmologie, erhalten auf einmal Hand und
Fuß. So hat zum Beispiel die Entdeckung der (schon 1948 vorhergesagten) Hintergrundstrahlung im Jahre 1965 zum ersten Mal die Möglichkeit geschaffen, einen direkten Effekt aus der heißen Frühzeit des
Universums zu beobachten und damit von nun an Theorie und Beobachtung in fruchtbarem Austausch weiterzuführen. Vielleicht wird
auch die ebenfalls 1965 erfolgte Entdeckung des ersten Objekts am
Himmel, das man mit einiger Wahrscheinlichkeit für ein sogenanntes
»Schwarzes Loch« *(black hole)* halten kann – bisher sind erst vier solcher Objekte bekannt geworden –, eine derartige Symbiose von Theorie und Beobachtung des »Todes« von Sternen ermöglichen.

Dasselbe Jahr 1965 brachte aber auch die Entwicklung mikropaläontologischer Labormethoden, mit deren Hilfe es möglich wurde, Fossilien einzelliger Mikroorganismen in sehr alten Sedimentgesteinen nachzuweisen. Was bis dahin nur Spekulation war, nämlich die Geschichte der ersten Lebensformen seit einer Zeit, in der die Erde erst ein Viertel ihres heutigen Alters erreicht hatte, wurde damit erstmals direkter Beobachtung zugänglich. Die ältesten der so gefundenen Mikrofossilien sind rund dreieinhalb Milliarden Jahre alt.

Der Bereich von Raum und Zeit, der der Beobachtung zugänglich ist, hat sich gewaltig erweitert. Die größte theoretisch beobachtbare räumliche Dimension ist durch den sogenannten »Ereignishorizont« begrenzt, der von der Lichtgeschwindigkeit bestimmt wird und derzeit etwa $1,5 \times 10^{26}$ Meter beträgt.[1] Tatsächlich wurden sogenannte Quasare beobachtet, äußerst intensiv strahlende Objekte, die dieser Entfernung schon recht nahe kommen. Sie entfernen sich von uns mit über 90 Prozent der Lichtgeschwindigkeit (die bekanntlich 300 000 Kilometer pro Sekunde beträgt), und ihr Licht stammt aus einer Zeit, in der das Universum erst ein Achtel seines gegenwärtigen Alters erreicht hatte. Die kleinste beobachtbare Länge ist von der Größenordnung 10^{-17} Meter, entsprechend den Dimensionen subatomarer Teilchen. Die größte beobachtbare Zeitspanne ist, dank der Hintergrundstrahlung, das Alter des Universums, ungefähr 5×10^{17} Sekunden. Die kleinste Zeitspanne entspricht derzeit mit etwa 3×10^{-24} Sekunden der mittleren Lebensdauer äußerst instabiler subatomarer Teilchen, die kaum noch Teilchencharakter aufweisen und als »Resonanz« bezeichnet werden. Die räumliche Spanne menschlicher Beobachtung erstreckt sich also über 43 Größenordnungen, die zeitliche über 41 Größenordnungen. Diese erstaunliche Übereinstimmung erinnert an die Hypothese des englischen Physik-Nobelpreisträgers P. A. M. Dirac, nach welcher Makro- und Mikrokosmos in jeder Phase der Evolution durch dimensionslose Zahlen von der Größenordnung 10^{40} miteinander korreliert sind. In diesem gewaltig ausgeweiteten Raum-Zeit-Bereich aber beginnen sich nun Querverbindungen und Muster vor allem dynamischer Natur abzuzeichnen, die zum ersten Male der Idee einer allgemeinen, offenen Evolution auf vielen irreduziblen, aber zusammenhängenden Ebenen wissenschaftliche Substanz geben. Es sind aber weniger die Extreme, die uns in unserem Alltagsleben berühren. Hier interessiert uns vor allem jener Bereich, der direkter menschlicher Erfahrung ohne Instrumente zugänglich ist. In diesem Bereich finden wir die Phänomene biologischer, sozialer und kultureller Entfaltung von Leben. Der unerhörte Reichtum struktureller Formen, den wir hier antreffen, war bis vor kurzem fast ausschließlich empirischer Forschung zugänglich. Das heißt: Es wurde beobachtet, klassifiziert und, soweit möglich, verallgemeinert. Zur Bestimmung der Strukturen war der Durchschnitt, der sich aus einer großen Anzahl von Einzelbeobachtungen ergab, ausschlaggebend. Abweichungen waren uninteressant. Diese strukturbetonte Einstellung erhielt vor mehr als hundert Jahren durch Darwins Theorie der selektiven Auswahl und der Evolution biologischer Arten eine zeitliche Dimension.

Die Betonung von Struktur, Anpassung und Fließgleichgewicht charakterisierte die frühe Entwicklung der Kybernetik und der Allgemeinen Systemtheorie. Diese Geschwistergebiete, die sich seit den 40er Jahren unseres Jahrhunderts in wechselseitiger Abhängigkeit entwickelten, drangen zu einem vertieften Verständnis der Regelprozesse vor, mit deren Hilfe vorgegebene Strukturen stabilisiert und erhalten werden können. Gerade darauf kommt es in der Technik an, weshalb auch Kybernetik und eine spezialisierte Systemtheorie bisher auf dem Gebiet der Regelung komplexer Maschinen ihre größten Triumphe feierten. In biologischen und gesellschaftlichen Systemen stellt diese Art der Regelung – auch negative Rückkoppelung oder negativer Feedback genannt – jedoch nur eine Seite der Aufgabe dar. Keine lebendige Struktur läßt sich auf Dauer stabilisieren. Die andere Seite der Aufgabe hat mit *positiver* Rückkoppelung zu tun, das heißt mit Destabilisierung und Entwicklung neuer Formen. Von einer vollen Synthese beider Aspekte konnten die Begründer der erwähnten Gebiete, Norbert Wiener und Ludwig von Bertalanffy (1968), nur träumen. Ihre diesbezüglichen, intuitiv richtigen Formulierungen, von Ervin Laszlo (1972) und anderen weiterentwickelt, finden erst heute ihre wissenschaftliche Begründung. In den 50er Jahren eröffnete sich mit der Molekularbiologie wohl die Möglichkeit, eine tragfähige Basis für eine theoretische Biologie zu schaffen. Sie wirkte sich aber vorerst in Richtung einer reduktionistischen und strukturbetonten Zielsetzung aus und konnte die Verbindung mit makroskopischen Gestaltphänomenen zunächst nicht herstellen. Die Struktur der Gene enthält nicht das Leben des daraus entstehenden Organismus.

Bei biologischen und gesellschaftlichen Systemen geht es vor allem um Phänomene wie Selbstorganisation und Selbsterneuerung, kohärentes (zusammenhängendes) Verhalten in strukturellem Wandel über Zeit, Individualität, Kommunikation mit der Umwelt und Symbiose, Morphogenese (die Bildung neuer Formen) sowie Raum- und Zeitverschränkung in der Evolution. Diesen Ansprüchen vermag zu einem guten Teil eine neue Sicht der Dynamik natürlicher Systeme zu genügen, die in der zweiten Hälfte der 60er Jahre – also synchron mit der geschilderten »Metafluktuation« – entstand. Vorausgegangen waren ihr schon in den 20er Jahren die Prozeßphilosophie Alfred North Whiteheads (1969) und das Konzept des Holismus (Streben nach Ganzheit) in der Evolution, das der südafrikanische Staatsmann Jan Smuts (1926) entwickelt hatte.

Auf knappste Weise ausgedrückt, läßt sich diese neue Sicht als *prozeßorientiert* bezeichnen im Gegensatz zur Betonung »solider« Systemkomponenten und daraus zusammengesetzter Strukturen. Diese beiden Perspektiven sind in ihren Konsequenzen nicht symmetrisch: Während eine vorgegebene Struktur, etwa eine Maschine, in hohem Maße die Prozesse bestimmt, die in ihr ablaufen können, und somit ihre Evolution verhindert, kann das Zusammenspiel von Prozessen unter angebbaren Bedingungen zu einer offenen Evolution von Strukturen führen. Die Betonung liegt dann auf dem *Werden* – und selbst das Sein erscheint dann in dynamischen Systemen als ein Aspekt des Werdens. Der Begriff des Systems selbst ist nicht mehr an eine bestimmte Struktur gebunden oder an eine wechselnde Konfiguration bestimmter Komponenten, noch selbst an eine bestimmte Gruppierung innerer oder äußerer Beziehungen. Vielmehr steht der Systembegriff nun für die Kohärenz evolvierender, interaktiver Bündel von Prozessen, die sich zeitweise in global stabilen Strukturen manifestieren und mit dem Gleichgewicht und der Solidität technischer Strukturen nichts zu tun haben. Konkret ausgedrückt stellen Raupe und Schmetterling zeitweise stabilisierte Strukturen dar, in denen sich die kohärente Evolution ein und desselben Systems manifestiert. Schon 1947 hatte der Engländer Conrad Waddington den erst jetzt in seiner zentralen Bedeutung erkannten Begriff der *Epigenetik* in die Biologie eingeführt, der die Nutzung strukturell kodierter genetischer Information in Prozesse auflöst, die mit der dynamischen Beziehung des Lebewesens zur Umwelt in Zusammenhang stehen.

Der entscheidende Durchbruch, mit welchem 1967 die Formulierung einer neuen dynamischen Sicht natürlicher Systeme einsetzte, gelang mit der Theorie und nachfolgenden empirischen Bestätigung der sogenannten *dissipativen Strukturen* in chemischen Reaktionssystemen und mit der Entdeckung eines in diesen Strukturen wirkenden neuen Ordnungsprinzips. Dieses neue Prinzip, *Ordnung durch Fluktuation* genannt, gilt jenseits des thermodynamischen Bereichs in offenen Systemen fern vom Gleichgewichtszustand, die bestimmte autokatalytische Stufen einschließen. Die Entwicklung dieser Theorie, gemeinsam mit einigen ihrer wichtigsten philosophischen

Grundlagen und Konsequenzen, wurde vor allem von Ilya Prigogine und den von ihm geleiteten Arbeitsgruppen in Brüssel und Austin, Texas, geleistet. Ihre Arbeiten sind in einer umfassenden Monographie (Nicolis und Prigogine, 1977) zusammengefaßt.

Ungefähr zur gleichen Zeit führten die Arbeiten über Selbstorganisation an dem in seiner Art einzigartigen – und seither zugrunde gegangenen – Biologischen Computer-Laboratorium der Universität von Illinois unter der Leitung des in Wien geborenen Heinz von Foerster zur Neuformulierung der Eigenschaften von lebenden Systemen. Ein entscheidender Begriff wurde dabei 1973 von den chilenischen Biologen Humberto Maturana und Francisco Varela geprägt und gemeinsam mit Ricardo Uribe weiterentwickelt (Maturana und Varela, 1975; Varela et al., 1974). Es ist der Begriff der *Autopoiese*, die Eigenschaft lebender Systeme, sich ständig selbst zu erneuern und diesen Prozeß so zu regeln, daß die Integrität der Struktur gewahrt bleibt. Während eine Maschine einen bestimmten Ausstoß produziert und dafür gebaut ist, produziert zum Beispiel eine Zelle vor allem sich selbst. Aufbauende (anabolische) und abbauende (katabolische) Prozesse laufen ständig gleichzeitig ab. Damit wird nicht nur die Evolution eines Systems, sondern auch seine zeitweise Existenz in einer bestimmten Struktur in Prozesse aufgelöst. Im Bereich des Lebendigen gibt es wenig, was solide und starr ist. Eine autopoietische Struktur ergibt sich aus dem Zusammenwirken vieler Prozesse. Selbstreferenz wird auch zu einem Schlüsselbegriff für Hirnfunktionen (Karl Pribram, 1977) und menschliches Bewußtsein (Roland Fischer, 1976).

Ebenfalls in den letzten Jahren führten die unbefriedigenden Versuche, den Ursprung des Lebens auf der Erde als das in höchstem Maße unwahrscheinliche Resultat zufälliger molekularer Kombination (Monod, 1971) oder zufälliger Reproduktion mittels Stereospezifizität (Kuhn, 1973) zu erklären, zu Hypothesen, die sich auf autokatalytische Verstärkung und Beschleunigung von Prozessen stützten, deren Initiierung noch immer als zufällig angesehen werden konnte. Die gleichen Grundprinzipien der Selbstorganisation, die die Bildung chemischer dissipativer Strukturen ermöglichen, sowie die gleiche nichtlineare Ungleichgewichts-Thermodynamik erscheinen nun auch als sehr plausible Faktoren in der Bildung von Biopolymeren aus Monomeren (Babloyantz, 1972) und in der Bildung komplexer Nukleinsäuren und Proteine in selbstreproduzierenden Hyperzyklen (Eigen, 1971; Eigen und Schuster, 1977/78). Anstatt Zufall und Notwendigkeit streng als kausale Abfolge zu sehen, wie Monod es getan hat – der höchst unwahrscheinliche, reine Zufall des Zustandekommens einer selbstreproduzierenden molekularen Kombination wird von der ebenso reinen Notwendigkeit des Überlebens gefolgt –, müssen Zufall und Notwendigkeit nun als Komplementarität betrachtet werden. Für Eigen und Winkler (1975) besteht diese noch darin, daß sich zufällige Prozesse in einem Netz streng vorgegebener »Spielregeln« fangen, wodurch eine Auslese im Sinne eines wenig differenzierten Darwinismus erfolgt. Die einseitige Anwendung des darwinistischen Prinzips natürlicher Auslese führt auch heute noch oft zur Vorstellung einer »blinden« Evolution, die jeden möglichen Unsinn produziert und über Bewährung in der Umwelt und Wettbewerb das Lebensfähige herausfindet. Als wäre diese Umwelt nicht auch selbst der Evolution unterworfen! Evolution ist zumindest im Bereich des Lebens sehr wesentlich ein Lernprozeß. Eine subtilere Sicht der Selbstorganisations-Dynamik erkennt auch die Freiheitsgrade, die dem System für die Selbstbestimmung seiner eigenen Evolution, für das Selbstfinden temporärer optimaler Stabilität unter gegebenen Anfangsbedingungen zur Verfügung stehen (Eigen und Schuster, 1977/78; Nicolis und Prigogine, 1977). Evolution ist nicht nur in ihren vergänglichen Produkten, sondern auch in den von ihr entwickelten Spielregeln offen. Aus dieser Offenheit ergibt sich die Selbstüberschreitung der Evolution in einer »Metaevolution«, einer Evolution evolutionärer Mechanismen und Prinzipien.

Intuitive Versuche, die Grundprinzipien der Selbstorganisation, wie sie für chemische und präbiotische Evolution gelten, auch auf höhere Stufen der Evolution anzuwenden, haben zu erstaunlich realistischen Beschreibungen der Dynamik ökologischer, soziobiologischer und soziokultureller Systeme geführt (Eigen und Winkler, 1975; Jantsch, 1975; Prigogine, 1976; Nicolis und Prigogine, 1977; Haken, 1977). Neben »vertikalen« Aspekten der Evolution (Kohärenz in der Zeit) treten nun auch immer stärker »horizontale« Aspekte (Kohärenz im Raum) in den Vordergrund, das heißt Phänomene wie Kommunikation, Symbiose und Koevolution. Selbst das System Biosphäre plus Atomsphäre erscheint in der Gaia-Hypothese von Lynn Margulis und James Lovelock (1974) als selbstorganisierendes und selbstregelndes System. Die Zielgerichtetheit der Evolution läßt sich nun post hoc aus dem Zusammenspiel von Zufall und Notwendigkeit verstehen, wobei die Notwendigkeit durch die Systembedingungen eingeführt wird, die selbst ein Resultat dieser Evolution sind (Riedl, 1976). Biologische, soziobiologische und soziokulturelle Evolution erscheinen nun durch *homologe* (das heißt wesensverwandte) Prinzipien verbunden und nicht nur durch analoge (formal ähnliche) –

durch Prinzipien, die in vielen Spielarten und auf verschiedenen Ebenen der Evolution immer von der gleichen Art sind, weil sie, wie die gesamte Welt, aus dem gleichen Ursprung stammen.

Dieses neue Wissenschaftsbild, das sich in erster Linie an Modellen des Lebens, nicht an mechanistischen Modellen orientiert, bringt Wandel nicht nur in der Wissenschaft mit sich. Es ist thematisch und in der Art der Erkenntnis mit jenen anderen Ereignissen verbunden, die zu Beginn des letzten Drittels unseres Jahrhunderts eine Metafluktuation signalisiert haben. Die Grundthemen sind überall dieselben. Sie lassen sich in Begriffen wie Selbstbestimmung, Selbstorganisation und Selbsterneuerung zusammenfassen, in der Erkenntnis einer systemhaften Verbundenheit aller natürlichen Dynamik über Raum und Zeit, im logischen Primat von Prozessen über Strukturen, in der Rolle von Fluktuationen, die das Gesetz der Masse aufheben und dem Einzelnen und seinem schöpferischen Einfall eine Chance geben, in der Offenheit und Kreativität einer Evolution schließlich, die weder in ihren entstehenden und vergehenden Strukturen noch im Endeffekt vorherbestimmt ist. Die Wissenschaft ist im Begriff, diese Prinzipien als allgemeine Gesetze einer natürlichen Dynamik zu erkennen. Auf den Menschen und seine Systeme des Lebens angewandt, sind sie damit Ausdruck eines im tiefsten Sinne natürlichen Lebens. Die dualistische Aufspaltung in Natur und Kultur wird damit aufgehoben. Im Ausgreifen, in der Selbstüberschreitung natürlicher Prozesse liegt eine Freude, die die Freude des Lebens ist. In ihrer Verbundenheit mit anderen Prozessen innerhalb einer umfassenden Evolution liegt der Sinn, der der Sinn des Lebens ist. Wir sind nicht der Evolution ausgeliefert – wir *sind* Evolution. Indem die Wissenschaft, wie so viele andere Aspekte menschlichen Lebens, von dieser vielschichtigen Metafluktuation mit erfaßt wird, überwindet sie ihre Entfremdung vom Menschen und trägt bei zur Freude und zum Sinn des Lebens. Etwas davon zu vermitteln, ist das eigentliche Anliegen des vorliegenden Buches.

Es geht mir vor allem um diese These der Verbundenheit. Sie kann nicht im Statischen erfaßt werden, sondern tritt uns aus der Selbstorganisations-Dynamik auf vielen Ebenen entgegen. Auf jeder Ebene stehen gewissermaßen selbstorganisierende Prozesse »in den Startlöchern« bereit, um bei geeigneten Bedingungen zufällige Entwicklungen abzulösen und die Entstehung komplexer Ordnung außerordentlich zu beschleunigen, wenn nicht überhaupt erst zu ermöglichen. Diese Startbedingungen sind vielleicht relativ eng begrenzt, wie wir aus unserer Suche nach Leben im Sonnensystem wissen. Sind sie aber einmal gegeben – in einer bestimmten Phase der kosmischen Evolution, in der Galaxien und Sterne entstehen konnten, oder in den frühen Phasen des Lebens auf der Erde –, so werden diese Bedingungen selbst zum Gegenstand der Evolution. Evolution wird zur Koevolution mikroskopischer und makroskopischer Systeme. Daß die einen als Subsysteme der anderen, die anderen wieder als Umwelt der einen erscheinen, entspricht einer statischen Betrachtungsweise, die zum Dualismus verleitet. Insbesondere das Leben schafft sich zu einem guten Teil seine Umweltbedingungen selbst – oder die Biosphäre schafft sich ihr Leben selbst, wie man will. Mikro- und Makrokosmos sind beide nur Aspekte ein und derselben, integral wirkenden Evolution.

Gang der Argumentation (Zusammenfassung)

Die zentralen Aspekte des entstehenden Paradigmas der Selbstorganisation sind erstens eine bestimmte makroskopische Dynamik von Prozeßsystemen, zweitens ständiger Austausch und damit Koevolution mit der Umwelt und drittens Selbsttranszendenz oder Selbstüberschreitung, die Evolution evolutionärer Prozesse. Die ersten drei Teile des Buches rücken diese Aspekte der Reihe nach in den Brennpunkt. Der letzte Teil faßt unter dem Aspekt der Kreativität einige der Schlußfolgerungen zusammen, die daraus für die Menschenwelt gezogen werden können.

Teil I, *Selbstorganisation: Die Dynamik natürlicher Systeme,* behandelt auf der einfachsten Stufe die typische Selbstorganisations-Dynamik kohärenter Systeme, die durch eine Folge von Strukturen evolvieren und dabei ihren ganzheitlichen Charakter bewahren. Biologische und gesellschaftliche Systeme sind von solcher Art. Die einfachste Ebene, auf der diese Dynamik auftritt, ist aber jene der *dissipativen Strukturen,* wie bestimmte selbstorganisierende und selbststeuernde chemische Reaktionssysteme genannt werden.

Kapitel 1, »Makroskopische Ordnung«, skizziert die Wendung vom statischen Strukturdenken zum dynamischen Prozeßdenken in der westlichen Wissenschaft. Hatte die klassische Dynamik die Bewegung einzelner Teilchen betrachtet, so markiert der Übergang zur Thermodynamik, in welcher die Interaktionen zwischen den Mitgliedern großer Teilchenpopulationen (zum Beispiel Moleküle in Gasen) im Mittelpunkt stehen, die Einführung von Irreversibilität, von Gerichtetheit der Prozesse. Die zeitliche Symmetrie wird gebrochen,

Vergangenheit und Zukunft erscheinen voneinander getrennt, und die makroskopisch betrachtete Welt wird geschichtlich. Mit der in den letzten Jahren zum Triumph geführten nichtlinearen Ungleichgewichts-Thermodynamik schließlich wird, über räumlichen Symmetriebruch, eine neue Ebene makroskopischer Ordnung angesprochen. Auf dieser Ebene treten kooperative Phänomene auf, die zur spontanen Bildung und Evolution von Strukturen führen. Die Gesetze der Physik werden durch diese makroskopische Ordnung auf bestimmte Weise akzentuiert. Wo bisher lediglich ungeordnete Prozesse angenommen wurden, kommt ein neues Ordnungsprinzip ins Spiel, das »Ordnung durch Fluktuation« genannt wird.

Kapitel 2, »Dissipative Strukturen: Autopoiese«, zeigt die Grundbedingungen für die dynamische Existenz von Ungleichgewichtsstrukturen auf. Diese Grundbedingungen – teilweise Offenheit gegenüber der Umwelt, ein makroskopischer Systemzustand fern vom Gleichgewicht und autokatalytische Eigenverstärkung bestimmter Prozeßstufen – kehren auch auf anderen Ebenen selbstorganisierender Systeme wieder. Gleichgewicht entspricht Stillstand und Tod. Hohes Ungleichgewicht, das die selbstorganisierenden Prozesse in Gang hält, wird seinerseits durch ständigen Austausch von Materie und Energie mit der Umwelt, also durch Metabolismus oder Stoffwechsel, aufrechterhalten. Die Dynamik einer solchen global stabilen, doch niemals ruhenden Struktur wurde *Autopoiese* (Selbstproduktion oder Selbsterneuerung) genannt. Ein autopoietisches System trachtet in erster Linie nicht danach, irgendeinen Ausstoß zu produzieren, sondern sich selbst ständig in der gleichen Prozeßstruktur zu erneuern. Autopoiese ist ein Ausdruck der grundlegenden Komplementarität von Struktur und Funktion, jener Flexibilität und Formbarkeit auf Grund dynamischer Beziehungen, die Selbstorganisation erst ermöglicht. Ein autopoietisches System ist durch eine gewisse Autonomie gegenüber der Umwelt gekennzeichnet, die als ein der Existenzebene des Systems entsprechendes Bewußtsein aufgefaßt werden kann. Die Größe einer dissipativen Struktur ist zum Beispiel von der Größe des Umwelt-Freiraumes unabhängig, solange dieser nicht so klein ist, daß er die Bildung der Struktur verhindert.

Kapitel 3, »Ordnung durch Fluktuation: Systemevolution«, diskutiert die Evolution von Ungleichgewichtssystemen durch eine Sequenz autopoietischer Strukturen. Die Grundbedingungen dafür sind die gleichen wie für Autopoiese, nämlich Offenheit, hohes Ungleichgewicht und Autokatalyse. Der wesentliche Punkt liegt aber darin, daß Fluktuationen innerhalb des Systems (durch Autokatalyse) verstärkt werden und das System über eine Instabilitätsschwelle in eine neue Struktur treiben. In dieser Übergangsphase spielen nicht wie sonst makroskopische Durchschnittswerte eine Rolle, sondern die Eigenverstärkung und das Durchdringen einer ursprünglich sehr kleinen Fluktuation. Mit anderen Worten, es setzt sich in dieser innovativen Phase das Prinzip der Individualität gegenüber dem Kollektivprinzip durch. Das Kollektiv wird immer versuchen, die Fluktuation zu dämpfen, was je nach Koppelung der Subsysteme die Lebensdauer der alten Struktur verlängern kann. In der Phase der Bildung einer neuen Struktur gilt das Prinzip höchstmöglicher Entropieerzeugung – keine Kosten werden gescheut, wenn es um den Aufbau einer neuen Struktur geht. Doch ist nicht vorbestimmt, welche Struktur gebildet wird. Auf jeder Ebene autopoietischer Existenz kommt eine neue Variante makroskopischer Unbestimmtheit ins Spiel. Kann daher die zukünftige Evolution eines solchen Systems nicht absolut, sondern bestenfalls in Form eines sich verzweigenden Entscheidungsbaumes mit echt freier Entscheidung an jedem Verzweigungspunkt vorhergesagt werden, so entwickelt ein solches System schon auf der Ebene chemischer dissipativer Strukturen ein Gedächtnis seines Evolutionsweges. Wird es zurückgezwungen, so krebst es den gleichen Weg durch autopoietische Strukturen zurück, den es gekommen ist. Das jeder kohärenten Evolution zugrundeliegende Prinzip von Ordnung durch Fluktuation bedingt auch eine neue Informationstheorie, die auf der Komplementarität von Erstmaligkeit und Bestätigung in pragmatischer (das heißt wirksamer) Information beruht. Die in der Nachrichtentechnik verwendete Informationstheorie gilt nur für Information, die fast ausschließlich Bestätigung ist. Im Bereich selbstorganisierender Systeme kann sich auch Information selbst organisieren, das heißt neues Wissen entstehen.

Kapitel 4 schließlich, »Modellstudien selbstorganisierender Systeme«, gibt einen kurzen Überblick über jene recht erfolgreichen Versuche, die Theorie dissipativer Strukturen und das Prinzip von Ordnung durch Fluktuation auf Phänomene der Selbstorganisation in anderen Bereichen anzuwenden. Diese ersten Versuche haben vor allem auf den Gebieten der präbiotischen Evolution, der Funktion von Bioorganismen, der Neurophysiologie sowie der Soziobiologie und Ökologie (Populationsdynamik) bemerkenswerte Resultate geliefert. In letzter Zeit wurde damit begonnen, bestimmte Phänomene aus dem Bereich der Systeme menschlichen Lebens, wie etwa das Wachstum von Städten, zu modellieren. Als Grundlage einer qualitativen Beschreibung sind die Prinzipien von Autopoiese und Ordnung durch Fluktuation auch für die Evolution geistiger Strukturen wie wissenschaftliche Paradigmata, Wertsysteme, Weltanschauungen und Religionen wertvoll geworden. Diese breite Anwendbarkeit einer zuerst im physikalisch-chemischen Bereich rigoros formulierten Theorie beruht nicht auf einer physikalischen Interpretation biologischer und soziokultureller Phänomene, sondern auf einer grundlegenden Wesensverwandtheit (Homologie) der selbstorganisierenden Dynamik auf vielen Ebenen. Diese Wesensverwandtheit erst ermöglicht den im zweiten und dritten Teil des Buches unternommenen Versuch, Evolution als ein ganzheitliches Phänomen darzustellen, in dem sich viele Ebenen dynamisch miteinander verbinden.

Teil II des Buches, *Koevolution: Naturgeschichte in Symmetriebrüchen*, erzählt in fünf Kapiteln die Geschichte der Evolution, vom Urknall angefangen, aus einem besonderen Blickwinkel, der meines Wissens bisher noch niemals konsequent eingehalten wurde: aus dem Blickwinkel der Koevolution von Makro- und Mikrowelt, der wechselseitigen Herstellung von Bedingungen für die gleichzeitige Differenzierung und Komplexifizierung auf mikroskopischen und makroskopischen Zweigen der Evolution. Für die kosmische Evolution ist dies nichts Neues. Niemand stellt sich die Entstehung von Strukturen im Universum so vor, daß sie sich nacheinander von unten her aufbauen, also von Partikeln und Atomen über Sterne und Sternhaufen zu Galaxien und Galaxienhaufen. Aber im Bereich der biologischen Evolution auf der Erde wird meist einseitig vom »Aufbau höheren Lebens« in der Mikroevolution gesprochen und die gleichzeitige Makroevolution außer Betracht gelassen. Gerade in diesem Bereich aber liefert ein Systemansatz, der die Koevolution beider Zweige in den Vordergrund rückt, ganz neue Erkenntnisse. Damit wird auch die Möglichkeit geschaffen, soziokulturelle Evolution, die im menschlichen Bereich eine ausschlaggebende Rolle spielt, von soziobiologischer und ökologischer Evolution zu unterscheiden, gleichzeitig aber ihre Verbundenheit aufzuzeigen.

Kapitel 5, »Kosmisches Vorspiel«, skizziert allgemein das sogenannte kosmologische Standardmodell, betont aber vor allem die Symmetriebrüche, die diese Evolution erst ermöglichten. Die ersten dieser Symmetriebrüche betreffen die vier physikalischen Austauschkräfte, nämlich Schwerkraft, elektromagnetische sowie starke und schwache nukleare Austauschkräfte. Mit dem Bruch der ursprünglichen Symmetrie zwischen ihnen wurden gewissermaßen Raum und Zeit für die Evolution aufgespannt. Wirkt die Schwerkraft in makroskopischen Dimensionen, so wirken die nuklearen Kräfte in mikro-skopischen Dimensionen und die elektromagnetischen Kräfte in einem mittleren Bereich. Zuerst kommen in einem dichten und hei-ßen Universum die nuklearen Kräfte ins Spiel. Nach der Produktion von Wasserstoff- und Heliumkernen geht dann der kosmischen Mi-kroevolution mit der Abkühlung des expandierenden Universums vorläufig der Atem aus. Schließlich aber verschieben sich die mikro-skopischen Parameter so, daß der Innendruck radikal sinkt und damit auf dem makroskopischen Zweig der Evolution die Schwer-kraft ins Spiel kommt. Sie produziert die sogenannte mittlere Granu-larität des Universums, nämlich Superhaufen, Galaxienhaufen, Gala-xien, Sternhaufen und schließlich Sterne. Hier, in Sternen, wirkt die Koevolution von Makro- und Mikrowelt besonders dramatisch. Die Schwerkraft schafft die Bedingungen einer dichten und heißen Um-welt, die noch einmal die nuklearen Austauschkräfte ins Spiel bringt, um die Mikroevolution der Synthese schwerer Atomkerne weiterzu-führen. Die Energiefreisetzung durch diese mikroskopischen Evolu-tionsprozesse bestimmt ihrerseits die Ontogenese, die irreversible in-dividuelle Evolution des Sternes. Ein weiterer Symmetriebruch in der Anfangsphase des Universums betrifft den Überschuß von Materie im Vergleich zu Antimaterie, der ungefähr ein Milliardstel beträgt. Diese scheinbar geringe Menge ist jedoch alles, was zur Bildung eines Materie-Universums nötig war. Das Resultat der kosmischen Koevo-lution, nämlich Materie in verschiedenen Zuständen von Organisa-tion, wird in einer Art ungeordneter Phylogenese direkt über Raum und Zeit weitergereicht. Unsere Erde und wir selbst bestehen zum größten Teil aus Materie, die nicht von unserer jungen Sonne stammt (die noch mit der Fusion von Wasserstoff zu Helium beschäftigt ist), sondern von den Hüllen und Explosionsresten ferner Sterne, die nicht mehr existieren. Die Sonne hat aber diese Fremdmaterie mittels Schwerkraft organisiert, während ihre nuklearen Prozesse die Ener-gie für das Leben auf der Erde liefern.

Kapitel 6, »Biochemische und biosphärische Koevolution«, skiz-ziert den Beginn des Lebens auf der Erde. Dieser Beginn führte zu-nächst über die Bildung organischer Moleküle zu dissipativen Struk-turen mit Stoffwechsel, von denen anzunehmen ist, daß sie bei der Bildung von Biopolymeren und in weiteren präzellulären Entwick-lungsstufen eine entscheidende Rolle gespielt haben. Für die Entste-hung der Fähigkeit zur Selbstreproduktion liegt mit dem katalyti-schen Hyperzyklus ein bestechendes Modell vor, das das Prinzip dis-sipativer Strukturen ebenso einschließt wie eine Art von Symbiose auf molekularer Basis. Damit kann nun die biologische Mikroevolution mit der Übertragung von Information – von Plänen zur Organisierung von Materie – statt mit der direkten Übertragung von Materie arbeiten, was erst den hohen Grad von Differenzierung ermöglicht, den das Leben aufweist. Einzelliges Leben entstand auf der Erde verhältnismäßig früh, wahrscheinlich schon mit dem Erstarren der Erdkruste vor rund vier Milliarden Jahren. Die Koevolution von Makro- und Mikrowelt wird schon in dieser Phase eindrucksvoll sichtbar. Die Prokaryoten, die kernlosen Einzeller dieser ersten Phase, wandelten im Verlauf von rund zwei Milliarden Jahren erst durch Oxidation die Erdoberfläche und dann durch Sauerstoffanreicherung die Atmosphäre gründlich um. Nicht nur war diese Umwandlung des Makrosystems die Voraussetzung für die Entstehung komplexerer Lebensformen auf der Linie der Mikroevolution. Bio- und Atmosphäre wurden darüber hinaus zu einem selbstregelnden, erdumspannenden autopoietischen System, das sich seit eineinhalb Milliarden Jahren stabilisiert hat und die Bedingungen für komplexes Leben auf der Erde sicherstellt. Dies behauptet zumindest die sogenannte Gaia-Hypothese, benannt nach der griechischen Erdmutter. Bis heute managen die Prokaryoten als winzige autokatalytische Einheiten das Gaia-System. Zum Teil haben sie sich seither allerdings zu komplexeren Zellen mit echtem Kern, zu Eukaryoten, zusammengeschlossen. Als Organellen innerhalb dieser Zellen funktionieren sie aber immer noch bis zu einem gewissen Grade autonom.

Kapitel 7, »Die Erfindungen der Mikroevolution«, stellt zunächst die noch umstrittene endosymbiotische Theorie des schrittweisen Zusammenschlusses von Prokaryoten zu den komplexeren eukaryotischen Zellen vor. Mit den Eukaryoten war der Weg frei zur Entwicklung der Sexualität und damit zur systematischen Generierung eines Höchstmaßes an genetischer Vielfalt. Diesem ersten mächtigen »Evolutionsschub« folgte bald ein zweiter mit der Ausbreitung der Heterotrophie, der Fähigkeit, andere Lebewesen oder ihre Überreste zu fressen. Damit entstanden komplexe und vielschichtige Ökosysteme, die die Ausbildung und explosive Ausbreitung vielzelliger Organismen begünstigten, die ihrerseits zumindest zum Teil aus immer engerer gesellschaftlicher Bindung hervorgegangen sein dürften, also aus einer neuen Stufe von Endosymbiose.

Kapitel 8, »Soziobiologie und Ökologie: Organismus und Umwelt«, wendet sich wieder der Koevolution von Makro- und Mikrosystemen des Lebens zu, die mit diesen Erfindungen der Mikroevolution neue Aspekte und neue Prozeßmechanismen gewinnt. Das Auftreten eukaryotischer Zellen markiert den Beginn epigenetischer Entwicklung, das heißt der flexiblen, selektiven Nutzung genetisch übertragener Information in Einklang mit der individuellen Gestaltung der Umweltbeziehungen. Mit dem Auftreten der Heterotrophie und der Optimierung der Ausnützung der primären Sonnenenergie in Ökosystemen wird auch die Makrodynamik des Lebens ausgeprägter. Auf dem Mikro- und Makrozweig der Evolution stehen sich nun mit Organismen und Ökosystemen komplexe autopoietische Systeme gegenüber, deren Koevolution – nach der vertikalen Informationsübertragung auf genetischer Basis – nun wieder in erhöhtem Maße horizontale Prozesse ins Spiel bringt. Jede vertikale genetische Entwicklung wird gewissermaßen in einem dichten Netz horizontaler Prozesse »verwirbelt«. Damit wird die genetische Evolution um weitere epigenetische Dimensionen bereichert und schließlich von ihnen an Bedeutung und Schnelligkeit ihrer Wirkung überholt. Die horizontalen kybernetischen Prozesse in Gesellschaften und Ökosystemen prägen immer mehr die Evolution von Gruppen und Arten. Nicht die morphologischen, sondern die dynamischen Qualitäten sind dabei entscheidend, vor allem in jungen Ökosystemen. Wer am raschesten vorstößt, hat den Vorteil. Zur vertikal übertragenen genetischen Information tritt gleichwertig die horizontal übertragene metabolische Information, sowohl innerhalb komplexer Organismen wie innerhalb von Systemen, an denen diese Organismen teilhaben.

In Kapitel 9, »Soziokulturelle Evolution«, tritt schließlich neben die langsam wirkende genetische und die mittelschnell wirkende metabolische noch die sehr schnell wirkende neurale Kommunikation auf der Basis des Nervensystems und vor allem des Gehirns. Der charakteristische Zeitfaktor verkürzt sich von vielen Generationen über Minuten zu Sekunden und Sekundenbruchteilen. Damit wird symbolischer Ausdruck möglich, zuerst als Selbstpräsentation des Organismus, später als symbolische Rekonstruktion der Außenwelt und schließlich als deren aktive Gestaltung. Das Konzept des evolvierenden »Dreifach-Hirns« läßt die stufenweise Loslösung mentaler Konzepte und Bilder von der Außenwelt verfolgen. Mentale Konzepte, Ideen und Visionen werden zu eigenständigen Ebenen autopoietischer Existenz und Evolution. Ließ genetische Informationsübertragung die Vergangenheit in der Gegenwart wirksam werden und brachte epigenetische Entwicklung die systemhafte Natur der Gegenwart ins Spiel, so nimmt neurale Antizipation die Zukunft in die Gegenwart herein, dabei die Richtung der Kausalität umkehrend. Geist ist in dieser Sicht nicht Gegensatz zur Materie, sondern die Selbstorganisations-Qualität der dynamischen Prozesse, die im System und in seinen Beziehungen zur Umwelt ablaufen. Geist koordiniert die Raum-Zeit-Struktur von Materie. Neben dem neuralen Geist gibt es den langsamer wirkenden metabolischen Geist, der zum Beispiel in Ökosystemen und in Einzellern dominiert. Während die materiellen Produktions- und Verteilungsprozesse der Menschengesellschaft einen solchen metabolischen Geist darstellen, sind im elektronischen Zeitalter die Voraussetzungen dafür geschaffen, ein schneller wirkendes und vielleicht in höherem Maße selbstorganisierendes »Kollektivhirn« zu erzeugen. Bisher dominiert vielfach die Ökologie individuell konzipierter, fertiger Ideen, aus welcher Kultur entsteht. Doch werden individuelle Ideen wohl auch in Zukunft als Fluktuationen höheren Bewußtseins eine entscheidende Rolle spielen.

Teil III des Buches, *Selbsttranszendenz: Systembedingungen der Evolution*, versucht, wesentliche Aspekte der in Teil II beschriebenen Evolutionsgeschichte in allgemeine Prinzipien zu fassen. Es werden einige mögliche Ansätze aufgezeigt, die in ihrer Ausarbeitung zu einer neuen und umfassenden Allgemeinen Dynamischen Systemtheorie führen können.

Kapitel 10, »Die Kreisprozesse des Lebens«, diskutiert die zyklische Organisation selbstorganisierender dissipativer Systeme. Ein verallgemeinertes Schema setzt die Produktionscharakteristik in Zyklen von Umwandlungsreaktionen, katalytischen Zyklen und katalytischen Hyperzyklen in Beziehung zu ihrer Zerfalls- und Diffusionscharakteristik, Entstehen in Beziehung zu Vergehen. Auf diese Weise ergeben sich hierarchische Ebenen, die von Gleichgewicht über Autopoiese zu exponentiellem und hyperbolischem Wachstum reichen. Insbesondere Hyperzyklen, in denen autokatalytische Einheiten zyklisch verbunden sind, spielen in vielen natürlichen Phänomenen der Selbstorganisation eine bedeutende Rolle, in chemischer und biologischer Evolution ebenso wie in Öko- und Wirtschaftssystemen und beim Bevölkerungswachstum. Die zyklische Organisation der Systeme kann selbst evolieren, indem autokatalytische Teilnehmer mutieren oder neue Prozesse eingeführt werden. Die Koevolution von Teilnehmern eines Hyperzyklus führt zum Begriff des Ultrazyklus, der dem Lernprozeß schlechthin zugrunde liegt.

Kapitel 11, »Kommunikation und Morphogenese«, versucht eine Synopsis der drei Hauptphasen in der Koevolution von Makro- und Mikrokosmos – kosmische, chemisch/biologisch/soziobiologisch/ökologische und soziokulturelle Evolution. Sie lassen sich vor allem durch Wirken und Zusammenwirken der verschiedenen Arten von Kommunikation charakterisieren. Eine wesentliche neue Unterscheidung ergibt sich zwischen soziobiologischer und soziokultureller Evolution. Beruht die erstere auf metabolischen Prozessen, in denen das Kollektiv dominiert, so kehrt sich in der soziokulturellen Entwicklung das Bild um. Mit der Evolution des selbstreflexiven Geistes trägt der Mensch die sozialen und kulturellen Dimensionen, also die geistigen Strukturen der Makrowelt, in sich. Er imaginiert, plant und realisiert nicht nur eine neue Welt technischer Gleichgewichtssysteme, sondern auch die autopoietischen Strukturen seiner eigenen sozialen und kulturellen Welt. Er tritt gewissermaßen in Koevolution mit sich selbst ein. In der Selbstorganisation der Menschenwelt spielen also sowohl soziobiologische wie soziokulturelle Prozesse eine Rolle. Die letzteren dominieren, solange sie sich frei entfalten können. Mit zunehmend schnellerer Kommunikation in erdumspannenden Systemen menschlichen Lebens sollten sie es um so eher tun.

Kapitel 12, »Die Evolution evolutionärer Prozesse«, verfolgt die zusammenhängenden Zweige der biologischen und soziokulturellen Mikroevolution von dissipativen Strukturen bis zum selbstreflexiven Geist. Dieser Teil der Evolution wird sehr wesentlich durch Weitergabe und Nutzung von Information im Sinne gespeicherter Erfahrung bestimmt. Eine besondere Rolle spielt dabei der geregelte oder synchronisierte Abruf konservativ gespeicherter (zum Beispiel genetischer) Information durch dissipative Prozesse, also durch Prozesse des Lebens, die einem bestimmten semantischen oder Bedeutungs-Kontext entsprechen. Ein weiteres wichtiges Element ist das ganzheitliche Systemgedächtnis, das schon chemische dissipative Strukturen besitzen. Es ermöglicht dem System die Rückwendung auf seinen eigenen Ursprung und damit die ganzheitliche Erfahrung des gesamten Evolutionsprozesses, die für die teilweise Selbstbestimmung des weiteren Evolutionsweges wichtig ist. Dient das Produkt, der »Output« einer autopoietischen Struktur, gleichzeitig als »Input« für eine weitere Ebene autopoietischer Existenz, so ist Selbsttranszendenz, die Selbstüberschreitung der eigenen Lebensgesetze möglich. Auf diese Weise läßt sich die Evolution von komplexem Leben und geistigen Fähigkeiten als Evolution evolutionärer Prozesse – oder Metaevolution – über eine zusammenhängende Kette autopoietischer Ebenen darstellen.

Kapitel 13, »Zeit- und Raumverschränkung«, entwickelt die Idee, daß ein Resultat der Evolution die zunehmende Intensivierung autopoietischen Lebens in der Gegenwart durch Einbeziehung von Erfahrung der Vergangenheit und Antizipation der Zukunft ist. Die biologische Evolution machte vergangene Erfahrung eines ganzen Stammes, angefangen von der Bildung der ersten Biomoleküle, für die Gegenwart wirksam. Die Emanzipation der geistigen Realität (das heißt der Innenwelt) von der Außenwelt macht Zukunftsvisionen und Pläne für die Gegenwart wirksam. In gewissem Sinne konzentriert sich das ganze Universum in zunehmendem Maße im Individuum. Das Individuum seinerseits übernimmt eine immer höhere und weiter gespannte Verantwortung für das Universum.

Kapitel 14, »Dynamik einer vielschichtigen Realität«, stellt das Resultat der Evolution – und vor allem den Menschen – als vielschichtige Realität dar, in welcher sich die evolutionäre Kette autopoietischer Existenzebenen hierarchisch ordnet. Wesentlich ist dabei, daß es sich nicht um eine Kontrollhierarchie handelt, in der Information nach oben und Befehle nach unten fließen. Jede Ebene behält eine gewisse Autonomie und lebt ihr eigenes Leben in horizontalen Beziehungen zu ihrer spezifischen Umwelt. Die Organellen in unseren Zellen, Nachfahren der Prokaryoten, widmen sich recht autonom dem Energiehaushalt und pflegen ihre horizontalen Beziehungen im Rahmen des weltumspannenden Gaia-Systems. Auf vielen Ebenen sind selbstorganisierende Systeme aus Zellpopulationen am Werk, handle es sich nun um Neuronensysteme, die den Rhythmus der Motoraktivitäten oder die Perzeption und Apperzeption einer Umweltsituation dynamisch gestalten, oder um Systeme von Krebszellen. Jedes dieser selbstorganisierenden Zellsysteme wird von einer höheren Ebene aus koordiniert, das heißt inhibiert oder aktiviert oder abwechselnd beides. Der Geist eines Individuum stellt jene Koordinationsebenen dar, die den Gesamtorganismus betreffen. Der Mensch aber ist kein »höheres« Lebewesen als andere, er steht nicht auf einer höheren Stufe und blickt auf die niederen Stufen hinab, sondern er ist ein vielschichtigeres, komplexeres Lebewesen als andere. Wir enthalten die gesamte Evolution in uns, aber sie ist reicher und voller orchestriert als in weniger komplexen Lebensformen.

Teil IV, *Kreativität: Selbstorganisation und Menschenwelt*, beschränkt sich in seiner Ambition darauf, in fünf kurzen Kapiteln einige der wesentlichen Perspektiven aufzuzeigen, die sich aus diesem Prozeßdenken für die Menschenwelt ergeben. Die Möglichkeit zu echter Kreativität wird dabei in der Überwindung eines Dualismus gesehen, der den Gestalter vom Gestalteten trennt.

Kapitel 15, »Evolution – Revolution«, weist auf ein profundes Dilemma hin, in das Ordnung durch Fluktuation die Menschenwelt gebracht hat. Mit besserer Koppelung der Subsysteme durch Kommunikations- und Transporttechnik erhöht sich die Metastabilität politischer, sozialer und wirtschaftlicher Strukturen, was gleichzeitig die Gefahr immer stärkerer Fluktuationen und damit des Einbruchs zerstörerischer Kräfte heraufbeschwört. Solche Fluktuationen haben wir zum Teil selbst bewußt vorbereitet, wie etwa das Potential an Nuklearwaffen. Das simple Schema gelegentlicher massiver Umstrukturierungen in klar definierten Quantensprüngen gesellschaftlicher und kultureller Organisationen scheint sich aber auf unserer Stufe der Komplexität – die die Fähigkeit zur Selbstreflexion ebenso wie zur Antizipation einschließt – zu modifizieren. Die monolithische Kultur löst sich in einem kulturellen Pluralismus auf, der vielleicht »gleitende« Übergänge ermöglichen wird. Voraussetzung dafür sind allerdings der Abbau gesellschaftlicher Kontrollhierarchien und die Stärkung der Autonomie aller Subsysteme.

Kapitel 16, »Ethik, Moral und Systemmanagement«, diskutiert die Möglichkeit, diese Voraussetzungen zu erfüllen. Ethik ist nichts anderes als ein Kodex evolutionsgerechten Verhaltens, und Moral ist das lebendige Erfüllen eines solchen Verhaltens. In einer vielschichtigen Realität ist auch Ethik vielschichtig. In der Menschenwelt ist eine solche vielschichtige Ethik deshalb so komplex, weil hier der einzelne integrale Verantwortung für die Gesellschaft und die Kultur trägt, die letzten Endes seine eigenen Geschöpfe sind. Es geht darum, individuelle Ethik mit der Ethik von Gesamtsystemen und einer allgemeinen Ethik der Gesamtevolution zu verbinden. Ein vielschichtiger Systemansatz scheint die Möglichkeit zu bieten, flexible langfristige Planung und evolutionäre Dynamik fast zur Deckung zu bringen.

In Kapitel 17, »Energie, Wirtschaft und Technik«, wird zunächst die gegenwärtige Energietechnik charakterisiert als die Ausbeutung von Energiespeichern, die aus immer ferneren Phasen der Evolution stammen. Es handelt sich also um eine Variante der Zeitverschränkung. Da in der soziokulturellen Phase der Evolution der Mensch die Welt nicht nur mental, sondern auch physisch neu erschafft, dehnen sich Zeit- und Raumverschränkung auch auf die physische Welt aus. Dem steht die Möglichkeit einer Autopoiese gegenüber, die vor allem Kreisprozesse unterhält, wie besonders die Anzapfung des Flusses der Sonnenenergie und die Rezirkulations-Wirtschaft. Vielleicht wird sich in naher Zukunft eine gegenseitige Durchdringung von Autopoiese und Evolution der Menschheit ergeben. Evolution, oder die Erschließung neuer »Nischen«, scheint dabei sowohl innerlich wie äußerlich möglich – im letzteren Falle etwa durch die Kolonisierung des Weltraums. Da dürfte innerliche Evolution auch unentbehrlich sein.

Kapitel 18, »Der schöpferische Prozeß«, befaßt sich eingehender mit den selbstorganisierenden Systemen, die in der Innenwelt des Menschen entstehen und in der Außenwelt wirken. Künstler, die gleichzeitig Theoretiker ihrer eigenen Kunst sind, beginnen die selbstorganisierende Dynamik ihrer Kunstwerke zu entdecken, die den gleichen Prinzipien von Offenheit, Ungleichgewicht und Autokatalyse genügt wie physische Selbstorganisation. Das gleiche gilt von den evolvierenden Strukturen der Wissenschaft. Der schöpferische Prozeß ist vielleicht am besten an Hand eines Modells zu verstehen, das sein Autor die »Drehbühne des Bewußtseins« nennt. Diese Drehbühne besteht im wesentlichen aus zwei gleichwertigen Wegen zu höheren, visionären Ebenen des Bewußtseins, nämlich Ekstase und Meditation. Der schöpferische Prozeß aber besteht nicht nur im Empfang der Vision, sondern auch in ihrer Gestaltung, in der Formgebung. Er bedingt also ein vielschichtig orchestriertes Bewußtsein, ein dynamisches Regime, das zahlreiche Ebenen vibrieren läßt.

Kapitel 19, »Dimensionen der Offenheit«, zeigt, was Zeit-Raum-Verschränkung in der gegenwärtigen Phase der Menschheitsentwicklung bedeutet. Sie wirkt sich im Sinne einer Aufhebung der historischen Zeit aus. In der Selbstreflexion können wir Evolution als Stammbaum und Wurzel gemeinsamen Ursprungs erfahren. Aber erst im Bild des *Rhizoms* (Wurzelstock), wird der Gesamtprozeß der Evolution erlebbar. Dieses Erlebnis aber ist nicht mehr eine Abfolge, sondern bildet assoziative Muster. Damit werden über Raum und Zeit verstreute Bedeutungszusammenhänge sichtbar.

In einem Epilog über *Sinn* schließlich wird das zentrale Thema der dynamischen Verbundenheit des Menschen mit einem sich entfaltenden Universum noch einmal aufgegriffen. In einer Welt, die sich selbst erschafft, steht die Gottesidee nicht außerhalb, sondern liegt in der Gesamtheit ihrer Selbstorganisations-Dynamik auf allen Ebenen und in allen Dimensionen. Diese Selbstorganisations-Dynamik wurde in einem früheren Kapitel als Geist erkannt. Gott wäre dann nicht der Schöpfer, wohl aber der Geist des Universums.

---

[1] Die Notation sehr großer oder sehr kleiner Zahlen mittels Zehnerpotenzen ist sehr praktisch. 10^{26} bedeutet einfach eine Zahl mit einer Eins und 26 Nullen dahinter. 10^{-17} bedeutet den reziproken Wert von 10^{17}, also $0,00....01$, wobei die Eins an siebzehnter Stelle nach dem Komma auftritt. 10^{26} ist 10^{43} mal so groß wie 10^{-17}, da $26-(-17) = 26 + 17 = 43$.

FRANCISCO J. VARELA

Chilenischer Neurobiologe. Geboren 1946 in Chile. Studium der Medizin in Santiago, 1970 Promotion zum Doktor der Biologie in Harvard. Professor für Neurobiologie an der Universität von Santiago de Chile. 1984 Forschungsauftrag am Max-Planck-Institut für Gehirnforschung in Frankfurt. Zentrales Thema seiner Arbeit ist die Erforschung der biologischen und kybernetischen Grundlagen des Erkennens und Bewußtseins.
Der ausgewählte Beitrag stammt aus dem von Paul Watzlawick herausgegebenen Sammelband »Die erfundene Wirklichkeit. – Wie wissen wir, was wir wissen zu glauben? Beiträge zum Konstruktivismus«.

Der kreative Zirkel. Skizzen zur Naturgeschichte der Rückbezüglichkeit

Eine Hand erhebt sich aus dem Papier und ragt in eine reicher gegliederte Welt hinein. Wenn wir glauben, sie habe ihren flachen Ursprung endgültig hinter sich gelassen, sinkt sie in die Ebene zurück und zeichnet ihr eigenes Hervortreten aus dem weißen Blatt. Ein Kreis schließt sich, und dabei fallen zwei Ebenen ineinander, überschneiden sich, verwirren sich. An diesem Schnittpunkt zeigt sich, daß das, was wir auf getrennten Ebenen halten wollten, untrennbar ist, unser Richtungssinn und unser Gefühl für das, was die Grundlage bildet, gerät ins Schwanken, und wir haben den Eindruck, vor einem Paradox zu stehen.

Solche zirkulären Erscheinungen nannte man üblicherweise Teufelskreise *(circuli vitiosi);* sie waren der Inbegriff dessen, was man vermeiden mußte. Ich würde eher vorschlagen, sie *circuli virtuosi* oder kreative Zirkel zu nennen. Ihre offenkundige Merkwürdigkeit birgt einen Schlüssel zum Verständnis von natürlichen Systemen und deren kognitiven Erscheinungen und ihrer reichhaltigen Formenwelt.

Diese Welt der eigenartigen Kreise möchte ich hier aus drei fundamentalen Perspektiven: der empirischen, der strukturellen und der erkenntnistheoretischen, skizzieren.

Die empirische Perspektive

In der Radierung von Escher sehen wir, daß die beiden Hände sich gegenseitig zeichnen. Das heißt: Sie legen gegenseitig ihre Entstehungsbedingungen fest. Sie ziehen sich selbst mit eigenen Mitteln aus der Radierung heraus und bilden eine eigene Entität. Genauer: Ihre gegenseitige Festlegung hebt sie vom Rest der Zeichnung heraus und läßt sie eine *Einheit* bilden. Noch anders gesagt: Ihre Operation (das gegenseitige Zeichnen) legt die Bedingungen fest, unter denen sie unterschieden werden können, hebt sie von einem Hintergrund ab.

Daß eine Einheit sich durch die Operationen von einem Hintergrund abhebt, ist eine ganz alltägliche Erfahrung, die wir normalerweise mit Lebewesen in Zusammenhang bringen. Seit dem Altertum wurde diese Erfahrung mit dem Begriff *Autonomie* bezeichnet. Wenn ich einen Hund beobachte, der auf der Straße läuft, und er plötzlich die Richtung ändert und auf mich zukommt, ist es üblich, dem Hund die Absicht zu unterstellen, mich zu begrüßen. Ob eine solche Unterstellung eines mentalen Vorgangs berechtigt ist oder nicht, ist für mich weniger wichtig als die Tatsache, daß es *verlockend* ist, das aufgrund des Verhaltens des Hundes zu tun. Anders gesagt: Das Verhalten des Hundes läßt sich nur schwer erklären, es sei denn, ich nehme an, daß der Hund auf seine Umgebung nicht in der Weise reagiert, als würde er von ihr Befehle erhalten, die auf bestimmte Resultate zielen, sondern vielmehr in der Weise, als ob es lediglich Störungen seien, die der Hund im Sinne seiner *eigenen* Regelungs- und Steuerungsmechanismen interpretiert und deutet. Das wiederum ist die eigentümliche Qualität, die wir Autonomie nennen. Tatsächlich wäre ich, wenn mein Auto morgen nicht anspringen würde, versucht zu sagen, daß es böse auf mich ist; als einem gebildeten Menschen ist mir jedoch klar, daß eine solche Unterstellung unmöglich ist, da wir ja die Maschine selbst geschaffen haben.

Gerade hier beginnt wohl die Schwierigkeit: Wir haben den Hund nicht geschaffen, und er scheint auch nicht für irgendeinen Zweck da

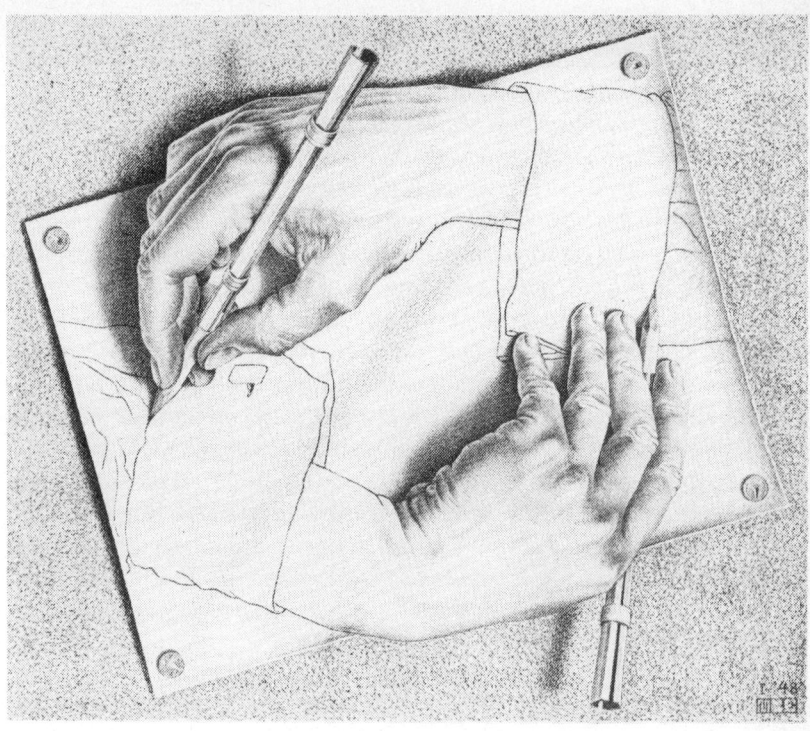

Abb. 1

zu sein, über den wir uns ohne weiteres einig werden können. Der deutliche Gegensatz zwischen lebenden Systemen, die Autonomie erkennen lassen, und vielen anderen natürlichen und von Menschen geschaffenen Artefakten war von Aristoteles an und bis ins 19. Jahrhundert hinein für die Biologen faszinierend, und von vergleichbarer Faszinationskraft war lediglich die Mannigfaltigkeit des Lebendigen selbst.[1] Interessanterweise verschwand das Thema der Autonomie zunehmend aus der Erörterung, als um die Jahrhundertwende die Genetik und die Molekularbiologie sich entwickelten, und parallel dazu machten Technik und Maschinenbau rasche Fortschritte und wandelten sich zur Kybernetik und zur Steuerungstheorie. Das ist der Grund, weshalb wir heute bei natürlichen Systemen nicht nur nicht an Autonomie denken, sondern schlicht darüber hinwegsehen, daß eine solche Bezeichnung sich auf etwas beziehen könnte, das sich präzisieren läßt. Ihr Gegenbegriff, die Steuerung, läßt sich ohne weiteres präzisieren, nicht aber die Autonomie.

Natürlich ist im Grunde an der Autonomie nichts Geheimnisvolleres als an der Steuerung. Das Entscheidende ist nur, Autonomie als den Ausdruck einer bestimmten Art von *Prozeß* zu sehen, der überall in der Natur in zahlreichen konkreten Formen vorkommt.[2] Diese Art von Prozeß ist genau das, was Escher dargestellt hat: Teile spezifizieren einander, legen sich gegenseitig fest.

Durch diese Art von Verknüpfung im molekularen Bereich zeichnet sich das Leben aus und gewinnt seine autonome Qualität. Aus einer molekularen Suppe hebt sich eine Zelle dadurch heraus, daß sie Grenzen definiert und festlegt, die sie von dem, was sie nicht ist, abgrenzen. Diese Festlegung von Grenzen vollzieht sich jedoch durch molekulare Produktionsvorgänge, die ihrerseits erst durch die Grenzen möglich gemacht wurden. Die chemischen Umwandlungen und die physikalischen Grenzen bedingen einander gegenseitig; die Zelle hebt sich von einer homogenen Umgebung ab. Wird dieser Prozeß der Selbsterzeugung unterbrochen, dann bilden die Zellbestandteile nicht länger eine Einheit und lösen sich nach und nach wieder in eine homogene molekulare Suppe auf.[3]

Das Wesen der zellulären Organisation läßt sich folgendermaßen darstellen:

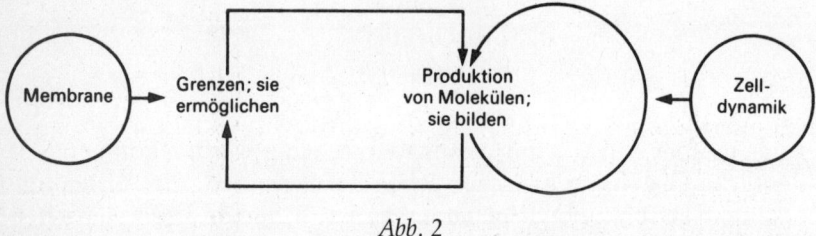

Abb. 2

Diese Konfiguration ist entscheidend: Die Operationen bilden einen *geschlossenen Kreis,* und daher liegen die Produkte auf derselben Ebene wie die Produktionsvorgänge. Innerhalb dieser Organisation verlieren damit die gewöhnlichen Unterscheidungen zwischen Produzent und Produkt, zwischen Anfang und Ende oder zwischen *input* und *output* ihren Sinn.

Über die Entstehung von Zellen können wir wenig sagen, doch stimmen die Ergebnisse neuerer Untersuchungen im wesentlichen mit der Auffassung überein, daß die soeben skizzierte Schließung eines operationalen Kreislaufs eine notwendige Bedingung darstellt.[4] Wenn erst einmal solche autonomen Einheiten bestehen, entsteht ein ganz neuer *Bereich*: Das Leben, wie wir es heute kennen. Dieses

Grundthema der ineinander verschlungenen Kreise von molekularen Produktionsvorgängen läßt nämlich zahlreiche Variationen zu, viele unterschiedliche, spezifische Verkörperungen und damit eine Unmenge von verschiedenen Zellen.

Es ist durchaus möglich, daß die rezenten Zellen aus einer Symbiose von Einheiten entstanden, die einmal autonom waren, heute aber – wie Mitochondrien, Chloroplasten und andere Organellen – nur noch vage Spuren ihrer einstigen Autonomie aufweisen.[5] Auch heute bilden Algen und Pilze zusammen eine Flechte und versorgen sich gegenseitig mit Nährstoffen. Demnach können Zellen miteinander interagieren und dadurch neue autonome Einheiten bilden; alle vielzelligen Organismen sind unter ähnlichen Umständen entstanden.

Das grundlegende Phänomen ist in allen derartigen Fällen immer das gleiche: Elemente verschiedener Ebenen werden operational zusammengeschlossen und bilden durch ihre Überschneidung eine Einheit. Wird dieses sich Überschneiden der Ebenen unterbrochen, so geht die Einheit verloren. Autonomie entsteht an diesem Schnittpunkt. Die Entstehung des Lebens ist kein schlechtes Beispiel für dieses allgemeine Gesetz.

Die strukturelle Perspektive

»Ergibt etwas Falsches, wenn an sein eigenes Zitat angehängt« ergibt etwas Falsches, wenn an sein eigenes Zitat angehängt.

Dieser *Koan* von Quine[6] ist der lapidare Ausdruck einer Schwierigkeit, mit der sich das Studium der Sprache und der Mathematik seit längster Zeit herumschlägt. Seit der Kreter Epimenides auf den merkwürdigen Einfall kam, zu sagen: »Alle Kreter sind Lügner«, hat die seltsame Eigenschaft der Rückbezüglichkeit (Selbstreferenz) den Menschen permanent Kopfschmerzen bereitet.[7] Diese seltsame Eigenschaft beruht auf dem Postulat, daß eine Aussage, die wir über etwas machen, nicht ein konstitutives Element dieses Etwas sein sollte. Sätze wie die von Epimenides und Quine verletzen dieses Postulat eindeutig.

In allen derartigen Fällen von sprachlicher Verwirrung liegt die Familienähnlichkeit sowohl mit der Radierung von Escher wie mit dem Entstehen von Zellen und Autonomie auf der Hand. Immer geht es um eine Bewegung, mit der das, was getrennt bleiben sollte (im Falle von Quine und Epimenides die Bedeutungsebenen), sich überschnei-

det, so daß zwei Ebenen in eine zusammenfallen und dennoch unter-
scheidbar bleiben.

Interessant ist dabei allerdings, daß das, was im molekularen Bereich komplex, aber verstehbar erschien, im sprachlichen Bereich die
tiefere Bedeutung einer *Paradoxie* gewinnt. Es ist schwieriger, aus der
Notwendigkeit, auf einer bestimmten Bedeutungsebene zu bleiben,
herauszuspringen und einfach den gesamten Satz als eine Einheit zu
betrachten. Eine Paradoxie ist genau das, was unverständlich bleibt,
wenn wir es nicht prüfen, indem wir aus beiden in der Struktur der
Paradoxie vermischten Ebenen heraustreten. Quine und Epimenides
bleiben paradox, solange ich nicht bereit bin, das Bedürfnis aufzugeben, zwischen wahr oder falsch zu wählen und in der Rückbezüglichkeit des Satzes eine bestimmte Weise der Festlegung seiner Bedeutung zu erkennen. Das heißt: Der Satz hat seinen Ort in einem umfassenderen Bereich und wird nur dann paradox, wenn man ihn auf den
tieferen Bereich projiziert, wo er entweder wahr oder falsch sein muß:

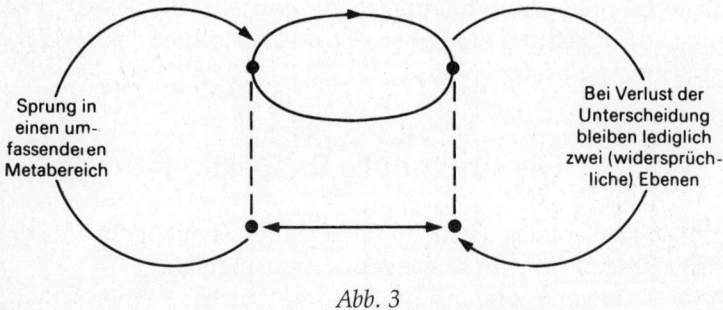

Sprung in
einen um-
fassenderen
Metabereich

Bei Verlust der
Unterscheidung
bleiben lediglich
zwei (widersprüch-
liche) Ebenen

Abb. 3

(Das ist, wie ich annehme, der Grund, warum die Paradoxie immer
wieder bei Situationen wie der Zen-Übung auftaucht, wo gerade gelernt werden soll, aus der Situation heraus und auf eine höhere Ebene
zu springen, von der aus man seine Gedanken und Wertvorstellungen losgelöst betrachten kann. Solange der Lernende an die eine oder
andere Ebene, an eine bestimmte Vorliebe oder ein Urteil, an gut oder
böse, positiv oder negativ, geistig oder weltlich gebunden bleibt, ist
das Ziel der Lehre nicht erreicht. Ein guter Zen-Meister ist, wie ich annehme, derjenige, der einem die Einheit oder Rückbezüglichkeit, die
Verwickeltheit der Situation so eindringlich vermitteln kann, daß der
Lernende gezwungen wird, aus ihr herauszuspringen.)

Der wohl interessanteste und berühmteste Beleg für die Fruchtbarkeit der Rückbezüglichkeit in Sprache und Mathematik ist Gödels

Theorem, an dessen Beispiel ich einige weitere Konsequenzen des In-sichgeschlossenseins aufzeigen möchte.

Gödels Auffassung ist (wiederum) in der Radierung von Escher hervorragend dargestellt. Gödel (und seine Zeigenossen) wollten feststellen, ob formale Sprachen sich selbst untersuchen können (d. h., ob sie ausschließlich mit ihren eigenen Mitteln analysiert wer-den können; A. d. Ü.); hier haben wir gewissermaßen den Kern der Mathematik vor uns, wie er zu sich selber spricht. Dazu müssen wir uns mit jenen mathematischen Sprachen befassen, die sich wenig-stens auf Zahlen beziehen und etwas über Zahlen aussagen können. Nun sind Zahlen keine mathematischen Aussagen, sondern mathe-matische Objekte, auf die man sich in einer dieser Aufgabe angemes-senen mathematischen Sprache beziehen kann. Gödels genialer Ein-fall bestand darin, diese beiden Ebenen der numerischen Sprache und der Zahlen sich schneiden zu lassen: Eine eigenartige Schleife. Gödel ordnete zu diesem Zweck jedem Zeichen der Sprache eine Zahl zu, derart, daß auch den Zeichenreihen (also Aussagen *über* Zah-len) eine Zahl entsprach. Die Einzelheiten brauchen uns hier nicht zu interessieren[8], aber das Kernstück der auf diese Weise von Gödel kon-struierten Sprache ist folgendes:

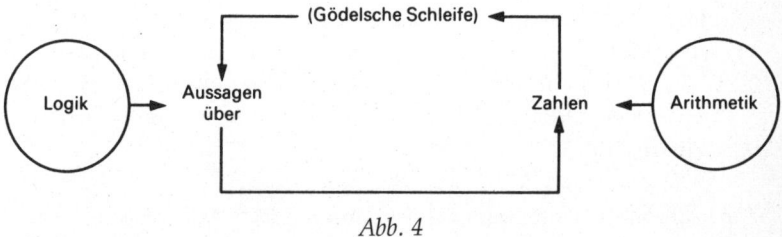

Abb. 4

Wenn sich in diesem Sinne verschiedene Bereiche eindeutig über-schneiden, lassen sich unschwer rückbezügliche Sätze wie der von Quine erzeugen. Bei Gödel lautet der entsprechende Satz: Diese Aus-sage ist unbeweisbar (weder ihre Wahrheit noch ihre Falschheit läßt sich beweisen). Nun zeigt die bloße Existenz einer solchen Aussage, daß alle formalen Systeme, die hinreichend reich sind, um Zahlen und Arithmetik zu enthalten, durchaus wohldefinierte und sinnvolle Dinge beinhalten, von denen sich nicht entscheiden läßt, ob sie rich-tig oder falsch sind, von denen man deshalb sagt, sie seien *unvoll-ständig*.

Daß sich gerade innerhalb eines so zentralen Bereichs der Mathe-matik unentscheidbare Aussagen erzeugen ließen, war für die Mathe-

matiker äußerst unbefriedigend. Von unserem Standpunkt aus läßt
sich jedoch Gödels Ergebnis ganz anders verstehen. Nicht als ein Beweis der Beschränktheit, sondern als ein weiterer Belegfall dafür, daß
Insichgeschlossenheit zur Konstitution eines autonomen Bereichs
führen kann, wobei aus einer (beliebigen) Umgebung eine (bestimmte) Einheit entsteht und einen höheren, umfassenderen Bereich kennzeichnet. Im Falle Gödels tritt, sobald die Schleife vollendet
ist und die Ebenen miteinander verschränkt sind, eine Einheit im
sprachlichen Universium hervor. Der Vergleich mit dem biologischen
Beispiel liegt auf der Hand:

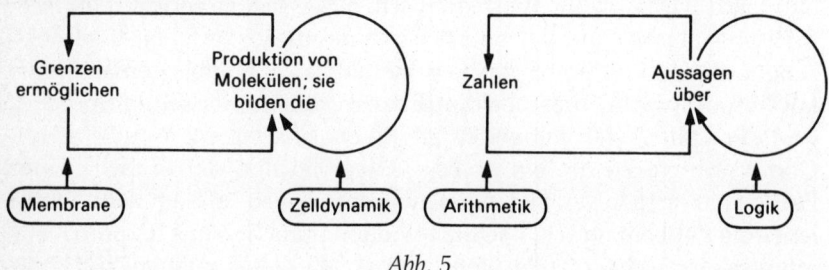

Abb. 5

Betrachten wir für einen Augenblick, was sich *innerhalb* dieser merkwürdigen Schleifen abspielt. Im Falle des Epimenides ist die Aussage,
wenn wir annehmen, sie sei wahr, falsch; wenn sie falsch ist, muß sie
folglich wahr sein. In ihrer Feinstruktur gibt es ein Oszillieren zwischen dem, was zuvor getrennt war. Wir können sie folgendermaßen
aufschreiben:

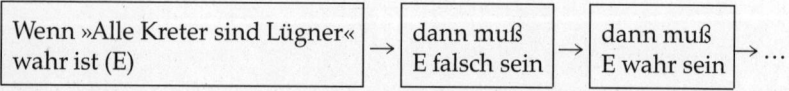

Was die Zelle betrifft, so können wir den Zirkel öffnen, und erhalten
ebenfalls eine sich ins Unendliche streckende Struktur:

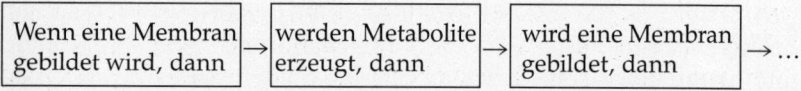

Bei einer Einheit von operationaler Geschlossenheit ist das, was als
ein *kohärentes* oder *unterscheidbares* Verhalten erscheint (sei es im Bereich der Bedeutung, sei es im Bereich der molekularen Strukturen),
in der Tat von eigentümlicher Natur. Einerseits wirkt dieses Verhalten

wie ein bestimmtes Merkmal der Einheit. Andererseits finden wir bei dem Versuch, den Ursprung dieses Merkmals anhand seiner Eigenschaften festzustellen, nichts als eine endlose Wiederholung des Immergleichen, die nirgendwo beginnt und nirgendwo endet. Die Kohärenz ist über einen sich ständig wiederholenden Zirkel *verteilt*, der in seinem Kreislauf unendlich ist, und dennoch endlich, da wir seine Auswirkungen oder Resultate als Merkmal einer Einheit beobachten können.

Denselben Gedanken möchte ich etwas handgreiflicher illustrieren. Betrachten wir ein Dreieck. Jede Seite wird in drei Teile zerlegt und die Teile so zusammengefügt, daß ein sechszackiger Stern entsteht. Nun wird in der gleichen Weise jede Seite des Sterns zerlegt. Dieser Prozeß wird mit jeder neugebildeten Seite ad infinitum wiederholt. Die so entstehende Figur, die ein wenig einem Schneekristall ähnelt, ist unmittelbar zu erfassen, sie besitzt eine kohärente Gestalt. Doch was wir wahrnehmen, ist wie ein mythischer Vorfahr, der niemals vollständig gezeichnet oder beschrieben, sondern nur als Trend einer abgebrochenen Wiederholung festgestellt werden kann. Interessanterweise haben Figuren wie diese aufgrund ihrer selbstreferentiellen geometrischen Konstruktion (neben anderen eigentümlichen Merkmalen) Dimensionen, die zwischen den üblichen liegen. Im oben beschriebenen Fall ist die Dimension größer als 1, aber kleiner als 2, und genau 1,2618. Da ihre Dimension eine gebrochene *(fractional)* Zahl ist, werden sie *fractals* genannt.[9]

Kognition

Wir haben parallel zueinander zwei Beispiele diskutiert, bei denen die Herstellung operationaler Geschlossenheit mit dem scheinbar harmlosen Akt der Zurückwendung auf sich selbst einen ganzen, neuen Bereich erzeugt, handele es sich nun um Zellen und das Lebende oder um formale Sprachen und Unentscheidbarkeit. An diesem Punkt müssen wir den nächsten Schritt tun in unserer Untersuchung der Naturgeschichte der Rückbezüglichkeit und den weiteren fundamentalen Fall untersuchen, bei dem die Abschließung das Bild völlig verändert: Beschreibungen *unserer selbst*, unser *eigenes* Erkennen.

Tatsächlich fügen wir bei der Betrachtung unseres eigenen Erkennens die Hauptpunkte der beiden zuvor erörterten Beispiele *zusammen*. Einerseits vollzieht sich unsere Kognition in dem biologischen

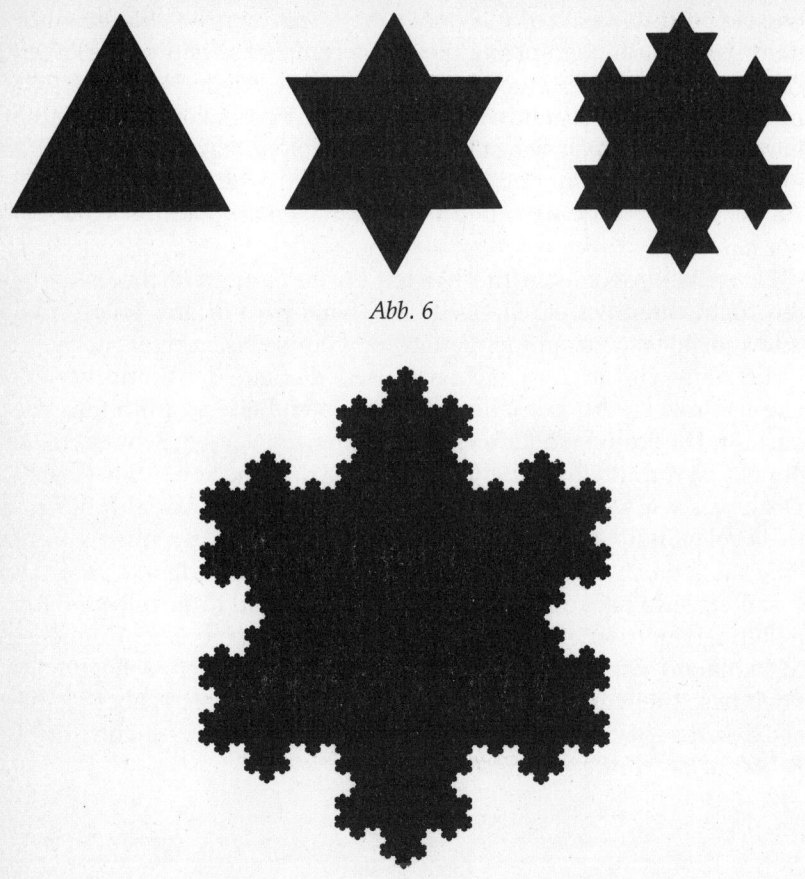

Abb. 6

Abb. 7

Substrat unseres Körpers. Andererseits sind unsere Beschreibungen durchaus imstande, Selbstbeschreibungen auf unbegrenzt vielen Ebenen zu liefern. Dank des Nervensystems überlagern sich diese beiden Weisen der Abschließung und bilden dadurch jene Erfahrung, die uns am vertrautesten ist und gleichzeitig am unfaßbarsten ist: Uns selbst.

Es liegt auf der Hand, daß das Nervensystem ein Bestandteil unserer Einheit als biologischer Wesen, als autonomer Einheiten ist. Nicht so offenkundig ist, daß das Nervensystem *selbst* auf mehrere fundamentale Weisen auf sich zurückbezogen ist.[10] Dies ist vor allem so, weil es keinen Effekt, keine Wirkung des Nervensystems (Bewegungsfähigkeit, innere Sekretion) gibt, die nicht einen direkten Effekt auf eine sensorische Oberfläche hat. So wie ein Neuron auf ein anderes einwirkt durch eine enge Nachbarschaft ihrer Oberflächen in einer Synapse, wirkt eine Muskelgruppe auf das Sensorium des Körpers durch eine Rückwirkung auf eine sensorischmotorische Synapse. Ein Kniereflex wird dadurch hervorgerufen, daß eine Sehne gespannt wird, auf Propriozeptoren ein Zug ausgeübt wird und die Aktivität der motorischen Neuronen im Rückenmark verändert wird, was zu einer Muskelkontraktion in der der Sehnenstreckung entgegengesetzten Richtung führt. Motorische Wirkungen haben sensorische Folgen, und sensorische Wirkungen haben motorische Folgen. Dieses Reafferenzprinzip ist von universeller Geltung:

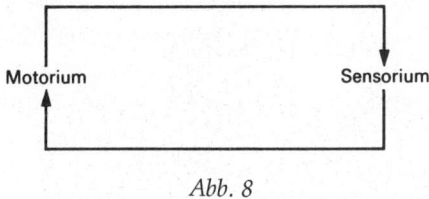

Abb. 8

Doch das Nervensystem besitzt in noch einem weiteren, wesentlichen Sinne operationale Geschlossenheit. Sobald wir die Schwelle des Sensoriums oder des Motoriums überschreiten, gehen von den entsprechenden Organen auf das Nervensystem Wirkungen aus, die nicht wie in einer Einbahnstraße eindeutig gerichtet sind. Sie ähneln eher dem Auftreten eines weiteren Käufers im Börsensaal. Wenn wir beispielsweise die an der Netzhaut entstehende Nervenerregung in das Rindengebiet (des Hinterhauptlappens) verfolgen würden, könnten wir feststellen, daß auf jede von der Netzhaut in diesen Bereich des Cortex eintretende Faser hundert andere Fasern aus dem gesamten Gehirn in diesen Bereich einmünden.[11] Die Aktivität der Netzhaut liefert daher im besten Falle nur ein Modell dessen, was sich innerhalb der eng vernetzten neuralen Schichten und Zentren abspielt.

Aber dies ist noch nicht alles. Obwohl die elektrischen Reize sich nur in einer Richtung fortpflanzen, wandern viele andere chemische Reize im Axon der Zelle in entgegengesetzter Richtung, so daß die Leitungswege im Nervensystem immer »Zweibahnstraßen« sind. So kann am Ende des Axons eine Regelungssubstanz aufgenommen werden, zum Zellkörper wandern und über eine Synapse hinweg auf das im Sinne des elektrischen Impulses vorhergehende Neuron einwirken. Im Nervensystem gibt es zahlreiche derartige wechselseitige Effekte, mit deren Erfassung man gerade erst beginnt.[12]

Ein Diagramm mag diese Organisation veranschaulichen:

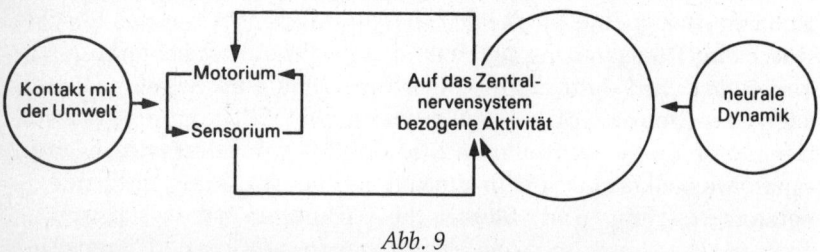

Abb. 9

In dieser Sicht des Nervensystems beobachten wir ein bestimmtes Verhalten dann, wenn durch die Herstellung der Geschlossenheit dieser Gesamtstruktur von wechselseitigen Zusammenhängen eine bestimmte Kohärenz erreicht wird. Man könnte diese Kohärenz untersuchen, indem man den Prozeß in seine Bestandteile auflöst. Wir könnten etwa mit dem Sehen beginnen, das seinen Ursprung im Auge hat, und dann all die Bahnen verfolgen, die vom Auge zum Cortex führen, und dann vom Cortex zum Thalamus und zum Vorderhirn, und so weiter. Schließlich würden wir einen vollständigen Kreis beschrieben haben, und wir könnten in der Tat endlos in diesem Kreis herumfahren. Das Verhalten bezieht sich, wie im Beispiel des *fractals,* wie der mythische Vorfahr dieses unendlich rekurierenden Prozesses immer wieder kreisförmig auf sich selbst.

Subjekt/Objekt

Wenn wir das, was wir über das Nervensystem sagten, ernst nehmen, müssen wir einsehen, daß unsere Selbsterfahrung in der gleichen Weise entsteht. Daraus ergeben sich zwei Schlußfolgerungen von eminenter Bedeutung.

Erstens: Wir können aus dem durch unseren Körper und unser Nervensystem festgelegten Bereich nicht *heraustreten*. Es gibt keine andere Welt als diejenige, die uns durch diese Prozesse vermittelt wird, – Prozesse, die für uns Gegebenheiten sind und uns zu dem machen, was wir sind. Wir befinden uns innerhalb eines kognitiven Bereichs, und wir können nicht aus ihm herausspringen oder entscheiden, wo er beginnt oder wie er beschaffen ist.

Zweitens – und das ist nicht minder wichtig: Wir können eine gegebene Erfahrung nicht in einer einzigartigen, unwiederholbaren Weise auf ihre *Ursprünge* zurückverfolgen. Jedes Mal, wenn wir versuchen, die Quelle etwa einer Wahrnehmung oder einer Idee aufzuspüren, stoßen wir auf ein ständig vor uns zurückweichendes *fractal*, und wo wir auch nachgraben mögen, stoßen wir auf die gleiche Fülle von Details und wechselseitigen Zusammenhängen. Jedes Mal ist es die Wahrnehmung einer Wahrnehmung einer Wahrnehmung ... oder die Beschreibung einer Beschreibung einer Beschreibung – Nirgendwo können wir unseren Anker werfen und sagen: Von hier ging diese Wahrnehmung aus; auf diese Weise lief sie ab.

Bei unserer Wahrnehmung der Welt vergessen wir alles, was wir dazu beigetragen haben, sie in dieser Weise wahrzunehmen; eben weil wir durch unseren Körper in den eigentümlichen Kreisprozeß unseres Handelns einbezogen sind. Wie der junge Mann in der

Abb. 10

Escher-Radierung »Gemäldegalerie«, sehen wir eine Welt, die sich in das Substrat verwandelt, das uns hervorbringt, dabei den Kreis schließt und die Bereiche sich überschneiden läßt. Wie in der Escher-Radierung gibt es nirgendwo einen *Ausgang*. Sollten wir herauszutreten versuchen, so würden wir uns in einem endlosen Zirkel wiederfinden, der sich in seinem Mittelpunkt in einen leeren Raum verflüchtigt.[13]

Gemäß der Tradition[14] ist Erfahrung entweder etwas Subjektives oder etwas Objektives. Die Welt besteht, und wir sehen sie entweder wie sie (objektiv) ist, oder wir sehen sie durch unsere Subjektivität. Folgen wir jedoch dem Leitfaden der Rückbezüglichkeit und ihrer Naturgeschichte, so können wir diese verzwickte Frage aus einer anderen Perspektive sehen: der Perspektive der *Partizipation* und *Interpretation*, in der Subjekt und Objekt untrennbar miteinander verbunden sind. Diese Interdependenz wird dadurch deutlich, daß ich nirgendwo mit einer reinen, unkontaminierten Darstellung des einen oder des anderen beginnen kann, und gleichgültig, wo ich anzufangen beschließe, habe ich es gewissermaßen mit einem *fractal* zu tun, das nur genau das widerspiegelt, was ich tue: es zu beschreiben. Dieser Logik zufolge ist unser Verhältnis zur Welt wie das zu einem Spiegel, der uns weder verrät, wie die Welt ist, noch wie sie nicht ist. Er zeigt uns, daß es *möglich* ist, daß wir so sind, und so zu handeln, wie wir gehandelt haben. Er zeigt uns, daß unsere Erfahrung *lebensfähig* ist.

Daß die Welt von so plastischer Beschaffenheit sein soll, weder subjektiv noch objektiv, weder einheitlich noch trennbar, noch zweierlei und untrennbar, ist faszinierend. Das weist sowohl auf die *Natur* des Prozesses hin, den wir in seiner ganzen förmlichen und materiellen Beschaffenheit erfassen können, als auch auf die fundamentalen *Grenzen* dessen, was wir über uns und die Welt begreifen können. Es zeigt, daß die Wirklichkeit nicht einfach nach unserer Laune konstruiert ist, denn das hieße anzunehmen, daß wir von innen heraus einen Ausgangspunkt wählen können. Es beweist ferner, daß die Wirklichkeit nicht als etwas objektiv Gegebenes verstanden werden kann, das wir wahrzunehmen haben, denn das hieße wiederum einen äußeren Ausgangspunkt anzunehmen.

Es zeigt in der Tat die eigentliche *Grundlosigkeit* unserer Erfahrung, in der uns gewisse Regelmäßigkeiten und Interpretationen gegeben sind, die aus unserer gemeinsamen Geschichte als biologische und soziale Wesen entstanden. Innerhalb dieser auf stillschweigender Übereinkunft beruhenden Bereiche gemeinsamer Geschichte leben wir in einer scheinbar endlosen Metamorphose von Interpretationen, die einander ablösen.[15]

Es enthüllt uns eine Welt, in der das Grundlose, Unbegründete zur Basis der Einsicht werden kann, daß das uralte Ideal der Objektivität und Kommunikation, verstanden als fortschreitende Ausschaltung des Irrtums zugunsten wachsender Übereinstimmung, gemessen an seinen eigenen wissenschaftlichen Maßstäben eine Schimäre ist. Für die Einsicht, daß wir besser daran täten, vollständig die notorisch davon verschiedene und schwierigere Situation zu akzeptieren, daß wir in einer Welt leben, in der niemand für sich beanspruchen kann, die Dinge in einem umfassenden Sinne besser zu verstehen als andere. Das ist in der Tat bemerkenswert: daß die empirische Welt des Lebenden und die Logik der Selbstreferenz, daß die gesamte Naturgeschichte der Rückbezüglichkeit uns lehrt, daß Ethik – Toleranz und Pluralismus, Loslösung von unseren eigenen Wahrnehmungen und Werten, um Rücksicht zu nehmen auf Wahrnehmungen und Werte anderer – schlechthin die Grundlage der Erkenntnis und zugleich ihr Endpunkt ist. An dieser Stelle sind Taten eindeutiger als Worte.

[1] Siehe zum Beispiel J. Schiller: *La Notion d'Organization dans l'Histoire de la Biologie*. Maloine, Paris 1978.

[2] Für eine ausführliche Diskussion dieses Gedankens siehe F. Varela: *Principles of Biological Autonomy*. North Holland, New York 1979.

[3] Ernst, Bruno: *The Magic Mirror of M. C. Escher*. Random House, New York 1976, S. 33.
Maturana, H., und Varela, F.: *Autopoiesis and Cognition*. Boston Stud. Phil. Sci., Vol. 42. D. Reidel, Boston 1980.

[4] Eigen, M., und Schuster, P.: *The Hypercycle*. Springer, Berlin 1979.

[5] Margulis, L.: *The Evolution of Eucaryotic Cell*. Freeman, San Francisco 1980.

[6] Quine, W. O.: *The Ways of Paradox and other Essays*. Harvard U. Press, 1971.

[7] Für eine umfassendere Diskussion siehe Hughes, Patrick, und George Brecht: *Die Scheinwelt des Paradoxons: Eine kommentierte Anthologie*. Vieweg, Braunschweig 1978, und insbesondere das jüngste Buch von D. Hofstadter: *Gödel, Escher, Bach*. Basic Books, New York 1979.

[8] Für weitere Einzelheiten siehe Nagel, Ernest, und James R. Newman: *Der Gödelsche Beweis*. Oldenbourg, Wien/München 1979, sowie Hofstadter, *op. cit.*

[9] Mandelbrot, Benoit B.: *Fractals: Form, Chance, Dimension*. Freeman, San Francisco 1978. Originalausgabe: *Les objets fractales*. Flammarion, Paris und Montréal 1975.

[10] Maturana, Humberto: *Biologie der Kognition*. Paderborn 1975.

[11] Braitenberg, Valentin: *Gehirngespinste: Neuroanatomie für kybernetisch Interessierte*. Springer, Berlin 1973.

[12] Für eine neuere Besprechung siehe R. K. Dismukes: *The Brain. Beh. Science 2*, 1979.

[13] Anmerkung von Paul Watzlawick: Bruno Ernst gibt zu dieser Lithographie in *The Magic Mirror of M. C. Escher* die folgende Beschreibung:
Gehen wir an dieses Bild zunächst als unvoreingenommener Beobachter heran. In

der rechten unteren Ecke finden wir den Eingang zu einer Kunstgalerie, in der Graphiken ausgestellt werden. Wir wenden uns nach links und stoßen auf einen jungen Mann, der sich eines der Bilder an der Wand besieht. Auf ihm sieht er ein Schiff und darüber, in anderen Worten, in der oberen linken Ecke, einige Häuser an einem Hafenkai. Wenn wir nun nach rechts hinaufschauen, setzt sich diese Häuserreihe fort, und ganz rechts senken wir unseren Blick und entdecken am unteren Rande ein Eckhaus mit dem Eingang zu einer Kunstgalerie, in der Graphiken ausgestellt werden … Unser junger Mann steht also selbst in dem Bild, das er betrachtet!

[14] Die verschiedenen abweichenden Traditionen wären näher zu bestimmen; sehr bedeutsam in dieser Beziehung ist die Phänomenologie mit ihren zahlreichen Verzweigungen. Hier sprechen wir jedoch von dem vorherrschenden common-sense.

[15] Der knappste philosophische Ausdruck dieser Schlußfolgerung, den ich gefunden habe, ist die Madhyamika-Schule der mittelalterlichen indischen Philosophie. Siehe z. B. die hilfreiche Einführung von F. Streng, *Emptiness: A study in religious meaning*, Abingdon Press, New York 1967.

RUPERT SHELDRAKE

Englischer Biochemiker. Geboren 1942 in England. Er erhielt ein Forschungsstipendium der Royal Society. Ab 1978 lebte er für 18 Monate in einem christlichen Ashram in Südindien, wo auch der Entwurf zu seinem Buch »Das schöpferische Universum. Die Theorie des morphogenetischen Feldes« entstand. Sie besagt, daß morphogenetische Felder die gesamte belebte wie unbelebte Schöpfung prägen und steuern.
Der Beitrag ist eine Zusammenfassung dieser Theorie, die Sheldrake als Vortrag auf der Konferenz »Andere Wirklichkeiten« 1983 in Alpbach gehalten hat.

Die Theorie der morphogenetischen Felder

Das mechanistische Paradigma, über das wir schon einiges gehört haben, ist in der Wissenschaft lange Zeit bestimmend gewesen. Und ein Aspekt dieses Paradigmas ist die Vorstellung, daß das Universum bestimmten Gesetzen folgt und daß diese Gesetze unwandelbar und zeitlos sind. Wenn wir von diesem Paradigma zu einem organischen Paradigma übergehen, so können wir das Universum ähnlich wie einen Organismus, der sich weiterentwickelt, betrachten. Und anstatt die Naturgesetze für festgelegt, für alle Zeiten wahr, unwandelbar zu halten, könnten wir sie mehr als Gewohnheiten auffassen. Dies sind einige Implikationen der Anschauungen, die ich gleich darlegen werde, der »Hypothese der formbildenden Verursachung« *(hypothesis of formative causation).*

Um zu erklären, wie diese Sichtweise möglich ist und worin sie genau besteht, ist es am besten, bei den Problemen zu beginnen, bei denen die Theorie ansetzt. Diese Probleme sind von zentraler Bedeutung für die Biologie. Obwohl die Theorie viele Implikationen in anderen Gebieten, unter anderem der Parapsychologie, hat, nimmt sie ihren Ausgangspunkt nicht von den dort untersuchten Fragen, sondern von zentralen Problemen der Biologie.

Eines der grundlegenden Probleme der Biologie, unseres Verständnisses von Tieren und Pflanzen, besteht darin, zu verstehen, wie Tiere und Pflanzen eigentlich ihre Form annehmen, ihre Gestalt. Wenn wir eine Blume betrachten, ein Blatt, eine Katze, ein Kaninchen, so sehen wir eine definitive Gestalt oder Form, und innerhalb dieser Formen von Tieren und Pflanzen sind wieder viele Formen, die Form der Organe, der Gewebe, der Zellen dieses Gewebes, und innerhalb dieser Zellen Organellen und Moleküle von komplizierter Gestalt. Wie kommen diese Formen zustande?

Ein Organismus entwickelt sich aus einem befruchteten Ei, das sehr wenig Struktur aufweist; während er sich weiterentwickelt, bildet sich mehr und mehr Struktur heraus. Diesen Prozeß der Entstehung von Form nennen die Biologen »Morphogenese«, vom Griechischen »morphe«, Form, und »genesis«, Entstehung. Obwohl die Morphogenese ein absolut grundlegendes Phänomen ist – jeder von uns sieht jeden Tag Pflanzen und Bäume und andere Menschen, wir erkennen all diese Formen, wir nehmen es als gegeben hin, daß aus Samen Bäume oder Blumen entstehen – obwohl dies also so ist, müssen wir uns in Erinnerung rufen, daß dieser für uns so selbstverständliche Vorgang wissenschaftlich überhaupt nicht verstanden wird.

In der Biologie wird unter dem herrschenden Paradigma, der mechanistischen Theorie des Lebens, der Versuch gemacht, den Prozeß der Entstehung von Form auf der Ebene der Moleküle und durch Betrachtung von bekannten chemischen und physikalischen Interaktionen zu erklären. Tatsächlich haben wir auch sehr viel über die Moleküle des Lebens herausgefunden, etwa über die genetische Substanz DNS (Desoxyribonucleinsäure) und die vielen Arten von Proteinen, aus denen lebende Organismen bestehen. Aber diese Entdeckungen der Biologie haben nicht zu einem Verständnis der Entstehung von Form geführt. Sie haben uns eine sehr detaillierte Kenntnis dessen vermittelt, was geschieht, wenn Form entsteht, aber sie haben den Vorgang selbst nicht geklärt. Wir können uns dieses Problem klarmachen, indem wir an unsere Körper denken.

Die DNS in all unseren Körperzellen ist die gleiche. Wir haben identische Kopien allen genetischen Materials in allen Zellen. Trotzdem ist die Form unserer Arme und Beine verschieden voneinander. Unsere Arme wie unsere Beine enthalten die gleichen Proteine, die gleichen Muskelproteine, Nervenproteine, Blutproteine, usw. Aber mit der gleichen chemischen Zusammensetzung entstehen doch verschiedene Formen. Natürlich enthalten verschiedene Organe wie das Auge oder das Ohr oder die Leber oder die Nieren auch verschiedene Chemikalien, das Problem ist nur, daß die chemischen Substanzen *alleine* die Form noch nicht erklären. Es ist wie in der Architektur: Wenn wir Häuser oder Gebäude untersuchen, werden wir die Form des Gebäudes nicht dadurch verstehen, daß wir die Ziegel, den Mörtel oder das Holz analysieren, die in dem Gebäude verarbeitet wurden. Die gleichen Ziegel, der gleiche Mörtel, das gleiche Holz können Gebäude von verschiedener Form ergeben. Also wird die Form des Gebäudes nicht durch die chemische Zusammensetzung der Substanzen erklärt, aus denen es besteht.

Angesichts dieses Problems ist von Biologen, speziell von Embryologen und Entwicklungs-Biologen, ein Konzept entwickelt worden, um die Morphogenese zu verstehen, nämlich das der »morphogenetischen Felder«. Dieses Konzept ist das erste Mal 1922 formuliert worden, und es ist der Gedanke, daß ein Organismus bei seinem Wachstum von formgebenden Feldern beeinflußt wird. Die Vorstellung dieser Felder ist zunächst in Analogie mit bekannten Feldern der Physik, wie zum Beispiel dem magnetischen Feld, entstanden. Um einen Magneten herum existiert ein Feld, das man weder sehen noch berühren oder riechen oder schmecken oder hören kann. Aber wir können seine Existenz dadurch offenkundig machen, daß wir Eisenspäne um den Magneten herum streuen: Dann sehen wir ein Muster, das uns etwas über das Feld um den Magneten verrät. Der Gedanke war nun, daß – ebenso wie Magneten von Feldern umgeben sind – auch Organismen unsichtbare Felder haben, die ihre Entwicklung steuern und ihre Form bestimmen, wie eine unsichtbare Gußform. Danach tritt also das befruchtete Ei des Organismus mit den morphogenetischen Feldern seiner Spezies in Verbindung, dieses Feld beeinflußt die Entwicklung des Embryos, dann formen untergeordnete Felder die Arme und Beine, und innerhalb dieser Felder formen andere Felder wiederum die Finger, die Fußnägel, die Knochen, usw. Bei der Entwicklung des Organismus ist also eine ganze Hierarchie von formgebenden Feldern am Werk.

Dieses Konzept half, einige der entscheidenden Probleme der Embryologie zu verstehen, wie ich anhand der Abbildung 1 auf Seite 264 illustrieren kann.

Wir sehen hier links das normale Ei einer Libelle, in dem sich der Embryo entwickelt hat. Rechts ist das Ei mit einem dünnen Faden abgebunden worden, wodurch ein Teil von ihm abgestorben ist, es ist also nur noch die eine Hälfte des Eis übrig, die hintere. Aus ihm ent-

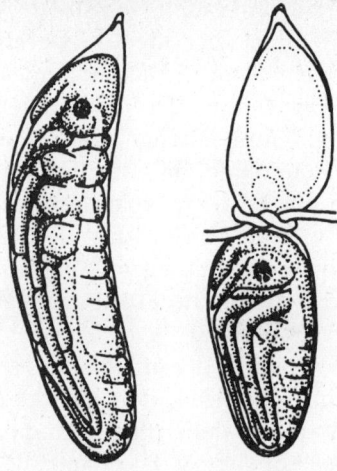

Abb. 1

steht aber nun nicht nur die hintere Hälfte des Embryos, wie das beim normalen Ei der Fall gewesen wäre, sondern statt dessen ein zwar kleinerer, aber vollständiger Embryo. Also bekommen wir aus einem Teil des Eis den ganzen Organismus. Irgendwie war der Organismus imstande, mit der Beschädigung fertig zu werden und trotzdem ein Ganzes auszubilden. In der nächsten Abbildung sehen wir ein anderes Beispiel für diese Art von Prozeß:

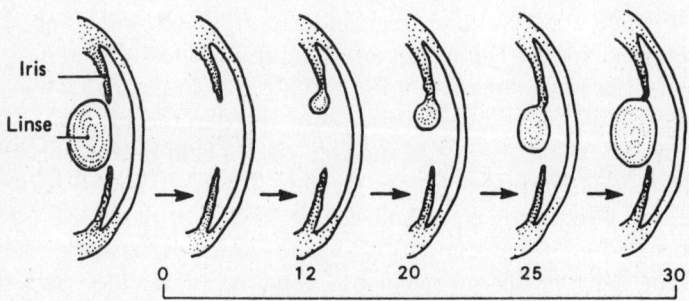

Tage nach operativer Entfernung der Linse

Abb. 2

Hier handelt es sich um Regeneration. Jeder kennt die Regeneration bei Pflanzen. Wir können einen kleinen Teil einer Pflanze abschneiden, ihn in Erde geben, und wenn wir Glück haben, wird er zu einer Pflanze werden. Aus einem Baum kann man Tausende von Bäumen machen, von denen jeder aus einem kleinen Teil des Baumes entsteht. Der Teil kann also ein neues Ganzes hervorbringen. Dies ist einer der Gründe für die Annahme in der Biologie, daß das Ganze mehr ist als die Summe seiner Teile, weil wir Teile entfernen können und das Ganze bleibt erhalten, und weil aus Teilen selbst ein Ganzes werden kann. Das ist eine sehr mysteriöse Eigenschaft, die die Biologen lange Zeit in Staunen versetzt hat, und es ist eines der Probleme, mit denen sich jede biologische Theorie auseinandersetzen muß.

Die Abbildung zeigt nun ein Beispiel für Regeneration bei einem Tier, einem Wassermolch. Wir sehen, was geschieht, wenn man in seinem Auge die Linse entfernt: Es bildet sich eine neue Linse vom Rand der Iris her. Mit anderen Worten, die Linse wird regeneriert, und das Auge erreicht wieder den Zustand der Ganzheit, nach Entfernung eines Teils. Im normalen Embryo entsteht die Linse auf ganz andere Weise, nicht vom Rand der Iris her, sondern dadurch, daß sich die äußere Haut des Embryos einfaltet. Auch ist die hier gezeigte Beschädigung von einer Art, wie sie in der Natur nie vorkommt, schließlich gehen dort nicht experimentelle Zoologen mit dem Skalpell um, die Linsen herausschneiden. Hier haben wir also ein eindrucksvolles Beispiel von Regeneration, und es gibt Tausende von anderen: Man kann zum Beispiel Plattwürmer in kleine Teile zerschneiden und aus jedem wird ein neuer Wurm entstehen.

Der Begriff der morphogenetischen Felder ist entwickelt worden, um diesen Vorgang zu verstehen. Der Grundgedanke ist dabei, daß das Feld dem System zugehörig ist, das man beschädigt, und daß Regeneration deswegen möglich ist, weil das Feld immer noch da ist und das System zu seiner eigentlichen Form, der ganzen Form, führen kann, obwohl man einen Teil davon weggenommen hat. Und eine der Eigenschaften von Feldern ist ihre Geschlossenheit. Denken Sie wieder an den Vergleich mit dem Magneten: Wenn man einen Magneten in zwei Hälften schneidet, erhält man nicht zwei halbe Magneten, sondern zwei ganze, kleiner, aber trotzdem vollständig. Und jeder ganze Magnet hat ein vollständiges magnetisches Feld um sich herum. Man kann nicht eine Scheibe aus dem Feld herausschneiden und wegtragen. Das Feld ist eine Ganzheit. Genau das ist die Idee hinter dem Konzept der morphogenetischen Felder: daß sie form-gebende Ganzheiten sind.

Dieser Gedanke ist das erste Mal 1922 formuliert worden, von dem Russen Alexander Gurwitsch, und er wurde dann in den 20er Jahren in Österreich von Paul Kammerer weiterentwickelt. Seither allerdings hat sich die Theorie nicht mehr sehr verändert. Viele Biologen haben den Gedanken akzeptiert und den Begriff der morphogenetischen

Felder verwendet, aber die Frage, was die Felder nun eigentlich sind und wie sie funktionieren, blieb ziemlich im dunkeln. Viele Biologen sagen: Der Begriff des morphogenetischen Feldes ist eben eine Art, über komplizierte physikalische und chemischer Interaktionen zu reden, die wir noch nicht ganz verstehen. Das läuft dann aber mehr oder weniger auf eine mechanistische Sichtweise hinaus, besagt das gleiche wie das herkömmliche mechanistische Modell. Dadurch ist also eine Ansicht, die ursprünglich als radikale Abkehr von der orthodoxen Biologie begonnen hat, für die meisten Leute wieder zu einem Teil der orthodoxen Auffassung geworden, daß man nämlich irgendwann alles in Begriffen von Molekülen, Elektrizität und anderen bekannten physikalischen Faktoren verstehen können wird.

Andere sind der Ansicht, daß es mit den morphogenetischen Feldern mehr auf sich hat, und einige Wissenschaftler vertreten sogar ausdrücklich den Standpunkt, daß es sich dabei um Platonische Ideen oder Archetypen handelt, um sozusagen metaphysische Realitäten, die idealen, zeitlosen Formen aller Lebewesen. Nicht viele Biologen vertreten diese Ansicht, aber doch einige; und meistens tun sie das nicht öffentlich. Immerhin gibt es manche, die diesen Standpunkt sehr leidenschaftlich verfechten.

Die Theorie, die ich hier darlegen werde, ist davon sehr verschieden. Was ich bisher gesagt habe, diente dazu, Ihnen den Hintergrund für die Hypothese zu geben, die ich darstellen will. Bis jetzt habe ich einige Entwicklungen der Biologie in den letzten 60 Jahren zusammengefaßt. Meine eigene Hypothese stellt eine dritte Art, über morphogenetische Felder zu denken, dar. Ich nehme an, daß diese Felder wirklich existieren, daß sie nicht einfach magnetische oder elektrische Felder sind, nicht einfach eine Umschreibung für bekannte Arten von Interaktionen zwischen den Teilen eines Organismus; sondern daß wir es hier mit einer neuen Art von Feld zu tun haben, das von der Wissenschaft bisher noch nicht in Betracht gezogen wurde. Außerdem nehme ich an, daß diese Felder eine bestimmte Form haben, daß also zum Beispiel das Feld einer Rose sozusagen rosenförmig ist oder das Feld eines Hundes in einer direkten Beziehung zur Form des Hundes steht. Und es muß sehr, sehr viele verschiedene Felder für alle verschiedenen Arten von Tieren und Pflanzen geben. Wenn jedes dieser Felder dem sich entwickelnden Organismus seine spezifische Gestalt verleiht, so muß das Feld dieser bestimmten Spezies selbst eine spezifische Form oder Struktur haben.

Wie erhält es diese Struktur? Die Antwort, die ich vorschlage, ist, daß sich die Struktur eines morphogenetischen Feldes aus der tatsächlichen Form früherer Mitglieder dieser Spezies herleitet. Das Feld, das etwa einer Katze ihre Form gibt, das katzen-morphogenetische Feld sozusagen, ist dann eine Art Zusammenfassung *(composite)* der tatsächlichen Formen früherer Katzen. Deren Form beeinflußt die sich entwickelnde Katze durch Fernwirkung *(action at a distance)* über Zeit und Raum hinweg, nicht dadurch, daß sie in der DNS verschlüsselt ist. Dieses morphogenetische Feld stellt dann so etwas wie das Gedächtnis der Art dar, ein kollektives oder zusammengefaßtes Gedächtnis. Jedes Mitglied einer Spezies wird durch deren spezifisches morphogenetisches Feld geformt, das Feld der Spezies. Umgekehrt beeinflußt aber die Form, die der Organismus schließlich entwickelt, wiederum das morphogenetische Feld, wirkt auf dieses Feld zurück und formt dadurch zukünftige Mitglieder derselben Art.

Das sind keine leicht zu verstehenden Gedankengänge, weil sie sehr verschieden von den Ideen sind, mit denen wir aufgewachsen sind. Ich werde sie im folgenden ausführlicher erklären, Beispiele dafür geben und auch zeigen, wie sie überprüft werden könnten.

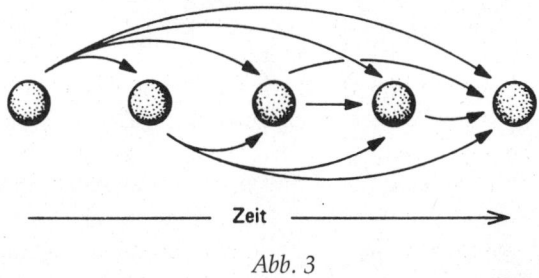

Abb. 3

Dieses Diagramm zeigt in einer sehr vereinfachten Weise, wie sich der Einfluß solcher Felder über die Zeit aufbaut. Jede Form, jede Art von Tier oder Pflanze entsteht in der Zeit, und es gibt immer ein erstes dieser Art. Meine Theorie sagt nun nichts darüber aus, wie dieses erste Exemplar zustande kommt; darauf werden wir später noch zu sprechen kommen. Worüber meine Theorie Aussagen macht ist, wie diese Struktur, wenn sie erst einmal entstanden ist, wiederholt wird, wie sie dazu neigen wird, immer wieder vorzukommen. Wenn eine bestimmte Struktur das zweite Mal entsteht, wird sie vom ersten Exemplar beeinflußt werden, beim dritten Mal vom ersten und zweiten, beim vierten Mal vom ersten, zweiten und dritten usw. Der Einfluß wird also kumulativ sein. Ich behaupte, daß dieser Einfluß nicht mit der Zeit verschwindet, und daß er auch durch Raum oder Entfernung nicht abgeschwächt wird. Wenn also die Anzahl von Mitgliedern einer Spezies wächst, wird das morphogenetische Feld stärker werden, durch Wiederholung intensiviert. Je öfter etwas Bestimmtes passiert, desto wahrscheinlicher wird es wieder passieren.

Da aber die Mitglieder einer Spezies einander nicht völlig gleichen, sondern nur ähnlich sind, wird das morphogenetische Feld, das ihren Einfluß repräsentiert, sozusagen eine Zusammenfassung der

Abb. 4

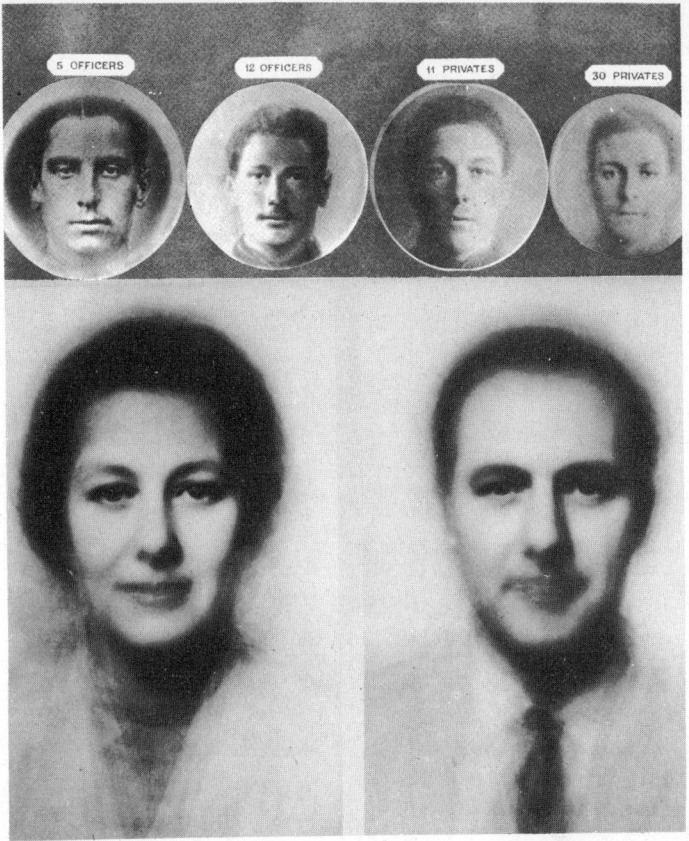

Abb. 5

früheren Mitglieder der Spezies sein. Es wird nicht eine definitive Form ergeben, nicht scharf abgegrenzt sein, sondern mehr eine Wahrscheinlichkeitsstruktur darstellen. Eine Analogie für diesen Prozeß findet sich bei »kumulativen Fotografien« *(composite photographs)*.

Diese Fotografien (Abb. 4) wurden vor 100 Jahren von Francis Galton angefertigt, einem Cousin von Charles Darwin, der an durchschnittlichen Formen interessiert war. In der oberen Reihe sehen Sie drei Schwestern, in der unteren Reihe diese Schwestern im Profil. Die mittlere Reihe zeigt »durchschnittliche Schwestern«, die dadurch entstehen, daß man die Bilder der drei auf denselben Film aufgenommen hat, mit einem Drittel der Belichtungszeit für jede einzelne Aufnahme. Das ist jetzt der Durchschnitt von nur dreien, aber man kann den Vorgang weiterführen, und was dabei herauskommt, zeigt das

Bild auf Seite 269. Oben haben wir Beispiele von durchschnittlichen Offizieren, links, und durchschnittlichen Mannschaftsgraden, rechts, der Britischen Armee. Francis Galton war sehr daran interessiert, herauszufinden, ob Offiziere einem bestimmten rassischen Typ angehörten; das interessierte damals viele Engländer. Der Hauptunterschied scheint aber gewesen zu sein, daß mehr Offiziere Schnurrbärte hatten. In der unteren Reihe sehen Sie moderne kumulative Fotografien, links 30 weibliche und rechts 45 männliche Wissenschaftler vom John Innes Research Institute in England.

Wenn Sie also das Gesicht rechts ansehen, sehen Sie in Wirklichkeit 45 männliche Gesichter. Die individuellen Unterschiede heben einander auf, die gemeinsamen Züge werden verstärkt. Und die Form des Gesichts ist durch die Wahrscheinlichkeitsverteilung bestimmt, die wir auf diese Weise bekommen. Könnte man morphogenetische Felder sehen, ich glaube, sie würden so aussehen: Sie hätten unscharfe Ränder, wären nicht klar abgegrenzt, sie wirken im Sinne von Wahrscheinlichkeit, nicht exakter Kausalität. Und das ist wichtig, weil ich glaube, daß sie letztlich probabilistische Prozesse auf der Quantenebene beeinflussen, wie sie die moderne Physik beschreibt.

Die Abbildung 6 zeigt, wie morphogenetische Felder aufgebaut sind.

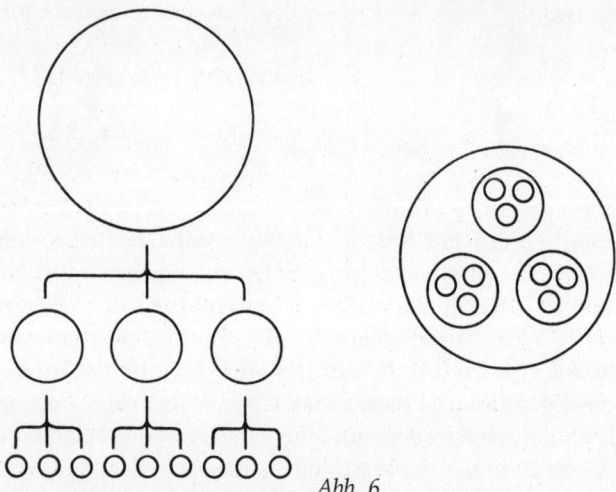

Abb. 6

Links haben wir das übliche Diagramm einer Hierarchie, rechts ist eine bessere Darstellung des gleichen Zusammenhanges, die wir »eingebettete Hierarchie« *(nested hierarchy)* nennen könnten, denn sie zeigt, wie jedes Organisationsniveau in das nächsthöhere eingebettet ist. Wir könnten uns den äußersten Kreis zum Beispiel als den Organismus denken, die kleineren Kreise stellten dann die Organe dar, die Kreise darin die Gewebe, darin wären dann die Zellen, die Organellen, Proteinmoleküle usw. bis hin zu den Atomen und subatomaren Partikeln. Morphogenetische Felder schließen also andere morphogenetische Felder ein, und ich glaube, sie wirken auf Systeme dadurch ein, daß sie die Felder und die Wahrscheinlichkeit der Ereignisse auf den niedrigeren Organisationsniveaus beeinflussen. Wie das funktionieren könnte, kann ich hier nicht näher ausführen, ich gehe darauf detaillierter in meinem Buch ein.

Nun muß ich auf die Frage zu sprechen kommen, was diese Theorie tatsächlich bedeutet. Bisher habe ich darüber in einer sehr abstrakten und theoretischen Weise gesprochen, und tatsächlich ist es ja nur eine Theorie, eine Weise, die Welt zu betrachten. Aber in der Wissenschaft ist es wichtig zu sehen, was die Konsequenzen einer bestimmten Theorie sind, und herauszufinden, ob diese Folgerungen überprüft werden können. Und um das zu tun, müssen wir Voraussagen treffen und dann Experimente entwickeln, die diese Voraussagen prüfen. Ich werde jetzt einige derartige Experimente beschreiben.

Zunächst betrifft diese Theorie nicht nur lebende Organismen. Sie gilt auch für die Formen von Kristallen, Molekülen und Atomen. Ich behaupte, daß diese Art von Feldern sogar im chemischen Bereich wirken. Denken wir zum Beispiel an die Form eines Kristalls, genauer an die Gitterstruktur, also die Art, wie die Moleküle angeordnet sind: Es gibt fünf Gründe für die Annahme, daß diese Form nicht allein durch bekannte energetische Zusammenhänge verursacht ist. Wenn ein neuer Stoff hergestellt wird, den es bisher noch nie gegeben hat – in der Pharmazie, in anderen Bereichen der chemischen Industrie und in Universitäten geschieht das ständig – so wird zunächst kein morphogenetisches Feld für die Kristallstruktur bestehen, weil diese Art von Kristall noch nie existiert hat. Es könnte also das erste Mal schwierig sein, die Substanz zu kristallisieren, wir müßten warten, bis ein morphogenetisches Feld entsteht, wie immer das auch geschieht. Aber nachdem die Substanz einmal Kristalle gebildet hat, sollte es beim zweiten Mal überall auf der Welt schon ein wenig leichter sein, weil der Vorgang vom morphogenetischen Feld des ersten Kristalls beeinflußt würde. Beim dritten Mal wäre es dann wieder leichter, beim vierten Mal noch mehr – überall auf der Welt müßte es mit der Zeit leichter sein, die Substanz zu kristallisieren. Ist das tatsächlich so?

Die Antwort lautet: ja. Es ist den Chemikern wohlbekannt, daß neue Substanzen zunächst schwierig zu kristallisieren sind und daß es überall auf der Welt mit der Zeit leichter wird. Das ist unzählige Male beobachtet worden, viele Chemiker wissen es aus eigener Erfahrung, es ist eine unter Chemikern allgemein akzeptierte Tatsache. Aber wie lautet die Erklärung dafür? Eine mögliche Erklärung lautet, daß es ein Chemiker vom anderen lernt, und das ist natürlich möglich und sicher ein Faktor. Die andere Erklärung aber, zusätzlich zu verbesserten Methoden, ist eine höchst ungewöhnliche. Sie nimmt an, daß die Substanzen deswegen schneller kristallisieren, weil kleine Teile der Kristalle in der Kleidung und speziell in den Bärten von wandernden Chemikern in der ganzen Welt herumgetragen werden und dann in anderen Laboratorien aus ihren Bärten in die Kristallisierungsschalen fallen und solcherart die Kristallisation beschleunigen. Viele Chemiker werden Ihnen derartige Geschichten erzählen. Wenn Sie Freunde haben, die Chemiker sind, fragen Sie sie etwas zum Thema Kristallisation, aber sagen Sie nicht, warum Sie fragen. Machen Sie das Experiment, und ich garantiere Ihnen, in der Mehrzahl der Fälle werden Sie eine Geschichte über einen bärtigen Chemiker hören. Das gehört zur Folklore der Chemie, es ist ein schwieriges Gebiet dieser Disziplin und wird in den Lehrbüchern nicht sehr systematisch behandelt, aber es existiert als eine Art Folklore in den Köpfen der Chemiker.

Aus dem Blickwinkel der Hypothese, die ich vorschlage, sind diese Vorgänge nun sehr interessant, weil hier die Fakten den Erwartungen der Hypothese entsprechen. Die bisherigen Erklärungen sind nicht gerade überzeugend und sind auch noch nie empirisch überprüft worden. Dabei wäre das leicht möglich: Man könnte versiegelte Behälter an verschiedenen Orten in der Welt aufstellen, um die Kristallisationsgeschwindigkeit zu verschiedenen Zeiten zu überprüfen. Man könnte bärtige Chemiker von den Experimenten ausschließen und Staubpartikel ausfiltern – eine andere Erklärung ist nämlich, daß winzige Partikel der Kristalle in die Luft gelangen und in mikroskopisch kleinen Staubteilchen über die ganze Welt verteilt werden. Dann könnte man prüfen, ob die Kristallisation in einer gesättigten Lösung unter Standardbedingungen wirklich mit der Zeit schneller vor sich geht. Das wäre ein möglicher Test, aber er ist noch nicht gemacht worden. Es gibt viele mögliche Überprüfungen im Bereich von Form und der Vererbung von Form. Einige davon diskutierte ich in meinem Buch. Die Erklärung wäre aber hier zu kompliziert und würde den Rahmen dieses Vortrags sprengen.

Ich möchte jetzt darauf zu sprechen kommen, wie man die Theorie im Bereich des Verhaltens prüfen kann. Wir gehen also von einem Ende des Spektrums, den Kristallen, gleich zum anderen, dem Verhalten. Und ich glaube, daß dieselben Prinzipien, die gleichen formativen Felder, auch das Verhalten beeinflussen. Ich behaupte, daß das ererbte Verhalten von Tieren, das heißt ihre Instinkte, durch die gleiche Art von Einfluß aus der Vergangenheit zustandekommen, durch jenen Prozeß der Einwirkung von Gleichem auf Gleiches, den ich »morphische Resonanz« nenne. Dies sollte auch auf Verhalten zutreffen. Eine der Vorhersagen der Theorie ist: Wenn man in einem Teil der Welt Tieren beibringt, etwas Neues zu tun, so sollte es dadurch überall in der Welt für Tiere leichter werden, die gleiche Sache schneller zu lernen. Wenn wir also hier in Österreich Ratten einen neuen Trick beibringen, dann sollten Ratten in New York oder Australien oder Afrika imstande sein, diesen Trick leichter zu lernen, nur weil wir die Ratten hier trainiert haben, ohne daß eine Kommunikation im üblichen Sinne stattgefunden hat. Also nicht weil wir per Telefon durchgegeben haben, wie man die Ratten trainiert, oder weil wir Ratten von hier nach dort gebracht hätten, die es den anderen Tieren vormachten. Ohne diese Art von Verbindung sollten sie schneller lernen, das ist die Vorhersage der Theorie. Daran sehen Sie, wie radikal diese Theorie ist und wie sehr sie sich von der gängigen mechanistischen Theorie der Biologie unterscheidet.

Wiederum ist dies etwas, was überprüft werden kann. Und tatsächlich ist es überprüft worden. Man hat das Verhalten von Ratten lange Zeit untersucht und beobachtet, mit welcher Geschwindigkeit sie neue Tricks lernen. Ich habe die umfangreiche Literatur über Rattenpsychologie durchgearbeitet, und tatsächlich scheint der Effekt, von dem ich spreche, eingetreten zu sein. Ich behaupte nicht, dies sei schon ein zwingender Beweis für die Theorie. Ich sage nur, wenn man nach Bestätigung sucht, findet man Dinge, die in diese Richtung weisen.

Ich gebe nur ein Beispiel für solche Ergebnisse aus Experimenten mit Ratten, die zwischen 1920 und 1954 durchgeführt wurden. Sie wurden von W. McDougall, einem Psychologieprofessor in Harvard, begonnen. Er brachte Ratten bei, aus einem Wasser-Labyrinth zu entkommen, und die erste Generation von Ratten lernte sehr langsam. Wenn die Tiere Fehler machten, bekamen sie unglücklicherweise einen elektrischen Schock verpaßt – das ist in dieser Art von Experimenten leider üblich. Viele von ihnen bekamen Hunderte von elektrischen Schocks, bis sie lernten, daß sie den falschen Ausgang benutzten. McDougall ließ diese Ratten nun Nachkommen haben, und testete diese. Sie lernten schneller. Die nächste Generation lernte noch schneller. McDougall dachte, damit Beweise für die Vererbung von erworbenen Eigenschaften erbracht zu haben, für Lamarcks Theorie der Vererbung, die hier in Österreich von Paul Kammerer verteidigt wurde und in den 20er Jahren eine sehr umstrittene Theorie war.

Die Experimente wurden von wissenschaftlichen Gegnern heftig kritisiert, und um diesen Einwänden zu begegnen, mußte McDougall seine experimentellen Techniken verbessern und die Versuche noch strikter kontrollieren. Es gelang ihm, die Kritik zu entkräften. Der am häufigsten vorgebrachte Einwand war der, er habe die intelligentesten Ratten zur Zucht bestimmt. Er sagte, das sei nicht der Fall gewesen, er habe die Ratten nach einem Zufallsprozeß ausgewählt, bevor sie die Eltern der nächsten Generation wurden, ohne bei der Auswahl zu wissen, ob sie klug waren oder nicht. Darauf meinten seine Kritiker, es müsse ein unbemerkter selektiver Faktor am Werk sein, die weniger intelligenten Tiere hätten mehr elektrische Schocks erhalten, deswegen wären sie schwächer gewesen, deswegen hätten sie weniger Nachkommen produziert, also hätte ein selektiver Vorteil zugunsten der intelligenteren Ratten bestanden.

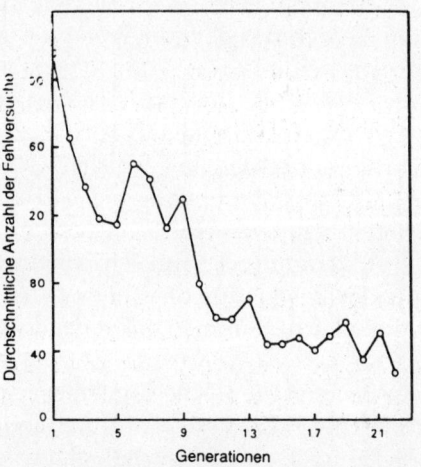

Abb. 7

Also wiederholte McDougall sein Experiment, diesmal wählte er tatsächlich die Ratten, die die Eltern der nächsten Generation wurden, aus, nachdem sie getestet worden waren – allerdings nahm er die dümmsten Tiere, die am langsamsten gelernt hatten.

Die Abbildung 7 zeigt die Ergebnisse dieses Versuches.

In der Senkrechten ist die durchschnittliche Anzahl von Fehlern eingetragen, ein Absinken dieses Wertes bedeutet also eine Steigerung der Lerngeschwindigkeit. Die erste Generation machte durchschnittlich 250 Fehler, bevor sie lernte, den richtigen Ausgang zu benutzen. Die letzte, die 22. Generation, machte durchschnittlich 25 Fehler. Das bedeutet eine zehnfache Steigerung der Lerngeschwindigkeit. Dies ist das Gegenteil dessen, was nach der normalen genetischen Theorie zu erwarten gewesen wäre, denn bei Selektion der dümmsten Ratten hätten die Nachkommen natürlich langsamer lernen sollen.

McDougalls Kritiker konnten an diesem Experiment keinen Fehler feststellen, also blieb ihnen nichts anderes übrig, als es zu wiederholen. Einer von ihnen, F. A. E. Crew aus Edinburgh, besorgte sich Ratten von genau derselben Rasse, die auch McDougall verwendet hatte, baute das gleiche Wasser-Labyrinth wie McDougall und machte übehaupt alles genauso wie er. Crew fing seine Experimente an, nachdem McDougall seine beendet hatte, und Crews Ratten begannen mit einer durchschnittlichen Fehlerzahl von 25. Manche fanden den Ausgang sogar beim ersten Mal. Also gab Crew auf – er konnte nicht erklären, warum seine Ratten so schnell lernten, und McDougall konnte das auch nicht.

Das nächste Experiment dieser Art wurde in Australien durchgeführt, von W. Agar an der University of Melbourne. Er änderte die Bedingungen geringfügig, und seine Ratten lernten nicht ganz so schnell wie die von Crew, aber immer noch schneller als McDougalls erste Generation. Agar führte den Versuch über 50 Generationen durch, wofür er 25 Jahre brauchte. Genau wie McDougall fand er, daß seine Ratten von einer Generation zur nächsten besser wurden, die Lerngeschwindigkeit steigerte sich. Er überprüfte auch die Lerngeschwindigkeit von Ratten, die nicht Nachkommen von trainierten Tieren waren, sondern ganz gewöhnliche Tiere derselben Rasse, die nicht mit getesteten Tieren verwandt waren, die keine Väter, Mütter oder Großeltern hatten, die schon einmal getestet worden waren. Agar fand, daß auch diese Versuchstiere besser wurden und daß die Steigerung der Lerngeschwindigkeit sich bei allen Ratten dieser speziellen Art bemerkbar machte.

Das ist also ein Effekt von der Art, wie ihn die Hypothese vorhersagt. Die Ergebnisse liegen vor, und es ist eines der längsten Experimente in den Annalen der Rattenpsychologie. Ich habe festgestellt, daß es noch andere Beispiele für solche Phänomene in der Literatur gibt.

Konventionell ausgerichtete Biologen werden sich von diesen Beweisen nicht überzeugen lassen. Sie werden vielleicht sagen, es müsse noch eine andere Erklärung dafür geben, vielleicht sei der Versuchsleiter immer besser bei der Durchführung des Experiments geworden oder etwas Ähnliches. Und das ist natürlich durchaus möglich. Ich sage nicht, daß meine Interpretation die einzig mögliche ist, ich sage nur, daß die Ergebnisse vom Standpunkt meiner Hypothese aus sehr interessant sind und sie zu stützen scheinen und daß es daher der Mühe wert wäre, diese Theorie mit Hilfe von genau kontrollierten Verfahren zu überprüfen, die das Verhalten von Tieren wie etwa Ratten untersuchen. Und ich glaube, es ist möglich, Experimente zu entwickeln, die eindeutige Resultate liefern würden.

Der gleiche Vorgang wie der eben beschriebene sollte nach der Theorie natürlich auch bei Menschen geschehen. So sollte es zum Beispiel im Laufe der letzten 100 Jahre für Kinder leichter geworden sein, das Fahrradfahren zu lernen, weil Millionen von Leuten es bereits gemacht haben. Offensichtlich lernen Kinder heute auch im allgemeinen schneller, Fahrrad zu fahren, aber wiederum gibt es hier natürlich andere mögliche Erklärungen: bessere Fahrräder, mehr Motivation, bessere Lernmethoden und dergleichen. Es ist also schwer, eindeutige Ergebnisse zu bekommen. Aber wo immer ich nach Bestätigung für die Theorie gesucht habe, haben die Fakten sehr gut zu den Vorhersagen gepaßt, die sie macht. Ich meine, so weit hergeholt scheint sie nicht zu sein, wenn wir uns tatsächlich die Fakten ansehen.

Die Theorie führt zu einer sehr neuen Sicht der Vererbung. Nach der üblichen Ansicht hängt Vererbung fast völlig von der Information ab, die in der DNS, der Desoxyribonucleinsäure der Gene, verschlüsselt ist. Darin sollen alle Informationen enthalten sein, die für die Herausbildung des Organismus und für die Instinkte, das ererbte Verhalten eines Tieres, notwendig sind. Es ist offensichtlich, daß die DNS, die chemische Zusammensetzung der Gene, eine wichtige Rolle in der Vererbung spielt, und die Erkenntnisse der Genetik haben uns gezeigt, daß Unterschiede in der DNS zu erheblichen Unterschieden zwischen Organismen führen können. Ich behaupte nun, daß die Form und die Organisation von Organismen direkt von früheren Mitgliedern der eigenen Spezies ererbt wird, und zwar auf dem Wege der morphischen Resonanz. Wie passen diese beiden Ansichten der Vererbung zusammen? Zunächst scheinen sie miteinander in Konflikt zu stehen. Wenn wir sie aber näher betrachten, sehen wir, daß sie nicht im Widerspruch stehen, sondern komplementäre, einander ergänzende Sichtweisen zum Verständnis der Vererbung darstellen.

Das beste Mittel, dies zu verstehen, ist der Vergleich mit einem Fernsehempfänger. Stellen Sie sich vor, Sie wüßten nicht, wie Fernsehen funktioniert, und sie sehen ein Fernsehgerät, da sind Bilder auf dem Schirm, Sie sehen kleine Leute, die reden oder tanzen oder Musik machen. Ihre erste und naheliegende Hypothese wird sein, daß da im Apparat kleine Leute sind, deren Abbild Sie auf dem Schirm sehen. Manche Kinder glauben das tatsächlich. Sie können diese Theorie überprüfen, indem Sie im Inneren des Empfängers nachsehen, und wenn Sie das tun, sehen Sie keine kleinen Leute. Dann könnten Sie sagen, na ja, die Leute müssen wirklich sehr klein sein, mikroskopisch klein und in den Drähten. Sie untersuchen die Drähte und sehen immer noch keine kleinen Menschen. Dann können Sie sagen, sie müssen so klein sein, daß man sie nicht einmal mit dem Mikroskop entdecken kann, oder Sie könnten eine differenziertere Hypothese entwickeln: Sie könnten sagen, daß die kleinen Leute als Ergebnis von komplizierten Interaktionen zwischen den einzelnen Teilen des Fernsehapparates, den Transistoren, Drähten, Kondensatoren usw. auf dem Schirm erscheinen. Außerdem spielt die Energie, die in den Apparat kommt, eine Rolle, wenn man den Stekker zieht, hören die Bilder auf, wenn man ihn wieder in die Steckdose tut, kommen sie wieder. Ähnliches passiert, wenn man im Gerät Drähte entfernt und wieder einsetzt. Sie könnten also denken, daß die Bilder aus komplizierten Interaktionen zwischen den Teilen des Geräts entstehen. Diese Teile sind aus normalen chemischen Substanzen wie etwa Kupfer oder Silizium, man kann sie analysieren, sie haben nichts Geheimnisvolles an sich, und sie interagieren miteinander in einer Weise, die noch nicht ganz geklärt ist. Aber in, sagen wir, 15 oder 20 Jahren werden wir imstande sein, die Bilder vollständig durch komplizierte Interaktionen zwischen den Teilen zu erklären.

Genauso, denke ich, ist die Position der herkömmlichen mechanistischen Biologie. Wenn man jemandem mit dieser Einstellung sagt: Es gibt da Einflüsse, die kommen von außerhalb des Geräts, sie sind unsichtbar, man kann sie nicht sehen, berühren oder mit anderen Sinnen erfassen, aber die Bilder der Leute auf dem Schirm kommen tatsächlich von außen, könnte er das leicht abtun. Das sei eine sehr vage Theorie, es gebe überhaupt keine Beweise für solche Einflüsse, das sei der pure Mystizismus oder ähnliches. Oder man könnte die Idee auch ernsthaft überprüfen, könnte sagen, nun, wenn es etwas ist, muß es etwas wiegen, denn nichts existiert, wenn wir es nicht messen können. Also wiegen wir das Fernsehgerät in eingeschaltetem und ausgeschaltetem Zustand, es wiegt beide Male gleich viel, und das beweist, daß nichts von außen in das Gerät hereinkommt. Sehr überzeugend. Aber falsch. Nicht ganz falsch, weil die Teile des Fernsehgerätes wohl wichtig sind; aber ebenso wichtig sind die Sendungen, auf die es eingestellt ist, die unsichtbaren Felder, die es empfängt.

Was nun meiner Meinung nach bei der Vererbung geschieht, ist folgendes: Das befruchtete Ei hat bereits eine Struktur, die von seinen Genen abhängt, und welche Arten von Proteinen es in seiner Entwicklung produziert, hängt ebenfalls von seiner Erbmasse ab. Aber diese Proteine und die DNS sind wie die Drähte und Transistoren im Fernsehempfänger. Sie sind die Bauteile des Empfängers. Wenn man eine Drahtverbindung verändert oder den Wert eines Kondensators oder Widerstands, dann verändert sich das Bild auf dem Schirm. Ebenso werden Veränderungen im genetischen Material das Empfangssystem und damit die Qualität der Bilder beeinflussen. Aber die Bilder selbst sind in dieser Information nicht enthalten. Vielmehr dient die DNS zum Aufbau des Empfangssystems, und die Organisation der Form und des Verhaltens kommt durch morphische Resonanz zustande, durch das kollektive Gedächtnis der Spezies. Die DNS spielt also durchaus eine wichtige Rolle in der Vererbung; was ich sage, steht keineswegs im Widerspruch damit, daß der Einfluß genetischer Faktoren in der Vererbung nachgewiesen ist. Diese beiden Auffassungen sind völlig komplementär. DNS steuert die Sequenz von Aminosäuren und Proteinen und in einem gewissen Ausmaß die Proteinsynthese, aber möglicherweise nicht mehr. Die anderen Arten der Organisation werden von den morphogenetischen Feldern bestimmt.

Dies führt also zu einer neuen Sicht der Vererbung und damit auch der Evolution. Denn die gängige Theorie der Evolution baut auf der Mendelschen, also der genetischen Theorie der Vererbung auf. Und wenn diese falsch oder zu begrenzt ist, wenn Vererbung mit einem kollektiven Gedächtnis zu tun hat, dann existiert auch die Möglichkeit der Vererbung von erworbenen Eigenschaften, nicht nur auf die Nachkommen von Eltern, die etwas Neues gelernt haben, sondern potentiell auf alle Mitglieder der Spezies. Diese Theorie geht also weiter als die Vererbungslehre von Lamarck. Sie läßt auch Verbindungen zwischen verschiedenen Arten möglich erscheinen; danach wäre es denkbar, daß eine Spezies in einem Teil der Welt die morphogenetischen Felder einer anderen Art in einem anderen Teil der Welt aufnimmt und dadurch ähnliche Strukturen in sehr verschiedenen Organismen auftauchen, die vielleicht durch große Entfernung oder sogar durch ein sehr langes Zeitintervall voneinander getrennt sind. Die Kennzeichen von bereits ausgestorbenen Arten können dann wieder auftauchen. Solche Vorgänge sind aus dem Studium der fossilen Geschichte bekannt, man spricht dann von »Atavismen«.

Eine der radikalsten Implikationen dieser Theorie betrifft unsere Auffassung von Gedächtnis. Denken wir daran, was bei der morphischen Resonanz vor sich geht: Organismen werden von anderen Organismen aus der Vergangenheit beeinflußt, und diese Wirkung ist um so größer, je ähnlicher diese Organismen einander sind. Nun können wir fragen: Welchem Organismus der Vergangenheit ähnelt jeder Organismus am meisten? Wer in der Vergangenheit war mir ähnlicher als jeder andere Organismus? Die Antwort lautet: ich selbst. Jeder Organismus, jedes System, jeder Kristall, jedes Atom, jedes Molekül ist sich selbst in der unmittelbaren Vergangenheit ähnlicher als jedem anderen System. Die direkteste Einwirkung durch morphische Resonanz ist also die aus der eigenen unmittelbaren Vergangenheit. Dies erklärt meiner Meinung nach, warum die Form eines Systems im allgemeinen über die Zeit stabil bleibt, obwohl seine materiellen Bestandteile ständig wechseln. Die Materie unseres Körpers ist einem dauernden Austausch unterworfen, wir nehmen jeden Tag neue Substanz auf und verlieren andere oder scheiden sie aus. Trotzdem bleibt unsere Form mehr oder weniger die gleiche. Der Prozeß der Selbstresonanz, der Resonanz mit den eigenen vergangenen Zuständen, hilft, die Form zu bewahren und aufrechtzuerhalten. Auf der Verhaltensebene bedeutet diese Selbst-Resonanz einen direkten Einfluß vergangener Zustände auf den gegenwärtigen. Wenn man etwas früher gelernt hat oder oft getan hat, Fahrrad fahren zum Beispiel, dann beeinflußt dies die Art, wie man jetzt Fahrrad fährt. Und die Erinnerung dieser Fertigkeit muß nicht im Gehirn gespeichert werden, sie kann direkt aus der Vergangenheit durch morphische Resonanz wirken.

Ich bin der Ansicht, daß Erinnerungen nicht im Gehirn gespeichert sein müssen. Unser Gehirn könnte eher wie ein Empfänger als wie ein Speicher funktionieren. Wenn ein Teil des Empfangssystems beschädigt wird, könnten wir vielleicht nicht imstande sein, Zugang zu bestimmten Erinnerungen zu bekommen. Wenn wir einen Teil des Fernsehgeräts entfernen, bekommen wir unter Umständen das eine oder andere Programm nicht mehr herein. Das beweist aber nicht, daß die Information dieser Programme in dem Teil gespeichert war, den wir entfernt haben. Wenn wir nach einer Gehirnverletzung bestimmte Erinnerungen verlieren, so beweist das nicht, daß diese Erinnerungen in dem Teil des Gehirns gespeichert waren, der verletzt

wurde. Wenn bestimmte Erinnerungen durch Stimulation eines bestimmten Teils des Gehirns hervorgerufen werden, so muß das nicht
bedeuten, daß diese Erinnerungen an der stimulierten Stelle gespeichert sind; wir können schließlich auch einen Fernsehempfänger an
einer bestimmten Stelle stimulieren, und er springt dann vielleicht
auf einen anderen Kanal um. Man empfängt dann andere Bilder von
einem anderen Sender. Das heißt aber nicht, daß der von uns stimu-
lierte Teil diese Information enthält.

Tatsächlich ist die Frage, wie das Gedächtnis funktioniert, sehr rät-
selhaft. In der konventionellen Biologie gibt es viele verschiedene
Theorien des Gedächtnisses. Eine besagt, daß Gedächtnisinhalte als
Moleküle im Gehirn gespeichert werden, zum Beispiel als Ribonu-
cleinsäure (RNS). Die Theorie kommt langsam aus der Mode. Eine andere nimmt über das ganze Gehirn verteilte Veränderungen in den
Enden der Nervenzellen an, eine weitere postuliert Kreisläufe von
nachschwingender elektrischer Aktivität. Trotzdem bleibt die Frage,
wie Gedächtnis zustandekommt, sehr mysteriös. Wir nehmen es
zwar als gegeben hin, aber diese Frage ist von der Biologie bisher
ganz gewiß nicht gelöst. Ich behaupte also, das Phänomen des Gedächtnisses ist noch völlig ungeklärt, es gibt überhaupt keine Beweise dafür, daß Erinnerungen im Gehirn gespeichert werden. Wir
nehmen dies nur normalerweise an, weil es unseren allgemeinen ma-
terialistischen oder mechanistischen Grundannahmen entspricht.
Man geht in unserer Kultur einfach davon aus, daß Gedächtnisinhalte
im Gehirn gespeichert werden, denn wie sollte es sonst funktionieren? Dabei kann man das durchaus in Frage stellen, und dies ist im
Laufe der Jahrhunderte auch schon von vielen Philosophen gemacht
worden, die Frage ist seit mindestens 2000 Jahren, vielleicht auch länger, als Problem erkannt worden, und sie ist noch immer eines. Ich behaupte nicht, meine Erklärung sei schlichtweg die richtige, aber sie ist
eine mögliche, ebenso wie die konventionelle Erklärung, die aber
nicht bewiesen ist. Die Frage ist also offen.

Wenn nun Erinnerungen nicht im Gehirn gespeichert werden,
wenn wir vielmehr Erinnerungen empfangen, indem wir uns auf unsere vergangenen Zustände einstellen, wieso empfangen wir dann
nicht auch die Erinnerungen anderer Menschen? Denn natürlich sind
uns andere Menschen in vieler Hinsicht ähnlich, wenn auch nicht so
ähnlich wie wir uns selbst. Zusätzlich zu unseren persönlichen Erinnerungen könnten wir auch noch die zusammengefaßten Erinnerungen der ganzen Spezies empfangen, eine Art kollektives Gedächtnis.
Und in diesem kollektiven Gedächtnis würden wir keine spezifischen

Details erwarten, sondern Zusammenfassungen. Die individuellen Details bestimmter Erfahrungen würden in den Hintergrund treten, während das allgemeine Erfahrungsmuster verstärkt würde. Wir würden also etwas sehr Ähnliches wie die Archetypen des kollektiven Unbewußten bekommen, von denen C. G. Jung sprach. Tatsächlich ist unsere Betrachtungsweise gut vereinbar mit Jungs Konzept des kollektiven Unbewußten, das er auch als eine Art Gedächtnis betrachtete. Wenn Jung zum Beispiel vom Mutterarchetyp sprach, so faßte er diesen als Zusammenfassung von zahllosen Erfahrungen mit Müttern in der Vergangenheit auf.

Ein Archetyp hat also Ähnlichkeit mit den »kumulativen Fotografien«, die wir vorher gesehen haben, wo die allgemeinen Charakteristika erhalten bleiben und die individuellen Details herausfallen. Wiederum führt also unsere Hypothese zu einer Vorhersage, die den Tatsachen sehr gut entspricht. Denn Jung und seine Schüler haben, wie ich meine, sehr überzeugende Belege für die Existenz eines kollektiven Unbewußten aus der Untersuchung von Träumen, Mythen und ähnlichem Material geliefert.

Zweitens: Wenn wir normalerweise unsere eigenen Erinnerungen aufnehmen, so wäre es möglich, daß wir auch die Erinnerung einer anderen Person empfangen. Und wenn diese Erinnerung aus der unmittelbaren Vergangenheit stammt, zum Beispiel gerade eine Sekunde alt ist, dann liefe das auf eine nahezu gleichzeitige Gedankenübertragung oder Telepathie hinaus.

Drittens: Es wäre dann auch möglich, Zugang zu Erinnerungen von Menschen zu haben, die bereits tot sind. Das wäre dann die Erinnerung an ein vergangenes Leben. Daß so etwas vorkommt, dafür gibt es Beweise aus Fallstudien von Kindern und nicht ganz so verläßliche Belege, die durch hypnotische Regression gewonnen wurden. Diese Ergebnisse sind natürlich sehr umstritten, aber immerhin haben wir hier eine Vorhersage, die mit einer möglichen Art von Erfahrungen übereinzustimmen scheint.

Viertens: Wenn Gedächtnisinhalte nicht im Gehirn gespeichert werden, wäre es möglich, über ein Leben nach dem physischen Tod auf eine ganz andere Weise zu denken, als es uns das mechanistische Paradigma erlaubt. Den gängigen Theorien der Biologie zufolge werden Erinnerungen im Gehirn gespeichert, es gibt zwar, wie ich schon gesagt habe, verschiedene Ansichten darüber, *wie* dies geschieht, aber *daß* die Speicherung im Gehirn erfolgt, darin stimmen alle überein. Wenn wir also sterben, zerfällt unser Gehirn, und es gäbe dann keine Möglichkeit, daß diese Erinnerungen in irgendeiner Form überleben, einmal abgesehen davon, daß sich andere Menschen an uns erinnern.

Wenn also Gedächtnisinhalte im Gehirn lokalisiert sind, so besteht überhaupt keine Möglichkeit für ein Leben nach dem Tode oder Reinkarnation. Diese Dinge sind aber ein wichtiger Bestandteil aller Religionen in der ganzen Welt. Es mag eine Illusion sein, zu glauben, daß wir nach dem Tode weiterleben. Aber der eigentliche Grund, warum dies von Materialisten und dogmatischen Atheisten für unmöglich gehalten wird, ist die Annahme, daß Erinnerungen im Gehirn gespeichert werden und daher nicht überleben können. Es ist ein sehr starkes Argument, und wenn es zutrifft, würde das meiner Meinung nach praktisch alle traditionellen religiösen Ansichten vom Leben nach dem Tode widerlegen. Für Atheisten ist dies ein sehr wichtiger Punkt. Sie glauben, daß es gute Beweise für eine solche Widerlegung gibt. Wenn dem aber nicht so ist, wird die Frage offen. Ich behaupte nicht, daß meine Theorie auf irgendeine Weise das bewußte Überleben des physischen Todes beweisen kann. Aber immerhin räumt sie die Möglichkeit ein, was die konventionelle Sichtweise nicht tut. Die Frage des Gedächtnisses ist also eine sehr wichtige und interessante.

Zum Abschluß muß ich noch darauf hinweisen, daß die hier vorgetragene Hypothese sich ihrem Wesen nach mit der Wiederholung von Ereignissen befaßt. Sie erklärt, wie sich Ereignisse wiederholen, wenn sie sich einmal ereignet haben. In ihrer allgemeinsten Formulierung bringt sie uns dazu, die Gesetze der Natur mehr als Gewohnheiten zu betrachten, wie ich schon eingangs gesagt habe: Sie sagt: Was einmal geschehen ist, beeinflußt das, was jetzt geschieht, und was jetzt geschieht, wird die Ereignisse in der Zukunft beeinflussen. Je öfter etwas geschieht, desto wahrscheinlicher wird es in Zukunft wieder geschehen, sofern andere Faktoren gleichbleiben. Die Theorie sagt also etwas über Gewohnheiten aus.

Sie erklärt nicht das Phänomen der Kreativität, sagt nichts darüber, wie das erste Mal zustandekommt, wie der erste Dinosaurier, die erste Katze, der erste Gedanke von Sir Isaac Newton oder die erste Symphonie von Mozart entstanden ist. Schöpferische Akte kann diese Theorie nicht erklären, sie handelt von der Wiederholung. Die Frage der Kreativität muß dabei offenbleiben. Ich selbst glaube nicht, daß es überhaupt Aufgabe der Wissenschaft ist, die Kreativität zu erklären. Die Wissenschaft untersucht Regelmäßigkeiten, Kreativität hat aber immer mit dem Einbruch von etwas Neuem zu tun, das man nicht völlig aus dem heraus erklären kann, was vorher geschehen ist.

Es gibt verschiedene Arten, die Kreativität zu verstehen. Für den Materialisten ist sie letztlich ein Produkt des Zufalls, denn für ihn gibt es im Universum nichts als die Materie, die Naturgesetze und den Zufall. Also wäre Zufall die letzte Erklärung für den Materialisten. Der Pantheist oder Animist hat die Vorstellung eines kreativen Faktors in der Natur, einer bestimmenden Intelligenz oder auch einer Hierarchie von bestimmenden Intelligenzen, die für Kreativität und den evolutionären Prozeß verantwortlich ist. Für den Theisten hängt die Kreativität in der Natur letzten Endes von ihrem kreativen Urgrund ab. Diese Frage kann nicht entschieden werden, trotzdem könnten ein Theist und ein Atheist verschiedene Ansichten über Kreativität haben und dennoch gemeinsam im Labor arbeiten und untersuchen, wie morphische Resonanz zustande kommt oder nicht. Diese Hypothese kann also in sehr verschiedenen metaphysischen Positionen ihren Platz finden.

Die Hypothese, die ich hier vorgetragen habe, ist nicht mehr als eine Hypothese, eine Möglichkeit, die ich zur Diskussion stelle. Sie kann mit Hilfe von Experimenten überprüft werden. Einige derartige Experimente sind bereits in Angriff genommen worden, es ist sogar ein Wettbewerb veranstaltet worden, wo ein Preis für die besten Ideen, wie man die Hypothese überprüfen könnte, ausgesetzt worden ist. Es wird wahrscheinlich einige Jahre dauern, bevor wir erste Antworten haben. Aber ich hoffe es wird Antworten geben, die zeigen, ob wir hier in die richtige Richtung gehen oder nicht.

Wenn die Antwort positiv ausfällt, wären die Implikationen dieser Theorie für Physik, Biologie und Psychologie allerdings sehr weitreichend. Und ich glaube, dies würde dazu beitragen, eine wirklich holistische Sichtweise zu entwickeln, die über die mechanistische Betrachtungsweise der Natur weit hinausgehen kann.

FRITJOF CAPRA

Österreichisch-amerikanischer Physiker und Philosoph. Geboren 1939 in Wien. Promotion in theoretischer Physik. Forschungsjahre in Paris und Kalifornien. Einsichten in parallele Phänomene in der östlichen Mystik wie auch in der modernen Naturwissenschaft führten zu einem vertieften Verständnis der östlichen Spiritualität. Wichtige Werke: »Das Tao der Physik. Die Konvergenz von westlicher Wissenschaft und östlicher Philosophie«; »Wendezeit. Bausteine für ein neues Weltbild«; »Das Neue Denken«. Der ausgewählte Beitrag »Krise und Wandel in Wissenschaft und Gesellschaft« entstammt dem Sammelband »Bewußtseins-(R)evolution« aus der »Öko-Log-Buchreihe«.

Krise und Wandel in Wissenschaft und Gesellschaft

Mein Hauptinteresse in meinem Leben als Physiker war immer der dramatische Wandel der Grundbegriffe und Ideen, der sich in der Physik während der ersten drei Jahrzehnte unseres Jahrhunderts vollzogen hat und der jetzt noch in unseren neuen Theorien der Materie ausgearbeitet wird. Die neuen Begriffe der Physik führten zu einem radikalen Umsturz unseres Weltbilds; von der mechanistischen Weltanschauung eines Descartes und Newton zu einer ganzheitlichen und ökologischen Sicht, einer Sicht, die der der Mystiker aller Zeiten und Traditionen sehr nahekommt.

Das neue Bild des Universums war für die Physiker am Beginn des Jahrhunderts keineswegs leicht zu akzeptieren. Die Erforschung der atomaren und subatomaren Welt brachte diese Wissenschaftler in Kontakt mit einer seltsamen und gänzlich unerwarteten Wirklichkeit. Zum ersten Mal in der Geschichte der Wissenschaft wurde ihre Fähigkeit, das Universum zu verstehen, ernstlich herausgefordert. In ihrem Ringen um das Verständnis dieser neuen Wirklichkeit wurden sich die Wissenschaftler schmerzlich bewußt, daß ihre Grundbegriffe, ihre Sprache und ihre ganze Denkweise für die Beschreibung der atomaren Phänomene ungeeignet waren. Dies waren nicht nur intellektuelle Probleme; die Physiker der 20er Jahre befanden sich in einer starken emotionalen und, man könnte fast sagen, existentiellen Krise. Sie benötigten eine lange Zeit um diese Krise zu überwinden, doch am Ende wurden sie mit tiefen Einsichten in das Wesen der Materie und ihr Verhältnis zum menschlichen Geist belohnt.

Ich bin der Meinung, daß sich unsere Gesellschaft heute in einer ähnlichen Krise befindet. Unsere Zeitungen berichten täglich von hoher Inflation und Arbeitslosigkeit, von Energiekrise, Umweltverschmutzung und Vergiftung, von der Drohung des Atomkrieges, einer Krise des Gesundheitswesens usw. Ich denke, dies sind Manifestationen ein und derselben Krise; und diese Krise ist im wesentlichen eine Krise der Wahrnehmung. Wir versuchen, die Begriffe eines veralteten Weltbildes auf eine Wirklichkeit anzuwenden, die nicht mehr mit diesen Begriffen beschrieben und verstanden werden kann. In der Physik verloren die kartesianisch-newtonschen Begriffe ihre Gültigkeit, als die Physiker eine neue Schicht der Materie zu untersuchen begannen, diejenige der Atome und der subatomaren Teilchen. In der heutigen Medizin, Psychologie, Volkswirtschaft und Politik sind die kartesianischen Begriffe nicht mehr anwendbar, da wir in einer Welt leben, die grundlegend verknüpft und vernetzt ist; in einer Welt, in der biologische, psychologische, soziale und ökologische Phänomene voneinander abhängig sind. Um dieser Welt gerecht zu werden, benötigen wir eine ökologische Perspektive, die das mechanistische kartesianische Weltbild nicht bietet.

Was wir jetzt brauchen, ist ein neues »Paradigma«, d. h. ein neues Weltbild, einen grundlegenden Wandel in unseren Gedanken, Wahrnehmungen und Werten. Die Anfänge dieses Wandels – vom mechanistischen zum ökologischen Weltbild – sind schon auf allen Gebieten wahrnehmbar und dieser Paradigmenwechsel wird unser ganzes Jahrzehnt beherrschen. Die Schwere und die globale Ausdehnung unserer Krise weisen darauf hin, daß die derzeitigen Veränderungen wahrscheinlich zu einem Wandel von noch nie dagewesenen Dimensionen führen werden. Die Wendezeit, in der wir uns befinden, ist eine Wendezeit für jeden einzelnen von uns, für unsere Gesellschaft und für unseren ganzen Planeten.

Um die verschiedenen Aspekte und Folgen des gegenwärtigen Paradigmenwechsels darzustellen, möchte ich zuerst die Grundbegriffe des kartesianischen Weltbilds und seinen Einfluß auf unsere Wissenschaft und Gesellschaft behandeln und danach das neu entstehende ökologische Weltbild und seine Folgen zur Diskussion vorlegen.

Das mechanistische kartesianische Weltbild

Das mechanistische Weltbild wurde im 17. Jahrhundert entwickelt, im wesentlichen von Galilei, Descartes und Newton. Descartes verankerte sein Weltbild in der fundamentalen Trennung der Natur in zwei unabhängige Bereiche: Geist und Materie. Das materielle Universum, laut Descartes, war eine Maschine. Die Natur funktionierte nach streng mechanistischen Gesetzen und alles in der materiellen Umwelt konnte durch die Untersuchung der Lage und Bewegung von kleineren Bestandteilen verstanden werden. Descartes dehnte dieses mechanistische Bild der Materie auf lebende Organismen aus. Pflanzen und Tiere waren einfach Maschinen. Die Menschen hatten eine rationale Seele, doch der menschliche Körper war eine Maschine ähnlich der der Tiere.

Das wesentliche an der kartesianischen Erkenntnislehre war die analytische Denkweise. Diese besteht darin, Gedanken und Probleme in Teile zu zerlegen, und dann die Teile in ihrer logischen Ordnung zusammenzufügen. Diese Methode wurde ein wesentliches Merkmal des modernen wissenschaftlichen Denkens und hat sich in der Entwicklung von wissenschaftlichen Theorien und in der Ausführung von komplexen technischen Projekten als außerordentlich nützlich erwiesen. Andererseits jedoch führte die Überbetonung der kartesianischen Methode zu der Fragmentation, die heute ein Merkmal unseres allgemeinen Denkens und unserer akademischen Disziplinen ist. Die kartesianische Denkweise führte auch zu einem weitverbreiteten Reduktionismus in der Wissenschaft, d. h. zum Glauben, daß *alle* Aspekte von komplexen Phänomenen dadurch verstanden werden können, daß man sie auf ihre kleinsten Bestandteile reduziert.

Während Descartes die grundlegende Trennung von Geist und Materie postulierte und sein mechanistisches Weltbild entwarf, vereinte Galilei zum ersten Mal wissenschaftliche Versuche mit dem Gebrauch von Mathematik, um die Naturgesetze, die er entdeckte, präzis zu formulieren. Um es den Wissenschaftlern möglich zu machen, die Natur mathematisch zu beschreiben, postulierte Galilei, daß sich die Wissenschaft darauf beschränken sollte, die wesentlichen Eigenschaften materieller Körper zu untersuchen, nämlich Formen, Zahlen und Bewegung; d. h. Eigenschaften, die gemessen und quantifiziert werden konnten. Andere Eigenschaften, wie z. B. Farbe, Ton, Geschmack oder Geruch waren lediglich subjektive geistige Projektionen, die aus dem Bereich der Wissenschaft ausgeschlossen werden sollten. Diese Strategie hat sich im Lauf der modernen Wissenschaft als äußerst erfolgreich erwiesen, doch sie hatte auch schwerwiegende Konsequenzen. Eine Wissenschaft, die sich nur mit Quantität abgibt und ausschließlich auf Messung beruht, ist nicht imstande, sich mit Erlebnis, Qualität oder Werten zu befassen. In der Tat, seit Galilei sind die Wissenschaftler allen ethischen Fragen beharrlich ausgewichen, und diese Einstellung hat jetzt verheerende Folgen.

Das Gedankengebäude des Descartes und Galilei wurde von Newton triumphal vollendet, der eine präzise mathematische Formulierung des mechanistischen Weltbilds entwickelte. Von der zweiten Hälfte des 17. Jahrhunderts bis zum Ende des 19. Jahrhunderts beherrschte das mechanistische newtonsche Modell des Universums das gesamte wissenschaftliche Denken. Sowohl die Naturwissenschaften als auch die Geistes- und Sozialwissenschaften akzeptierten das Bild der klassischen Physik als die korrekte Beschreibung der Wirklichkeit und lehnten sich in der Formulierung ihrer eigenen Theorien daran an. Wann immer Psychologen, Soziologen oder Ökonomen wissenschaftlich sein wollten, hatten sie die Grundbegriffe der newtonschen Physik als Modell vor Augen, und viele dieser Wissenschaftler halten an den newtonschen Begriffen sogar heute noch fest.

Einfluß kartesianisch-newtonschen Denkens auf Wissenschaft und Gesellschaft

In der Biologie stellt das kartesianische Bild eines Lebewesens als Maschine, bestehend aus Einzelteilen, immer noch das beherrschende Modell dar. Obwohl Descartes' einfache mechanistische Biologie nicht sehr weit reichte und in den darauffolgenden drei Jahrzehnten wesentlich verändert werden mußte, liegt doch der Glaube, daß alle Aspekte von lebenden Organismen verstanden werden können, wenn man die Mechanismen untersucht, durch die sie miteinander in Wechselwirkung stehen, dem biologischen Denken von heute wesentlich zugrunde.

Der Einfluß der reduktionistischen Biologie auf die Medizin führte

zum sogenannten bio-medizinischen Modell, welches die konzeptu-
elle Grundlage der modernen wissenschaftlichen Medizin bildet. Der
menschliche Körper wird als Maschine behandelt, die begrifflich in
ihre Teile zerlegt werden kann. Krankheit wird als Funktionsfehler
von biologischen Mechanismen angesehen, die mit Hilfe der Zell-
und Molekularbiologie untersucht werden. Die Rolle des Arztes ist
es, in diese Mechanismen einzugreifen, entweder physisch (durch
Operation) oder chemisch (durch Medikamente), um die Fehllei-
stung eines spezifischen Mechanismus zu korrigieren; dabei werden
die verschiedenen Körperteile von unterschiedlichen Spezialisten behandelt.

Das mechanistische Bild des menschlichen Organismus führte
dazu, daß viele Ärzte sich von Heilern zu Ingenieuren oder Mechani-
kern entwickelten, die Krankheit als ein mechanisches Problem ansa-
hen und entsprechend Therapie als mechanische Manipulation.
Diese Einstellung brachte eine Überbetonung der medizinischen
Technologie mit sich, was heute einen der Hauptgründe für das
starke Ansteigen der medizinischen Kosten darstellt. Medizinische
Praxis, die auf einer so engen Grundlage beruht, ist jedoch in der Verbreitung und Erhaltung der Gesundheit nicht sehr wirkungsvoll.

Die bio-medizinische Wissenschaft hat in unserem Jahrhundert im
Verständnis von biologischen Mechanismen gewaltige Fortschritte
gemacht. Da diese jedoch nur sehr selten die einzigen Ursachen von
Krankheiten sind, bedeutet ein solches Wissen nicht notwendigerweise Fortschritt in der Gesundheitspflege. Tatsächlich erleben wir
jetzt eine tiefgehende Krise im Gesundheitswesen in Europa und
Nordamerika. Für die weit verbreitete Unzufriedenheit mit medizinischen Institutionen gibt es viele Gründe, doch das Zentralthema aller
Kritik ist das erstaunliche Mißverhältnis zwischen den Kosten und Erfolgen der modernen Medizin. Trotz eines enormen Anstiegs der Kosten in den letzten drei Jahrzehnten und trotz dauernder Versicherun-
gen von seiten der Ärzteschaft, daß unsere medizinische Wissenschaft und Technologie erstklassig seien, hat sich die Gesundheit der
Bevölkerung während dieser Zeit nicht wesentlich verbessert. Dieser
Zustand wird sich nicht ändern, solange Ärzte und Wissenschaftler
nicht in der Lage sind, über das reduktionistische bio-medizinische
Modell hinauszugehen.

Wie die Biologie und die Medizin, so wurde auch die Psychologie
durch das kartesianische Weltbild geprägt. Auf Grund der kartesianischen Trennung von Geist und Körper wurden zwei Methoden zum
Studium der menschlichen Psyche entwickelt. Die Strukturalisten un-

tersuchten die Psyche durch Selbstbetrachtung (Introspektion) und versuchten, das Bewußtsein in seine Grundelemente zu zerlegen. Die Behavioristen andererseits konzentrierten sich ausschließlich auf die Untersuchung des Verhaltens, was sie dazu führte, die Existenz der Psyche vollkommen zu ignorieren oder gar zu leugnen. Beide Schulen entstanden zu einer Zeit, als wissenschaftliches Denken vom newtonschen Gedankenmodell beherrscht war, und daher nahmen beide die klassische Physik als ihr Modell und integrierten die Grundbegriffe der newtonschen Mechanik in ihr Denkgebäude.

Zur selben Zeit arbeitete Sigmund Freud in seiner Praxis und in der psychiatrischen Klinik; er bediente sich der neu entwickelten Methode der freien Assoziation, um seine Psychoanalyse zu entwickeln. Obwohl dies eine ganz verschiedene und revolutionäre Theorie der menschlichen Psyche war, waren ihre Grundbegriffe ebenfalls in Einklang mit dem newtonschen Modell. Wir sehen also, daß die drei Hauptströmungen im psychologischen Denken während der ersten Jahrzehnte des Jahrhunderts nicht nur auf dem kartesianischen Weltbild beruhten, sondern auch ganz spezifisch auf den newtonschen Grundbegriffen.

Zum Abschluß dieses kurzen Überblicks über den Einfluß des kartesianisch-newtonschen Denkens möchte ich mich mit den Sozialwissenschaften befassen und speziell mit der Ökonomie. Die heutige Volkswirtschaftslehre ist, wie die meisten Sozialwissenschaften, fragmentarisch und reduktionistisch. Volkswirtschaftler sehen oft nicht, daß die Wirtschaft nur *ein* Aspekt eines ökologischen und sozialen Gewebes ist. Es besteht die Tendenz, die Wirtschaft aus diesem Gewebe herauszureißen, und zwar sowohl theoretisch als auch praktisch, und sie mit äußerst unrealistischen, theoretischen Modellen zu beschreiben. Die meisten Grundkonzepte der heutigen Volkswirtschaft – Produktivität, Effizienz, Bruttosozialprodukt usw. – werden äußerst eng definiert und ohne ihren breiteren sozialen und ökologischen Zusammenhang angewendet. Insbesondere werden die Sozial- und Umweltkosten, die durch jede wirtschaftliche Tätigkeit entstehen, meistens vernachlässigt. Folglich sind die heutigen wirtschaftlichen Begriffe und Modelle nicht mehr dazu geeignet, wirtschaftliche Phänomene in einer grundlegend verknüpften Welt darzustellen. Wirtschaftsfachleute sind daher im allgemeinen unfähig, die wesentlichen wirtschaftlichen Probleme unserer Zeit zu verstehen. Das Problem der Inflation ist ein typisches Beispiel. Eine der eindrucksvollsten Kritiken der konventionellen Volkswirtschaft kommt von Hazel Henderson, die die Inflation definiert als »die Summe aller

Variablen, die die Volkswirtschaftler aus ihren Modellen ausgelassen haben«.

Wegen ihres engen, reduktionistischen Gedankengebäudes ist die heutige Volkswirtschaft ihrem Wesen nach anti-ökologisch. Während jedes Ökosystem in unserer Umwelt ein organisches Ganzes bildet, das sich von selbst auf ein Gleichgewicht einstellt, kennen unsere Wirtschaft und Technologie keine Selbstbegrenzung. Undifferenziertes Wachstum wird immer noch von den meisten Wirtschaftswissenschaftlern als das Zeichen einer »gesunden« Volkswirtschaft angesehen, obwohl es ökologische Verheerungen, kriminelle Handlungen der multinationalen Konzerne, sozialen Zerfall und die zunehmende Drohung des Atomkrieges zur Folge hat.

Die Lage wird dadurch weiter verschlimmert, daß die meisten Volkswirtschaftler in einem falschen Streben nach wissenschaftlicher Präzision es vermeiden, das Wertesystem, auf dem ihre Modelle beruhen, explizit in Betracht zu ziehen. In Wirklichkeit akzeptieren sie dadurch das außerordentlich einseitige Wertsystem, das unsere heutige Kultur beherrscht, und das in unseren gesellschaftlichen Institutionen verkörpert ist. Ich habe die chinesische Terminologie des Yin und Yang besonders nützlich gefunden, um diese Lage zu beschreiben. Während das mechanistische Weltbild entwickelt wurde, hat unsere Gesellschaft konsequent Werte und Einstellungen, die die Chinesen mit Yang bezeichnen, gefördert und hat die komplementären Werte und Einstellungen des Yin vernachlässigt. Wir haben zum Beispiel Selbstbehauptung der Integrierung vorgezogen, die Analyse der Synthese, das rationale Wissen der intuitiven Weisheit, die Wissenschaft der Religion, die Konkurrenz der Zusammenarbeit, die Expansion und Ausbeutung der Erhaltung usw.

Seit der frühesten Zeit der chinesischen Kultur war das Yin auch dem weiblichen zugeordnet und das Yang dem männlichen, und in unserer Zeit haben die Feministinnen wiederholt darauf hingewiesen, daß die Werte und Haltungen, die in unserer Gesellschaft gefördert werden, typische Merkmale der patriarchalischen Gesellschaft sind. Das kartesianische Weltbild und das dazugehörige Wertesystem wurden durch die patriarchalische Kultur unterstützt, doch zugleich mit dem kartesianischen Weltbild steigt jetzt auch das patriarchalische System ab. Die feministische Perspektive wird ein wesentlicher Bestandteil des neuen Weltbilds sein.

Als Folge des kartesianischen Weltbilds und des dazugehörigen Wertesystems wurde unsere Gesellschaft immer mehr zerspalten und entwickelte Technologien, Institutionen und Lebensstile, die zutiefst ungesund sind. Sie fördern nicht nur individuelle Krankheiten, sondern auch soziale Pathologien – Verbrechen, Drogenmißbrauch, Gewalttätigkeit usw. – und bringen dazu noch unsere Umwelt aus dem Gleichgewicht, was sich ebenfalls auf unsere Gesundheit auswirkt.

Die meisten schädlichen Einflüsse in unserer Umwelt sind eine direkte Folge unserer Besessenheit von uneingeschränktem Wachstum. Sie sind nicht zufällige Nebenprodukte unseres technologischen Fortschritts, die übersehen wurden, sondern stellen vielmehr integrale Bestandteile eines Wirtschaftssystems dar, das total auf Wachstum und Expansion ausgerichtet ist und laufend versucht, seine Technologie zu intensivieren, um dadurch die Produktivität zu erhöhen.

Die größte Bedrohung unseres Wohlbefindens kommt heute von den Kernwaffen und der damit verbundenen Gefahr des Atomkrieges. Diese kritische Lage ist eine Folge der Überbetonung von Selbstbehauptung, Kontrolle und Macht, von geschäftlichem Wettbewerb und von einer pathologischen Fixierung auf Siege in einer Situation, in der der Begriff des Sieges seine Bedeutung vollkommen verloren hat: In einem Atomkrieg gibt es keine Sieger! Die Kernwaffen sind das tragischste Beispiel des alten Paradigmas, das seine Nützlichkeit längst verloren hat.

Die fixe Idee des ständigen Wachstums macht die Geschäftswelt blind gegenüber unserem Wohlbefinden, das natürlich das Wohlbefinden derselben Geschäftsleute mit einschließt. Die Energiekonzerne sind nicht hauptsächlich daran interessiert, uns mit sicheren und billigen Energiequellen zu versorgen; die Nahrungsmittelindustrie ist nicht hauptsächlich daran interessiert, nahrhafte Produkte herzustellen; die pharmazeutische Industrie ist nicht hauptsächlich an Gesundheit interessiert; das Agrarbusiness ist nicht hauptsächlich daran interessiert, den weltweiten Hunger zu lindern usw. Das Hauptinteresse der Konzerne, die an diesen Industrien beteiligt sind, liegt in der Erhaltung und Stärkung ihrer wirtschaftlichen und politischen Macht.

In diesem Streben sind die Konzerne äußerst erfolgreich, denn das kartesianische Weltbild und das dazugehörige Wertesystem liegen sowohl ihren Technologien als auch ihren wirtschaftlichen und politischen Motiven zugrunde. Daher werden die Technologien und Geschäftsmethoden der Konzerne, die im allgemeinen antiökologisch und ungesund sind, vom wissenschaftlichen Establishment fest unterstützt. Eine Änderung dieses Zustands ist für unser Wohlbefinden und Überleben dringend notwendig. Doch ein Wandel wird nur mög-

lich sein, wenn wir als Gesellschaft imstande sind, uns auf das ganzheitliche und ökologische Weltbild einzulassen.

Das neue ökologische Weltbild

Das neue Paradigma, oder Weltbild, entstand in der Physik am Beginn des Jahrhunderts und wird jetzt auf mehreren anderen Gebieten
entwickelt. Es besteht nicht nur aus neuen Begriffen, sondern auch
aus einem neuen Wertesystem, und es spiegelt sich in neuen Formen
der sozialen Organisation und in neuen Institutionen wider. Es wird
zur Zeit hauptsächlich außerhalb unserer akademischen Institutionen formuliert, die der kartesianischen Denkweise zu eng verhaftet
sind, um den Wert der neuen Ideen zu erkennen.

Um das neue Paradigma zu beschreiben, möchte ich mit dem
neuen Weltbild der Physik beginnen und dann seine Auswirkungen
auf lebende Organismen, Geist und soziale und Umweltphänomene
behandeln.

Die materielle Welt, gemäß der modernen Physik, ist kein mechanisches System, das aus getrennten Objekten besteht, sondern erscheint als ein komplexes Gewebe von Beziehungen. Subatomare
Teilchen können nicht als isolierte Einheiten verstanden werden, sondern müssen als Verknüpfungen, oder Korrelationen, in einem Netzwerk von Vorgängen angesehen werden. Der Begriff eines getrennten Gegenstandes ist oft sehr nützlich, stellt aber immer eine Idealisierung dar, die keine fundamentale Geltung hat. Alle solche Gegenstände sind Strukturen in einem untrennbaren kosmischen Prozeß,
und diese Strukturen sind in sich selbst dynamisch. Subatomare Teilchen bestehen nicht aus irgendeiner materiellen Substanz. Sie besitzen eine gewisse Masse, doch diese Masse ist eine Form von Energie.
Energie aber ist immer mit Prozessen verbunden, mit Aktivität; sie ist
ein Maß der Aktivität. Subatomare Teilchen sind somit Energiebün-
del oder Aktivitätsstrukturen.

Die Energiestrukturen der subatomaren Welt bilden stabile ato-
mare und molekulare Formen, die ihrerseits die Materie aufbauen
und ihr die makroskopische feste Erscheinungsweise verleihen, so
daß wir geneigt sind zu glauben, daß die Materie aus irgendwelcher
Substanz besteht. In der alltäglichen, makroskopischen Welt ist der
Substanzbegriff sehr nützlich, doch auf der atomaren Ebene verliert
er seine Gültigkeit. Atome bestehen aus Teilchen, und diese Teilchen
bestehen aus keinerlei materiellem Stoff. Wenn wir sie beobachten,

sehen wir nie eine Substanz; wir beobachten dynamische Strukturen, die sich dauernd ineinander verwandeln – ein ständiger Energietanz.

Das Weltbild der modernen Physik ist ganzheitlich und ökologisch. Es betont die grundlegende Verknüpftheit und gegenseitige Abhängigkeit aller Phänomene und auch die innerlich dynamische Natur der physikalischen Wirklichkeit. Um dieses Bild auf die Beschreibung von lebenden Organismen auszudehnen, müssen wir über die Physik hinausgehen. Es gibt jetzt ein Denkgebäude, das eine natürliche Erweiterung der Konzepte der modernen Physik darstellt. Dieses Denkgebäude ist als Systemtheorie bekannt und wird manchmal auch allgemeine Systemtheorie genannt.

Das Systembild beschreibt die Welt mit Hilfe von Beziehungen und Integration. Systeme sind integrierte Ganzheiten, deren Eigenschaften nicht auf diejenigen von kleineren Einheiten reduziert werden können. Anstatt sich auf Grundbausteine zu konzentrieren, betont die Systemtheorie Grundprinzipien der Organisation. Beispiele von Systemen gibt es überall in der Natur. Jeder Organismus – von der kleinsten Bakterie durch das weite Spektrum von Pflanzen und Tieren zu den Menschen – ist ein integriertes Ganzes und daher ein lebendes System. Zellen sind lebende Systeme, und desgleichen die verschiedenen Gewebe und Organe im Körper, wobei das menschliche Gehirn das komplizierteste Beispiel darstellt. Doch Systeme sind nicht auf individuelle Organismen und deren Teile beschränkt. Die gleichen Aspekte der Ganzheit zeigen sich in sozialen Systemen (z. B. einer Familie oder einer Gemeinschaft) und auch in Ökosystemen, die aus einer Vielzahl von Organismen, in ständiger Wechselwirkung mit lebloser Materie, bestehen.

Alle diese natürlichen Systeme sind Ganzheiten, deren spezifische Strukturen sich aus den Wechselwirkungen und gegenseitigen Abhängigkeiten der Teile ergeben. Systemeigenschaften werden zerstört, wenn ein System in isolierte Elemente zerlegt wird, sei es physisch oder theoretisch. Obwohl wir individuelle Teile in jedem System unterscheiden können, ist die Natur der Ganzheit immer von der bloßen Summe seiner Teile verschieden. Ein weiterer wichtiger Aspekt von Systemen ist ihre innerlich dynamische Natur. Ihre Formen sind nicht starre Strukturen, sondern flexible und zugleich stabile Manifestationen von darunterliegenden Prozessen. Systemdenken ist immer Prozeßdenken; Form wird assoziiert mit Prozeß, Verknüpfung mit Wechselwirkung, Gegensätze werden durch Schwingungen vereinigt.

Ein wichtiges Merkmal von lebenden Systemen ist ihre Tendenz,

mehrschichtige Strukturen zu formen, d. h. Strukturen von Systemen innerhalb anderer Systeme. Zum Beispiel, der menschliche Körper enthält Organsysteme (Nervensystem, Verdauungssystem usw.),
die aus verschiedenen Organen bestehen; jedes Organ besteht aus
Geweben und jedes Gewebe aus Zellen. Alle diese sind lebende Organismen, oder lebende Systeme, die aus kleineren Teilen bestehen
und zugleich die Teile von größeren Ganzheiten bilden. Lebende Systeme zeigen somit eine vielschichtige Ordnung, in der zwischen
allen Systemebenen Verknüpfungen und gegenseitige Abhängigkeiten bestehen, so daß jede Ebene mit ihrer totalen Umgebung in Verbindung steht.

Wir sehen, daß das Systembild ein ökologisches Bild ist. Wie das
Weltbild der Physik betont es die gegenseitige Verknüpfung und Abhängigkeit aller Phänomene und ebenso die dynamische Natur aller
lebenden Systeme. Jegliche Struktur wird als Manifestation von darunterliegenden Prozessen angesehen und lebende Systeme werden
durch Organisationsmodelle dargestellt.

Was sind die Organisationsstrukturen, die charakteristisch für Lebewesen sind? Sie bestehen aus einer Vielfalt von Prozessen und Phänomenen, die alle als verschiedene Aspekte ein und desselben dynamischen Prinzips angesehen werden können; des Prinzips der Selbstorganisation. Ein lebender Organismus ist ein selbstorganisierendes
System, d. h. seine Ordnung wird ihm nicht durch die Umwelt auferlegt, sondern wird vom System selbst bestimmt. Mit anderen Worten,
selbst-organisierende Systeme zeigen einen gewißen Grad von Autonomie. Das heißt jetzt nicht, daß lebende Systeme von ihrer Umwelt
isoliert sind; im Gegenteil, sie stehen mit dieser in ständiger Wechselwirkung, doch diese Wechselwirkung ist nicht maßgebend für ihre
Organisation.

Eine Theorie der Selbstorganisation wurde im letzten Jahrzehnt in
beachtlichem Detail ausgearbeitet, und zwar von einer Anzahl von
Forschern aus mehreren Disziplinen unter der Leitung des belgi-
schen Nobelpreisträgers Ilya Prigogine. Diese Theorie beschreibt eine
Reihe von Aspekten der Selbstorganisation: einerseits Prozesse der
Selbsterhaltung – Selbsterneuerung, Regeneration, Anpassung und
Umweltsveränderungen usw. – andererseits die Tendenz zur Selbsttranszendenz, die sich in den Phänomenen der Entwicklung, des Lernens und der Evolution zeigt.

Um das Systembild des Lebens auf höhere Organismen und insbesondere auf den Menschen anzuwenden, ist es nötig, sich mit dem
Phänomen des Geistes auseinanderzusetzen. Gregory Bateson

schlug vor, den Geist als Systemphänomen zu definieren, das für lebende Organismen, Gesellschaften und Ökosysteme charakteristisch
ist. Er stellte einen Satz von Kriterien auf, die Systeme zu erfüllen
haben, um Geist zu besitzen. Jedes System, das diese Kriterien erfüllt, wird in der Lage sein, Information zu verwerten und verschiedene Phänomene zu entwickeln, die wir mit Verstand assoziieren –
Denken, Lernen, Erinnerung usw. Laut Bateson sind Geist, Verstand
und Intelligenz eine notwendige und unausweichliche Konsequenz
einer gewissen Komplexität, die lange bevor Organismen ein Gehirn
und höheres Nervensystem entwickeln auftritt.

Batesons Kriterien für die Existenz des Geistes sind eng mit den
Kriterien für die Selbstorganisation verbunden. In der Tat, der Geist
ist eine wesentliche Eigenschaft lebender Systeme, »die Essenz des
Lebens«, wie Bateson es ausdrückte. Vom Standpunkt der Systemtheorie ist das Leben keine Substanz und keine Kraft, und der Geist
ist kein »Ding«, das mit der Materie in Wechselwirkung steht. Leben
und Geist sind beide Manifestationen desselben Satzes von Systemeigenschaften; eines Satzes von Prozessen, die die Dynamik der
Selbstorganisation darstellen.

Dieser neue Geistesbegriff wird in unserem Bestreben, die kartesianische Spaltung zu überwinden, ungeheuer wertvoll sein. Geist und
Materie scheinen jetzt nicht mehr zwei verschiedenen Kategorien an-
zugehören, sondern können als lediglich verschiedene Aspekte desselben Phänomens angesehen werden. Zum Beispiel wird die Beziehung zwischen Geist und Gehirn, die seit Descartes zahllose Wissenschaftler und Philosophen verwirrt hat, jetzt viel klarer. Der Geist
stellt die Dynamik der Selbstorganisation dar, und das Gehirn ist die
biologische Struktur, mit Hilfe deren diese Dynamik ausgeführt wird.

Weil die lebende Welt in vielschichtigen Strukturen organisiert ist,
gibt es auch Schichten oder Ebenen des Geistes. Im menschlichen Organismus, zum Beispiel, sind verschiedene Ebenen der Mentation,
oder geistigen Aktivität, vorhanden, die Zellen, Gewebe und Organe
involvieren; und dann gibt es den neutralen Geist des Gehirns, der
selbst aus mehreren Ebenen zusammengesetzt ist, entsprechend den
verschiedenen Stadien in unserer Evolution. Die Gesamtheit dieser
Mentationen bildet, was wir den menschlichen Geist, oder die Psyche, nennen können. Diese integrierte Gesamtheit von geistigen Aktivitäten umfaßt Selbstbewußtsein, bewußtes Erleben, konzeptuelles
Denken und symbolische Sprache – die charakteristischen Merkmale
des menschlichen Geistes.

In der vielschichtigen Ordnung der Natur ist der individuelle menschliche Geist in den Geist von sozialen und ökologischen Systemen eingebettet, welcher wiederum in das geistige System der Planeten integriert ist, das seinerseits an einem universalen oder kosmischen Geist teilnehmen muß. Es ist klar, daß dieses Bild des Geistes radikale Folgen für unseren Umgang mit der natürlichen Umwelt hat, Folgen, die mit den Ansichten religiöser Traditionen durchaus im Einklang sind.

Die Konvergenz zwischen dem Systembild und den Anschauungen von mystischen Traditionen ist keineswegs zufällig. Das neue Weltbild ist ein ökologisches Bild in einem weit über das unmittelbare Anliegen des Umweltschutzes hinausgehenden Sinn. Das ökologische Paradigma wird von der modernen Wissenschaft bestätigt, beruht aber auf einer Wahrnehmung der Wirklichkeit, die über den Bereich der Wissenschaft hinausgeht; auf einem intuitiven Bewußtsein der Einheit alles Lebens, der Verknüpftheit seiner zahlreichen Manifestationen und seiner Zyklen des Wandels.

Wenn religiöses Bewußtsein verstanden wird als ein Bewußtseinszustand, in dem sich der individuelle Mensch mit dem ganzen Kosmos verbunden fühlt, dann wird es klar, daß ökologisches Bewußtsein wahrhaft religiös ist. In der Tat, die Idee der Verbundenheit zwischen Individuum und Kosmos kommt in der Wurzel des Wortes »Religion« zum Ausdruck, das vom lateinischen *religio* (»starke Bindung«) kommt. Im östlichen Sprachgebrauch ist es ähnlich. Das Wort Yoga, das in gewissem Sinn unserem Wort Religion entspricht, heißt Verbindung. Es ist daher nicht überraschend, daß das neue ökologische Weltbild mit vielen Ideen der Mystiker im Einklang steht.

Soziale Folgen des ökologischen Weltbilds

Das Systembild des Lebens hat viele wichtige Folgen, nicht nur für Wissenschaft und Philosophie, sondern auch für unsere Gesellschaft und unser tägliches Leben. Es wird unsere Einstellung zu Gesundheit und Krankheit beeinflussen, unsere Beziehung zur natürlichen Umwelt und viele unserer sozialen und politischen Strukturen. Zum Beispiel werden Ärzte, Psychotherapeuten und andere im Gesundheitsdienst Tätige ihre Perspektive erweitern müssen, um den menschlichen Organismus als selbstorganisierendes und selbstheilendes System zu sehen; ein System, in dem physische und psychologische Prozesse in engem Wechsel stehen und welches in größere Systeme physischer, sozialer und kultureller Art eingebettet ist. Die Sozialwissenschaften werden diese größeren Systeme in entsprechender Weise behandeln müssen, d. h. sie werden die jetzigen Grenzen ihrer Disziplinen überschreiten müssen, um ihre Grundbegriffe in ein breites ökologisches Gedankengebäude einzubauen.

Ich möchte jetzt etwas näher auf die Folgen des ökologischen Weltbildes für unsere Gesellschaft eingehen. Ökosysteme sind selbstorganisierende und selbst-regulierende Systeme, in denen Tiere, Pflanzen, Mikroorganismen und leblose Substanzen in einem komplexen Gewebe von gegenseitigen Beziehungen und Wechselwirkungen verknüpft sind, wobei Materie und Energie in ununterbrochenen Zyklen ausgetauscht werden. Lineare Beziehungen von Ursache und Wirkung bestehen in diesen Ökosystemen nur sehr selten, und lineare Modelle sind im allgemeinen nicht sehr nützlich, um die Funktionen der in die Ökosysteme eingebetteten sozialen und wirtschaftlichen Systeme zu beschreiben.

Die Erkenntnis der Nichtlinearität aller Systemdynamik ist für mich der Kern des ökologischen Bewußtseins. Es ist die Art von »Systemweisheit«, die wir in vielen ursprünglichen Kulturen beobachten können, die wir aber in unserer eigenen Kultur stark vernachlässigt haben. Von der Nichtlinearität der Ökosysteme können wir sofort zwei wichtige Regeln ableiten:

1. Wenn wir etwas tun, das gut ist, so wird mehr von dieser Tätigkeit nicht unbedingt besser sein. In dem nichtlinearen Netzwerk von Zusammenhängen gibt es optimale Größen für jede Struktur, Organisation oder Institution, und das Maximieren von einzelnen Variablen, wie z. B. Profit und Effizienz, wird sich auf das einbettende, größere System immer störend auswirken.

2. Je mehr eine Gesellschaft und ihre Wirtschaft auf Recycling, d. h. auf Wiederverwertung ihrer Rohstoffe beruht, desto mehr wird sie mit ihrer Umwelt im Einklang sein.

Die erste Regel zeigt, daß die Frage der Größenordnung in der Umorganisierung unserer Wirtschafts- und Sozialstrukturen eine zentrale Rolle spielen wird. Das Kriterium ist hier der Vergleich mit menschlichen Dimensionen. Was zu groß, schnell oder dicht ist, im Vergleich zum menschlichen Maßstab, ist schädlich. Dezentralisierung wird oft notwendig sein, um das ökologische Gleichgewicht wieder herzustellen, ebenso wie die Einschränkung des Wachstums unserer Städte, der Abbau einiger riesiger Konzerne und die Neuverteilung des Vermögens, sowohl innerhalb einzelner Staaten als auch zwischen den Industrieländern und der Dritten Welt.

Der Übergang zu einer menschlicheren Größenordnung bedeutet

keine Rückkehr in die Vergangenheit, sondern setzt die Entwicklung von einfallsreichen neuen Formen der Technologie und sozialen Organisation voraus. Viele unserer konventionellen, Rohstoff-intensiven und stark zentralisierten Technologien sind heute veraltet. Atomkraftwerke, benzinverschwendende Autos, chemisch-synthetischer Ackerbau und viele andere Auswüchse der Hochtechnik sind antiökologisch, inflationär und ungesund. Obwohl diese Technologien oft die letzten Entdeckungen der modernen Elektronik oder Chemie auswerten, ist der Zusammenhang, in dem sie entwickelt und angewandt werden, der der kartesianischen Weltanschauung, die jetzt überholt ist. Sie werden durch neue Formen der Technik ersetzt werden müssen, die auf ökologischen Prinzipien beruhen und mit dem neuen Wertesystem in Einklang stehen.

Viele dieser alternativen Technologien werden jetzt schon entwickelt. Sie tendieren dazu, klein und dezentralisiert zu sein, angepaßt an lokale Bedingungen und auf Selbstversorgung hin ausgerichtet, so daß sie maximale Flexibilität bieten. Sie werden oft »sanfte« Technologien genannt, da ihr Einfluß auf die Umwelt stark reduziert ist, dadurch, daß hauptsächlich erneuerbare Rohstoffe verwendet werden und alles so weit als möglich wiederverwertet wird. Beispiele solcher Formen der sanften Technik wären Solar-Kollektoren, Windgeneratoren, organischer Ackerbau oder Abfallwiederverwertung. Dadurch, daß sie kleinmaßstäblich und dezentralisiert sind, sind diese Technologien arbeitsintensiv statt rohstoffintensiv und daher viel weniger inflationär und umweltfeindlich.

Der Wechsel von »harten« zu »sanften« Technologien ist am notwendigsten auf dem Gebiet der Energieproduktion. Um ein ökologisches Gleichgewicht zu erlangen, müssen wir unsere Energieproduktion von nichterneuerbaren zu erneuerbaren Quellen umstellen. Die Energiequelle der Zukunft muß erneuerbar, wirtschaftlich und umweltfreundlich sein. Die Sonnenenergie ist die einzige Energiequelle, die allen diesen Kriterien genügt, was nicht überraschend ist, wenn wir die Frage von einer breiten Perspektive aus betrachten. Die Sonne ist seit Milliarden Jahren *die* Energiequelle für unseren Planeten, und das Leben in seiner großen Vielfalt hat sich an diese Energiequelle im langen Lauf der planetarischen Evolution in feinstem Maße angepaßt. Alle Energie, die wir benützen, außer der Atomenergie, stellt irgendeine Form von gespeicherter Sonnenenergie dar. Ob wir Holz, Kohle, Öl oder Gas verbrennen, wir gewinnen dadurch Energie, die ursprünglich von der Sonne zur Erde gestrahlt wurde. Der Wind, der unsere Segelboote und Windmühlen antreibt, ist eine Luftströmung, die durch das Aufsteigen anderer, von der Sonne erhitzter Luftmassen hervorgerufen wird. Ebenso ist das Wasser, das unsere Turbinen treibt, ein Teil eines Kreislaufs, der durch Sonnenbestrahlung aufrechterhalten wird. So versorgen uns also alle unsere Energiequellen mit Sonnenenergie der einen oder anderen Form. Nicht alle dieser Energieformen sind jedoch erneuerbar. In der gegenwärtigen Energiedebatte wird der Ausdruck »Sonnenenergie« spezifisch für jene Energieformen verwendet, die von unerschöpflichen oder erneuerbaren Quellen kommen.

Sonnenenergie in diesem Sinne ist so vielfältig wie die Erde selbst. In Waldgegenden steht sie als fester Brennstoff (Holz) zur Verfügung, in Ackerbauzonen kann sie als flüssiger oder gasförmiger Brennstoff erzeugt werden (in der Form von Alkohol oder Methan), in Berggegenden als Wasserkraft, in windigen Gebieten als wind-erzeugte Elektrizität; in sonnigen Gegenden kann sie durch Solarzellen in Elektrizität umgewandelt werden, und fast überall kann sie direkt als Wärme gesammelt werden.

Die meisten dieser Energieformen wurden von der Menschheit im Laufe von Jahrhunderten durch althergebrachte Technologien gewonnen. Sonnenenergie ist keineswegs eine neue, »exotische« Energiequelle und benötigt auch keine wesentlichen neuen Erfindungen. Es bedarf einfach der klugen Integration von lang bekannten landwirtschaftlichen und technischen Prozessen in das Leben unserer modernen Gesellschaft. Mehrere Untersuchungen haben gezeigt, daß die bestehenden Technologien dazu genügen, um allem langfristigen Energiebedarf gerecht zu werden. Und, in der Tat, viele von diesen werden schon erfolgreich von sonnenbewußten Gemeinschaften benützt.

Die Haupthindernisse für den Übergang zur Sonnenenergie sind nicht technischer sondern politischer Natur. Die Umstellung von nichterneuerbaren zu erneuerbaren Energiequellen wird die Ölkonzerne dazu zwingen, ihre dominierende Rolle in der Weltwirtschaft aufzugeben und ihre Funktionen grundlegend zu ändern. Ähnliche Probleme werden auf anderen industriellen Sektoren erwachsen, wenn der Übergang zur Sonnenenergie Konflikte zwischen sozialen und privaten Interessen hervorbringen wird. Die »sanften« Energiequellen liegen im Interesse der überwiegenden Mehrheit der Energieverbraucher, doch ein einigermaßen reibungsloser Übergang zum »Sonnenzeitalter« wird nur möglich sein, wenn wir als Gesellschaft dazu in der Lage sind, die langfristigen sozialen Vorteile den kurzfristigen privaten Gewinnen vorzuziehen.

Absteigende und aufsteigende Kulturen

Der Übergang zum Sonnenzeitalter findet jetzt nicht nur in Form von neuen Technologien statt, sondern in einem allgemeineren Sinn als eine tiefgreifende Wandlung unserer ganzen Gesellschaft und Kultur. Der Wechsel vom mechanistischen zum ökologischen Weltbild wird nicht irgendwann in der Zukunft stattfinden, sondern beginnt schon heute. Die 60er und 70er Jahre haben eine ganze Reihe von sozialen Bewegungen hervorgebracht, die alle in die gleiche Richtung zu gehen scheinen; sie alle betonen verschiedene Aspekte desselben neuen Weltbilds. Die wichtigsten dieser Bewegungen sind die Ökologiebewegung, der Feminismus, die verschiedenen Konsumentenbewegungen, die Friedensbewegung und Antinuklearbewegung, die ganzheitliche Medizin, die »Human Pontential«-Bewegung (Persönlichkeitsentfaltung); und es gibt noch mehrere andere.

Bis jetzt haben diese Bewegungen noch verhältnismäßig getrennt operiert und haben noch nicht erkannt, wie ihre Bestrebungen miteinander in Beziehung stehen. Doch in letzter Zeit haben sich einige Koalitionen und Allianzen zwischen verschiedenen Bewegungen ergeben, und ich glaube, daß diese sozialen Strömungen im Laufe des Jahrzehnts zusammenfließen werden zu einer starken Kraft des sozialen Umschwungs.

Der Wandel, der sich jetzt in unserer Gesellschaft vollzieht, kann sehr gut mit dem Bild, das Arnold Toynbee von kultureller Evolution entworfen hat, verstanden werden. Laut Toynbee ist diese Evolution durch einen regelmäßigen Rhythmus von Ansteigen, Kulmination, Abstieg und Auflösung gekennzeichnet. Der Abstieg setzt ein, wenn eine Kultur zu starr wird, und zwar in ihrer Technik, in ihren Ideen oder in ihrer Gesellschaftsordnung – zu starr, um neue Probleme kreativ lösen zu können. Dieser Verlust von Flexibilität bringt gewöhnlich einen allgemeinen Verlust an Harmonie mit sich, der notwendigerweise zu sozialen Spannungen, Reibungen und Konflikten führt. Während dieses Prozesses des Abstiegs und Zerfalls verbeißt sich der starre Hauptstrom der Kultur immer mehr in seine veralteten Ideen und Einstellungen; andererseits jedoch entstehen spontan neue kreative Minderheiten, die neue Ideen und Methoden entwikkeln und die neue aufsteigende Kultur formen.

Dieses Schauspiel können wir jetzt in Europa und Nordamerika deutlich beobachten. Die traditionellen politischen Parteien, die großen Industriekonzerne und die meisten unserer akademischen Institutionen gehören zur absteigenden Kultur. Sie gehen langsam dem

Zerfall und der Auflösung entgegen. Die sozialen Bewegungen der 60er und 70er Jahre bilden die ansteigende Kultur. Während der Umschwung vor sich geht, weigert sich die absteigende Kultur, die alten Modelle aufzugeben und steigert sich, im Gegenteil, immer mehr in die überholten Ideen; die dominierenden sozialen Institutionen sind keineswegs bereit, ihre Vormachtstellung an die neuen Kulturkräfte abzugeben. Doch sie werden unaufhaltsam weiter absteigen, während die ansteigende Kultur sich weiter entwickelt und schließlich die Führungsrolle übernehmen wird. Die Erkenntnis, daß dieser evolutionäre Rhythmus nicht von kurzfristigen politischen Aktivitäten verhindert werden kann, ist, meiner Meinung nach, unsere größte Hoffnung für die Zukunft.

»Global Denken – lokal Handeln«

Vom wirtschaftlichen zum persönlichen Wachstum

MARILYN FERGUSON

Amerikanische Publizistin und Schriftstellerin. Geboren 1938 in Colorado, USA. Seit 1975 ist sie Herausgeberin des Brain-Mind-Bulletin, eines Informationsdienstes über humanistische Medizin, Biofeedback, die Physik des Bewußtseins. Seit 1985 publiziert sie ein zweites Informationsblatt, »The Leading Edge«, das über die neuesten Ergebnisse aus Wissenschaft und Forschung berichtet.
Zwei Bücher haben Marilyn Ferguson besonders bekannt gemacht: »Geist und Evolution« und »Die sanfte Verschwörung«. Auch unser Beitrag entstammt diesem Buch, Marilyn Ferguson beschreibt darin die persönliche Transformation und die möglichen Wege zu ihr.

Transformation: Eine Definition

Der Begriff *Transformation* umfaßt interessanterweise parallele Bedeutungen innerhalb der Mathematik, der Naturwissenschaften und der Veränderung des Menschen. Eine Transformation bedeutet wörtlich eine Umgestaltung: eine neue Neustrukturierung. Mathematische Transformationen wandeln ein Problem in neue Begriffe um, die eine Lösung ermöglichen. Wie wir später sehen werden, funktioniert das Gehirn selbst durch komplexe mathematische Transformationen. In den Naturwissenschaften hat eine transformierte Substanz eine andere Beschaffenheit oder Eigenschaft – einen anderen Aggregatzustand – angenommen; beispielsweise wenn Wasser zu Eis gefroren ist oder zu Dampf wird.

Und wir sprechen natürlich von der Transformation des Menschen – insbesondere von der Transformation des Bewußtseins. In diesem Zusammenhang bedeutet Bewußtsein nicht das einfache Wachbewußtsein. Hier bezieht es sich auf den Zustand, *sich seines Bewußtseins bewußt zu sein.* Man ist sich deutlich gewahr, daß man eine Bewußtheit besitzt. Tatsächlich ist dies eine neue Perspektive, die andere Perspektiven sieht – ein Paradigmawechsel. Der Dichter e. e. cummings freute sich einst, daß er »das auge meines auges ... das ohr meines ohrs« gefunden hatte. *Seeing Yourself See,* wie ein Buchtitel lautet. Diese Bewußtheit der Bewußtheit ist eine andere Dimension.

Bezeichnenderweise beschreiben alte Traditionen die Transformation als neues *Sehen.* Ihre Metaphern sind Licht und Klarheit. Sie sprechen von Einsichten und Visionen. Teilhard de Chardin meinte, daß das Ziel der Evolution »immer perfektere Augen« seien, »in einer Welt, in der es immer mehr zu sehen gibt.«

Die meisten von uns gehen durch das tägliche Leben, ohne den eigenen Gedankenabläufen große Bedeutung zu schenken: wie der Geist sich bewegt, was er fürchtet, was er beachtet, wie er mit sich selbst spricht, was er beiseite schiebt, die Beschaffenheit unserer Ahnungen; das Gefühl unserer Höhen und Tiefen; unsere falschen Vorstellungen. Die meiste Zeit essen wir, arbeiten wir, unterhalten wir uns, machen uns Sorgen, hoffen, planen, lieben uns, gehen einkaufen – alles mit minimalem Gedankenaufwand darüber, wie wir *denken.*

Der Beginn der persönlichen Transformation ist geradezu absurd einfach. *Wir müssen nur unsere Aufmerksamkeit auf den Fluß der Aufmerksamkeit selbst lenken.* Sofort eröffnet sich uns eine neue Perspektive. Der Geist kann dann seine vielen Stimmungen, seine Spannungen im Körper, den Fluß der Aufmerksamkeit, seine Wahlmöglichkeiten und Sackgassen, Schmerzen und Wünsche, sein Schmecken und Berühren beobachten.

Der Geist hinter den Kulissen, jener Teil, der den Beobachter beobachtet, wird in der Tradition der Mystik als Zeuge bezeichnet. Da sich dieses Zentrum mit einer umfassenderen Dimension identifiziert als unser gewöhnliches zersplittertes Bewußtsein, ist es freier und besser informiert. Wie wir feststellen werden, hat diese erweiterte Perspektive Zugang zu einer unerschöpflichen Anzahl von Informationen, die vom Gehirn auf einer unbewußten Ebene verarbeitet werden, Bereiche, in die wir gewöhnlich aufgrund der Starrheit oder der Kontrolle der oberflächlichen Geister nicht eindringen können – ein Umstand, den Edward Carpenter als »das kleine, begrenzte Selbst« bezeichnet hat.

Geist, der sich seiner selbst nicht bewußt ist – *gewöhnliches* Bewußtsein –, kann man mit einem Passagier vergleichen, der angeschnallt in einem Flugzeugsessel sitzt, Scheuklappen trägt und nichts weiß von der Beschaffenheit des Transportmittels, den Ausmaßen des

Flugzeugs, dessen Reichweite, dem Flugplan und der Nähe anderer Passagiere.

Geist, der sich seiner selbst bewußt ist, gleicht einem Piloten. Es stimmt, daß er die Flugregeln beachten muß, vom Wetter beeinflußt wird und auf Navigationshilfen angewiesen ist, aber er ist dennoch weitaus freier als der »Passagier«.

Alles, was uns in einen aufmerksamen, wachsamen Zustand versetzt, besitzt die Macht zur Transformation, und jeder, der über eine normale Intelligenz verfügt, kann einen derartigen Prozeß durchlaufen. Der Geist ist tatsächlich das Mittel der eigenen Transformation, von Natur aus bereit, in neue Dimensionen zu wechseln, wenn wir es ihm nur zugestehen. Konflikte, Widersprüche, gemischte Gefühle, all diese schwer erfaßbaren Elemente, die normalerweise an den Rändern der Bewußtheit umherwirbeln, können auf immer höheren Ebenen neu geordnet werden. Jede neue Integration macht die nächstfolgende einfacher.

Dieses Bewußtsein des Bewußtseins – die Ebene des Zeugen – wird gelegentlich als »höhere Dimension« bezeichnet, ein Ausdruck, der oft mißverstanden wurde. Der Psychiater Victor Frankl wies darauf hin, daß dies kein moralisches Urteil impliziert:

Eine höhere Dimension stellt einfach eine umfassendere Dimension dar. Wenn man zum Beispiel ein zweidimensionales Quadrat nimmt und dieses senkrecht erweitert, so daß daraus ein dreidimensionaler Würfel entsteht, kann man sagen, daß das Quadrat im Würfel enthalten ist. Zwischen den verschiedenen Ebenen der Wahrheit kann es keine gegenseitige Ausschließlichkeit geben, keinen echten Widerspruch, da das Höhere das Niedrigere miteinbezieht.

Das Quadrat in *Flatland* versuchte, sich den Bewohnern von Lineland als eine »aus Linien bestehende Linie« zu erklären. Später beschreibt sich die Kugel als ein »aus Kreisen bestehender Kreis«. Wie wir sehen werden, ist der menschliche transformative Prozeß, sobald er einmal einsetzt, geometrisch. In einer gewissen Weise bedeutet die vierte Dimension einfach: *die anderen drei Dimensionen mit neuen Augen sehen.*

Bewußte Evolution

Die Idee, daß wir zwischen verschiedenen Arten des Bewußtseins wählen können, ist alles andere als neu. Zu Beginn der Renaissance schrieb Pico della Mirandola:

Nach freier Wahl und mit Hochachtung, als ob du der Schöpfer und Former deiner selbst wärst, kannst du dich in jeder beliebigen Form gestalten, welche immer du auch vorziehst. Du sollst die Macht haben, auf die niederen tierischen Formen des Lebens einzuwirken. Du sollst aus dem Ermessen deiner Seele heraus die Macht haben, in höheren Formen wiedergeboren zu werden.

Damals wie heute stritten die Philosophen darüber, ob die menschliche Natur gut oder böse sei. Heute bietet uns die Wissenschaft eine andere Alternative: Das menschliche Gehirn und unser Verhalten sind geradezu unglaublich formbar. Es trifft zu, daß wir so konditioniert sind, daß wir ängstlich, abwehrend und feindlich reagieren, doch haben wir ebenso die Fähigkeit, außergewöhnliche Transzendenz zu erfahren.

Diejenigen, die an die Möglichkeit einer bevorstehenden gesellschaftlichen Transformation glauben, sind – was die menschliche Natur anbelangt – nicht optimistisch; sie trauen eher dem transformativen Prozeß selbst. Da sie eine positive Veränderung in ihrem eigenen Leben erfahren haben – mehr Freiheit, Gefühle der Verwandtschaft und Einheit, mehr Kreativität, eine größere Fähigkeit, mit dem Streß fertigzuwerden, eine Ahnung von Sinn und Zweck – räumen sie ein, daß die anderen sich vielleicht auch ändern werden. Sobald genug Individuen neue Fähigkeiten in sich selbst entdecken, werden sich diese selbstverständlich verschwören, um eine Welt zu schaffen, die gegenüber menschlicher Phantasie, Wachstum und Zusammenarbeit aufgeschlossen ist.

Die erwiesene Flexibilität des menschlichen Gehirns und der menschlichen Bewußtheit eröffnet die Möglichkeit, daß *individuelle Evolution* vielleicht zur *kollektiven Evolution* führt. Wenn eine Person eine neue Fähigkeit erschlossen hat, wird deren Existenz plötzlich auch für andere deutlich, die dann möglicherweise dieselbe Fähigkeit entwickeln. Bestimmte Fertigkeiten, Künste und Sportarten beispielsweise, haben sich in bestimmten Kulturen bis zur Perfektion entwickelt. Auch unsere »natürlichen« Fähigkeiten müssen gefördert werden. Die Menschen laufen oder sprechen noch nicht einmal aus eigenem Antrieb. Wenn in Heimen untergebrachte Kleinkinder in ihren Betten sich selbst überlassen bleiben und nichts anderes zu tun haben, als an die Decke zu starren, werden sie – wenn überhaupt – erst sehr spät zu laufen und zu sprechen beginnen. Diese Fähigkeiten müssen freigesetzt werden; sie entwickeln sich in Wechselwirkung mit anderen menschlichen Wesen und der Umwelt.

Wir wissen nur, wozu das Gehirn in der Lage sein kann, wenn wir es entsprechend fordern. Das genetische Repertoire aller Spezies umfaßt eine beinahe unbegrenzte Anzahl von Entwicklungsmöglichkeiten, mehr als von irgendeiner Umwelt oder während eines einzelnen Lebens erschlossen werden kann. Wie ein Genetiker es ausdrückte: Es ist so, als ob wir alle Klaviere in uns hätten, die aber nur wenige zu spielen lernen. Ebenso wie die Menschen lernen können, bei gymnastischen Übungen der Schwerkraft zu trotzen oder Hunderte von Sorten Kaffee zu unterscheiden, ebenso können wir eine Gymnastik der Aufmerksamkeit exerzieren und die Feinheit inneren Fühlens erlangen.

Vor Jahrtausenden entdeckte die Menschheit, daß das Gehirn zu tiefgreifenden Wechseln der Bewußtheit gedrängt werden kann. Der Geist kann lernen, sich selbst und seine eigenen Wirklichkeiten auf eine Art und Weise zu sehen, wie sie selten spontan vorkommt. Diese Systeme, Werkzeuge für eine ernsthafte innere Forschung, ermöglichten eine bewußte Evolution des Bewußtseins. Die wachsende weltweite Anerkennung dieser Fähigkeit sowie die Mittel und Wege, wie sie erlangt wird, stellt die größte technologische Errungenschaft unserer Zeit dar.

William James drängte seine Zeitgenossen mit folgenden bekannten Worten dazu, solche Wechsel zu beachten:

Unser normales Wachbewußtsein, das rationale Bewußtsein, wie wir es nennen, ist nur ein spezieller Typ des Bewußtseins, während sich darum herum, nur durch eine hauchdünne Zwischenwand getrennt, überall potentielle Formen des Bewußtseins finden, die sich davon völlig unterscheiden.

Es ist möglich, daß wir durch das Leben gehen, ohne die Existenz dieser Form des Bewußtseins zu erahnen, aber sobald wir den erforderlichen Stimulus zur Anwendung bringen, sind sie sofort uneingeschränkt vorhanden … Keine Darstellung des Universums kann vollständig sein, welche diese anderen Formen des Bewußtseins völlig außer acht läßt.

Methoden unserer Veränderung

Es gibt vier grundlegende Methoden, um unseren Geist zu verändern, sobald wir eine neue und gegensätzliche Information erhalten. Die einfachste und begrenzteste könnten wir als *Veränderung durch Ausnahme* bezeichnen. Unser altes Glaubenssystem bleibt intakt, aber es läßt einige Unregelmäßigkeiten zu, auf die Art und Weise, wie ein altes Paradigma vor dem Durchbruch zu einem größeren, zufriedenstellenderen, eine gewisse Anzahl merkwürdiger Phänomene, die sich an seinen Rändern abspielen, toleriert. So kann beispielsweise eine Person, die sich an der Veränderung durch Ausnahme beteiligt, alle Mitglieder einer bestimmten Gruppe – bis auf eines oder zwei – nicht leiden. Letztere werden als »die Ausnahmen, welche die Regel bestätigen« bezeichnet, anstatt als Ausnahmen, welche die Regel *widerlegen*.

Die Veränderung durch Zuwachs läuft Schritt für Schritt ab, und das Individuum ist sich nicht bewußt, daß es sich verändert hat.

Ferner gibt es die sogenannte *Pendelveränderung;* das Aufgeben eines geschlossenen und sicheren Systems zugunsten eines anderen. Der Falke wird zur Taube, der ernüchterte religiöse Fanatiker wird ein Atheist, die sexuell freizügige Person wird prüde, und vice versa – genau umgekehrt.

Der Pendelveränderung gelingt es nicht, das, was am alten System richtig war, zu integrieren und zwischen dem Wert des neuen Systems und seinen Übertreibungen zu unterscheiden. Die Pendelveränderung verwirft ihre eigene frühere Erfahrung und tauscht eine Art des Halbwissens gegen eine andere ein.

Die Veränderung durch Ausnahme, die Veränderung durch Zuwachs und die Pendelveränderung schrecken vor der Transformation zurück. Das Gehirn kann sich mit widersprüchlichen Informationen nur dann auseinandersetzen, wenn es sie zu integrieren weiß. Ein einfaches Beispiel: Wenn es dem Gehirn nicht gelingt, das doppelte Sehen zu einem einzigen Bild zu verschmelzen, so wird es schließlich die Signale eines Auges unterdrücken. Die Sehzellen im Gehirn, die für dieses Auge zuständig sind, verkümmern, was zur Erblindung führt. Auf dieselbe Weise wählt das Gehirn zwischen sich widersprechenden Ansichten. Es unterdrückt jene Information, die nicht mit seinen vorherrschenden Überzeugungen übereinstimmt.

Es sei denn, daß das Gehirn die Ideen im Rahmen einer kraftvollen Synthese in Einklang bringt. Das ist das, was wir als *Paradigmaveränderung,* als Transformation bezeichnen. Die vierte Dimension der Veränderung: die neue Perspektive, die Einsicht, die es der Information gestattet, sich in einer neuen Form oder Struktur zu verbinden. Paradigmaveränderung verfeinert und integriert. Paradigmaveränderung versucht die Wahnvorstellung des Entweder-Oder, des Dies-oder-Das zu heilen.

Veränderung durch Ausnahme sagt: »Ich habe recht, außer bei –.«

Veränderung durch Zuwachs sagt: »Ich hatte fast recht, aber jetzt habe ich ganz recht.« Die *Pendelveränderung* sagt: »Ich hatte vorher unrecht, aber jetzt habe ich recht.« Die *Paradigmaveränderung* sagt: »Ich hatte vorher teilweise recht, und jetzt ist dieses teilweise Rechthaben noch ein bißchen größer geworden.« Bei der Veränderung des Paradigmas erkennen wir, daß unsere bisherigen Ansichten nur einen Teil des Bildes ausmachten und daß das, was wir jetzt wissen, nur ein Teil von dem ist, was wir später wissen werden. Die Veränderung ist nicht mehr länger bedrohend. Sie absorbiert, erweitert und bereichert usw. Das Unbekannte ist ein freundliches, interessantes Gebiet. Jede Einsicht erweitert den Weg und macht den nächsten Abschnitt der Reise, die nächste Öffnung einfacher.

Die Veränderung ändert sich selbst, genau wie sich in der Natur die Evolution von einem einfachen zu einem komplexen Prozeß entwickelt. Jedes neue Ereignis ändert die Natur jener, die folgen werden – es trägt sozusagen Zinseszinsen. Die Paradigmaveränderung ist nicht ein einfacher linearer Effekt, wie etwa die zehn kleinen Negerlein in dem Kindervers, die eins nach dem anderen verschwinden. Es handelt sich dabei um einen plötzlichen Wechsel des Musters, um eine Spirale und gelegentlich um eine verheerende Umwälzung.

Wenn wir uns des Fließens und der Umbildung unserer eigenen Bewußtheit gewahr werden, verstärken wir die Veränderung. Die Synthese baut auf der Synthese auf.

Streß und Transformation

Die richtigen Umstände vorausgesetzt, verfügt das Gehirn über grenzenlose Fähigkeiten zu Paradigmenwechseln. Es kann sich selbst regulieren und wieder ordnen, integrieren und alte Konflikte transzendieren. Alles, was die alte Ordnung unseres Leben unterbricht, besitzt das Potential, eine Transformation auszulösen, eine Bewegung in Richtung größerer Reife, Offenheit und Stärke.

Manchmal ist das beunruhigende Element offensichtlicher Streß: ein Arbeitsplatzverlust, eine Scheidung, ernstliche Erkrankung, finanzielle Schwierigkeiten, ein Todesfall in der Familie, eine Gefängnisstrafe, sogar ein plötzlicher Erfolg oder eine Beförderung. Oder es kann ein subtiler geistiger Streß sein: eine enge Beziehung zu einem Menschen, dessen Ansichten von unseren eigenen, stets vertretenen Ideen deutlich abweichen; ein Buch, das unsere Überzeugungen erschüttert; oder eine neue Umgebung, ein fremdes Land.

Sowohl der persönliche als auch der kollektive Streß unseres Zeitalters – der vieldiskutierte Zukunftsschock – kann die wirkende Kraft der Transformation darstellen, sobald wir ihn zu integrieren wissen. All unserer Sehnsucht nach der guten alten Zeit zum Trotz treibt uns ironischerweise das turbulente 20. Jahrhundert vielleicht in Richtung jener Veränderung und Kreativität, von der wir seit Menschengedenken träumen. Die ganze Kultur erlebt ein Trauma und Spannungen, die nach einer neuen Ordnung verlangen. Als der Psychiater Frederich Flach sich zu dieser historischen Entwicklung äußerte, zitierte er den englischen Schriftsteller Samuel Butler, der in *Der Weg allen Fleisches* schrieb: »In einem stillen, ereignislosen Leben sind die inneren oder äußeren Veränderungen so gering, daß im Rahmen des Verschmelzungs- und Anpassungsprozesses nur eine kleine oder gar keine Belastung entsteht. In einem anderen Leben gibt es eine große Belastung, aber ebenso ist auch ein großes Verschmelzungs- und Anpassungsvermögen vorhanden.« Flach fügt hinzu:

> Dieses Vermögen, zu verschmelzen und sich anzupassen, das Butler beschrieb, ist in der Tat die Kreativität, Das war 1885. Heute empfinden immer weniger Menschen ihr Leben als ruhig und ereignislos. Veränderungen finden in beschleunigtem Tempo statt und berühren jeden auf irgendeine Weise. In einer Welt zunehmend komplexerer Spannungen persönlicher und kultureller Art können wir es uns nicht länger leisten, unsere kreativen Fähigkeiten nur hin und wieder zur Lösung spezifischer Probleme aufzubieten: Unsere körperliche und geistige Gesundheit erfordert, daß wir ein wirklich kreatives Leben führen lernen.

Wir werden von vielen Dingen geplagt, die wir nicht in Übereinstimmung miteinander bringen können; von den Widersprüchen des Alltagslebens. Die Arbeit sollte vor allem sinnvoll sein, die Arbeit soll gut bezahlt sein. Kinder sollten Freiheit haben, Kinder sollten im Zaum gehalten werden. Wir werden hin- und hergerissen zwischen dem, was andere für uns wollen und was wir selbst für uns wollen. Wir wollen mitleidsvoll sein, wir wollen ehrlich sein. Wir wollen Sicherheit, wir wollen Spontaneität.

Widerstreitende Prioritäten, Streß, Schmerz, Widersprüche, Konflikte – sie alle können aus sich selbst überwunden werden, falls wir uns voll und ganz mit ihnen befassen. Wenn wir uns jedoch nur indirekt mit unseren Spannungen auseinandersetzen, wenn wir sie ersticken oder wankelmütig werden, *leben* wir nur indirekt. Wir betrügen uns selbst um die Transformation.

Der Weg des Ausweichens

Auf der Ebene des gewöhnlichen Bewußtseins leugnen wir den Schmerz und die Widersprüche. Wir betäuben uns mit Valium, stumpfen unsere Gefühle mit Alkohol ab oder flüchten uns in die Ablenkung durch Fernsehkonsum.

Das Leugnen ist eine Lebensweise. Oder zutreffender: eine Weise, das Leben zu vermindern, es so erscheinen zu lassen, als sei es leichter zu handhaben. Das Leugnen ist die Alternative zur Transformation.

Persönliches Leugnen, gegenseitiges Leugnen, kollektives Leugnen. Das Leugnen von Tatsachen und Gefühlen. Das Leugnen von Erfahrungen, ein absichtliches Vergessen desjenigen, was wir sehen und hören. Das Leugnen unserer Fähigkeiten. Politiker leugnen Probleme, Eltern leugnen ihre Verwundbarkeit, Lehrer leugnen ihre Voreingenommenheit, Kinder leugnen ihre Absichten. Vor allem leugnen wir, was wir tief im Innersten wissen.

Wir sind zwischen zwei verschiedenen Evolutionsmechanismen gefangen: dem Leugnen und der Transformation. Wir entwickelten uns mit der Fähigkeit, Schmerzen zu unterdrücken und Randinformationen auszufiltern. Dies waren nützliche, kurzfristige Strategien, die es unseren Vorfahren erlaubten, Reize zu verdrängen, deren Erfassen in einer Notsituation zuviel wäre, ebenso wie das Kampf- oder Flucht-Syndrom sie in die Lage versetzte, eine physische Gefahr zu bewältigen.

Die Fähigkeit des Leugnens ist ein Beispiel für das gelegentlich kurzsichtige Verhalten des Körpers. Einige der automatischen Reaktionen des Körpers richten auf lange Sicht mehr Schaden an, als daß sie nützen. So verhindert beispielsweise die Bildung von Narbengewebe, daß nach einem Unfall die Nerven in der Wirbelsäule wieder zusammenwachsen. Bei vielen Verletzungen verursacht die Schwellung mehr Schaden als das ursprüngliche Trauma. Und es ist eher die hysterische Überreaktion des Körpers auf einen Virus, der uns krank macht, denn der Virus selbst.

Unsere Fähigkeit, eine Erfahrung zu blockieren, ist eine evolutionäre Sackgasse. Anstatt Schmerz, Konflikt und Angst zu erfahren und *zu transformieren*, lenken wir sie in vielen Fällen ab oder dämpfen sie mit einer Art unbeabsichtigter Hypnose.

Im Verlauf des Lebens sammelt sich immer mehr und mehr Streß an. Eine Streßlösung findet nicht statt, und unser Bewußtsein verengt sich. Das Flutlicht schrumpft zum schmalen Strahl einer Taschen-

lampe. Wir verlieren die Lebendigkeit der Farben, die Empfindlichkeit für Geräusche, das periphere Sehvermögen, die Sensibilität für
andere und die emotionale Intensität. Das Spektrum der Bewußtheit
wird noch enger.

Die wahre Entfremdung in unserer Zeit ist nicht die Entfremdung
von der Gesellschaft, sondern jene vom Selbst.

Wer weiß, wann dieser Entfremdungsprozeß beginnt? Vielleicht in
unserer frühen Kindheit, wenn wir uns ein Knie aufschürfen und irgendein freundlicher Erwachsener uns mit einem Scherz oder einer
Süßigkeit ablenkt. Sicherlich fördert unsere Kultur nicht die Gewohnheit, unsere Erfahrungen wirklich zu erfahren. Aber das Leugnen
würde wahrscheinlich aufgrund unseres Geschicks, alles was
schmerzt, zu vertuschen – selbst auf Kosten des Bewußtseins –, sowieso stattfinden.

Das Ausweichen ist eine kurzfristige Lösung wie Aspirin. Das Aus-
weichen entscheidet sich für einen chronischen dumpfen Schmerz
anstelle einer kurzen, heftigen Konfrontation. Der Preis dafür ist die
Flexibilität; genauso wie sich ein Arm oder ein Bein bei chronischem
Schmerz zusammenzieht, so verkrampft sich der gesamte Bereich der
Bewegungsmöglichkeit unseres Bewußtseins.

Wenn der Leugner auch noch so sehr eine menschliche und natürliche Reaktion darstellt, fordert er dadurch einen furchtbaren Preis. Es
ist, als ob wir uns entschließen würden, im Vorzimmer unseres Lebens zu leben. Und letztendlich funktioniert es nicht. Ein Teil des
Selbst spürt heftig all den verleugneten Schmerz.

Den größten Teil des Jahrhunderts hielten sich die Psychologen an
ein bürokratisches Modell des Geistes: Der bewußte Geist an der
Spitze, der befehlshabende Offizier; das Unterbewußte, wie ein un-
zuverlässiger Oberleutnant; das Unbewußte, tief unten, eine unbän-
dige Kompanie von erotischen Energien, Archetypen und Ungereimtheiten. Es ist somit ein Schock, zu erfahren, daß ein Mit-Bewußtsein
neben uns funktioniert hat – eine Dimension der Bewußtheit, die der
in Stanford tätige Psychologe Ernest Hilgard als den »versteckten Beobachter« bezeichnete.

Laborexperimente in Stanford haben gezeigt, daß ein anderer Teil
des Selbst Schmerzen und andere Reize erkennt, die hypnotisierte
Versuchspersonen nicht beachten. Dieser Aspekt des Bewußtseins ist
immer gegenwärtig, immer ganz erfahrend, und man kann sich, wie
Hilgards Experimente zeigten, ziemlich leicht an ihn wenden.

So berichtete zum Beispiel eine hypnotisierte Frau, deren Hand in
Eiswasser getaucht war, daß der Schmerz, den sie fühlte – von einer

Skala von Null bis Zehn ausgehend –, gleich Null war. Ihre andere Hand jedoch, die Zugang zu Papier und Bleistift hatte, berichtete von einem Ansteigen des Schmerzes: »0 ...2 ...4 ...7 ...« Andere Versuchspersonen machten widersprüchliche Aussagen, je nachdem, an welches »Selbst« der Hypnotiseur sich wandte.

Wie bei einer defekten Schallplatte, die stets in derselben Rille hängenbleibt, so hallen all unsere verleugneten Erfahrungen und Emotionen endlos in der anderen Hälfte des Selbst wider. Eine riesige Menge Energie wird darauf verwendet, diese Information außerhalb des Bereichs der gewöhnlichen Bewußtheit kreisen zu lassen. Es ist kaum ein Wunder, wenn wir uns ermüdet, unwohl und entfremdet fühlen.

Wir haben zwei grundsätzliche Möglichkeiten, damit fertig zu werden: die Methode des Ausweichens und die Methode der Aufmerksamkeit.

In seinem Tagebuch aus dem Jahre 1918 erinnert sich Hermann Hesse an einen Traum, in dem er zwei deutliche Stimmen hörte. Die erste sagte ihm, er solle Kräfte aufspüren, um das Leiden zu überwinden und sich selbst zu beruhigen. Sie klang wie die Eltern, die Schule, Kant und die Kirchenväter. Aber die andere Stimme – die weiter entfernt klang, wie »die Ursache aller Dinge« – sagte, daß das Leiden nur schmerzt, weil man es fürchtet, sich darüber beklagt und vor ihm flieht.

Tief in dir weißt du recht gut, daß es nur eine einzige Magie gibt, eine einzige Kraft, eine einzige Erlösung ... und diese heißt Liebe. Liebe somit dein Leiden! Kämpfe nicht dagegen an und fliehe nicht vor ihm. Gib dich ihm hin. Es ist nur deine Abneigung, die schmerzt, und nichts anderes.

Der Schmerz ist die Abneigung; die heilende Magie ist die Aufmerksamkeit.

Wenn man ihm die richtige Beachtung schenkt, kann der Schmerz unsere entscheidendsten Fragen beantworten, auch die, welche wir nicht bewußt ausdrücken. Der einzige Weg aus unserem Leiden führt durch das Leiden selbst hindurch. Wie es in einem alten Sanskritwerk heißt: »Versuche nicht den Schmerz dadurch zu vertreiben, daß du vorgibst, er sei nicht echt. Wenn du die Klarheit in der Einheit suchst, wird der Schmerz von selbst verschwinden.«

Konflikt, Schmerz, Spannung, Angst, Widerspruch ... hier suchen Transformationen den Durchbruch. Wenn wir ihnen nicht auswei-

316   *Marilyn Ferguson*

chen, beginnt der transformative Prozeß. Diejenigen, die dieses Phänomen – sei es durch Suchen oder durch Zufall – entdecken, erkennen Schritt für Schritt, daß die Belohnung den Schrecken eines unbe-
täubten Lebens wert ist. Die Erlösung vom Schmerz, das Gefühl der
Befreiung und die Lösung des Konflikts machen es einfacher, sich
der nächsten Krise oder dem nächsten hartnäckigen Widerspruch zu
stellen.

Der Weg der Aufmerksamkeit

Wir verfügen über die biologische Fähigkeit, unseren Streß zu ver-
leugnen – oder ihn zu transformieren, indem wir ihm unsere Aufmerksamkeit zuwenden. Die jüngsten Entdeckungen auf dem Gebiet
der Gehirnforschung helfen uns, sowohl den psychologischen als
auch den physiologischen Aspekt dieser beiden Wahlmöglichkeiten
zu verstehen. Ebenso erkennen wir, warum die Methode der Aufmerksamkeit eine wohlüberlegte Wahl darstellt.

Die rechte und die linke Hemisphäre des Gehirns stehen in ständiger Wechselwirkung zueinander, aber jeder obliegen bestimmte eigene Funktionen. Diese spezifischen Funktionen der Hemisphären
sind zuerst anhand von Symptomen festgestellt worden, die sich bei
Verletzungen der einen oder anderen Gehirnhälfte einstellten. Später
standen raffinierte Techniken zur Verfügung, um Unterschiede festzustellen. So ließ man beispielsweise vor dem linken und dem rechten Gesichtsfeld verschiedene Bilder aufblitzen oder ließ das rechte
und das linke Ohr gleichzeitig verschiedene Töne hören. Bei der Au-
topsie von Gehirnen zeigten sich feine strukturelle Unterschiede zwischen den beiden Hemisphären. Schließlich entdeckte man, daß die
Gehirnzellen, die bestimmte Chemikalien produzieren, mehrheitlich
in der einen Gehirnseite vorhanden waren.

Die Hemisphären können unabhängig voneinander als zwei getrennte Zentren des Bewußtseins arbeiten. Dies zeigte sich auf dramatische Weise in den sechziger und siebziger Jahren, als sich auf der
ganzen Welt fünfundzwanzig Patienten – alles schwere Fälle von Epi-
lepsie – einer Operation unterzogen, bei der ihr Gehirn gespalten
wurde (Split-Brain). Die Verbindungen zwischen den Hemisphären
wurden zertrennt, in der Hoffnung, daß die Anfälle auf eine Gehirnseite beschränkt werden könnten.

Nach ihrer Genesung von der Operation wurden die Patienten, die
im übrigen ziemlich normal schienen, getestet, um zu bestimmen, ob
sich aufgrund der Gehirnspaltung eine Dualität der bewußten Erfah-

rung eingestellt hatte. Gleichzeitig wollte man die getrennten Funktionen der beiden Hemisphären beobachten. Welche Aufgabe würde jedes Halb-Selbst zu vollbringen in der Lage sein? Was würde es beschreiben können?

Es stellte sich heraus, daß der Patient mit der Gehirnspaltung tatsächlich zwei Geisteshälften besaß, die unabhängig voneinander funktionieren konnten. Manchmal wußte die linke Hand im wahrsten Sinne des Wortes nicht, was die rechte Hand tat.

So kann beispielsweise ein Patient mit einer Gehirnspaltung dem Experimentator den Namen eines Gegenstandes nicht nennen, der nur der stummen rechten Hemisphäre bekannt ist.[1]

Die Versuchsperson behauptet, nicht zu wissen, was der Gegenstand darstellt, obwohl die linke Hand (die von der rechten Gehirnhälfte kontrolliert wird) denselben aus einer Ansammlung von Gegenständen – die außerhalb des Gesichtsfeldes liegt – herausgreifen kann. Wenn der Patient mit der Gehirnspaltung einfache Formen mit der rechten Hand nachzuzeichnen versucht (deren kontrollierende linke Gehirnhälfte räumliche Beziehungen nicht zu erfassen vermag), kann es geschehen, daß die linke Hand die Aufgabe zu vollenden versucht.

Wir neigen dazu, das »Ich« der »verbalen« – Worte formenden – linken Gehirnhälfte und deren Arbeitsweisen gleichzusetzen jenem Teil von uns, der sich über Erfahrungen äußern und sie analysieren kann. Die linke Hemisphäre kontrolliert im wesentlichen die Sprache. Sie fügt hinzu, subtrahiert, setzt Bindestriche, mißt ab, teilt ein, organisiert, benennt, klassifiziert usw.

Obwohl die rechte Hemisphäre wenig Kontrolle über den Sprachmechanismus ausübt, versteht sie die Sprache und gibt unserer Sprechweise deren emotionelle Färbung. Wenn eine bestimmte Region des rechten Gehirns beschädigt ist, wird die Sprechweise monoton und farblos. Die rechte Hemisphäre ist musikalischer und mehr sexualitätsbezogen als die linke. Sie denkt in Bildern, sieht das Ganze und entdeckt Muster. Sie scheint Schmerzen intensiver zu vermitteln als die linke Hemisphäre.

Um es mit Marshall McLuhans Worten auszudrücken: Die rechte Gehirnhälfte »stimmt« die Information ein, die linke Gehirnhälfte »paßt« sie an. Die linke Hemisphäre beschäftigt sich mit der Vergangenheit; sie vergleicht die momentane mit einer früheren Erfahrung und versucht, sie einzuordnen; die rechte Hemisphäre ist empfänglich für das Neue, das Unbekannte. Die linke Gehirnhälfte macht Momentaufnahmen, die rechte betrachtet den ganzen Film.

Die rechte Gehirnhälfte zieht visuelle Schlußfolgerungen – dies bedeutet, daß sie eine Form identifizieren kann, die nur von einigen wenigen Linien angedeutet wird. Sie verbindet im Geist die Punkte zu einem Muster. Wie die Psychologen es ausdrücken würden: die rechte Gehirnhälfte komplettiert die »Gestalt«. Sie schafft Ganzheit – sie wirkt holistisch.

Das Erkennen von Tendenzen und Mustern ist eine entscheidende Fertigkeit. Je genauer wir aufgrund einer minimalen Information das Bild erstellen können, um so besser sind wir für ein Überleben ausgerüstet. Die Fähigkeit, aus einer begrenzten Form ein Muster zu bilden, versetzt den erfolgreichen Kaufmann oder Politiker in die Lage, früh einen Trend zu entdecken, den Diagnostiker, eine Krankheit zu bezeichnen, und den Psychotherapeuten, ein ungesundes »Muster« bei einer Person oder einer Familie zu erkennen.

Die rechte Hemisphäre hat viele Verbindungen zu dem aus alter Zeit stammenden limbischen Gehirn, dem sogenannten emotionalen Gehirn. Die mysteriösen limbischen Strukturen haben mit der Verarbeitung des Gedächtnisses zu tun und erzeugen, falls sie elektronisch stimuliert werden, viele jener Phänomene, wie sie im Rahmen veränderter Bewußtseinszustände auftreten.

Im klassischen Sinn von »Herz und Geist« – im Sinne von Gefühl und Verstand – können wir uns diesen Kreislauf aus rechter Hemisphäre und limbischem System als das Gehirn des Herzens – unseres Gefühls – vorstellen. Wenn wir beispielsweise feststellen: »Mein Gefühl sagt mir«, so beziehen wir uns auf die tief empfundene Reaktion, die von »der anderen Seite des Gehirns« vermittelt wird.

Sowohl aus kulturellen als auch aus biologischen Gründen scheint die linke Gehirnhälfte die Bewußtheit der meisten von uns zu beherrschen. Forscher haben berichtet, daß es in einigen Fällen sogar vorkam, daß die linke Hemisphäre jene Aufgaben übernahm, in denen die rechte Gehirnhälfte überlegen ist.

Einen großen Teil unserer bewußten Bewußtheit beschränken wir auf jenen Aspekt der Gehirnfunktion, der die Dinge in ihre Teile zerlegt. Und so sabotieren wir unsere einzige Strategie zur Bedeutungsfindung, indem das linke Gehirn durch ein gewohnheitsmäßiges Ausschalten der von der rechten Gehirnhemisphäre ausgehenden Konflikte auch seine Fähigkeit, Muster und das Ganze zu sehen, außer Tätigkeit setzt.

Wir nehmen ohne Skalpell einen operativen Eingriff zur Gehirnspaltung an uns selbst vor. Wir isolieren Herz und Geist – Gefühl und Verstand. Abgeschnitten von der Einbildungskraft, den Träumen,

Eingebungen und holistischen Prozessen der rechten Gehirnhemisphäre, ist die linke steril. Und die rechte Gehirnhemisphäre, die von der Integration mit ihrem organisierenden Partner abgeschnitten ist, setzt den Kreislauf ihrer emotionalen Ladung fort. Gefühle werden eingedämmt, wodurch sie möglicherweise im stillen Unheil anrichten: durch Ermüdung, Krankheit, Neurose, durch ein durchdringendes Gefühl, daß etwas nicht stimmt, daß etwas fehlt – eine Art kosmisches Heimweh. Diese Aufsplitterung kostet uns unsere Gesundheit und unsere Fähigkeit zur Innigkeit. Sie kostet uns auch die Befähigung, zu lernen, schöpferisch tätig zu sein und zu erneuern.

Wissen und Benennen

Das Rohmaterial für die menschliche Transformation befindet sich um uns und in uns selbst, allgegenwärtig und unsichtbar wie Sauerstoff. Wir schwimmen in Wissen, das wir noch nicht in Anspruch genommen haben – ein Wissen, das durch jenen Bereich des Gehirns vermittelt wird, der das, was er weiß, nicht zu benennen vermag.

Es gibt Techniken, die uns beim Benennen unserer Träume helfen können. Sie sind dazu bestimmt, die Brücke zwischen rechts und links wieder für den Durchgangsverkehr zu öffnen und der linken Gehirnhälfte die Existenz ihres Gegenstücks bewußter zu machen.

Meditation, das Skandieren von Hymnen und ähnliche Techniken vergrößern die Kohärenz und die Harmonie in den Gehirnwellenmustern, sie schaffen einen größeren Synchronismus zwischen den Hemisphären, was den Gedanken nahelegt, daß auf diese Weise eine höhere Ordnung erreicht wird. Es kommt gelegentlich vor, daß eine wachsende Anzahl Nervenzellen in den Rhythmus einbezogen werden, bis alle Bereiche des Gehirns so zu pochen scheinen, als ob sie sich nach einer Choreographie und einer Partitur bewegen würden. Die üblicherweise asynchronen Muster der beiden Hirnhälften scheinen sich aneinander zu gewöhnen. Die Gehirnwellenaktivität in den älteren, tieferliegenden Gehirnstrukturen kann ebenso eine unerwartete Synchronität mit dem Neocortex aufweisen.

Ein Beispiel einer solchen Technik ist das Fokussieren, eine Methode, die von dem Psychologen Eugene Gendlin von der Universität Chicago entwickelt wurde. Die Menschen, welche diese Technik anwenden, lernen stillzusitzen und das Gefühl oder die »Aura« einer bestimmten Sache entstehen zu lassen. Sie bitten tatsächlich, daß sich dieses Gefühl oder die »Aura« selber identifizieren möge. Üblicher-

weise taucht nach ungefähr einer halben Minute ganz plötzlich ein
Wort oder ein kurzer Satz im Gedächtnis auf. Wenn es das richtige ist,
reagiert der Körper. Gendlin beschrieb diesen Vorgang wie folgt:

> Wenn diese kostbaren Worte kommen, verspürt man ein angereg-
> tes Gefühl oder eine Gefühlserleichterung, einen Gefühlswechsel,
> der im allgemeinen schon stattfindet, ehe man sagen kann, worin
> dieser Wechsel besteht. Manchmal sind diese Worte nicht sehr ein-
> drucksvoll oder neuartig, aber nur diese Worte und keine anderen
> haben eine spürbare Wirkung.[2]

Forschungsergebnisse zeigen, daß diese »Gefühlswechsel« von einer
ausgeprägten Veränderung der Gehirnwellenobertöne begleitet werden. Ein bestimmtes, komplexes Muster scheint mit dieser Erfahrung
der Einsicht in Wechselwirkung zu stehen. Die Aktivität des Gehirns
wird auf einer höheren Ebene integriert. Und wenn eine Person von
einem Gefühl des »Festhängens« berichtet, findet ein feststellbarer
Zusammenbruch eben dieser EEG-Obertöne statt.

Alles, was die Barriere abbaut und die nicht beanspruchten Elemente zum Vorschein kommen läßt, ist transformativ. Das Wiedererkennen – wörtlich »wieder wissen« – ereignet sich, wenn das analytische Gehirn, mit seinem Vermögen, zu benennen und zu klassifizieren, die Weisheit seiner anderen Hälfte zu voller Bewußtheit kommen
läßt. Der organisierende Teil des Gehirns kann nur das verstehen,
was er in ein früheres Wissen einzuordnen weiß. Die Sprache holt das
Fremde, das Unbekannte ins volle Bewußtsein, und wir sagen: »*Natürlich …*«

In der griechischen Philosophie war *Logos* (»Wort«) das göttliche
Ordnungsprinzip, mit dessen Hilfe das Neue und Fremde in das
Schema der Dinge eingefügt wurde. Immer, wenn wir Dingen einen
Namen geben, strukturieren wir Bewußtsein. Wenn wir die große gesellschaftliche Transformation betrachten, die gegenwärtig stattfindet, werden wir wieder und wieder feststellen, daß die Namenge-
bung neue Perspektiven eröffnet: Sanfte Geburt, bewußte Beschei-
denheit, sanfte Technologie, Paradigmenwechsel.

Die Sprache holt das Unbekannte aus der Vergangenheit hervor
und bringt es auf eine Weise zum Ausdruck, die das ganze Gehirn verstehen kann. Beschwörungen, Mantras, die Poesie und geheime heilige Worte sind alles Brücken, welche die beiden Gehirnhälften verbinden. Martin Buber äußerte einmal, daß sich der Künstler einer
Form gegenüber sehe. »Falls die erscheinende Form dem aus seinem

innersten Wesen stammenden Elementarwort entspricht, dann strömt die wirksame Kraft hervor, und das Werk entsteht.«

Bei der komplizierten Beschaffenheit des Gehirns mag es vielleicht Generationen dauern, ehe die Wissenschaft jene Prozesse versteht, die uns ein Wissen, ohne zu wissen, daß wir wissen, ermöglicht. Wie dem auch sei – was zählt, ist, daß *etwas* in uns weiser und besser informiert ist als unser gewöhnliches Bewußtsein. Wenn wir einen solchen Verbündeten in unserem Inneren haben, warum sollten wir dann den Weg alleine gehen?

Das Zentrum finden

Die Verbindung der beiden Teile des Geistes schafft etwas Neues. Das Wissen des gesamten Gehirns umfaßt weit mehr als die Summe seiner Teile und ist von beiden *verschieden*.

Der britische Literaturkritiker John Middleton Murry meinte, daß die Versöhnung von Geist und Herz – Verstand und Gefühl – »das zentrale Geheimnis aller bedeutenden Religionen sei«. In den vierziger Jahren schrieb Murry, daß sich eine zunehmende Anzahl von Männern und Frauen zu »einer neuen Art von Menschen« wandle, bei der sich Gefühl und Intellekt verschmelzen. Er schrieb, daß die meisten Menschen innere Konflikte ablehnen. Sie finden Trost im Glauben, in der Geschäftigkeit und im Leugnen des Konflikts.

Aber es gab stets einige Menschen, bei denen diese Opiate keine Wirkung zeigten ... Gefühl und Verstand bestanden beide zu sehr auf ihren Rechten, als daß man sie hätte versöhnlich stimmen können. Im Zentrum ihres Wesens war bei diesen Menschen ein toter Punkt vorhanden, und sie bewegten sich stetig auf einen Zustand der Isolation, des Aufgebens und der Verzweiflung zu. Ihre innere Teilung war vollständig.

Aus dieser extremen und absoluten Teilung heraus entstand plötzlich eine Einheit. Eine neue Art von Bewußtsein wurde in ihnen geschaffen. Verstand und Gefühl, die unversöhnliche Feinde gewesen waren, vereinigten sich in der Seele, die das liebte, dessen sie sich bewußt war. Die innere Teilung war geheilt.

Murry bezeichnete dieses neue Wissen als die Seele.[3] (Jahrhundertelang wurde die transzendentale Erfahrung oft als ein geheimnisvolles »Zentrum« beschrieben, als Eindringen in ein unbekanntes, jedoch zentrales Gebiet.[4]) Dieses transzendentale Zentrum findet sich im überlieferten Wissen aller Kulturen, dargestellt in den Mandalas, der Alchimie, den Königskammern in den Pyramiden (»das Feuer in der Mitte«), dem Sanctum sanctorum, dem Allerheiligsten. Robert Frost schrieb: »Wir sitzen im Kreis herum und stellen Vermutungen an, aber das Geheimnis sitzt in der Mitte und weiß.«

Die Flucht aus dem Gefängnis der beiden Geisteshälften – das Ziel der Transformation – ist das große Thema, das Hesses Romane *Steppenwolf, Narziß und Goldmund, Das Glasperlenspiel, Demian* und *Siddharta* durchdringt. Im Jahre 1921 gab er der Hoffnung Ausdruck, daß die spirituelle Welle Indiens seiner Kultur »ein Korrektiv, eine Erfrischung vom entgegengesetzten Pol aus« bieten möge. Jene Europäer, die mit ihrem überspezialisierten intellektuellen Klima unzufrieden waren, wandten sich laut Hesse nicht so sehr Buddha und Lao-tse zu, sondern eher der Meditation; »eine Technik, deren höchstes Ergebnis reine Harmonie darstellt, eine gleichzeitige und gleichberechtigte Zusammenarbeit des logischen und intuitiven Denkens«.

Während der Osten über den Wald meditiert, zählt der Westen die Bäume. Die Notwendigkeit einer Vervollständigung tauchte jedoch als Thema in den Mythen aller Kulturen auf. Alle strebten danach – und viele transzendierten die Spaltung: Der Geist, der die Bäume *und* den Wald wahrnimmt, ist ein neuer Geist.

Die Macht des wahren Zentrums muß das sein, was der menschlichen Weisheit am häufigsten mangelt. Es ist so, als ob dieselbe Botschaft immer wieder an Land gespült würde – niemand zerbricht die Flasche, und noch weniger entschlüsselt jemand die Botschaft. Hesse meinte, daß sich tatsächlich zahlreiche deutsche Professoren sorgten, daß der intellektuelle Westen von einer buddhistischen Flutwelle überschwemmt werden könnte. Er bemerkte trocken: »Der Westen wird dennoch nicht ertrinken.« In der Tat hat der Westen erst seit kurzem die weiterhin an Land gespülten Flaschen wahrgenommen und jene Strömung verspürt, die letztere mit sich trägt.

Als er die Unterschiede der spirituellen Wege aufzeigte, drängte Aldous Huxley zu der »zentralen Türe« anstatt zu den rein intellektuellen oder rein praktischen Methoden: »Das Beste von beiden Welten … das Beste aus *allen* Welten.« Wie ein östlicher Denker vor kurzem bemerkte, gehört zum Gleichgewicht mehr als bloßes Stehvermögen.

Das Erregende der neuen Perspektive kann nicht über einen unbegrenzten Zeitraum aufrechterhalten werden. Unvermeidlich und oft fällt das Individuum in die alten Positionen, in die alten Gegensätze und Verhaltensweisen zurück. In *Mount Analog* beschrieb René Daumal das Zurückgleiten mit folgenden Worten:

Man kann nicht immer auf dem Gipfel verharren, man muß wieder herunterkommen. Warum sich somit überhaupt bemühen? Nur dies: Was oben ist, weiß, was unten ist, aber was unten ist, weiß nicht, was oben ist. Man klettert hoch, man sieht, man klettert wieder herunter, man sieht nicht länger, aber man hat gesehen.

Es gibt einen Kunstgriff, sich in den niedrigeren Regionen von dem, was man weiter oben wahrgenommen hat, leiten zu lassen: »Wenn man nicht länger sehen kann, kann man zumindest immer noch wissen.«

---

[1] Diese Funktionen sind bei manchen Leuten umgekehrt, insbesondere bei zahlreichen Linkshändern. Dies bedeutet, daß die Sprache eher in der rechten als in der linken Hemisphäre sitzt, das räumliche Empfinden eher in der linken usw.

[2] Gendlins Beispiel für einen Gefühlswechsel: Man begibt sich auf eine Reise mit dem bekannten, unbehaglichen Gefühl, etwas vergessen zu haben. Während man im Flugzeug sitzt, überdenkt man die verschiedenen Möglichkeiten. Vielleicht erinnert man sich eines Gegenstandes, den man tatsächlich vergessen hat, aber man verspürt kein Gefühl der Erleichterung; man weiß, *dies* war es nicht. Wenn der »wahre« Gegenstand aus dem Gedächtnis auftaucht, findet ein deutliches Wiedererkennen statt, ein greifbarer Wechsel, die Sicherheit, daß dies genau das war, was einen bedrückt hat.

[3] Nikos Kazantzakis sprach davon, die »beiden entgegengesetzten Kräfte« innerhalb des Gehirns in Einklang zu bringen und sie einander anzupassen. Von einem transzendenten Gipfel aus kann man die Schlacht des Gehirns beobachten; wir müssen jede Zelle des Gehirns belagern, weil dort Gott eingesperrt ist, »der danach trachtet, eine Pforte in der Festung der Materie zu öffnen, der es immer wieder versucht und draufloshämmert«.

[4] Als Charles Lindbergh eine außerordentliche mystische Erfahrung beschrieb, die er auf seinem berühmten Flug gemacht hatte, erzählte er, daß er sich »in dem Gravitationsfeld zwischen zwei Planeten gefangen« gefühlt habe.

ERNST F. SCHUMACHER

Deutsch-englischer Wirtschaftswis-
senschaftler. Geboren 1913 in
Deutschland. Rhodes-Stipendiat in
Oxford. Von 1946—50 war er Mit-
glied der Britischen Kontrollkom-
mission in Deutschland. Schuma-
cher starb 1977. Er appellierte an Re-
gierungen und Konzerne, aber auch
an das Verantwortungsbewußtsein
des einzelnen, sich vom Wachs-
tums- und Konsumdenken loszusa-
gen und zu einem menschlichen
Maß zurückzukehren.
Der ausgewählte Beitrag »Technolo-
gie mit menschlichen Zügen« bildet
ein Kapitel seines Buches »Die
Rückkehr zum menschlichen Maß –
Alternativen für Wirtschaft und
Technik«.

Technologie mit menschlichen Zügen

Die moderne Welt wurde von ihrer Metaphysik geprägt, die auf ihre Bildung zurückgeht, und die wiederum hat ihre Naturwissenschaft und Technologie hervorgebracht. So können wir sagen, ohne auf Metaphysik und Bildung einzugehen, daß die moderne Welt von der Technologie geprägt ist. Sie taumelt von Krise zu Krise, allenthalben werden Katastrophen vorausgesagt und Zeichen des Zusammenbruchs erkennbar.

Wenn das, was von der Technologie geprägt wurde und weiterhin geprägt wird, krank aussieht, wäre es vielleicht klug, sich die Technologie selbst einmal anzusehen. Wenn der Eindruck entsteht, daß die Technologie immer unmenschlicher wird, wäre es gut, zu erwägen, ob es möglich ist, etwas Besseres zu schaffen – eine Technologie mit menschlichen Zügen.

Es ist seltsam, daß Technologie, obwohl sie natürlich vom Menschen hervorgebracht ist, dazu neigt, sich nach ihren eigenen Gesetzen und Grundsätzen zu entwickeln. Diese aber sind von denen des Menschen oder der lebenden Natur allgemein sehr verschieden. Die

Natur weiß sozusagen stets, wo und wann sie aufhören muß. Noch größer als das Geheimnis des natürlichen Wachstums ist das Geheimnis der natürlichen Begrenzung des Wachstums. Bei allen natürlichen Dingen – ihrer Größe, Geschwindigkeit oder Gewalttätigkeit – gibt es ein Maß. Als Ergebnis gleicht das System der Natur, zu dem der Mensch gehört, sich selbst aus, regelt und reinigt sich selbst. Das ist bei der Technologie nicht der Fall, oder vielleicht müßte ich sagen: beim Menschen, der von Technologie und Spezialisierung beherrscht wird. Die Technologie erkennt keinen Grundsatz der Selbstbegrenzung an – beispielsweise im Hinblick auf Größe, Geschwindigkeit oder Gewalttätigkeit. Daher besitzt sie nicht die positive Fähigkeit, sich selbst auszugleichen, zu regeln und zu reinigen. Im ausgeklügelten System der Natur wirkt die Technologie und insbesondere die Supertechnologie der modernen Welt wie ein Fremdkörper, und inzwischen gibt es dafür zahlreiche Anzeichen.

Plötzlich, wenn auch nicht völlig überraschend, befindet sich die moderne Welt, die von der modernen Technologie geprägt wurde, in drei Krisen zugleich. Zuerst lehnt sich die Natur des Menschen gegen unmenschliche technologische, politische und organisatorische Muster auf, die sie als erstickend und schwächend empfindet. Zweitens ächzt die lebende Umwelt, die das Leben des Menschen ermöglicht, in allen Fugen und liefert Anzeichen dafür, daß sie stellenweise zusammenbricht. Jedem, der die Materie vollständig durchschaut, ist es drittens klar, daß durch den Raubbau an den nicht erneuerbaren Rohstoffen der Welt, insbesondere an fossilen Brennstoffen, schon bald ernsthafte Versorgungsengpässe, wenn nicht gar die praktische Erschöpfung von Rohstoffen drohen.

Jede dieser drei Krisen oder Krankheiten kann sich als tödlich erweisen. Ich weiß nicht, welche von ihnen am ehesten die unmittelbare Ursache des Zusammenbruchs sein wird. Es ist aber ganz klar, daß eine Lebensweise, die sich auf den Materialismus stützt, d. h. auf einen Glauben an ständige und unbegrenzte Ausdehnung einer begrenzten Umwelt, nicht von langer Dauer sein kann und daß ihre Lebenserwartung um so geringer ist, je erfolgreicher sie ihr auf Ausdehnung gerichtetes Ziel verfolgt.

Wenn wir fragen, wohin die stürmischen Entwicklungen der Industrie in der Welt uns im letzten Vierteljahrhundert gebracht haben, ist die Antwort recht entmutigend. Überall scheinen die Aufgaben rascher zu wachsen als die Lösungen. Das scheint für reiche Länder ebenso zu gelten wie für arme. Nichts in der Erfahrung der letzten fünfundzwanzig Jahre zeigt, daß moderne Technologie, wie wir sie kennen, tatsächlich bei der Linderung der Armut in der Welt helfen kann, ganz zu schweigen vom Problem der Arbeitslosigkeit, die in vielen sogenannten Entwicklungsländern bereits einen Stand von etwa dreißig Prozent erreicht hat und sich jetzt auch in vielen der reichen Länder einzunisten droht. Auf jeden Fall sind die sichtbaren, aber dennoch trügerischen Erfolge der vergangenen fünfundzwanzig Jahre nicht wiederholbar: Die dreifache Krise, von der ich gesprochen habe, wird dafür sorgen. Somit wäre es besser, wenn wir uns fragen: Was leistet die Technologie, und was sollte sie leisten? Können wir eine Technologie entwickeln, die uns tatsächlich bei der Lösung unserer Probleme hilft – eine Technologie mit menschlichen Zügen?

Die erste Aufgabe der Technologie, so sollte man meinen, besteht darin, die Arbeitslast zu erleichtern, die der Mensch tragen muß, um am Leben zu bleiben und seine Möglichkeiten zu erweitern. Es läßt sich sehr leicht erkennen, daß die Technologie diesen Zweck erfüllt, wenn wir das Funktionieren irgendeiner Maschine beobachten. Beispielsweise kann ein Computer in Sekunden erledigen, wofür Bürokräfte oder sogar Mathematiker sehr lange brauchen würden, wenn sie es überhaupt tun könnten. Schwieriger wird es, sich von der Wahrheit dieser einfachen Aussage zu überzeugen, wenn man eine Gesellschaft als Ganzes betrachtet. Als ich begann, die Welt zu bereisen, und reiche und arme Länder besuchte, war ich versucht, den ersten Grundsatz der Wirtschaftswissenschaft wie folgt zu formulieren: »Die Menge an wirklicher Muße, die eine Gesellschaft hat, steht im umgekehrten Verhältnis zur Menge an arbeitssparenden Maschinen, die sie verwendet.« Es wäre ein guter Gedanke, wenn Professoren des Fachbereichs Wirtschaft diese Aussage in ihre Prüfungsaufgaben aufnähmen und ihre Studenten dazu aufforderten, sie zu diskutieren. Wie dem auch immer sei, die Anzeichen für die Richtigkeit der These lassen sich leicht aufzeigen. Wer von England, wo der Lebensrhythmus eher gemächlich ist, beispielsweise nach Deutschland oder in die Vereinigten Staaten reist, sieht, daß die Menschen dort unter weit stärkerem Leistungsdruck leben als in England. Und wer in ein Land wie Birma fährt, das sich am unteren Ende in der Tabelle der Länder mit industriellem Fortschritt befindet, stellt fest, daß die Menschen über unermeßlich viel Muße verfügen, die ihnen wahren Lebensgenuß ermöglicht. Natürlich »leisten« sie weit weniger als wir, da es so viel weniger arbeitssparende Maschinen zu ihrer Unterstützung gibt. Doch das ist eine andere Sache. Es bleibt die Tatsache, daß die Last des Lebens leichter auf ihren Schultern ruht als auf unseren.

Die Frage, was die Technologie tatsächlich für uns tut, ist es daher

wert, daß man sie näher betrachtet. Sie vermindert offenbar bestimmte Arbeiten in großem Umfang, wobei sie zugleich andere vergrößert. Die Art von Arbeit, die die moderne Technologie am erfolgreichsten vermindert oder sogar beseitigt, ist erlernte, produktive Arbeit mit den Händen, Arbeit also mit Werkstoffen der einen oder anderen Art. In einer fortgeschrittenen Industriegesellschaft ist eine solche Arbeit überaus selten geworden, und es ist inzwischen nahezu
unmöglich, durch eine solche Arbeit angemessen zu leben. Ein großer Teil der modernen Neurose mag auf diese Tatsache zurückzuführen sein. Denn dem Menschen, den Thomas von Aquin als ein Lebewesen mit Hirn und Händen definiert, bereitet nichts mehr Freude,
als mit seinen Händen und seinem Hirn zugleich schöpferisch, nützlich und produktiv tätig zu sein. Heute muß man reich sein, um in
den Genuß dieser einfachen Erfahrung, dieses überaus großen Luxus
zu kommen: Man muß sich Platz und gutes Werkzeug leisten können, das Glück haben, einen guten Lehrmeister zu finden, und viel
freie Zeit zum Lernen und Üben haben. Eigentlich muß man sogar so
reich sein, daß man keinen Beruf braucht, denn die Zahl der Berufe,
die den Menschen so befriedigen können, ist sehr gering.

   Das Ausmaß, in dem die moderne Technologie dem Menschen die
Handarbeit genommen hat, läßt sich wie folgt zeigen. Wir können fragen, wieviel an »gesamter gesellschaftlicher Zeit« – das heißt Zeit, die
wir alle zusammen haben, jeder einzelne vierundzwanzig Stunden
am Tag – tatsächlich für wirkliche Produktion verwendet wird. Ein
Gutteil weniger als die Hälfte der Gesamtbevölkerung dieses Landes
geht, wie man sagt, einer Erwerbstätigkeit nach. Etwa ein Drittel von
ihnen produziert tatsächlich etwas, in der Landwirtschaft, im Berg-
bau, im Baugewerbe und in der Industrie. Ich meine Leute, die wirklich *produzieren*, nicht solche, die anderen sagen, was sie tun sollen
oder die Vergangenheit aufarbeiten oder für die Zukunft planen oder
verteilen, was andere produziert haben. Mit anderen Worten, weniger als ein Sechstel der Gesamtbevölkerung ist in der eigentlichen
Produktion beschäftigt. Jeder von ihnen unterhält durchschnittlich
fünf andere, von denen zwei mit anderen Dingen als wirklicher Produktion ihren Unterhalt verdienen und drei nicht erwerbstätig sind.
Ein vollbeschäftigter Mensch verbringt, wenn man Ferien, Krankheit
und sonstige Abwesenheit vom Arbeitsplatz berücksichtigt, etwa ein
Fünftel seines Lebens mit seiner Arbeit. Daraus ergibt sich, daß der
Anteil an »gesamter gesellschaftlicher Zeit«, der auf die eigentliche
Produktion – in dem engen Sinn, in dem ich den Begriff benutze – verwendet wird, etwa ein Fünftel eines Drittels von der Hälfte beträgt,

d. h. 3,5 Prozent. Die anderen 96,5 Prozent der »gesamten gesellschaftlichen Zeit« werden auf andere Weise zugebracht, einschließlich Schlafen, Essen, Fernsehen, Arbeiten in Berufen, die nicht *unmittelbar* produktiv sind, oder einfach damit, die Zeit in mehr oder weniger menschenwürdiger Weise totzuschlagen.

Auch wenn diese Zahlenspielerei nicht zu ernst genommen werden sollte, zeigt sie doch in durchaus angemessener Weise, wozu Technologie uns befähigt hat: nämlich dazu, die Zeit, die mit der Produktion in ihrer grundlegendsten Bedeutung verbracht wird, auf einen so geringen Prozentsatz der gesamten gesellschaftlichen Zeit zu vermindern, daß sie als unbedeutend angesehen werden kann, also kein wirkliches Gewicht mehr hat und schon gar kein Ansehen. Wenn man die Industriegesellschaft auf diese Weise betrachtet, kann niemanden die Feststellung überraschen, daß diejenigen das Ansehen genießen, die dazu beitragen, die anderen 96,5 Prozent der gesamten gesellschaftlichen Zeit anzufüllen. Das sind in erster Linie die Unterhalter, aber auch diejenigen, die Parkinsons Gesetz erfüllen. Man könnte Studenten der Soziologie folgende Aussage vorlegen: »Das Ansehen, das Menschen in der modernen Industriegesellschaft genießen, steht im umgekehrten Verhältnis zu ihrer Nähe zum eigentlichen Produktionsprozeß.«

Es gibt dafür einen weiteren Grund. Der Prozeß, durch den die Produktionszeit auf 3,5 Prozent der gesamten gesellschaftlichen Zeit zusammengedrängt wurde, hatte die unvermeidbare Folge, daß alle normale menschliche Freude und Zufriedenheit aus der mit Arbeit verbrachten Zeit verschwand. Fast alle wirkliche Produktion wurde zu einer unmenschlichen Plackerei, die den Menschen nicht bereichert, sondern aushöhlt. »Während der tote Stoff«, wurde gesagt, »veredelt die Stätten der Arbeit verläßt, werden die Menschen dort an Leib und Seele zerstört.«

Wir können daher sagen, daß moderne Technologie dem Menschen die Art von Arbeit genommen hat, die er am liebsten tut, nützliche, schöpferische Arbeit mit Händen und Kopf, und ihm viele arbeitsteilige Aufgaben gegeben hat, die ihm zum größten Teil keine Freude machen. Sie hat die Zahl der Menschen vervielfacht, die überaus geschäftig Tätigkeiten betreiben, die, wenn sie überhaupt produktiv sind, das nur mittelbar oder sehr »versteckt« sind und von denen viele bei einer weniger modernen Technologie gar nicht nötig wären. Karl Marx scheint vieles von dem vorausgesehen zu haben, als er schrieb: »Sie wollen, daß die Produktion auf nützliche Dinge beschränkt wird, doch sie vergessen, daß die Produktion viel zu vieler nützlicher Dinge viel zu viele unnütze Menschen hervorbringt.« Dem könnten wir hinzufügen: insbesondere wenn die Produktionsprozesse freudlos und langweilig sind. All das bestätigt unseren Verdacht, daß die moderne Technologie, in der Art, wie sie sich entwickelt hat, weiter entwickelt und allem Anschein nach in der Zukunft entwickeln wird, ein zunehmend unmenschlicheres Gesicht zeigt und daß es gut wäre, wenn wir eine Bestandsaufnahme machten und unsere Ziele neu überdächten.

Bei dieser Bestandsaufnahme können wir feststellen, daß wir eine ungeheure Ansammlung neuer Erkenntnisse haben, glänzende wissenschaftliche Verfahren und ein Übermaß an Erfahrung. An all dem ist etwas Wahres. Diese unbestreitbaren Erkenntnisse verpflichten uns noch *nicht* zu einer Technologie der Riesenhaftigkeit, zur Überschallgeschwindigkeit, Gewaltanwendung und der Zerstörung menschlicher Arbeitsfreude. Der Nutzen, den wir aus unserem Wissen gezogen haben, ist nur eine seiner möglichen Anwendungen und erweist sich, was jetzt immer mehr offenbar wird, oft als unklug und zerstörerisch.

Wie ich gezeigt habe, wurde die in direkter Weise produktive Zeit in unserer Gesellschaft bereits auf etwa 3,5 Prozent der gesamten gesellschaftlichen Zeit vermindert, und die Richtung moderner technologischer Entwicklung insgesamt geht dahin, sie weiter asymptotisch[1] gegen Null gehen zu lassen. Man stelle sich vor, wir setzten uns ein Ziel in der entgegengesetzten Richtung – wir wollten sie versechsfachen, auf etwa zwanzig Prozent, so daß zwanzig Prozent der gesamten gesellschaftlichen Zeit für die tatsächliche Produktion von Gegenständen aufgewendet würden, wobei die Hände, der Kopf und selbstverständlich ausgezeichnetes Werkzeug benutzt würden. Ein unglaublicher Gedanke! Selbst Kinder könnten sich nützlich machen, selbst alte Leute. Mit einem Sechstel der gegenwärtigen Produktivität würden wir so viel wie jetzt produzieren. Es gäbe sechsmal soviel Zeit für jede Arbeit, die wir willig in Angriff nähmen – genug, um sie wirklich gut auszuführen, Freude daran zu haben, wirkliche Qualität zu erzeugen, selbst, um auf die Schönheit der Dinge zu achten. Man bedenke den therapeutischen Wert wirklicher Arbeit, man denke an ihren erzieherischen Wert. Niemand würde dann die Schulpflicht verlängern oder das Rentenalter herabsetzen wollen, damit die Leute vom Arbeitsmarkt ferngehalten werden. Jeder dürfte gern mithelfen. Jedem würde das gewährt, was jetzt das seltenste Vorrecht ist: die Gelegenheit, nützlich, schöpferisch, mit seinen eigenen Händen und seinem Kopf nach eigener Zeiteinteilung und mit ausge-

zeichnetem Werkzeug zu arbeiten. Würde das nicht eine ungeheure
Verlängerung der Arbeitszeit bedeuten? Nein, Menschen, die so arbeiten, kennen den Unterschied zwischen Arbeit und Muße nicht.
Wenn sie nicht schlafen oder essen oder gelegentlich bewußt einmal
gar nichts tun, sind sie stets in angenehmer Weise produktiv beschäftigt. Viele der »Gemeinkosten-Tätigkeiten« würden einfach verschwinden, und ich überlasse es der Vorstellungskraft des Lesers, zu
überlegen, welche das wären. Der Bedarf an geistloser Unterhaltung
oder anderen Drogen wäre gering, und es gäbe fraglos weit weniger
Krankheit. Man könnte nun sagen, daß das eine romantische, eine
utopische Vision ist. Das stimmt. Was wir heute in der modernen Industriegesellschaft haben, ist nicht romantisch und sicherlich nicht
utopisch, denn es ist mitten unter uns. Aber es befindet sich in sehr
großen Schwierigkeiten und hat keine Zukunft. Wir müssen einfach
den Mut haben zu träumen, wenn wir weiterleben und unseren Kindern auch diese Möglichkeit geben wollen. Die dreifache Krise, von
der ich gesprochen habe, verschwindet nicht, wenn wir einfach wie
bisher weitermachen. Sie wird schlimmer werden, und sie wird zur
Katastrophe führen, wenn wir nicht eine neue Lebensweise entwikkeln, die mit den wirklichen Bedürfnissen der Menschennatur vereinbar ist, mit der Gesundheit der lebenden Natur um uns herum und
mit den Rohstoffvorräten der Welt.

Das ist tatsächlich ein großes Programm, nicht weil wir uns solch
eine neue Lebensweise nicht vorstellen können, sondern weil die gegenwärtige Konsumgesellschaft sich wie ein Drogensüchtiger verhält, dem es überaus schwerfällt, sich von seiner Sucht zu lösen, ganz
gleich, wie elend er sich fühlt. Die Problemkinder der Welt sind deshalb die reichen Gesellschaften und nicht die armen.

Es ist beinahe ein Segen der Vorsehung, daß wir, die reichen Länder, uns dazu aufgerafft haben, die Dritte Welt zumindest zu betrachten und zu versuchen, ihre Armut zu mildern. Ich denke, daß diese
recht neue Entwicklung in der Einstellung der Reichen trotz einer Mischung aus moralischen Beweggründen und Fortdauern ausbeuteri-
scher Praktiken ehrenhaft ist. Und sie könnte uns retten, denn die
Armut der Armen macht es ihnen unter allen Umständen unmöglich,
unsere Technologie mit Erfolg zu übernehmen. Selbstverständlich
versuchen sie das und müssen dann die schlimmsten Folgen – Mas-
sen-Arbeitslosigkeit, Massen-Landflucht, Verfall des Landes und unerträgliche gesellschaftliche Spannungen – tragen. Sie brauchen
genau das, wovon ich spreche, das, was wir auch brauchen: eine *an-*
dere Art von Technologie, eine Technologie mit menschlichen Zügen,

die, statt die Hände und Köpfe von Menschen überflüssig zu machen, ihnen hilft, weit produktiver zu werden, als sie es je waren.

Wie Gandhi sagte, kann den Armen der Welt nicht durch Massenproduktion, sondern nur durch Produktion der Massen geholfen werden. Das System der *Massenproduktion,* das sich auf ausgeklügelter, sehr kapitalintensiver, sehr energieverschwendender und menschliche Arbeit ersetzender Technologie gründet, setzt voraus, daß man bereits reich ist, denn zur Einrichtung eines einzigen Arbeitsplatzes ist eine große Kapitalinvestition erforderlich. Das System der *Produktion der Massen* weckt die schlafenden Kräfte, über die alle Menschen verfügen: die Klugheit ihrer Köpfe und das Geschick ihrer Hände, *und unterstützt sie mit erstklassigem Werkzeug.* Die Technologie der *Massenproduktion* ist in sich gewalttätig, umweltschädlich, selbstzerstörerisch mit Bezug auf nicht-erneuerbare Rohstoffe und den Menschen verdummend. Die Technologie der *Produktion der Massen,* die sich des Besten an modernem Wissen und moderner Erfahrung bedient, führt zur Dezentralisierung, ist mit den Gesetzen der Ökologie vereinbar, geht sorgsam mit knappen Rohstoffen um und dient dem Menschen, statt ihn Maschinen zu unterjochen. Ich habe sie *Mittlere Technologie* genannt, um anzudeuten, daß sie der primitiven Technologie früherer Zeiten weit überlegen, zugleich aber sehr viel einfacher, billiger und freier als die Supertechnologie der Reichen ist. Man kann sie auch Selbsthilfe-Technologie oder demokratische oder Volkstechnologie nennen – eine Technologie jedenfalls, zu der jedermann Zutritt hat und die nicht denen vorbehalten ist, die bereits reich und mächtig sind. Sie wird in späteren Kapiteln ausführlicher besprochen werden.

Obwohl wir alles erforderliche Wissen besitzen, brauchen wir unser ganzes Wissen, unsere ganze Energie, diese Technologie in die Tat umzusetzen und sie allgemein sichtbar und verfügbar zu machen. Aus meiner Erfahrung weiß ich, daß es schwieriger ist, Unmittelbarkeit und Einfachheit wiederzuerlangen als größere Verfeinerung und Verwickeltheit anzustreben. Jeder drittklassige Ingenieur oder Forscher kann Verwickeltheit verwickelter machen, es bedarf aber eines gewissen Maßes wirklicher Einsicht, um die Dinge erneut zu vereinfachen. Diese Einsicht ist nicht leicht von Menschen zu gewinnen, die eine Entfremdung von der wirklichen produktiven Arbeit und vom selbstausgleichenden System der Natur zugelassen haben, das unfehlbar Maß und Begrenzung erkennt. Jedes Tun, das kein selbstbegrenzendes Prinzip anerkennt, ist Teufelswerk. Bei unserer Arbeit mit den Entwicklungsländern werden wir zumindest gezwungen, die durch die Armut bedingten Grenzen anzuerkennen, so daß diese Arbeit eine nützliche Schule für uns alle sein kann, in der wir auch Wissen und Erfahrung dafür gewinnen können, wie wir uns selbst helfen müssen, während wir ernsthaft versuchen, anderen zu helfen.

Ich glaube, der Haltungskonflikt, der unsere Zukunft bestimmen wird, läßt sich schon erkennen. Auf der einen Seite sehe ich die Menschen, die der Ansicht sind, sie könnten unsere dreifache Krise durch die verstärkte Anwendung unserer gegenwärtigen Verfahren in den Griff bekommen. Ich nenne sie die Leute der kopflosen Flucht nach vorn. Auf der anderen Seite sind diejenigen, die nach einer neuen Lebensweise suchen, die zu bestimmten Grundwahrheiten über den Menschen und seine Welt zurückzukehren trachten. Sie nenne ich Heimkehrer. Wir wollen zugeben, daß den Leuten der kopflosen Flucht nach vorn, wie dem Teufel, alle besten oder zumindest die beliebtesten und verbreitetsten Melodien zur Verfügung stehen. Man darf nicht stillstehen, sagen sie. Stillstand ist Rückschritt. Man muß voranschreiten. An der modernen Technik ist nichts falsch, sie ist nur noch nicht vollständig, daher wollen wir sie vervollständigen. Dr. Sicco Mansholt, damals einer der bekanntesten Vertreter der EG, darf als typischer Vertreter dieser Gruppe zitiert werden. »Mehr, weiter, schneller, reicher«, sagte er, »sind die Parolen der heutigen Gesellschaft.« Und er meinte, daß wir den Leuten dabei helfen müssen, sich anzupassen, denn »es gibt keine andere Möglichkeit«. Das war die wahre Stimme der kopflosen Flucht nach vorn, die weitgehend genauso spricht wie Dostojewskis Großinquisitor: »Warum bist Du gekommen, uns zu hindern?« Sie weisen auf die Bevölkerungsexplosion und die Möglichkeiten des weltweiten Hungers hin. Ja, sicher, wir müssen voranschreiten und dürfen nicht verzagen. Wenn protestiert wird und Aufruhr droht, brauchen wir mehr Polizei und müssen sie besser ausrüsten. Bei Schwierigkeiten mit der Umwelt brauchen wir eine schärfere Gesetzgebung gegen die Verschmutzung sowie rascheres Wirtschaftswachstum, um Maßnahmen gegen die Verschmutzung zu finanzieren. Wenn es Schwierigkeiten mit natürlichen Rohstoffquellen gibt, müssen wir auf synthetische Stoffe ausweichen. Wenn wir Schwierigkeiten mit fossilen Brennstoffen haben, müssen wir von langsamen Reaktoren zu Schnellen Brütern und von der Kernspaltung zur Kernverschmelzung übergehen. Es *gibt* keine unlösbaren Schwierigkeiten. Die Schlachtrufe der Menschen von der kopflosen Flucht nach vorn springen uns täglich aus den Schlagzeilen der Zeitungen entgegen, mit der Botschaft: »Schaffst Du Deinen Durchbruch morgen, macht die Krise keine Sorgen.«

Wie aber sieht die andere Gruppe aus? In ihr finden sich Menschen, die tief davon überzeugt sind, daß die technische Entwicklung in die falsche Richtung gegangen ist und neu organisiert werden muß. Der Begriff »Heimkehrer« hat selbstverständlich eine religiöse Nebenbedeutung. Denn es bedarf großen Mutes, um den Moden und Bezauberungen der Zeit gegenüber »nein« zu sagen und die Voraussetzungen einer Kultur in Frage zu stellen, der es bestimmt scheint, die ganze Welt zu erobern. Die dazu erforderliche Kraft läßt sich nur aus tiefen Überzeugungen herleiten. Käme sie aus nichts anderem als der Furcht vor der Zukunft, würde sie wahrscheinlich im entscheidenden Augenblick schwinden. Der wahre »Heimkehrer« kennt nicht die besten Melodien, aber er hat den kostbarsten Text, nichts Geringeres als die Evangelien. Für ihn könnte es keine knappere Zusammenfassung seiner Lage, *unserer* Lage geben als das Gleichnis vom verlorenen Sohn. Es ist seltsam, aber die Bergpredigt gibt recht genaue Anweisungen darüber, wie eine Sehweise beschaffen sein muß, die zu einer Wirtschaft des Überlebens führen könnte.

- Wie selig sind diejenigen, die wissen, daß sie arm sind;
  das Himmelreich ist ihr.
- Wie selig sind, die da Leid tragen;
  sie sollen getröstet werden.
- Wie selig sind die Sanftmütigen;
  sie werden das Erdreich besitzen.
- Wie selig sind, die da hungert und dürstet nach der Gerechtigkeit;
  sie sollen satt werden.
- Wie selig sind die Friedfertigen;
  sie werden Gottes Kinder heißen.

Es mag kühn erscheinen, diese Seligpreisungen mit Dingen der Technologie und der Wirtschaft zu verbinden. Aber ist es nicht möglich, daß wir gerade deswegen in Schwierigkeiten sind, weil wir diese Verbindung so lange nicht hergestellt haben? Es ist nicht schwer zu erkennen, was diese Seligpreisungen für uns heute bedeuten können:

- Wir sind arm, und wir sind keine Halbgötter.
- Wir haben viel Leid zu tragen und sind nicht auf dem Weg in ein goldenes Zeitalter.
- Wir brauchen Sanftmut, einen gewaltlosen Geist, und klein ist schön.
- Wir müssen uns für die Gerechtigkeit einsetzen und dem Recht zum Sieg verhelfen.
- Und all das, nur das, kann aus uns Friedfertige machen.

Die »Heimkehrer« gründen sich auf ein anderes Menschenbild als das, was die Menschen von der »kopflosen Flucht nach vorn« motiviert. Es wäre sehr oberflächlich zu sagen, daß die letzteren an »Wachstum« glauben, während das bei den ersteren nicht zutrifft. In gewisser Hinsicht glaubt jeder an Wachstum, und das mit Recht, weil Wachstum ein wesentlicher Bestandteil des Lebens ist. Worum es jedoch geht, ist, dem Gedanken des Wachstums eine qualitative Bestimmung zuzuordnen, denn es gibt immer viele Dinge, die wachsen und viele, die kleiner werden müßten.

Ebenso wäre es oberflächlich zu sagen, daß die Heimkehrer nicht an Fortschritt glauben, denn auch er kann als wesentlicher Bestandteil allen Lebens bezeichnet werden. Worum es hier geht, ist, daß definiert wird, worin Fortschritt besteht. Und die Heimkehrer glauben, daß die Richtung, die die moderne Technologie eingeschlagen hat und weiterhin verfolgt – immer noch größer, immer noch schneller, immer noch gewalttätiger, allen Gesetzen natürlicher Harmonie zum Trotz –, das Gegenteil von Fortschritt ist. Daher die Aufforderung zur Bestandsaufnahme und zur Bestimmung einer neuen Richtung. Aus der Bestandsaufnahme erkennen wir, daß wir die eigentliche Grundlage unseres Daseins zerstören, und die Neubestimmung beruht auf der Erinnerung daran, worum es im Leben des Menschen wirklich geht.

Auf die eine oder andere Weise wird jeder in diesem großen Widerstreit seine Position beziehen müssen. Wer »alles den Fachleuten überläßt«, stellt sich auf die Seite derer, die kopflos nach vorn fliehen. Es ist weithin anerkannt, daß Politik viel zu wichtig ist, als daß man sie den Fachleuten überlassen könnte. Heute ist der Hauptinhalt der Politik Wirtschaft, und der Hauptinhalt der Wirtschaft ist Technologie. Wenn die Politik nicht den Fachleuten überlassen werden darf, dann gilt das auch für Wirtschaft und Technologie.

Unsere Hoffnung beruht auf der Tatsache, daß der normale Mensch oft zu einer weniger engen und »humanistischeren« Ansicht fähig ist, als Fachleute sie üblicherweise haben. Die Macht der normalen Menschen, die sich heute meist völlig machtlos fühlen, liegt nicht darin, daß sie neue Wege gehen könnten, sondern darin, daß sie Minderheitsgruppen, die sich bereits damit beschäftigen, Mitgefühl und Unterstützung geben können. Ich will zwei Beispiele anführen, die sich auf den hier behandelten Gegenstand beziehen. Im einen geht es um die Landwirtschaft, die nach wie vor den größten Einzelbereich menschlichen Tuns auf der Erde darstellt, und im anderen geht es um die industrielle Technik.

Die moderne Landwirtschaft hat es sich zum Grundsatz gemacht, dem Boden, den Pflanzen und den Tieren immer größere Mengen von Chemikalien zuzuführen, deren langfristige Wirkung auf die Fruchtbarkeit und die Gesundheit des Bodens gar nicht ernst genug gesehen werden kann. Menschen, die Bedenken vortragen, wird im allgemeinen gesagt, es gehe um eine Wahl zwischen »Gift und Hunger«. In vielen Ländern leben überaus erfolgreiche Bauern, die ohne solche Chemikalien hervorragende Erträge erzielen und ohne daß man Bedenken hinsichtlich der langfristigen Fruchtbarkeit und Gesundheit des Bodens haben muß. In den vergangenen fünfundzwanzig Jahren hat eine freiwillige private Organisation, die Soil Association (Gesellschaft für organischen Anbau), sich damit beschäftigt, die wesentlichen Beziehungen zwischen Boden, Pflanze, Tier und Mensch zu untersuchen. Sie hat dazu Forschungen durchgeführt und unterstützt, und sie hat versucht, die Öffentlichkeit über Entwicklungen auf diesen Gebieten auf dem laufenden zu halten. Weder die erfolgreichen Bauern noch die Soil Association konnten bislang Hilfe oder Anerkennung von öffentlichen Stellen erringen. Sie wurden gemeinhin als »Mistapostel« abgetan, weil sie deutlich erkennbar nicht im Strom des modernen technologischen Fortschritts mitschwimmen. Ihre Verfahren tragen das Kennzeichen der Gewaltlosigkeit und der Demut gegenüber dem unendlich feingesponnenen Netz natürlicher Harmonie, und das steht im Widerspruch zur Lebensweise der modernen Welt. Wenn wir uns jetzt aber klarmachen, daß die moderne Lebensweise uns in tödliche Gefahr bringt, empfinden wir es möglicherweise als richtig, diese Pioniere zu unterstützen und uns ihnen sogar anzuschließen, statt sie zu verspotten oder nicht zur Kenntnis zu nehmen.

In der Industrie haben wir die Intermediate Technology Development Group (Gruppe zur Entwicklung einer Mittleren Technologie). Sie beschäftigt sich mit der systematischen Untersuchung der Möglichkeiten, wie man den Menschen bei der Selbsthilfe helfen kann. Zwar ist ihre Arbeit in erster Linie auf technologische Unterstützung der Dritten Welt ausgerichtet, doch finden die Ergebnisse ihrer Forschung zunehmend auch bei denen Aufmerksamkeit, denen es um die Zukunft der reichen Gesellschaften geht. Denn sie zeigen, daß eine Mittlere Technologie, eine Technologie mit menschlichen Zügen, wirklich möglich ist. Sie ist durchführbar, und sie gliedert den Menschen mit seinen geschickten Händen und seinem schöpferischen Hirn wieder in den Produktionsprozeß ein. Sie dient der *Produktion der Massen* statt der *Massenproduktion*. Wie die Soil Association ist sie eine private, freiwillige Organisation, die auf Unterstützung durch die Öffentlichkeit angewiesen ist.

Ich zweifle nicht daran, daß es möglich ist, der technologischen Entwicklung eine neue Richtung zu geben, eine Richtung, die sie zurück zu den wirklichen Bedürfnissen des Menschen führen soll. Das bedeutet aber auch: *zum eigentlichen Menschenmaß*. Der Mensch ist klein, und daher ist klein schön. Wer auf Riesenhaftigkeit setzt, der setzt auf Selbstzerstörung. Wie hoch ist der Preis einer Neuorientierung? Es sei darauf hingewiesen, daß es pervers ist, die Kosten des Überlebens zu kalkulieren. Zweifellos ist für alles, was sich lohnt, ein Preis zu zahlen: Um die Technologie in eine neue Richtung zu lenken, so daß sie dem Menschen dient, statt ihn zu zerstören, muß man in erster Linie seine Vorstellungskraft anstrengen und frei von Furcht sein.

---

[1] Asymptote: Gerade, der sich eine ins Unendliche verlaufende Kurve nähert, ohne sie zu erreichen.

HAZEL HENDERSON

Amerikanische Wirtschaftswissen-
schaftlerin. Geboren 1933 in Lon-
don. Aktionistische Kämpferin für
eine ökologische Sichtweise der
Volkswirtschaft. Mitarbeiterin bei
wichtigen Zeitschriften, wie dem
»Harvard Business Review«.
Ihre Vorstellungen vom postindu-
striellen Zeitalter und den Konse-
quenzen bisheriger wirtschafts- und
sozialpolitischer Entwicklungen hat
sie in ihren Büchern dargelegt:
»Creating Alternative Futures«
und »The Politics of the Solar Age«.
Aus der Zusammenfassung in deut-
scher Übersetzung von Rüdiger
Lutz: »Das Ende der Ökonomie.
Die ersten Tage des nach-industriel-
len Zeitalters«, stammt auch der
ausgewählte Beitrag.

Soziale Auswirkungen
des nachökonomischen Paradigmas

Die pauschale Politisierung ökonomischer Strategien innerhalb der Länder und zwischen ihnen ist ein durchgängiges Geschehen, das viele unterschiedliche Phänomene erklärt, darunter die Debatten im Kongreß über die Maßnahmen der amerikanischen Notenbank »Federal Reserve« und über die Staatsdefizite zwischen Fiskalisten und Monetaristen in den Vereinigten Staaten wie auch die weitverbreiteten Lippenbekenntnisse zum »Freihandel«, die überall von verstecktem Protektionismus begleitet sind. An der Basis hat dieses fehlende Vertrauen auf die Ökonomie die neue Blüte der »Ökonomiewitze« getrieben. Diese Phänomene zeugen weniger von Zynismus als von einem Quantensprung der gesellschaftlichen Gelehrigkeit, das heißt von einem neuen Niveau, das das allgemeine Gespür und Verständnis für das Verhalten komplexer Systeme bei durchschnittlichen Laien erreicht hat.

Das zur Verbreitung dieses neuen Wissens am besten geeignete

Modell ist das der vielen Bürgerinitiativen für Umweltschutz, Menschenrechte und Frieden, die nach dem Motto »Jeder lehrt jeden« verfahren und damit einen typisch nichtlinearen Prozeß positiver Rückkoppelung in Gang setzen, der oft zu einer gesellschaftlichen Veränderung im großen führt. Ich werde zunächst einen detaillierteren Überblick über diese Trends und Interaktionen geben, darauf ihre wahrscheinlichen Folgen einschätzen und schließlich einige alternative Antworten vorstellen, durch welche ihre positiven Auswirkungen auf die Vereinigten Staaten und die globalen Räume verstärkt werden könnten. Man sollte bei diesen Trends nicht getreu dem alten Schema von Ursache und Wirkung nach »Triebkräften« suchen, da dieses lineare Modell überholt ist und die Prozesse gegenseitiger Beeinflussung, die in nichtlinearen, dynamischen, morphogenetischen Systemen höchst offenkundig sind, nicht darstellen kann.

Trends und Interaktionen

1. Die Unfähigkeit der Regierungen in allen größeren industriellen und nachindustriellen Gesellschaften, ihre Wirtschaftsprobleme in den Griff zu bekommen.

In den sechziger Jahren kamen die politischen Führer mit ihren Volkswirtschaften recht gut zurecht, da es ihnen gelang, die zwei hauptsächlichen Krisenbarometer Inflation und Arbeitslosigkeit in politisch erträglichen Ausmaßen zu halten. Verantwortlich dafür waren viele Faktoren, aber vor allem das billige Öl und die freie Verfügbarkeit der Ressourcen, die bescheidenen Ausmaße der Verteidigungsausgaben, die hohe Produktivität, der Nachholbedarf der Verbraucher, einfache Kreditbedingungen, Steuersenkungen und die Auswirkungen massiver Investitionen in globale Märkte wie etwa der Erfolg des Marshall-Plans. In den siebziger Jahren fingen Inflation und Arbeitslosigkeit gleichzeitig an, langsam zu steigen, was nach dem Abstimmungszusammenhang (trade-off), den die herrschende ökonomische Theorie anhand der Phillips-Kurve behauptet, nicht möglich wäre. Das öffentliche Vertrauen ließ in dem Maße nach, wie Regierungsoberhäupter aus ihrer Unfähigkeit heraus, ihre Ziele zu erreichen, ganz offenkundig Indikatoren neu faßten und die Grenzwerte für Inflation und Arbeitslosigkeit neu ansetzten. Daß Führer meistens unter Ausnutzung der allgemeinen Unwissenheit regieren, wird offensichtlich, wenn ein Wirtschaftsgipfeltreffen nach dem anderen zur Plattform für leere Schlagworte und die Proklamierung frommer, aber miteinander unvereinbarer Ziele wird; wenn mehr wirtschaftliches Wachstum, Arbeitsplätze und Staatsausgaben bei gleichzeitiger Senkung der Defizite und der Zinssätze versprochen werden. Ein Großteil der »Stagflation« in den siebziger Jahren wurde – zu Recht, wie ich glaube – auf den ihr zugrundeliegenden Kostendruck und die Multiplikatoreneffekte der viermaligen Ölpreissteigerung durch die OPEC im Jahre 1973 zurückgeführt, was einherging mit dem durch Defizite finanzierten Vietnamkrieg, steigenden Forderungen sowie einem Einfrieren der amerikanischen Produktivität, das durch unsere alternde »Rosta«- oder »Schornstein«-Wirtschaft, zu wenig Investition zur Aufrechterhaltung unserer allgemeinen Konkurrenzfähigkeit in der Technologie und auf dem Weltmarkt und das mutwillige Verfallenlassen der lebenswichtigen nationalen Infrastruktur verursacht wurde. In den achtziger Jahren ist das Problem des makroökonomischen Managements zusehends weiter der Kontrolle entglitten. Heute ist die Inflationsrate in den Vereinigten Staaten durch heroische Mittel hinuntergedrückt worden (das heißt durch deflationistische Maßnahmen der »Federal Reserve«, hohe Realzinssätze, Rezession, Arbeitslosigkeit und den Höhenflug des Dollars) wie auch durch das Fallen der Ölpreise. Die Auswirkungen dieser binnenwirtschaftlichen Maßnahmen machen sich in drei neuen »Ersatzindikatoren« bemerkbar, in denen sich die Bedrängnisse einer noch immer überschuldeten Volkswirtschaft niederschlagen: 1. Riesige Staatsdefizite (die Verschuldung ist in den vergangenen vier Jahren mehr angewachsen als in unserer ganzen bisherigen Geschichte), 2. geschichtlich einmalig hohe Realzinssätze und 3. die größten Handelsdefizite unserer Geschichte. Zu den mikroökonomischen Folgen gehören ein wackeliger Wohnungsbausektor mit den höchsten Hypothekenlasten seit der Depression, die Verschuldungskrise im Farmsektor und die allgemeine »Abwärtsmobilität«, im Zuge deren sich viele Familien aus der Mittelschicht in das wachsende Heer der Armen und Obdachlosen einreihen. Die Vereinigten Staaten haben heute Brasilien als größte Schuldnernation der Welt überholt. Die Probleme engstirniger ökonomischer Programme treten auch in den meisten anderen Industriegesellschaften zutage, ob sie nun zentral geplant oder marktwirtschaftlich orientiert sind: von den 13 % Arbeitslosen in Großbritannien und Herrn Mitterrands scheiterndem Sozialismus in Frankreich, dem wirtschaftlichen Patt in Polen und den wachsenden Wirtschaftsproblemen der Sowjetunion bis zu Kanadas fallendem Dollar und dem langsameren Wachstum in Japan. Das makroökonomische Management ist überall komplexer und irrtumsanfälliger geworden. Die Aussicht für die schuldengeplagte US-Wirtschaft ist trotz offizieller Verlautbarungen über einen Aufschwung alles andere als rosig, und dies gilt auch für die Weltwirtschaft, da diese derart von den Vereinigten Staaten abhängig ist. Europäische Finanzfachleute schwanken zwischen Bestrebungen, den Dollar zu Fall zu bringen, und Befürchtungen vor einem Erdrutsch, wenn er zu tief fiele. Unterdessen wird der derzeitige hohe Stand des amerikanischen Verteidigungsetats immer mehr von dem heißen, nicht standortgebundenen Kapital ausländischer Investoren abhängig, das mit den neuen Geschwindigkeiten, die durch elektronische Überweisungen, multinationales Bankwesen, 24-Stunden-Anlagenverwaltung und Anlagenberatung mit dem Ziel schneller Gewinne erreicht werden, um den Planeten gejagt wird. Solch freischwebendes Kapital wird in dem Maße nach China fließen, wie sich die Anlagebedingungen entwickeln und die Verbrauchermärkte geöffnet werden. Bis dahin fließt es, je nachdem, wie der Dollar schwankt, anderswohin.

2. *Der Ausfall des Geldes als eines verläßlichen »Ziel- und Treff«-Instruments zur Kontrolle von Transaktionen und Produktion in der wirklichen Welt.*

Wie ich im *Financial Analysts Journal* (Mai-Juni 1973) gezeigt habe, könnte einen das Geld als ein überaus abstrahiertes Symbolsystem dazu verleiten, bei Kapitalanlagen im Bereich der Energiegewinnung schiefe Entscheidungen zu fällen, die keine in wirklichen thermodynamischen Einheiten (Kilokalorien) meßbare Nettoenergie erbrächten, obgleich solche Spekulationsgeschäfte den Investoren durchaus »Profite« einbringen und Arbeitsplätze, wirtschaftliches »Wachstum« und »Kaufkraft« schaffen könnten. Jeder Geldposten läßt sich zudem durch fast jede große Institution verzerrt darstellen, sei es nun durch »kreative« Buchhaltung, die Kosten auf andere Systeme abwälzt, oder dadurch, daß Regierungen die Geldmenge erhöhen, die Reservevorschriften der Banken manipulieren und den Banken erlauben, durch Monetisierung ihrer Darlehen Geld zu schöpfen. Ich habe auch andernorts die Beschleunigungseffekte des Systems elektronischer Überweisungen im Bankwesen und in der Anlagenverwaltung beschrieben, bei dem immer mehr Investoren versuchen, fast schon von einer Stunde zur anderen aus dem Zinsgefälle Kapital zu schlagen. Indem sich jedoch die Systeme der elektronischen Überweisung der »wirklichen« Zeit annähern, beseitigen sie die Spitzen- und Verzögerungszeiten sowie die entsprechenden Abstände, auf die die miteinander konkurrierenden Spieler immer gebaut haben, wenn sie solche Devisen- und Zinssatzspannen ausfindig machten. In dem Moment, da alle Akteure versuchen, ihren Vorteil in diesem globalen System von »Geld als Information« zu maximieren, vermehren sich Papierwerte und Zinseszinsen bodenlos. Und die *New York Times* vom 29. Juli schrieb: »Deckungen verschwinden« aus dem Welthandel«, und daß bis zu 112 Milliarden Dollar nicht gedeckt wären!

3. *Das Wiederauftauchen der informellen, geldlosen Produktionssektoren und Entwicklungen zum Tauschhandel und zu Reaktionsformen auf lokaler Basis: alternative »Währungen« wie die in Kanada etwa und viele ähnliche Bestrebungen in den Vereinigten Staaten.*

Leider haben neuere Untersuchungen über das Zunehmen »schwarzer« und »unterirdischer« Wirtschaftsbereiche in den meisten Industrieländern das Problem nur noch mehr verwirrt. Sie machen keinen Unterschied zwischen den illegalen Geschäften auf Bargeldbasis mit Rauschgiften (deren Importrechnung für die Vereinigten Staaten ebenso hoch ist wie die unserer Ölimporte), Verbrechen, Doppelverdienst, unterlassenen Meldungen von Dividendenzinsen usw. einerseits und den altruistischen, geldlosen Verrichtungen auf Gemeinde- und Familienbasis wie Kinderaufzucht, Kranken- und Altenpflege, Freiwilligenarbeit und Do-it-yourself-Produktion andererseits, ohne die die im BSP aufgeführten Sektoren zusammenbrechen würden.

Ein weitverbreiteter Mangel an Vertrauen auf makroökonomische Lenkung wird in Rufen nach einer Steuerreform und »Gerechtigkeit« und in der wachsenden Auseinandersetzung über die Prioritäten im Bundeshaushalt ersichtlich. Diese neuen Auseinandersetzungen spiegeln den zunehmenden Zynismus und Durchblick der Bürger wider sowie einen bedeutenden Wertewandel. So konzentrieren sich Friedensgruppen jetzt beispielsweise auf wirtschaftliche Umstellungspläne auf Orts- und Fabrikebene, weil sie bedenken, daß die Rüstungssenkung eine neue Mischung von binnenwirtschaftlicher Friedensproduktion, -investition und -arbeitsplatzgestalten erfordert.

4. *Der Ruf der Dritten Welt nach einer Neuen Internationalen Wirtschaftsordnung (NIWO).*

Diese Forderung, die seit Mitte der siebziger Jahre von der sogenannten »Gruppe 77« der blockfreien Länder (die inzwischen über hundert Mitgliedsstaaten zählt) erhoben wird, spiegelt die Erkenntnis bei den Führern dieser Länder wider, daß der Mechanismus der Welt-

wirtschaft in Bretton Woods weitestgehend von einer Handvoll Industriegesellschaften der nördlichen Erdhalbkugel bestimmt wurde.
Daher der Ruf nach Vertretung der Dritten Welt in allen solchen internationalen Finanzinstitutionen von dem IWF und der Weltbank bis
zur Bank für internationalen Zahlungsausgleich bzw. für ein neues
»Bretton Woods der Dritten Welt«, um zu versuchen, regionale wirtschaftliche Handelsgruppen und andere Abkoppelungsstrategien zu
entwickeln. Diese Länder der Dritten Welt erkennen auch die gegenseitige Abhängigkeit von Schuldner- und Gläubigernationen in dem
globalen Schuldendilemma.

Sie wissen, daß sie die »Nichtbezahlungskarte« nicht tatsächlich
ausspielen brauchen – es hat bis jetzt ausgereicht, sie lediglich zu zeigen. Die Bankiers und Finanzminister der nördlichen Welt sind an
den Uferrand getreten und haben nach drüben geschaut. Jetzt nehmen sie Teilabschreibungen vor, schieben Aktionären, staatlichen
Versicherungsgesellschaften und Sparern Verluste zu, modifizieren
Zinszahlungen, überziehen Darlehen – tun in der Tat alles, um den
Anschein aufrechtzuerhalten, daß die Spielregeln noch gelten. Es besteht jedoch kaum ein Zweifel daran, daß die Welt bis jetzt eine »De-
facto-Nichtbezahlung« geschluckt hat, die niemand als solche beim
Namen zu nennen wagt, weil es in niemandes Interesse liegt, in diesem Punkt offen zu sein. Auch diese Vorgänge haben beigetragen zu
dem Mangel an Vertrauen auf die Ökonomie und das Geld als ihrem
Hauptwertmesser, das heißt als einem zuverlässigen Bestimmungs-
instrument für die wirkliche Produktion und Interaktion auf dem
Weltmarkt.

5.   *Eine weitere Strömung, die dazu beigetragen hat, die Ökonomie zu untergraben, sind die zuvor erwähnten Bürgerinitiativen, die während der letzten 15 Jahre in allen Industrieländern ein ständiges Anwachsen zu verzeichnen hatten, da sie sich vor allem um die Mängel der Wirtschaftsführung
herum organisierten.*

Sie bildeten sich anläßlich der unvorhergesehenen Auswirkungen
des raschen industriellen und technologischen Wandels und seiner
unliebsamen Sozial- und Umweltkosten: Umweltverschmutzung,
Ressourcenerschöpfung, Verschwinden des offenen Landes, über
jedes Maß hinausgewachsene Riesenstädte, weitverbreitete Arbeitslosigkeit, Kriminalität, Sucht und Zusammenbruch traditioneller Gemeinden und Familien und ihrer Werte. Zu diesen Bewegungen gehören das organisierte Umweltbewußtsein und Verbraucherbewußt-

sein in der Mittelschicht, die Frauenbefreiungsbewegung, die Bewegungen für Schwulenrechte, holistische Gesundheit, menschliche Entfaltung (human potential) und erneuerbare Energie, gehören organischer Gartenbau, Farmermärkte, Co-ops, Tauschhandel, Hausgemeinschaften, neue gemeinschaftliche Lebensformen, neue religiöse Kulte wie auch die Bewegungen für Rechenschaftspflicht der Konzerne und der Regierung und für gesellschaftlich verantwortungsbewußtes Investieren. In manchen Fällen machten sich industriell vertriebene Produkte und Dienstleistungen wie im Gesundheitswesen und der Rechtshilfe durch Überteuerung unerschwinglich, was zu kreativen Gemeindelösungen wie Vermittlungs- und Konfliktschlichtungsstellen sowie häuslicher und vorsorgender Gesundheitspflege führte. Diese Bürger bringen sich gegenseitig und ihren Basispolitikern neue Systemerkenntnisse von Ökosystemen und soziotechnischen Interaktionen sowie neue Theorien der Psychologie, der Physik und anderer Bereiche bei, woraus sich neue Diskussionen über umfassende Veränderungen der Anschauungssysteme und der wissenschaftlichen Paradigmen, der Lebensweise und der Werte entspinnen. Diese Umwertungsvorgänge in einer einflußreichen, hochgebildeten, schrittmachenden Bevölkerungsgruppe in den Gesellschaften der Vereinigten Staaten und Europas (wie auch Japans, Australiens und Neuseelands) werden von Trendbeobachtern und Futurologen im Auge behalten, unter anderen von John Naisbitts *Trend Reports*, dem VALS-Programm des Stanford-Forschungsinstitutes, den Meinungsforscherinstituten Yankelovich, Harris und Roper und vielen Madison-Avenue-Werbestudien über wechselnde Verbraucherneigungen. Solche Gruppen von Schrittmacherkonsumenten tendieren zum wählerischen Einkauf; Teil ihres Lebensstils können beispielsweise außergewöhnlich viele und weite Reisen, Flugtikkets, Hotels, Heimcomputer, Audio- und Videokassetten und andere Lehrmaterialien sowie Bücher sein, während sie gleichzeitig alte Autos fahren, gebrauchte oder selbstgefertigte Kleidung tragen und ihr eigenes Gemüse anbauen. Die meisten dieser neuen Schrittmacher glauben nicht an das Standardmodell der Ökonomie mit dem darin vorausgesetzten individuellen Wettbewerbsstreben, der Profitmaximierung, den zu befriedigenden Bedürfnissen und den Gleichgewichtsmechanismen des klassischen freien Marktes. Die meisten denken über die »externen Effekte« dieses traditionellen Modells und die schädlichen und nachteiligen Auswirkungen seiner Mißwirtschaft nach sowie über eine Neudefinition von Kosten und Nutzen, die über den ökonomischen Gesichtspunkt hinausgeht.

6. Das Anwachsen der Informationsgesellschaft.

Die heutigen erdumspannenden Technologien der Düsenflugzeuge, Nachrichtenverbindungen, Computernetzwerke, Satellitenforschung usw. haben nunmehr die »Hardware« einer unwiderruflichen globalen Interdependenz geschaffen. Die »Software« für den Umgang mit dieser Interdependenz bildet sich in neuartigen Querverbindungen heraus sowie in Systemkonzeption zur Konfliktsteuerung und -lösung, zur globalen Ressourcenteilung des »planetarischen Gemeineigentums« wie zum Beispiel der Meere, des Weltraums und des elektromagnetischen Spektrums und zum Überdenken des Systems der Nationalstaaten selbst. Die Gefahren des Rüstungswettlaufs, der militärischen Fehlkalkulation, des hochgezüchteten Kernwaffenarsenals und die ungeheuren Kosten des Planspiels einer Strategischen Verteidigungsinitiative (SDI) haben dazu beigetragen, das Bewußtsein der globalen Interdependenz zu verstärken. Dieses neue Bewußtsein der globalen Interdependenz hat neue Bewegungen für Planetenbürgertum und weltweite Solidarität über nationalistische Identitäten und Bindungen hinaus hervorgebracht: zum Beispiel Greenpeace, Amnesty International, die Freunde der Erde, die miteinander verbundenen Friedensbewegungen der Vereinigten Staaten und Europas und amerikanischen und japanischen Antikernkraftgruppen wie auch den Aufstieg »grüner« Politik, die jetzt von Deutschland aus auf alle Industriegesellschaften übergreift. Auch hier liegt wieder der Gedanke zugrunde, daß nationalistischer Wirtschaftswettstreit, Profitmaximierung und Ressourcenabhängigkeit unerträgliche »Begleiterscheinungen« mit sich bringen: ein chronisch instabiles, kriegsanfälliges internationales System, das dem Terrorismus, unabsichtlich ausgelösten Kriegen und Umweltkatastrophen ausgeliefert ist und von dem eine allgemeine Bedrohung der gesamten menschlichen Zivilisation ausgeht. Zu den neuen Bestrebungen, das konventionelle Denken und seinen »Realismus« zu durchbrechen, gehören die Vorschläge des Anderen Wirtschaftsgipfels, die jetzt für die Führer bei anderen Wirtschaftsgipfeltreffen wie dem Bonner Gipfel von 1985 eine Herausforderung darstellen, zumal diese Treffen selbst darin als abgeschmackte Propaganda und »Fotoanlässe« verspottet werden. Vorgebracht werden alternative Strategien zur wirtschaftlichen Umstellung auf Friedensproduktion, um den gefährlichen Ungleichheiten zwischen »Habenden« und »Habenichtsen« und den von ihnen ausgehenden Bedrohungen durch Terrorismus und Aufstände zu begegnen; desgleichen Vorschläge zur Reform der Wirtschafts- und Industriepolitik, um die Verwüstung der Umwelt, Hunger, Krankheit und Überbevölkerung in Angriff zu nehmen. Zusammen mit der wachsenden Anzahl gescheiter internationaler nichtstaatlicher Organisationen, diplomatischer Bürgergruppen und »globaler Bürgerversammlungen« mit Video- und Audiosatellitentechnik stellen solche selbstorganisierten Gruppen die herrschenden ökonomischen Modelle von den marxistischen und sozialistischen bis hin zu den marktorientierten, keynesianischen und fiskalistischen in Frage. Solche Gruppen erkennen und beleuchten die vielen Folgen veralteter und unverbrauchbarer Anschauungsweisen wie etwa den Gedanken, in einem nuklearen Zeitalter gegenseitiger Abhängigkeit ließen sich noch Kriege »gewinnen«, oder solche Vorstellungen wie die vorgeschlagene »Nichtbefassung« mit Hungersnöten der Dritten Welt, solange diese Länder nicht unseren Erwartungen entsprechen. Heutzutage gehen diese Bewegungen nicht mehr bloß von der Angst vor Terrorismus, Krieg und Umweltzusammenbruch aus. Sie verfolgen positive Ziele und machen mit scharfem analytischen Blick und unter Verwendung der Medien positive Vorschläge im Weltmaßstab, wobei sie für einen Paradigmenwandel in der Modelldarstellung nachindustrieller Gesellschaften eintreten.

7. Die Entwicklung der ökonomischen Theorie und ihrer Indikatoren im Laufe des letzten Jahrzehnts ist eine Reaktion auf die neue Unruhe.

Die Indikatoren entfernen sich von den traditionellen Maßstäben des Bruttosozialprodukts (BSP) und bewegen sich auf solche neuen wie Japans »Nettosozialwohlstand« (NSW) und den »Maßstab für wirtschaftlichen Wohlstand« (MWW) und Berechnungen der Lebensqualität in den Vereinigten Staaten zu; in diesen Zusammenhang gehören auch der »Index der materiellen Lebensqualität« (IML) und der Indikator »menschliche Grundbedürfnisse« (MGB) der Vereinten Nationen. Wie ich andernorts beschrieben habe, schließt jeder dieser Indikatoren zusehends mehr Variablen und außerökonomische Daten ein. Im mikroökonomischen Management haben wir die Entwicklung der rein ökonomischen Sichtweise über die Ökonometrie und die zielgesteuerte Unternehmensführung bis hin zu den strategischen Planungsverfahren gesehen. Angesichts der Tatsache, daß Spitzenmanager von ökonomischen Modellen abrücken, gab sogar ein Fakultätsvorsitzender wie Abraham Gitlow von der New York University zu, daß »die Ökonomie Probleme hat«, während der Chefökonom der First Pennsylvania Bank, Kenneth Mayland, bemerkte, daß »der Bedarf an Ökonomen keinen großen Zuwachs zu verzeichnen hat«, und Alan Blinder von Princeton das Problem klar ins Auge faßte, indem er erklärte, »die Zukunft exakt vorauszusagen ist im Grunde sowieso nicht ihre Sache«.

8. Somit bezeugt die Entwicklung von nachökologischen Steuerungsinstrumenten im Lauf des vergangenen Jahrzehnts die Unfähigkeit der Ökonomie, mit den in der wirklichen Welt anfallenden Problemen Schritt zu halten.

Das Erstellen von Prognosen ist den Ökonomen weitgehend aus der Hand genommen worden, da sie gezwungen sind, ihre »Prognosen« nahezu jede Woche zu revidieren. Zu den nachökonomischen Managementinstrumenten gehören technologische Folgenabschätzung, Umweltbeeinflussungs-Bilanzen, Analysen der sozialen Auswirkungen, Bilanzen der Auswirkungen auf die Beschäftigungssituation, Zukunftsforschung, vergleichende Analysen der Auswirkungen, Gruppenbefragungen nach der Delphi-Methode und Erstellung von Szenarien sowie die neueren Berichte über *Die Weltlage*, wie sie etwa vom Worldwatch Institute in Washington, D. C., veröffentlicht werden, und *Gaia: An Atlas of Planet Management*, zusammengestellt von Norman Myres und einem 200 Personen umfassenden interdisziplinären Team (Doubleday, Garden City 1985). Wenden wir uns nun der Einschätzung der wahrscheinlichen Auswirkungen dieser Trends auf Bildungssystem, Regierung, Militär, Arbeitskräftepotential und Beschäftigungssituation, Religion, Familie und Gesellschaft im ganzen zu.

Wahrscheinliche Auswirkungen dieser Trends

1. Bildungssystem

Die Auswirkungen werden ein weiter anhaltendes Drängen auf Curriculumveränderung einschließen, nicht so sehr institutionelle Veränderungen, wie sie bereits stattfinden, sondern solche, die von unten nach oben wirken und zur Politisierung nicht nur der Ökonomie, sondern der meisten traditionellen Disziplinen führen – von Physik, Mathematik und den anderen Naturwissenschaften bis hin zur Psychologie, Anthropologie, Politikwissenschaft und Soziologie.

Eine weitere Folge wird in der Umverteilung der Bildungsmittel auf die Erwachsenenbildung und lebenslanges Lernen bestehen – ein Trend, der sich bereits mit dem Älterwerden der Jahrgänge des »Baby-Booms« abzeichnet. Die traditionellen Universitäten werden aufgrund ihrer verhärteten Strukturen, hohen Unkosten und Ämterwirtschaft von diesen Veränderungen nicht erfaßt werden, und sie werden in zunehmendem Maße gegenüber firmeneigenen und sonstigen Formen häuslicher Fortbildungsprogramme zurückbleiben wie auch gegenüber dem ständigen Anwachsen von profitorientierten Lehrinstituten und Systemen, die mit Massenmedien arbeiten: »Fernstudienkanäle« im Kabelfernsehen, selbst zu bedienende Computernetzwerke zum Selbstunterricht, Audio- und Videokassetten, Videokassettenrecorder und all die anderen Formen selbstbestimmten, autonomen Lernens. In dem Maße, wie das neue, selbsterarbeitete Wissen die alten Strukturen und das überkommene Bildungsgut in Frage stellt, kann unter Umständen die organisatorische und nationalistische Indoktrination zunehmen. Wenn jedoch solch eine Indoktrination nicht sehr finstere Formen annimmt wie etwa offene Propaganda, Aushöhlung der Pressefreiheit, Zuschauer- und Zuhörerüberwachung »Big Brother« und unterschwellige Methoden oder ausgesprochenen Polizeiterror, so wird man ihr – wie ja auch den meisten Werbebotschaften heutzutage – kaum Glauben schenken oder sich ihr widersetzen, indem man öfter die Kanäle wechselt und die Werbung abschaltet und sich überhaupt die Vielfalt der verfügbaren Kanäle und Medien zunutze macht. Sogar Polizeiterror und Propaganda sind im Laufe der Geschichte in vielen Fällen an ihre Grenzen gestoßen, wie Gene Sharpe von Harvard dokumentiert hat. Zu den Beispielen aus jüngster Zeit gehört das heute in Polen erreichte Patt, zu dem es durch die Unterdrückung und die Gegenreaktion der Gewerkschaftsbewegung »Solidarität« und der Kirche gekommen ist.

2. Regierung

Die Regierungen werden entweder offener oder demokratischer werden oder zu verstärkter kurzfristiger Unterdrückung der Rechte des einzelnen und der Pressefreiheit greifen müssen. Versteckte Regierungskontrollen durch besondere Interessengruppen und eine vom Politischen Aktionskomitee bestimmte, medienabhängige Politik werden den Wählern noch mehr zuwider werden (dies ist eine der »Botschaften« der letzten paar nationalen Wahlen, bei denen ein massenhafter Zynismus angesichts zum Verwechseln ähnlicher Kandidaten bis zu 48% der stimmberechtigten Wähler von den Wahlurnen fernhielt).

Ein Maßstab für die gegenwärtige Unzufriedenheit mit der Parteipolitik ist das neue Interessse an Volksentscheiden, Gesetzesinitiati-

ven, Basispolitik, Bürgerbewegungen, dritten Parteien und Vorschlä-
gen für eine nach dem Zufallsprinzip durch Losentscheid bestimmte
Legislative. Mit dieser Legislative durch Losentscheid wird eine Idee
der Griechen wiederbelebt, bei denen die Volksvertreter nicht gewählt, sondern als eine repräsentative Zufallsauslese aus der Wähler-
schaft als ganzer benannt wurden. Diese scheinbar drastische Reform
zieht mehr Interesse auf sich, da man der Ansicht ist, daß sie weniger
anfällig für Korruption durch Finanz- und Sonderinteressen wäre
und die Kosten der Wahlkampagne für den Kongreß praktisch auf
Null senken würde, während der Senat eine Körperschaft bliebe, bei
der Wahlkampfkosten anfielen. Da es nicht mehr so leicht möglich
sein dürfte, die Wähler mittels der Ökonomie hinters Licht zu führen,
werden die Regierungen vielleicht versuchen, ihre politischen Programme in einem anderen, verstiegenen Politjargon zu formulieren,
um zu verhindern, daß sie in klarem Englisch (bzw. Deutsch) und mit
für Laien verständlichen Begriffen diskutiert werden.

3. Militär

Zu den Auswirkungen auf das Militär wird wahrscheinlich die Senkung des Militäretats, womöglich sogar in Realbeträgen, zählen. Die
Beunruhigung nimmt zu, und selbst ehemals entschiedene Verfechter von Militärausgaben – von leitenden Angestellten bis zu früheren
Verteidigungsstrategen, ganz zu schweigen von Kongreßabgeordne-
ten und der allgemeinen Öffentlichkeit – werden nun angesichts der
täglich Schlagzeilen machenden Meldungen von unglaublicher Ver-
geudung und Mißwirtschaft abtrünnig. Zunehmend exakte neu-
ernde Analysen alternativer Ansätze und Grundprinzipien für Mili-
tärhaushalt und Waffensysteme werden sich schwerer bestreiten lassen, vor allem jene, die sich mit den üblichen Redensarten auseinandersetzen, nach denen Militärausgaben deshalb gerechtfertigt seien,
weil sie »Arbeitsplätze schaffen«. Die Bürger wissen inzwischen, daß
buchstäblich jedes Gericht auf der Speisekarte öffentlicher und priva-
ter Investitionen »Arbeitsplätze schafft«. Jetzt wollen sie wissen, wie
hoch dafür die Investition pro Arbeitsplatz ist, ob die Arbeitsplätze
vorübergehend oder dauerhaft sind und welche anderen Finanzie-
rungsprioritäten dadurch verdrängt werden; die meisten Untersuchungen widersprechen nämlich der herkömmlichen ökonomischen
Sichtweise und zeigen, daß sich mit nahezu jeder anderen Investition
mehr Arbeitsplätze schaffen lassen als mit einer in dem äußerst kapi-
talintensiven militärischen Bereich. Zusätzlich werden die heute

weitverbreiteten Ängste vor globalen Katastrophen und unabsichtlich ausgelösten Kriegen anwachsen wie auch die vor einem wirtschaftlichen Zusammenbruch, durch den die Verbündeten der Vereinigten Staaten und unsere eigene Wirtschaft ebenso an den Bettelstab gebracht würden wie die Sowjets. Die Nöte der amerikanischen Kernindustrie bieten uns ein glaubhaftes Mikroszenarium für solch einen makroökonomischen Zusammenbruch, wie auch in der Zeitschrift *Forbes* berichtet wurde, die das Hinscheiden der amerikanischen Kernindustrie »das größte Managementdesaster in der amerikanischen Geschichte« nannte.

4. Arbeitskräftepotential und Beschäftigungssituation

Die Veränderungen des Arbeitskräftepotentials werden – wie ja wohlbekannt ist – rasch zur Bildung einer viel größeren Reservearmee älterer Arbeiter führen, da die Ansprüche des Staatshaushalts und der jüngeren Arbeiter stärker berücksichtigt werden. In dem Maße, wie neues Wissen und sich herausbildende Paradigmen für das Verständnis komplexer Systeme Verbreitung finden, wird das Führungspersonal wahrscheinlich noch selbständiger werden und mehr dezentralisierte Kontrolle und Autonomie fordern. Der Trend zur Unzufriedenheit mit der Bürokratie auf allen Ebenen, zu dessen Vorreitern sich die Präsidenten Carter und Reagan gleichermaßen gemacht haben, wird andauern und das Militär in Weisen beeinflussen, die sich an der heutzutage lauter werdenden Kritik an Ruhegehältern, frühzeitigem Ausscheiden aus dem Dienst und zu vielen hohen Offiziersrängen ablesen lassen. In der Welt der Konzerne wird dieser Trend in Form eines weiteren Abbaus von »Mittelmanagementspeck« andauern, desgleichen die Trends zu unabhängigem Unternehmertum, Kleingewerbe und Selbständigkeit. Die Arbeiter in den industriellen »Schornstein«-Sektoren werden wahrscheinlich ihre gewerkschaftlichen Strategien zur Erhaltung der Arbeitsplätze ebenso fortsetzen wie ihre von den Gewerkschaften nicht gebilligten Strategien zur Überführung in Gemeineigentum und wie das Eintreten für Arbeiterbesitz und Arbeiterkontrolle, Pläne für Aktienbesitz der Beschäftigten und Mitbestimmung im Management, im Aufsichtsrat (wie in Deutschland) und auf allen Produktionsstufen. Forderungen nach gleitender Arbeitszeit, Arbeitsumverteilung, kürzeren Arbeitswochen, Studienurlaub, Möglichkeiten zur Umschulung und Hochschulausbildung werden stärker werden.

Ähnliches gilt für die familiären Fragen: Kinderbetreuung, Mutter-

schafts- bzw. Elternurlaub für Männer und Frauen und gleichwertige
Bezahlung, worin sich die neuen Eheschließungen auf der Grundlage wirtschaftlicher Partnerschaft ausdrücken. Es wird in den Vereinigten Staaten zu einer vermehrten Besorgnis über die Entqualifizie-
rung der Arbeitsplätze durch die Mikroprozessorenrevolution, die
computergestützte Planung, computergestützte Herstellung, Roboti-
sierung usw. kommen, wie sie bereits in europäischen Gewerkschaften herrscht. Der jüngste Vorstoß der Automation in die Büro- und
Verwaltungstätigkeiten, die Bank-, Börsen- und Ingenieursberufe,
den Zahlungsverkehr, das Musikgeschäft und andere Dienstle-
stungssektoren zusammen mit den Kürzungen im Bereich des mittleren Managements wird neue Heere von hochgebildetem, früher zur
Mittelschicht gehörigem »Überschuß« erzeugen, dessen Aufstiegs-
und selbst Sicherheitserwartungen sich nicht erfüllen werden. Die
Hochschulen werden ihren Teil zu dieser freischwebenden Bevölkerungsgruppe beitragen, indem sie weiterhin Millionen von nicht benötigten Rechtsanwälten, Ökonomen, graduierten Betriebswirten,
Ärzten und anderen falsch ausgebildeten Hochschulabsolventen in
veralteten Disziplinen und überlaufenen Berufen einen akademischen Grad verleihen. Dieser massenhafte neue »Überschuß« wird
noch zusätzlich durch das Erwachsenwerden der Jahrgänge des
»Baby-Booms« anschwellen. Obwohl es also bei manchen Gruppen
(Frauen und Minderheiten) weniger Arbeitslose geben mag, könnte
es zu mehr Dissens und Unruhe kommen, da die Heere der Arbeitslosen und Unterbeschäftigten mehr gebildete, politisch aktive Leute
enthalten werden, die die üblichen Sprüche nicht »abkaufen«, sie
seien persönlich untauglich oder hätten ganz einfach »Pech«. Sie werden sich eher (wie in Großbritannien) für garantierte Mindestgehälter
organisieren und ihre eigenen Makroanalysen der sozialen Strukturen, wirtschaftlichen Unterstützungen und der ganzen tatsächlichen
industriellen Planung, die in den Steuersätzen versteckt ist, erstellen.
Sie werden auf einen neuartigen Wechsel der nationalen Prioritäten
drängen, und die Kreativsten werden weiterhin den Aufschwung
von unabhängigem Unternehmertum und eigenständiger Lebens-
führung (entrepreneurship and »intrapreneurship«) anheizen. Der
Trend zu periodischen Berufswechseln wird anhalten.

5. Familienleben

Angesichts der Zunahme von »Doppelfamilien« und der Suche von
»Ehegeschädigten« nach neuen Gemeinschaftsformen dürfte die

Neubestimmung des Familienlebens in dem Sinne weitergehen, daß der Begriff »Familie« letztlich jede über lange Zeit bestehende Gruppe sich gegenseitig verpflichteter Erwachsener und Kinder bezeichnet. Periodische Ehen werden wahrscheinlich auch weiterbestehen: zunächst die Universitätsheiraten, die nach zwei bis fünf Jahren zerbrechen; gefolgt von den Kinderheiraten mit einer Dauer von zehn bis fünfzehn Jahren; die dann von den »tollen« Heiraten abgelöst werden, bei denen ältere Männer und Frauen auf der Suche nach ihrer verblichenen Jugend sich jüngere Partner nehmen; und schließlich die reifen Heiraten, die auf gegenseitiger Unterstützung am Lebensabend beruhen. In dem Maße, wie die neuen Kenntnisse und Anschauungsweisen um sich greifen, werden sich all diese persönlichen Veränderungen weniger verwirrend oder bedrohlich ausnehmen, da Wandel und Unsicherheit die Kernprinzipien dieser neuen Paradigmen darstellen und das Verhalten sich herausbildender nachindustrieller Gemeinschaften und aller komplexen, soziotechnischen Systeme besser beschreiben. Ehen und andere periodische Partnerschaften sowie komplexere Beziehungen erzeugen umfassendere, komplexere Bindungsformen der »vielseitigen Treue« (polyfidelity) im Unterschied zu den früheren Modellen der Kleinfamilie und der strikten Monogamie, die nun auf etwa 12 % aller amerikanischen Familien zurückgegangen sind.

Dies wird auch dazu führen, daß Konzepte eines breiteren Gemeinschaftslebens mit stammesähnlichen Strukturen auftauchen werden. Diese früher bestürzenden Lebensübergänge, Arbeitswechsel und institutionellen Veränderungen werden geordneter erscheinen. Man wird in ihnen Phänomene der Wandlungen und Umstrukturierungen erblicken, die in allen komplexen, soziotechnischen Systemen in dem Maße stattfinden, wie die Nationalstaaten selbst einen Wandel in Richtung auf eine künftige Planetisierung von Rechtsprechung und Regierungsgewalt durchmachen.

6. Religionen

In religiösen Bewegungen – ob in den USA, im Iran oder anderswo – werden wir wahrscheinlich Zeugen eines Rückschlags durch die fundamentalistischen Gegentrends zur Industrialisierung werden, womit traditionelle Gesellschaften versuchen, auf die Eingriffe in ihre Kultur und die Werte der technologischen Veränderung und Modernisierung zu antworten. Wir werden gleichfalls ein sich vertiefendes Verständnis des Aufeinanderangewiesenseins aller Menschen, ja aller Lebensformen sehen wie auch die Resakralisierung der Erde selbst. Dies wird ein positiver, überlebensorientierter Trend sein. Im Gegensatz dazu könnte der Trend zu apokalyptischen Prophezeiungen, der jetzt bei vielen christlichen Sekten herrscht, zu weiterer Trägheit führen sowie zur Unfähigkeit, sich dem gesellschaftlichen Wandel und den neuen Aufgaben zu stellen. Solche Sicherheitsbestrebungen könnten auch zu weiteren donquichottischen Formen von politischem Aktivismus und Auftreten sowie zu weiteren Rückzügen in simplifizierende Anschauungen wie etwa den Schöpfungsglauben führen und zum Grassieren von Kulten und Gurus.

7. Gesellschaft

Die nachindustriellen Gesellschaften werden sich zwangsläufig auf eine weitere Planetisierung zubewegen, das heißt, falls der nukleare Krieg und andere Katastrophen abgewendet werden. Der Dialog zwischen sachbezogenen und Basisgruppen wird bereits in zunehmendem Maße über nationale Grenzen hinweg und oberhalb wie unterhalb der nationalen Regierungen geführt. Diesen Dialog und den wachsenden Druck der öffentlichen Meinung werden Rüstungskontrollverträge, Abrüstung und neue Ansätze auf seiten der Nationen und der vielen mitbeteiligten Institutionen vorantreiben. Wir werden mehr Verträge über die gemeinsamen Ressourcen der Meere, des Weltraums, der Antarktis und des elektromagnetischen Spektrums erleben, desgleichen globale Vorschriften für multinationale Unternehmen über die Sicherheit der Arbeiter und den Umweltschutz, was seit der Katastrophe bei Union Carbide im indischen Bhopal und vielen anderen, die mehr in der Nähe stattgefunden haben, nicht mehr sehr umstritten ist.

Das traditionelle ökonomische Modell des »Eigeninteresses« tritt bereits hinter der weitsichtigeren Auffassung zurück, daß das individuelle Eigeninteresse jetzt mit dem Eigeninteresse der Art zusammenfällt, das heißt der gesamten Menschheitsfamilie auf einem interdependenten Planeten. Somit lassen sich alle angeführten Veränderungen zusammenfassend als eine Politik der konzeptionellen Neuorientierung bezeichnen. Diese neue Politik hat bereits begonnen und ist eifrig dabei, neue politische Trennungslinien in vielen industriellen und nachindustriellen Gesellschaften zu ziehen.

Schlußfolgerung – alternative Antworten

Wie können wir am besten mit solchen Veränderungen umgehen, wie ich sie beschrieben habe? Institutionen und Individuen, die mit solchen jähen Veränderungen konfrontiert sind, legen für gewöhnlich eine von zwei Reaktionsformen an den Tag: Entweder sie versteifen sich und verdoppeln ihre Bemühungen, bereits versagende Rezepte anzuwenden, was oft den Zustand des Patienten verschlimmert. Dies ist nur ein Signal dafür, daß die Veränderungen Systemcharakter besitzen, und führt dazu, daß diese Art von »Politik des letzten Gefechts« sich selbst vereitelt. Oder die Reaktion kann darin bestehen, die ganze Situation neu zu konzipieren und das veränderte Gebiet neu zu vermessen, wie es etwa bei einem Wechsel des gesamten Paradigmas geschieht. Wenn man sich solche Veränderungen in einer kreativen, erneuernden Weise zunutze macht, so können sie auch zu einer anspruchsvollen Neukonzipierung der herkömmlichen Rolle beitragen, die Armeen in der vornuklearen Geschichte gespielt haben. Wie Alvin Toffler durch die Veröffentlichung seiner vormals unterdrückten Untersuchung über die Amerikanische Telefon- und Telegraphengesellschaft (AT & AT) gezeigt hat, sind große Organisationen meist zu starr, um sich mit Tabuthemen wie etwa der ihnen drohend bevorstehenden Umstrukturierung zu befassen. Aber die Erfahrung lehrt, daß AT & AT trotz der damaligen Blindheit der Direktion in ihren vielen neuen Formen fortlebt und daß die durch einen Antitrust-Beschluß aufgezwungene Umstrukturierung gut und gern in ihrem eigenen Interesse gewesen sein dürfte.

Die Neukonzipierung der ganzen Rolle von Armeen und Nationalstaaten könnte durchaus zur Umgruppierung vieler Menschen und Ressourcen führen, aber sie könnte auch Kollisionskurse mit vielen neuen Realitäten einer sich wandelnden Welt vermeiden. Eine solche Neukonzipierung könnte es mit sich bringen, daß alle Alternativen untersucht werden, die jetzt im Zusammenhang mit der Politik der konzeptionellen Neuorientierung und dem globalen Bewußtsein auftreten, und daß »Siegbesiegungs«-Strategien (win-win strategies) in einem Ausmaß ersonnen werden, wie man es sich in den meisten Organisationen noch nicht vorstellt.

Die wachsende Kreativität der »Alternativen«-bewegungen läßt sich heute an den neuen Scharen von daran beteiligten Investoren und Investmentfondsmanagern, Geschäftsleuten, Fachleuten, Bürgerdiplomaten, Akademikern wie auch an den gewaltlosen Widerstandsbewegungen und Friedensaktivisten ablesen. Wir müssen uns daran erinnern, daß in den sich rasch verändernden Gesellschaften von heute morphogenetische Modelle zur Erklärung und Voraussage des Wandels am besten taugen. Diese Modelle zeigen, daß sich sehr kleine Abweichungen am Anfang (zum Beispiel kleine gesellschaftliche Vorhutgruppen, die in der Gesamtheit der Bevölkerung nicht »von statistischer Bedeutung« sind) durch Prozesse wechselseitiger Beeinflussung und positive Rückkoppelungsschleifen schnell verstärken können, so daß eine sehr beträchtliche Abweichung eintritt oder sogar, wenn Subsysteme über ihre Grenzen hinausgetrieben werden, eine Umwandlung der Gesamtstruktur eines Systems. Wir brauchen nicht zu befürchten, daß unsere Gesellschaften »willkürlich« oder chaotisch werden – wir müssen sie nur einfach unter einem neuen Blickwinkel betrachten. Diese Prozesse sind Modelle, die die Stufen bzw. die kritischen Massen bei der Abweichungsverstärkung darstellen, sowie Wandlungsmodelle für eine Ordnung durch Schwenkung und chaotische Umschichtung, mit denen alle Theoretiker lebendiger Systeme vertraut sind.

Wir sollten daher diese dynamischen Prozesse als die Regel ansehen und nicht als die Ausnahme, als welche sie in unseren alten Gleichgewichtsmodellen wie etwa in der Ökonomie erscheinen. Die Neukonzipierung der Streitkräfte für nationale Verteidigung und Friedenssicherung im nationalen, lokalen, regionalen und globalen Maßstab könnte durch das Studium der Programme dieser ganzen »Bewegungen für neue Paradigmen« erleichtert werden. Diese Bürgerbewegungen stellen eine lebenswichtige Rückkoppelung und Vorankoppelung dar, sie enthalten die wesentlichen Elemente zum Verständnis des Verhaltens aller komplexen, nichtlinearen Systeme und Organisationen.

IVAN ILLICH

*Österreichisch-amerikanischer Prie-
ster, Gesellschafts- und Kulturkritiker. Geboren 1926 in Wien, das er
1941 verlassen mußte. Studium der
Geschichte, Kunstgeschichte, Psychologie, Philosophie und Theologie. Illich übte scharfe Kritik an der
politischen, ökonomischen und kulturellen Ausbeutung Lateinameri-
kas sowie am unbegrenzten Wachstum. Lehrtätigkeit an der New Yor-
ker Fordham University sowie an
anderen amerikanischen und europäischen Hochschulen.
Wichtige Werke: »Die Nemesis der
Medizin«; »Genus. Zu einer historischen Kritik der Gleichheit«.
Für dieses Buch wurde ein Beitrag
aus »Fortschrittsmythen« ausgewählt.*

Wider die Verschulung

Seit Generationen bemühen wir uns, die Welt besser einzurichten, indem wir immer mehr Schulung anbieten, aber dieses Streben ist bislang gescheitert. Wir mußten vielmehr erfahren, daß wir keineswegs für mehr Gleichheit sorgen, wenn wir alle Kinder zwingen, eine nach oben offene Bildungsleiter hinaufzuklettern, sondern daß dies lediglich denjenigen begünstigt, der früher, gesünder oder besser vorbereitet an den Start geht; daß der Zwangsunterricht bei den meisten Menschen den Willen zu unabhängigem Lernen abtötet; und daß Wissen, wenn es als Ware gehandelt, konsumfertig abgepackt und – einmal erworben – als Privatbesitz betrachtet wird, immer ein knappes Gut bleiben muß.

Plötzlich erkennen wir, daß das Ziel der öffentlichen Erziehung durch die Pflichtschule seine soziale, pädagogische und ökonomische Berechtigung verloren hat. Die Kritiker des Bildungssystems reagieren auf diese Situation mit dem Vorschlag, unorthodoxe Heilmittel einzusetzen: vom Gutscheinplan, der es jedem ermöglichen würde, Bildung nach eigener Wahl auf dem offenen Markt zu kaufen, über

die Verlagerung des Bildungsauftrags von der Schule auf die öffentlichen Medien, bis hin zur praktischen Lehre am Arbeitsplatz. Einige
sehen bereits voraus, daß der Schulzwang abgebaut werden muß,
ähnlich wie die Kirche seit zwei Jahrhunderten überall auf der Welt sä-
kularisiert wurde. Andere Reformer schlagen vor, die allgemeine
Schulpflicht durch neue Systeme zu ersetzen, die, so behaupten sie,
jedermann besser auf das Leben in der modernen Gesellschaft vorbereiten würden. Diese Vorschläge für neue Bildungsinstitutionen lassen sich in drei große Gruppen aufteilen: die Reform der Schulklasse
innerhalb des bestehenden Schulsystems; die Einführung freier
Schulklassen in allen Bereichen der Gesellschaft; und die Verwandlung der ganzen Gesellschaft in eine einzige große Schulklasse. Doch
alle drei Ansätze – die reformierte Schulklasse, die freie Schulklasse
und die weltweite Schulklasse – sind nur Stufen einer angestrebten
Bildungseskalation, bei der jeder neue Schritt eine noch subtilere,
noch umfassendere Kontrolle zu bringen droht als der überwundene.

Ich glaube, daß die Säkularisation der Schule unvermeidlich geworden ist und daß dieses Ende einer Illusion uns mit Hoffnung erfüllen
sollte. Aber ich glaube auch, daß das Ende des Verschulungszeitalters
die Epoche einer Globalschule einleiten könnte, die sich nur dem
Namen nach von einem globalen Irrenhaus oder einem globalen Gefängnis unterschiede und in der Erziehung identisch wäre mit Besserungstherapie und Anpassung. Ich glaube daher, daß der Nieder-
gang der Schule uns zwingt, über ihr bevorstehendes Ende hinauszublicken und fundamentale Alternativen der Erziehung ins Auge zu
fassen. Entweder wir ersinnen furchtbare neue Erziehungsmittel, die
auf eine dem Menschen immer unzugänglicher und feindlicher werdende Welt vorbereiten, oder wir schaffen die Voraussetzungen für
eine neue Zeit, in der die Technologie dazu dienen könnte, die Gesellschaft einfacher und transparenter zu machen, so daß alle Menschen
wieder die Tatsachen kennen und die Werkzeuge gebrauchen könnten, die ihr Leben gestalten. Kurz, wir können den Schulzwang politisch eingrenzen und abbauen oder die Kultur entschulen.

Der heimliche Lehrplan der Schule

Um die vor uns liegenden Alternativen klarer zu erkennen, müssen
wir erst einmal zwischen Lernen und Schulung unterscheiden, und
das heißt, das humanistische Ziel des Lehrers von den Auswirkungen
der unwandelbaren Struktur der Schule trennen. Diese verborgene

Struktur konstituiert eine Unterrichtspraxis, die sich stets der Kontrolle des Lehrers oder seiner Schulbehörde entzieht. Sie vermittelt die unaustilgbare Botschaft, daß der einzelne nur durch Schulung sich auf das Leben als Erwachsener in der Gesellschaft vorbereiten könne, daß das, was in der Schule nicht gelehrt wird, völlig wertlos sei und daß das, was außerhalb der Schule zu lernen ist, nicht wissenswert sei. Ich nenne dies den heimlichen Lehrplan der Schule, denn er begründet den unveränderlichen Rahmen des Systems, der von allen etwaigen Veränderungen der Lehrpläne unberührt bleibt.

Der heimliche Lehrplan ist stets der gleiche – wo und in welcher Schule auch immer. Er verlangt, daß alle Kinder eines bestimmten Alters sich in Gruppen von etwa dreißig für 500, 1000 oder mehr Stunden pro Jahr unter der Autorität eines lizenzierten Lehrers versammeln. Es ist gleichgültig, ob der Lehrplan darauf abzielt, die Prinzipien des Faschismus, des Liberalismus, des Katholizismus, des Sozialismus oder der Emanzipation zu lehren, solange nur die Institution die Vollmacht beansprucht zu definieren, welche Aktivitäten legitime »Erziehung« sind. Es ist gleichgültig, ob die Schule bezweckt, sowjetische oder amerikanische Staatsbürger, Handwerker oder Ärzte hervorzubringen, solange man nur als Schulabsolvent ein legitimer Staatsbürger, Handwerker oder Arzt sein kann. Es kommt nicht darauf an, ob die Versammlung der Schüler stets am gleichen Ort stattfindet, solange sie nur als Unterricht verstanden wird: Korbflechten ist für Korbflechter Arbeit, für Häftlinge Besserungstherapie und für Schüler Bestandteil des Lehrplans.

Worauf es beim heimlichen Lehrplan ankommt, das ist die Erfahrung der Schüler, daß Bildung nur dann wertvoll ist, wenn sie in der Schule durch einen stufenweisen Konsumtionsprozeß erworben wird; daß der Erfolg, den der einzelne später in der Gesellschaft hat, von der Menge des Wissens abhängig ist, die er konsumiert; und daß das Lernen *über* die Welt wertvoller ist als das Lernen *durch* die Welt. Die Durchsetzung *dieses* heimlichen Lehrplans innerhalb eines Bildungsplans ist es, was die Verschulung von anderen Formen geplanter Erziehung unterscheidet. Alle Schulsysteme der Welt gleichen sich hinsichtlich ihrer institutionellen Outputs, und diese wiederum sind Resultat des gemeinsamen heimlichen Lehrplans aller Schulen.

Wir müssen nun klar sehen, daß der heimliche Lehrplan der Schule das Lernen aus einer Aktivität in eine Ware verwandelt, deren Markt die Schule monopolisiert. Der Name, mit dem wir diese Ware heute bezeichnen, ist »Erziehung«, ein quantifizierbarer, kumulativer Output einer professionell geplanten Institution, genannt Schule, dessen

Wert sich an der Dauer und Kostspieligkeit jenes Prozesses (eben des heimlichen Lehrplans) bemißt, dem der Schüler unterworfen wird. Der Absolvent des städtischen Colleges um die Ecke und der Elitestudent mögen beide in vier Jahren 135 Pluspunkte [nach amerikanischem System; d. Ü.] sammeln, aber sie wissen beide genau um den unterschiedlichen Wert ihres Wissenskapitals.

In allen »verschulten« Nationen gilt Wissen als erste Voraussetzung fürs Überleben, zugleich aber auch als eine Währung, die konvertibler ist als Rubel oder Dollar. Seit Karl Marx sprechen wir von der Entfremdung des Arbeiters von seiner Arbeit in der Klassengesellschaft. Jetzt aber müssen wir die Entfremdung des Menschen von seinem Lernen erkennen, sobald dieses zum Produkt eines Dienstleistungsgewerbes und er selbst zum Konsumenten wird.

Je mehr Erziehung der einzelne konsumiert, desto mehr »Wissenskapital« erwirbt er und desto höher steigt er in der Hierarchie der Wissenskapitalisten. So definiert die Erziehung eine neue Klassenstruktur der Gesellschaft, innerhalb derer die Großkonsumenten an Wissen – nämlich jene, die große Beträge an Wissenskapital erworben haben – den Anspruch erheben, von höherem Wert für die Gesellschaft zu sein. Sie sind so was wie mündelsichere Akten im *human capital*-Portefeuille einer Gesellschaft, und ihnen ist der Zugang zu den leistungsfähigeren oder knapperen Produktionsmitteln dieser Gesellschaft vorbehalten.

Der heimliche Lehrplan definiert und bewertet also nicht nur, was Bildung ist, sondern bestimmt auch, auf welches Maß an Produktivität der Bildungskonsument ein Anrecht hat. Er dient als Rechtfertigung für den immer engeren Zusammenhang zwischen Arbeitsplatz und entsprechenden Privilegien: was sich in einigen Gesellschaften in Form von persönlichem Einkommen, in anderen als unmittelbares Recht auf zeitsparende Dienstleistungen, weitere Bildung und Prestige ausdrückt. (Dieser Punkt ist besonders bedeutsam in Anbetracht der mangelnden Entsprechung zwischen Schulung und beruflicher Kompetenz, die Studien wie etwa Ivar Bergs *Education and Jobs: The Great Training Robbery* festgestellt haben.)

Das Bestreben, alle Menschen durch sukzessive Stadien der Aufklärung zu führen, geht letzten Endes auf die Alchimie zurück, die große Kunst des ausgehenden Mittelalters. Johann Amos Comenius, der mährische Bischof, selbstberufene Polihistor und Pädagoge gilt mit Recht als einer der Väter der modernen Schule. Als einer der ersten schlug er die über sieben oder zwölf Klassen führende Pflichtschule vor. In seiner *Magna Didactica* beschrieb er die Schule als Mittel, um

»jedermann ein jegliches« zu lehren, und entwarf einen Plan für die Fließbandproduktion von Wissen, die Bildung nach seiner Methode verbilligen und verbessern und eine Entfaltung aller zu voller Menschlichkeit ermöglichen sollte. Aber Comenius war nicht nur ein früher Verfechter der Effizienz. Er war auch Alchimist, der die technische Sprache seiner Zunft übernahm, um die Kunst der Kindererziehung zu beschreiben.

Die Alchimisten versuchten die Grundelemente zu verfeinern, indem sie deren Essenzen herausdestillierten und über zwölf sukzessive Stufen der Erleuchtung führten, auf daß sie zum eigenen und aller Welt Nutzen in Gold verwandelt würden. Natürlich scheiterten die Alchimisten, wie oft sie es auch versuchten, aber jedesmal fand ihre »Wissenschaft« neue Gründe für dieses Scheitern, und sie versuchten es abermals.

Die Pädagogik leitete ein neues Kapitel in der Geschichte der Ars Magna ein. Erziehung war jetzt die Suche nach einem alchimistischen Verfahren, das einen neuen Menschentyp hervorbringen sollte, der sich besser einem durch wissenschaftliche Magie geschaffenen Milieu einfügen würde. Gleichgültig aber, wieviel jede Generation für ihre Schulen aufwendete – es zeigte sich immer, daß die meisten Menschen für Aufklärung nach diesem Verfahren unbrauchbar und für das Leben in einer von Menschen gemachten Welt ungeeignet waren.

Die Bildungsreformer, die der Idee beipflichten, daß die Schule gescheitert ist, lassen sich in drei Gruppen unterteilen. Die respektabelsten sind natürlich die Großmeister der Alchimie, die uns bessere Schulen versprechen. Die verführerischsten sind die Volksmagier, die uns versprechen, aus jeder Küche ein alchimistisches Labor zu machen. Die unheimlichsten sind die neuen Baumeister des Universums, die die ganze Welt zu einem gewaltigen Wissenstempel umbauen wollen.

An der Spitze der heutigen Meister der Alchimie stehen die von den großen Stiftungen engagierten oder finanzierten Forschungsstrategen, die glauben, daß eine nur irgendwie verbesserte Schule auch ökonomisch tragbarer wäre als die heutige mit ihren Schwierigkeiten und gleichzeitig ein größeres Paket an Dienstleistungen ausstoßen könnte. Die Curriculumforscher behaupten, die Lehrfächer der Schule seien überholt oder irrelevant. Also wird der Lehrplan mit flott verpackten Kursen über afrikanische Kultur, US-Imperialismus, Womens' Lib, Umweltprobleme oder Konsumgesellschaft aufgestockt. Passives Lernen sei falsch – und das ist es ja wirklich –, also erlaubt man den Studenten gnädig, selbst zu entscheiden, worüber und wie sie belehrt werden wollen. Schulen seien Gefängnisse, heißt es, also ermächtigt man die Rektoren zu Lehrexkursionen, und die Schulpulte werden auf eine gesperrte Straße in Harlem gestellt. Sensibilität sei heute Trumpf, also wird die Gruppentherapie ins Klassenzimmer geholt. Die Schule, die einst jedermann ein jegliches lehren sollte, wird heute zum bunten Allerlei für alle braven Kinder.

Manche Kritiker werfen der Schule vor, sie mache unzulänglichen Gebrauch von der modernen Wissenschaft. Einige wollen Drogen verabreichen, um es dem Lehrer zu erleichtern, das Verhalten der Kinder zu beeinflussen. Andere wollen die Schule in eine Arena für Bildungssportspiele verwandeln. Wieder andere wollen das Klassenzimmer elektrifizieren: Falls sie einfältige Schüler McLuhans sind, ersetzen sie Tafel und Fibel durch multimediale Happenings; falls sie Gefolgsleute Skinners sind, meinen sie, das menschliche Verhalten wirksamer manipulieren zu können, als die Unterrichtspraktiker alter Schule es konnten.

Die meisten dieser Neuerungen haben natürlich einige gute Effekte. In den experimentellen Schulen gibt es weniger Bummelei. In dezentralisierten Schulbezirken haben die Eltern ein stärkeres Gefühl der Partizipation. Schüler, die neben dem Unterricht eine Handwerkslehre erhalten, sind meist anstelliger und gescheiter als jene, die im Klassenzimmer hocken bleiben. Manche Kinder verbessern tatsächlich ihre Spanischkenntnisse im Sprachlabor, weil sie mehr Spaß daran finden, an den Knöpfen der Tonbandgeräte rumzuspielen, als sich mit gleichaltrigen Puertoricanern auf der Straße zu unterhalten. Doch all diese Verbesserungen sind nur innerhalb vorhersehbar enger Grenzen wirksam, denn sie lassen den heimlichen Lehrplan der Schule unangetastet.

Etliche Reformer würden sich gern vom heimlichen Lehrplan der öffentlichen Schulen befreien, aber es gelingt ihnen selten. Freie Schulen, die zu weiteren, noch freieren Schulen führen, produzieren eine Fata Morgana der Freiheit, auch wenn die Anwesenheit der Schüler oft durch lange Bummelphasen unterbrochen wird. Schulbesuch auf Grund guten Zuredens impft dem Schüler die Notwendigkeit pädagogischer Behandlung nachhaltiger ein als die vom Schulbüttel erzwungene widerwillige Anwesenheit. Nachsichtige, permissive Lehrer in einem wattegepolsterten Klassenzimmer machen die Schüler nach Verlassen der Schule leicht überlebensunfähig.

Das Lernen in solchen Schulen ist dennoch oft nicht mehr als der Erwerb gesellschaftlich anerkannter Fertigkeiten, die in diesem Fall eben durch den Konsensus einer Gemeinschaft statt durch den Erlaß einer Schulbehörde definiert sind. Der neue Seelendiakon ist nur der alte Priester in neuem Gewand.

Damit freie Schulen wahrhaft frei wären, müßten sie zwei Bedingungen erfüllen: erstens müßten sie in der Weise eingerichtet sein, daß die Wiedereinführung des heimlichen Lehrplans, nach dem staatlich lizenzierte Schüler in amtlich lizenzierten Jahrgangsklassen zu Füßen staatlich lizenzierter Lehrer lernen, verhindert würde; und sie müßten – was noch wichtiger ist – einen Rahmen bieten, innerhalb dessen alle Beteiligten, Lehrer wie Schüler, sich von den verborgenen Grundprinzipien einer verschulten Gesellschaft befreien könnten. Die erste Bedingung wird oft unter den Zielen einer freien Schule genannt. Die zweite wird kaum je erkannt und läßt sich schwerlich als Ziel einer freien Schule postulieren.

Die versteckten Prämissen der Erziehung

Es ist nützlich, eine Unterscheidung zu treffen zwischen dem heimlichen Lehrplan, wie ich ihn dargestellt habe, und den okkulten Prämissen der Schulung. Der heimliche Lehrplan ist ein Ritual, das wir als offizielle – institutionell in der Schule etablierte – Initiation in die moderne Gesellschaft auffassen können. Der Zweck dieses Rituals ist es, den Beteiligten die Widersprüche zwischen dem Mythos einer egalitären Gesellschaft und der Klassenrealität, die sie aufweist, zu verbergen. Sobald Rituale als solche erkannt werden, verlieren sie ihre Macht, und genau dies passiert gegenwärtig mit der Schulung. Doch es gibt gewisse Grundannahmen über das Heranwachsen – eben die okkulten Prämissen –, die heute in den Schulungszeremonien Ausdruck finden und die leicht durch das Wirken der freien Schulen noch bestärkt werden könnten.

Auf den ersten Blick erscheint jede Verallgemeinerung über die freien Schulen verfrüht. Besonders in den USA, in Kanada und im Deutschland der frühen siebziger Jahre blühen tausend Blumen eines neuen Frühlings. Über diese Experimente, die den Anspruch von Bildungsinstitutionen erheben, können wir allerdings verallgemeinernde Aussagen machen. Zuvor aber müssen wir noch einige tiefere Einsicht in das Verhältnis zwischen Schulung und Erziehung gewinnen.

Wir vergessen oft, daß das Wort Erziehung erst in neuerer Zeit geprägt wurde. Vor der Reformation war es unbekannt. Kindererziehung wird in französischer Sprache erstmals in einem Dokument aus dem Jahre 1498 erwähnt. Dies war das Jahr, als Erasmus sich in Oxford niederließ, als Savonarola auf dem Scheiterhaufen in Florenz starb und als Dürer seine »*Apokalypse*« stach, die uns so eindringlich die über dem späten Mittelalter hängende Untergangsstimmung vermittelt. In englischer Sprache tritt das Wort erstmals 1530 auf. Dies war das Jahr, als Heinrich VIII. sich von Katharina von Aragon trennte und als Luthers Kirche sich beim Augsburger Reichstag von Rom lossagte. In spanischen Landen verging noch ein Jahrhundert, bevor das Wort und die Idee Erziehung bekannt wurden. Noch 1632 spricht Lope de Vega von Erziehung als einer Neuheit. In diesem Jahr, man erinnere sich, feierte die Universität San Marcos in Lima ihren sechzigsten Jahrestag. Zentren der Gelehrsamkeit gab es, lange bevor der Terminus Erziehung in die Umgangssprache einging. Man »las« die Klassiker oder die Gesetzbücher; man wurde nicht fürs Leben erzogen.

Im frühen 17. Jahrhundert setzte sich die Auffassung durch, daß der Mensch von Geburt unfähig für das Leben in der Gesellschaft sei und daß ihm erst »Erziehung« zuteil werden müsse. Erziehung bedeutete schließlich das Gegenteil von lebendigem Wissen. Sie wurde als Prozeß verstanden, nicht als bloße Kenntnis der Tatsachen und Fähigkeit im Umgang mit den Werkzeugen, die das Leben des konkreten Menschen gestalten. Erziehung wurde schließlich zu einem unfaßbaren Gut, das zum Nutzen aller produziert und ihnen in der gleichen Weise zugeteilt werden mußte, wie einst die sichtbare Kirche den unsichtbaren Segen zuteilte. Rechtfertigung gegenüber der Gesellschaft war jetzt das erste Gebot für den in Ur-Dummheit – analog der Ursünde – geborenen Menschen.

Schulung und Erziehung verhalten sich zueinander wie Kirche und Religion; oder allgemeiner gesagt, wie Ritus und Mythos. Der Ritus schafft und erhält den Mythos. Das Schulungsritual schafft sich seinen eigenen Mythos, und der Mythos erzeugt den Lehrplan, der wiederum die Schulungsriten verewigt. »Erziehung« als Begriff einer allumfassenden Kategorie der sozialen Rechtfertigung ist eine Idee, für die wir (außerhalb der christlichen Theologie) in keiner anderen Kultur ein spezifisches Gegenstück finden, und die Produktion von »Erziehung« im Schulungsprozeß unterscheidet die Schule von anderen Lerninstitutionen, die in anderen Epochen existierten. Diesen Sachverhalt müssen wir verstehen, wenn wir die Mängel der meisten freien, unstrukturierten oder unabhängigen »Schulen« erklären wollen.

Will die freie Schule über eine einfache Reform der Schulklasse hinausgehen, dann muß sie vermeiden, den oben geschilderten heimlichen Lehrplan der Schulung zu übernehmen. Eine ideale freie Schule muß versuchen, Bildung zu vermitteln und gleichzeitig verhindern, daß Erziehung benutzt wird, um eine Klassenstruktur der Gesellschaft zu schaffen oder zu rechtfertigen; sie muß vermeiden, daß sie sich mißbrauchen läßt, den Schüler an einem abstrakten Maßstab zu messen und ihn zu unterdrücken, zu kontrollieren und aufs rechte Maß zurechtzustutzen. Aber solange die freie Schule versucht, »Allgemeinbildung« zu liefern, kann sie nicht über die versteckten Prämissen der Schulung hinausgehen.

Zu diesen Prämissen gehört das von Peter Schrag so genannte »Immigrantensyndrom«, das uns veranlaßt, alle Menschen so zu behandeln, als wären sie Neueinwanderer auf der Welt und müßten einen Naturalisierungsprozeß durchlaufen. Nur amtlich lizenzierten Wissenskonsumenten wird die Staatsbürgerschaft zuerkannt. Die Menschen sind nicht gleich geboren, sondern werden erst im Räderwerk der Alma mater gleich gemacht.

Eine weitere Prämisse ist, daß der Mensch unreif geboren sei und erst »reifen« müsse, bevor er sich in die zivilisierte Gesellschaft einfügen kann. Gemäß dieser ideologischen Fixierung auf Maturität muß der Mensch aus seiner natürlichen Umwelt herausgeholt und durch einen gesellschaftlichen Uterus gedreht werden, in dem er genügend abgehärtet wird, um ins Alltagsleben hineinzupassen. Diese Funktion erfüllen freie Schulen oft besser als herkömmliche, mit weniger Verführung arbeitende Schulen.

Freie Bildungseinrichtungen haben mit weniger freien Bildungseinrichtungen noch ein weiteres Merkmal gemein. Sie depersonalisieren die Verantwortung für die Erziehung. Sie stellen eine Institution in loco parentis. Sie verewigen die Vorstellung, daß Unterweisung, wenn sie außerhalb der Familie geschieht, durch eine Agentur verrichtet werden soll, für die der einzelne Lehrer nur als Agent handelt. In der verschulten Gesellschaft wird sogar die Familie auf eine »Akkulturationsagentur« reduziert. Erziehungsagenturen, die Lehrer beauftragen, die korporativen Absichten von Schulaufsichtsbehörden zu verwirklichen, sind Instrumente der Depersonalisierung intimerer Beziehungen zwischen Menschen.

Gewiß gibt es viele freie Schulen, die ohne akkreditierte Lehrer funktionieren. Damit stellen sie eine ernste Bedrohung für die etablierten Lehrergewerkschaften dar. Aber sie bedrohen mitnichten die professionelle Struktur der Gesellschaft. Eine Schulbehörde, die nach eigenem Gutdünken Leute einstellt und mit der Durchführung ihrer

Erziehungsabsichten beauftragt, auch wenn sie keine professionelle Lizenz, kein Gewerkschaftsbuch oder Diplom vorweisen können, stellt die Legitimität der Lehrprofession nicht in Frage.

Die meisten Lehrer, die an freien Schulen unterrichten, haben keine Gelegenheit, in ihrem eigenen Namen zu lehren. Die korporative Aufgabe der Unterweisung verrichten sie im Namen einer Behörde; die weniger transparente Funktion des Unterrichts im Namen der Schüler; und die eher mystische Funktion der Belehrung im Namen der »Gesellschaft« insgesamt. Der beste Beweis dafür ist, daß die meisten Lehrer an freien Schulen noch mehr Zeit als ihre professionellen Kollegen in Konferenzen und Sitzungen verbringen, wo geplant wird, wie die Schule erziehen soll. Angesichts ihrer offenkundigen Illusionen werden viele gutwillige Lehrer durch die schiere Dauer solcher Sitzungen aus dem öffentlichen Schuldienst in die freie Schule und ein Jahr später auch aus dieser vertrieben.

Alle Bildungseinrichtungen behaupten, daß sie die Menschen für irgend etwas formen wollen, etwa für die Zukunft; aber sie entlassen sie nicht in diese, bevor sie nicht ein hohes Maß an Toleranz gegenüber der Lebensart der Älteren entwickelt haben: Es ist eine Erziehung *für* das Leben, statt *im* alltäglichen Leben. Nur wenigen freien Schulen gelingt es, gerade dies zu vermeiden. Gleichwohl gehören sie zu jenen wichtigen Zentren, von denen sich ein neuer Lebensstil ausbreitet.

Die Vermarktung der Ware »Wissen«

Die gefährlichste Gruppe der Bildungsreformer sind jene, die behaupten, man könne Wissen auf einem offenen Markt viel effektiver produzieren und verkaufen als auf einem von der Schule kontrollierten. Diese Leute meinen, daß Kenntnisse leicht von einem Vorbild übernommen werden, falls der Lernende nur wirklich ein Interesse hat, sie zu erwerben; daß individuelle Anrechtstitel besser geeignet wären, eine gleiche Verteilung der Kaufkraft auf dem Bildungssektor herzustellen. Solche Behauptungen erscheinen mir einleuchtend. Doch es wäre ein Irrtum zu glauben, daß die Einführung eines freien Wissensmarktes eine radikale Alternative im Bildungswesen herbeiführen könnte.

Die Einrichtung eines freien Marktes würde tatsächlich beseitigen, was ich oben als heimlichen Lehrplan der gegenwärtigen Schule bezeichnet habe. Ebenso scheint ein freier Markt, wenigstens auf den ersten Blick, dem entgegenzuwirken, was ich die okkulten Prämissen einer verschulten Gesellschaft nannte: das »Immigranten-Syndrom«, das institutionelle Lehrmonopol und das Ritual der linearen Initiation. Gleichzeitig aber könnte ein freier Bildungsmarkt dem Alchimisten zahllose unsichtbare Hände liefern, um alle Menschen in die vielfältigen, engen kleinen Nischen einzupassen, die eine immer komplexere Technokratie einrichtet.

Noch offenkundiger ist, daß jene Testbatterien, mit denen heute komplexe Wissenspakete gemessen werden, die fällige Aufhebung der allgemeinen Schulpflicht überleben könnten – und damit der Zwang, der von jedem verlangt, zumindest ein minimales Paket Wissensaktien zu erwerben. Die alchimistische Messung des Wertes, den der einzelne hat, und der alchimistische Traum von der »Erziehbarkeit des Menschen zu voller Menschlichkeit« würden in eins fallen. Unter dem Schein eines »freien Marktes« würde das Weltdorf zu einem uterinalen Milieu umgestaltet, wo Pädagogiktherapeuten die technische Nabelschnur kontrollieren, durch die jeder einzelne gefüttert wird. Heute beschränkt die Schule die Kompetenz des Lehrers noch aufs Klassenzimmer. Sie verwehrt es ihm noch, das ganze Leben des Menschen als seine Domäne zu beanspruchen. Das bevorstehende Ende der Schule wird auch diese Hemmung beseitigen und der lebenslangen pädagogischen Einmischung ins Privatleben aller den Schein von Legitimität verleihen. Dies wäre der Start zu einem allgemeinen Gerangel um »Wissen« auf einem freien Markt, und das Ergebnis wäre die Paradoxie einer vulgären – wenn auch scheinbar egalitären – Meritokratie.

Die Schule ist keineswegs die einizige oder effizienteste unter den Institutionen, die den Anspruch erheben, Information, Verständnis und Wissen in Verhaltensmuster zu übersetzen, die den Schlüssel zu Prestige und Macht darstellen. Auch ist die Schule nicht die erste Institution, die benutzt wurde, um Bildung in solche Rechtstitel zu verwandeln. Das chinesische Mandarinsystem zum Beispiel wirkte jahrhundertelang als stabiler, effektiver Bildungsanreiz im Dienste einer relativ offenen Klasse, deren Privilegien auf dem Erwerb meßbaren Wissens beruhten.

In der Zeit etwa um 2200 v. Chr., so wissen wir, unterzog der Kaiser von China seine Beamten alle drei Jahre einer Prüfung. Nach drei Prüfungen wurden sie entweder befördert oder für immer aus dem Dienst verwiesen. Ein Jahrtausend später, 1115, richtete der erste Chan-Kaiser allgemeine formale Prüfungen für den Staatsdienst ein: in Musik, Bogenschießen, Reitkunst, Schreiben und Arithmetik. Dabei wurden die Kandidaten nicht an abstrakten, von Wissenschaft-

lern entwickelten Standards gemessen, sondern sie stellten sich alle
drei Jahre dem Wettbewerb mit Gleichrangigen. Nur einer von hundert wurde über die Grade »blühender Genius«, »verdienter Gelehrter« in die Stufe »Anwärter für den Dienst« befördert. Die Auswahl-
quote der Prüfungen für diese drei sukzessiven Grade war so gering,
daß die Tests selbst nicht besonders exakt zu sein brauchten. Aber es
wurde größte Sorgfalt aufgewandt, um Objektivität zu gewährleisten. Bei der Prüfung zum zweiten Grad, wo der schriftliche Aufsatz
eine wichtige Rolle spielte, wurde die Arbeit des Kandidaten von
einem Sekretär kopiert, und nur die Kopie wurde der Jury vorgelegt,
um zu verhindern, daß die Kalligraphie des Autors erkannt wurde
und die Richter zu Vorurteilen verleitete.

In China verlieh die Beförderung in einen Gelehrtenrang nicht das
Anrecht auf begehrte Ämter, sondern sie berechtigte zur Teilnahme
an einer öffentlichen Lotterie, bei der die Ämter unter den lizenzierten Mandarinen ausgelost wurden. Solange China nicht gezwungen
war, gegen europäische Mächte Krieg zu führen, entstanden dort
keine Schulen oder gar Universitäten. Die Prüfung von unabhängig
erworbenem, meßbarem Wissen befähigte das chinesische Reich drei
Jahrtausende lang – als einzige Nation ohne eigentliches Kirchen-
oder Schulsystem –, seine herrschende Elite auszubilden, ohne eine
erbliche Aristokratie zu entwickeln. Zugang zu ihr hatten die Kaiser-
familie ebenso wie jene, die die Prüfungen bestanden.

Voltaire und seine Zeitgenossen priesen das chinesische System
der Beförderung. In Frankreich wurden 1791 Prüfungen für den öffentlichen Dienst eingeführt, nur um durch Napoleon wieder abge-
schafft zu werden. Es wäre eine faszinierende Spekulation, sich einmal vorzustellen, daß das Mandarinsystem gewählt worden wäre,
um die Ideale der Französischen Revolution zu propagieren – statt
des Schulsystems, das unvermeidlich Nationalismus und militäri-
sche Disziplin begünstigt. Kein Wunder, daß Napoleon die politech-
nische Internatsschule ausbaute. Das jesuitische Modell der rituell
gestaffelten Promotion in einer klösterlichen Hierarchie siegte über
das Mandarinsystem als bevorzugte Methode, mittels derer die westlichen Gesellschaften ihre Eliten legitimieren.

Der Schulrektor wurde zum Abt in einer weltweiten Kette von Klö-
stern, in der jedermann emsig das notwendige Wissen akkumuliert,
um in einen zunehmend obsolet werdenden Himmel auf Erden einzugehen. Ähnlich wie die Calvinisten die Klöster säkularisierten, nur
um ganz Genf zu einem einzigen Kloster zu machen, müssen wir
heute befürchten, daß der Abbau der Schulpflicht eine weltweite Wis-

sensfabrik herbeiführen wird. Solange wir nicht unsere Konzepte von Lernen und Wissen verändern, muß die Säkularisation der Schule zur unseligen Hochzeit zwischen dem Mandarinsystem, das zwischen Lernen und Lizenzierung trennt, und einer Gesellschaft führen, die sich verpflichtet fühlt, jeden Menschen so lange zu therapieren, bis er reif fürs Goldene Zeitalter ist.

Weder Alchimie noch Magie oder Freimaurerei können die Probleme der gegenwärtigen »Bildungskrise« lösen. Die Entschulung unseres Weltbildes verlangt, daß wir den illegitimen religiösen Charakter des Erziehungsbetriebs selbst erkennen. Die Hybris liegt gerade in dem Versuch, den Menschen durch Unterwerfung unter einen technisch geplanten Prozeß zu einem sozialen Wesen zu machen.

Diejenigen, die sich zum technokratischen Ethos bekennen, halten es für notwendig, das technisch Mögliche auch verfügbar zu machen – zumindest für einige wenige, ob sie dies wollen oder nicht. Entbehrung und Frustration der Mehrheit zählen dabei nicht. Wenn die Kobalt-Therapie möglich ist, dann braucht die Stadt Tegucilpa eben für jedes ihrer beiden Krankenhäuser solch einen Apparat – und zwar um einen Preis, zu dem der größte Teil der Bevölkerung von Honduras von Parasiten befreit werden könnte. Wenn Überschallgeschwindigkeit möglich ist, dann müssen die Reisen einiger weniger auf diese Weise beschleunigt werden. Wenn der Flug zum Mars vorstellbar ist, dann muß eine Begründung gefunden werden, um ihn auch notwendig erscheinen zu lassen. Das technokratische Ethos modernisiert die Armut: nicht nur werden alte Alternativen durch neue Monopole versperrt, sondern der Mangel am Lebensnotwendigen wird verschärft durch die wachsende Kluft zwischen jenen Dienstleistungen, die technologisch möglich sind, und jenen, die tatsächlich der Mehrheit verfügbar sind.

Sobald ein Lehrer dieses technokratische Ethos übernimmt, wird er zum »Erzieher«. Er handelt nun, als sei Erziehung ein technologisches Unternehmen, dazu bestimmt, den Menschen in jedwelches Milieu einzupassen, das der wissenschaftliche »Fortschritt« schaffen mag. Er scheint nun blind für das evidente Faktum, daß die ständige Obsoleszenz aller Waren teuer zu stehen kommt: in Form steigender Kosten für die Schulung der Menschen als Konsumenten dieser Waren. Er scheint nun zu vergessen, daß die steigenden Kosten der Produktionswerkzeuge gerade im Bildungswesen einen hohen Preis fordern; sie verringern die Arbeitsintensität der Wirtschaft und machen das Lernen am Arbeitsplatz unmöglich – oder bestenfalls zum

Privileg für wenige. Überall auf der Welt steigen die Kosten der Erziehung des Menschen für diese Gesellschaft schneller als die Produktivität der gesamten Wirtschaft, und immer weniger Menschen haben das Gefühl einer intelligenten Teilnahme am gemeinsamen Ganzen.

Die Schule als ein Werkzeug des technokratischen Fortschritts

Die Erziehung für eine Konsumgesellschaft ist gleichbedeutend mit Konsumentenschulung. Eine Gesellschaft, in der Technokratien stets aufs neue menschliches Glück als Konsum ihrer neuesten Produkte definieren, ist zu ihrem Überleben auf Erziehungsinstitutionen (von der Schule bis zur Reklame) abhängig, die Erziehung in soziale Kontrolle übersetzen.

In reichen Ländern wie den USA, Kanada oder der UdSSR machen riesige, in die Verschulung gesteckte Investitionen die institutionellen Widersprüche des technokratischen Fortschritts ganz evident. Die ideologische Rechtfertigung grenzenlosen Fortschritts beruht in diesen Ländern auf der Behauptung, die egalisierenden Effekte einer endlosen Schulung könnten den antiegalitären Kräften dauernder Obsoleszenz entgegenwirken. Ja, die Legitimität der Industriegesellschaft selbst beruht inzwischen auf der Glaubwürdigkeit ihrer Schule, ganz egal ob die Grand Old Party [= Republikaner in den USA; d. Ü.] oder die Kommunistische Partei an der Macht ist. Unter diesen Bedingungen nimmt die Öffentlichkeit Publikationen wie Charles Silbermans Bericht für die Carnegie Commission *Crisis in the Classroom* begierig auf. Solche Forschungen flößen gerade durch ihre wohldokumentierte Verurteilung der heutigen Schule ein Vertrauen ein, das angesichts der unbedeutenden Versuche, das System durch die kosmetische Operation seiner offenkundigen Mängel zu kurieren, eine neue Welle vergeblicher Erwartungen nähren kann.

Weitere Investitionen in die Schule steigern nur das Scheitern der Schule ins Monumentale. Paradoxerweise sind die Armen die ersten Opfer zusätzlicher Schulung. Die Wright Commission in Ontario mußte ihrem staatlichen Auftraggeber berichten, daß die tertiären Bildungsinstitutionen unvermeidlich den Armen überproportionale Lasten für eine Bildung aufbürden, in deren Genuß immer hauptsächlich die Reichen kommen werden.

Die Erfahrung bestätigt solche Warnungen. Jahrzehntelang bevorzugte ein Quotensystem in der UdSSR die Söhne von Arbeitern ge-

genüber Akademikersöhnen bei der Zulassung zur Universität. Trotzdem sind letztere in den Seminaren der russischen Hochschulen weit
stärker überrepräsentiert als etwa in den USA.

Am 8. März 1971 verkündete Chief Justice Warren E. Burger das ein-
stimmige Urteil seiner Kammer im Fall Griggs et al. ./. Duke Power
Company. Burger und seine Richterkollegen interpretierten die Absichten, die der US-Kongreß in die Passage über Chancengleichheit
der Civil Rights Act von 1964 eingeschrieben hatte, in dem Sinn, daß
jegliche Benotung und jeder Test, dem zukünftige Arbeitnehmer unterzogen werden, die »Eignung des Mannes für die Arbeit« und nicht
den »Mann in abstracto« messen müsse. Die Beweislast, daß Bil-
dungsvoraussetzungen ein »vernünftiger Maßstab für Aufgabener-
füllung« sind, liege beim Arbeitgeber. Mit dieser Entscheidung äch-
tete das Gericht lediglich Tests und Diplome als Mittel rassischer Diskriminierung, doch die in der Argumentation des Chief Justice enthaltene Logik läßt sich auf jede Form von »Bildungsstammbaum« als
Voraussetzung für eine Anstellung übertragen. Jetzt müssen sich die
von Ivar Berg *(The great Training Robbery)* so wirksam bloßgestellten
Bildungskartelle auf die neue Herausforderung einer Allianz von
Schülern, Arbeitgebern und Steuerzahlern gefaßt machen.

In armen Ländern muß die Schule den ökonomischen Rückstand
einer ganzen Nation rationalisieren. Die Mehrheit der Bürger ist von
den knappen modernen Produktions- und Konsumtionsmitteln ausgeschlossen, drängt sich aber vor den Pforten der Schule, um Einlaß
in die Wirtschaft zu erhalten. Die hierarchische Privilegien- und
Machtverteilung wird nicht mehr durch Abstammung, erblichen
Adel, die Gunst eines Königs oder Papstes, die eigene Rücksichtslo-
sigkeit auf dem Markt oder auf dem Schlachtfeld legitimiert, sondern
durch die subtileren Formen des Kapitalismus: nämlich die hierarchische, aber liberale Institution der Pflichtschule, die es den Nutznie-
ßern einer guten Bildung gestattet, dem rückständigen Wissenskonsumenten selbst die Schuld daran zu geben, daß er ein Zertifikat von
geringerem Nennwert besitzt. Solche Rationalisierung der Ungleich-
heit vermag aber niemals die Tatsachen zu übertünchen, und populi-
stischen Regimen fällt es immer schwerer, den Konflikt zwischen
ihrer Ideologie und der Realität zu verbergen.

Zehn Jahre lang investierte Castros Kuba ungeheure Energien in
ein rasch wachsendes öffentliches Erziehungswesen, wobei es auf die
verfügbaren menschlichen Ressourcen zurückgriff, ohne den üblichen professionellen Beglaubigungen Tribut zu zollen. Die anfangs
spektakulären Erfolge dieser Kampagne, vor allem der Rückgang des

Analphabetismus, wurden oft als Beweis für die Behauptung angeführt, daß die langsame Wachstumsrate anderer lateinamerikani-
scher Schulsysteme durch Korruption, Militarismus und eine kapitalistische Marktwirtschaft verschuldet seien. Inzwischen aber wird
Fidel mit seinem Versuch, den »neuen Menschen« heranzuschulen,
von der Logik der hierarchischen Schulung eingeholt. Selbst wenn
die Studenten das halbe Jahr auf den Zuckerrohrfeldern verbringen
und sich rückhaltlos zu den egalitären Idealen des Compañero Fidel
bekennen, züchtet die Schule jedes Jahr eine neue Ernte selbstbewuß-
ter Wissenskonsumenten heran, die nach immer höheren Konsum-
graden greifen. Die lizenzierten Absolventen, die die neuen Jobs er-
gattern, zerstören durch ihren Konservativismus die Leistungen
jener nicht lizenzierten Kader, die ihre Positionen durch Weiterbil-
dung am Arbeitsplatz errangen. Es genügt nicht, einfach die Lehrer
für die Versäumnisse einer revolutionären Regierung verantwortlich
zu machen, die darauf beharrt, die institutionelle Kapitalisierung
menschlicher Ressourcen durch einen heimlichen Lehrplan zu erreichen, der eine universelle Bourgeoisie hervorzubringen garantiert.

Für die Selbstbestimmung von Lehren und Lernen

Eine Revolution gegen jene Formen von Privileg und Macht, die auf
dem Rechtstitel professionellen Wissens beruhen, muß von einer ge-
wandelten Auffassung vom Wesen des Lernens ausgehen. Dies bedeutet vor allem, daß die Verantwortung für Lehren und Lernen in
andere Hände übergeht. Wissen läßt sich nur als Ware definieren, solange es als Resultat eines institutionellen Unternehmens oder als Erfüllung institutioneller Ziele begriffen wird. Nur wenn der einzelne
das Gefühl seiner persönlichen Verantwortung für das, was er lernt
und lehrt, wiedergewinnt, kann dieser Bann gebrochen und die Entfremdung des Lernens vom Leben überwunden werden.

Das Wiedererlangen der Vollmacht über Lehre und Lernen bedeutet, daß der Lehrer, der das Risiko auf sich nimmt, in die Privatsphäre
eines anderen einzugreifen, auch die Verantwortung für die Folgen
übernehmen muß. Ebenso muß der Schüler, der sich dem Einfluß
eines Lehrers aussetzt, die Verantwortung für seine eigene Ausbildung übernehmen. Um solchen Zwecken zu genügen, müßten Bildungsinstitutionen – wenn überhaupt nötig – die Form von Einrich-
tungen annehmen, wo dem Interessenten ein Dach über dem Kopf
und Zugang zu einem Klavier, einem Keramikbrennofen, zu Schall-

platten, Büchern oder Dias geboten wird. Schulen, Fernsehstationen, Theater und dergleichen werden hauptsächlich für die Nutzung durch professionelle Experten geplant. Die Entschulung der Gesellschaft bedeutet aber vor allem, daß dem zweitältesten Gewerbe der Welt, dem Lehrerberuf, sein professioneller Expertenstatus entzogen wird. Die Lizenzierung der Lehrer stellt heute eine übermäßige Einschränkung des Rechts auf freie Rede dar; die korporative Struktur und professionelle Überheblichkeit des Journalismus bedingen eine untragbare Beschränkung des Rechts der Pressefreiheit; der gesetzliche *Zwang* zum Schulbesuch schränkt die Versammlungs*freiheit* ein. Die Entschulung der Gesellschaft wäre nichts Geringeres als ein Kulturwandel, durch den ein Volk sich den effektiven Gebrauch seiner Verfassungsfreiheiten wieder aneignet: vor allem der Freiheit, zu lernen und zu lehren – von Menschen, die wissen, daß sie frei geboren sind und keiner Therapie zur Nutzung dieser Freiheit bedürfen. Die meisten Menschen lernen dann am meisten, wenn sie tun, was ihnen Freude macht; die meisten Menschen sind neugierig und bestrebt, in allen ihren Erfahrungen einen Sinn zu erkennen; und die meisten Menschen sind fähig zu persönlichem, direktem Verkehr mit anderen, solange sie nicht durch eine inhumane Arbeit abgestumpft oder durch Verschulung verblödet sind.

Die Tatsache, daß der Mensch in den reichen Ländern aus eigener Initiative nichts lernt, beweist nicht das Gegenteil. Vielmehr ist sie eine Folge des Lebens in einer Umwelt, von der er – paradoxerweise – nicht viel lernen kann, gerade weil sie so stark programmiert ist. Der Mensch wird dauernd frustriert durch die Struktur der modernen Gesellschaft, in der jene Tatsachen, auf die er seine Entscheidungen gründen könnte, sich immer mehr seinem Zugriff entziehen. Er lebt in einer Umwelt, wo Werkzeuge, die sich kreativ gebrauchen lassen, Luxus sind; in einem Milieu, wo die Kommunikationskanäle nur dazu dienen, die wenigen zu den vielen sprechen zu lassen.

Für eine gebrauchswertorientierte Technologie

Ein moderner Mythos will uns glauben machen, daß das Ohnmachtsgefühl, mit dem die meisten Menschen heute leben, die Folge einer Technologie sei, die zwangsläufig gewaltige Systeme schaffe. Aber es ist nicht die Technologie, die die Systeme gewaltig aufbläht, die Werkzeuge mit immensen Kräften ausstattet, die Kommunikationskanäle zu Einbahnstraßen macht. Ganz im Gegenteil: Richtig kontrolliert, könnte die Technologie jedem Menschen zur Fähigkeit verhelfen, seine Umwelt besser zu verstehen und sie mit eigenen Händen und aus eigener Kraft zu gestalten und ihm ein nie zuvor gekanntes Maß an wechselseitiger Kommunikation ermöglichen. Solche alternative Nutzung der Technologie wäre die fundamentale Alternative im Bildungswesen.

Wenn der Mensch heranwächst, dann braucht er in erster Linie Zugang zu Dingen, Orten, Prozessen, Ereignissen und Informationen. Er will all das sehen, anfassen, verändern und begreifen, was in einer sinnvollen Situation verfügbar ist. Diese Verfügung wird ihm heute weitgehend verwehrt. Als das Wissen eine Ware wurde, erlangte es auch den gesetzlich geschützten Status des Privateigentums. In der Schule behält der Lehrer sein Wissen für sich, soweit es nicht in den täglichen Stundenplan paßt. Die Medien informieren uns, aber sie unterschlagen jene Dinge, die sie nicht als druckreif erachten. Die Informationen werden in Spezialsprachen verschlüsselt, und spezialisierte Lehrer leben davon, diese zurückzuübersetzen. Verbände sitzen auf geschützten Patenten, Bürokratien hüten ihre Geheimnisse, und Berufsvereinigungen, Institutionen und Nationen wahren eifersüchtig ihre Macht, andere von privaten Reservaten fernzuhalten – seien es Cockpits, Anwaltskanzleien, Müllhalden oder Kliniken. Weder die politischen noch die professionellen Strukturen unserer Gesellschaften – ob Osten oder Westen – könnten ohne diese Macht überleben, ganze Menschenklassen von den Fakten, die ihnen dienen könnten auszuschließen. Der Zugang zu den Fakten, wie ich ihn befürworte, geht weit über eine wahrheitsgemäße Bezeichnung und Benennung hinaus. Dieser Zugang muß in die Realität selbst eingebaut werden – während wir uns damit begnügen, von der Reklame lediglich die Garantie zu verlangen, daß sie nicht lügt. Der Zugang zur Realität ist eine fundamentale Bildungsalternative zu einem System, das sich anmaßt, lediglich *über* die Realität zu belehren.

Die Abschaffung des Rechts auf korporative Geheimhaltung – selbst wenn die Experten meinen, daß solche Geheimhaltung dem allgemeinen Wohl diene – ist, wie jetzt klar sein sollte, ein weit radikaleres politisches Ziel als die traditionelle Forderung nach öffentlichem Eigentum oder öffentlicher Kontrolle über die Produktionswerkzeuge. Die Sozialisierung der Werkzeuge ohne wirkliche Sozialisierung des Know-how versetzt den Wissenskapitalisten in eine Position, wie früher der Finanzier sie innehatte. Der Machtanspruch des Technokraten liegt lediglich in seinem Besitz an irgendwelchem knappen Geheimwissen, und das beste Mittel, dessen Wert zu erhalten, ist eine große, kapitalintensive Organisation, die den Zugang zu solchem Know-how abschreckt und verbietet.

Wer mit Interesse lernt, braucht nicht lange, um sich beinah jede Fertigkeit anzueignen, die er erlernen will. Dies vergessen wir meist in einer Gesellschaft, wo professionelle Lehrer den Zugang zu allen Wissensgebieten monopolisieren und dadurch die Unterweisung durch unlizenzierte Individuen als Scharlatanerie abstempeln. In Industrie oder Forschung gibt es nur wenige mechanische Fertigkeiten, die so anstrengend, komplex und gefährlich sind wie das Autofahren – eine Fertigkeit, die jeder rasch von einem Freund erlernen kann. Nicht alle Menschen haben Talent für höhere Logik, aber die es haben, machen rasche Fortschritte, wenn sie in frühem Alter durch mathematische Spiele angeregt werden. Jedes zwanzigste Kind in Guernavaca kann mich nach ein paar Wochen Training beim »Mastermind« schlagen. Binnen vier Monaten lernen alle Erwachsenen, bis auf ein paar Prozent, in unserem CIDOC-Zentrum gut genug Spanisch, um in der neuen Sprache wissenschaftlichen Verhandlungen zu folgen.

Ein erster Schritt, um allen den Zugang zu Kenntnissen und Fertigkeiten zu eröffnen, bestünde darin, die Befähigten durch verschiedene Anreize zu motivieren, den anderen die Kenntnisse mitzuteilen. Dies würde unvermeidlich gegen die Interessen von Zünften, Berufsständen und Gewerkschaften verstoßen. Aber die Vielfachlehre ist attraktiv. Sie gibt jedem die Chance, von fast allem etwas zu lernen. Es gibt keinen Grund, warum jemand nicht die Fähigkeiten, ein Auto zu fahren, ein Telefon oder ein Klo zu reparieren, als Hebamme Geburtshilfe zu leisten und als technischer Zeichner zu arbeiten, in sich vereinigen sollte. Spezielle Interessengruppen und ihre disziplinierten Konsumenten würden natürlich gleich behaupten, daß die Öffentlichkeit durch professionelle Garantien geschützt werden müsse. Aber dieses Argument wird schon heute durch Konsumentenschutzvereine ständig in Frage gestellt. Ernster ist da schon der Einwand zu nehmen, den Ökonomen gegen eine radikale Sozialisierung der Kenntnisse und Fertigkeiten erheben: nämlich daß der Fortschritt gehemmt würde, wenn Wissen, Patente, Qualifikationen und dergleichen demokratisiert würden. Ihre Argumente können wir nur widerlegen, indem wir auf die steigende Wachstumsrate der vergeblichen Verschwendung verweisen, die das bestehende Erziehungssystem produziert.

Das Vorhandensein von Menschen, die bereit sind, ihre Kenntnisse mitzuteilen, ist noch keine Garantie für das freie Lernen aller. Der Zugang zu ihnen wird nicht nur durch das Monopol der Bildungspläne und Berufsverbände, sondern auch durch eine Technologie der Knappheit beschränkt. Die Fähigkeiten, die heute zählen, sind das Know-how im Umgang mit Werkzeugen, deren Knappheit geplant ist. Diese Werkzeuge produzieren Güter oder schaffen Dienstleistungen, die jeder begehrt, die aber nur wenige sich leisten können und die nur eine begrenzte Anzahl zu nutzen wissen. Nur ein paar Privilegierte unter der Gesamtzahl derer, die an einer bestimmten Krankheit leiden, kommen je in den Genuß der Produkte einer hochkomplexen Medizintechnik, und noch weniger Ärzte erlangen die Fähigkeit, diese zu benutzen.

Die gleichen Ergebnisse medizinischer Forschung wurden hingegen auch verwendet, um eine medizinische Grundausstattung zu entwickeln, mit der Heeres- und Marinesanitäter nach wenigen Monaten Ausbildung in der Lage waren, unter Kampfbedingungen Resultate zu erzielen, die im Zweiten Weltkrieg für voll ausgebildete Ärzte unvorstellbar waren. In noch einfacherem Rahmen könnte jedes Bauernmädchen lernen, die meisten Infektionskrankheiten zu diagnostizieren und auch zu behandeln, falls die Medizinwissenschaft bereit wäre, für spezifische geographische Regionen entsprechende Dosierungen und Instruktionen zu entwickeln.

Alle diese Beispiele illustrieren die Tatsache, daß schon Bildungsgesichtspunkte allein genügen, um einen radikalen Abbau der professionellen Struktur zu fordern, die heute ein Verhältnis der Gegenseitigkeit zwischen dem Wissenschaftler und der Mehrheit derer, die Zugang zur Wissenschaft wünschen, verhindert. Würde diese Forderung erfüllt, dann könnten alle Menschen lernen, die durch die heutige Wissenschaft effektiver und dauerhafter gemachten Werkzeuge von gestern zu gebrauchen, um die Welt von morgen zu schaffen.

Traurigerweise herrscht heute genau der gegenteilige Zustand. Ich kenne eine Küstenregion in Südamerika, wo die meisten Menschen vom Fischfang leben, den sie mit kleinen Booten betreiben. Der Außenbordmotor ist nun gewiß das Werkzeug, das das Leben dieser Küstenfischer am nachhaltigsten beeinflußt hat. Bei genauerer Untersuchung fand ich aber, daß die Hälfte aller zwischen 1945 und 1950 gekauften Außenbordmotoren durch dauernde Bastelei immer noch in Gang gehalten wird, während die Hälfte der 1965 gekauften Motoren nicht mehr läuft, weil sie so gebaut sind, daß man sie nicht reparieren kann. Der technologische Fortschritt beliefert die meisten mit technischen Spielereien, die sie sich nicht leisten können, und entzieht ihnen die einfacheren Werkzeuge, die sie brauchen würden.

Die beim Hausbau verwendeten Metalle, Kunststoffe und der Stahlbeton wurden seit den vierziger Jahren erheblich verbessert und sollten heute mehr Menschen die Möglichkeit geben, sich selbst ihr Haus zu bauen. Doch während in den USA noch 1948 mehr als 30 Prozent aller Einfamilienhäuser vom Besitzer selbst erbaut waren, fiel Ende der sechziger Jahre der Anteil derer, die als ihr eigener Baumeister tätig wurden, auf weniger als 20 Prozent.

Noch sichtbarer wird der durch die sogenannte ökonomische Entwicklung bedingte Verfall von Kenntnissen und Fertigkeiten in Lateinamerika. Hier bauen die meisten Menschen noch immer ihr eigenes Haus, von den Grundmauern bis zum Dach. Dabei verwenden sie meist landesübliche Materialien wie Lehm und Schilf in Form von Luftziegeln und Flechtwerk, die in dem feuchten, heißen und windigen Klima von unübertroffenem praktischen Wert sind. In anderen Gegenden bauen sie sich ihre Behausungen aus Teerpappe, Ölfässern und anderen industriellen Abfällen. Statt den Leuten einfache Werkzeuge und durchstandardisierte, dauerhafte und leicht reparierbare Bauelemente an die Hand zu geben, sind alle Regierungen in die Massenproduktion von Billigbauten eingestiegen. Nun ist klar, daß kein einziges dieser Länder es sich leisten kann, die Mehrheit seiner Menschen mit zufriedenstellenden modernen Wohneinheiten zu versorgen. Und doch macht die Politik es den Menschen überall zunehmend schwerer, sich Wissen und Kenntnisse anzueignen, die sie bräuchten, um sich bessere Häuser zu bauen.

Selbstbegrenzung

Bildungserwägungen gestatten uns, ein zweites fundamentales Merkmal zu formulieren, das eine postindustrielle Gesellschaft aufweisen muß: nämlich eine Grundausstattung von Werkzeugen, die sich schon durch ihre bloße Beschaffenheit technokratischer Kontrolle entziehen. Nicht nur ökonomische, sondern erst recht Bildungsgesichtspunkte verlangen, daß wir auf eine Gesellschaft hinarbeiten, in der naturwissenschaftliche Erkenntnisse in Werkzeuge und Werkstoffe eingebaut werden, die sinnvoll in so kleinen Einheiten benutzt werden können, daß sie für alle verfügbar sind. Nur solche Werkzeuge können den Zugang zu Kenntnissen und Fertigkeiten sozialisieren. Nur solche Werkzeuge ermöglichen den zeitweiligen Zusammenschluß von Menschen, die sie zu spezifischen Anlässen gebrauchen wollen. Nur solche Werkzeuge erlauben es, daß im Prozeß ihres Gebrauchs neue spezifische Zwecke sich ergeben, wie jeder Bastler weiß. Nur das Zusammenwirken von garantiertem Zugang zu den Fakten und Werkzeugen von begrenzter Kraft ermöglicht es, eine Subsistenzwirtschaft ins Auge zu fassen, die auch fähig wäre, die Früchte der modernen Wissenschaft aufzunehmen.

Die Einführung einer solchen wissenschaftlichen Subsistenzwirtschaft wäre fraglos von Vorteil für die überwältigende Mehrheit der Menschen in den armen Ländern. Auch ist sie die einzige Alternative zur progressiven Umweltzerstörung, Ausbeutung und Abstumpfung in den reichen Ländern. Aber wie wir sahen, ist die Entmachtung des Bruttosozialprodukts als Fortschrittsindex nicht zu erreichen ohne den gleichzeitigen Abbau der Bruttosozialbildung – für gewöhnlich aufgefaßt als Akkumulation menschlichen Kapitals. Eine egalitäre Wirtschaft kann nicht innerhalb einer Gesellschaft bestehen, in der das Recht auf Produktivität durch die Schule verliehen wird.

Die Machbarkeit einer modernen Subsistenzökonomie ist nicht von neuen wissenschaftlichen Erfindungen abhängig. Sie beruht vielmehr auf der Fähigkeit einer Gesellschaft, sich auf fundamentale, selbstgewählte, antibürokratische und antitechnokratische Beschränkungen zu einigen.

Diese Beschränkungen können mancherlei Formen annehmen, aber sie alle werden unwirksam bleiben, solange sie nicht fundamentale Dimensionen des Lebens berühren. (Die Entscheidung des amerikanischen Kongresses gegen die Entwicklung des Überschall-Linienflugzeugs ist einer der hoffnungsvollsten Schritte in die richtige Richtung.) Die Substanz dieser freiwilligen sozialen Beschränkungen wären sehr einfache Dinge, die von jedem vernünftigen Menschen voll verstanden und beurteilt werden können. Ein gutes Beispiel dafür sind die Fragen, um die es bei der Kontroverse über den Überschall-Linienverkehr ging. All diese Beschränkungen wären freiwillig zu wählen, um eine stabile und egalitäre Nutzung wissenschaftlichen Know-hows zu fördern. Die Franzosen sagen, es dauert tausend Jahre, den Bauern zu lehren, wie man mit einer Kuh umgeht. Es würde keine zwei Generationen dauern, alle Menschen in Lateinamerika oder Afrika anzuleiten, ihre Außenbordmotoren, einfache Autos, Pumpen, medizinische Grundausstattungen und Betonmischer benutzen und reparieren zu können – falls deren technischer Plan sich nicht alle paar Jahre ändern würde. Und nachdem freudiges Leben ein Leben dauernder sinnvoller Interaktion mit anderen in einer sinnvollen Umwelt ist, würde gleicher Genuß der materiellen Möglichkeiten sich in gleiche Bildung umsetzen.

Gegenwärtig ist ein Konsensus über Selbstbegrenzung schwer vorstellbar. Die geläufigen Begründungen für die Ohnmacht der Mehrheit verweisen auf die Existenz politischer und ökonomischer Klassen. Dabei wird für gewöhnlich übersehen, daß die neue Klassenstruktur einer verschulten Gesellschaft in noch stärkerem Maße durch begründete Interessen beherrscht ist. Zweifellos erzeugt eine imperialistische, kapitalistische Organisation der Gesellschaft jene Sozialstruktur, die einer Minderheit disproportionalen Einfluß auf die tatsächliche Meinung der Mehrheit einräumt. Aber in einer technokratischen Gesellschaft kann die Macht einer Minderheit von Wissenskapitalisten verhindern, daß sich durch die Kontrolle der Mehrheit über das wissenschaftliche Know-how und die Kommunikationsmedien eine echte öffentliche Meinung herstellt. Die garantierten Verfassungsrechte der Redefreiheit, Pressefreiheit und Versammlungsfreiheit sollten die Souveränität des Volkes gewährleisten. Die moderne Elektronik, der Foto-Offsetdruck, die jedem zugänglichen Mietcomputer und das Telefon könnten theoretisch die »Hardware« sein, die diesen Freiheitsrechten völlig neue Bedeutung geben könnte. Leider ist es aber so, daß diese Dinge von den modernen Medien eingesetzt werden, um die Macht der Wissens-Bankiers zu vermehren, die immer mehr Menschen über internationale Kommunikationskanäle mit abgepackten Programmeinheiten versorgen – statt daß diese Anlagen benutzt würden, um echte Kommunikationsnetze einzurichten, die der Begegnung unter den Mitgliedern der Mehrheit eine gerechte Chance böten.

Die Entschulung der Kultur und der Gesellschaftsstruktur verlangt einen solchen Einsatz der Technologie, der eine partizipatorische Politik ermöglicht. Nur auf Grund einer Mehrheitskoalition können der Geheimhaltung und der zunehmenden Armut Grenzen gezogen werden – ohne auf die Machtmittel einer Diktatur zurückzugreifen. Was wir brauchen, das ist eine Umwelt, in der ein klassenloses Heranwachsen des Menschen möglich wäre; oder wir werden in einer schönen neuen Welt leben, in der Big Brother uns alle erzieht.

ROBERT JUNGK

Österreichischer Zukunftsforscher und Kulturkritiker. Geboren 1913 in Berlin, das er als Jude verlassen mußte. Studium der Philosophie und Psychologie in Berlin, Paris und Zürich. Nach dem Zweiten Weltkrieg Journalist in Paris, London und den USA. Kritik besonders an der Kernenergie, Rüstung und Umweltverseuchung. Seit 1970 Honorarprofessor für Zukunftsforschung an der TU Berlin. 1986 wurde er mit dem »Alternativen Nobelpreis« ausgezeichnet.
Wichtige Bücher: »Die Zukunft hat schon begonnen«; »Der Jahrtausendmensch«; »Der Atomstaat«. Der Beitrag stammt aus dem Buch »Zukunftswerkstätten. Wege zur Wiederbelebung der Demokratie«.

Eine Lücke im demokratischen System

»Kommen Sie mal in meine Küche«, sagte die Hausfrau, die aus einer verschlissenen, aber ziemlich geräumigen und gemütlichen Altbauwohnung unweit des Zentrums in ein paar glatte, enge Wohnzellen am äußersten Stadtrand »umgesetzt« worden war. »Das kann doch nur ein Mann geplant haben. Jede spätere Benutzerin hätte schon vorher gewußt, daß man in einer solchen Sardinenbüchse nicht arbeiten kann. Aber uns fragt ja vorher niemand.«

Solche Beschwerden hört man landauf, landab. Trotz allem Gerede über »Bürgerbeteiligung« werden Entscheidungen, die das Alltags- und Berufsleben von Hunderttausenden einschneidend beeinflussen, ohne ihr Wissen und über ihre Köpfe hinweg getroffen.

Daran ändert auch die Auslegung von Plänen, die Veranstaltung von »Bürgerforen«, die sogenannte »offene Planung« nichts: *Die Betroffenen kommen immer zu spät.*

Sie regieren nicht, sie reagieren nur noch auf Neuerungen, an deren Zustandekommen sie keinen Anteil hatten. Denn wenn sie – falls überhaupt – informiert werden, ist das Wichtigste schon längst

gelaufen. Geplante bauliche, technische oder wirtschaftliche Veränderungen, die ihnen schließlich zur »partizipatorischen Diskussion«
vorgelegt werden, sind meist schon das Endergebnis eines schrittweisen Verfahrens, das von der Bedürfnisermittlung über die Formulierung und Auswahl möglicher Lösungsvorschläge bis zur Projektbe-
schreibung gediehen ist.

Gerade in der entscheidenden Anfangsphase jedes Veränderungs-
vorgangs, in der Wünsche formuliert und Vorschläge zu ihrer Befriedigung entwickelt werden, hat fast ausnahmslos nur ein kleiner Kreis
von Fachleuten und Auftraggebern das Sagen.

Was sie sich ausdenken und der Öffentlichkeit in einem von ihnen
gewählten Augenblick bekanntgeben, ist meist von langer Hand in
Hunderten und aber Hunderten von Arbeitsstunden vorbereitet worden und reicht über die Gegenwart hinaus weit in die Zukunft hinein.

Diese langfristige Planung, die die Lebensbedingungen für zehn,
zwanzig und noch mehr Jahre im voraus festlegt, ist erst nach dem
Zweiten Weltkrieg entwickelt worden. Sie blieb die Domäne einer einflußreichen, zahlenmäßig kleinen Elite, die auf diese Weise die Zukunft so zu gestalten versucht, wie sie ihren Wertvorstellungen und
Interessen entspricht.

Eine wirkungsvolle Kontrolle dieser wenigen »Schicksalsmacher«
gibt es bisher nicht. Sie wird – wenn überhaupt – erst dann versucht,
wenn die neuen Vorhaben bereits ein Eigenleben entfaltet haben und
das, was gestern nur eine Möglichkeit war, nunmehr als zwingende
Notwendigkeit hingestellt werden kann.

Betroffene, die sich dann gegen Neuentwicklungen wie Kernkraft-
werke, Massensiedlungen, Fernstraßen, Flugplätze, Automatisie-
rung, Kongreß- und Einkaufszentren, Lebensmittelfabriken, zunehmende Verdatung, allgegenwärtige Überwachung des Privatlebens
und ständig wachsende Rüstung wehren, können nun mit dem Hinweis auf unumgängliche Sachzwänge als Angsthasen, Nestbe-
schmutzer und Feinde des Fortschritts verketzert werden. Es bleibt
ihnen nur das verbissene bis verzweifelte »Nein« gegenüber einem
ständigen Wandel, der angeblich zu ihrem Nutzen – doch bestimmt
mit ihrem Geld – vorangetrieben wird.

Der wachsende Widerstand der Betroffenen gegen die zunehmende Entmenschlichung ihrer Existenz kann zwar hier und da
Bremswirkung ausüben, aber er reicht alleine nicht aus, eine Wende
herbeizuführen. Dringend notwendig wäre es, daß die Geführten
und Verführten *eigene Zukunftsvorstellungen entwickeln,* die sie den
Prognosen und Projekten der Mächtigen entgegenstellen können.

Aber in welchen Gesprächskreisen, Alternativgruppen, Vereini-
gungen, Interessenverbänden, Institutionen können die Bürger, die
Bauern, die Arbeiter und Angestellten ihre eigenen Konzepte für
künftige lebenswerte, menschenwürdige Zustände ebensoweit vor-
ausentwerfen wie Staat und Industrie?
Hier ist als Folge jüngster Entwicklungen im ohnehin unvollkommenen demokratischen System eine weitere Lücke entstanden. Einmal mehr werden die Menschen in Herrscher und Beherrschte, Pla-
ner und Verplante, Wissende und Unwissende, Aktive und Passive
aufgeteilt, ein Zustand, der unter den heutigen und zu erwartenden
Umständen noch unerträglicher ist als früher, weil die Entscheider im
Zeitalter der hochentwickelten wissenschaftlichen Technik nun tatsächlich über Leben und Tod gebieten.
Die Zukunft gehört allen. Doch wo sind die Gelegenheiten, bei
denen alle, die es wollen, ihre Wünsche, Hoffnungen, Ideen, Vorschläge so deutlich und unüberhörbar kundtun können, daß sie sich
nicht mehr überrumpelt und entfremdet fühlen müssen, sondern als
einflußreiche Mitgestalter einer Welt, in der sie und ihre Kinder leben
werden?

Auf den folgenden Seiten versuchen wir, eine neue und notwendige
Instanz zur Vertiefung der Demokratie und Wiederbelebung des Interesses am Gemeinsamen vorzustellen: die Zukunftswerkstätten. In
den letzten zwanzig Jahren sind bereits zahlreiche Zukunftswerkstätten zu verschiedenen Themen und mit unterschiedlichen Teilnehmer-
kreisen in vielen Ländern und Städten erprobt worden:

– Im »Museum des 20. Jahrhunderts« (Wien) sprachen Jugendliche über ihre Vorstellungen von einer Erneuerung der Schulen
  und die Verbesserung des Umweltschutzes;
– in Gatow bei Berlin schilderten angehende Kommunalange-
  stellte ihre Vorstellung vom »bürgerfreundlichen Beamten«;
– in Elsinore (Dänemark) wurde eine langweilige internationale
  Konferenz dadurch gerettet, daß die Teilnehmer neue lebendi-
  gere Kongreßformen erfanden und einige ihrer Ideen sofort anzuwenden versuchten;
– in Washington D. C. (USA) entwickelten Angestellte der Mini-
  sterien fast 200 Anregungen zur Entbürokratisierung;
– im Pariser 15. Arrondissement, dem Zerstörung durch neue
  Großbauten drohte, wurden Gegenpläne der Betroffenen vorgelegt;

- in Lodève (Südfrankreich) trug man Überlegungen zur Lösung der Energiekrise zusammen;
- in Dietzenbach erdachten Gewerkschaftler Möglichkeiten, wie Lagerarbeiten abwechslungsreicher gestaltet werden könnten;
- in München beratschlagten Bürger, wie man der Vereinsamung in den Städten entgegenwirken könne;
- in Duisburg wurde bei der Einweihung eines Jugendzentrums von den künftigen Benutzern ein Programm für seine Nutzung aufgestellt;
- in Manchester (England) entwarfen Studenten der TH einen Lehrgang für »sozial verantwortliche Technik«.

Wo immer solche Zukunftswerkstätten abgehalten wurden, war das Interesse lebhafter als bei üblichen Veranstaltungen. Die Teilnehmer merkten, daß sie nicht nur Zuhörer, sondern Mitmacher waren und selber Antworten auf ihre Misere geben konnten. Ihre schlummernde Kreativität wurde endlich gefordert, geweckt und zur offenen Entfaltung gebracht. Man kritisierte Bestehendes und konzipierte Gewünschtes. Wie wir immer wieder erfahren haben, gingen die Beteiligten im Bewußtsein nach Hause, Beiträge zu einer besseren Zukunft geleistet zu haben, für die sie nun aktiv eintreten konnten.

Die Thematik einer Zukunftswerkstatt wird vorzugsweise durch persönliche, lokale oder regionale Probleme bestimmt werden (z. B. Verbauung von Grünflächen, Schließung von Betrieben oder Entlassung von Beschäftigten, risikoreiche Industrieanlagen, Unzufriedenheit über Berufsbedingungen u. a. m.). Aber die »Werkstättler« finden bald heraus, daß ihre Schwierigkeiten durch umfassendere nationale und internationale Bedingungen mitverursacht werden. Oft werden sie gerade dadurch motiviert, sich nun auch an solche größeren Fragenkomplexe heranzuwagen und sich mit ihnen nicht nur kritisch, sondern auch konstruktiv auseinanderzusetzen.

Beschäftigung mit Zukünften ist notwendig
Beschäftigung mit Zukünften regt an

Hauptaufgaben einer massenhaften Entwicklung sozialer Phantasie:
- die Erfindung neuer gesellschaftlicher Institutionen
- die Erfindung gewaltloser Methoden sozialer, politischer, wirtschaftlicher Veränderungen
- die Erfindung andersartiger Beschäftigung und Leistung
- die Erfindung neuer Wert- und Zielsetzungen
- die Schaffung einer kreativen Gesellschaft

Möglichkeiten einer vielfachen Anwendung von sozialer Phantasie:
- Problemlösungen für Organisationen wie
    Betriebe
    Schulen und Jugendzentren
    Berufsvertretungen
    Bürgerinitiativen
- Entwerfen von
    individuellen Lebensplänen
    Familienperspektiven
- Belebung von
    Seminaren
    Versammlungen

Kurzbeschreibung:
Was geschieht in einer Zukunftswerkstatt

»Ich denke, daß wir hier irgendwie an der Zukunft bauen, praktisch die Zukunft gestalten, eben wie in einer Werkstatt. Doch wenn ich ehrlich bin, ich kann mir nicht vorstellen, wie das gehen soll!« So drückte ein Gärtner seine Erwartungen aus. In der Tat wird in der Zukunftswerkstatt an der Zukunft »gewerkt«, jedoch im übertragenen Sinne, mehr verbal, mit Vorstellungen und Ideen als mit den Händen. Auch ist die Werkstatt an keinen bestimmten Ort gebunden, sondern sie kann überall dort stattfinden, wo Menschen Probleme haben, für die sie Lösungen suchen, wo sie zusammenkommen und miteinander ratschlagen können. Wesentlich ist, daß sie sich in einer Gruppe mit ihrem Anliegen befassen, indem sie ihre Wünsche und Phantasie frei und zukunftsorientiert entfalten.

Ziel der Arbeit in Zukunftswerkstätten ist, jeden interessierten Bürger in die Entscheidungsfindung miteinzubeziehen, die sonst nur Politikern, Experten und Planern vorbehalten ist. Wir wollen dem einzelnen Mut machen und ihm zeigen, daß er durchaus über große Ziele mitreden kann. Denn auch seine Erfahrungen und die daraus erwachsenden Wünsche sind für die Gestaltung der Zukunft wichtig.

Wo und wie kann er sie einbringen? Wer fragt ihn danach, wann und mit wem kann er darüber sprechen?

Ein Forum, in dem sich Bürger gemeinsam bemühen, wünschbare, mögliche, aber auch vorläufig unmögliche Zukünfte zu entwerfen und deren Durchsetzungsmöglichkeiten zu überprüfen, kann die Zukunftswerkstatt sein.

Bei einer typischen Zukunftswerkstatt unterscheiden wir zwischen einer Vorbereitungsphase und drei Werkstattphasen:

In die *Vorbereitungsphase* fallen Festlegung und Ankündigung des Themas sowie die praktischen Vorbereitungen, z. B. Wahl eines Ortes; Beschaffung der Arbeitsmaterialien, vor allem großer Papierbogen zum An-die-Wand-Hängen und Filzstifte, denn es ist ein charakteristisches Merkmal der Werkstattarbeit, daß während der drei Phasen immer die Beiträge stichwortartig, für alle Teilnehmer lesbar, festgehalten werden.

Die Werkstatt selbst beginnt mit der *Kritikphase,* in der wir Unmut, Kritik, negative Erfahrungen zum Werkstatt-Thema äußern, auf den Papierbogen mitschreiben und schließlich zu Themenkreisen ordnen.

Es folgt die *Phantasiephase,* in der auf die vorgebrachte Kritik mit eigenen Wünschen, Träumen, Vorstellungen, alternativen Ideen geantwortet wird und von denen dann die interessantesten Einfälle ausgewählt und in kleinen Arbeitsgruppen zu Lösungsvorschlägen (utopischen Entwürfen) ausgearbeitet werden.

Mit der abschließenden *Verwirklichungsphase* kehren wir in die Gegenwart mit ihren Machtverhältnissen, ihren Gesetzen und Verordnungen zurück; in ihr prüfen wir die Durchsetzungschancen für unsere Entwürfe kritisch, indem wir die Hindernisse (z. B. durch Lektüre oder Expertenurteile) herausfinden und ihre Überwindung wiederum mit viel Phantasie angehen, eine Aktion oder ein Projekt planen.

HORST EBERHARD RICHTER

Deutscher Arzt und Psychoanalytiker. Geboren 1923 in Berlin. 1962 folgte er dem Ruf auf den neu eingerichteten Lehrstuhl für Psychosomatik an der Universität Gießen. Seit 1973 Direktor des Zentrums für Psychosomatische Medizin am Klinikum der Justus-Liebig-Universität in Gießen.
Richter ist einer der Wegbereiter der Familienforschung im deutschen Sprachraum. Seit 1982 im Vorstand von »Internationale Ärzte zur Verhütung des Atomkriegs«.
Wichtige Werke: »Eltern, Kind, Neurose«; »Die Gruppe«; »Flüchten oder Standhalten«; »Die hohe Kunst der Korruption«.
Ausgewählt wurde ein Beitrag aus »Lernziel Solidarität« von 1974.

Das Ende der Expansion fordert neue Leitbilder

Die Wendung nach innen. Symptome eines Bedürfniswandels: Protestbewegung, Politisierung des Bewußtseins, moderne soziale Initiativen, chiffrierte Hinweise psychosozialer Störungen. Vordringen antiexpansionistischer Wunschziele: Kommunikation, Solidarität

Die großen Industrienationen können ihre Probleme nicht mehr expansionistisch lösen, durch Erweiterung politischer Macht mittels imperialistischer »Siege«, durch bedenkenlose technische Ausbeutung der Hilfsquellen der Erde, durch permanentes wirtschaftliches Wachstum. Die Organisation der Völker in großen Machtblöcken hat zu einer nahezu definitiven Verteilung von Einflußzonen geführt. Nur an den Rändern kann sich noch etwas verschieben. Aber niemand kann sich mehr nennenswert ausdehnen, ohne die nukleare Selbstzerstörung auszulösen. Der Rüstungswettbewerb muß sich an seinem inneren Widerspruch totlaufen, da alle ein Ungleichgewicht fürchten müssen. Die technische Eroberung unseres Planeten ist an eine entscheidende Grenze gestoßen. Die seit der Renaissance erstrebte komplette Beherrschung der Natur droht sich in der makabren Form einer Naturzerstörung zu verwirklichen, die das Überleben gefährdet. Nicht wie man die Ausplünderung der Natur im Dienst der Technik weiter steigern kann ist noch die Frage, sondern wie man die Technik zur Erhaltung bzw. Wiederherstellung der Natur zähmen bzw. umpolen kann. Wie lebensbedrohlich eine kritiklose Fortsetzung der Wachstumswirtschaft ist, haben uns die Futurologen mit beängstigender Präzision vorgerechnet.

Davon, daß die klassischen imperialistischen und expansionistischen Ziele der Weltpolitik, der Technik, der Wirtschaft teils unerreichbar, teils sinnlos geworden sind, wird das individuelle Bewußtsein unmittelbar betroffen. Auch das Lebensgefühl und die Leitbilder des Individuums waren ja bislang maßgeblich durch diesen Expansionismus geprägt. Die Ausrichtung an dem Traumziel eines gottähnlich großen und omnipotenten Ichs verbirgt sich noch immer in gewissen Prinzipien der bürgerlichen Erziehung, in dem traditionellen Rollenstereotyp von »Männlichkeit« und findet sich sogar noch in modernen metapsychologischen Utopien. Diese expansionistische Perspektive leistet noch heute fatale Beiträge zur Verteidigung unserer übersteigerten Rivalitäts-Ideologie, zur parasitären Deformierung des Geschlechter-Verhältnisses und zur Diskriminierung der Armen, Kranken und Schwachen als den angsterregenden Gegentypen des expansionistischen Größenwahns.

In dem Maße aber nun, in dem imperialistische Machtpolitik, technische Naturzerstörung und Wirtschaftswachstum um jeden Preis ihre selbstzerstörerische Funktion immer deutlicher erkennbar werden lassen, werden zugleich jene alten Leitbilder in ihrer Untauglichkeit deutlich. Und es wird zur brennenden Frage, welche neuen Werte und Ziele an die Stelle der unhaltbaren alten treten können. So machen sich zur Zeit Ansätze zu einer Umorientierung bemerkbar. Wenn der expansionistische Drang *nach außen* nicht weiterkommt, ist ein Umschlag *nach innen* eine automatische Konsequenz. In den kapitalistischen, aber auch in den staatssozialistischen (wenn hier auch noch verdeckter) Ländern regen sich verstärkte Bestrebungen, den eigenen inneren Zustand kritisch zu überprüfen. Und dabei ergibt sich die bestürzende Wahrnehmung, daß alle vorliegenden Gesellschaftsformen der Industrienationen praktisch unter dem Druck des bislang betriebenen Expansionismus eine Daueranspannung der Menschen erzwungen haben, die einer Art von Dauermobilmachung gleicht. Merkmale dieser Dauermobilmachung sind eine einseitige Dressur zu Hyperaktivität und maximaler Leistung, ausgerichtet auf expansionistische Ziele, wachgehalten durch hohen Konkurrenzdruck, und dazu eine antrainierte Vorurteils- und Kampfbereitschaft gegen systemspezifisch ausgesuchte Außenfeinde und innere Minderheiten. Die Instrumente dieser Dressur sind offenkundig in den kapitalistischen Ländern andere als in den staatssozialistischen. Das Kapital manipuliert aus schwer angreifbaren anonymen Machtzentralen heraus, während die staatssozialistischen Parteiapparate ihre Herrschaft sehr viel plumper ausüben. Aber hier wie dort ist letztlich der Druck der gleiche, der jeweils die Unangepaßten bzw. Andersdenkenden mit Ohnmacht oder gesellschaftlicher Randständigkeit bedroht. Und hier wie dort besteht ein hohes faktisches Machtgefälle zwischen einer kleinen Führungsgruppe, repräsentiert durch das Kapital bzw. durch die Zentrale der Staatspartei einerseits und die Massen der Abhängigen andererseits.

Die Unfreiheit und die einseitige Überanspannung der Menschen, die sich nun nicht mehr durch die alten expansionistischen Zielvorstellungen rechtfertigen lassen, bieten sich natürlicherweise als Hauptansatzpunkte für eine fundamentale Wertkritik an. Die Futurologen Kahn und Wiener erwarten für die amerikanische Gesellschaft einen langsamen Abbau der arbeits-, leistungs- und aufstiegsorientierten Einstellung (in der Mittelklasse), ferner einen Anstieg sensualistischer, humanistischer und möglicherweise auch »verweichlichender« Grundsätze. H. Marcuse glaubt, daß eine Stufe erreicht werde, »auf der die Befriedigung der Bedürfnisse Bedürfnisse schafft, welche die staatskapitalistische und die staatssozialistische Gesellschaft transzendieren«. Diese »transzendierenden Bedürfnisse« sieht er bereits jetzt in Anfängen entstehen: »Es gibt in ideologischer Form bereits Ansätze zu dieser Veränderung, nämlich die Gegenbilder und Gegenwerte, mit denen die Neue Linke dem kapitalistischen Universum widerspricht. Die Bekundung eines nicht an Konkurrenz orientierten Verhaltens, die Ablehnung grobschlächtiger »Virilität«, das Entlarven der kapitalistischen Arbeitsproduktivität, die Bejahung der Sensibilität und Sinnlichkeit des Körpers, der ökologische Protest, die Verachtung des falschen Heldentums der Weltraumeroberung und Kolonialkriege, die Emanzipationsbewegung der Frauen (soweit sie unter einer befreiten Frau nicht nur eine versteht, die an den repressiven Zügen männlicher Vorrechte teilhat), die Ablehnung des antierotischen, puritanischen Kults steriler Schönheit und Gepflegtheit – alle diese Tendenzen tragen zum Abbau des Leistungsprinzips bei.« Marcuse setzt auf diese »transzendierenden Bedürfnisse« besondere Hoffnungen. Er sieht sie als die radikalen neuen Impulse eines Prozesses an, der im Verlauf mehrerer Generationen zu einer neuen Moral, einer neuen Rationalität und einer neuen Sinnlichkeit führen könne. Das setzt voraus, daß die neuen Bedürfnisse einem langfristigen und systematischen Erziehungsprozeß unterworfen würden.

Es deutet manches darauf hin, daß die von Marcuse 1971 genannten Tendenzen sich allmählich verdeutlichen und verstärken. Dem widerspricht keineswegs, daß die enthusiastische Protestbewegung der Studenten inzwischen komplett abgeklungen ist. Immerhin hat diese Bewegung allenthalben Zweifel an manchen der überkommenen Leitbilder hinterlassen. Und dazu war es offenbar sinnvoll, den alten Werten zunächst die totale Negation entgegenzusetzen, nämlich dem Autoritätsprinzip das pure Anti-Autoritätsprinzip, dem verabsolutierten Leistungsideal das reine Anti-Leistungsprinzip, den verlogenen Sexualtabus das konsequente Anti-Tabu. Diese totale Negation hat offensichtlich dazu verholfen, zunächst einmal Distanz zu schaffen, Raum für neue Einfälle und Experimente. Damit hat die antiautoritäre Bewegung mit ihren Einseitigkeiten und Übertreibungen durchaus einen nützlichen Zweck erfüllt. Dies verkennt, wer sie in manchen Parolen allzu ernstgenommen und die Ausuferungen ödipaler Vaterproteste, die Diffamierung von Leistung schlechthin und die Glorifizierung totaler Sexualenthemmung als das letzte Wort dieser neuen Strömung verstanden hatte.

Gewiß kann man in der Abspaltung bestimmter apolitischer und nostalgisch entglittener Jugendkulturen schon wieder Zeichen von Resignation wahrnehmen. Aber es haben sich auch andere Kräfte gesammelt, die ihre Gegenimpulse heute in einer differenzierteren und politisch effizienteren Weise erkennen lassen. Das sind vor allem solche Gruppen auf der Seite der Linken, die nicht in eine neue Orthodoxie eingeschwenkt sind, sondern sich viel von der kritischen Eigenständigkeit jener Protestperiode bewahrt haben. In der BRD sieht man zum Beispiel, wie Teile der kritischen Jugend sich in der Organisation der Jungsozialisten zusammengefunden und das Establishment der führenden sozialistischen Partei zu einer bedeutungsvollen theoretischen Grundsatzdiskussion herausgefordert haben. Sie haben, wie Habermas ihnen bescheinigt, »eine taktisch erfolgreiche Opposition geschaffen, die zum erstenmal in der deutschen Nachkriegsgeschichte eine politisch folgenreiche Auseinandersetzung mit sozialistischen Gesellschaftsanalysen erzwungen hat«. Und er nennt die Doppelstrategie der Jungsozialisten: »Erfolge innerhalb der bestehenden Institutionen werden nur dann bürokratisch nicht versickern, wenn eine gleichzeitige Politisierung des Bewußtseins großer Bevölkerungsteile jene neuen Bedürfnisse schafft, die veränderte gesellschaftliche Prioritäten allein rechtfertigen, durchsetzen und tragen können.« Wichtig ist hierbei, daß der Begriff des Politischen hinübergezogen wird in die persönliche Lebenspraxis und in das individuelle Bewußtsein. Dadurch bleibt gewissermaßen die von den Antiautoritären geschaffene Brücke erhalten zwischen den Aufgaben einer Veränderung der gesellschaftlichen Ordnung einerseits und einer Veränderung der Menschen und ihrer persönlichen Beziehungen andererseits.

Direkt auf der Basis dieses Konzeptes oder zumindest in dessen Nähe operieren spontane Experimentiergruppen, deren Zahl sich in der BRD in den letzten Jahren vervielfacht hat. Wohngemeinschaften, Kinderläden und ähnliche Initiativkreise haben sich innerhalb weniger Jahre auf breiter Basis durchgesetzt. Neben solchen Wohngemeinschaften und Eltern-Kinder-Gruppen, die außer privaten Zielen der Kontaktförderung und der wechselseitigen Entlastung der einzelnen und der Familien keine nennenswerten weiteren Ansprüche verfolgen, haben sich viele spontane Gruppen konstelliert, die beharrlich um echt neue Formen der Kommunikation, der Geschlechter-Emanzipation, der Kindererziehung und der Verbindung von persönlicher Änderung und gesellschaftsbezogener Aktivität ringen. Viele dieser Initiativkreise demonstrieren deutlich das Fortwirken bzw. die weitere Entwicklung von Bedürfnissen, die in der Protestbewegung durchgebrochen waren. Jetzt geht es ihnen aber darum, diese Impulse ernsthaft auf eine konkrete Probe zu stellen und die Möglichkeit einer geduldigen Umerziehung in ihren Gruppen beharrlich zu verfolgen. Obwohl die Gruppen sich meist nicht mehr ausdrücklich auf Marcuse beziehen, den sie auf dem Altar der antiautoritären Bewegung geopfert haben, stehen doch viele dieser Experimentierkreise nach wie vor stillschweigend im Einklang mit manchen seiner Grundthesen: »Freilich ist keine qualitative gesellschaftliche Veränderung, kein Sozialismus ohne die Entwicklung einer neuen Rationalität und Sinnlichkeit bei den Individuen selbst möglich: Kein radikaler gesellschaftlicher Wandel ohne radikalen Wandel der Individuen, die seine Träger sind.« Und: »… die individuelle Befreiung (Weigerung) muß im besonderen Protest die allgemeine Befreiung vorwegnehmen, und die Bilder und Werte einer künftigen freien Gesellschaft müssen in den persönlichen Beziehungen innerhalb der unfreien Gesellschaft bereits auftreten.« In diesem Zusammenhang verweist er ausdrücklich auf das Beispiel der Wohnkommunen, die zwar von Gleichschaltung bedroht, nichtsdestoweniger potentielle Kerne und Laboratorien für die Erprobung autonomer und nicht entfremdeter Beziehungen seien.

Neben den Gruppen, deren Mitglieder sich vornehmlich selbst bzw. in ihren Beziehungen zueinander umerziehen wollen, entwickelt sich, von Amerika herkommend, eine breite Welle von Initiativen, denen es primär um eine soziale Hilfe für Benachteiligte geht. Auch dies ist ein zentral wichtiger Ausläufer jener Protestbewegung. Wie jene entspringt der Strom neuer sozialer Aktivitäten vornehmlich in den Universitäten und Schulen. Man schätzt, daß in den USA die freiwilligen sozialen Einsätze von Studenten seit 1963 um das Achtzigfache angestiegen sind. Man rechnet dort, daß zur Zeit mindestens 400 000 Studenten an 1800 verschiedenen sozialen Hilfsprojekten mitwirken und etwa im Werte von 80 Millionen Dollar unbezahlte Arbeitszeit investieren (*U. S. News & World Report*, 3. September 1973). Aber auch Berufstätige, vornehmlich aus sozialen Berufen, Hausfrauen und andere bekunden zunehmend Interesse für solche freiwilligen sozialen Initiativen, die sich überwiegend auf benachteiligte Gruppen beziehen, auf Behinderte, auf die Bewohnerschaft von Slums, auf rassische und fremdsprachliche Minderheiten. Gemeinwesenarbeit, Beratungsdienste, medizinische, psychologische und erzieherische Hilfen, Sprachunterricht und manche andere Formen von Unterstützung werden angeboten. Auch Mitteleuropa ist inzwischen von dieser Welle erfaßt worden. Hier schwillt die Zahl spontaner Initiativen von Studenten, Schülern und anderen Laienhelfern ebenfalls rasch an. Man kümmert sich um benachteiligte Randgruppen der verschiedensten Arten, um Obdachlose, chronisch psychisch Kranke, Delinquente, Gastarbeiterfamilien, alte Leute usw.

Diese mächtige und unerwartete Bewegung, die sowohl in Amerika wie hier noch immer weiter anwächst, zeigt auf das allerdeutlichste eine Gegentendenz zu den überkommenen Leitbildern des Expansionismus an. Man könnte sogar sagen: Hier ist die Expansion direkt nach innen zurückgeschlagen. Gerade die amerikanische Jugend, noch in imperialistischer Mentalität erzogen und darauf vorbereitet, mit amerikanischem Geld, amerikanischer Technik, amerikanischem Way of Life, schließlich auch mit amerikanischen Bomben die Welt zu überziehen und zu vereinnahmen, ist nun statt zu einer weiteren Expansion nach außen zu einer solchen nach innen aufgebrochen. Und hier hat sie gewissermaßen ein neues Eroberungsfeld ge-

funden. Da geht es nicht mehr um die Entdeckung und Kolonialisie-
rung fremder Länder und Völker. Sondern nunmehr um die Erkun-
dung vergessener Subkulturen und Gruppen im eigenen Land. Im
Gegensatz zur expansiven imperialistischen Ausbeutung fremder Po-
pulationen besinnt man sich auf die Aufgabe, die Kolonien der Slums
und Gettos auf dem eigenen Boden zu erschließen und zu befreien.
In dem Moment also, in dem die Welle der Außenexpansion stagniert
und der Blick sich auf die eigene innere Verfassung richtet, entdeckt
die sensibilisierte Jugend als erste die bislang raffiniert ausgenützte
Ablenkungs- und Vertuschungsfunktion der scheinheiligen Welterlö-
sungskreuzzüge Amerikas. Die Unterdrückung und Gettoisierung
der eigenen Minderheiten enthüllt dieser wachsam gewordenen Jugend die radikale Unglaubwürdigkeit der überkommenen Rolle als
Missionar der armen und zurückgebliebenen Völker. Tiefer Ekel und
Scham haben weite Teile dieser amerikanischen Jugend erfaßt, die gewissermaßen hinter dem Rücken der von den konservativen Kräften
weiter betriebenen nationalistischen Selbstbeweihräucherung still an
die Arbeit geht, um die verdrängte nationale Kehrseite der eklatanten
sozialen Ungerechtigkeiten zu verändern. – Entsprechende Strömungen in der Jugend anderer hochzivilisierter westlicher Nationen
haben einen ähnlichen Hintergrund. Amerika liefert nur das extrem-
ste und spektakulärste Beispiel für diese wichtigen Prozesse, die speziell in solchen Ländern besonders bemerkbar sind, in denen nationale Niederlagen eine kritische Revision expansionistischer Größen-
ideen erleichtern. Vieles spricht jedenfalls dafür, daß den diversen zitierten neuen Bewegungen ein gewisser repräsentativer Wert zukommt, auch wenn sie bislang noch nicht wesentlich über gewisse
umschriebene soziale Gruppen der Mittelschicht, vor allem der kritischen Jugend, hinaus gediehen sind. In diesen Kreisen ist vermutlich
die Sensibilisierung nur schon besonders weit fortgeschritten und die
Fähigkeit gewissermaßen vorverlegt, wegweisende neue Bedürfnisse
und Leitbilder deutlich auszudrücken und aktiv zu gestalten. An sich
sind Ansätze solcher neuen Bedürfnisse bereits sehr viel mehr verbreitet, wenn auch oft sehr viel schwerer erkennbar als bei den mannigfachen Experimentiergruppen und sozialen Initiativen, die ihre
Zielvorstellungen mehr oder minder klar nennen können.

Ein völlig anderes Feld, in dem die Krise der überkommenen Leitbilder und der ihnen angemessenen sozialen Strukturen ebenfalls
ihre Spuren zeigt, ist die psychosomatische Medizin. Die Häufung
bestimmter psychisch bedingter Krisen und Symptome weist vielfach
mittelbar auf sozioökonomische und selbst politische Einflüsse hin,

die psychisch überlastend wirken, weil sie den Bedürfnissen der Menschen widersprechen. Die in allen Statistiken registrierte Häufung der Neurosen erklärt sich gewiß nicht durch eine nur zufällige Ballung individueller Schicksalsbelastungen. Vielmehr muß man sie zumindest zu einem großen Teil als Zeichen vermehrten Leidens an einer Ordnung und an Lebensvorschriften verstehen, die den sich verändernden Bedürfnissen der Menschen unangemessen sind. Diese Neurosen sind die chiffrierten Signale der Unfähigkeit einer wachsenden Zahl von Individuen, mit den Zumutungen schädlicher sozialer Bedingungen fertigzuwerden. Der Psychoanalytiker vermag sich darin zu üben, die Signale in diesem Sinne zu dechiffrieren und zu überprüfen, jeweils welche Bedürfnisse mit welchen Schädlichkeiten sozialer Rollenvorschriften oder bestimmter materieller Lebensbedingungen kollidieren. Und da zeigt sich eben, daß diese einzwängenden Bedingungen neuerdings vielfach auf solche Bedürfnisse stoßen, wie sie sich in den Bestrebungen der kritischen Jugend artikulieren. Auch viele andere Menschen sehnen sich nach einer Selbstbefreiung in einer solchen Richtung, können es aber nicht, weil ihnen dazu die relativ große Freizügigkeit von Studenten, Schülern und anderen sozial begünstigten Gruppen fehlt. Sie möchten auch mehr partnerschaftlich kommunizieren, sich in Gruppen verwirklichen und irgendwelche sinnvollen sozialen Aktivitäten unternehmen. Dann könnten sie innere Kräfte entfalten, die jetzt nur angestaut verkümmern in aufgezwungener Isolation, in entfremdeter Arbeit und in der Einschnürung durch den Zwang hierarchisch gegliederter Rollenvorschriften. Vielfach sind neurotische Symptombildungen in der mittleren und älteren Generation in der Tat nichts anderes als neurotisch maskierte Äquivalente derjenigen Tendenzen, die in den neuen Bewegungen der Jugend zur aktiven Gestaltung kommen.

Natürlich wäre es übertrieben, diesen Aspekt neurotischer Störungen generalisieren zu wollen. Aber er verdient eine sehr viel größere Beachtung, als man früher erkannte. Und so ergibt sich schließlich hier dem Psychoanalytiker eine außerordentlich wichtige Quelle der Information über den Wandel menschlicher Bedürfnisse und Leitbilder. Dies ist nachdrücklich gegen die überkommenen Vorurteile festzustellen, nach denen Neurotiker als untauglich für die repräsentative Bekundung sozialer Sachverhalte disqualifiziert worden waren. Immer wieder hieß es, der Neurotiker könne als »Kranker« und »Versager« die soziale Wirklichkeit nur verzerrt reflektieren, da er sie ja immer nur ressentimenthaft am Kriterium seines Gescheitertseins messen könne.

Dieses Vorurteil sollte doch noch einen Augenblick lang Aufmerksamkeit beanspruchen. Es enthüllt nämlich schlagend die Repressivität einer bestimmten Version des traditionellen Begriffs von seelischer Gesundheit bzw. Krankheit. Von vornherein wurde lange Zeit als bloße individuelle Niederlage, als ressentimentträchtiges persönliches Versagen erklärt, was ja statt dessen häufig genug als besonders feine seismographische Reaktion auf änderungsbedürftige soziale Verhältnisse verstanden werden kann. Es ist deutlich, daß die traditionelle vorurteilshafte Fassung des Gesundheitsbegriffes noch einseitig an den Werten der expansionistischen Periode festhaftet. Und so bietet auch ein kurzer Seitenblick auf die Wandlung der Norm von psychischer Gesundheit einen bemerkenswerten Hinweis auf wichtige Veränderungen unserer Leitbilder binnen weniger Jahrzehnte. Dies sei am Beispiel einer bestimmten Theorie der Psychotherapie kurz erläutert, die noch unlängst im deutschen Sprachbereich einen erheblichen Einfluß auszuüben imstande war. Gemeint ist die Theorie des »Gehemmten Menschen« von H. Schultz-Hencke, dem Schöpfer einer Schule der Neo-Psychoanalyse.

Dieser entwarf vor 35 Jahren in der Einführung zu seinem Hauptwerk die folgende Zukunftsperspektive für den Menschen, der seine Hemmungen zu durchschauen lerne: Wenn wir erst die Werkzeuge unserer Seele besser erkennen können, so lehrte er in etwa, werden wir in unserer Expansivität weniger Niederlagen erleiden: »*Das Leben und Erleben geht dann weiter seinen Gang, der erobernd ist gegenüber der Welt, durch Siege und Niederlagen hindurch. Aber es wird auch hin und wieder ein Blick jenen seelischen Mitteln gelten, mit denen wir erobern, mit denen wir siegen und deren Mangelhaftigkeit wir zum Teil unsere Niederlagen verdanken.*«

Siegen und Erobern »gegenüber der Welt«, diese Perspektive eines – durchaus antinazistisch gesonnenen – Schöpfers einer eigenen psychotherapeutischen Schule macht deutlich, wie sehr sich das Selbstverständnis der Menschen seither von jenem expansionistischen Egozentrismus entfernt hat, dem dieser Psychotherapeut eben noch regelmäßig im Lebensgefühl seiner damaligen Klientel begegnete. Fragwürdig geworden, wenn auch gewiß noch nicht verschwunden, sind diese traditionellen Leitvorstellungen von Siegenmüssen und Erobernmüssen – Inbegriff einer langen Denktradition, verdichtet im *Faust* und in Nietzsches *Übermenschen*. Sie halten sich zählebig als Residuen der expansionistischen Wertwelt in Form eines bestimmten Rollenbildes, das nachfolgend noch einer näheren Analyse zu unterziehen sein wird. Und zwar ist dies das einseitige Rollenklischee von

»Männlichkeit«, das noch immer zur dissoziativen Fehlerziehung der Geschlechter in den Familien und Erziehungsinstitutionen maßgeblich beiträgt. Freilich wird sich zeigen, daß gerade dieses Rollenstereotyp von expansionistischer sieghafter Männlichkeit am allerwenigsten zur Beschreibung dessen taugt, was wir heute unter psychosomatischer Gesundheit verstehen würden. Denn gerade eine solche andressierte Lebenshaltung enthält, wie wir nunmehr wissen, ein besonderes psychosomatisches Risiko. Darüber hinaus fixiert dieses Leitbild ein bestimmtes parasitär kompensatorisches Verhältnis von Mann und Frau. Es präformiert eine Partnerbeziehung, bei der der eine Teil klein und schwach sein muß, damit der andere der große Sieger und Eroberer sein kann. – Gerade solche anerzogenen Rollenpolarisierungen indessen gehören für viele heute gerade zu den Quellen von psychischem Leiden, die sie überwinden wollen. Und so erweist sich, was noch vor relativ kurzer Zeit als psychotherapeutisches Heilungsziel erschien, neuerdings eher als dessen Gegenteil, nämlich als eine Variante von psychischer Verkümmerung, zugleich als ein psychosomatischer Risikofaktor ersten Ranges.

Was man als Psychoanalytiker neuerdings an den Hintergrundkonflikten vieler »seismographischer« Neurotiker ebenso ablesen kann wie an den zitierten neuartigen Aktivitäten der sensibilisierten Jugend ist dies: *Man sucht wieder einen Weg nach innen. Man sucht nach Befreiung vom Zwang zu hektischer Leistungsaktivität, zu permanenter Gefühlsunterdrückung, zu expansiver Rivalität als Prinzip. Man sehnt sich umgekehrt danach, seine verdrängten Gefühle wiederzuerwecken und in eine möglichst breite Kommunikation mit anderen einzubringen. Integration in Gruppen und Solidarität sind wesentliche neue Ziele. Man will Isolation überwinden, wo immer man dieser ausgesetzt ist: am Arbeitsplatz, innerhalb der Familie, aber zugleich zusammen mit der Arbeitsgruppe und der Familie gegenüber der übrigen Gesellschaft. Man sucht nach Selbstverwirklichung in kleinen Gruppen, aber man will diese kleinen Gruppen wiederum nach außen geöffnet sehen. Und man will sich speziell mit denen solidarisieren, gegen die man sich unnatürlicherweise polarisiert fühlt, also mit dem anderen Geschlecht, mit abgegrenzten Minderheiten und Randgruppen. Statt immer nur expansiv konkurrierend vorwärts blickt man zurück und sucht an diejenigen wieder Anschluß zu finden, die von der Konkurrenzgesellschaft abgehängt sind: die Unterprivilegierten, die Armen, die Kranken, die Alten, die Schwachen.*

Viele dieser neuartigen Wünsche brechen sich an der Rigidität unserer anachronistischen gesellschaftlichen Strukturen. Deren repressive Mechanismen werden denen am deutlichsten fühlbar, bei denen

der Prozeß der Transformation der Bedürfnisse bereits weiter fortgeschritten ist. Aber vieles von diesen Mechanismen ist auch verinner-
licht und blockiert als eigener innerer Widerstand die Impulse der
Selbstbefreiung oft bereits vor deren Zusammenprall mit den äußeren Zwängen. Man will sich solidarisieren und muß doch aus unbewußtem Drang rivalisieren. Man will sich den anderen Menschen öffnen – und kann es nicht. Man will auf die anderen zugehen und er-
tappt sich dabei, daß man diese statt dessen mißtrauisch belauert.
Man wartet auf die Annäherung der anderen und stößt diese doch
wieder aus einem Übermaß egozentrischer Kränkbarkeit heraus zurück.

Dies sind nun spezielle Schwierigkeiten, zu deren Aufschlüsselung
der Psychoanalytiker sich als Partner anbieten kann. Und nicht nur
als solcher, der bei der Klärung innerer Konflikte in der rein psychologischen Dimension Unterstützung zu liefern vermag. Die Psychoanalyse ermöglicht unter Umständen auch zu sehen und anderen sehen
zu lernen, wie sich in innerseelischen Prozessen unmittelbar gewisse
gesellschaftliche Tatbestände niederschlagen. Es gibt ein soziales Lernen, ein Aneignen von gesellschaftsbezogenen Erkenntnissen durch
innerseelische Wahrnehmung. Überall da, wo in sozialen Situationen, die sich im psychischen Bereich abbilden, ein Moment der gesellschaftlichen Repräsentativität steckt, können seelische Prozesse
als Schlüssel für gesellschaftsbezogene Erkenntnisse benutzt werden. In solchen Situationen können emotionelle Konflikte entstehen,
die sich als direkter Ausdruck änderungsbedürftiger sozialer Bedingungen analysieren lassen, so daß die theoretische Interpretation wie
die therapeutische Perspektive zu einer Überschreitung der innerseelischen Kategorien auffordert. Solche über die Selbstwahrnehmung
von Affekten und emotionellen Konflikten erworbenen sozialen Erkenntnisse und Handlungsperspektiven können offensichtlich Menschen zur Klärung ihres Standpunktes in einer Phase helfen, die eine
kritische Umorientierung notwendig macht. Auf die Überzeugung
von der Chance der Psychoanalyse zur Unterstützung gesellschaftsbezogener Lernvorgänge stützen sich die nachfolgenden Untersuchungen.

CARL FRIEDRICH VON WEIZSÄCKER

Deutscher Physiker und Philosoph. Geboren 1912 in Kiel. Schüler von Heisenberg und Bohr. Professor für Physik in Straßburg und Göttingen. Seine wichtigsten Arbeitsgebiete waren die Physik des Atomkerns, Astrophysik und Naturphilosophie. 1957 Ordinarius für Philosophie an der Universität Hamburg. 1970 wurde er Direktor des Max-Planck-Instituts in Starnberg (bis 1980). Wichtige Werke: »Zum Weltbild der Physik«; »Die Geschichte der Natur«.

Der ausgewählte Beitrag ist dem vierten Kapitel »Die unvollendete Religion« seines 1988 erschienenen Buches »Bewußtseinswandel« entnommen.

Religion heute und morgen

Wir fragen nach einem Bewußtseinswandel. Für politisches Bewußtsein, für die gemeinsam angewendete politische Vernunft haben wir Voraussetzungen im persönlichen Bewußtsein gefunden; also für den öffentlichen politischen Bewußtseinswandel Voraussetzungen im persönlichen Bewußtseinswandel. Dieser ist uns in vier Gestalten erschienen: Erziehung, Reifung, Heilung, Umkehr. Erziehung und Reifung kann man einen *evolutiven* Bewußtseinswandel nennen, Heilung und Umkehr einen *radikalen* Bewußtseinswandel. Das persönliche Bewußtsein hat eine gemeinsame und insofern öffentliche Grundlage in der Kultur. Es geht um einen kulturellen Bewußtseinswandel, einen Wandel in der Kultur.

Unser Gedankengang hat zunächst einen pragmatischen Aspekt. Erziehung kann geplant werden. Sie wird vernünftig geplant, wenn sie sich den Reifungsprozessen anpaßt, die bei gesunder Entwicklung erwartet werden dürfen. In diesem evolutiven Zusammenhang kann man von einem *Erwachsenwerden* des politischen Bewußtseins reden. Dieser Erziehung muß ein Bild *vernünftiger Hoffnung* gezeigt werden. Es ist die Hoffnung auf eine lebensfähige Menschheit. Auf ein solches Bild werden wir im letzten Kapitel unseren Blick richten. Es handelt sich dabei um einen Schritt der politischen Aufklärung.

Aber unser Gedankengang kann sich in dieser Pragmatik nicht erschöpfen. Die Voraussetzungen unseres pragmatischen Handelns sind nicht in unserer Gewalt: »Bewußtsein ist ein unbewußter Akt.« Die historische Rolle der Religion war es, die unbewußten Voraussetzungen unseres Bewußtseins ernst zu nehmen. Dabei sah sie sich in immer wiederkehrenden Gestalten gedrängt, einen *radikalen* Bewußtseinswandel zu fordern; und sie erfuhr einen solchen Bewußtseinswandel als ein Geschenk. Wie sollte, wie kann der radikale Bewußtseinswandel heute und morgen aussehen? Wie verhält sich der radikale Bewußtseinswandel zum Vorgang gesunder Reifung?

Im persönlichen Bewußtsein bleibt der Reifungsprozeß meist unvollkommen. Manchmal mißrät er bis zur Katastrophe, zum Scheitern eines Lebens. *Heilung* wäre hier nötig. Wo sie gelingt, wird sie oft als ein radikaler Bewußtseinswandel erfahren, als das Geschenk einer *Umkehr.* Im politischen Feld ist heute ein Reifungsprozeß des Bewußtseins unterwegs. Aber die Krisenanalysen des Zweiten Kapitels hinterlassen uns mit der Besorgnis, daß diese Reifung zu langsam geschieht, daß sie im Endeffekt mißlingt.

Diese Besorgnis ist nicht neu. In der Geschichte der Religionen haben die Apokalyptiker erwartet, daß die Umkehr der Menschheit nur durch eine Katastrophe der Menschheit geschehen werde. Nichts liegt heute näher – für einen Menschen, der die Lage durchdenkt – als solche Besorgnis. Ich habe jahrelang kein Kind, kein Haus anschauen können ohne den schneidenden Schmerz der Frage: Wird dieses Kind noch aufwachsen dürfen? Wird dieses Haus übermorgen noch stehen? Und muß man nicht, wie die Apokalyptiker, alle Hoffnung nur noch darauf setzen, daß ein überlebender Rest die gemeinsame Umkehr des Bewußtseins vollziehen wird, die, würde sie jetzt vollzogen, uns alle retten würde?

Wer den Schmerz solcher Fragen nicht kennt, wird vielleicht nicht ganz spüren können, welche Umkehr uns retten würde. Wer diesen Schmerz kennt, kennt aber auch den inneren Befehl, nicht im Schmerz zu verharren. Für das heranwachsende Kind haben wir auch morgen und übermorgen das tägliche Brot zu besorgen. Wir wollen ihm Gelegenheit geben, nicht im entkräftenden Entsetzen, sondern in der Hoffnung aufzuwachsen, die ihm später die Kraft geben wird, an der Umkehr mitzuarbeiten. Der radikale Bewußtseinswandel mag heute die Sache von wenigen sein. Vernünftig vollzogen, wird er dem evolutiven Bewußtseinswandel der vielen Kraft geben. Was ist sein Inhalt?

Die Religion ist unvollendet unter allen vier Aspekten, die wir an ihr unterschieden haben.

Da von Politik die Rede ist, beginnen wir mit der *Ethik.* Es sei an das Ende des obigen Abschnitts 4 erinnert. Wenn die Christen ehrlich waren, durften sie in keiner Phase ihrer Geschichte mit der christlichen Welt zufrieden sein. Christentum war eine essentiell unvollendete Religion. Nur die Hoffnung auf die Wiederkunft Christi konnte allenfalls mit der jeweiligen Gegenwart versöhnen. Die Verwandlung der realen Geschichte, welche den Christen in dieser von Jahrhundert zu Jahrhundert wiederholten Spannung gelang, wurde freilich spätestens seit dem 18. Jahrhundert von der Aufklärung überholt. Die Aufklärung hat die Stafette der Weltveränderung übernommen. Sie konnte die Stafette übernehmen, weil sie die Diesseitigkeit der christlichen Forderungen ernst nahm. Kants Schrift *Zum ewigen Frieden* kann als eine Säkularisierung der christlichen Enderwartung verstanden werden. Die heutige Menschheitssituation zeigt, daß die Forderung, die Institution des Krieges zu überwinden, diesseitig notwendig ist (Siebentes Kapitel, 5).[1]

Wer diese Gedanken heute kennt, kommt in einen Konflikt mit einer bestimmten Tradition innerhalb des Christentums. Jesus hat den bewaffneten Kampf für das kommende Himmelreich verworfen, den seine »zelotischen« jüdischen Zeitgenossen für notwendig hielten. Gott bringt dieses Reich. Es ist schon angekommen, und es wächst, wie das Senfkorn zum Baum heranreift. Als nach Konstantin das Römerreich nicht von Gott zerstört, sondern von Christen beherrscht war, die nicht wußten, wie sie die Weltverantwortung anders als mit Waffen tragen sollten, deutete man Jesu Worte auf eine dem Willen Gottes vorbehaltene Zukunft, jenseits der Geschichte dieser Welt. »Chiliasmus«, der Versuch, das tausendjährige Reich der Johannes-Apokalypse *(Offenbarung 20,2–3)* hier und jetzt zu realisieren, wurde als häretisch verworfen. Dieses Verhalten der kirchlichen Obrigkeit war in der unvollendeten Religion des historischen Christentums vielleicht unvermeidlich. Aber ich kann nicht sehen, daß man damit Jesus richtig interpretiert hat. Er zeigte denen, die ihm folgten, den Weg, für das kommende Friedensreich mit den Waffen des Friedens zu kämpfen.

Es ist richtig, daß dies kein politisch geplanter Kampf ist. Der Erfolg liegt in Gottes Hand. Aber das bedeutet nicht, daß wir, wenn wir Jesu Geboten folgen, dabei den diesseitigen Erfolg nicht wollen sollen. Die

Botschaft Jesu ist, daß wir nicht unserer Macht als Garantie des Erfolgs vertrauen sollen; daß Macht den Willen verzerrt. Dies ist in vielen seiner Gebote und Gleichnisreden deutlich. Erst in der nachkonstantinischen Kirche entsteht eine Situation der Christenheit, in der sie das Himmelreich jenseits der aktuellen Geschichte, den Lohn und die Strafe der Handlungen jenseits des Grabes erwarten muß, woraus dann im neuzeitlichen Christentum das Heil in der Innerlichkeit der Seele wird. Auch diese Gedanken können sich auf Worte Jesu berufen, aber gerade nicht auf die Unmittelbarkeit, in der er seine Jünger und die Menschen seiner Umwelt anredete.

Ich habe oben die Quäker als Beispiel dafür genannt, daß es auch im späteren Christentum möglich war, den Worten Jesu direkt zu folgen und dabei präzise begrenzte Ziele, z. B.: den Frieden mit den Indianern in Pennsylvania, zu erreichen. In unserem Jahrhundert ist Mahatma Gandhi wohl das größte Beispiel. Den Zeitgenossen, die den Worten Jesu nicht folgen können, ist es befriedigend, darauf hinzuweisen, daß auch die Befreiung Indiens ein begrenztes Ziel war und daß zu den Erfolgsbedingungen die englische legale Staatsauffassung gehörte – dazu wohl auch, daß es für Großbritannien ökonomisch nicht mehr lohnend war, die politische Herrschaft in Indien aufrechtzuerhalten. Dies ist aber nur ein Einwand gegen die Verwechslung der Worte Jesu mit einem unfehlbaren Machtmittel. Und die Überwindung der Institution des Krieges beginnt sich in unseren Tagen eben auch als ein präzises, begrenztes Ziel darzustellen.

Die Nennung Gandhis weist auf ein anderes Problem der unvollendeten Religion hin: die Vielfalt der Religionen. Ich habe diese Vielzahl oben mit Absicht geschildert. Es wäre illusionär zu meinen, die Religionen ließen sich heute »synkretisch« in eine einzige »Weltreligion« zusammenfassen. Sie haben Anteil an der Vielzahl der Kulturen. Die Vielgestalt ist ein Reichtum der Menschheit. Die Frage ist heute nur, ob die Religionen angesichts ihrer traditionellen Gegensätze überhaupt imstande sein können, zu den gemeinsamen Problemen der Menschheit Lösungen beizutragen.

Ich versuche die Antwort: In der Ethik und in der inneren Erfahrung sind die großen Religionen grundsätzlich vereinbar; die Vereinbarkeit nähert sich der Identität auf den höchsten Stufen, in den reinsten Formen der Ethik und der mystischen Erfahrung. Die Unterschiede sind vor allem kulturell bedingt; sie reichen von der Sozialordnung bis zum Bildmaterial ekstatischer Visionen. Die unüberbrückbaren Gegensätze treten in der Selbstdeutung auf, in den Theologien, die unfehlbare Wahrheit für sich in Anspruch nehmen.

Gandhi ist ein Beispiel für das, was in unserem Jahrhundert schon
möglich gewesen ist. Sein letztes Motiv ist ohne die indische Vorstellung vom Heil der Seele *(moksha)* nicht denkbar. Sein begrenztes Ziel,
die Freiheit und Einheit Indiens, entstammt dem Repertoire westlicher politischer Ideale. Seine weltverwandelnde aktive Nächstenliebe
hat er selbst mit dem in Zusammenhang gebracht, was er in England
von christlichen Gemeinschaften gelernt hat. Von den Bewohnern seines Ashrams verlangte er neben strikter Gewaltlosigkeit und wenigen gemeinsamen religiösen Zeremonien nur, daß jeder die Vorschriften seiner eigenen Religion strikt befolge.

Wer die Beziehungen zwischen den Religionen beleben will, kann
Gewinn davon haben, wenn er ihre Unterschiede als Funktion ihrer
kulturellen Situation bedenkt. Konfuzius, Zarathustra, jüdische vor-
exilistische Propheten, Platon, Aristoteles, neuzeitliche Calvinisten –
alle denken unmittelbar politikbezogen. Alle nämlich haben den direkten Zugang zu den politischen Entscheidungszentren; ihre eigene
Lebenssituation ist politisch. Hinduistische Weisheit, spätantike Gno-
sis und vielfach auch Philosophie, nachkonstantinisches Christentum denken viel mehr jenseits- oder innerlichkeitsbezogen. Sie alle
leben in Gesellschaftsordnungen, die politisch zu ändern jenseits
ihrer Reichweite liegt. Die heutige weltweite Kommunikation verändert diese sozialen Hintergründe. Ich war unlängst Zeuge eines Ge-
sprächs zwischen einem indischen und einem amerikanischen Poli-
tikwissenschaftler. Der Amerikaner sprach von der Notwendigkeit
tiefer Bewußtseinsbildung, der Inder von der Fürsorge für die
Armen. Der Inder sagte dem Amerikaner: »Sie reden wie ein Hindu!«
Darauf sagte ich dem Inder: »Sie reden wie ein Christ!« Beide nahmen
das Lob an. Wenn Religionen einander begegnen wollen, sollten sie
nicht ihre Theologien vergleichen, sondern versuchen, gemeinsam
Gutes zu tun. Sie werden staunen, was sie dabei über sich selbst lernen. Ich wage nicht mehr vorherzusagen.

Mythos, Philosophie, Theologie, Wissenschaft

Gleichwohl sage ich zum Abschluß dieses Kapitels etwas über Theologie. Ich bringe es als meine subjektive Meinung vor, ohne Zustimmung zu erheischen.

Auch die Aufklärung ist unvollendet. Der unvollendeten Aufklärung kann die unvollendete Religion nur unglaubwürdig sein. Ich
habe mich bis hierher über diese Kritik fast stillschweigend hinwegge-
setzt. Aber Ausdrücklichkeit ist nötig.

Die Aufklärung hat die drei »kulturellen Pointierungen« Moral, Theorie, Kunst nicht zur Einheit gebracht. Es scheint mir, daß ihre Bemühung in allen drei Feldern unvollendet ist. Am Ende des Dritten Kapitels meinte ich, selbstgerechte Moral werde böse, selbstgerechte Theorie werde unwahr, selbstgerechte Kunst werde wesenlos. Das Wort »selbstgerecht« habe ich dort nur für die Moral verwendet. Es ist aber in allen drei Fällen anwendbar, um eine »Pointierung« zu bezeichnen, die den breiten Boden der Wirklichkeit unter sich läßt.

Die *politische* Aufklärung hat einen wunderbaren moralischen Impuls entwickelt. Sie hat die Selbstgerechtigkeit der traditionellen Religion bloßgestellt. Das meine ich vor allem, wenn ich sage, sie habe die Stafette der christlichen Selbstkritik übernommen, und damit die Stafette der Weltveränderung. Aber indem sie ein Äußeres kritisiert, von dem sie sich selbst verschieden weiß, bleibt sie oder wird sie blind gegen ihr eigenes Machtmotiv.

Die *gedankliche* Aufklärung hat der Menschheit die größte intellektuelle Bereicherung ihrer bisherigen Geschichte gebracht. Nichts kann heute gedanklich ernstgenommen werden, das sich der Kritik des aufgeklärten Denkens entzieht. Aber was sich den Ja-Nein-Entscheidungen heutiger Wissenschaft bisher nicht gefügt hat, versinkt in das Dunkel des Nichtwissens. Wie lernen wir wahrzunehmen, was uns dadurch entgeht?

Die *Kunst* bietet der Welt der Aufklärung Wahrnehmung an. Aber indem die Gesellschaft die Kunst als einen ihrer Werte stilisiert, entzieht sie sich der schmerzhaften Kritik dieser Wahrnehmung.

Wir haben Kunst als eine Wahrnehmung von Gestalt durch Schaffung von Gestalt bezeichnet. Ebensolche Wahrnehmung durch Schaffung von Gestalt ist aber auch die Selbstdeutung der Religion im Mythos und, nach einem ersten Durchgang durch die gedankliche Arbeit früher Aufklärung, in der Theologie. Was lehrt uns diese Wahrnehmung?

Der *Mythos* vermittelt Wahrnehmung, indem er eine Geschichte erzählt. So erscheint er als eine Dichtung, als eine Art Kunst. Aber sein »geheiligter« Charakter, seine religiöse Würde, unterscheidet ihn von der »artistischen« Freiheit neuzeitlicher Kunst. Was nimmt er wahr?

Es gibt, schon im tierischen Verhalten, in jeder differenzierten Einzelwahrnehmung schon eine »Mitwahrnehmung des Ganzen«, eine *Orientiertheit*. Die Katze sieht nicht einfach eine Maus, sondern sie sieht in der Wiese, durch die sie selbst schleicht, eine unter den Gräsern huschende Maus. »Orientieren« heißt für den Reisenden die Himmelsrichtungen durch den Ort des Sonnenaufgangs, den Orient (*oriri:* aufgehen) zu bestimmen. Diese Mitwahrnehmung des Ganzen bleibt meist unausdrücklich. Vernunft, als Wahrnehmung eines Ganzen definiert, macht diese Mitwahrnehmung ausdrücklich.

Der große religiöse Mythos ist eine Weise, uns im Ganzen des Lebens und der Welt zu orientieren. Mythos ist in diesem Sinne das älteste Organ der Vernunft. Der Babylonier ist orientiert in der Welt, die sein Reichsgott Marduk aus dem erschlagenen Leib der Urgöttin gebaut hat. Der Jude und später der Christ sind orientiert in der Welt, die der eine Gott geschaffen hat wie ein Gärtner seinen Garten.

Die Mythen sind vielgestaltig wie die Götter, von denen sie erzählen, wie die Situationen, in denen sie orientieren. Die großen religiösen Denker – so im Hinduismus, im Buddhismus, in der griechischen Philosophie – haben den Gleichnischarakter dieser Erzählungen voll durchschaut. Sie haben von dem Ganzen, in dem wir uns befinden, in großen Abstraktionen gesprochen: dem Einen des Vedanta und des Platonismus, dem Leeren des Buddhismus. Ein klassischer islamischer Philosoph, ich glaube Al Khindi (ca. 800–870), soll gesagt haben: »Auf die Frage, ob der Koran von Gott geoffenbart ist, lautet die Antwort: Ja, er ist von Gott geoffenbart, um den Menschen, die die Philosophie nicht auffassen können, den Inhalt der Philosophie verständlich zu machen.«

Die griechische *Philosophie* ist *Aufklärung* durch das Machtmittel des *Logos*, der auf Wahr oder Falsch entscheidbaren Aussage. Sie thematisiert aber die Wahrnehmung des Ganzen gleichsam in einem »Mythos des Logos«. Den Aufstieg zu dieser Wahrnehmung erzählt Platon im Höhlengleichnis, das eine politisch-ethische, eine mathematisch-naturwissenschaftliche und eine meditativ-mystische Deutung zuläßt. Der Gott des Aristoteles[2] ist der ewige Geist, der die ewigen Formen des Geschehens weiß, er ist der unbewegte Beweger alles bewegten Seienden, er ist die einzige volle Wirklichkeit, der nichts bloß Mögliches noch aussteht.

Die christliche *Theologie* kommt wesentlich *nach* der griechischen Philosophie. Sie ist eine Rationalisierung der biblischen Erzählungen und der christlichen Erfahrung mit den Mitteln des philosophischen Logos. Sie nötigt sich selbst damit zu dem Anspruch, wahr und nicht falsch zu sein. Von den Mythen der anderen Religionen und von den Vernunfteinsichten der Philosophie unterscheidet sie die biblischen Aussagen als *Offenbarung* (*revelatio:* Entschleierung; *apokálypsis:* Enthüllung). Dieses Wort bezeichnet also sprachlich selbst eine Wahrnehmung, ermöglicht durch die von Gott geschaffene Gestalt der biblischen Aussage. Die dogmatischen Konzilsentscheidungen, die den

Irrenden verurteilen, werden zu kirchenpolitischen Instrumenten: Einheit der Kirche durch Einheit der Lehre.

Das gedankliche Machtmittel der *neuzeitlichen Aufklärung* ist die *Wissenschaft*. Methodisch stützt sich die Wissenschaft in ihrem heutigen Selbstverständnis auf den Aufweis des Einzelnen, auf *Erfahrung*. Dieses methodische Prinzip kann, isoliert genommen, den großen Einheitsanspruch des Mythos, der Philosophie, der Theologie nicht aufrechterhalten. Die Wissenschaft kennt aber eine bescheidene Mitwahrnehmung eines Ganzen, durch das Mittel des *Begriffs*, ohne den es wissenschaftlich aussprechbare Erfahrung gar nicht geben könnte (Drittes Kapitel, 3,3). Für unsere jetzige Überlegung ist wesentlich, daß man die Wissenschaften, auf zwei etwas verschiedene Weisen, in zwei Gruppen einteilen kann. *Inhaltlich* kann man die *Naturwissenschaften* den *Geistes- und Sozialwissenschaften* gegenüberstellen. Diese Einteilung geht also von der Unterscheidung der Natur vom Menschen aus. Sie ist offensichtlich nicht scharf, denn der Mensch ist selbst ein Kind der Natur. Medizin ist weitgehend Naturwissenschaft vom Menschen, tierische Verhaltensforschung ist Sozialwissenschaft von Tieren. *Methodisch* unterscheidet man *Gesetzeswissenschaften* von *interpretierenden Wissenschaften*. Das schärfste Instrument der Gesetzeswissenschaft ist die *Mathematik*. Das Hilfsmittel der interpretierenden Wissenschaft ist das *Verstehen*, das der Mensch vom Menschen hat; man spricht hier auch von *Hermeneutik*, was wörtlich Dolmetscherkunst bedeutet. Roh gesprochen ist Naturwissenschaft der Gesetzesform fähig und bedürftig. Die Sozialwissenschaften, auf Verstehen aufruhend, eifern doch vielfach dem Ideal der Gesetzeswissenschaft nach. Geistes- oder Kulturwissenschaft ist ohne Verstehen (ohne Kommunikationsfähigkeit, um einen modernen Terminus zu gebrauchen) undenkbar. Diesen methodischen Unterschied meint man, wenn man im heutigen Englisch den deutschen Oberbegriff »Wissenschaft« gar nicht gebraucht, sondern von *science* und *humanities* (oder *arts*) spricht.

Beide Formen der Wissenschaft sind historisch der Religion kritisch gegenübergetreten. Die *Naturwissenschaft* hat im Gesetzesschema der klassischen Physik ein Bild von der Einheit der Natur entworfen, das – wie Laplace es gegenüber Napoleon ausdrückte – »die Hypothese ›Gott‹ nicht nötig hatte«. Man mußte dann den cartesischen Dualismus von Materie und Bewußtsein erfinden, um das Verstehen des Menschen durch den Menschen beschreiben zu können; in diesem Schema blieb eine Lücke für Gott, aber keine *wissenschaftliche* Nötigung, von dieser Lücke Gebrauch zu machen. Große Naturforscher haben wohl immer eine religiöse Ehrfurcht gegenüber der wunderbaren Ordnung der Naturgesetze gehabt. Sie erkannten sich wieder in dem Beitrag der Mathematik zur Sichtweise der klassischen Philosophie; Einstein bekannte sich zum »Gott Spinozas«. Aber gegenüber dem Christentum ist dies zum mindesten eine neue Religion; sei es »Pantheismus« oder aber die Reduktion des Schöpfergottes auf die Rolle des Ingenieurs, der einmal eine Maschine gebaut hat. Diese Auseinandersetzung hat in den Jahrhunderten der Neuzeit im Vordergrund des Verhältnisses von Religion und Aufklärung gestanden; sie erfüllt heute noch die populäre Polemik. Dies ist unvollendete Aufklärung angesichts unvollendeter Religion.

Genauere und eben darum zugleich tiefere und fruchtbarere Skepsis gegen die Religion haben die *Geistes- und Sozialwissenschaften* gebracht. Zunächst relativiert diese Art der Wissenschaft die traditionalistische Rechtfertigung spezieller Religionen. Die Glaubenssätze einer Religion sind nicht schon deshalb wahr, weil sie die Religion der Väter ist. Ich habe das schon als Schüler begriffen. Ich bin als Lutheraner aufgewachsen; rechtfertigt mich das, meine katholischen und jüdischen Mitschüler, die Hindus und Buddhisten Asiens, die Atheisten in Marxismus und Naturwissenschaft des Irrtums zu zeihen? Diese fast selbstverständliche Kritik bedroht freilich die traditionelle Kulturträgerschaft der Religion, die – wie die Regeln der überlieferten Sitte – wesentlich unerklärt galt. Und sie relativiert den speziellen theologischen Wahrheitsbegriff der westlichen Tradition (einschließlich des Islam), der auf theoretischen Ja-Nein-Entscheidungen beruht. Wozu haben wir eigentlich Ja und Nein zu sagen? Zum Alleinwahrheitsanspruch einer Religion, um alle anderen der Unwahrheit zeihen zu können? Diese Skepsis dringt nicht nur tiefer als die des naturwissenschaftlichen Weltbildes, sie ist auch sehr viel fruchtbarer. Die interpretierende Geisteswissenschaft schließt uns den Reichtum und die Tiefe religiöser Texte und Traditionen erst auf. Wenn ich es noch einmal in meiner persönlichen Erfahrung sagen darf: Der Reichtum des Alten Testaments erschloß sich mir, als ich im Studentenalter die Bibel durchlas und später die alttestamentliche Wissenschaft kennenlernte, und dabei die Texte in ihre jeweilige historische, ferne, aber einfühlbare mitmenschliche Situation einzubetten lernte. Etwas mühsamer, weil mehr gehemmt durch das Bedürfnis christlicher Theologen, hier denn doch die absolute Wahrheit zu finden, gelang mir dies dann auch im Neuen Testament. Meine beiden Bibelarbeiten sind ein Dank, den ich der Bibelwissenschaft für diese befreiende Belehrung abstatte.

Wie nehmen wir dieses Geschenk auf? Hier wird es entscheidend, daß die großen Wahrheiten der Religionen keine theoretischen Urteile im Sinne der Logik sind. Der Mythos entspricht einem pragmatischen Wahrheitsbegriff: Er orientiert uns so, daß wir zu handeln vermögen. Aus den Reden Jesu spricht dieses Verständnis von Wahrheit: »An ihren Früchten sollt ihr sie erkennen« *(Matthäus 8,16)*, und noch in der Theologie des Johannes-Evangeliums: »Wenn ihr bleiben werdet an meiner Rede ... so werdet ihr die Wahrheit erkennen und die Wahrheit wird euch freimachen« *(Johannes 8,31–32)*. »An meiner Rede bleiben« heißt hier »tun, was ich euch gesagt habe«. Erkennen durch Tun: Das ist im ethischen Bereich das Wahrnehmen von Gestalt durch Hervorbringen von Gestalt. Wir sollen die Religionen an ihren Früchten erkennen. Und wir haben diese Früchte nicht nach den Normen zu beurteilen, die wir unerklärt aus unserer eigenen religiösen oder aufklärerischen Tradition übernehmen. Auch hier ist Verstehen gefordert. Wie sollen wir sonst zusammenleben?

Wir kehren noch einmal zur Naturwissenschaft zurück. Einen großen, philosophisch noch nicht zureichend verarbeiteten Schritt hat die *Physik unseres Jahrhunderts* getan. Ich gebe hier meinen persönlichen Eindruck von diesem meinem eigentlichen Arbeitsgebiet.[3] Im Rahmen der *Quantentheorie* wird der cartesische Dualismus von Bewußtsein und Materie überflüssig. Die Quantentheorie wäre mit einem »spiritualistischen Monismus« vereinbar, der eine einzige Wirklichkeit anerkennt und diese, der klassischen europäischen Philosophie folgend, »Geist« nennt. Hegel drückt diesen Gedanken abstrakt aus: »Die Substanz ist wesentlich Subjekt«, Schelling in dem Satz: »Die Natur ist der Geist, der sich nicht als Geist kennt.« Die Quantentheorie würde auch einer buddhistischen Interpretation keinerlei Widerstand entgegensetzen. Nach ihr ist die Zerlegung der Welt in getrennte Objekte nur eine Näherung. Diese Näherung ist die Voraussetzung des begrifflichen Denkens, aber strenggenommen ist sie falsch. Die Wirklichkeit ist keine vorgefertigte Maschine.

Es wäre voreilig, diese Denkmöglichkeiten alsbald mit den Bildern überlieferter Theologie gleichzusetzen. Ein längerer Weg liegt vor uns. Aber ein offener Weg.[4]

---

[1] Vgl. *Die Zeit drängt*, München ⁷1988, Kapitel 10.

[2] Vgl. heute: G. Picht, *Aristoteles »De Anima«*, Stuttgart 1987; E. Rudolph, *Zeit und Gott bei Aristoteles*, Stuttgart 1986.

[3] In *Aufbau der Physik*, München ²1986, Kap. 11–14.

[4] In einem zukünftigen Buch, *Zeit und Wissen*, hoffe ich, hierauf etwas näher einzugehen.

CHARLENE SPRETNAK

Aktiv in der Frauen-, Friedens- und Umweltbewegung in den USA. Geboren 1946 in Pittsburg. Studium der Literatur, Philosophie und Psychologie. Mitbegründerin des amerikanischen Schriftstellerinnenverbandes und Mitglied in der Women's Party for Survival. Wichtige Veröffentlichungen: »Politics of Women's Spirituality« (eine Anthologie über neue feministische Spiritualität); »Die Grünen« (mit einem Bericht über grüne Politik in den USA). In ihrem Beitrag »Ganzheitliche Spiritualität und systemüberschreitende Politik« geht es der Autorin um eine politische Umorientierung – keine Richtungsänderung, sondern einen grundlegenden Strukturwandel.

Ganzheitliche Spiritualität und systemüberschreitende Politik

Seit der letzten großen Bewußtseinsrevolution im Abendland, die mit dem Aufstieg des mechanistischen Paradigmas im 16. und 17. Jahrhundert endete, hat man »das Weltliche« und »das Heilige« als zwei voneinander getrennte Wesenheiten betrachtet. Politik – der Bereich des Säkularen – ist fast ausschließlich materialistisch gewesen. Der Bereich des Sakralen dagegen wurde vom patriarchalischen Weltbild beherrscht: Ein Gott-Vater hatte (einige von) uns nach seinem Bilde erschaffen und lenkte unsere Geschicke mit seinen Gesetzen und Vorschriften. Mitunter hat der säkulare Bereich auf den sakralen zurückgegriffen, um von dort passende Rationalisierung zu beziehen, etwa wenn kriegführenden Völkern versichert werden mußte: »Gott ist auf unserer Seite«, oder wenn den Frauen Bürgerrechte vorenthalten werden, weil sie angeblich von Gott dazu erschaffen wurden, nur die »Gehilfin« des Mannes zu sein, oder wenn neuerdings Phyllis Schlafly, eine der Wortführerinnen der Neuen Rechten in Amerika, erklärt: »Die Atombombe ist ein wunderbares Geschenk, das ein wohl-weiser Gott Amerika gemacht hat.«

Die »neue« Spiritualität, deren Wurzeln in den ältesten sakralen Traditionen zu finden sind, die bis in die Altsteinzeit (rund 35 000 Jahre v. Chr.) zurückreichen, verwirft die hierarchischen, patriarchali-schen Vorstellungen: Es gibt keinen »lieben Gott«, der über den Wol-ken thront; die Menschheit schafft sich selbst ihr Geschick. Vor allem ist die neue Spiritualität dabei, den Begriff des Heiligen selbst neu zu definieren: Heilig sind unsere Körper, unser Blut, unsere Kinder, Mutter Erde mit ihren strömenden Gewässern und alle lebende Krea-tur – sie alle sind heilig und darum wert, vor der Verwüstung durch industrielle Umweltverschmutzung und nuklearen Wahnsinn ge-schützt zu werden.

Ganzheitliche Spiritualität beinhaltet ein umfassendes, integrati-ves Modell über den Zusammenhang zwischen dem Säkularen und dem Sakralen, dem Materiellen und dem Spirituellen – ein Modell, das im wesentlichen auf den parallelen Entdeckungen der modernen Physik und gewisser fernöstlicher Systeme der Geistforschung be-ruht. Diese beiden Disziplinen – mögen sie mit Zyklotronen, mit Li-near-Beschleunigern oder mit Meditationspraktiken arbeiten – haben entdeckt, daß die »absoluten« Größen, die wir auf einer groben Ebene der Wahrnehmung messen, relativ sind, daß »Grenzen« und »Trennungen« Illusion und die »festen« Zustände in Wirklichkeit im Fluß sind. In Wahrheit ist alles in Fluß, ein kosmischer Tanz von Ener-giewellen/Materieteilchen, die billionenmal pro Sekunde aufsteigen und zurückfallen, aufsteigen und zurückfallen … In allem und jedem webt derselbe vibrierende Tanz von subatomaren Teilchen/Wellen und fügt sich zu einem Geflecht unsichtbarer Allverbundenheit. All-Einheit und Wandel sind die einzigen Konstanten; das ist der haupt-sächliche Glaubenssatz ganzheitlicher Spiritualität.

Wenn ein Mensch – gewöhnlich durch anhaltende Meditationspra-xis oder andere geistliche Exerzitien *erlebt,* daß das Wesen des Seins All-Einheit und Wandel ist, erkennt er oder sie, daß es nichts Festes oder Absolutes gibt, woran sich zu klammern und wonach sich zu sehnen die Hauptursache aller geistigen Qual ist. Nach dem Erleben solcher Einsicht drängt es uns, das Bewußtsein des gegenwärtigen Augenblicks, der Allverbundenheit und des Wandels in uns heranzu-bilden.

Aber auch wenn man nur auf intellektuellem Wege erkennt, daß das Wesen des Seins All-Einheit und Fluß ist, ergeben sich daraus zahlreiche politische Folgerungen.

1. Das mechanistisch-hierarchisch-patriarchalische Paradigma, das der leitende Begriff der westlichen Kultur seit mehreren Jahrhunderten gewesen ist, erweist sich als ein ungenaues und auf falschen Voraussetzungen beruhendes Modell. Da das Universum *kein* mechanisches System ist, das sich aus isolierten, materiellen Bausteinen zusammensetzt, kann kein einziges technisches Projekt entworfen und verwirklicht werden, das nicht auf myriadenfache Weise das umgebende Materie-Energie-Geflecht tangieren würde. Und nachdem dieses Geflecht der Natur *nicht* isoliert ist vom menschlichen Leben, können wir den Schluß ziehen, daß der Versuch des Menschen, sich »die Erde untertan zu machen«, wie die Bibel empfiehlt, ein schlechter Rat ist. Er hat dazu geführt, daß wir Ressourcen verschleudern und die Erde vergiften, in stolzer Unkenntnis der elementaren ganzheitlichen Tatsache, daß wir uns selbst verwüsten und vergiften, wenn wir die Natur verwüsten und vergiften.

2. Die Vorstellung, daß alle Dinge von Natur aus in hierarchischer Anordnung existieren, findet weder in der modernen Physik noch in den Grunderkenntnissen der Geisttätigkeit, d. h. der Meditation, eine empirische Stütze. Die »Große Kette des Seins« (Gott Vater → Jesus → weiße Männer → weiße Frauen → weiße Kinder → farbige Männer → farbige Frauen → farbige Kinder → Tiere → Natur/Erde), ein Konzept, das die westliche Kultur, Biologie und Politik nachhaltig beeinflußt hat, wird heute als schlechte Wissenschaft, getränkt mit patriarchalischer, rassistischer Arroganz, erkannt. Hierarchie ist eine wirksame Methode, um Menschen zu kontrollieren, trägt aber nicht dazu bei, neue und schöpferische Lösungen für unsere Probleme zu fördern. In systemüberschreitender Politik bevorzugen wir daher Netzwerke, Kollektive und auf Affinität gegründete Gruppen. Der »Eine Große Führer« ist für uns uninteressant.

3. Ganzheitliche Spiritualität lehrt uns, unseren Frieden mit dem Faktum des Wandels zu schließen. Im mechanistisch-hierarchisch-patriarchalischen Paradigma wird kontrollierter Stillstand versprochen, obwohl das unmöglich zu erreichen ist, während Wandel als etwas Erschreckendes gilt. Aber das Wesen der Wirklichkeit ist dynamischer Fluß auf allen Ebenen: *nichts geschieht, was nicht Wandel ist.* Ganzheitliches Bewußtsein hat daher einen hohen Respekt vor *Vorgang* und *Verlauf* in systemüberschreitende Politik hineingetragen. Wie wir verfahren, ist ebenso wichtig wie das, was wir bezwecken, und diese Zwecke selbst werden sich stets neu entfalten. Wir arbeiten zwar hart daran, langfristige Alternativen zu unvernünftiger Technologie, industrieller Umweltverschmutzung, nuklearem Wahnsinn und dem

patriarchalischen Flirt mit Krieg und Dominanz zu entwickeln – aber *die Wirklichkeit ist der gegenwärtige Augenblick.*

4. Patriarchalische Denk- und Verhaltensweisen sind nicht die »naturgegebene« menschliche Lebensform. Die männliche Existenzweise gilt in der patriarchalischen Kultur als Norm; die Frau ist dann ein geringeres Geschöpf, lediglich ein Nichtmann. Aber geübte buddhistische Meditatoren sind aus dem Nirwana-Zustand, d. h. dem un-bedingten Zustand, zurückgekehrt und haben säuerlich gefragt: »Wenn der Geist stumm ist, ist er Mann oder Frau?« Unter der Oberfläche ihrer scheinbaren Isoliertheit sind alle Menschen, ohne eine Hierarchie des Geschlechts, miteinander verwoben.

Während die Archäologie entdeckt hat, daß die menschliche Kultur mindestens seit 35 000 v. Chr. (wahrscheinlich aber schon viel länger) bis zum mittleren Neolithikum matrifokal war, und zwar in den meisten Gegenden der Welt (in Alt-Europa wurde die patriarchalische Kultur mit den ersten Einfällen indoeuropäischer Barbaren-Stämme aus den eurasischen Steppen um 4500 v. Chr. brutal eingeführt), waren die präpatriarchalen Gesellschaften frei von Unterdrückung und Dominanz. Alteuropäische Grabstellen waren egalitär; Zeugnisse für wehrhafte Befestigungen und Kriege fehlen; die Kunst war hoch entwickelt; und die elementare Macht des Weiblichen wurde wegen der Mysterien in Ehren gehalten, die uns mit den zyklischen Abläufen in der Natur verbinden, z. B. den Blutungen im Rhythmus des Mondes, der Verwandlung von Nahrung aus der Mutter Erde in Menschen und in Milch usw. Die Kunst, auf die Göttin ausgerichtet, drückte unser Einssein mit der Natur aus, und das außerordentlich weit verbreitete Schlangensymbol kündete von zyklischer Wiedergeburt und Erneuerung. Seit jenes Zeitalter durch den Aufstieg des Patriarchats zerstört wurde, leben wir in Kulturen, in denen Beherrschung, Aggressivität, Gefühlsroheit, Hierarchie und streng »rationales« Denken geschätzt werden. Solche patriarchalische Politik der Isolierung hat uns in Angst und Entfremdung getrieben; der Weg zum Frieden ist der Pfad, der über jenes Paradigma hinausführt.

Zur Geschichte der »Neuen« Spiritualität

In den 60er Jahren entdeckten wir den Unterschied zwischen Religion und Spiritualität. Vielen Menschen wurde der Weg zum erlebenden Gewahrwerden der All-Einheit aller Dinge und des fein vibrierenden Flusses der Materie/Energie durch die Einnahme psychedelischer

Drogen erleichtert. Solche Drogen sind stark kontextabhängig; die Einnahme von LSD in einem Zimmer, mit dem Blick auf lauter Rock'n'Roll-Poster, hat eine ganz andere Wirkung als die Einnahme in der freien Natur. Aber die meisten der Menschen, die LSD im Freien nahmen, erlebten die elektrisierende Allverbundenheit aller Dinge und das »Leben« der sie verbindenden, vibrierenden Energie. (Siehe *Varieties of Psychedelic Experience* von R. E. L. Masters und Jean Houston. New York: Dell/Delta Publishers 1966.) Darauf folgte ein starkes Interesse für all die alten spirituellen Traditionen, die erweiterte Bewußtseinszustände und Innewerdungen durch natürliche Geisttätigkeit, d. h. ohne Drogen erreichen. Wir begannen, Bücher über Buddhismus, Taoismus, *raga yoga*, Tantra und Indianerspiritualität zu lesen, und wir begannen, Meditation, *hatha yoga*, Sufi-Tanz zu praktizieren.

Der innere Reichtum der ganzheitlichen, integrativen Formen von Spiritualität sorgte für einen Exodus aus der hierarchischen, patriarchalischen Religion, die freilich viele Menschen ohnehin schon aufgegeben hatten, weil sie das jüdisch-christliche System als leer empfanden. Während die abendländische Religion in der Geschichte als Instrument zur Kontrolle von Menschen gedient hat, erkannten wir in der ganzheitlichen Spiritualität eine Förderung der Erweiterung und Fortentwicklung unseres Geistes/Leibes und der menschlichen Gemeinschaft. »Spiritualität« heißt einfach: eine besondere Einstellung zum Leben auf Erden.

Das Interesse für die neue Spiritualität gehörte zu der Suche nach einer neuen Lebensphilosophie in den 60er Jahren, einer Suche nach neuen Wegen zur Gestaltung der menschlichen Beziehungen, der menschlichen Arbeit, Ausbildung, Gesundheitsvorsorge und Politik. Wir ersehnten Alternativen zu der materiell übersättigten, spirituell bankrotten, reduktionistischen, entfremdeten, bürgerlichen Lebensweise, in der die amerikanische Nachkriegsgeneration aufgewachsen war. Die Gegenkultur experimentierte mit mancherlei alternativen Lebens- und Denkformen, doch gab es noch keinen politischen Rahmen für einen solchen Wandel. Die Neue Linke hatte zwar viel Zulauf wegen ihrer Anti-Vietnam-Aktivitäten, fand aber darüber hinaus keine breite Unterstützung, weil sie sich auf traditionell materialistische Fragen festgelegt hatte, jegliche Spiritualität bekämpfte, das Thema Feminismus auf einen Zeitpunkt »nach der Revolution« verschieben wollte und überhaupt ganzheitliche Weisen des Denkens, Erziehens, Heilens und Mit-der-Umwelt-Umgehens für unwesentlich hielt.

Von den vier establishmentfeindlichen Bewegungen der 60er Jahre (Anti-Kriegs-Bewegung, Gegenkultur, Neue Linke und Feminismus) haben sich im Laufe der 70er Jahre alle gespalten, abgeschwächt und/ oder aufgelöst – mit Ausnahme der feministischen Bewegung, die an Stärke immer mehr gewann. In ihr begegnete die neue Spiritualität zum ersten Mal der neuen Politik.

1971 sprang der erste Funke nachpatriarchalischer Spiritualität in Amerika auf, und zwar aus dem Buch *The First Sex* von Elizabeth Gould Davis, jenem Buch, das das »Große Schweigen« über präpatriarchalische Kultur und Spiritualität, über das große Zeitalter matrifokaler Zivilisation brach. Mit der Wissenschaftlichkeit haperte es bei Davis, aber das Buch wirkte als Katalysator für weitere, sorgfältigere Forschungen und weckte verbreitetes Interesse für das Thema. In dieser Zeit kamen wichtige frühere Texte als Taschenbuch wieder heraus.

Diese neuen und wiederentdeckten Bücher waren wichtig für den Feminismus, weil sie den Nachweis erbrachten, daß patriarchalische Kultur und Religion nicht »naturgegeben« sind und daß die Menschheit ein Erbe friedlicher, ganzheitlicher Alternativen zum patriarchalischen Paradigma besitzt. Um die Mitte der 70er Jahre stimmten bereits viele Männer wie Frauen der 50 Jahre alten Beobachtung Robert Briffaults zu, daß die Männer »die patriarchalische Theorie« verlernen müßten: »Wir leben in einer patriarchalischen Gesellschaft, in der patriarchalische Prinzipien ihre Gültigkeit eingebüßt haben.« (Briffault benannte sein Werk *The Mothers* nach den Müttern im zweiten Teil von Goethes *Faust:* »Gestaltung, Umgestaltung/Des ew'gen Sinnes ew'ge Unterhaltung.«) Nach 1975 erschienen Dutzende von Büchern über präpatriarchalische Spiritualität und Kultur und über postpatriarchalische Alternativen.

Außer für die Geschichte von Alternativen zum Patriarchat begannen viele Feministinnen in der zweiten Hälfte der 70er Jahre, sich für das Element des Rituellen in der ganzheitlichen Spiritualität zu interessieren. Da viele von uns schon in den 60er Jahren Erfahrungen mit Meditation, Trancezuständen, ekstatischem Tanz und Gruppenritualen hatten, verstanden wir auf einer erlebnismäßigen Ebene vieles vom Inhalt jener Reliefs, Fresken und Figurengruppen, auf denen rituelle Praktiken weiblicher Gottheit dargestellt sind. (Ich würde sogar behaupten, daß wir die sakrale Kunst des Altertums, wenngleich unvollständig, doch auf eine Weise verstehen, die den meisten Archäologen fremd ist; sie sehen in solchen Funden oft nur »bizarre heidnische Zeremonien mit Fetischobjekten«. Wir finden die Erdichtungen patriarchalischer Religion bei weitem bizarrer als die natürliche Art der Alten Religion mit ihrer Verehrung der Natur und der Lebenskraft und ihrer Achtung vor der Frau.)

Die Spiritualität der Frauen fand ihren Weg aus dem Neolithikum in unsere Gegenwart mit der Entwicklung des feministischen Rituals. Frauen fanden sich in Gruppen zusammen, um nicht-hierarchische, leib-seele-orientierte, kraftspendende Rituale zu begehen, aus denen eine aus dem Bildhaften strömende Erneuerung des persönlichen Kraftfeldes und des kollektiven Bandes fließt. Frauen bildeten Kraft-flußkreise, übten solidarisches tiefes Atmen, psalmodierten, sangen und erlebten die verwandelnde Kraft überrationaler Prozesse.

Zum ersten Mal seit dem Aufstieg der patriarchalischen Religion im Abendland benannten und erschufen wir heilige Stätten, an denen die Kraft im Inneren des Menschen genährt und gefeiert wird, nicht aber die Macht und Kontrolle über Menschen *wie an den Kultstätten der jüdisch-christlichen Religion*. Manche Frauen interessierten sich dafür, die alte Religion als Hexe oder als Spiritualität der Muttergottheit zu praktizieren; anderen war dies weniger wichtig. Wir alle aber, die wir an der Entfaltung feministischer Spiritualität mitgewirkt haben, haben die Verflochtenheit geist-seelischer Kraftspendung mit politischem Aktivismus erlebt.

Ende der 70er Jahre gab es erstmals feministische Konferenzen und Demonstrationen, bei denen das Ritual eine Rolle spielte, so etwa Konferenzen über Gewalt gegen Frauen und Demonstrationen gegen die Pornographie. Die erste große politische Aktion, in der feministische Spiritualität und rituelles Agieren eine wesentliche Bedeutung hatten, war die »Women's Pentagon Action« in Washington (D. C.) im November 1980 und 1981. Ausgangspunkt, Struktur und Gehalt dieser Aktion unterschieden sich radikal vom traditionellen patriarchalischen Modell einer Demonstration. Die Frauen verfaßten und verteilten eine Erklärung (»Unity Statement«), in der sie die Aufmerksamkeit auf die Zusammenhänge zwischen diversen ökonomischen Aspekten von Militarismus und Wettrüsten lenkten und abschließend den Grundsatz der ganzheitlichen Spiritualität bekräftigten, daß alles Lebendige und die Erde selbst heilig ist: »Wir wollen das Ende des Wettrüstens. Keine neuen Bomben. Keine neuen todbringenden Erfindungen mehr.

Wir glauben, daß alles mit allem verknüpft ist. Die Erde ernährt uns, so wie wir sie einst mit unserem Leib nähren werden. Durch uns haben unsere Mütter die Vergangenheit des Menschen verknüpft mit der Zukunft des Menschen.

Mit diesem Glauben, mit diesem ökologischen Grundrecht bekämpfen wir die finanziellen Verbindungen zwischen dem Pentagon und den multinationalen Konzernen sowie den Banken, denen das Pentagon dient.

Diese Verbindungen sind aus Gold und Öl gemacht.

Wir sind gemacht aus Blut und Knochen; wir sind gemacht aus jenem köstlichen Stoff, dem Wasser.

Wir werden nicht zulassen, daß diese gewalttätigen Spiele weitergehen. Wir wissen, daß es eine gesunde, vernünftige, liebevolle Weise gibt, zu leben, und wir werden auf diese Weise leben – in unserem Stadtviertel und auf unseren Farmen in diesen Vereinigten Staaten und mit unseren Schwestern und Brüdern in allen Ländern der Erde.«

Im Gegensatz zur patriarchalischen Struktur herkömmlicher Demonstrationen, bei denen die Spitze einer Hierarchie stundenlang auf eine passive Zuhörerschaft einredet, war die »Women's Pentagon Action« kollektiv und partizipatorisch und bot reichlich Stoff für symbolisches und rituelles Erleben. Diese Frauen räumten auch mit der patriarchalischen Vorstellung auf, Politik müsse sich streng im Bereich des Intellekts abspielen und frei von »Gefühlsduselei« sein. Statt dessen erklärten diese Frauen, daß unsere gefühlsmäßige Reaktion auf Fragen des Überlebens ein zentraler Bestandteil unserer politischen Reaktion auf sie ist; so bauten sie ihre Aktion um vier Stufen der Emotion auf: Trauer, Wut, Kraftspendung und Widerstand. Trauernd zogen sie über den Soldatenfriedhof Arlington, in Schwarz gekleidet und eine große, trauernde Puppe in Schwarz vor sich hertragend; sie gedachten der Millionen Opfer des Militarismus und stellten vor dem Pentagon symbolische Grabsteine aus Pappe mit den Namen von Frauen auf, die von Militarismus und patriarchalischer Gewalt ermordet wurden. Wütend zogen sie hinter einer großen, wütenden Puppe in Rot her und bildeten einen Ring um das riesige Gebäude des Pentagon; sie stießen wütende Klagerufe und Schreie aus und schlugen auf mitgebrachte Trommeln und Töpfe. Zu Kraftspendung und Widerstand griffen sie auf die uralte Metapher von der Frau als Weberin zurück (Weberinnen der Kultur, der Alten Religion, der Folge der Geschlechter) und überwoben die Türen zum Pentagon mit gewöhnlichen Materialien wie Garn, Band und Bindfaden. Die Weberinnen waren Frauen, die zuvor in Workshops für den gewaltfreien Widerstand geschult worden waren; sie wurden verhaftet und einen Monat lang eingesperrt.

Die rituelle Form der »Women's Pentagon Action« ist mit Abwandlungen von verschiedenen anderen feministischen Friedensdemonstrationen übernommen worden, so bei der Frauenaktion vor dem Bohemian Club (einer Elite-Spielwiese in San Francisco für Führer des militärisch-industriellen Komplexes), wo wir im November 1981 ein riesiges Netz um das Gebäude woben und Dutzende von symbolischen Grabsteinen aufstellten. Die strukturelle Formel von Trauer/Wut/Kraftspendung/Heilung/Verwandlung lag auch der »Women's Halloween Ritual/Action« vor den Toren des Lawrence Livermore National Laboratory zugrunde; in diesem Forschungszentrum in der Nähe von San Francisco werden sämtliche amerikanischen Kernwaffen entworfen. Rituelle Aktionen sind auch in verschiedene Blockaden von Kernkraftwerken integriert worden.

Der Aufschwung der neuen Spiritualität

Eine beachtliche Zahl von Menschen erkennt mittlerweile, daß wir uns mitten in einer grundlegenden Veränderung unserer Paradigmen und archetypischen Visionen befinden. Gary Snyder, ein bekannter amerikanischer Dichter und Umweltschützer, hat die Veränderungen folgendermaßen beschrieben:

»Heute vollzieht sich ein Wandel von der archetypischen Vorstellung, daß das Universum der zentralen Kontrolle einer männlichen Gottheit untersteht, zu einer neuen archetypischen Vision, daß das Universum der dezentralisierten Nichtkontrolle einer weiblichen Gestalt untersteht. Und das ist ein wesentlicher Archetypenwandel.

In der sogenannten entwickelten Welt zeigen sich heute zwei dynamische Prozesse, die sich beschleunigen. Das eine ist die fortdauernde, sehr mächtige Trägheit des chiliastischen protestantischen Kapitalismus, Materialismus und Industrialismus, in die so ungeheuer viel investiert worden ist. Die enorme Zähigkeit dieser Prozesse haben wir tagtäglich vor Augen. Die andere Kraft ist die natürliche, intuitive, anpassungswillige Seele der Menschheit und vielleicht des ganzen Planeten, die Seele der Gaia selbst, die verzweifelt versucht, Schritte in die richtige Richtung zu tun. Das Leben selbst versucht, sich zu retten. Der Widerhall hiervon ist allenthalben vernehmbar und kommt wahrscheinlich noch in solchen Alltagsdingen zum Vorschein wie dem Schreiben von Briefen an Abgeordnete. Es geht nicht bloß um den Kampf lebensbejahender gegen lebenzerstörende Kräfte; denn auch im Industrie-Kapitalismus steckt eine Menge interessantes Leben und eine Menge verspielter Intelligenz. Aber die tiefempfundene Sehnsucht danach, den Prozeß der organischen Evolution unversehrt zu erhalten, gewinnt allmählich Gestalt als eine neue Religion in der westlichen Welt. Es ist eine Vision, die bereits viele Menschen ergriffen hat und noch viele mehr ergreifen wird. Es mag eine Funktion dieses Archetypenwandels sein, oder vielleicht ist es die Seele der Evolution selbst, die einige verzweifelte Schritte zu tun sucht, vielleicht schon zu spät und zu langsam, um der fatalen Bedrohung unserer Welt entgegenzuwirken.«

In den 80er Jahren sprechen viele Menschen, Männer wie Frauen, bei ihren Umweltaktivitäten von der Unversehrtheit der »Mutter Erde«, der »Gaia« (das war der prähellenische Name für die Erde als unsere Mutter-Gottheit). Von diesen Begriffen war in der Anfangsphase der Ökologie-Bewegung Ende der 60er Jahre noch nicht die Rede; sie traten im wesentlichen durch das ganzheitliche Denken innerhalb der feministischen Bewegung auf und haben seither weitere Kreise erfaßt. (Als Zeitpunkt für den Internationalen Tag des Protestes gegen Kernwaffen 1983 wurde die Sommersonnenwende gewählt, ein alter heiliger Tag der Mutter Erde.)

In der Tat weist heute vieles in der feministischen Bewegung auf systemüberschreitende Politik; dasselbe gilt für die Umwelt- und die Friedensbewegung. Fritjof Capra hat in seinem Buch *The Turning Point* (deutsch *Wendezeit*, 1983) vorausgesagt:»Mit der Renaissance der Göttin-Imago ist die Frauenbewegung dabei, ein neues Selbstverständnis für Frauen, neue Denkweisen und ein neues Wertesystem zu schaffen. So wird feministische Spiritualität (die nur *ein* Aspekt ganzheitlicher Spiritualität ist) einen tiefreichenden Einfluß nicht nur auf Religion und Philosophie, sondern auch auf unser gesellschaftliches und politisches Leben haben.«

Endlich interessieren sich auch Menschen für ganzheitliche Spiritualität, die ein Modell für unsere Zukunft suchen, welches den ganzen Menschen anspricht. Viele Frauen und Männer, die in den 60er und 70er Jahren an streng materialistischer Politik mitgewirkt haben, sind zu der Erkenntnis gelangt, daß dieses Anliegen zu kurz kam, daß ein Teil ihres Wesens unterdrückt und vernachlässigt wurde. Viele haben die spürbaren Folgen von Energie-Tätigkeit und Geist-Seelen-Tätigkeit erfahren, die sich im Ritual ereignen kann. Wir wollen eine Politik, die die spirituelle Dimension des Lebens anerkennt und achtet.

Eine Vision für die Zukunft

Ganzheitliche Spiritualität wird immer mehr geistigen Einfluß auf die neue Politik gewinnen, insofern sie sich die Schlußfolgerungen aus der modernen Physik aneignet und die ökologische Notwendigkeit deutlich wird, unsere Naturverhaftetheit anzuerkennen. Aber damit ist es nicht getan. Eine neue Welt zu schaffen, die auf dem neuen Paradigma gründet, fordert »neuen Geist«. Wenn wir weiter mit unseren alten, mechanistischen Schemata des Intellekts arbeiten, können wir das ganzheitliche Paradigma und die ganzheitliche Systemtheorie nicht wirklich begreifen und anwenden. Unsere patriarchalisch-hierarchisch-mechanistischen Gesellschaften machen heute eine »Konzeptualisierungskrise« durch, die weithin jener entspricht, mit der die Pioniere der modernen Physik in den 20er Jahren zu kämpfen hatten. Zuerst konnten diese Forscher die Paradoxa einfach nicht glauben, welche die Natur vor ihnen enthüllte. Schließlich ließen sie ihre alten Konzeptionen fahren und drangen, wie Heisenberg es ausdrückte, »irgendwie in den Geist der Quantentheorie ein«, um danach weitere Fortschritte in ihrem Verständnis des Flusses und der Allverflochtenheit zu machen.

Wir müssen sogar über die wissenschaftlichen Formulierungen der neuen Physik hinausgehen und zu einem *erlebnismäßigen Verstehen* des ganzheitlichen Wesens des Seins vordringen. Zu diesem Zweck sollten wir uns nicht scheuen, täglich oder doch häufig die eine oder andere Form ganzheitlicher Leib-Seele-Arbeit zu praktizieren, sei es Meditation oder *t'ai chi,* um zu überrationaler Weisheit zu gelangen. Suzuki Roshi, ein Lehrer der Zen-Meditation, hat einmal die Descartessche Formel für das Wesen des Seins wie folgt korrigiert: *Agito ergo sum.*

Ist eine solche tägliche Meditationspraxis zu viel verlangt? Mao hat einmal gesagt: »Die Revolution ist keine Teegesellschaft« – dasselbe gilt für eine soziale Transformation. Im Gegensatz zu den selbstquälerischen, dominanzbeladenen Ritualen des jüdisch-christlichen Systems sind die Vorstellungen und Praktiken ganzheitlicher Spiritualität oft fröhlich und spielerisch, aber es bleibt doch dabei, daß man in der Weisheit keine Fortschritte macht, wenn man keine eigenen Anstrengungen unternimmt. Ebensowenig, wie wir zu träge sein dürfen für die fortwährende, tägliche Arbeit systemüberschreitender Politik, ebensowenig sollten wir zu träge sein, an der Befreiung unseres Bewußtseins von den Illusionen der oberflächlichen Wirklichkeit zu arbeiten. Jeder von uns muß selbst seine eigene Befreiung erwirken;

diese Aufgabe kann uns niemand abnehmen. Doch dürfen wir bei unseren individuellen und kollektiven Anstrengungen niemals das Bewußtsein für die notwendige Balance zwischen den Bedürfnissen der Menschheit und denen der Natur verlieren. Die alten Konzeptualisierungen, basierend auf Unwissenheit, Selbstsucht und Habgier, haben uns Entfremdung, Angst und unermeßliches Leid auf persönlicher, gesellschaftlicher und planetarischer Ebene beschert. An der Schwelle zur Ausrottung unserer Spezies stehend, können wir heute sehen, daß die menschliche Rasse drauf und dran ist, an ihrer eigenen Dummheit zugrunde zu gehen. Um dieses Zeitalter hinter uns lassen zu können, ist ein ernsthaftes Bemühen äußerer und innerlicher Art notwendig.

Das Bewußtsein und die Einsicht, die wir aus einer gewissenhaften Übung ganzheitlicher Spiritualität gewinnen, muß immer mit dem Mit-Leiden einhergehen, dem aktiven Ausdruck unserer All-Einheit. Aus diesem Grund enden viele buddhistische Formen der Meditation mit einer »*metta*«-Meditation, bei der man Wohlwollen und liebende Zuwendung an die ganze fühlende Kreatur hinausschickt. In ähnlicher Weise enden Muttergöttin- und Hexenrituale oft damit, daß die Gruppe positive, liebevolle Energie zur Mutter Erde und allen Ihren Kindern hinausschickt.

Wir werden Prozeß, Entdeckung, Harmonie in Ehren halten. Unsere Zukunft wird stets eine solche des Werdens sein. »Der Sinn des Anfängers«, so mahnen Zen-Lehrer, »enthält viele Möglichkeiten; der Sinn des Geübten enthält ihrer sehr wenige.« Wir werden interagieren im geistigen Willen zu Gewaltlosigkeit, Mitleid und einfühlender Freude; denn wir wissen durch unsere Meditation, unsere Rituale, unsere Energieflußkreise, daß es kein »Anderes« gibt, das erniedrigt und beherrscht werden muß. Wir werden die heiligen Tage der Erde begehen – ihre Sonnenwenden und Tagundnachtgleichen –, damit wir nicht vergessen, daß uns die überströmende Güte der Großen Mutter ernährt und erhält und daß wir in Ihren Schoß zurückkehren werden, wenn wir sterben. Wir sind zu Hause. Wir sind in Sicherheit. Langsam werden die erstickenden Ängste der alten Ordnung von uns abfallen, und unsere Seelen werden in dem neuen Gleichgewicht zu sich selbst kommen.

Das ist die Zukunft, die wir schon heute schaffen.

Der mögliche Mensch

Die innere Einheit von Körper, Seele und Geist

KEN WILBER

Amerikanischer Biochemiker, Psychologe und Philosoph. Geboren 1949 in den USA. Intensive Beschäftigung mit der Zen-Meditation und der tibetisch-tantrischen Form des Buddhismus. Chefredakteur und Herausgeber der Zeitschrift Re-VI-SION, die sich besonders der Transpersonalen Psychologie widmet. Wichtige Werke: »Wege zum Selbst«; »Das Spektrum des Bewußtseins«; »Die drei Augen der Erkenntnis«.
Der ausgewählte Beitrag ist seinem Buch »Halbzeit der Evolution. Eine interdisziplinäre Darstellung der Entwicklung des menschlichen Geistes« entnommen, in dem Wilber eine Evolutionstheorie des Bewußtseins entwirft.

Einführung in »Halbzeit der Evolution«

Nichts kann lange von Gott getrennt sein und bleiben, noch vom Urgrund allen Seins, außerhalb dessen nichts existiert. Und Geschichte – nicht als Aufzeichnung individueller und nationaler Taten, sondern als Bewegung des menschlichen Bewußtseins – ist die Erzählung der Liebesaffaire zwischen dem Menschen und dem Göttlichen. Da gibt es ein ewiges Hin und Her, ein Lieben und Verfluchen, ein gegenseitiges Aufeinanderzu- und Voneinanderweg-Bewegen.

In der Tradition der Betrachtung von Geschichte aus theologischer Sicht findet sich Verwirrung nicht darüber, was die Geschichte ist, sondern was Gott sein könnte. Wenn wir annehmen, daß Geschichte einen Sinn hat, dann müssen wir auch annehmen, daß sie auf etwas *anderes* als auf sich selbst hinweist – womit ich sagen will, daß sie auf etwas anderes als auf einzelne Menschen hinweist. Dieses große Andere in seinem umfassendsten Sinn wurde oft als Gott, GEIST[1] oder das Absolute bezeichnet. Da man aus abendländischer Sicht annimmt, daß Gott verschieden vom Menschen ist, getrennt von ihm und gänzlich jenseits aller menschlichen Wesen, sah man die Geschichte als die Ausgestaltung eines Paktes, eines Bundes zwischen Gott und seinen Völkern.

Wir dürfen nicht vergessen, daß Gott und die Geschichte für das Abendland untrennbar sind. Jesus ist für den Christen nicht deshalb von größter Bedeutung, weil er der Sohn Gottes ist, sondern weil er ein *historisches Ereignis* war, ein Hinweis auf Gottes Eingreifen in den historischen Prozeß, den Pakt zwischen Gott und dem Menschen. Moses brachte den Menschen nicht nur ethische Gebote, sondern einen Bund zwischen Gott und seinem Volk, einen Bund, der im Laufe der Geschichte verwirklicht werden sollte. Für die jüdisch-christliche Welt – also das abendländische Verständnis – ist die Geschichte die Entfaltung eines Paktes zwischen Gott und dem Menschen, eine Bewegung mit dem Endziel, die Menschen mit Gott zusammenzuführen.

Wie sehr diese Geschichtsauffassung auch den nüchternen, wissenschaftlichen und empirischen Geist belustigen mag – es ist eine Anschauung, die im Hintergrund unserer abendländischen Psyche großes Gewicht hat und deren Einfluß sich niemand von uns entziehen kann. In früheren Zeiten wurde Geschichte als eine Bewegung vom Heidentum zum Christentum angesehen, die ihren Höhepunkt am Tage des Jüngsten Gerichts finden würde, jenem noch fernen göttlichen Ereignis, auf das sich die ganze Schöpfung hinbewegt. Heute ist Geschichte für uns ein Prozeß wissenschaftlicher Evolution, eine Bewegung von der Amöbe über das Reptil zum Affen und zum Menschen. Diese beiden Anschauungen unterscheiden sich gar nicht so sehr: Für beide gibt es eine Bewegung vom Niederen zum Höheren, vom Schlechten zum Besseren. Beide werden auf religiöse Weise geglaubt. Beide versprechen ein Morgen, das besser (oder »entwickelter«) ist als das Heute. Für beide gibt es eine hierarchische Bewegung von der Sünde (weniger entwickelt) zum Heil (höher entwickelt). Bei ganz gewiß unterschiedlichem Inhalt ist die Form im Grunde die gleiche. Sie ist *historisch*. »Die Biologie ähnelt mehr der Geschichte als der Physik«, sagt Carl Sagan. Noch zutreffender ist der von Wissenschaftlern selten richtig erfaßte Hinweis von Whitehead, daß »wissenschaftliche Gesetze eine unbewußte Ableitung aus mittelalterlicher Theologie sind«. Genaugenommen sehen beide Anschauungen Geschichte nicht nur als eine Fortbewegung, sondern als eine Fortbewegung *in eine bestimmte Richtung*.

Die wissenschaftliche Betrachtungsweise – Geschichte als bloße Evolution – leidet jedoch an einem entscheidenden Mangel oder, besser gesagt, einer Beschränkung: Sie kann nicht erklären oder auch nur vermuten, welchen *Sinn* diese Zielrichtung hat. Warum gibt es überhaupt eine Evolution? Wozu dient die Geschichte? Was bedeutet dieses Irgendwohingehen? Für das Wort *Sinn* gibt es keine wissenschaftliche Bedeutung; ebensowenig gibt es einen wissenschaftlichen Test für *Wert*. Daher würden uns die Positivisten, Wissenschaftler in philosophischer Verkleidung, überhaupt nicht gestatten, diese Fragen zu stellen. Sie behaupten, man dürfe so nicht fragen, weil es darauf keine wissenschaftliche Antwort gebe. Ihre Antwort auf die Frage »Was ist der Sinn der Geschichte?« lautet demnach »Fragen Sie nicht«. Wenngleich man viel Gutes über den logischen Positivismus sagen kann, so reicht doch diese Art rein linguistischer Analyse nicht aus, die Seele von diesen staunenden Fragen zu heilen.

Die Wissenschaft kann sich nicht über Sinn und Zweck irgendeines der Phänomene äußern, mit denen sie sich beschäftigt. Das ist nicht ihre Aufgabe, dazu wird sie nicht betrieben, und wir sollten das der Wissenschaft auch nicht vorwerfen, wie viele Romantiker es tun. Die Tragödie besteht darin, daß Wissenschaft zum Szientismus wird, wenn sie sagt: »Es gibt keinen Sinn, weil die Wissenschaft ihn nicht messen kann.« Es gibt nämlich auch keinen wissenschaftlichen Beweis dafür, daß nur wissenschaftliche Beweise real sind. Wir dürfen uns daher nicht vorzeitig von so wichtigen Fragestellungen wie der nach dem »Sinn« abkoppeln, nur weil ein Mikroskop ihn nicht entdecken kann. Ein Mediziner kann die verschlungenen biochemischen Prozesse beschreiben, die ein lebendiges Wesen aktivieren. Er kann dieses Wesen auch noch innerhalb gewisser Grenzen reparieren, es von Krankheiten heilen und mangelhaft funktionierende Teile operativ entfernen. Aber den Sinn des Lebens erklären kann er nicht, obwohl er dessen Arbeitsmechanismus begreift. Ich bezweifle jedoch, daß er deswegen den Schluß ziehen würde:· »Mein Leben ist aus diesem Grunde sinnlos.« Gerade das ist es ja: Als Wissenschaftler kann er nichts über den Sinn des Lebens, der Kultur oder der Geschichte aussagen.

Die Fragestellung »Was ist der Sinn der Geschichte?« führt uns also zurück zu der einzigen uns bisher angebotenen Antwort: der theologischen. Und diese lautet: Geschichte ist die Entfaltung eines Paktes zwischen Gott und der Menschheit. Selbst wenn man anderer Ansicht ist, so besteht doch allgemeiner Konsens darüber, daß diese Antwort das Warum, das Woher und den Sinn des Irgendwohingehens, das wir Geschichte nennen, erklären *kann:* Seine Bewegung ist göttlich und sein Sinn transzendent.

Die Theologie kann wirksam mit dem Sinn der Geschichte arbeiten, weil sie bereit ist, ein Höchstes Anderes zu postulieren (oder, was Theologen vorziehen würden, durch Offenbarung zu erfahren). Da Gott *anders* ist als die Menschen und die Geschichte, kann Gott der Geschichte einen Sinn verleihen – etwas, was die Geschichte niemals für sich selbst tun könnte. Eine einfache Analogie soll das erläutern. Fragt jemand »Welchen Sinn hat das Wort ›Baum‹?« dann besteht die einfachste Antwort darin, auf einen wirklichen Baum zu *zeigen*. Der Baum selbst hat keinen Sinn, aber das Wort »Baum« hat ihn, einfach deswegen, weil es auf etwas anderes als sich selbst *hinweist*. Gäbe es keinen wirklichen Baum, würde auch das Wort Baum keinen Sinn haben, weil es auf nichts anderes als auf sich selbst hinweisen könnte. Ebenso hätte Geschichte ohne das Andere keinen Sinn.

Leider ist Gott für den orthodoxen abendländischen Gottesbegriff nicht einfach ein psychologisches Anderes (das von uns durch unsere Unbewußtheit getrennt ist), auch nicht ein temporales Anderes (das von uns durch die Zeit getrennt ist) oder ein von uns durch unsere Unwissenheit getrenntes epistemologisches Anderes. Vielmehr ist Jehova – der Gott Abrahams und Vater von Jesus – ein ontologisches Anderes, das seinem Wesen nach für immer von uns getrennt ist. Aus dieser Sicht sind Mensch und Gott nicht nur durch eine zeitliche Linie, sondern durch eine unüberwindliche Grenze und Schranke getrennt. Gott und der Mensch sind für ewig geschieden; beide sind nicht – wie im Hinduismus und Buddhismus – im letzten Sinne eins und identisch. Der einzige Kontakt zwischen Gott und dem Menschen erfolgt demnach »per Luftpost« – durch den Alten und Neuen Bund, durch einen Pakt, durch gegenseitige Versprechungen. Gott verspricht, über sein auserwähltes Volk zu wachen, das ihm dafür verspricht, »keine anderen Götter vor ihm zu haben«. Gott verspricht seinem Volk seinen Eingeborenen Sohn, und das Volk verspricht, Gottes Wort zu befolgen. Der Kontakt mit Gott ist durch Vertrag geregelt. Über diesen klaffenden Abgrund hinweg haben Gott und Mensch nur durch Hörensagen Fühlung, nicht durch absolute Vereinigung (Samadhi). Daher gilt die Geschichte als Entfaltung dieses Vertrages oder Bundes in der Zeit.

Es gibt jedoch eine stark verfeinerte Sicht der Beziehungen zwischen der Menschheit und dem Göttlichen, eine Anschauung, die von der großen Menschheit der wirklich begabten Theologen, Philosophen, Weisen und sogar von Wissenschaftlern zu den verschiedensten Zeiten vertreten wurde und vertreten wird. Leibniz hat für sie den Ausdruck *Philosophia perennis* (Ewige Philosophie) geprägt. Sie bildet den esoterischen Kern von Hinduismus, Buddhismus, Taoismus, Sufismus und der christlichen Mystik. Sie wird aber auch ganz oder teilweise von individuellen Geistesgrößen – von Spinoza bis Albert Einstein, Schopenhauer bis C. G. Jung, William James bis Plato – verkündet. Außerdem ist sie in ihrer reinsten Form keineswegs antiwissenschaftlich, sondern in gewissem Sinne transwissenschaftlich oder sogar vorwissenschaftlich, so daß sie problemlos mit den harten Daten der reinen Wissenschaft koexistieren, sie auf jeden Fall ergänzen kann. Aus diesem Grunde haben meines Erachtens viele brillante Naturwissenschaftler mit der Ewigen Philosophie geliebäugelt oder sie sogar völlig in sich aufgenommen. Hierfür sind Einstein, Schrödinger, Eddington, David Bohm, Sir James Jeans und sogar Isaac Newton hervorragende Beispiele. Albert Einstein hat das folgendermaßen ausgedrückt:

> Das tiefste und erhabenste Gefühl, dessen wir fähig sind, ist das Erlebnis des Mystischen. Aus ihm keimt alle wahre Wissenschaft. Wem dieses Gefühl fremd ist, wer sich nicht mehr wundern und in Ehrfurcht verlieren kann, der ist bereits tot. Das Wissen darum, daß das Unerforschliche wirklich existiert und daß es sich als höchste Wahrheit und strahlendste Schönheit offenbart, wovon wir nur eine dumpfe Ahnung haben können – dieses Wissen und diese Ahnung sind der Kern aller wahren Religiosität. In diesem Sinne, und in diesem allein, zähle ich mich zu den echt religiösen Menschen.

Louis Pasteur, der Welt erster großer Mikrobiologe, schrieb: »Glücklich ist der, der Gott in sich trägt und ihm gehorcht. Die Ideale von Kunst und Wissenschaft werden durch Reflexionen aus dem Unendlichen erhellt.«

Das Wesentliche der Ewigen Philosophie läßt sich wie folgt zusammenfassen: Es ist wahr, daß es irgendeine Art von Unendlichem, irgendeine Form von Absoluter Gottheit gibt. Man darf sie sich aber nicht als kolossales Wesen, als liebenden Vater oder einen außerhalb seiner Schöpfung, den Dingen, Ereignissen und den Menschen stehenden großen Schöpfer vorstellen. Am besten stellt man sie sich metaphorisch als den Urgrund, das Sosein oder die Voraussetzung aller Dinge und Geschehnisse vor. Die Gottheit ist nicht ein von allen endlichen Dingen getrenntes Großes Ding, sondern eher die Realität, das Sosein oder der Urgrund aller Dinge.

Ein Wissenschaftler, der sich laut über die Annahme der Existenz eines »Unendlichen« mokiert, andererseits aber ungeniert und lautstark die »Naturgesetze« preist, gibt damit, ohne es zu merken, religiösen und erhabenen Gefühlen Ausdruck. Nach der Ewigen Philosophie wäre es akzeptabel, vom Absoluten symbolisch als der NATUR[2] aller Naturen zu sprechen, der VORBEDINGUNG aller Vorbedingungen (sagte nicht schon der heilige Thomas, Gott sei *Natura naturans?*). Dabei sollte aber beachtet werden, daß Natur nicht etwas *anderes* ist als alle Lebensformen. Natur ist nicht etwas außerhalb der Berge, Adler, Flüsse oder Menschen, sondern etwas, das durch die Fasern von allem und jedem fließt.

In derselben Weise ist das Absolute – als die NATUR aller Naturen – nicht etwas von allen Dingen und Ereignissen Getrenntes. Das Absolute ist nicht das Andere, sondern durchdringt gewissermaßen das Gewebe von allem, was ist.

In diesem Sinne erklärt die »Ewige Philosophie« das Absolute als das Eine, Ganze, Ungeteilte – sehr ähnlich dem, was Whitehead »das nahtlose Gewand des Universums« genannt hat. »Nahtlos« darf man aber nicht als »formlos, gestaltlos« auffassen. Realität als das Eine zu bezeichnen, soll nicht besagen, daß separate Dinge und Ereignisse nicht existieren. Sagt ein Wissenschaftler »Alle Dinge gehorchen den Naturgesetzen«, dann meint er nicht »Daher existieren keine Dinge«. Er will damit sagen, daß alle Dinge innerhalb einer ausgewogenen Ganzheit existieren, die er Natur nennt und deren Gesetze er zu beschreiben versucht. Als eine erste Annäherung beschreibt die Ewige Philosophie das Absolute als nahtloses Ganzes, als integrales Einssein, das aller Vielfalt zugrundeliegt und alle Vielfalt umschließt. Das Absolute war schon vor dieser Welt da, so wie der Ozean vor seinen Wellen und nicht getrennt von ihnen da ist.

Diese Vorstellung ist nicht, wie der logische Positivist behaupten würde, eine Vorstellung ohne Sinn und Bedeutung. Sie ist jedenfalls nicht sinnloser als die wissenschaftliche Bezugnahme auf Natur, Kosmos, Energie oder Materie. Wenn das Absolute, das integrale Ganze, nicht als separate und wahrnehmbare Einheit existiert, bedeutet das nicht, daß es nicht existent ist. Niemand hat jemals die »Natur« gesehen. Wir sehen Vögel, Bäume, Gras und Wolken, aber nicht ein spezifisches Ding, das wir isolieren und »Natur« nennen können. Desgleichen hat noch kein Naturwissenschaftler, Laie oder Mathematiker jemals »Materie« gesehen. Er sieht »Formen von Materie«, Holz, Aluminium, Zink oder Plastik, jedoch niemals reine Materie. Und doch wird kein Wissenschaftler deshalb behaupten: »Aus diesem Grunde existiert Materie nicht.« Vielerlei intuitive und nichtwissenschaftliche Gewißheiten veranlassen den Naturwissenschaftler festzustellen, daß Materie real existiert. Und tatsächlich ist Materie für die große Mehrheit aller Naturwissenschaftler das *einzig* Reale, obwohl sie sie noch nie gesehen, angefaßt oder geschmeckt haben.

Das gleiche gilt natürlich für Energie, da Masse und Energie austauschbar sind. Kein Wissenschaftler hat je Energie gesehen, obwohl er von »Formen der Energie« spricht, etwa der thermodynamischen, der Kernenergie und so weiter. Und obgleich er noch nie reine Energie gesehen hat, behauptet er nicht: »Also ist Energie nichts Reales.« Schon vor langer Zeit hat der Geologe und Philosoph Ananda Coomaraswamy das schwierige Problem dieser »wissenschaftlichen Annahme« genau erkannt: »Es ist die mißliche Lage des Positivisten, daß er, wenn er nur dem Realität zuerkennt, was er anfassen kann, Dingen ›Wirklichkeit‹ zuspricht, die gar nicht erfaßt werden können, weil sie niemals stillstehen, und er wird gegen seine Überzeugung dazu getrieben, die Realität einer so abstrakten Wesenheit wie ›Energie‹ zu postulieren – ein Wort, das nichts als einer der vielen Namen Gottes ist.«

Beachtet man, daß die Ewige Philosophie Gott nicht als Große Person definiert, sondern als Wesen alles dessen, was ist, dann hat Coomaraswamy offensichtlich recht, und es kommt nicht im geringsten darauf an, ob wir sagen, alle Dinge der Natur seien Formen der Natur, Formen von Energie oder Formen von Gott. Hiermit will ich natürlich nicht versuchen, die Existenz des Absoluten zu *beweisen*. Ich will nur sagen, sie sei nicht unwahrscheinlicher als die Existenz der Materie, der Energie, der Natur oder des Kosmos.

Wer glaubt, das Absolute sei eine Art Großer Vater, der über alle seine Nachfahren wacht wie ein Schäfer über seine Herde, der praktiziert Religion wie ein Bittsteller. Ziel seiner Religion ist einfach, den Schutz und Segen jenes Gottes zu erhalten und ihn als Gegenleistung zu verehren und ihm zu danken. Er lebt in Übereinstimmung mit dem, was er für Gottes Gesetze hält, und hofft ganz allgemein, als Lohn dafür in irgendeinem Himmel ein ewiges Leben zu führen. Diese Art von Religion verfolgt nur das Ziel, *erlöst zu werden* – erlöst von Schmerzen, von Leiden, erlöst vom Übel, letzten Endes sogar vom Tod.

Über diese Anschauung will ich gar nicht streiten, da sie in keine Ewige Philosophie paßt, weshalb ich hier auch nicht weiter auf sie einzugehen gedenke. Die Religion der Ewigen Philosophie ist nämlich etwas völlig anderes als das Verlangen nach Erlösung. Da sie das Absolute als integrale Ganzheit beschreibt, ist es nicht das Ziel dieser Religion, erlöst zu werden, sondern *jene Ganzheit zu entdecken* und sie dadurch als Ganzes zu erfahren. Albert Einstein bezeichnete dies als Beseitigung der optischen Täuschung, wir seien separate, vom Ganzen getrennte Individuen:

> Ein menschliches Wesen ist ein Teil des Ganzen, das wir »Universum« nennen, ein in Raum und Zeit begrenzter Teil. Es erfährt sich selbst, seine Gedanken und Gefühle als etwas von allem anderen Getrenntes – eine Art optische Täuschung seines Bewußtseins. Diese Täuschung ist für uns eine Art Gefängnis, das uns auf unser persönliches Verlangen und unsere Zuneigung für einige wenige uns nahestehende Personen beschränkt. Unsere Aufgabe muß es sein, uns aus diesem Gefängnis zu befreien.

Nach der Ewigen Philosophie ist diese »Entdeckung der Ganzheit«, die Beseitigung der optischen Täuschung des Getrenntseins, kein bloßer Glaube und auch kein Dogma, das man akzeptiert, weil man daran glaubt. Denn wenn das Absolute wirklich eine integrale Ganzheit ist, wenn es zugleich Teil und Gesamtheit von allem ist, was existiert, dann ist es auch in allen Menschen vollständig vorhanden. Und im Gegensatz zu Felsen, Pflanzen oder Tieren haben menschliche Wesen – weil sie *bewußt* leben – die Fähigkeit, diese Ganzheit zu entdecken. Sie können das Absolute erfahren. Sie glauben nicht daran, sie entdecken es. Es ist so, als werde sich eine Meereswelle plötzlich ihrer selbst bewußt und entdecke dadurch, daß sie eins ist mit dem Ozean und auch eins mit allen anderen Wellen, da sie alle aus Wasser bestehen. Das ist das Phänomen der Transzendenz – oder Erleuchtung oder Befreiung oder Moksha oder Wu oder Satori. Das meinte Plato, wenn er davon sprach, man steige aus der Höhle der Schatten nach oben und finde das Licht des Seins; oder wenn Einstein die Hoffnung äußerte, der Täuschung des Getrenntseins zu entkommen. Das auch ist das Ziel der buddhistischen Meditation, des hinduistischen Yoga und der christlichen mystischen Kontemplation. In dieser gradlinigen Anschauung gibt es nichts Spukhaftes, Okkultes oder Fremdartiges.

Kehren wir zum Begriff der Geschichte zurück und nähern wir uns dem Sinn der Geschichte aus unserer neuen Sicht der »Ewigen Religion«, dann läßt Geschichte sich nur mit dem Gottesbegriff erklären. Gott ist dann nicht eine Große Person, sondern die Ganzheit und das Sosein alles dessen, was ist. Dann ist die Geschichte nicht die Erzählung von der Entfaltung eines Paktes zwischen dem Menschen und Gott, sondern der Entfaltung der Beziehungen zwischen dem Menschen und der Höchsten Ganzheit. Da diese Ganzheit mit dem Bewußtsein in Übereinstimmung ist, können wir auch sagen: Geschichte ist die Entfaltung des menschlichen Bewußtseins (oder verschiedener Strukturen des Bewußtseins, wie ich in diesem Buch darzustellen versuche).

In dieser Anschauung gibt es keineswegs mehr »versteckte Metaphysik« oder »unbeweisbare Annahmen« als in der normalen wissenschaftlichen Evolutionstheorie, da beide auf derselben Art »unsichtbarer« Postulate beruhen. Mit dem gleichen Betrag an versteckter Metaphysik können wir jedoch viel mehr Sinn, Zusammenhang und Ausgewogenheit für unsere Anschauung erreichen. Wir können die Geschichte in einen Zusammenhang stellen, der zugleich wissenschaftlich *und* spirituell, immanent *und* transzendent, empirisch *und* sinnvoll ist. Denn diese Anschauung sagt uns, daß die Geschichte tatsächlich auf ein Ziel zustrebt. Sie bewegt sich nicht auf den Tag des Jüngsten Gerichts zu, sondern in Richtung auf jene Höchste Ganzheit. Diese ist nicht nur die NATUR aller Naturen, sondern auch das vollendete und höchste Potential des menschlichen Bewußtseins selbst. In diesem Sinne ist Geschichte ein langsamer und mühsamer Pfad zur Transzendenz.

Die Große Kette des Seins

Im Sinne der Ewigen Philosophie folgt dieser Pfad der Transzendenz der sogenannten »Großen Kette des Seins«, einer universalen Aufeinanderfolge hierarchischer Ebenen wachsenden Bewußtseins. Die Große Kette des Seins bewegt sich, um abendländische Begriffe zu benutzen, von der Materie zum Körper, zum Verstand (Geist), zur Seele, zum GEIST. Aus dieser Sicht ist Geschichte im wesentlichen die Entfaltung jener Reihenfolge immer höherer Strukturen, beginnend mit der untersten (Materie und Körper) und endend mit der höchsten (GEIST, Höchste Ganzheit).

Evolution/Geschichte – jener Pfad der Transzendenz und zur Transzendenz – beginnt also beim untersten Glied der Kette und erkämpft sich von dort aus mühsam ihren Weg nach oben. In einem sehr speziellen Sinn gilt dies auch für die aufsteigende Kurve der menschlichen Evolution/Geschichte. So wie die Ontologie, die Seinslehre, die Phylogenie, die Lehre von der Stammesentwicklung, rekapituliert, so begann auch die Entwicklungsgeschichte des Menschen auf den unteren Stufen der Großen Kette des Seins, weil sie alle früheren und vormenschlichen Stufen der Evolution in menschlicher Form rekapitulieren mußte. Das erste Auftreten des Menschen war tatsächlich ein außergewöhnlicher Fortschritt, aber einer, der seine Vorläufer assimilieren, einbeziehen und *dann* transzendieren mußte.

So waren also die frühesten Stufen der Evolution der Menschheit von subhumanen und unbewußten Impulsen dominiert, wenn auch nicht definiert. Und dieser von der physischen Natur und dem tierischen Körper beherrschte Zustand war es, aus dem der Mensch schließlich eine selbstreflexive und einzigartige menschliche Form des Bewußtseins entwickelte, die wir heute unter dem Begriff »mentales Ego« kennen.

Dieses historische Herauswachsen des Ego aus dem Unbewußten ist eines der Phänomene, die wir in den folgenden Kapiteln studieren wollen. Als kurzes einführendes Beispiel möchte ich folgende Zusammenfassung der Studien Ernst Cassires durch O. Barfield zitieren: »Ernst Cassirer ... hat die Geschichte des menschlichen Bewußtseins aufgezeigt ... das schrittweise Heraustreten eines kleinen, aber wachsenden und zunehmend klarer und unabhängiger werdenden Kerns innerer Erfahrung aus einem traumhaften Zustand faktischer Identität mit dem Leben des Körpers und seiner physischen Umwelt (dem Bereich des Unbewußten).« Mit anderen Worten: Durch Differenzierung und Lösung aus der Bindung an die primitive Natur des tierischen Körpers entstand das Ego, das über sich selbst nachdenkt. Dies bewirkte sowohl das Erwachen einer höchst individuellen Bewußtheit als auch einen »Verlust« des primitiven Schlummers, jenes beinahe »paradiesischen« Zustandes träumerischen Verweilens auf den unteren Ebenen der Großen Kette. Cassirer sagt ferner: »Diese Tatsache ist es, die der weltweiten Tradition des Sündenfalls und der Vertreibung aus dem Paradies zugrunde liegt und in dem naturverbundenen Bewußtsein der Mythen, älteren Sprachformen, im Totem-Denken und in den Ritualen primitiver Stämme ihren Widerhall findet. Aus solchen Ursprüngen (d. h. aus der Sphäre des Unbewußten) haben wir das heutige individuelle, geschärfte und räumlich bestimmte Bewußtsein entwickelt.« Diesem Verlust an primitiver Einbettung, dem langsamen Herauswachsen des Ego und dem »Sündenfall« der Menschheit wollen wir nachspüren.

Dabei wollen wir jedoch nicht in romantischer Sentimentalität das Entstehen des Ego und den Verlust archaischer Unschuld beklagen, obwohl einige der Folgeerscheinungen durchaus dazu angetan wären, uns in Angst und Schrecken zu versetzen. Denn trotz aller Mängel stellt das mentale Ego aus der Sicht der Ewigen Philosophie doch so etwas wie die Markierung der halben Strecke auf dem Pfad der Transzendenz dar. Das soll heißen: Das ichhafte Selbstbewußtsein befindet sich auf halbem Wege zwischen dem Unbewußten der Natur und dem Überbewußten des GEISTES. Das Unbewußte von Materie und Körper weicht dem seiner selbst Bewußten des Verstandes (Geist) und des Ego, das seinerseits dem Überbewußten der Seele und des GEISTES Platz macht. Das ist das »große Bild« von Evolution und Geschichte, und in diesem Kontext ist auch die Geschichte des Menschen zu sehen. Der ganze Zyklus, die Große Kette des Seins, läßt sich wie in Abbildung auf der folgenden Seite darstellen.

Die Abbildung hat die Form eines Kreises, vor allem weil dies eine kompakte Darstellung erlaubt; doch wie jedes Diagramm weist sie einige Mängel auf. Ich möchte vor allem darauf aufmerksam machen, daß diese Graphik nicht aussagen soll, die niedrigste Stufe (1) und die höchste (8) gingen ineinander über; das tun sie nicht. Darauf werden die letzten Kapitel ausführlicher eingehen. Im Augenblick stellt man sich am besten vor, daß die Stufen 1 bis 8 nacheinander höher aufsteigen, so daß jede Stufe im Verhältnis zur vorhergehenden eher der Sprosse einer Leiter als der Speiche eines Rades gleicht. Die verschiedenen Ebenen sind »vertikal« hierarchisch, und obwohl sie letztlich alle aus dem Absoluten hervorgehen, sind sie zwischenzeitlich Stufen auf dem Wege zurück zum Absoluten. Die Weise darzustellen, auf die diese Ebenen tatsächlich zyklisch sind, muß den letzten Kapiteln vorbehalten bleiben. In der Zwischenzeit müssen uns »Sprossen einer Leiter«, von der niedersten (1) bis zur höchsten (8) Stufe, als leitende räumliche Metapher dienen.[3]

Diese umfassende Bewegung von der Materie zum Körper, zum Geist (Verstand), zur Seele und zum GEIST macht das gesamte abstrakte Skelett der Geschichte aus, vom Anfang bis zum Ende. Wir wollen uns jedoch vor allem mit der Bewegung von der Natur zum Körper, von da zum frühen und schließlich zum entwickelten Geist befassen (Ebenen 1 bis 4), weil letzterer die höchste Stufe ist, bis zu der sich das *durchschnittliche* menschliche Bewußtsein in der Geschichte bisher entwickelt hat. Wie Plotin sagte: Wir sind erst halb entwickelt – und dieses Buch ist vor allem ein Überblick über die erste Hälfte der Entwicklung.

Dennoch werden wir auch die höheren Stufen der Evolution des öfteren erwähnen, die zu den Bereichen der Seele, des GEISTES und der Höchsten Ganzheit führen (Ebenen 5 bis 8). Wir werden das tun, weil einzelne hochentwickelte Individuen es während aller Stufen der bisherigen Menschheitsgeschichte geschafft haben, sich erheblich über

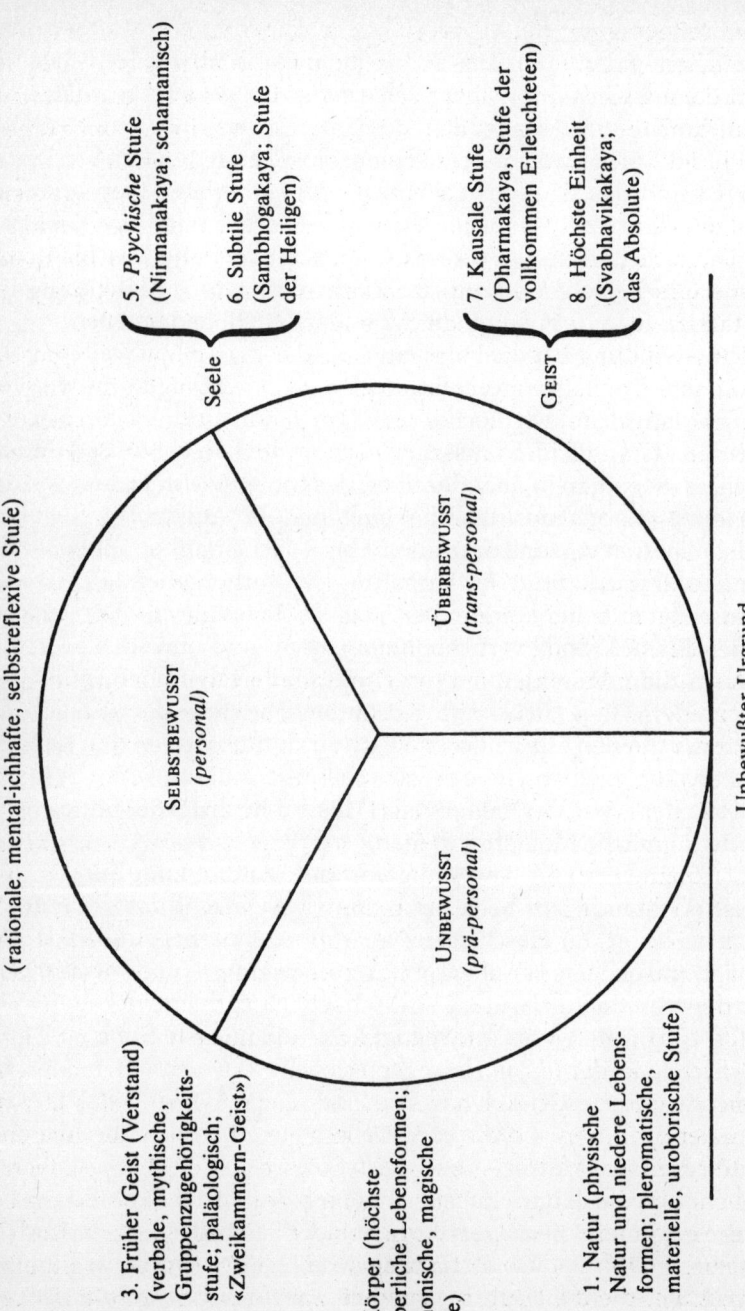

5. *Psychische* Stufe
(Nirmanakaya; schamanisch)

6. Subtile Stufe
(Sambhogakaya; Stufe
der Heiligen)

7. Kausale Stufe
(Dharmakaya, Stufe der
vollkommen Erleuchteten)

8. Höchste Einheit
(Svabhavikakaya;
das Absolute)

Seele

GEIST

4. Entwickelter Geist (Verstand)
(rationale, mental-ichhafte, selbstreflexive Stufe)

ÜBERBEWUSST
(*trans-personal*)

SELBSTBEWUSST
(*personal*)

UNBEWUSST
(*prä-personal*)

Unbewußter Urgrund

Abb. *Die Große Kette des Seins*

3. Früher Geist (Verstand)
(verbale, mythische,
Gruppenzugehörigkeits-
stufe; paläologisch;
«Zweikammern-Geist»)

2. Körper (höchste
körperliche Lebensformen;
typhonische, magische
Stufe)

1. Natur (physische
Natur und niedere Lebens-
formen; pleromatische,
materielle, uroborische Stufe)

ihre Zeitgenossen hinaus zu entwickeln, bis zu den überbewußten Bereichen: Propheten, Heilige, Erleuchtete, Schamanen – also Seelen, die als wachsende äußerste Spitzen des menschlichen Bewußtseins die höheren Ebenen des Seins durch Ausweitung und frühreife Evolution ihres eigenen Bewußtseins entdeckten. Eine Aufzeichnung der Geschichte, die den Einfluß der höherentwickelten äußersten Spitzen der Menschheit ausläßt, jener einzelnen, die den schmalen Gipfelgrat der Größe der Menschheit repräsentieren, ist überhaupt keine Geschichtsschreibung, sondern die bloße Aufzeichnung des zeitlichen Ablaufs aufeinanderfolgender Mittelmäßigkeiten.

Ich werde also zwei parallele Stränge der Evolution aufzeigen, wie sie *historisch* in Erscheinung traten: den der *durchschnittlichen* und den der *fortgeschrittensten* Ebene des Bewußtseins. Beim ersten handelt es sich um die Evolution durchschnittlicher Erfahrung und Bewußtwerdung, die von Ebene 1 bis Ebene 4 aufsteigt. Beim zweiten geht es um die *korrelative* Evolution fortgeschrittener, die wachsende Spitze repräsentierender oder »religiöser« Erfahrung, die sich von Ebene 5 bis zur Ebene 8 bewegt. Unser Bericht endet mehr oder weniger in der gegenwärtigen Periode, in der der erste Strang in den zweiten überzugehen beginnt (Ebene 4 in Abbildung 1).

Auch die höheren Stufen der Evolution in Richtung auf integrale Ganzheit und GEIST werden zur Sprache kommen, weil der GEIST nicht nur die letzte Stufe der Evolution darstellt, sondern zugleich der immerwährende Urgrund der Evolution ist. Wie erwähnt, ist diese Höchste Ganzheit die NATUR aller Naturen, die VORBEDINGUNG aller Vorbedingungen. Das soll heißen: Wir bewegen uns nicht nur auf jene Ganzheit zu, sondern sind auch aus ihr entstanden und werden stets von ihr umfangen sein – paradoxerweise. Die höchste spirituelle Ganzheit *ist* die Höchste Ganzheit des menschlichen Bewußtseins und war an keinem Punkt der Geschichte oder Evolution nicht vorhanden.

Als Urgrund, Quelle und Sosein aller Manifestationen ist dieser Höchste Geist der letzte Bezugspunkt aller Geschichte, der menschlichen wie der sonstigen. Und aus diesem Grunde kann keine Darstellung der Evolution – selbst wenn sie sich grundsätzlich nur mit deren »erster Hälfte« befaßt – eine wirklich ausreichende Erklärung bieten, wenn sie nicht auf das verweist, was Hegel die »Phänomenologie des Geistes« genannt hat. Denn, um es nochmals zu wiederholen: Geschichte erzählt von der Entfaltung des Bewußtseins (GEISTES), einer Entfaltung, die die Höchste Ganzheit zum Ausgangspunkt hat und auch wieder zu ihr zurückkehrt. Geschichte ist der Bericht von den

Beziehungen der Menschheit zu ihrem tiefsten Wesen, das sich in der
Zeit entfaltet, aber in der Ewigkeit gründet.

Die Höchste Ganzheit ist also der Urgrund des menschlichen Bewußtseins. Aber – und hier liegt das eigentliche Problem – die über-
wiegende Mehrheit aller Menschen ist dessen nicht gewahr. Daher ist
sie für die meisten Seelen ein *Anderes*. Sie ist nicht, wie Jehova, ein ontologisches Anderes, ist nicht von den Menschen abgetrennt, geschieden. Es handelt sich vielmehr um ein psychologisches Anderes,
das allgegenwärtig, aber nicht wirklich erfahren ist. Diese Höchste
Ganzheit ist ständig gegeben, wird aber selten entdeckt. Sie ist das
Wesen aller Menschen, schläft jedoch in den Tiefen der Seele.

Da die Höchste Ganzheit in praktischer Hinsicht ein *Anderes* ist, *genügt sie unserem Kriterium, der Geschichte Sinn zu verleihen*. Es wurde bereits darauf verwiesen, daß große Theologen mit Recht darauf bestanden haben, Geschichte müsse auf etwas anderes als auf sich selbst
hinweisen, wenn sie einen Sinn haben soll. Und wenn sie einen erhabenen Sinn haben soll, muß sie auf ein Erhabenes Anderes hinweisen, nämlich auf Gott.

Für die Ewige Philosophie ist das Große Andere jedoch nicht ein au-
ßenstehender Gott, sondern das Wesen und Sosein des eigenen
Seins, womit Geschichte also auf jedermanns eigenes wahres Wesen
und dessen Entfaltung hinweist. Die aus der Ganzheit hervortre-
tende Geschichte strebt wieder auf diese Ganzheit zu, auf die bewußte Auferstehung des Überbewußtseins in allen Menschen. Geschichte hat einen Sinn, weil sie auf dieses GANZE hinweist. Und Geschichte kann sich erfüllen, weil dieses GANZE voll und ganz wiederentdeckt werden kann.

Das Atman-Projekt

Das grundlegende Wesen aller Menschen ist also die Höchste Ganzheit (Ebene 7/8). Dies ist ewig und zeitlos so – das heißt, wahr von Anfang an, wahr bis zum Ende und, was besonders wichtig ist, wahr im
jetzigen Augenblick, von Augenblick zu Augenblick. Diese immerwährend Höchste Ganzheit, die sich in jedem Menschen manifestiert, nennen wir Atman (wie die Hindus es tun) oder Buddha-
Wesen (wie die Buddhisten es tun) oder Tao oder GEIST oder BEWUßT-
SEIN (Überbewußtsein) oder aber Gott – letzteres allerdings seltener,
da sich so viele irreführende Assoziationen mit diesem Begriff verbinden.

Da Atman ein integrales GANZES ist, außerhalb dessen nichts existiert, umfaßt es allen Raum und alle Zeit und ist damit selbst raumlos, zeitlos, unendlich und ewig. Das »Unendliche« meint in der Ewigen Philosophie nicht etwas außerordentlich Großes, sondern jenen *raumlosen* Urgrund, der allen Raum einschließt und ihm zugrunde liegt, so wie ein Spiegel allen von ihm reflektierten Objekten zugrunde liegt und sie umfaßt. Gleichermaßen bedeutet »Ewigkeit« nicht eine sehr lange Zeit – sie ist der *zeitlose* Urgrund, der jeder Zeit zugrunde liegt und sie umfängt.

Gemäß der Ewigen Philosophie ist das Wahre Selbst oder das Buddha-Wesen *nicht* immerwährend und dem Tode trotzend; es ist vielmehr *zeitlos* und transzendent. Befreiung bedeutet nicht immerwährendes Fortbestehen in irgendeiner Art von goldverbrämtem Himmel, sondern unmittelbares Gewahrsein des zeit- und raumlosen Urgrunds allen Seins. Dieses Gewahrsein zeigt dem einzelnen nicht, daß er unsterblich ist – was er eindeutig nicht ist. Es zeigt ihm vielmehr, daß er dort, wo seine Psyche mit dem zeitlosen Urgrund in Berührung kommt und sich mit ihm überschneidet, mit dem Universum *ist*. Die Entdeckung, daß das eigene tiefste Wesen mit dem All eins ist, befreit den Menschen von der Last der Zeit, der Ängste und Sorgen. Er wird von den Ketten der Entfremdung und der Isoliertheit der Existenz befreit. Die Erkenntnis, daß das Selbst und das Andere eins sind, befreit von der Lebensangst. Die Einsicht, daß Sein und Nichtsein eins sind, befreit von der Todesangst.

Mit der Wiederentdeckung der Höchsten Ganzheit transzendiert der Mensch jede denkbare Form von Begrenzung – die er damit aber nicht verwischt – und überschreitet alle Arten von kämpferischer Auseinandersetzung. Dieser Zustand besteht in einem konfliktfreien, ganzheitlichen, glückseligen Gewahrsein. Das bedeutet jedoch nicht den Verlust jeden Selbstbewußtseins oder jeder zeitlichen Wahrnehmung und auch nicht, daß man in einen leeren Trancezustand verfällt, daß alle kritischen Fähigkeiten aussetzen und man sich in einem ozeanischen Brei suhlt. Vielmehr wird der *Hintergrund* des Selbstbewußtseins wiederentdeckt. Man ist der integralen Ganzheit *und* des expliziten Ich gewahr. Ganzheit ist nicht das Gegenteil von ichhafter Individualität; sie ist einfach deren Urgrund, dessen Entdeckung die Gestalt des Ich nicht auslöscht. Im Gegenteil: Sie stellt nur die Verbindung mit der übrigen Natur, dem Kosmos und der Gottheit wieder her. Nicht ein »ewiges Leben« in der Zeit gewinnt man mit dieser Erkenntnis, sondern man entdeckt, was vor der Zeit besteht.

Die Ewige Philosophie versteht die Wiederentdeckung dieser unendlichen und ewigen Ganzheit als das größte Bedürfnis und Verlangen des Menschen. Denn Atman ist nicht nur das grundlegende Wesen aller Seelen, sondern *jeder Mensch weiß oder erfaßt intuitiv*, daß dies so ist. Jedes Individuum spürt ständig, daß seine Vor-Natur unendlich und ewig, Alles und Ganzheit ist – es besitzt also eine wahre Atman-Intuition. Gleichzeitig jedoch empfindet es Furcht vor der tatsächlichen Transzendenz, denn Transzendenz erfordert den »Tod« seines isolierten und separaten Ichempfindens. Das Individuum will von seinem separaten Ich nicht lassen und will es nicht sterben lassen. Daher kann es die große Erfüllung in der integralen Ganzheit nicht finden. Es klammert sich an sein Ich und hält damit Atman fern; es verleugnet das übrige Universum durch Festhalten am eigenen Ich.

Alle Menschen stehen vor diesem fundamentalen Dilemma: Jeder sehnt sich zutiefst nach wahrer Transzendenz, nach Atman-Bewußtsein, nach der Höchsten Ganzheit, fürchtet jedoch zugleich mehr als alles andere den Verlust seines separaten Ich, dessen »Tod«. Weil der Mensch mehr als alles andere reale Transzendenz wünscht, den notwendigen Tod seines separaten Ichempfindens jedoch nicht akzeptieren will, sucht er Transzendenz auf eine Weise zu erlangen, die sie in Wahrheit *verhindert* und symbolische Ersatzlösungen erzwingt. Dieser Ersatz nimmt die verschiedensten Formen an: Sex, Essen, Geld, Ruhm, Wissen, Macht. Alles das sind letzten Endes Ersatzbefriedigungen, primitiver Ersatz für die wahre Befreiung in der Ganzheit. Daher ist das menschliche Verlangen so unersättlich, daher sehnt sich der Mensch nach nie endenden Freuden: Alles, was der Mensch will, ist Atman; aber alles, was er findet, sind symbolische Ersatzbefriedigungen.

Auch das Gefühl des einzelnen, ein separates, isoliertes und individuelles Ich zu sein, ist nur Ersatz für das eigene Wahre Wesen, Ersatz für das transzendente Selbst der Höchsten Ganzheit. Die Ahnung eines jeden Individuums, eines Wesens mit dem Atman zu sein, ist absolut richtig. Der einzelne entstellt diese Intuition jedoch, indem er sie auf sein separates Ich bezieht. Er meint, sein Ich sei unsterblich, nehme eine zentrale Stelle im Kosmos ein und sei allbedeutsam. Das heißt, der Mensch setzt sein Ego an die Stelle von Atman. Statt die zeitlose Ganzheit zu finden, substituiert er sie durch den Wunsch nach immerwährendem Leben. Statt mit dem Kosmos eins zu sein, hat er den Wunsch, den Kosmos zu beherrschen. Statt mit Gott eins zu sein, versucht er, selbst Gott zu spielen.

Diesen Versuch, Atman-Bewußtsein auf eine Weise zu gewinnen, die dieses verhindert und nur zu symbolischen Ersatzbefriedigungen führt, nenne ich das Atman-Projekt. Es ist das *unmögliche* Verlangen, das individuelle Ich möge unsterblich, kosmozentrisch und allbedeutend sein. Es beruht allerdings auf der richtigen Intuition, daß das eigene Wahre Wesen tatsächlich unendlich und ewig ist. Ungeachtet dessen, daß mein Wahres Wesen *schon immer* Gott *ist*, zu wollen, daß mein Ego Gott *sein möge* – und damit unsterblich, kosmozentrisch, todesverneinend und allmächtig –, das ist das Atman-Projekt. Und es gibt nur entweder Atman oder das Atman-Projekt.

Das Atman-Projekt ist also sowohl eine Kompensation für das *scheinbare* (also letzthin illusorische) Fehlen von Atman als auch das Bemühen, Atman wiederzuerlangen, das heißt, seiner gewahrzuwerden. Diese beiden Punkte sollten wir im Gedächtnis behalten: Das Atman-Projekt ist ein Ersatz für Atman, enthält jedoch auch den Antrieb, Atman wiederzuerlangen. Ich will versuchen aufzuzeigen, daß es letzten Endes das Atman-Projekt ist, das die Geschichte, die Evolution und die individuelle Psyche in Gang hält. Und erst wenn das Atman-Projekt sein Ende gefunden hat, wird das wahre Atman-Bewußtsein hervortreten. Das ist dann auch das Ende der Geschichte, das Ende der Entfremdung und die Auferstehung des überbewußten Alls/Universums.

Das Wesen der Kultur und die Leugnung des Todes

Wir haben gesehen, daß das Wahre Wesen jedes einzelnen Atman ist (Geist, Ebene 7/8); ferner daß jedermann, sei es auch nur verschwommen, dieses Atman-Wesen intuitiv erfaßt. Solange er jedoch den Tod (Thanatos) nicht akzeptieren kann oder will, kann er auch des Einsseins oder Atman-Bewußtseins nicht inne werden, denn das würde die Aufgabe und den »Tod« des isolierten Ichempfindens voraussetzen. Da er den Tod (noch) nicht akzeptieren und damit sein Wahres Selbst oder seine letzte Ganzheit nicht finden kann, wird der Mensch gezwungen, eine Reihe *symbolischer Ersatzbefriedigungen* für das Selbst (Atman) zu schaffen. Weil er sein Wahres Selbst, das weder subjektiv noch objektiv, sondern nur Ganzes ist, nicht verwirklichen kann, kompensiert er dies durch die Behauptung eines symbolischen, subjektiven inwendigen Ego, welches vorgibt, kosmozentrisch, unabhängig und unsterblich zu sein. Das ist ein Teil, der *subjektive* Teil, des Atman-Projekts.

Bis zur endgültigen Auferstehung des Selbst im Überbewußtsein wird das falsche, individuelle und getrennte Ich von zwei Haupttriebkräften bewegt: die eigene Existenz zu verewigen (Eros) und alles zu vermeiden, was zu seiner Auflösung (Thanatos) führen könnte. Dieses inwendige und isolierte Pseudo-Selbst wehrt sich einerseits hartnäckig gegen Tod, Auflösung und Transzendenz, strebt andererseits zugleich nach Kosmozentrizität, Allmacht und Unsterblichkeit. Das sind die positiven und die negativen Seiten des Atman-Projekts – Eros und Thanatos, Leben und Tod, Vishnu und Shiva. Dieser Kampf zwischen Leben und Tod, Eros und Thanatos, ist jedem Ich inhärent und bewirkt seine Ängste, ein urtümliches Angstgefühl, das nur durch Transzendenz in die Ganzheit beseitigt wird.

Damit sind wir beim letzten bedeutenden Aspekt des Atman-Projekts: Auch wenn es nach Unsterblichkeit und Kosmozentrizität strebt, verfehlt das separate Ich sein Ziel zwangsläufig. Es kann die Illusion, stabil, dauerhaft, beständig und unsterblich zu sein, letztlich nicht aufrechterhalten. William James sagt, der furchterregende Hintergrund des Todes bleibe weiterhin präsent, und der Mensch komme nicht von der Vorstellung los, »der Sensenmann werde an die Tür des Festsaales klopfen«. Solange das separate Ich nicht seine Ganzheit wiederentdeckt, bleibt die nebelhafte Atmosphäre des Todes sein ständiger Begleiter. Dieser Hintergrund des Todes kann durch keinerlei Kompensationen, Verteidigungen oder Verdrängungen endgültig und total ausgeblendet werden. Nichts, was das inwendige Ich zu tun imstande ist, wird diese schreckenerregende Vision jemals ersticken. Daher werden »äußere« oder »objektive« Stützpfeiler ins Spiel gebracht, um das Atman-Projekt zu unterstützen, die Todesfurcht zu lindern und das Ich als unsterblich auszugeben. Ein Individuum wird sich eine Vielzahl externer oder objektiver Bedürfnisse, Wünsche, Eigenschaften und materielle Besitztümer schaffen und sich daran klammern: Es strebt nach Reichtum, Ruhm, Macht und Wissen – alles Dinge, die es mit entweder unendlichem Wert oder unendlicher Wünschbarkeit auszustatten neigt. Da es aber gerade diese Unendlichkeit ist, die alle Menschen wahrhaft ersehnen, sind alle äußeren, objektiven und endlichen Objekte wiederum nur Ersatzbefriedigungen. Sie sind *Ersatzobjekte,* genauso wie das separate Ich ein *Ersatzsubjekt* ist. Später werde ich aufzeigen, daß dies die äußeren und inneren Verzweigungen des Atman-Projekts sind – objektive und subjektive, »da draußen« und »hier drinnen«.

Ich will auf folgendes hinaus: Die Welt objektiver Ersatzbefriedigungen ist nichts anderes als die Welt der Kultur.[4] Kultur aber – äußere materielle oder ideelle Ersatzobjekte – dient denselben beiden, eng verbundenen Funktionen wie das inwendige Ersatzsubjekt: Sie liefert eine Quelle, ein Versprechen und ein Fließen von Eros (Leben,

Macht, Stabilität, Vergnügen, Mana) und vermeidet, widersteht oder verteidigt sich gegen Thanatos (Tod, Verfall, Tabu). Aus diesem Grund »entdeckte die Anthropologie, daß [selbst in archaischen Gesellschaften] die grundlegenden Kategorien des Denkens Ideen von Mana und Tabu sind ... Je mehr Mana (Eros) man sich verschaffen, je mehr Tabus (Thanatos) man vermeiden konnte, um so besser«. Denn das ganze kulturelle Projekt ist »doppelseitig: Es zielt in einem Aufwallen von Lebensbejahung auf ein absolutes ›Jenseits‹; doch trägt es in sich den verfaulten Kern der Leugnung des Todes«.

Die Leugnung des Todes, dieses panische Davonlaufen vor Thanatos, ist der springende Punkt der »negativen« Seite des Atman-Projekts; seine Rolle bei der Gestaltung der Kultur war überragend und allumfassend. Im Grunde ist Kultur die Art und Weise, wie sich das separate Ich zum Tod verhält – jenes Ich, das dazu verdammt ist zu sterben, dies auch weiß und sein Leben lang bewußt oder unbewußt versucht, es zu leugnen. Zu diesem Zweck konstruiert es sich ein subjektives Leben, manipuliert es und schafft »dauerhafte« und »zeitlose« kulturelle Objekte als äußere und sichtbare Zeichen einer erhofften Unsterblichkeit. Daher konnte Rank alle Gesellschaften auf der einfachen Grundlage ihrer »Unsterblichkeitssymbole« klassifizieren, konnte Becker darauf hinweisen, daß »Gesellschaften genormte Systeme der Todesleugnung sind«, da »jede Kultur eine Lüge hinsichtlich der Möglichkeiten des Sieges über den Tod« sei.

Der Mensch will, was alle Organismen wollen: das Fortdauern der Erfahrung. Selbst-Verewigung als lebendes Wesen (Eros). Andererseits ist der Mensch sich bewußt, daß sein Leben einmal zu Ende geht ... Er mußte also einen anderen Weg ersinnen, das Fortdauern seiner Existenz zu sichern, einen Weg, die Welt aus Fleisch und Blut [vorgeblich zu transzendieren] ... die ja eine vergängliche ist. Er tat dies, indem er sich auf eine unvergängliche Welt fixierte, ein »unsichtbares Projekt« erfand, das seine Unsterblichkeit garantieren sollte ... Diese Betrachtung menschlichen Tuns liefert einen Schlüssel zum Verständnis der Geschichte. In jeder Epoche hatten die Menschen den Wunsch, ihr Schicksal zu transzendieren, suchten sie nach einer Garantie für eine Form unendlichen Fortbestehens. Die Kultur lieferte ihnen dazu die notwendigen Unsterblichkeitssymbole oder Ideologien. Gesellschaften lassen sich als Strukturen von Unsterblichkeitsmacht begreifen.

»Da er nichts weniger als Wohlleben wünschte«, schließt Becker, »konnte der Mensch von Anfang an nicht mit der Gewißheit des

Todes leben … Er schuf kulturelle Symbole, die nicht altern oder verfallen, um seine Furcht vor dem unausweichlichen Ende zu besänftigen.« Kurz gesagt: Kultur ist das große äußere Gegenmittel gegen die Todesangst. Sie ist das Versprechen, der Wunsch, die glühende Hoffnung, daß der Sensenmann *doch nicht* an die Tür des Festsaals klopfen wird.

Drei Fragen

Wie nun haben sich die verschiedenen Bewußtseinsstrukturen oder Formen des Ich aus dem Unbewußten entwickelt, das die Morgendämmerung der Menschheit charakterisierte? Ich werde im folgenden schrittweise aufzeigen, wie sich das Ich aus seinem ursprünglichen Eingebettetsein in Natur und Körper (Ebenen 1 und 2) löste, sich von beiden differenzierte und schließlich in der modernen Ära zu einem hochindividualisierten und »unabhängigen« Ego entwickelte. Darüber hinaus werde ich die Ansicht vertreten, daß eine bestimmte Form des Ichbewußtseins auch einen besonderen Typ oder Stil von Kultur begünstigt (die ihrerseits zur Ausprägung dieser Form des Ich beiträgt), da beide Projekte im großen und ganzen korrelativ sind. Die Form des Ich und der Stil der Kultur, die beiden tragenden Säulen des Atman-Projekts, stützen einander.

Dabei ergeben sich fundamentale Probleme. Welche Form der Verteidigung mußte der Mensch sich schaffen, als er sich aus der Sphäre des Unbewußten löste und den Schutz der Unwissenheit verlor, als er sich stärker seiner Trennung, Verwundbarkeit und Sterblichkeit bewußt wurde? Wie wirkte sich diese Verteidigung auf seine Mitmenschen aus? Wichtiger noch: Hatten die Menschen auf jeder Stufe ihrer Evolution aus dem Unbewußten irgendeinen Zugang zu den Bereichen des Überbewußten? Hatten sie Einblick in irgendeinen Bereich der höheren Stufen der Evolution und spirituellen Befreiung?

Die angesprochenen Probleme lassen sich zu drei einfachen Fragen zusammenfassen, die für jede beliebige Gemeinschaft und jede Stufe der Evolution gelten:

1. Welche Hauptformen wirklicher Transzendenz stehen dem Menschen zur Verfügung? Das soll heißen: Sind ihm echte Wege zum Atman, zum Überbewußten, zugänglich?
2. Wenn nicht: Welche *Ersatzformen* für Transzendenz werden geschaffen? Welche Formen nimmt das Atman-Projekt an, und zwar subjektive als Ichbewußtsein und objektive als Kultur?

3. Welchen Preis müssen die Mitmenschen für diese Ersatzbefriedigung zahlen? Womit wird das Atman-Projekt erkauft?

Es wird sich herausstellen, daß die Geschichte der Bericht über Menschen ist, die einander in ihre Atman-Projekte verwickeln – im negativen (Thanatos) wie im positiven (Eros) Sinne. Dabei schaffen sie sich einerseits Könige, Götter und Helden, während sie andererseits für die Leichenberge von Auschwitz, die Gulags und Wounded Knee die Verantwortung tragen.

Ebenso wird sich zeigen, daß die Geschichte tatsächlich einen Sinn hat, sowohl auf umfassender Ebene – als Bewegung vom Unbewußten zum Überbewußten – als auch auf individueller Ebene, für jede einzelne Seele, die sich der unmittelbaren Transzendenz zum überbewußten ALL öffnet. Das ist »Tod« und Transzendenz des separaten Ich zugleich und – für den Betreffenden – das Ende der Geschichte, das Ende der Tyrannei der Zeit, das Ende der optischen Täuschung des Getrenntseins, die Auferstehung des ALL und die Rückkehr zur Ganzheit. Natürlich ist die Zahl der Individuen, die wirklichen Zugang zum ALL fanden, sehr klein; und es wird wahrscheinlich noch Tausende oder gar Millionen von Jahren dauern, bis die Menschheit als Ganzes sich in den Bereich des Überbewußtseins hinein entwickelt hat. Ausgenommen die wenigen, die für sich alleine den Weg zur Transzendenz wählten, trifft es zu, daß Geschichte eine Chronik über Menschen ist und bleiben wird, die zu früh geboren wurden.

[1] Die englischen Begriffe *mind* und *spirit* werden im Deutschen oft gleichlautend mit »Geist« übersetzt. Da *mind* für die »mentalen« Fähigkeiten des Menschen steht, also »Geist« im Sinne von Denken, Verstand, Intellekt, Wahrnehmung etc., während *spirit* den »beseelenden« oder transzendentalen »Geist« meint, werden die beiden Begriffe in dieser Übersetzung folgendermaßen unterschieden: »Geist« steht für *mind*, »GEIST« für *spirit*. (Anm. d. Übers.)

[2] Werden Begriffe in diesem Buch in einem auf höhere, transzendente (Bewußtseins-) Bereiche verweisenden Sinn gebraucht, so sind sie in KAPITÄLCHEN geschrieben, um hervorzuheben, daß sie (auch, aber) nicht nur im umgangssprachlichen Sinn zu verstehen sind. (Anm. d. Übers.)

[3] In *The Atman Project* vermittle ich eine stärker auf Einzelheiten eingehende Version der Großen Kette mit siebzehn Ebenen. Da diese Genauigkeit im Rahmen des hier erörterten Überblicks über die historische Evolution nicht notwendig (und wahrscheinlich auch nicht möglich) ist, verwende ich in diesem Buch nur acht grundlegende Ebenen. Es erübrigt sich die Feststellung, daß es sich bei ihnen deshalb um recht allgemeine Strukturen handelt, die aber für den hier angestrebten Zweck präzise genug sind.

[4] Kultur ist nicht die einzige objektive Ersatzbefriedigung. Letzten Endes ist das jeder beliebige objektive Bereich. Doch ist Kultur der größte menschliche Bereich objektiver Kompensationsaktivitäten.

JEAN HOUSTON

Amerikanische Philosophin. Geboren 1939 in Brooklyn, New York. Beeinflußt durch Teilhard de Chardin, Martin Buber, Aldous Huxley und Margaret Mead. Wichtige Erkenntnisse der Bewußtseinsforschung durch die Mitarbeit an einem LSD-Forschungsprojekt. Zahlreiche Untersuchungen der Foundation for Mind Research, die sie zusammen mit ihrem Ehemann Robert Masters leitet. Wichtige Werke: »Bewußtseinserweiterung über Körper und Geist«; »Phantasiereisen«; »Der mögliche Mensch«.
In ihrem Beitrag entwickelt Jean Houston eine »Naturphilosophie«, in der sie Theorien der Naturwissenschaften neu interpretiert.

Die Farm der Formen

Schritte zu einer neuen Naturphilosophie

Auf welcher Farm werden wir geformt? Worin besteht unsere Verbindung mit dem Kosmos, worin unser lebendiger Sinn für die Natur der Realität und unsere Theologie der Art, wie die Dinge geschehen? Diese unbeantworteten Fragen erwachsen der bloßen Unruhe und werden zu einer drängenden Notwendigkeit, eine neue Naturphilosophie zu finden, in der die Erkenntnisse der Physik, der Physiologie sowie die Geheimnisse des Bewußtseins und das Bedürfnis nach einer umfassenderen Ökologie zu einer Einheit verwoben werden, die so tief empfunden werden kann, daß sie unser Wachstum anregt, unsere Übergangsstadien erhellt, unsere Absichten ausführbar macht und uns den Mut zu einem täglichen Leben in geistiger Übung verschafft.

Ein Buffet-Angebot an spirituellen Techniken – von denen jede funktioniert und keine tiefere Weisheit vermittelt – droht uns mit der sehr realen Gefahr, daß das Schiff des evolutionären Potentials der Menschheit den Untiefen einer Eintopf-Ära entgegentreibt und zu stranden droht.

Wir alle kennen viele Leute mit den besten Absichten, die nach jedem neuen Workshop fasziniert sind und ihrem Selbst Teile hinzu- fügen, als seien sie Heimwerker-Werkzeugkästen. Sie besitzen kei- nen starken und lebensprühenden Sinn für den Zusammenhang des Ganzen, daher finden sie keinen fruchtbaren Boden vor, der ihr Wachstum in die Tiefe erlauben würde. Sie sind und bleiben Wande- rer ohne Ziel, Männer und Frauen, die wahrhaft ohne Heimat sind, die niemals heimfinden zum Muster, das verbindet.

Vielleicht ist das der Grund, weshalb gegenwärtig soviel Aufre- gung über das Hologramm als Metapher für die Integration der bis heute gespaltenen und unterschiedlichen Realitäten herrscht – ein Gerüst, auf dem wir eine Realität aufbauen können, die zugleich nu- minos und konkret ist.

Eine Richtung dieser Naturphilosophie legt den Grundstein für neuartige Perspektiven menschlicher Möglichkeiten, indem sie die Quantenphysik mit neueren Untersuchungen zur Gehirntätigkeit und zur Selbst-Orchestrierung neuronaler Muster verbindet. Weiter- hin schlägt sie Wege vor, in denen lokale und holonomische Realitä- ten miteinander in Beziehung gebracht werden könnten. Und sie weist darauf hin, wie außerordentlich fähig unser angeborenes In- strumentarium ist, Information über die primäre Ordnung zu emp- fangen, die es uns ermöglicht, Mit-Schöpfer dieser Ordnung zu wer- den, so daß wir unsere Realität ausweiten und seine krankhaften Aspekte korrigieren können. Gott, die Evolution und die primäre Ordnung haben uns das Instrument des Körpers und des Geistes mit- gegeben, was eine maßlose Über-Ausstattung darstellt, so wenig wir es bisher genutzt haben. Inzwischen sind wir an einem Punkt derart globaler Komplexität, bedrohlicher Krisenhaftigkeit der Systeme und einer Bewußtheit der Wahrnehmung angekommen, daß wir uns end- lich herausgefordert fühlen, die Gabe dieses Instruments in einer Art zu nutzen, wie wir es von Anfang an hätten tun sollen – als Bürger einer umfassenderen Ökologie und Mit-Schöpfer der besseren Welten.

Wir haben in vorangegangenen Beiträgen gesehen, daß das Holo- gramm ein Bild ist, dessen Teile alle co-tangent sind und das Ganze demnach in jedem seiner Teile inbegriffen ist. Wenn Sie ein Holo- gramm-Bild eines Bullen in einem Stall haben, die Nase des Bullen herausschneiden und einen Laserstrahl aus kohärentem Licht durch die entfernte Nase fallen lassen, werden Sie ein dreidimensionales Bild eines Bullen in einem Stall sehen. Das ist zu erwarten, wenn ein beliebiger Teil einer Information, in diesem Falle die Nase eines Bullen, der Summe seiner Teile entspricht, in diesem Falle einem Bullen in einem Stall. Die Botschaft des Ganzen wird in Form von Intereferenzmustern überall zugleich, in jedem Teil des Hologramms wiederholt. Man muß nur dieses einfache Beispiel auf seine metaphysischen Implikationen hin abklopfen, und ein großer Teil der cartesianisch-newtonschen Vorstellungen nimmt sich wie das Gestammel eines defekten Computers aus.

Die holonomische Perspektive ist sehr alt und war den Mystikern, Weisen und anderen grenzüberschreitenden Leuten schon vor Jahrtausenden bekannt. Eine der ersten formalen Beschreibungen kann man in den buddhistischen Avatamska-Sutren[1] des zweiten Jahrhunderts finden:

Im Himmel Indras gibt es, wie man sich erzählt, ein Netz aus Perlen, die so beschaffen sind, daß man nur eine von ihnen anschauen muß, um alle anderen darin gespiegelt zu sehen, und wenn man sich in einen beliebigen Teil des Himmels begibt, erzeugt man den Klang von Glocken, die durch jeden Teil des Netzwerks läuten, durch jeden Teil der Realität. In gleicher Weise ist jede Person, jeder Gegenstand in dieser Welt nicht allein er selbst, sondern umfaßt jede andere Person und jedes andere Ding in sich und *ist* in Wahrheit jede andere Person und jedes andere Ding.

In Übereinstimmung mit dieser Anschauung erklärte Leibniz, ein Philosoph des 17. Jahrhunderts, das Universum sei aus Monaden geschaffen, winzigen Einheiten von Geist, deren jede das Universum aus der Perspektive ihres besonderen Standortes widerspiegele. Zugleich sind alle Komponenten, alle Monaden, miteinander verbunden, so daß, ähnlich den Perlen in Indras Netz, keine Monade verändert werden könne, ohne daß zugleich auch alle übrigen verändert würden.

Im kabbalistischen Wissen findet das Hologramm seinen okkulten Ausdruck im Symbol des Aleph, einem Punkt, der alle möglichen Punkte in einem unbegrenzten Tanz der Raumzeit in sich beinhaltet. Der große argentinische Autor Jorge Luis Borges hat ein literarisches Wunder geschaffen, indem er sich in der Kurzgeschichte »Das Aleph« an einen Katalog der Inhalte des Alephs wagte. Der Held der Erzählung erlangt Zugang zu dem Aleph, indem er die neunzehnte Stufe einer Kellertreppe in Buenos Aires betrachtet.

»In diesem ungeheuren Augenblick schaute ich Millionen von Ereignissen, beglückende und schreckliche; jedoch erstaunte mich keines von ihnen mehr als die Tatsache, daß sie sämtlich denselben Punkt im Raum einnahmen, ohne einander zu überlagern oder durch die anderen hindurchzuscheinen. Was meine Augen schauten, geschah gleichzeitig. Aber was ich jetzt niederschreibe, wird eine Aufeinanderfolge darstellen, denn die Sprache ist bedauerlicherweise linear. Dennoch will ich versuchen, meinen Eindruck wiederzugeben, so gut ich kann.

Auf dem senkrechten Stufenteil, halbrechts, sah ich eine kleine schimmernde Sphäre von fast unerträglicher Helligkeit. Anfangs glaubte ich, sie drehe sich; doch dann erkannte ich, daß diese Bewegung eine Illusion war, die durch die Drehung der Welt erzeugt wurde, die in der Sphäre eingeschlossen war. Der Durchmesser des Alephs betrug wohl weniger als einen Fingerbreit, aber der ganze Raum befand sich in ihr tatsächlich und unverkleinert. Jedes Ding (etwa eine Spiegelfläche) waren alle Dinge, die ich jetzt einzeln von jedem Blickpunkt des Universums aus sah. Ich sah·das schwellende Meer; ich sah den Tagesanbruch und den Beginn der Nacht; ich sah die Vielfalt Amerikas; ich sah ein silbriges Spinngewebe im Zentrum einer schwarzen Pyramide; ich sah ein zerbrochenes Labyrinth (es war London); ich sah ganz nahe eine unendliche Anzahl von Augen, die sich in mir wie in einem Spiegel betrachteten; ich sah alle Spiegel auf Erden, und nicht einer von ihnen zeigte mein Abbild; ich sah in einem Hintergarten der Calle Soler dieselben Bodenplatten, die ich dreißig Jahre zuvor im Eingang eines Hauses in Fray Bentos gesehen hatte; ich sah Weintrauben, Schnee, Tabak, Metalladern, Dampf; ich sah die konvexen Wüsten Äquatorialafrikas und jedes Sandkorn in ihnen; ich sah eine Frau in Inverness, die ich nie vergessen werde; ich sah ihr ungebändigtes Haar, ihre schlanke Gestalt; ich sah eine Krebsgeschwulst in ihrer Brust; ich sah einen Ring aus getrocknetem Schlamm an einem Weg, wo zuvor ein Baum gestanden hatte; ich sah einen Sommersitz in Adroqué und eine Kopie der ersten englischen Plinius-Übersetzung – sie stammte von Philemon Holland –; und zugleich sah ich jeden Buchstaben auf jeder Seite (als ich noch ein Junge war, wunderte ich mich immer, daß die Lettern in einem geschlossenen Buch nicht durcheinandergerieten und über Nacht verloren gingen); ich sah einen Sonnenuntergang in Queretaro, der blutete, und ich schien die Farbe einer Rose in Bengalen widerzuspiegeln; ich sah mein verlassenes Schlafzimmer; ich sah in einer Kammer in Alkmaar einen Erdball zwischen zwei Spiegeln, der ihn endlos vervielfältigte;

ich sah Pferde mit wehenden Mähnen am Ufer des Kaspischen Meeres bei Morgendämmerung; ich sah das feine Skelett einer Hand; ich
sah die Überlebenden einer Schlacht Bildpostkarten nach Hause
schicken; ich sah in einem Schaukasten in Mirzapur ein Päckchen spa-
nischer Spielkarten; ich sah die längerwerdenden Schatten von Far-
nen auf dem Boden eines Gewächshauses; ich sah Tiger, Kolben, Bi-
sons, Fluten und Armeen; ich sah in der Schublade eines Schreibti-
sches (und die Handschrift ließ mich erbeben) unglaubliche, obszöne
und ausführliche Briefe, die Beatriz an Carlos Argentino geschrieben
hatte; ich sah ein Monument, das ich anbetete, auf dem Friedhof in
Chacarita; ich sah den Staub des Verfalls und die Knochen dessen,
was von der einst so köstlichen Beatriz Viterbo geblieben war; ich sah
das Kreisen meines eigenen dunklen Blutes; ich sah die Umarmun-
gen der Liebe und die Verwandlungen des Todes; ich sah das Aleph
von jedem Standpunkt und aus jedem Blickwinkel; und in dem
Aleph sah ich die Erde und in der Erde das Aleph und in dem Aleph
die Erde; ich sah mein eigenes Gesicht und meine eigenen Eingeweide; ich sah Dein Gesicht; und ich fühlte Verwirrung und weinte,
denn meine Augen hatten jenes verborgene und gedeutete Ding geschaut, dessen Namen allen Menschen bekannt ist, aber das kein
Mensch je erblickt hat – das unvorstellbare Universum«[2]

Das ist es! Das unvorstellbare Universum, unvorstellbar nur deswegen, weil die Linsen unserer lokalen Vorstellung zu begrenzt sind,
um es umfassen zu können. Es könnte aber, wie bei der Offenbarung
in jenem Keller in Buenos Aires, in gewissen Zuständen des Bewußtseins gemäß der Quantenresonanz erfahren werden, wenn man Zugang zu einem beliebigen Teil des Universums gewänne. Wenn die
hologrammatisch-buddhistisch-monadisch-kabbalistische   Theorie
nämlich zutrifft, sind wir buchstäblich im gesamten Universum vorhanden und werden als Interferenzmuster durch die Fließemulsion
des Äthers (ein Terminus, der in den letzten Jahren durch Hochener-
giephysiker rehabilitiert wurde) an alle Orte der Matrix der Raumzeit
gesendet.
   Dennis Gabors Einführung in die Holographie hat die Metapher
mit Wirklichkeit erfüllt und die Spekulationen von Tausenden von
Jahren mit praktischen und sinnvollen Begriffen vergegenständlicht.
Plötzlich wurde die Metapher akzeptierbar und entlockte den Fach-
wissenschaftlern vieler unterschiedlicher Ausrichtungen ein Aha-Er-
lebnis. In der Neurophysiologie zum Beispiel wurde die Beobachtung
gemacht, daß die gespeicherten Gedächtnisinhalte wie in einem Ho-

logramm in allen Teilen des Gehirns präsent sind. Jedes Neuron beinhaltet wahrscheinlich die Gesamtheit aller Erinnerungen des Individuums, dessen Gehirn es angehört; verschlüsselt in Interferenzmustern aus Lichtwellen.[3] Jedes Neuron ist ein Wunder an hologrammatischer Effizienz und möglicherweise fähig, Milliarden von Informationen auf einem winzigen Platz zu speichern.

Karl Pribrams Genius bestand darin, daß er das Modell des Hologramms als Gedächtnisspeicher betrachtete und Methoden vorschlug, mittels derer das Gehirn komplexe Berechnungen über die Frequenzen der Daten, die es empfängt, durchführen könnte. Indem er das bemerkenswert flüssige mathematische Medium der Fourier-Transformation benutzte, war er fähig, die verschlungenen Wege der neuronalen Impulse zwischen den Zellen durch ein Netzwerk feiner Zellfasern zu beschreiben – sie reisen gewissermaßen durch Indras Netzwerk des Gehirns. Pribram hat mit großer Sachkenntnis darüber spekuliert, wie sich die Fasern der Zelle, die von einem Impuls durchquert wird, in langsamen Wellen bewegen, die dann durch das ganze übrige Gehirn codiert werden, fast genau in der Weise, wie die Glokken durch Indras Netz erklingen.

Aber genau an diesem Punkt stellt sich jene Frage, die den spekulativen Menschengeist seit undenklicher Zeit verfolgt: Wer stellt die Regeln in diesem Reich unbegrenzter Gitterwerke auf, in dem in jeder Sekunde eine Billiarde verschiedene Prozesse ablaufen? Wer sammelt das Licht und verschlüsselt seine Muster in Klänge und Farben, in Gefühle, Geschmäcke und Gerüche, in Daten, Entscheidungen und Flüge begreifender Phantasien? Wer vollbringt dies? Wer sitzt in unseren Köpfen und interpretiert Hologramme? Wer speichert unser aktuelles Wissen?

Der heilige Franziskus hat einmal gesagt: »Wonach wir Ausschau halten ist das, welches Ausschau hält.« Man könnte annehmen, daß das dort draußen Befindliche isomorph und von derselben Gestaltung wie das ist, was sich in unseren Köpfen befindet. Angenommen, das Universum ist holographisch und unser Hirn-Geist-System ist ein Hologramm, das Kenntnis von einem Hologramm besitzt.

David Bohm, der Nobelpreisträger in der Physik, sorgt für eine kräftige Belebung dieses Rätsels, wenn er bemerkt, daß es nach Maßgabe der Quantentheorie tatsächlich zwei Arten von Realität gibt. Die eine davon ist die primäre Ordnung, die implizit und eingefaltet ist und unsere Realität weitgehend in derselben Art beherbergt, wie die DNA im Zellkern potentielles Leben birgt und die Methode seiner

Entfaltung dirigiert. Dies ist eine Ordnung des reinen Seins, der reinen Frequenz; eine Ordnung, die für mich ganz wie die Realität der Formen Platos klingt, oder wie die uranfängliche Natur Gottes in der Philosophie Alfred North Whiteheads. Buddhistische und hinduistische Philosophien weisen ganz ähnliche metaphysische Systeme und Psychologien auf, die diese primäre Ordnung der reinen Potenz erklären.

Die sekundäre Ordnung ist eine Wirklichkeit der zweiten Generation und daher *explizit, un*eingefaltet, manifest in Raum und Zeit, das decodierte hologrammatische Bild der Realität.

Alle wahrnehmbare Bewegung und Substanz gehören demnach zur sekundären Ordnung, während es in der primären Ordnung keine Dinge und Bewegungen gibt, wie wir sie verstehen. Es ist eine Wirklichkeit, die Einzelaufstellungen transzendiert und weder ein Hier noch ein Dort kennt. Oder wie der große Physiker einst zu mir gesagt hat:

Großer Physiker: »Jean, komm' einmal her. Ich muß dir etwas sagen.«

Ich (flüsternd): »Was ist es?«

G. P.: »Weißt du von *dort*?«

Ich: »Nein, was ist mit *dort*?«

G. P.: »Es gibt dort kein *dort*.«

Bohm betrachtet seine primäre Ordnung als eine Domäne der Frequenz. Aber die Frequenz wird zu oft mit dem gleichnamigen Gegenstand der Physik assoziiert. Ich ziehe es vor, nach einer anderen Metapher Ausschau zu halten, um eine Realität zu beschreiben, die zugleich die Vereinigung aller Muster wie auch die lebende Quelle aller Fürsorge ist. Denn ich betrachte die Frequenz als eine Sphäre der Liebe und Organisiertheit, als den Motor der Evolution und den Geist, der versteht. Es ist der Ort des Wachstums und Gedeihens der Realität. Somit denke ich mir die primäre Ordnung als die Farm und den Ort, an dem die Formen der Realität erzeugt werden. Wie das Hologramm durchdringt die Farm alle unsere Lebensvorgänge und ist vollständig in jedem kleinsten Teil unserer Realität enthalten.

Im allgemeinen verbauen wir uns die Kenntnis der Farm und ihres zur Verfügung stehenden Überflusses durch verschiedenartige »Linsen«, die unserer Wahrnehmung im Wege stehen. Die sekundäre explizite Ordnung ist eine Ordnung der Linsen, und wir sind von vielen ihrer Art belastet, von denen die fünf dominierenden Sinne nicht die unwichtigsten sind. Zusätzlich enthält die vom Hirn ersonnene Mathematik eine Linse, die in verschwommenen Flecken und Frequenzen Objekte ausmacht, sie in Geräusche und Farben verwandelt, in Gefühle, Gerüche und Geschmäcke umdeutet. Sodann konstruieren unsere Hirnlinsen eine »harte« Wirklichkeit sekundärer Ordnung, indem sie die Frequenzen interpretieren, die von der primären Ordnung ausgehen – einer Dimension, die Zeit und Raum transzendiert. Darüber hinaus haben wir viele kulturelle Linsen geschaffen, die durch die Barrieren der Völker und Nationen entstehen. Ich denke an einen bestimmten Stamm in der Kalahari, dessen Mitglieder davon überzeugt sind, daß die Welt ungefähr 250 Yards jenseits ihres Territoriums endet. Wenn man sie an diese Grenze bringt, sehen sie nichts als Leere. Und wenn man ihnen sagt, daß man ihnen beweisen will, daß die Welt auch jenseits dieser Grenze besteht, indem man sie veranlaßt, über die Linie des angenommenen »Welt-Endes« zu treten, schreien sie und betteln, daß man davon absieht. Wenn man aber darauf besteht und die Grenze überschreitet, sind sie unfähig, jemanden zu sehen und trauern darüber, daß man sie verlassen hat, bis man über die Linie in die für sie existierende Welt zurücktritt. Wenn wir uns diesen Menschen überlegen fühlen, sollten wir uns erinnern, daß wir ganz ähnlich handeln, wenn auch auf subtilere und verborgenere Art. Man denke nur an die Kriege aus ideologischen Gründen, die die Landschaft unserer Geschichte verfinstert haben, an die vielen Schranken des Vorurteils, den gegenwärtig vorherrschenden Aberglauben der Wissenschaftlichkeit und die verlogenen Unterschlagungen der Medien.

Fragen Sie sich selbst, wo Ihr kulturelles Linsensystem Sie von anderen abschottet, und weshalb. Gilt diese Barriere nicht für alles, was jenseits der Physik liegt, jenseits des Beweisbaren, jenseits des Nationalismus? Wie reagieren Ihre »automatischen Rolläden« auf die Anzeichen einer kommenden globalen Zivilisation? Wie reagieren Sie auf eine Teilung aller Rollen, die Männern und Frauen zugesprochen werden, wie auf die höhere Bewertung der Qualitäten des Verstandes, des Körpers und des Geistes der menschlichen Rasse in naher Zukunft?

Kinder besitzen eine bittersüße Liebe zum Spiel der Risse im Pflaster. Tritt nicht auf die Spalten, oder die Erde wird sich öffnen, und du fällst in den Abgrund. Wir alle setzen das Spiel der Risse im Pflaster unser ganzes Leben lang fort und fürchten auf Grenzlinien zu treten und das bißchen Realität zu verlieren, das uns noch geblieben ist.

Das hinterhältigste aller Linsensysteme ist das »Ich«. Das »Ich« ist ein sehr kleines, sehr örtliches, kameraartiges System mit einer lächerlich geringen Fähigkeit, Frequenzen aufzunehmen. In der Tat hat

das Linsensystem des Ich zu einem ungefähr so großen Teil der Gesamtheit der Realität Zugang, wie er vom begrenzten Spektrum des
Auges diktiert wird. Das Ich und sein Auge gehören in etwa derselben Ebene an.

Die Neurophysiologie der »Ich«-Optik gibt sich alle Mühe, Systeme
zu ersinnen, die die Bedeutung des »Ich« vergrößern; und damit
unterbindet sie unsere Kapazität, umfassendere Systeme wahrzunehmen.

Es ist möglich, daß mystische Erfahrung linsenloses Wissen bedeutet.

Wenn wir die psycho-spirituellen und neuronalen Funktionen neu
orchestrieren, indem wir die zerebralen, kulturellen und psychologischen Reduktionsventile umgehen, entdecken wir, daß wir von
Natur aus auf die Quelle oder Matrix der Realität eingestimmt sind.
Wir entdecken bei solchen Gelegenheiten, daß wir beides sind, implizit *und* explizit, einzigartig in unserem Selbst, und doch die Information des Ganzen in uns enthalten. Wir sind Bürger zweier Welten, die
in Wahrheit Eins sind, wenn wir nur lernen können, es zu sehen.
Man entsinne sich der Wahrnehmung Thomas Trahernes[4], eines Mannes, der die meiste Zeit über in der Einheit beider Welten lebte und
jeden Tag übernatürliche Schönheit schaute:

»Das Korn war strahlend und vom unvergänglichen Weizen, der niemals geschnitten noch gesät wurde. Ich dachte, daß er von Ewigkeit
zu Ewigkeit dort gestanden habe. Der Staub und die Steine der Straße
waren wie aus reinem Gold; die Tore waren anfangs das Ende der
Welt. Als ich sie zuerst durch eines der Tore sah, bewegten und ent-
zückten mich die grünen Bäume ... Die Menschen! Oh, welch ach-
tunggebietende und verehrungswürdige Geschöpfe schienen die Be-
tagten! ... Und die jungen Männer wirkten wie schimmernde und
glitzernde Engel, und die Mädchen seltsam seraphische Wesen voll
Leben und Schönheit! ... Knaben und Mädchen tollten und spielten
in den Straßen und waren sich bewegende Juwelen. Ich wußte nicht,
daß sie geboren waren oder sterben mußten. Alle Dinge dauerten
ewig, da sie an ihren rechten Orten weilten ...«

Oder denken Sie an die mystischen ästhetischen Schriften Henry
David Thoreaus, besonders an jene Passagen, wenn er von seiner gelegentlichen Fähigkeit spricht, eine höhere Ordnung jenseits des Hologramms der sinnlichen Realität zu sehen. Beachten Sie, daß seine
Bilder Kenntnis von der Saat haben, die von der Farm ausgesandt
wird:

»Wir erhaschen nur vergängliche und begrenzte Blicke von der Schönheit der Welt. Wenn wir den richtigen Blickwinkel haben, werden wir von den Farben des Regenbogens im farblosen Eis bezaubert. Aus dem richtigen Blickwinkel hat jeder Sturm und jeder Tropfen in sich einen Regenbogen. Schönheit und Musik sind nicht bloß Besonderheiten und Ausnahmen, sie sind die Regel und das eigentliche Wesen ... Ich habe ein Sinnbild einer anderen Welt und Ordnung der Dinge gesehen. Es ist etwas Wunderbares, daß ich ergriffen sein sollte, und dazu so tief und machtvoll, mehr ergriffen als durch alles andere während meines Lebens – daß diese Furcht in mir reifen sollte, einer Saat entsprungen, die feiner als die Sporen der Pilze ist, hergeweht aus anderen Atmosphären! ... Hier läßt sich diese unsichtbare Saat nieder und trägt Blüten und Früchte von unsterblicher Schönheit.«[6]

Diese Visionen erleuchteter Geister geben weitere Zeugnisse für die Möglichkeit ab, daß das Gehirn ein Hologramm ist, das ein holographisches Universum interpretiert. Wie Pribram und Bohm postulierten, könnten die neuronalen Interferenzmuster des Gehirns identisch mit dem primären Zustand des Universums sein. Individuelle Hirn-Geist-Systeme sind Bits des größeren Hologramms, und unter gewissen Umständen und in bestimmten Bewußtseinszuständen haben sie Zugang zu dem Ganzen, von dem sie Teile darstellen.

Da Sie ein holographisches Wesen sind, ist jeder Teil von Ihnen ein Verknüpfungspunkt aller möglichen Gegebenheiten, die jemals waren und jemals sind. Daher sind Sie das Ganze und gleichzeitig ein Teil davon. Sie sind, wer Sie sind, ein substantielles Wesen, gewoben im Netz aus Raum und Zeit in der expliziten Ordnung. Und zugleich sind Sie der Spiegel von allem, was sich in der impliziten Ordnung befindet. Daher sind Sie beides: Identität (*wer* Sie in Ihrem Entwicklungsprozeß des Lebens sind) und Holonomie (in der Ordnung des Ganzen). Die Strukturen Ihres Seins stellen buchstäblich Reflexionen der fortlaufenden Strukturen des Universums dar.

Die Entwicklungsphilosophen des frühen zwanzigsten Jahrhunderts haben dies alles bereits angedeutet. Bergson sagte 1907, die letzte Realität sei ein grundlegendes Netz von Verknüpfungen, und das Gehirn schließe die größere Realität generell aus. Er wählte den Terminus »zerebrales Reduktionsventil« in bezug auf das Linsensystem der expliziten Ordnung. Alfred North Whitehead beschrieb 1929 die Natur als großen, expandierenden Zusammenhang von Ereignissen jenseits der sinnlichen Wahrnehmung, in den alle Seelen und alle Dinge eingeschlossen sind.

Wie wir noch sehen werden, verschafften die Feldtheorie und die Quantenphysik den Mutmaßungen dieser Denker weitgehende Bestätigung, besonders Bells Theorie von 1964, die offenbar machte, daß alle räumlich voneinander getrennten Ereignisse miteinander verknüpft sind. Sie besagt, daß keine mit der Quantentheorie vereinbare Theorie der Realität behaupten könne, räumlich getrennte Ereignisse seien unabhängig voneinander, sondern daß sie die All-Verbundenheit voneinander entfernter Ereignisse in einer Art berücksichtigen müsse, die von der gewöhnlichen Erfahrung abweiche.

Von dieser Warte aus gesehen sind psychische Phänomene nur Nebenprodukte der Gleichzeitig-Überall-Matrix. Und Synchronizität – diese zufälligen Ereignisse, die einen höheren Plan oder Zusammenhang suggerieren – scheint der absichtsvollen, formenden und organisierenden Natur der primären Ordnung zu entstammen, dem Wurzelsystem der Farm. Es kann nicht so etwas wie Zufall geben, wenn dem holographischen Modell zufolge alle Dinge in Resonanzen und Interferenzmustern mit allen übrigen stehen.

Wie man leicht sehen kann, beinhaltet dieses Paradigma eine Reihe erregender Implikationen. Eine der wichtigsten ist der Umstand, daß gewisse Bewußtseinszustände eher geeignet sind, eine Vereinigung mit neurologischen Zuständen der Resonanz zuzulassen, die eine Öffnung zu einer höheren Wirklichkeit hin erlauben. Harmonische, ausgeglichene Bewußtseinszustände – Liebe, Einmütigkeit, Einfühlung, tiefe meditative Zustände, Gebete, Verzückung – stimmen besser auf diese holonomische Realität ein, die eine Realität der Liebe, der Gemeinschaft und der Harmonie ist, die zu einer Ordnung gehören, in der alle Formen eingebunden sind. In menschlichen Verhältnissen kann dies der Fall sein, wenn starke Gefühle der Liebe und des Einfühlens den Grenzen des Selbst erlauben zu erwerben, was ich »durchlässige Grenzen« nenne, und sich so in Resonanz (um es mit einem Quantenbegriff auszudrücken) mit den anderen einzustimmen. Ängstlichkeit, Zweifel und Furcht schließen Resonanz nicht nur aus, sondern fügen außerdem ihre verderblichen Linsen den bereits vorhandenen hinzu, bis man sogar in Versuchung kommen kann, seine eigene Existenz in Frage zu stellen.

Wenn wir uns den einmütigen Fluß des Universums und unser selbst vor Augen führen, wie er sich in Zeiten intensiver Resonanz darstellt (Liebe, Kreativität, gemeinsame Erfahrungen), sehen wir, wie natürlich und zwanglos der Transfer von Information von einer Dimension zur anderen stattfindet. Plötzlich klappt das Buch genau an der richtigen Stelle auf. Das Telefon läutet, und aus dem »Nirgendwo« ruft die Person an, mit der Sie dringend in Verbindung treten mußten. Das Holoversum erfüllt Ihre Bedürfnisse auf gewöhnliche und ungewöhnliche Arten. Neue Formen entstehen auf der Farm, wenn wir die Resonanzfelder einer sich entfaltenden Realität bebauen.

All diese Dinge mögen symptomatisch für unsere letzte Heimat im Ursprung sein. Tatsächlich könnte das universale, wenn auch eben erst entdeckte Bedürfnis nach Vereinigung die Erinnerung an jenen Ursprung sein, der so nahe und doch in unserer gewöhnlichen Realität tief im Verborgenen liegt. Es ist die Sehnsucht des Expliziten nach der impliziten Ordnung, der Formen, die sich der Farm entsinnen.

Mystiker und andere tief von der Suche nach der Wahrheit geprägte Menschen mahnen uns beständig an die wahre Beziehung, von der die Realität durchdrungen ist. In Mekka ruft der Muezzin:

»Wir sind einem Menschen näher als seine Schläfenader …
Wenn ich ihn liebe, bin ich das Ohr, mit dem er hört,
Und das Auge, mit dem er sieht, und die Hand,
Mit der er schlägt, und der Fuß, mit dem er geht …«
Oder, wie der große Mystiker des dreizehnten Jahrhunderts, Meister Eckhart, einst sagte:»Das Auge, mit dem ich Gott schaue, ist dasselbe Auge wie das, mit dem Gott mich schaut.«
Er bekam eine Menge Schwierigkeiten mit dem Papst wegen dieser Aussage.

Sehr wahrscheinlich begann Max Planck seine Untersuchungen mit der Vermutung, daß das Gehirn nach Gesetzen der Quantenphysik funktioniere. Eine Reihe von Zellen, die beginnen mitzuschwingen, bringen Millionen Neuronen dazu, in einem Quanten-Tunnel-Effekt zu feuern. In psychologischen Begriffen könnten die Phänomene der Einsicht, des Verliebens, der Entdeckung und des Durchbruchs im Denken leicht ihre physiologischen Äquivalente in Mustern solcher Resonanzen finden, die in Quantenbegriffen durch alle anderen Teile und Systeme des Gehirns verstärkt werden.

In einem eher allgemeineren Bewußtseinszustand bewegen sich unsere Gedanken und Wahrnehmungen von einem Gegenstand zum anderen; das Gehirn offenbart ein großes Maß an Vielfarbigkeit, sowohl in seinen verschiedenen Teilen als auch in Form einer Vorherrschaft der schnellen, unregelmäßigen Betawellen. In Bewußtseinszuständen, in denen wir Einheits-Erfahrungen haben (mystische Erfahrungen, Verzückung, Meditation), kommt häufig eine Beruhigung des Geistes vor, verbunden mit Regelmäßigkeit und Verlangsamung der Gehirnwellen im Alpha- und Thetaband. Gelegentlich erreicht die Übereinstimmung das Ausmaß eines makroskopischen Wellenmusters.

Lawrence Domash und seine Mitarbeiter im Department of Physics bei der Maharishi European Research University haben Studien der Effekte der Meditation auf die makroskopische Wellenfunktion des Gehirnes angestellt.[7] Sie untersuchten die Hirnwellenmuster von Personen in tiefer Meditation und machten die Entdeckung, daß sich das Gehirn in diesem Zustand von der Vielfalt zu auffallender Kohärenz in Millionen von Zellen verändert, entsprechend dem Übergang des Bewußtseins auf eine andere Phasen-Ebene. Die Konzentration auf einen Punkt, die bei der Meditation stattfindet, scheint neuronale Prozesse in kohärente und einander wechselseitig beeinflussende Muster mit einem hohen Grad an Resonanz und Gleichförmigkeit des EEGs (Elektroenzephalogramm) im ganzen Gehirn zu organisieren. Mikrophasenmuster gewöhnlicher aufnahmebereiter Prozesse werden in der Meditation in makrophasische Kohärenz transformiert. Das hat ungebundene – nicht durch Linsen selektierte – Bewußtheit zur Folge: mystische Erfahrungen und eine Art des Fühlens und Wissens, die einer tieferen Ordnung der Realität entspricht.

Eine andere Art, diese Phänomene zu betrachten, ist, sich die Metapher der Supraleitfähigkeit zu vergegenwärtigen. In den meisten elektrischen Stromsystemen gibt es einen Widerstand, was heißt, daß eine angeknipste Glühbirne den Fluß des Stromes erschwert. Dieser Widerstand ermöglicht erst den praktischen Nutzen des elektrischen Stromes. Aber in Zuständen der Supraleitfähigkeit können die Elektronen ungehindert in ständiger Bewegung durch den Leitungsdraht fließen. Das ist es, was möglicherweise auch in der Erfahrung der tiefen Meditation geschieht: Neuronen werden zu supraleitfähigen Leitungssystemen, phasen-kohärent zu anderen Neuronen aufgrund des Tunnel-Effektes der Quanten. Der Widerstand ist besiegt, die üblicherweise funktionierenden perzeptiven und psychischen Linsen versagen, das Gehirn tritt in makroskopische Kohärenz mit all seinen Teilen und wird somit zu einem völlig anderen Instrument, das nicht länger selektiert, sondern das Ganze einsetzt und das Ganze wahrnimmt. Um es in Begriffen des Hologramms auszudrücken, in diesem Zustand kann Resonanz zwischen der expliziten holographischen Struktur des Gehirns und der impliziten holographischen Struktur der primären Ordnung stattfinden.

Domash hat vermutet, daß tief im Inneren des Gehirns eine permanente makrophasische kohärente Wellenfunktion existieren könnte, eine Wirklichkeit der Ordnung und des Schweigens. Wenn es so ist, dann *ist die ursprüngliche Anmut im Gehirn beheimatet:* ein permanentes Eingestimmtsein in die größere Ordnung der Realität, das Hologramm im Hologramm. Das Signal wird dauernd gesendet, aber wir sind nur selten im geeigneten Zustand des Bewußtseins und der Wahrnehmung, es zu hören. Es würde demnach zum Erwachen im evolutionären Sinne gehören, daß wir uns des Prozesses bewußt würden, mittels dessen unser Geist-Gehirn-System supraleitfähig wird und imstande ist, in einen makrophasischen Funktionszustand einzutreten. Dann kann die Verbindung hergestellt werden zwischen dem Bewußtsein und der besonderen Aussage des Seins, das die ganze Zeit über stattfindet.

Aber wir werden diese Verbindung in voller Bewußtheit und Lernbereitschaft herstellen müssen. Wenn wir dies nicht tun, besteht die Möglichkeit, daß wir auf halbem Wege steckenbleiben und uns mit dem Stadium des Entzückens zufriedengeben. Eine vernunftlose Makrophase erzeugt verzückte Idioten und nichts weiter. Es stehen Realitäten zur Verfügung, denen die Macht innewohnt, das Leben des Menschen von Grund auf ändern zu können. Wie dies geschehen könnte, wird der Gegenstand der folgenden Teile dieses Essays sein.

Auf dem Weg zum Mitschöpfer

Wie gelingt es uns, hinter die Rolläden unserer kulturellen Trance zu gelangen, so daß wir den Mut und die Kraft erlangen, die Formen des Möglichen zu nähren? Wie können wir co-kreativ am evolutionären Prozeß mitwirken?

Diese Fragen führen uns in die Welt der Thermodynamik.

Der Nobelpreisträger der Physik Ilja Prigogine hat in Zusammenarbeit mit P. Glansdorff einige wichtige Entdeckungen auf dem Gebiet thermodynamischer Nichtgleichgewichtszustände gemacht, die zu exakten Einsichten führten, zum Beispiel, wie eine höhere Ordnung durch Fluktuation entsteht.[8] In dieser Theorie erweist sich die mächtige *bête noire* der Naturwissenschaft – das zweite Gesetz der Thermodynamik – als wesentlich für die Schaffung von Strukturen.[9] *Ordnung entsteht durch Entropie, nicht ihr zum Trotz.* Marylin Ferguson schreibt dazu:

»Je komplexer eine Struktur ist, desto mehr Energie muß sie aufbringen, um ihre Komplexität aufrechtzuerhalten. Dieser Energiefluß macht das System in hohem Maße unstabil und zum Opfer innerer Fluktuationen – und plötzlicher Veränderungen. Wenn diese Fluktuationen oder Störungen eine kritische Größe erreichen, werden sie durch die vielen Verbindungen des Systems vergrößert und können es in einen neuen Zustand überführen – in einen Zustand noch größerer Ordnung, Kohärenz und Verbindung. Der neue Zustand wird in einem plötzlichen Schub erreicht.«[10]

Von einem anderen Blickwinkel aus betrachtet könnte man sagen, daß sich Systeme, gleich welcher Art, thermisch oder neuronal, wenn sie sich in einem ausreichend nicht-gleichgewichtigen Zustand befinden, das heißt, wenn sie nicht in sich abgeschlossen oder dogmatisch, sondern aufeinander einwirkend sind, dann erzeugen die »Verschwendungen« der Energie in der gesamten Struktur eine Veränderung des Systems in dem Sinne, daß es sich dem Zufluß anderer Energien oder Informationen weiter öffnet.[11] Die dadurch erfolgende Instabilität führt nicht zu zufälligem oder unregelmäßigem Verhalten, sondern tendiert dazu, das System in ein neues dynamischeres Regelverhalten zu versetzen, das neue und höhere Zustände der Komplexität zur Folge hat. Das trifft auf Moleküle ebenso wie auf Theologien zu.

Wenn wir zum Gehirn und seinem Wissen von der holonomischen Realität übergehen, könnten wir sogar behaupten, daß die dissipative Struktur die Art und Weise darstellen könnte, in der die impliziten Komponenten der primären Ordnung explizit werden; das heißt, die Methode, in der die zeitlose, raumlose Wirklichkeit des ursprünglichen Seins in die manifeste, raum-und-zeit-bestimmte Realität der Existenz übergeleitet wird. Wie der Leser vermutlich schon bemerkt hat, korrespondiert das exakt mit dem, was in der Selbst-Orchestrierung des Bewußtseins im meditativen Zustand geschieht, wenn sich das Gehirn von der veränderlichen Funktionsweise zu der makrophasischen Wellenfunktion bewegt und in die größere Realität »einsteigt«.

Dies alles läßt vermuten, daß die Bewußtseinserweiterung durch den Rhythmus des dynamischen Informationseingangs angeregt wird, der mit Kohärenz verbunden ist. Je komplexer ein System, desto größer ist seine Kapazität zur Transformation: Seine Teile kooperieren, um es zu reorganisieren. Das Gehirn wird zum Hauptwerkzeug seiner eigenen ausgeweiteten Nutzung. Weiterhin gilt, je mehr Ideen man hat, desto mehr Information, Erfahrung und Reflexion über diese Erfahrung (die wiederum einen nicht-gleichgewichtigen

Zustand fördern) sind die Folge. Wenn man in ein Stadium der makrophasischen Kohärenz eintritt, ist man fähig, insofern auf die größere Quantenresonanz des Kosmos zu reagieren, als man die holonomische Information in die Welt des Raumes und der Zeit zurückholt. Man erreicht Zustände der Verzückung *und* des Wissens, unitive Realitätserfahrung (eins mit dem Kosmos fühlen) plus Spezialisierung.

Dieses Phänomen stellte ein häufiges Erlebnis einiger der großen Mystiker wie des heiligen Franziskus dar, der von seinen Verzückungen mit höchst speziellen und praktischen Ideen für Veränderungen des Wertsystems in Europa zurückkehrte. Oder nehmen Sie den pragmatischen Genius der Teresa von Avila, deren unitive Erfahrung sie mit einem immensen Know-how in bezug auf die Umorganisation der religiösen Orden Spaniens ausstattete. Es existieren zahllose weitere Beispiele für vorbereitete und hochbegabte Geister, die in die mystische Erfahrung der holonomischen Realität eintraten und sie mit konkreten Plänen wieder verließen, die wichtige Änderungen in der Gesellschaft hervorriefen. Potentiell ist derartiges für uns alle erreichbar.

Das ist der Grund, weshalb ich meine Studenten anhalte, ein Muster des lebenslangen Lernens und Erfahrens beizubehalten, sich mit neuen und alten Ideen auf verschiedenen Gebieten zu befassen und das kulturelle Erbe, das ihnen ihre Schule nie vermittelte, für sich selbst zu entdecken. Ich beknie sie, in vielfältiger Art zu denken – kinästhetisch, in Wörtern und Bildern, und vor allem zu versuchen, Ideen sinnlich zu erfassen. Denn je komplexer und interaktiver das Nichtgleichgewicht ist, in dem Sie sich befinden, desto mehr »Haken und Ösen« entwickeln Sie, um die Formen der Möglichkeiten einzufangen und mitzubringen, die Sie beim Eintritt in die Kohärenz mit dem Ganzen erfahren. Das hat eine gewisse Ähnlichkeit mit dem, was geschieht, wenn man den komplexen Saatkristall in eine übersättigte Lösung gibt. Sie kristallisiert sich zu einem größeren und komplexeren Muster. Sie sind dieser Saatkristall, wenn Sie sich im Zustand dynamischer Komplexität und Offenheit gegenüber interaktiven Systemen, Menschen und Ideen befinden. Dann sind Sie, wenn Sie in die übersättigte Lösung der holonomischen Ordnung eintreten, fähig, eine weit größere Quantenresonanz mit dem Ganzen aufzunehmen und sich mit neuen Formen des Handelns, Formens, evolutionären Bemühens und der Mitschöpfung befruchten zu lassen. Sie werden co-kreativ mit dem Ganzen. Wenn Sie zurückkehren, taucht kaum die Frage auf, was Sie tun müssen, denn Sie sind jetzt der Tuer, der Tuende und das Getane. Sie leben nun mit dem Wissen,

daß Sie beides sind: Identität und Holonomie. Sie sind Teil des universalen Nexus der kreativen Ereignisse.

Die großen Verwirklicher, die ich kennengelernt habe, die pragmatischen Heiligen und die welt-schaffenden Mystiker, waren in der
Hauptsache von dieser Art: Denn sie ließen es zu, daß ihre Körper-
Geister Felder in der Raumzeit wurden, von denen die Formen der
Farm geerntet werden können. Ihr Wille und ihre Absichten waren
makrophasisch und gleichschwingend mit der primären Ordnung
geworden.

Natürlich schaffen sie, was sie sich vornehmen.

Und so ... schaffen wir Wunder

Was all dieses zu bedeuten scheint, ist, daß wir Wunder schaffen müssen. Und was sind Wunder? Wunder sind nichts weiter als die Aktivierung des Bewußtseins zu mehr Mustern der Realität, als wir üblicherweise in der linear-analytisch-newtonschen Perspektive erkennen können. Wie der große Visionär William Blake einst erklärte:

Gottes Straf'
eine Sicht
und Newtons Schlaf.

(Obwohl man Sir Isaak gegenüber fair sein muß; wenn er nicht gerade
damit beschäftigt war, Newtonianer zu sein, verbrachte er den größten Teil seiner Zeit mit okkulten und alchemischen Versuchen.)

Denn Leben, das aus einer Sicht, einem Blickwinkel gesehen wird,
Leben ohne Wunder, ist eigentlich katatonischer Schlaf. Ein Zustand
der Unfreiheit, in dem eingekapselte Gewohnheitsrealitäten die Vorherrschaft haben und in dem Geist, Körper und Umwelt in einer ein-
gleisigen Mikrophasen-Existenz befangen sind. Man könnte auch die
Bezeichnung »Dummfeld-Phänomen« dafür wählen. Beobachten Sie
Ihre eigenen Dummfelder, wenn Sie die Realität in automatischer
Reizbeantwortungsmanier durchwandern. Das ist vergeudete Zeit,
und im allgemeinen bekommen Sie, was Sie sich erwählt haben:
kleine, begrenzte Felder – leise, aber beharrliche Stimmen –, Freiwild
für negative, bewußtlose Muster und banales Geschwätz. Die Metaphysik der Quantenphysik und der Feldtheorie legt den dringenden
Verdacht nahe, daß wir die Fähigkeit besitzen, uns die Ereignisse aus
den Feldern der Realität selbst auszusuchen. Wenn Ihre Intentionali-

tät unter der Vorherrschaft negativer Wünsche oder verborgener Sehnsüchte nach Selbstzerstörung steht, haben Sie gute Aussichten, eben das zu bekommen. (Eine weiterführende Diskussion über eine derartige Negativität – und ihre Gegenmittel – siehe *Of Jokes, the Nebbish and the Mensch*, 52.)

Die neuen Formen des möglichen Menschen verlangen eine Einstellung kreativer Intentionalität, mit der wir eine Brücke von unserem kleinen Sein zum großen Sein schlagen und die Kohärenz und Konsistenz beider gewinnen. Wenn wir das tun, öffnen wir unsere vielfachen verborgenen Kammern und schaffen Kanäle der Mit-Schöpfung in der Welt und der Zeit.

Der Überfluß des Universums steht zur Verfügung. Unsere Geister müssen trainiert werden, sich dieses Überflusses zu bedienen. Ich bin lange Zeit von den Phänomenen der Verwirklichung fasziniert gewesen, und davon, daß einige Menschen hochgradige Verwirklicher sind und andere nicht. Ich habe einmal eine Studie über Leute verfaßt, die eine beachtliche Kapazität aufwiesen, ihre Wünsche und Ideen in die Realität umzusetzen. Von den 55 Leuten, die ich untersucht habe, gehörten einige zu einem Forschungsprojekt, andere habe ich lange interviewt. Als ich das Material sammelte und verglich, machte ich die Entdeckung, daß nur wenige unter den 55 Horatio-Alger-Typen waren.[12] Nur wenige wurden von dem Drang getrieben, etwas leisten zu müssen oder zeigten eine Besessenheit der einen oder anderen Art. Statt dessen schienen diese hochgradigen Verwirklicher einen auffallenden Gleichmut in bezug auf die Welt gemeinsam zu haben. Die übertrieben geschäftige Ethik, die das Leben so vieler seit der Reformation kennzeichnete, nach der der Mensch in den Weinbergen der Welt arbeiten muß, um seinen Wert vor einem zornigen Gott zu beweisen, der kaum seine eigene Existenz erträgt, war sicherlich nicht ihr Metier. In einer derartigen Theologie werden die schuldige kreatürliche Seele und die Welt außerhalb häufig als so weit voneinander entfernt gesehen, daß es die eine abzuschneiden gilt, wenn man die andere fördert. Bei dieser geistigen Einstellung hat die Erfüllung in der Welt einen geringen Stellenwert. Die Welt dort draußen wird als Gegenstand gesehen, der eingeschränkt und manipuliert werden muß. Sie ist von ihren psychischen und spirituellen Wurzeln im Selbst abgeschnitten. Ohne eine vermittelnde Ökologie zwischen den inneren und äußeren Reichen treten die psychischen Energien in Form Eiter absondernder Geschwüre zutage; Menschen dieser Denkweise werden bald von Aggressionen erfüllt, und was als Enthaltsamkeit der Seele gedacht war, wird zu zerstöreri-

schem Selbsthaß. Die sogenannten Erfüllungen, die durch neurotische Energie dieser Art erlangt werden, sind notwendigerweise pathologisch. Dualismen sind zügellos, und der ökologische Holocaust
erscheint als bittere Erinnerung an die verdorbene Frucht am Horizont, die aus der Verfremdung des Selbst und der Welt reift.

Die Philosophie der hochgradigen Verwirklicher ist völlig anders.
Erfüllung wird als Musik gesehen, die zwischen ihnen selbst und der
Welt erklingt. Die Bedürfnisse des Selbst sind Mikrophase; die der
Welt Makrophase. Gemeinsam stellen sie unterschiedliche Wellenlän-
gen derselben Bedürfnisse dar; desselben Liedes. *Unus Mundus*, eine
Realität, ist schließlich die Symphonie. Was das Selbst braucht,
braucht auch die Welt, denn sie sind dem Wesen nach dasselbe Ding.
Daraus folgt, daß es wichtig für die Welt ist, daß Sie bekommen, wessen Sie bedürfen. Wenn Sie mit der Welt korrespondieren, stellt es für
Sie keine Selbstsucht oder Anmaßung dar, diese passenden Gelegenheiten beim Schopf zu fassen, die Sie brauchen, um weiter zu wachsen; und im Weiterwachsen helfen Sie mit, die Welt zu gestalten. Ihr
Mangel an Erfüllung macht sich dagegen auf der ganzen Erde bemerkbar; möglicherweise sogar im ganzen Universum, und auf eine
gewisse Art verringert er auch andere Realitäten.

Wie wir gesehen haben, spielen die neuere Forschung und theoretische Erwägungen über die Mikro-Makro-Funktionen des Bewußtseins und des Gehirns sowohl auf das biophysische als auch auf das
traditionelle metaphysische Kontinuum zwischen dem Selbst und
dem Universum an. Unser »normales« Wachsein könnte als Äquivalent zu den schwächeren Enden des Spektrums der Mikrophasen-
Realitäten angesehen werden. Andere Bewußtseinszustände könnten, wie wir aufgezeigt haben, einen Übergang in Makrophasenreali-
täten darstellen. Möglicherweise geschieht in der Meditation, im
Gebet, in der Verzückung, in Augenblicken höchster Kreativität und
spiritueller Ekstase eine Resonanz, ein Mitschwingen mit ausgedehn-
teren Realitäten. Wir befinden uns bei solchen Gelegenheiten in Kohärenz mit dem größeren Universum, in dem Quantenereignisse
stattfinden. In solchen Zuständen sind die Ebenen der Mikro- und
Makrophasen nicht voneinander getrennt, sondern befinden sich
eher in einer Ordnung von Fragen und Antworten. Implizite und explizite Ordnungen der Wirklichkeit werden der bewußten Orchestrie-
rung gegenüber empfänglich, und Verwirklichung geschieht zwangsläufig – und sogar das, was als Wunder bezeichnet wurde.

In vielen Teilen der östlichen Welt werden Wunder *siddhis* genannt

und sind allgemein unter den Begriffen bekannt, die in den Yogasutras des Patanjali beschrieben wurden (Kenntnis der Vergangenheit
und der Zukunft, Telepathie, Unsichtbarkeit und Levitation).[13] Nun
sind dies ziemlich dramatische Ereignisse, wenn sie stattfinden; aber
in der beschriebenen Form tragen sie nur wenig zur Verbesserung des
menschlichen Lebens bei. Das ist der Grund, weshalb Religionslehrer
empfehlen, sie absichtlich hervorzurufen (unter Umständen kann
dies zusammen mit der Erleuchtung erfolgen) und sogleich wieder
von ihnen zu lassen, damit der Adept nicht von seinen eigenen, blendenden Bildern abgelenkt wird und von seinem Weg auf der Suche
nach der integralen Realität abweicht.

Statt von ihnen zu lassen, dürfte es heute für Ost und West und alle
Mitbürger des »globalen Dorfes« an der Zeit sein, sich in informierte-
rer und produktiverer Weise mit dem Wesen der *siddhis* zu befassen.
Auch wenn sie nichts weiter beweisen, als daß die Gesetze der Form
in der expliziten Ordnung nur einen *speziellen Fall* der Gesetze der
Farm in der impliziten Ordnung darstellen, denn die Realität des existentiellen Raumes und der Zeit ist nur ein spezielles und begrenztes
Areal in der größeren Domäne des Seins und ein Subjekt der Linsen
der lokalen Gesetze der Physik. Gehirn und Bewußtsein, die in beide
Ordnungen gehören, können mit ihrer Transzendenz der Gesetze
der lokalen Ordnung linsenloses Wissen erlangen.

In dem bereits erwähnten Werk Domashs über EEG-Studien wird
berichtet, daß 12 von 22 regelmäßigen Meditierern eindeutig Erfahrungen eines unitiven Bewußtseinszustandes gehabt hatten und als
klar bezeichnet werden konnten, während dies bei den restlichen 10
nicht der Fall war. Die klare Gruppe beschrieb die Ereignisse während
der *siddhis* als eine Art »aufmerksamen Schlafs«, einen Zustand des
deutlichen Träumens und des wachen Bewußtseins im Schlaf.

In der Studie wurden viele Areale mittels EEG getestet: das bilaterale vordere, bilaterale mittlere, homolaterale linke und homolaterale
rechte. In Zuständen, über die im Nachhinein von Erfahrungen »kosmischen Bewußtseins« berichtet wurde, bewiesen die fortgeschrittenen Meditierer ein bemerkenswert präzises Timing in den Alpha-
und Betabändern zwischen den räumlich getrennten und anatomisch
abgegrenzten Hirnregionen. Dieser hohe Grad des EEGs an Kohärenz steht in Einklang mit dem Transfer zwischen den zerebralen Systemen, eine Quantenresonanz des Energie- und Informationsaus-
tauschs, die sich weiter in der makrophasischen Wellenfunktion widerspiegelt, über die wir schon gesprochen haben. Nach solchen Er-
lebnissen wiesen die Meditierer nicht nur wiederkehrende Erfahrun-

gen in *siddhis* und aufmerksamem Schlaf auf, sondern zeigten zudem 3,5 Standard-Abweichungen über dem Mittel im Fließen kreativer Gedanken und über 4 Standard-Abweichungen über dem Mittel in Originalität. Tatsächlich wurde dort nachgewiesen, daß eine signifikante Korrelation zwischen den Komponenten höherer Kreativität (Gedankenfluß, Originalität, Flexibilität und neuartiger Gebrauch) mit der Zahl der Erfahrungen in *siddhis* bestand.

Zumindest im neurologischen Bereich sind *siddhis*, kreative Prozesse und Originalität analog und könnten sogar weitgehend dasselbe Phänomen sein. Die Verbindung zwischen hoher Kreativität und hoher EEG-Kohärenz ist hier teilweise erklärt. Was sonst ist hohe Kreativität, wenn nicht die Fähigkeit, Dinge unter dem Gesichtspunkt ihrer Ähnlichkeit mit vielen anderen Dingen zu sehen und viele verschiedene Informationen zugleich zu verarbeiten? Auf der physiologischen Ebene ist offenbar, daß ein ungewöhnlicher Grad an Resonanz und wechselseitiger Austausch zwischen verschiedenen neuronalen Systemen besteht, der den Organismus zu systematischer Transformation und einer neuen Ebene des Bewußtseins und der Kapazität befähigt. In einem solchen Augenblick könnte man ihn fast als ein anderes Instrument bezeichnen, eines, das verschiedene Dinge tun kann und vielleicht anderen Gesetzen gehorcht.

Lassen Sie uns die Phänomenologie der Erfahrung der hohen Kreativität in diesem Licht betrachten. Dort gibt es einen fast unübersehbaren Fluß von Ideen, Information, Erinnerungen und Mustern, der dazu neigt, in organische Gruppierungen zu münden. Subjektive Störungen des Zeitempfindens oder die Beschleunigung mentaler Prozesse sind häufige Erscheinungen. Der Verstand selektiert, synthetisiert und verrichtet oft die Arbeit von Monaten in Augenblicken. Oft herrscht die nichttemporale Datenverarbeitungsmethode der rechten Hemisphäre vor, ebenso bildhaftes Denken, das den Grund der Störungen des Zeitgefühls erklärt; derart ist das Gehirn in der Lage, Millionen Bilder in Mikrosekunden zu verarbeiten.

Wir könnten spekulieren, daß die Potenz des imaginativen kreativen Denkens und die ihm innewohnende Organisierung der Muster so machtvoll nach Ausdruck verlangt, daß es die ganze Matrix des Körper-Geist-Systems rekrutiert und zur Mitarbeit heranzieht. Für diese Aufgabe ist weit mehr Energie verfügbar als gewöhnlich, und diese Energie steht ganz im Dienst des Dranges zur Vollendung. Darüber hinaus möchte ich behaupten, daß das menschliche System im Zustand der hohen Kreativität eine organische Phasenkohärenz mit den es umgebenden Feldern der Realität herstellt, bis sich die Strukturen der Matrizes selbst im Umkreis der Intention zu organisieren beginnen. Wie sich Sonnenlicht, die Nährstoffe des Erdbodens und die Luft um die neuen Keime des Frühlings organisieren, befinden sich die keimenden Intentionen in kreativen Zuständen in Resonanz mit der holonomischen Realität und entlocken dem Feld die benötigte Nahrung. Seien es Hyperfelder oder Wahrscheinlichkeitsvektoren oder das nötige Zusammentreffen von Menschen und Ereignissen, um das Zustandekommen des physikalischen Ausdrucks der kreativen Absicht zu ermöglichen; sei es eine Novelle, ein Spiel oder eine Dissertation, eine Freundschaft, Gemeinsamkeit oder was auch immer.

Während dieses Prozesses entdeckt man, daß man sich nicht länger mit seiner Persönlichkeit identifiziert. In der Tat ist man nicht länger der Denker, sondern der Gedanke, nicht mehr der Schreiber, sondern das Geschriebene. Die Mechanismen des kreativen Prozesses – die Produktion oder der ästhetische Fluß von etwas, das seine eigene Autonomie hat, die es von der Richtung des bewußten Egos fortführt – übernehmen die Leitung. Es ist die Farm und ihr unglaublicher Überfluß, die in die Welt der Formen eintritt.

Vielleicht das Großartigste, was über diesen Gegenstand geschrieben wurde, war die Aussage Friedrich Nietzsches über ein Phänomen, das ihm während der Niederschrift seines Meisterwerkes *Also sprach Zarathustra* in drei verschiedenen, jeweils zehn Tage währenden kreativen Ekstasen widerfuhr. Seine Erklärung wurde als exzentrischer Erguß einer vom Fieber angeheizten Phantasie kritisiert. Im Kontext der Forschungen gelesen, die wir hier besprechen, scheint es jedoch eine höchst spezifizierte und ernst zu nehmende Beschreibung dessen zu sein, was tatsächlich geschieht:

»Mit dem geringsten Rest von Aberglauben in sich würde man in der Tat die Vorstellung, bloß Inkarnation, bloß Mundstück, bloß Medium übermächtiger Gewalten zu sein, kaum abzuweisen wissen. Der Begriff Offenbarung, in dem Sinn, daß plötzlich, mit unsäglicher Sicherheit und Feinheit, etwas sichtbar, hörbar wird, etwas, das einen im tiefsten erschüttert und umwirft, beschreibt einfach den Tatbestand. Man hört, man sucht nicht; man nimmt, man fragt nicht, wer da gibt; wie ein Blitz leuchtet der Gedanke auf, mit Notwendigkeit, in der Form ohne Zögern – ich habe nie eine Wahl gehabt. Eine Entzückung, deren ungeheure Spannung sich mitunter in einem Tränenstrom auslöst, bei der der Schritt unwillkürlich bald stürmt, bald langsam wird; ein vollkommnes Außer-sich-sein mit dem distinktesten Bewußtsein

einer Unzahl feiner Schauder und Überrieselungen bis in die Fußze-
hen; eine Glückstiefe, in der das Schmerzlichste und Düsterste nicht
als Gegensatz wirkt, sondern als bedingt, als herausgefordert, als
eine notwendige Farbe innerhalb eines solchen Lichtüberflusses; ein
Instinkt rhythmischer Verhältnisse, der weite Räume von Formen
überspannt – die Länge, das Bedürfnis nach einem weitgespannten
Rhythmus ist beinahe das Maß für die Gewalt der Inspiration, eine
Art Ausgleich gegen deren Druck und Spannung ... Alles geschieht
im höchsten Grade unfreiwillig, aber wie in einem Sturme von Frei-
heits-Gefühl; von Unbedingtsein, von Macht, von Göttlichkeit ... Die
Unfreiwilligkeit des Bildes, des Gleichnisses ist das Merkwürdigste;
man hat keinen Begriff mehr, was Bild, was Gleichnis ist, alles bietet
sich als der nächste, der einfachste Ausdruck.«[14]

Wie erschafft und wiedererschafft man die Welt außerhalb der offen-
sichtlichen physikalischen Mühen? Mag sein, daß man ein Resonanz-
system wird und andere relevante Felder anzieht. Ich spekuliere, daß
das Gehirn-Geist-System in einem Stadium der Quantenresonanz
ein Wellenmuster und eine bioplasmatische Oszillation mit den sich
bewegenden Elektronen der Umgebung produziert. Die daraus resul-
tierenden Veränderungen und Resonanzen im Wellenmuster führen
zu einer Neugestaltung der Partikelmassen, die sich ihrerseits in Resonanz mit anderen Subsystemen befinden (eine Art Tunnelbewe-
gung der Quanten durch die Felder der Realität), die sie derart beeinflussen und verändern. Das ganze weitet sich dann zu einem Prozeß
der Reorganisation durch die gesamte systematisch untereinander
verbundene Umgebung aus; sowohl physisch als auch psychisch. In
diesem Zustand der pan-systemischen Phasenkohärenz fangen die
Felder des Lebens an, sich um die kreative Intention zu organisieren,
und alle Arten von Optionen und Möglichkeiten ergeben sich.
   Die Potenz der Realität trägt Verlangen danach, beackert zu werden, ihre Nährstoffe herzugeben und eine neue Schöpfung zu formen. Das ist eine Art, *siddhis* zu machen, und sie ist der Grund, weshalb hochkreative Menschen dazu tendieren, öfter zu verwirklichen
als wir anderen und immer Glück haben. Denn Glück, wie wir es kennen, hat nichts damit zu tun!
   Statt »Glück« lese man: *die Quantenkohärenz der Intentionalität und
das gesamte Kontinuum der elektrophysischen und biochemischen Prozesse
mitsamt dem Kontinuum der Felder der Realität, die sich im Holoversum ausdehnen.*
   In der Hirnforschung ist ein Prinzip namens »Rekrutierung« be-

kannt, bei dem mehr und immer mehr Teile des Gehirns zu gemeinschaftlichen Aktionen herangezogen werden, um immer schwierigere und schwierigere Aufgaben zu bewältigen. Bei Verwirklichungsphänomenen oder der Ausführung von Absichten oder bei der Vollbringung von »Wundern« nutzt dieses Modell das Rekrutierungssystem des Gehirns am vollständigsten aus und begibt sich dann durch das Medium der Feldresonanz, um weitere Naturgesetze (von denen wir viele noch nicht kennen) zu rekrutieren.

Weitere Felder des Seins werden beackert, um die Absicht in eine manifeste Form zu bringen.

In unseren vielen Studien auf dem Gebiet der religiösen und kreativen Erfahrung haben Robert Masters und ich zweifelsfrei festgestellt, daß Kreativität dasselbe Kontinuum wie die religiöse Erfahrung einnimmt, in der Tat dasselbe Phänomen darstellt. Wir entdecken beim Studium der Forschungsobjekte, daß es praktisch unmöglich ist, religiöse Erlebnisse zu haben, ohne zugleich kreative Ideen zu haben. In gleicher Art war es unmöglich, intensive kreative Erfahrungen zu haben, ohne daß sie eine religiöse oder unitive Note gehabt hätten. Früher hätte ich all diese Dinge in phänomenologischer Weise gedeutet. Mystische oder religiöse Erfahrung brachte beinahe immer eine Zunahme in gewissen Bemühungen mit sich. Kreative Bemühungen brachten Erfahrungen des Wissenden mit sich, das Wissen und das Gewußte faltete sich in eine ununterscheidbare Einheit ein. So einfach oder kompliziert war das.

Jetzt entdecke ich langsam, daß Physik und Metaphysik dieser Erfahrungen dieselben sind. In den tiefsten Erfahrungen dieser Art wissen Sie, daß der fernste Stern in Ihnen lebt und daß Sie das Sternentor sind, durch das die Welt mit neuen Formen besamt wird. Sie sind Identität und Holonomie, der Eine und die Vielen. Sie sind allgegenwärtig in der Raumzeit, existent im höchsten Sinne und einzigartig in Ihrer lokalen Realität. Sie sind das Hologramm, das das Hologramm kennt, oder, in den Worten der uralten Veden ausgedrückt: Sie sind im Augenblick des Begreifens *Purusha*, die kosmische Person, deren Sein eine Quantenkohärenz von Körper, Geist, Psyche und den Feldern des Lebens ist, die das Universum umfassen, durch Liebe und Kreativität belebt. Diese totale Kohärenz ist der Zustand der reinen Potenz. Sie ist außerdem der Zustand des dynamischen kohärenten Eingenistetseins: Das Gehirn ist in der Makrophase in den Geist eingenistet, der in den Feldern des Seins eingenistet ist, die im Geist Gottes eingenistet sind. In dieses Nest kann das Ei – kosmisch oder anders – gelegt werden.

Weshalb müssen wir diese Passion für die Realität haben? Warum müssen wir lieben und verlangen und mit metaphysischer Glut erfüllt sein? Weil diese Passionen den Antrieb in uns legen, neue Formen ins Sein zu rufen. Der Prozeß der Verwirklichung bestimmt uns in allen unseren Teilen, in ökologische Resonanz mit weiteren Feldern der Realität zu treten, uns den größeren Körper zu verschaffen – *Purusha* –, der dann auf lokalen Ebenen daran arbeitet, alles mögliche neuronale Netzwerk zu verstärken, das an der Basis aller Arten von Motoren und sinnlichen Leistungen vorhanden sein muß, jede Ebene der Geist-Körper-Kooperation, indem er die Frequenzen und Kapazitäten des Denkens erhöht, das Selbst entwickelt und schließlich Gott in uns hervorbringt.

Liebe ist die Form, die den Prozeß mit Leben erfüllt, und sie selbst wuchs durch ihre eigenen Bemühungen. Liebe wird ganz buchstäblich alles. In Zuständen der Kohärenz heiratet man sich selbst auf allen Ebenen. Liebe vollführt sodann den nächsten Quantensprung, und einer liebt alle anderen in seiner augenblicklichen Realität. Dieser bewegt sich dann auf eine all-umfassende Liebe zu allem und jedem zu. Und so wird die Liebe das sanfteste und mächtigste Agens für das Gedeihen und Formen der Realität. In der Liebe fallen die Linsen fort. In der Liebe züchtet man alle Formen. In der Liebe wird man zum Aleph. In der Liebe kommt man endlich zu Hause an …

Am ruhenden Punkt der sich drehenden Welt.
   Weder Fleisch noch fleischlos;
Weder von dort noch dorthin; am ruhenden Punkt.
   Dort ist der Tanz.
Aber weder Aufenthalt noch Unrast.
   Und nenn' es nicht Beständigkeit, wo Vergangenheit und Zukunft
   beisammen sind.
Weder Bewegung von dort noch dorthin.
Weder Aufstieg noch Abstieg. Außer zum Punkt.
   Dem ruhenden Punkt.
Es gäb' keinen Tanz, und es gibt nur den Tanz.

                              T. S. Eliot, *Burnt Norton*

---

[1] Buddhistische Kompilation des »Großen Fahrzeuges« der Hua-Yen-Schule. Anm. d. Übers.
[2] Borges, Jorge Luis, *The Aleph and Other Stories*, 1933–1969. Bantam Books, N. Y. 1971. (Der Verfasser) – Deutsch: Borges, Jorge Luis, *Sämtliche Erzählungen*. Mün-

chen: Carl Hanser. 1970 (Bücher der Neunzehn, Band 190) – und in Band 3 der gesammelten Werke bei Hanser 1981ff. – Ich habe nicht auf die Hanser-Ausgabe zurückgegriffen und die Passage lieber über den Umweg des Englischen übersetzt. Anm. d. Übers.

[3] Einige Physiologen haben begonnen zu spekulieren, daß nicht nur das Gehirn wie ein Hologramm funktioniert, sondern daß vielleicht auch andere Zellstrukturen unserer Körper auf diese Weise angelegt sind. Als dieser Text geschrieben wurde, gab es noch keinen Beweis dafür.

[4] Englischer Dichter 1637 oder 1639–1674. Anm. d. Übers.

[5] Zitiert in John Curtis Gowans wichtiger Studie *Operations of Increasing Order*, privat vom Autor veröffentlicht. 1426 Southwind Circle, Westlake Village, CA 91361. 1980, 309.

[6] ebd.

[7] Domash, Lawrence, *The TM Technique in Quantum Physics*. pp 652–670. In: Orme-Johnson, D. W. and J. T. Farrow, eds., Scientific Research on the TM Program. Vol. I, Maharishi European Research University. 1977

[8] Glansdorff, P. und Prigogine, I., *Thermodynamic Theory of Structure, Stability and Fluctuations*. New York 1971. Und: Nicolis, G. und Prigogine, I., *Self-Organization in Non-Equilibrium Systems*. New York 1977. Anm. d. Übers.

[9] Der zweite Hauptsatz der Thermodynamik besagt, daß der Wärmeverlust (Entropie) eines Systems nicht umkehrbar ist. Aufgrund dieses Prinzips wird der schließliche Wärmetod des Weltalls für unvermeidbar angesehen. Anm. d. Übers.

[10] Brain/Mind Bulletin. May 21, 1970. Eine ausführlichere und für Laien verständliche Darstellung findet sich in Marilyn Fergusons Artikel über Prigogine. Eine fachliche Abhandlung der Theoretiker findet man in: Erich Jantsch und Conrad H. Waddington (Herausgeber), *Evolution and Consciousness: Human Systems in Transition*. Reading. Mass., London and Amsterdam: Addison-Wesley (darin ein Kapitel von Prigogine).

[11] Die Erkenntnis, daß es in der Natur keine völlig geschlossenen Systeme gibt, führte zu einer weitgehenden Ersetzung der durch Norbert Wiener begründeten Kybernetik (die man als spezielle Systemtheorie bezeichnen könnte) durch die von L. von Bertalanffy begründete Allgemeine Systemtheorie, in der die hier beschriebenen Veränderungen berücksichtigt werden. Sie führen zu ultra- und multi-stabilen (Lern-)Systemen. – Bertalanffy, Ludwig von: *General Systems Theory. Foundations, Development, Applications*. New York 1968 (George Braziller). Anm. d. Übers.

[12] Horatio Alger war der populärste US-Autor der letzten 30 Jahre des 19. Jahrhunderts. Unter anderem schrieb er Stories über arme Jungen, die sich hocharbeiteten und reich wurden. Er schuf so den sprichwörtlichen »Alger hero«. Anm. d. Übers.

[13] Patanjali (2. Jh. v. Chr.) ist der mutmaßliche Verfasser der Yogasutras (Regeln für körperlich-geistige Selbstzucht). Es handelt sich um die älteste systematische Darstellung des Yoga und ein orthodoxes System der brahamanischen Philosophie. Im Vordergrund steht die Yoga-Technik. Anm. d. Übers.

[14] Da der Autor hier seine Ecce-Homo-Ausgabe New York 1932 zitiert, habe ich natürlich nicht übersetzt, sondern zurückgegriffen auf: Nietzsche, Friedrich: *Sämtliche Werke in zwölf Bänden. Band VIII*. Seiten 375–76. Stuttgart: Alfred Kröner Verlag, co 1964. Anm. d. Übers.

STANISLAV GROF

Tschechisch-amerikanischer Arzt und Psychiater. Geboren 1931 in Prag. 1956 begann er mit der Erforschung der klinischen Anwendung von LSD. 1967 Übersiedlung in die USA. 1978–82 war er Präsident der International Transpersonal Association. Seit 1986 ist er Herausgeber der Zeitschrift Re-VISION. Wichtige Werke: »Topographie des Unbewußten«; »Die Begegnung mit dem Tod«; »LSD-Psychotherapie«; »Jenseits des Todes«; »Geburt, Tod und Transzendenz«; »Auf der Schwelle zum Leben« (Hrsg.).
In dem ausgewählten Aufsatz »Der Vorstoß ins Unbewußte« vermittelt Grof in knapper Form seine wesentlichsten Erkenntnisse der Bewußtseinsforschung.

Vorstoß ins Unbewußte

Empirische Basis eines neuen theoretischen Rahmens

Die Ergebnisse, die ich hier vorlegen möchte, beruhen auf meiner siebzehnjährigen klinischen Forschungsarbeit mit LSD. Im Laufe dieser Jahre haben sich mein Verständnis dieser Droge und meine Anschauungen über ihre therapeutische Verwendung grundlegend gewandelt. Die wichtigsten Stadien dieser Entwicklung möchte ich kurz beschreiben.

Die Anfänge der LSD-Forschung standen ganz im Zeichen des sogenannten »Modellpsychose«-Ansatzes. Nach der zufälligen Entdeckung dieses Stoffs zeigte sich bereits in ersten Untersuchungen, daß schon kleinste Mengen dramatische und tiefgreifende Veränderungen der mentalen Funktion bewirken können. Viele Forscher gewannen damals den Eindruck, man könne mit LSD die Symptomatik der Schizophrenie simulieren, und glaubten mit ihren LSD-Untersuchungen nachweisen zu können, daß Schizophrenie letztlich auf eine biochemische Anomalie zurückführbar ist. Es gelang jedoch nicht, signifikante Parallelen zwischen den Erscheinungsbildern von LSD-Zuständen und Schizophrenie aufzuzeigen.

Ich gab den Modellpsychose-Ansatz auf und konnte immer weniger die Ansicht jener Kritiker teilen, die LSD-Zustände einfach als unspezifische Gehirnreaktion auf eine schädliche Chemikalie interpretierten, als »toxische Psychose«.

Besonders verblüffend war für mich in diesen frühen Jahren des Experimentierens die große Variationsbreite von Erfahrungen unter den Personen, die an den Sitzungen teilnahmen. Im Laufe vieler Versuche wurde mir dann immer deutlicher, daß viele LSD-Phänomene einen interessanten psychodynamischen Sinn haben und in psychologischen Begriffen interpretierbar sind. Zunächst einmal wurde ganz deutlich, daß die LSD-Reaktion hochspezifisch für die Persönlichkeit des jeweiligen Probanden ausfällt. LSD löst demnach keine unspezifische »toxische Psychose« aus, sondern stellt offenbar einen höchst wirkungsvollen Katalysator mentaler Prozesse dar, der unbewußtes Material aus verschiedenen Tiefenschichten der Persönlichkeit zutage fördert. Viele dieser Phänomene in diesen Sitzungen ließen sich in psychologische oder psychodynamische Begriffe kleiden – in ihrer Struktur waren sie den Träumen nicht unähnlich. Die systematische analytische Kleinarbeit machte immer deutlicher, daß LSD ein unvergleichliches Instrument psychologischer Tiefendiagnostik werden konnte.

Gegenwärtig betrachte ich LSD als einen sehr wirkungsvollen unspezifischen Verstärker oder Katalysator biochemischer und psychischer Hirnprozesse. Es scheint eine Art allgemeine Aktivierung zu bewirken, die das Auftauchen von unbewußtem Material aus verschiedenen Persönlichkeitsschichten begünstigt.

Für den Zweck der folgenden Erörterung unterscheiden wir vier Ebenen oder Typen von LSD-Erfahrungen samt den ihnen zugeordneten Bereichen des Unbewußten: 1. abstrakte und ästhetische Erfahrungen; 2. psychodynamische Erfahrungen; 3. perinatale Erfahrungen; 4. transpersonale Erfahrungen.

Ästhetische Erfahrungen

Ästhetische Erfahrungen scheinen die Schicht von LSD-Phänomenen darzustellen, die der Oberfläche am nächsten liegen. Sie enthüllen weder das Unbewußte der Versuchsperson noch haben sie irgendeine psychodynamische Bedeutung. Die hervorstechenden Merkmale solcher Erfahrungen lassen sich psychologisch als Folge einer chemischen Reizung des sensorischen Apparats beschreiben, als Abbild seiner inneren Struktur und funktionalen Charakteristik.

Das folgende Beispiel aus einer LSD-Sitzung mit einem Psychiater, der am LSD-Ausbildungsprogramm teilnahm, mag als Illustration dienen:

> Ich war tief versunken in eine abstrakte Welt wirbelnder geometrischer Formen und intensiver Farben – strahlend, wie ich es nie zuvor in meinem Leben gesehen hatte. Ich war hingerissen und völlig gebannt von diesem unfaßbaren Kaleidoskop …

Psychodynamische Erfahrungen

Die Erfahrungen dieser Kategorie entspringen dem individuellen Unbewußten und den Persönlichkeitsbereichen, die im normalen Bewußtseinszustand zugänglich sind. Sie stehen in Beziehung zu wichtigen Erinnerungen, emotionalen Problemen, ungelösten Konflikten und verdrängtem Material aus verschiedenen Lebensabschnitten des Betreffenden. Die meisten Phänomene dieser Ebene lassen sich psychodynamisch erklären.

Die einfachsten psychodynamischen Erfahrungen sind ein Wiedererleben emotional hochbedeutsamer Ereignisse, die lebensechte Wiederholung traumatischer oder ungewöhnlich freudiger Erfahrungen in frühester Kindheit oder auch späteren Lebensabschnitten. Bildhafte Konkretisierungen oder Phantasien, Dramatisierungen von Tag-Wunschträumen, Deck-Erinnerungen und verwickelte Mischungen aus Phantasie und Wirklichkeit stellen schon kompliziertere Phänomene dar. Außerdem gehört zur psychodynamischen Ebene eine Vielfalt von Erfahrungen, in denen wichtiges unbewußtes Material in Erscheinung tritt, jedoch in abwehrend kaschierter Form – symbolisch verbrämt, voller Verzerrungen und metaphorischer Anspielungen.

Psychodynamische Erfahrungen sind besonders häufig in der psycholythischen Therapie psychiatrischer Patienten und bei Versuchen, die Personen mit beträchtlichen emotionalen Problemen auf eigene Faust unternehmen. Bei emotional stabilen Personen, deren Kindheit weniger von einschneidenden Ereignissen geprägt war, spielen solche Phänomene eine wesentlich geringere Rolle.

Die Phänomenologie psychodynamischer Erfahrungen in LSD-Sitzungen stimmt weitgehend mit den Grundbegriffen der klassischen Psychoanalyse überein. Wären psychodynamische Phänomene die einzige Art von LSD-Erfahrungen, so könnte man die Ergebnisse der LSD-Psychotherapie einfach als experimentellen Beweis für die Grundannahmen Freuds betrachten. Die psycho-sexuelle Dynamik und die Grundkonflikte der menschlichen Psyche, wie sie von Freud beschrieben wurden, manifestieren sich hier mit ungewöhnlicher Klarheit und Lebhaftigkeit – selbst an ganz naiven Probanden, die noch nie analysiert wurden, kein psychoanalytisches Buch gelesen haben und auch sonst auf keine Weise implizit oder explizit indoktriniert wurden. Unter LSD-Einfluß regredieren solche Personen in die Kindheit oder gar ins frühe Säuglingsalter, durchleben erneut verschiedene psychosexuelle Traumata und komplexe Empfindungen, die mit der infantilen Sexualität in Zusammenhang stehen, und werden mit Konflikten konfrontiert, wie sie mit dem Geschehen in den verschiedenen Zonen der Lustempfindung einhergehen. Sie müssen sich durch die von der Psychoanalyse beschriebenen Grundprobleme hindurcharbeiten, etwa den Ödipus- und Elektrakomplex, Kastrationsangst und Penisneid.

Bei all diesen Übereinstimmungen gibt es in psychodynamischen LSD-Sitzungen dennoch Phänomene, die sich nicht psychoanalytisch erklären lassen. Um solche Sitzungen – vor allem auch ihre Aussagekraft für den klinischen Zustand und die Persönlichkeitsstruktur des Patienten – ganz verstehen zu können, müssen wir ein neues Prinzip in das psychoanalytische Denken einführen. LSD-Phänomene auf dieser Ebene werden verständlich und manchmal sogar voraussagbar, wenn wir sie unter dem Aspekt spezifischer Erinnerungskonstellationen betrachten, die ich als COEX-Systeme (*systems of condensed experience* = »Systeme verdichteter Erfahrung«) bezeichne.

COEX-Systeme

Ein COEX-System läßt sich definieren als spezifische Erinnerungskonstellation, die von verdichteter Erfahrung (und damit zusammenhängenden Phantasien) aus verschiedenen Lebensabschnitten eines Individuums gebildet wird. Die Erinnerungen, die zu einem bestimmten COEX-System gehören, haben ein ähnliches Grundthema oder enthalten ähnliche Elemente und sind mit starker emotionaler Energie der gleichen Qualität besetzt. Die tiefsten Ebenen dieses Systems werden von lebhaften und farbigen Erinnerungen an Erfahrungen der frühen und frühesten Kindheit gebildet. Darüber liegen Erinnerungen an ähnliche Erfahrungen aus späteren Lebensphasen bis hin zur Jetztzeit. Jedes COEX-System hat ein Grundthema, das alle Schichten durchzieht und deren gemeinsamen Nenner darstellt; die Grundthemen verschiedener COEX-Konstellationen können sehr unterschiedlich sein. Ein bestimmtes System kann in seinen verschiedenen Ebenen beispielsweise sämtliche Erinnerungen an demütigende und erniedrigende Situationen enthalten, die das Selbstwertgefühl des Betreffenden untergraben haben. Ein anderes sehr häufiges Motiv vieler COEX-Konstellationen ist die emotionale Deprivation und Zurückweisung in verschiedenen Entwicklungsphasen. Oft begegnen wir auch Grundthemen, die Sex als gefährlich oder verabscheuungswürdig darstellen, aber auch solchen, in denen Aggression und Gewalt im Vordergrund stehen. Besonders schwerwiegend sind COEX-Systeme, in denen Situationen der Bedrohung von Überleben, Gesundheit und Unversehrtheit des Körpers ihren verdichteten Niederschlag gefunden haben. Die überaus starke emotionale Besetzung eines COEX-Systems (die sichtbar wird an den heftigen emotionalen Entladungen bei der Entfaltung solcher Systeme in der LSD-Therapie) scheint durch die Summierung der Emotionen aller zu ihm gehörenden Erinnerungen einer bestimmten Art zustande zu kommen.

Individuelle COEX-Systeme haben fixierte Beziehungen zu bestimmten Abwehrmechanismen und gehen mit spezifischen klinischen Symptomen einher. Die verzweigten Abhängigkeitsbeziehungen zwischen den einzelnen Teilen und Aspekten eines COEX-Systems stehen meist in grundsätzlicher Übereinstimmung mit dem Freudschen Denken. Neu ist hingegen der Gedanke, daß ein dynamisches *System* die Komponenten zu einer charakteristischen funktionalen Einheit integriert. Die Persönlichkeitsstruktur enthält normalerweise eine große Zahl von COEX-Systemen. Charakter, Anzahl, Ausmaß und Intensität solcher Systeme können von Mensch zu Mensch sehr verschieden sein.

Nach der Grundqualität der emotionalen Besetzung können wir zwischen *positiven* und *negativen* COEX-Systemen unterscheiden: positive Systeme verdichten erfreuliche emotionale Erfahrungen und positive Aspekte des zurückliegenden Lebens, während negative Systeme unerfreuliche emotionale Erfahrungen verdichten. Einzelne COEX-Systeme funktionieren relativ autonom, wenn es auch Wechselwirkungen und Überschneidungen gibt. Sie haben Einfluß darauf, wie die Person sich selbst und die Welt wahrnimmt, sie färben ihre Gefühle und Vorstellungen und beeinflussen sogar viele somatische Prozesse. Das Wiedererleben von Erfahrungen, die verschiedene Ebenen von COEX-Systemen bilden, sind eines der am häufigsten und durchgängig zu beobachtenden Phänomene in der LSD-Psychotherapie psychiatrischer Patienten. Dieses Wiedererleben ist ziemlich realistisch, lebhaft und komplex; begleitet wird es von überzeugenden Anzeichen für eine Regression der Person in ein Alter, in dem die ursprüngliche Erfahrung stattfand.

Die Liste charakteristischer traumatischer Erfahrungen, die als Kernelemente negativer COEX-Systeme auftreten, umfaßt einen breiten Fächer von Situationen, in denen die Sicherheit und Bedürfnisbefriedigung des Kindes gefährdet waren. Die ältesten Kernerfahrungen stehen mit dem frühesten Säuglingsalter in Zusammenhang. Recht häufig ist das Wiedererleben oraler Frustrationen aufgrund von starren Fütterungs-Zeitplänen, Mangel an Muttermilch oder Angst, Nervosität und Liebesmangel der Mutter, die unfähig war, dem Kind eine liebevolle, friedliche und schützende Umgebung zu schaffen. In dieser frühen Säuglingszeit sind eine ganze Reihe anderer traumatischer Erfahrungen möglich, die ebenfalls häufig beobachtet werden.

Dem Wiedererleben traumatischer Kindheitserlebnisse folgen oft weitreichende Veränderungen der klinischen Symptomatik, der Verhaltensmuster, Wertvorstellungen und Einstellungen. Diese tiefgreifende Verwandlungskraft des Wiedererlebens und Integrierens solcher Erinnerungen legt die Vermutung nahe, daß hier ein allgemeines dynamisches Prinzip im Spiel ist.

Der wichtigste Teil des COEX-Systems scheint die Kernerfahrung zu sein. Sie war die erste Erfahrung einer bestimmten Art, die im Gehirn registriert wurde und das Fundament für ein spezifisches COEX-System legte. Die Kernerfahrung bildet also einen Prototyp, eine Matrix für die Einspeicherung späterer Ereignisse ähnlicher Art in die Datenbank des Gedächtnisses. Es ist nicht leicht zu erklären, weshalb bestimmte Arten von Ereignissen einen so starken traumatischen Einfluß auf das Kind ausüben, daß sie sich für Jahre oder gar Jahrzehnte auf seine psychodynamische Entwicklung auswirken. Psychoanalytiker versuchen diese Verständnislücke gern mit konstitutionellen oder erblichen Faktoren von unbekannter Art zu schließen. Die LSD-Forschung scheint dagegen die Vermutung zu stützen, daß diese besondere Sensibilität möglicherweise wichtige Determinanten in tieferen Schichten des Unbewußten hat, nämlich in funktionalen dynamischen Matrizes, die angeboren und von transpersonaler Natur sind.

Die Ähnlichkeit eines traumatischen Ereignisses der Kindheit mit bestimmten Aspekten des Geburtstraumas könnte ebenfalls von großer Bedeutung sein. In diesem Fall beruht die traumatische Wirkung der späteren Situation überwiegend auf der Reaktivierung psychobiologischer Erinnerungen an den traumatischen Anteil der Geburtserfahrung.

Alle Fälle stimmen jedoch darin überein, daß in der LSD-Psychotherapie früher oder später die Elemente des individuellen Unbewußten aus der LSD-Erfahrung verschwinden und die Person im Verlauf der psycholytischen Therapie in den Bereich perinataler und transpersonaler Phänomene gelangt.

Perinatale Erfahrungen

Kennzeichen und Brennpunkt perinataler LSD-Erfahrungen sind die Probleme der biologischen Geburt, aber auch körperliche Schmerzen, das Alter, Krankheit und Siechtum, Sterben und Tod. Die niederschmetternde Begegnung mit diesen Aspekten des menschlichen Daseins, die tiefe Erkenntnis der Zerbrechlichkeit und Vergänglichkeit des biologischen Lebens, löst unweigerlich eine qualvolle existentielle Krise aus. Wer solche Erfahrungen macht, dem wird eindringlich klar, daß am Unvermeidlichen kein Weg vorbeiführt, was auch immer er in seinem Leben tun mag: Er wird diese Welt verlassen müssen, aller Errungenschaften beraubt, an denen er gehangen hat. Die schwerwiegendste Implikation der perinatalen Erfahrung ist die Ähnlichkeit von Geburt und Tod, die schockierende Erkenntnis, daß der Beginn des Lebens seinem Ende gleicht. Doch diese erschreckende emotionale und psychische Begegnung mit dem Tod hat noch eine andere wichtige Konsequenz, nämlich die Öffnung von spirituellen und religiösen Erfahrungsbereichen, die offenbar Bestandteil der menschlichen Natur sind, und zwar unabhängig von der jeweiligen kulturellen und religiösen »Programmierung«. Nach meiner Erfahrung gelangt jeder, der diese Ebene erreicht, zu überzeugender Einsicht in die tiefe Bedeutung der spirituellen und religiösen Dimensionen der universalen Ordnung. Selbst eingefleischte Materialisten, positivistische Wissenschaftler, Skeptiker und Zyniker, ja selbst kompromißlose Atheisten oder auch Religionshasser wie etwa marxistische Philosophen interessieren sich plötzlich für spirituelle Entwicklung, sobald sie diese Ebene in sich selbst erfahren haben.

Solche Erfahrungen scheinen auf eine Weise, die auf dem gegenwärtigen Stand der Forschung noch nicht ganz zu erklären ist, mit den Umständen der biologischen Geburt zusammenzuhängen. Personen unter LSD-Einfluß sprechen hier häufig ganz explizit von einem Wiedererleben ihres Geburtstraumas. Andere, die diese Verbindung nicht herstellen und sich ihre Begegnung mit dem Tod und die Tod-Wiedergeburt-Erfahrung auf rein philosophisch-spirituelle Weise zu erklären versuchen, weisen ziemlich regelmäßig eine physische Symptomatik auf, die sehr stark an die biologische Geburt erinnert. Sie nehmen Haltungen ein und bewegen sich in komplexen Mustern, die den Haltungen und Bewegungen eines Kindes in den verschiedenen Stadien der Entbindung erstaunlich ähnlich sind. Außerdem haben solche Personen oft Visionen von Embryos, Föten oder Neugeborenen und berichten über ein Gefühl der Identität mit einem dieser Stadien. Nicht ungewöhnlich sind auch authentische Empfindungen und Verhaltensweisen des Neugeborenen oder Visionen von weiblichen Genitalien und Brüsten.

Aufgrund dieser Beobachtungen und unter Berücksichtigung von anderem klinischem Material bezeichne ich die beschriebenen Phänomene als *perinatale Erfahrungen*. Worin der kausale Zusammenhang zwischen der tatsächlichen biologischen Geburt und den unbewußten Matrizes für diese Erfahrung besteht, bleibt noch zu klären. Es scheint jedoch sinnvoll zu sein, sich dieser Bewußtseinsebene unter den Gesichtspunkten anzunähern, die der Wiener Psychiater Otto Rank nach seiner Ablösung von der psychoanalytischen Hauptströmung in seinem Buch *Das Trauma der Geburt* (1924) formulierte.

Perinatale Erfahrungen sind Manifestationen einer Tiefenschicht des Unbewußten, die ersichtlich außerhalb der Reichweite klassischer Freudscher Techniken liegen. Die Phänomene dieser Kategorie sind weder in der psychoanalytischen Literatur beschrieben, noch in den theoretischen Spekulationen Freudianischer Analytiker auch nur in Betracht gezogen worden. In der klassischen Psychoanalyse ist für die Erklärung solcher Erfahrungen kein Platz – schon allein deshalb, weil ein adäquater Begriffsrahmen fehlt.

Perinatale Erfahrungen repräsentieren eine sehr wichtige Überschneidungszone zwischen Individualpsychologie und transpersonaler Psychologie oder, wie wir auch sagen könnten, zwischen Psychologie und Psychopathologie einerseits und Religion andererseits. Sofern sie mit der individuellen Geburt in Zusammenhang stehen, scheinen sie in den Rahmen der Individualpsychologie zu gehören: Es gibt an ihnen jedoch Aspekte, durch die sie einen entschieden transpersonalen Charakter bekommen. Die Intensität solcher Erfahrungen sprengt alle bisher angenommenen Grenzen der menschlichen Erfahrung. Eine häufige Begleiterscheinung ist die Identifikation mit anderen Menschen oder mit der ringenden und leidenden Menschheit. Auch andere, zweifelsfrei transpersonale Erfahrungen – zum Beispiel Evolutionserinnerungen, Elemente des kollektiven Unbewußten oder manche der von C. G. Jung beschriebenen Archetypen – gehören oft zum Kernbestand perinataler Matrizes.

Die Elemente des vielfältigen und komplexen Inhalts von LSD-Sitzungen, in denen diese Ebene des Unbewußten zutage tritt, scheinen in vier typischen Gruppierungen, Matrizes oder Erfahrungsmustern aufzutreten. Auf der Suche nach einer einfachen, logischen und natürlichen Darstellung dieser Tatsache stieß ich auf die erstaunlich tiefgehende Parallelität zwischen diesen Mustern und den klinischen Stadien der Entbindung. Es erwies sich als sehr hilfreich – und zwar sowohl für die Theoriebildung als auch für die Praxis der LSD-Psychotherapie –, diese vier Kategorien zu Stadien des biologischen Geburtsprozesses und zur Erfahrung des Kindes während dieses Vorgangs in Beziehung zu setzen. Der Kürze halber bezeichne ich diese vier Haupt-Erfahrungsmatrizes der Rankschen Ebene als *perinatale Grundmatrizes I–IV*. Der gegenwärtige Erkenntnisstand erlaubt noch nicht, diese Darstellung als Beschreibung eines Kausalzusammenhangs zu verstehen, aber sie stellt ein sehr nützliches Arbeitsmodell dar.

Die perinatalen Grundmatrizes sind dynamische Leitsysteme (von vorläufig hypothetischer Natur), die auf der Rankschen Ebene des Unbewußten eine ähnliche Funktion haben wie die COEX-Systeme auf der Freudschen (psychodynamischen) Ebene. Sie haben einen besonderen eigenen Inhalt, nämlich die Umstände bei der Geburt, die perinatalen Phänomene. Diese Phänomene lassen sich in biologische und spirituelle unterteilen. Die biologischen Aspekte der perinatalen Erfahrung bestehen in konkreten und recht realistischen Erfahrungen, die in Zusammenhang mit den Stadien der biologischen Entbindung stehen. Jedes dieser Stadien scheint ein spezifisches spirituelles Gegenstück zu haben: Für das noch ungestörte intra-uterine Dasein ist es die Erfahrung der kosmischen Einheit; dem Beginn der Entbindung entspricht ein Gefühl des Versinkens im Universum; im ersten klinischen Stadium der Entbindung, gekennzeichnet durch Kontraktionen des noch geschlossenen uterinen Systems, herrscht eine Erfahrung der Ausweglosigkeit oder »Hölle« vor; der Todes-Wiedergeburts-Kampf ist die spirituelle Entsprechung des zweiten klinischen Entbindungsstadiums, der Austreibung durch den Geburtskanal; das dritte und abschließende Stadium der Entbindung begleitet die Erfahrung von Tod und Wiedergeburt des Ego. Abgesehen von diesen spezifischen Inhalten wirken die perinatalen Grundmatrizes auch noch als Organisationsprinzipien für die Inhalte anderer Ebenen des Unbewußten, und zwar für die COEX-Systeme und für manche Arten transpersonaler Erfahrung, die gelegentlich gleichzeitig mit perinatalen Phänomenen auftreten.

Ein weiteres sehr wichtiges Beobachtungsergebnis der LSD-Psychotherapie besteht darin, daß es offenbar eine tiefe Entsprechung gibt zwischen dem physiologischen Geschehen in den aufeinanderfolgenden Stadien der biologischen Entbindung und dem Aktivitätsmuster verschiedener erogener Zonen, womit insbesondere der genitale Orgasmus gemeint ist. Diese Beobachtung erlaubt uns, die Ursachen für die Entstehung psychischer Störungen künftig weniger in der Sexualität als vielmehr in den perinatalen Matrizes zu suchen (womit allerdings den klassischen psychoanalytischen Prinzipien keineswegs die Gültigkeit abgesprochen werden soll). Auch in diesem erweiterten Rahmen behalten die psychoanalytischen Beobachtungen und Begriffe ihren Wert für die Interpretation psychodynamischer Phänomene und ihrer Beziehungen untereinander.

Transpersonale Erfahrungen

In frühen Sitzungen der psycholytischen oder LSD-Therapie treten transpersonale Erfahrungen nur selten auf, werden aber häufiger, wenn die Person das Material der psychodynamischen und perinatalen Ebene aufgearbeitet hat. Nach der Erfahrung von Tod und Wiedergeburt des Ego beherrschen transpersonale Elemente alle weiteren LSD-Sitzungen.

Der gemeinsame Nenner dieser ansonsten vielfältigen und verzweigten Phänomene besteht in einem Gefühl der Erweiterung des Bewußtseins über die gewohnten Grenzen des Ich und über Raum und Zeit hinaus. Die folgende Aufschlüsselung nach zwei Hauptgruppen mag einen Eindruck von der Vielfalt transpersonaler Erfahrungen geben:

I. *Erweiterung des Erfahrungsraums innerhalb des Bezugsrahmens der »objektiven Wirklichkeit«*

   A. Zeitliche Erweiterung des Bewußtseins
     1. Embryonale und fötale Erfahrungen

2. Ahnen-Erfahrungen
3. Kollektive und rassische Erfahrungen
4. Phylogenetische oder Evolutionserfahrungen
5. Erfahrungen früherer Inkarnationen
6. Präkognition, Hellsehen, Hellhören und »Zeitreisen«

B. Räumliche Erweiterung des Bewußtseins
1. Transzendierung des Ego in zwischenmenschlichen Beziehungen und in der Erfahrung der »Einheit in der Zweiheit«
2. Identifikation mit anderen Menschen
3. Gruppenidentifikation und Gruppenbewußtsein
4. Identifikation mit Tieren
5. Identifikation mit Pflanzen
6. Einheit mit dem Leben und der gesamten Schöpfung
7. Bewußtsein nicht-organischer Materie
8. Planetarisches Bewußtsein
9. Außerplanetarisches Bewußtsein
10. »Out-of-body«-Erfahrungen, Hellsehen und Hellhören bei diesen Reisen. »Raumreisen«, Telepathie

C. Räumliche Verdichtung des Bewußtseins
1. Organ-, Gewebe- und Zellbewußtsein

II. *Erweiterung des Erfahrungsraums über den Bezugsrahmen der »objektiven Wirklichkeit« hinaus*

1. Spiritistische und mediale Erfahrungen
2. Erfahrungen von Begegnungen mit übermenschlichen spirituellen Wesenheiten
3. Erfahrung von anderen Universen und der Begegnung mit deren Bewohnern
4. Archetypische Erfahrungen und komplexe mythologische Sequenzen
5. Erfahrungen von Begegnungen mit verschiedenen Gottheiten
6. Intuitives Verstehen universaler Symbole
7. Aktivierung der Chakras und Erweckung der Schlangenkraft (Kundalini)
8. Erfahrung des Kosmischen Bewußtseins
9. Erfahrung der suprakosmischen und metakosmischen Leere

Embryonale und fötale Erfahrungen

Das lebhafte und konkrete Wiederholen von Episoden, die der Person als Erinnerungen bestimmter Ereignisse während der intra-uterinen Entwicklung erscheinen, sind nicht ungewöhnlich. Ähnlich wie bei dem Wiedererleben von Geburts- und Kindheitserinnerungen ist jedoch auch die Authentizität intra-uteriner Erinnerungen schwer nachzuweisen; deshalb sollte man hier lieber von Erfahrungen anstatt von Erinnerungen sprechen. Immerhin stieß ich aber in etlichen Fällen bei der unabhängigen Befragung der Mutter oder anderer beteiligter Personen auf erstaunliche Bestätigungen.

Ein Forscher, der transpersonale Phänomene untersucht, wie sie in LSD-Sitzungen auftreten können, muß auf viele verblüffende Beobachtungen und Koinzidenzen gefaßt sein, die sich als harter Prüfstein für gängige naturwissenschaftliche Glaubenssätze erweisen können und Zweifel an der Gültigkeit mancher »selbstverständlicher« Grundannahmen wecken.

Archetypische Erfahrungen und komplexe mythologische Sequenzen

Eine wichtige Gruppe transpersonaler LSD-Erfahrungen wird von Phänomenen gebildet, die C. G. Jung als Urbilder oder Archetypen bezeichnete. Die Begegnung mit diesen Urbildern kann sich als Identifikation mit der universalen Rolle der Mutter, des Vaters, des Kindes, der Frau, des Mannes oder der/des Geliebten vollziehen. Viele dieser universalen Rollen werden als heilig empfunden, wie sich an manchen Beispielen ablesen läßt, etwa an den Archetypen der Großen Mutter, der Schrecklichen Mutter, der Erdmutter, der Mutter Natur, des Großen Hermaphroditen oder des Kosmischen Menschen. Auch Archetypen, die bestimmte Persönlichkeitsaspekte des Teilnehmers an einer LSD-Sitzung repräsentieren – zum Beispiel Schatten, Animus, Anima oder Persona –, treten in fortgeschrittenen Stadien recht häufig auf.

Nicht selten werden von einfachen und wenig gebildeten Personen Geschichten wiedergegeben, die starke Ähnlichkeit mit antiken mythologischen Themen aus Mesopotamien, Indien, Ägypten, Griechenland, Mittelamerika und anderen Ländern aufweisen. Diese Beobachtung stimmt mit Jungs Entdeckung überein, daß relativ unbekannte, aber deutlich archetypische Themen in den Träumen von Kindern und ungebildeten Menschen, aber auch in der Symptomatik mancher Schizophrener auftauchen können.

Es gibt sogar Fälle, wo Teilnehmer an LSD-Sitzungen Zugang zu alten Systemen des esoterischen Denkens fanden – und das ohne jede Vorkenntnis. So machten Personen, die mit der Kabbala nicht vertraut waren, Erfahrungen, wie sie im Sohar und im Sepher Jezira beschrieben sind, und bewiesen eine erstaunliche Vertrautheit mit kabbalistischen Symbolen. Ähnliches wurde auch hinsichtlich alter Formen der Divination beobachtet, etwa des I Ging und des Tarot.

Aktivierung der Chakras und Erweckung der Schlangenkraft (Kundalini)

Viele Erfahrungen in transpersonalen LSD-Sitzungen zeigen eine erstaunliche Ähnlichkeit mit Phänomenen, wie sie in verschiedenen Schulen des Kundalini-Yoga als Zeichen für die Aktivierung und Öffnung der einzelnen Chakras beschrieben werden. Und diese Entsprechung gilt nicht nur für Erfahrungen positiver Art; Erscheinungsbild und Folgen einer schlecht geführten und unzureichend integrierten LSD-Sitzung ähneln stark den Komplikationen, die beim amateurhaften Experimentieren mit Kundalini-Praktiken auftreten können. Im übrigen scheint aber das Chakra-System eine sehr hilfreiche Landkarte des Bewußtseins darzustellen, mit deren Hilfe sich viele ungewöhnliche LSD-Erfahrungen verstehen und einordnen lassen.

Von allen yogischen Systemen steht der Kundalini-Yoga der LSD-Psychotherapie am nächsten. Beide Techniken lösen augenblickliche, gewaltige Energieentladungen aus, führen zu tiefen und dramatischen Erfahrungen und können in relativ kurzer Zeit erstaunliche Veränderungen bewirken. Andererseits sind sie mit großen Risiken verbunden und können recht gefährlich werden, wenn sie ohne kundige und gewissenhafte Leitung angewendet werden.

Erfahrung des Kosmischen Bewußtseins

Dies ist eine der tiefsten und umfassendsten Erfahrungen, die bei LSD-Sitzungen zu beobachten sind. In der Identifikation mit dem Kosmischen Bewußtsein empfindet die Person, daß sie die Gesamtheit des Seins erfährt. Man fühlt, daß man die absolute Wirklichkeit hinter allen relativen Wirklichkeiten erreicht hat und Auge in Auge dem höchsten und letzten Prinzip allen Seins gegenübersteht. Die Illusion von Materie, Raum und Zeit, die unendliche Zahl subjektiver Wirklichkeiten sind vollständig transzendiert und endgültig auf diese eine Art des Bewußtseins zurückgeführt, die ihre Quelle und ihr gemeinsamer Nenner ist. Diese Erfahrung ist grenzenlos, unauslotbar und unbeschreiblich – sie ist Sein schlechthin. Die ganze Symbolstruktur unserer gewohnten Sprache erscheint als lächerlich ungeeignetes Instrument für die Vermittlung von Art und Qualität dieser Erfahrung. Unsere normalen Bewußtseinszustände und die ihnen entsprechende Welterfahrung erscheinen jetzt als sehr begrenzte, willkürlich ausgewählte Teilaspekte des übergreifenden Kosmischen Bewußtseins.

Im Gespräch über solche Erfahrungen ist von Teilnehmern an LSD-Sitzungen häufig zu hören, daß die Sprache der Dichter – obgleich auch sie noch unvollkommen ist – sich für diesen Zweck weit besser eignet. Daraus wird deutlich, weshalb so viele große Seher, Propheten und spirituelle Lehrer auf die dichterische Sprache, auf Parabeln und Metaphern zurückgreifen, um ihre transzendenten Visionen mitzuteilen.

Die Erfahrung des Kosmischen Bewußtseins steht in engem Zusammenhang mit der Erfahrung der Kosmischen Einheit, ist jedoch nicht mit ihr identisch. Ihre wichtigsten Begleiterscheinungen sind intuitive Einsichten in den Schöpfungsprozeß der phänomenalen Welt, wie wir sie kennen, und in den Zusammenhang, der im Buddhismus als das »Rad von Tod und Wiedergeburt« bezeichnet wird. Das kann für den, der diese Erfahrung macht, zu dem vorübergehenden oder anhaltenden Eindruck führen, daß er zu einem globalen und transrationalen Verständnis der ontologischen und kosmologischen Grundprobleme des Daseins gelangt ist.

Erfahrung der suprakosmischen und metakosmischen Leere

Das letzte und zugleich scheinbar widersprüchlichste der transpersonalen Phänomene, die wir hier erörtern wollen, ist die Erfahrung der suprakosmischen und metakosmischen Leere, der uranfänglichen »Nichtsheit« und Stille, die Ursprung und Wiege von allem Existierenden ist, das »unerschaffene und unnennbare Höchste«. Die Ausdrücke supra- und metakosmisch, die von gebildeten und intelligenten Teilnehmern an LSD-Sitzungen in diesem Zusammenhang gebraucht werden, beziehen sich auf die Tatsache, daß diese Leere der phänomenalen Welt offenbar sowohl übergeordnet ist als auch zugrunde liegt. Sie ist jenseits von Raum und Zeit, jenseits der Form und aller Unterscheidung, aber auch jenseits aller Dualismen wie Gut und Böse. Licht und Dunkel, Stabilität und Bewegung oder Qual und Ekstase.

So paradox das erscheinen mag, die Leere und das Kosmische Bewußtsein werden als identisch und austauschbar wahrgenommen, als zwei Aspekte ein und desselben. Die Leere erscheint als formträchtig, und die subtilen Formen des Kosmischen Bewußtseins werden als absolut leer erfahren.

Tiefgreifende transzendente Erfahrungen wie die Kundalini-Aktivierung oder die Erfahrung des Kosmischen Bewußtseins und der Leere üben nicht nur einen günstigen Einfluß auf die körperliche und seelische Gesundheit aus, sondern wecken auch ein lebhaftes Interesse an religiösen, mystischen und philosophischen Fragen und erzeugen das starke Bedürfnis, der spirituellen Dimension einen Platz im eigenen Leben einzuräumen.

Transpersonale Erfahrungen und die heutige Psychiatrie

Es ist sicher nicht das erste Mal, daß Verhaltenswissenschaftler und Angehörige der psychiatrischen Berufe mit transpersonalen Erfahrungen konfrontiert werden, und die Arbeit mit psychedelischen Substanzen ist gewiß nicht das einzige Gebiet, auf dem sie zu beobachten sind. Viele dieser Erfahrungen sind seit Jahrhunderten oder gar Jahrtausenden bekannt. Beschreibungen findet man in den heiligen Schriften aller großen Weltreligionen, aber auch bei zahllosen Sekten, Splittergruppen und religiösen Bewegungen, und schließlich in den Berichten über einzelne Heilige, Mystiker und spirituelle Lehrer. Ethnologen und Anthropologen fanden sie in den heiligen Ritualen von Eingeborenen, in ekstatischen Mysterienreligionen, in den althergebrachten Heilweisen der Naturvölker und in den Einweihungsriten verschiedener Kulturen. Psychiater und Psychologen begegnen in ihrer Arbeit mit psychotischen, vor allem schizophrenen Patienten täglich verschiedenen transpersonalen Phänomenen – doch ohne sie als solche zu identifizieren und zu benennen. Historiker, Religionswissenschaftler, Anthropologen und Experimentalpsychologen wissen um die Existenz einer Vielzahl alter und neuer Techniken der Induzierung von transpersonalen Erfahrungen; doch trotz

der Häufigkeit solcher Phänomene und ihrer offenkundigen Relevanz für viele Bereiche des Lebens wurden bisher erstaunlich wenige
Versuche unternommen, sie in die Theorie und Praxis heutiger Psychologie und Psychiatrie aufzunehmen. Die meisten Fachleute
schwanken zwischen verschiedenen Ansätzen, sich diesem Gebiet
zu nähern, und manche nehmen transpersonale Phänomene nur am
Rande wahr und ignorieren sie mehr oder weniger.

Für eine andere große Gruppe von Fachleuten sind transpersonale
Phänomene einfach zu bizarr, als daß man sie überhaupt noch unter
dem Gesichtspunkt normaler mentaler Funktionen betrachten
könnte. Hier ist man sehr schnell mit dem Etikett »psychotisch« bei
der Hand.

Schließlich gibt es noch Fachleute, die echtes Interesse an verschiedenen Aspekten des transpersonalen Bereichs bekunden und ernsthafte Ansätze zu einer Theoriebildung gemacht haben. Sie erkennen
jedoch nicht die Einzigartigkeit dieser Kategorie oder die spezifischen
Merkmale solcher Phänomene und versuchen infolgedessen, transpersonale Erfahrungen im Rahmen herkömmlicher Paradigmen zu
erklären, was im allgemeinen zu einer biographisch ausgerichteten
psychodynamischen Interpretation führt. So werden intra-uterine
und perinatale Elemente, die in den Träumen und freien Assoziationen vieler Patienten auftauchen, als reine Phantasien behandelt; religiöse Gedanken und Gefühle werden auf ungelöste Konflikte mit der
elterlichen Autorität zurückgeführt; und die Erfahrung der kosmischen Einheit wird als Indikator für primären infantilen Narzißmus
gewertet.

Gegenwärtig habe ich wenig Zweifel, daß solche Erfahrungen Phänomene *sui generis* darstellen, die im tiefen Unbewußten ihren Ursprung haben, in Bereichen, die von der klassischen Freudschen Psychoanalyse nicht erkannt, beziehungsweise nicht anerkannt wurden.
Ich bin überzeugt, daß sie sich nicht auf die psychodynamische Ebene
zurückführen lassen und mit dem Freudschen Begriffsapparat nicht
angemessen zu erklären sind.

Alle Personen, die von mir in LSD-Sitzungen betreut wurden,
haben früher oder später den engen psychodynamischen Rahmen
transzendiert und sind in den perinatalen und transpersonalen Bereich vorgedrungen.

RONALD D. LAING

Englischer Psychiater. Geboren 1927 in Glasgow. Tätigkeit an verschiedensten Kliniken. Psychische Prozesse deutete Laing im Hinblick auf ihre sozialen Implikationen und diese wiederum als politische Phänomene. Ronald D. Laing starb 1989 in Kitzbühel.
Wichtige Werke: »Das geteilte Selbst«; »Liebst Du mich«; Es stört mich nicht, ein Mensch zu sein«; »Phänomenologie der Erfahrung«; »Die Tatsache des Lebens«. Ausgewählt wurde daraus »Schizophrene Erfahrung«, worin das Augenmerk auf Beziehung im weitesten Sinne – zwischen Arzt und Patient, zwischen Patient und Familie – und auf die Erfahrung der Beziehung gelenkt wird.

Schizophrene Erfahrung

Jones (lacht laut, hält an): Ich bin McDougal. (Das ist natürlich nicht sein richtiger Name.)

Smith: Was treibst du, mein Junge? Arbeiten auf 'ner Ranch oder so?

J.: Nein, ich bin Seemann. Zivil. Halten mich für'n großen Macker.

S.: Ein spielendes Aufnahmegerät, was? Ich glaube, Aufnahmegeräte spielen manchmal. Wenn'se richtig eingestellt sind. Hm-hm. Ich dächte, das wär's. Mein Handtuch, mhm. Wir gehen wieder in See – so in acht oder neun Monaten erst. Wenn unsere – Schäden repariert sind. (Pause)

J.: Ich bin verknallt, heimlich.

S.: Heimlich, was? (Lacht)

J.: Jaa.

S.: Ich bin nicht heimlich verknallt.

J.: Ich bin verknallt, mach mich aber nicht ran – das sitzt da – sieht aus wie ich – läuft rum.

S.: Meine – oh – meine einzige, meine einzige Liebe ist der Hai. Geh ihm aus dem Weg.

J.: Wissen die nicht, daß ich ein Leben zu leben habe? (Lange Pause)

S.: Arbeitest du auf dem Flugplatz? Hm?

J.: Du weißt, was ich vom Arbeiten halte. Ich werde im Juni dreiunddreißig, wenn's recht ist.

S.: Im Juni?

J.: Dreiunddreißig im Juni. Das Zeug fliegt zum Fenster raus, wenn ich dieses Krankenhaus hinter mir geleben, äh – gelassen habe. Deshalb lasse ich das Rauchen. Ich bin Räumlichkeit, aus dem äußeren Raum. Keine Scheiße.

S. (lacht): Ich bin wirklich ein Raumschiff von drüben.

J.: Eine Menge Leute sprechen, äh – als wenn sie übergeschnappt wären. Doch Glaub Es oder Nicht, von Ripley, nimm's oder laß es – es steht im *Examiner* bei den Comics, Glaub Es oder Nicht, von Ripley, Robert E. Ripley, Glaub Es oder Nicht. Wir brauchen aber gar nichts zu glauben, außer mir ist danach. (Pause) Alle kleinen Röschen – zuviel allein. (Pause)

S.: Wäre möglich. (Der Satz ist wegen Flugzeuglärms nicht zu verstehen.)

J.: Ich bin Seemann. Zivil.

S.: Wäre möglich. (Seufzt) Ich nehme ein Bad im Ozean.

J.: Baden stinkt mir. Weißt du warum? Weil du nicht aufhören kannst, wenn dir danach ist. Du bist im Dienst.

S.: Ich kann aufhören, wenn mir danach ist. Ich kann ausbrechen, wenn mir danach ist.

J. (gleichzeitig): Sieh mich an. Ich bin Zivilist, ich kann aufhören.

S.: Zivilist?

J.: Geh meinen – meinen Weg.

S.: Vermutlich haben wir im Hafen Zivil. (Lange Pause)

J.: Was wollen die mit uns?

S.: Hm?

J.: Was wollen die mit dir und mir?

S.: Was wollen die mit dir und mir? Wie soll ich wissen, was sie mit dir wollen? Ich weiß, was sie mit mir wollen. Ich habe das Gesetz gebrochen und muß dafür zahlen. (Stille)[1]

Dies ist ein Gespräch zwischen zwei Personen, die als schizophren diagnostiziert worden sind. Was besagt diese Diagnose?

Wollte man das Gambit von Smith und Jones *primär* als Folge eines psychologischen Fehlers erklären, wäre das etwa zu vergleichen mit der Unterstellung: Wer auf einem Drahtseil dreißig Meter hoch über dem Boden ohne Netz einen Handstand auf einem Fahrrad macht, ist unfähig, auf seinen zwei Füßen zu stehen. Wir müssen uns fragen, warum diese Leute so ungewöhnlich, so schwer faßbar und so geschickt darin sind, sich andauernd unverständlich zu machen – und das oft so brillant. In den letzten zehn Jahren haben sich in der Psychiatrie die Auffassungen radikal gewandelt. Daher kommt es, daß alte Voraussetzungen in Frage gestellt wurden, die auf dem Versuch von Psychiatern des 19. Jahrhunderts beruhten, ihre Beobachtungen in den Rahmen der klinischen Medizin zu pressen. Geisteskrankheit hielt man für das Thema der Psychiatrie. Man befaßte sich mit Geistesphysiologie und Geistespathologie, suchte Anzeichen und Symptome, machte Diagnosen, stellte Prognosen und verschrieb Behandlungen. Je nach philosophischer Richtung suchte man die Ätiologie der Geisteskrankheiten im Geiste, im Körper, in der Umwelt oder in den Erbanlagen.

Der Terminus »Schizophrenie« wurde von dem Schweizer Psychiater Bleuler geprägt, der darüber gearbeitet hat. Wenn ich den Terminus »Schizophrenie« benutze, meine ich damit nicht irgendeinen Zustand mehr geistiger als physischer Art oder eine Krankheit wie Pneumonie, sondern ein Etikett, mit dem etliche Leute andere Leute unter bestimmten sozialen Umständen versehen. Den »Grund« der »Schizophrenie« kann man nicht finden durch eine Prüfung der prospektiven Diagnose allein, sondern durch eine des ganzen sozialen Kontextes, in welchem das psychiatrische Zeremoniell stattfindet.[2]

Nach dessen Demystifizierung ist zumindest soviel klar, daß einige Leute zu einem Verhalten und zu einer Erfahrung ihrer selbst und anderer kommen, welche den meisten Leuten (und ihnen selbst auch) fremd und unverständlich sind. Wenn solches Verhalten und solche Erfahrung in bestimmte Kategorien passen, wird auf einen Zustand diagnostiziert, den man Schizophrenie nennt. Nach derzeitigen Berechnungen paßt beinahe jeder hundertste Mensch irgendwann einmal vor seinem 45. Lebensjahr in diese Kategorie. In Großbritannien leben zur Zeit rund 60 000 Männer und Frauen in »Heilanstalten« und noch viel mehr draußen, die man schizophren nennt.

Ein heute in Großbritannien geborenes Kind hat eine zehnmal größere Chance, in eine »Heilanstalt« zu kommen als auf eine Universität. Bei fast jeder fünften Einlieferung in »Heilanstalten« lautet die Diagnose auf Schizophrenie. Das kann als Zeichen dafür gewertet werden, daß wir unsere Kinder mehr in die Verrücktheit treiben als sie wirklich erziehen. Vielleicht ist es die Art unserer Erziehung, die sie verrückt macht.

Die meisten, wenn auch nicht alle Psychiater glauben heute noch, daß von ihnen »schizophren« genannte Leute die Prädisposition geerbt haben, vorwiegend unverständlich zu agieren, und daß ein bisher unbekannter genetischer Faktor (möglicherweise ein genetischer Morphismus) mit einer mehr oder weniger normalen Umwelt transagiert, um biochemisch-endokrinologische Veränderungen zu induzieren, die wiederum das bewirken, was wir als Verhaltensanzeichen eines subtil-unterschwelligen organischen Prozesses beobachten. Es ist jedoch falsch, jemandem eine hypothetische Krankheit mit unbekannter Ätiologie und unentdeckter Pathologie anzuhängen – außer *er* kann es anders beweisen.[3]

»Ein Schizophrener ist jemand, der seltsame Erfahrungen hat und/ oder seltsam agiert – vom normalen Standpunkt seiner Verwandten und von uns aus betrachtet [...]. Daß der diagnostizierte Patient an einem pathologischen Prozeß leidet, ist entweder Tatsache oder Hypothese, Vermutung oder Urteil. Es als Tatsache zu betrachten, ist eindeutig falsch. Es als Hypothese zu betrachten, ist legitim. Unnötig ist es, eine Vermutung zu äußern oder ein Urteil zu fällen. Wenn der Psychiater seine klinische Einstellung gewinnt in Gegenwart der noch nicht diagnostizierten Person, die er bereits als Patienten ansieht und anhört, kommt er leicht zu dem Glauben, sich in Gegenwart des ›Faktums‹ Schizophrenie zu befinden. Er handelt, als sei ihre Existenz ein gesichertes Faktum. Er muß dann ihren Grund oder ihre vielfachen ätiologischen Faktoren entdecken, die Prognose stellen und die laufende Behandlung festlegen. Das Herz der Krankheit residiert dann außerhalb des Betroffenen: Die Krankheit wird als Prozeß verstanden, welchem die Person unterworfen ist oder sich unterzieht – sei er genetischer, konstitutioneller, endogener, exogener, organischer oder psychologischer Art oder eine Mischung aus all dem.«[4]

Viele Psychiater nähern sich jetzt mit viel mehr Vorsicht diesem Ausgangspunkt. Aber was könnte ihn ersetzen?

Um den neuen Ansatzpunkt zur Schizophrenie zu verstehen, wollen wir uns an die Geschichte von den sechs Blinden und dem Elefanten erinnern. Einer betastete den Rumpf des Elefanten und sagte, es sei eine Wand; ein anderer betastete ein Ohr und sagte, es sei ein Fächer; ein dritter betastete ein Bein und meinte, es sei eine Säule – und so weiter. Das Problem liegt in der Stichprobe, der Irrtum in der unvorsichtigen Extrapolation. Nach dem alten Verfahren wurden Stichproben vom Verhalten Schizophrener in klinischer Untersuchung gewonnen. Ich füge hier das Beispiel eines Untersuchungstyps der Jahrhundertwende an. Der Bericht stammt von dem deutschen Psychia-

ter Emil Kraepelin: »Meine Herren, die Fälle, die ich Ihnen heute vorzustellen habe, sind eigenartig. Sie sehen zuerst ein Hausmädchen,
vierundzwanzig Jahre alt, in deren Gesichtszügen und an deren Gestalt deutlich die Spuren starker Auszehrung zu erkennen sind. Dennoch ist die Patientin ständig in Bewegung, geht ein paar Schritte vor,
dann wieder zurück; sie flicht ihr Haar, nur um es in der nächsten Minute wieder zu lösen. *Beim Versuch, ihre Bewegung zu stoppen*, stoßen
wir auf unerwartet starken Widerstand: *Wenn ich mich mit ausgebreiteten Armen vor sie hinstelle*, um sie aufzuhalten, dreht sie sich plötzlich
um und schlüpft unter meinen Armen durch, um ihren Weg fortzu-
setzen – falls sie mich nicht zur Seite schieben kann. *Wenn man sie festhält*, verzerren sich ihre normalerweise rigiden, ausdruckslosen Ge-
sichtszüge unter erbärmlichem Weinen, das erst aufhört, wenn man
sie wieder laufen läßt. Außerdem stellen wir fest, daß sie ein zerkrü-
meltes Stück Brot krampfhaft mit den Fingern ihrer linken Hand um-
klammert hält, das sie sich *auch mit Gewalt nicht abnehmen läßt*. Die Patientin kümmert sich nicht im geringsten um ihre Umgebung, solange wir sie in Ruhe lassen. *Wenn man ihr mit einer Nadel in die Stirn
sticht*, zuckt sie kaum zusammen oder wendet sich ab; sie läßt die
Nadel ruhig stecken, ohne sich dadurch in ihrer rastlosen raubtierhaf-
ten Wanderung vor und zurück stören zu lassen. *Auf Fragen* antwortet
sie kaum, äußerstenfalls schüttelt sie den Kopf. Doch von Zeit zu Zeit
stöhnt sie: ›Oh lieber Gott! Oh lieber Gott! Oh liebe Mutter! Oh liebe
Mutter!‹, immer dasselbe wiederholend.«[5]

Ein Mann und ein junges Mädchen: Wenn man die Situation einfach von Kraepelins Standpunkt aus betrachtet, rückt alles sofort an
seine Stelle. Er ist gesund, sie ist krank; er ist rational, sie ist irrational.
Das bedeutet, die Aktionen der Patientin losgelöst vom Situationszusammenhang zu sehen, wie sie ihn erfahren hat. Wenn wir Kraepelins (kursiv gedruckte) Aktionen (er versucht, ihre Bewegungen zu
stoppen; er stellt sich mit ausgebreiteten Armen vor sie; er versucht,
ihr ein Stück Brot aus den Händen zu winden; er sticht ihr mit einer
Nadel in die Stirn usw.) aus dem Situationszusammenhang reißen,
wie er ihn erfahren und definiert hat – wie außergewöhnlich sind sie
dann!

Charakteristisch für die Wechselwirkung von Psychiater und Patient ist es, daß die Rolle des Patienten sehr seltsam anmutet, wenn
man sie (bei der klinischen Beschreibung) aus dem Zusammenhang
reißt. Die Rolle des Psychiaters jedoch wird geradezu als Prüfstein für
unsere auf dem »gesunden Menschenverstand« beruhende Ansicht
von Normalität betrachtet. Der Psychiater als *ipso facto* Gesunder be-

weist, daß der Patient keinen Kontakt mit ihm hat. Die Tatsache, daß der Psychiater keinen Kontakt mit dem Patienten hat, beweist, daß etwas mit dem Patienten nicht stimmt – nicht aber, daß etwas mit dem Psychiater nicht stimmt. Doch wenn man aufhört, sich mit der klinischen Haltung zu identifizieren, und das Paar Psychiater-Patient ohne diese Voreingenommenheit betrachtet, wird es schwierig, diese naive Ansicht zur Situation aufrechtzuerhalten.

Die Psychiater haben der *Erfahrung* des Patienten herzlich wenig Aufmerksamkeit geschenkt. Selbst in der Psychoanalyse gibt es eine beharrliche Tendenz, die Erfahrungen Schizophrener für unwirklich und ungültig zu halten. Man kann ihnen Sinn verleihen erst durch Interpretation; ohne wahrheitgebende Interpretation ist der Patient gefangen in einer Welt des Wahns und der Selbsttäuschung. Der amerikanische Psychologe Kaplan schreibt in seiner Einleitung zu einer ausgezeichneten Sammlung von Eigenberichten über die Erfahrung, psychotisch zu sein:

»Mit aller Kraft auf seiner Seite reicht der Psychiater oder Psychoanalytiker durch die Ausflüchte und Verdrehungen des Patienten hindurch und setzt sie dem Lichte von Vernunft und Einsicht aus. Bei dieser Begegnung von Psychiater und Patient verbindet der Psychiater seine Bemühungen mit Wissenschaft und Medizin, mit Verständnis und Fürsorge. Was der Patient erfährt, ist gebunden an Krankheit und Irrealität, an Perversität und Verdrehung. Der psychotherapeutische Prozeß besteht zu einem großen Teil darin, daß der Patient seine falschen subjektiven Perspektiven aufgibt zugunsten der objektiven des Therapeuten. Doch die Essenz dieser Konzeption ist es, daß der Psychiater versteht, was vorgeht, der Patient aber nicht.«[6]

H. S. Sullivan pflegte jungen Psychiatern zu sagen, wenn sie bei ihm antraten: »Bitte denken Sie daran, daß beim gegenwärtigen Zustande unserer Gesellschaft der Patient recht hat und Sie falsch liegen!« Das ist eine übertriebene Simplifizierung. Ich erwähne sie, um eine nicht weniger übertriebene Idee aufzulockern – die nämlich, daß der Psychiater recht hat und nicht der Patient. Ich meine jedoch, daß Schizophrene den Psychiatern mehr über die innere Welt beizubringen haben als Psychiater ihren Patienten.

Ein anderes Bild beginnt sich abzuzeichnen, wenn die Interaktion zwischen Patienten selbst unvoreingenommen untersucht wird. Einer der besten Beiträge dazu stammt von dem amerikanischen Soziologen Erving Goffman. Goffman war ein Jahr lang Assistent an einer großen »Heilanstalt« mit etwa 7000 Betten in der Nähe von Washington. Sein niederer Status im Stab ermöglichte es ihm, mit den Patienten zu fraternisieren, wie es höheren Rängen nicht möglich war. Eine seiner Schlußfolgerungen lautet: »Ein altes Sprichwort besagt, daß man keine klare Linie zwischen normalen Leuten und Geisteskranken ziehen kann. Eher besteht ein Kontinuum, an dessen einem Ende der angepaßte Bürger und an dessen anderem Ende der unerfahrende Psychotiker stehen. Ich muß sagen, daß nach der Akklimatisationszeit in einer ›Heilanstalt‹ der Begriff ›Kontinuum‹ sehr vermessen klingt. Eine Gemeinschaft ist eine Gemeinschaft. Wie sie bizarr ist für Leute, die ihr nicht angehören, so ist sie natürlich, wenn auch ungewollt, für die, welche in ihr leben. Das System des Zusammenlebens von Patienten steht nicht am Ende von etwas – es bietet eher ein Beispiel menschlicher Assoziation, das man ohne Zweifel vermeiden sollte, das aber von einem Studenten mit anderen Beispielen von Assoziationen in seine Sammlung eingereiht werden sollte.«[7]

Ein großer Teil seiner Studie ist einer Dokumentation zu der Frage gewidmet: Wie kommt es, daß jemand, der in die Rolle des Patienten gesteckt wird, zumeist als Nicht-Agierender, als nichtverantwortliches Objekt gilt, entsprechend behandelt wird und selbst sogar dahin kommt, sich in diesem Lichte zu sehen?

Sieht man eine Person nicht außerhalb, sondern innerhalb ihres Kontextes, kann (wie Goffman auch zeigt) ganz unverständlich scheinendes Verhalten ganz normalen menschlichen Sinn haben, was man bisher bestenfalls mit intrapsychischer Regression oder Organzerfall erklären wollte. Er beschreibt solches Verhalten nicht »an« Patienten von »Heilanstalten«, sondern im Kontext personaler Interaktion und des betreffenden Systems. »[…] das ist ein circulus vitiosus. Leute auf ›üblen‹ Stationen finden, daß sie zu wenig Einrichtungsgegenstände bekommen; Kleider können ihnen über Nacht fortgenommen werden, der Erholung dienendes Gerät kann einbehalten werden, das Mobiliar besteht nur aus schweren hölzernen Stühlen und Bänken. Akte der Auflehnung gegen die Institution müssen sich auf kleine, schlecht ausgedachte Einfälle beschränken – einen Stuhl auf den Fußboden stoßen oder auf eine Zeitung schlagen, daß es knallt. Je inadäquater diese Mittel zum Ausdruck einer Ablehnung der Anstalt sind, um so mehr erscheint der Akt als psychotisches Symptom und für um so berechtigter hält die Verwaltung ihre Entscheidung, den Patienten in eine ›üble‹ Station einzuweisen. Ein Patient in der Isolierzelle, nackt und ohne Ausdrucksmöglichkeiten, kann darauf angewiesen sein, seine Matratze zu zerreißen (falls möglich) oder mit Fäkalien an die Wand zu schreiben – Aktionen, für die man nach Meinung der Verwaltung in die Isolierzelle gehört.«[8]

In erster Linie jedoch werden Leute nach ihrem Verhalten draußen als schizophren diagnostiziert und dann erst in eine Anstalt aufgenommen.

Es gibt viele Studien über die Beziehung zwischen Sozialfaktoren und Schizophrenie. Man hat herauszufinden versucht, ob Schizophrenie verschieden häufig vorkommt je nach ethnischer Gruppe, sozialer Klasse, Geschlecht, Familienposition usw. des Patienten. Die Schlußfolgerung dieser Studien lautet oft: Soziale Faktoren spielen keine signifikante Rolle in der »Ätiologie der Schizophrenie«. Das weicht dem Sachverhalt aus; überdies kommen solche Studien nicht nahe genug an die relevante Situation heran. Wenn die Polizei feststellen will, ob ein Mann auf natürliche Weise gestorben ist, Selbstmord begangen hat oder ermordet worden ist, hält sie sich nicht mit Verbreitung und Vorkommen der Todesursachen auf. Sie untersucht die Umstände eines jeden einzelnen Falles der Reihe nach. Jede Untersuchung ist ein originäres Forschungsprojekt; es endet, wenn genügend Material beisammen ist, um die anstehenden Fragen zu beantworten.

Erst in den letzten zehn Jahren wurde die unmittelbare interpersonale Umwelt »Schizophrener« auf ihre Zwischenräume untersucht. Diese Arbeit wurde in erster Linie von Psychotherapeuten in Gang gesetzt unter dem Eindruck, daß bei *gestörten* Patienten oft deren Familien *störend* waren. Die Psychotherapeuten hielten aber an ihrer Technik fest, nicht die Familien selbst zu untersuchen. Zuerst konzentrierte man sich hauptsächlich auf die Mütter (die immer als erste für alles verantwortlich gemacht werden); eine »schizophrenogene« Mutter wurde postuliert, von der man annahm, sie verursache die Störung in ihrem Kinde.

Als nächstes wandte man sich den Männern dieser zweifellos unglücklichen Frauen zu, dann den elterlichen und den Kind-Eltern-Interaktionen (statt jeder einzelnen Person), dann der Kernfamilie aus Eltern und Kindern und schließlich dem ganzen relevanten Netz von Leuten in der und um die Familie herum – einschließlich der Großeltern von Patienten. Als unsere eigenen Untersuchungen begannen, war dieser methodologische Durchbruch geschafft und außerdem ein größerer Fortschritt in der Theorie erreicht worden.

Dabei handelte es sich um die »Doppelbindungs«-Hypothese, deren Erfinder vor allem der Anthropologe Gregory Bateson war. Diese erstmals 1956 veröffentlichte Theorie[9] stellte einen Fortschritt ersten Ranges dar. Die Idee dazu kam Bateson bei der Erforschung Neuguineas in den dreißiger Jahren. Die Kultur Neuguineas hatte (wie alle Kulturen) eingebaute Techniken zur Aufrechterhaltung ihres inneren Gleichgewichts. Beispielsweise war sexueller Transvestismus eine Technik zur Neutralisierung gefährlicher Rivalität. Missionare und die okzidentale Verwaltung widersetzten sich jedoch solchen Praktiken. Die Kultur stand so vor dem Dilemma ihrer Zerstörung von außen oder ihres Zerfalls von innen.

Zusammen mit Wissenschaftlern in Kalifornien übertrug Bateson dieses Paradigma einer unauflösbaren »Man kann nicht gewinnen«-Situation (die besonders destruktiv für die Selbstidentität ist) auf die interne Kommunikationsstruktur von Familien diagnostizierter Schizophrener.

Untersuchungen der Familien von Schizophrenen in Palo Alto in Kalifornien, an der Yale University, am Pennsylvania Psychiatric Institute, am National Institute of Mental Health und anderswo haben alle gezeigt, daß der Diagnostizierte Teil eines größeren Netzes von außerordentlich gestörten und störenden Kommunikationsstrukturen ist. Soweit ich weiß, wurde dabei nirgendwo ein Schizophrener gefunden, dessen gestörte Kommunikationsstruktur sich nicht als Reflexion und Reaktion auf die gestörte und störende Struktur seiner oder ihrer Ursprungsfamilie erwiesen hätte. Dieses Ergebnis stimmt mit unseren eigenen Untersuchungen überein.[10]

In mehr als hundert Fällen haben wir[11] die Begleitumstände des sozialen Geschehens untersucht, wenn jemand für schizophren gehalten wird. Unserer Meinung nach stellen dabei *ohne Ausnahme* Erfahrung und Verhalten, wenn sie als schizophren gelten, *eine spezielle Strategie dar, die jemand erfindet, um eine unerträgliche Situation ertragen zu können.* In seiner Situation hat er erkannt, daß er sich in einer unhaltbaren Position befindet. Er kann keine Bewegung machen oder unterlassen, ohne widersprüchlichen und paradoxen Zwängen und Ansprüchen, Püffen und Schüben von innen (sich selbst) und außen (Umwelt) ausgesetzt zu sein. Er ist sozusagen mattgesetzt.

Diese Lage muß von den Beteiligten nicht unbedingt so wahrgenommen werden. Wer unten liegt, kann zu Tode gequetscht und erstickt werden, ohne daß es jemand merkt oder gar will. Die hier beschriebene Situation kann man nicht erkennen, wenn man die daran Beteiligten einzeln untersucht. Das soziale System muß Untersuchungsobjekt sein, nicht das Individuum, das man daraus extrapoliert.

Wir wissen, daß die Biochemie den sozialen Verhältnissen gegenüber hochempfindlich ist. A priori ist plausibel, daß die Situation des Mattgesetztseins eine biochemische Reaktion bewirkt, die ihrerseits bestimmte Erfahrungs- und Verhaltensweisen fördert oder erschwert. Das Verhalten des diagnostizierten Patienten ist Teil eines viel größeren Netzes von gestörtem Verhalten. Widersprüche und Konfusionen, die vom Individuum »internalisiert« werden, müssen in ihrem größeren sozialen Kontext gesehen werden. Irgend etwas ist irgendwo nicht in Ordnung; aber es kann nicht länger ausschließlich oder primär »in« dem diagnostizierten Patienten gesucht werden.

Hier geht es auch nicht um die Frage, vor wessen Tür gekehrt werden muß. Die unhaltbare Position, die »Man kann nicht gewinnen«-Doppelbindung, die Situation des Mattgesetztseins ist per definitionem für den Protagonisten *nicht durchsichtig*. Sehr selten nur handelt es sich dabei um vorbedachte, vorsätzliche und zynische Lügen oder um die skrupellose Intention, jemanden toll zu machen – obwohl auch das häufiger vorkommt, als man gewöhnlich annimmt. Wir haben Eltern gehabt, die uns erklärten, für ihr Kind sei es besser, verrückt zu sein, als die Wahrheit zu erkennen. Selbst hier begründen sie es damit, daß es für das Kind »eine Gnade« sei, »außer sich« zu sein. Eine Mattposition kann nicht mit wenigen Worten beschrieben werden. Man muß die ganze Situation erfaßt haben, bevor man sehen kann, daß keine Bewegung mehr möglich ist.

Mit diesem Vorbehalt gebe ich hier das folgende Beispiel einer Interaktion zwischen Vater, Mutter und ihrem zwanzigjährigen Sohn wieder, der sich von einer schizophrenen Episode erholte.[12] In jener Sitzung beharrte der Patient darauf, selbstsüchtig zu sein, während seine Eltern ihm das auszureden suchten. Der Psychiater bat ihn, ein Beispiel zu nennen für das, was er mit »selbstsüchtig« meine.

Sohn: Nun, wenn meine Mutter mir manchmal was Gutes kocht und ich es nicht esse, weil ich keine Lust darauf habe.

Vater: Aber er war nicht immer so, wissen Sie. Er ist immer ein artiger Junge gewesen.

Mutter: Das kommt von seiner Krankheit, nicht wahr Doktor? Er war nie undankbar. Er war immer sehr höflich und wohlerzogen. Wir haben unser Bestes getan.

Sohn: Nein, ich war immer selbstsüchtig und undankbar. Ich habe keine Selbstachtung.

Vater: Aber doch!

Sohn: Ich könnte sie haben, wenn du mich achten würdest. Niemand achtet mich. Jeder lacht mich aus. Ich bin aller Welt ein Witz. Ich bin die Witzfigur, was soll's!

Vater: Aber mein Sohn, ich achte dich! Denn ich achte einen Mann, der sich selbst achtet.

Es wird kaum überraschen, daß dieser verschreckte Mann in einer seltsamen Lage sein mag bei dem Versuch, die unlösbar gegensätzlichen sozialen »Kräfte«, die ihn kontrollieren, unter seine Kontrolle zu bringen; daß er Inneres nach außen projiziert und Äußeres nach innen introjiziert; kurz: daß er sich mit allen verfügbaren Mitteln vor der Destruktion zu schützen versucht – durch Projektion, Introjektion, Isolierung, Verleugnung und so weiter.

Gregory Bateson schrieb in seiner brillanten Einleitung zu einer autobiographischen Darstellung von Schizophrenie aus dem 19. Jahrhundert: »Es könnte scheinen, als müsse der einmal in Psychose gestürzte Patient seinen Weg gehen. Er hat sich sozusagen auf eine Entdeckungsreise gemacht, die nur durch seine Rückkehr zur normalen Welt beendet wird; er kehrt zurück mit Einsichten, die verschieden sind von den Einsichten derer, die sich nie auf eine solche Reise gemacht haben. Einmal begonnen, könnte eine schizophrene Episode so festgelegt erscheinen wie eine Initiationszeremonie (Tod und Wiedergeburt), in welche der Novize durch seine Familie oder durch Zufall geriet, deren Verlauf aber weitgehend von einem endogenen Prozeß gesteuert wird. Im Sinne dieses Bildes stellt eine spontane Remission kein Problem dar. Sie ist nur das letzte und natürliche Ergebnis des totalen Prozesses. Erklärt werden muß aber die Tatsache, daß viele, die sich auf eine solche Reise machen, nicht mehr von ihr zurückkehren. *Treffen sie auf Verhältnisse in Familie oder Anstalt, die so stark fehlanpassend wirken, daß selbst die reichste und bestorganisierte halluzinatorische Erfahrung nichts mehr retten kann?*«[13] Ich stimme im wesentlichen dieser Ansicht zu.

Eine Revolution ist unterwegs in bezug auf Gesundheit und Verrücktheit, und zwar innerhalb und außerhalb der Psychiatrie. Der klinische macht einem existentiellen und sozialen Standpunkt Platz.

Von einem idealen Aussichtspunkt auf der Erde aus beobachten wir eine Formation Flugzeuge in der Luft. Eine Maschine schert aus der Formation aus. Die ganze Formation aber kann auf falschem Kurs liegen. Die »aus der Formation« ausgescherte Maschine kann aus der Sicht der Formation abnormal, falsch oder »verrückt« fliegen. Doch die Formation selbst kann vom Standpunkt des idealen Beobachters aus falsch oder verrückt fliegen. Die aus der Formation ausgescherte Maschine kann auch mehr oder weniger als die Formation vom Kurs abgekommen sein.

Das Kriterium »aus der Formation« ist das klinisch-positivistische Kriterium. Das Kriterium »vom Kurs ab« ist das ontologische. Man muß sich gemäß diesen verschiedenen Parametern zwei Urteile bilden. Insbesondere darf man denjenigen, der »aus der Formation« heraus sein mag, nicht dadurch verwirren, daß man ihm sagt, er sei »vom Kurs ab«, wenn er es gar nicht ist. Ebensowenig darf man in den positivistischen Fehler verfallen und annehmen, eine Gruppe sei »auf Kurs«, weil sie »formiert« ist. Das war der Irrtum der Schweine von Gadara. Auch muß nicht, wer »aus der Formation« heraus ist, besser »auf Kurs« liegen als die Formation. Man sollte niemanden idealisieren, nur weil er als »außerhalb der Formation« stehend etikettiert ist. Man sollte auch keinen »außerhalb der Formation« Stehenden dazu überreden wollen, es sei am besten, in die Formation zurückzukehren. Wer »außerhalb der Formation« steht, ist oft voller Haß auf die Formation und fürchtet sich davor, der Sonderling zu sein. *Wenn die Formation selbst vom Kurs abgekommen ist, muß, wer wirklich »Kurs halten« will, die Formation verlassen.* Wenn man will, ist das ohne Gekreisch und ohne Geschrei möglich und ohne Terror gegenüber der ohnehin verschreckten Formation, die man verlassen muß. In der diagnostischen Kategorie des Schizophrenen gibt es viele Typen von Schafen und Böcken.

»Schizophrenie« ist eine Diagnose, ein Etikett, das einige Leute anderen Leuten anhängen. Das beweist nicht, daß der Etikettierte einem essentiell pathologischen Prozeß unbekannter Natur und Ursache unterworfen ist, der *in* seinem oder *in* ihrem Körper vor sich geht. Das bedeutet nicht, daß der Prozeß primär oder sekundär *psycho*pathologisch ist und *in* der *Psyche* des Betroffenen vor sich geht. Aber es etabliert ein soziales Faktum, daß der Etikettierte einer von »denen« ist. Leicht vergißt man, daß der Prozeß nur eine Hypothese ist, nimmt an, daß er ein Faktum ist, und kommt dann zu dem Urteil, daß er biologisch die Fehlanpassung fördert und daher pathologisch ist. Soziale Anpassung an eine funktionsgestörte Gesellschaft kann aber sehr gefährlich sein. Der perfekt angepaßte Bomberpilot stellt eine größere Bedrohung der Menschheit dar als der Schizophrene in der Anstalt mit dem Wahn, die Bombe sei in ihm. Unsere Gesellschaft selbst kann inzwischen biologisch funktionsgestört sein, und etliche Formen schizophrener Entfremdung von der Entfremdung der Gesellschaft können eine soziobiologische Funktion haben, die wir noch nicht erkennen. Das bleibt bestehen, selbst wenn ein genetischer Faktor zu einigen Arten schizophrenen Verhaltens prädisponieren sollte. Jüngste Kritik und neueste empirische Studien lassen diese Frage offen.[14]

Jung regte vor einigen Jahren als interessantes Experiment eine Untersuchung darüber an, ob das Syndrom der Psychiatrie latent in Familien angelegt ist. Mit den gleichen Methoden kann man wohl herausfinden, daß der »Psychiatrose« genannte pathologische Prozeß eine beschreibbare Entität mit somatischen Korrelaten und psychischen Mechanismen ist, mit einer ererbten oder zumindest konstitutionellen Basis, einer natürlichen Geschichte und einer zweifelhaften Prognose.

Am tiefsten ging jüngst in der Psychiatrie der Versuch, die Grundkategorien und -voraussetzungen der Psychiatrie selbst neu zu definieren. Wir befinden uns heute in einem Übergangsstadium, in dem wir immer noch bis zu einem gewissen Grade alte Schläuche für neuen Wein verwenden. Wir müssen uns entscheiden, ob wir alte Termini mit neuem Sinn verwenden oder ob wir sie in den Abfalleimer der Geschichte werfen wollen.

Es gibt keinen solchen »Zustand« wie »Schizophrenie«; doch das Etikett ist ein soziales Faktum und das soziale Faktum ein _Politikum_.[15] Das Politikum besteht in der bürgerlichen Gesellschaftsordnung darin, daß die etikettierte Person mit Definitionen und Konsequenzen belastet wird. Eine soziale Vorschrift rationalisiert eine Reihe von sozialen Handlungen, durch welche der Etikettierte von anderen annektiert wird, die rechtlich sanktioniert, medizinisch befähigt und moralisch verpflichtet sind, für den Etikettierten die Verantwortung zu übernehmen. Der Etikettierte wird nicht nur in eine Rolle, sondern in eine Karriere als Patient inauguriert durch die gemeinsame Aktion einer Koalition (einer »Verschwörung«) von Familie, Arzt, Beamten des Gesundheitsamtes, Psychiatern, Krankenschwestern, Sozialhelfern und oft auch Mitpatienten. Der »Eingelieferte«, etikettiert als Patient und »Schizophrener«, wird von seinem existentiellen und legalen Vollstatus als verantwortlich handelnder Mensch degradiert. Er kann sich nicht länger selbst definieren, darf seinen Besitz nicht behalten und hat seine Entscheidungsfreiheit darüber abzugeben, wen er trifft und was er tut. Seine Zeit gehört nicht mehr ihm, und der Raum, den er einnimmt, ist nicht mehr der seiner Wahl. Nachdem er einem Degradierungszeremoniell[16] unterworfen worden ist (bekannt als psychiatrische Untersuchung), wird er seiner bürgerlichen Freiheiten dadurch beraubt, daß man ihn in einer totalen Institution[17] (bekannt als »Heilanstalt«) einsperrt. Vollständiger und radikaler als sonstwem in unserer Gesellschaft wird ihm das Menschsein aberkannt. In der »Heilanstalt« muß er bleiben, bis das Etikett ab ist oder modifiziert wird durch Zusätze wie »gebessert« oder »wiederangepaßt«. Einmal »schizophren«, immer »schizophren« – das ist die Tendenz der Ansichten.

Warum und wie kommt das? Und welche Funktion hat diese Prozedur bei der Aufrechterhaltung der bürgerlichen Ordnung? Man fängt gerade erst an, solche Fragen zu stellen; sie sind noch längst nicht beantwortet. Fragen und Antworten konzentrierten sich bisher auf die Familie als soziales Subsystem. Diese Arbeit muß jetzt sozial fortschreiten zum weiteren Verständnis der intern gestörten und störenden Kommunikationsstrukturen in Familien der Doppelbindungs-Prozeduren, der Pseudo-Gegenseitigkeit und der (wie ich es nenne) Mystifikation und unhaltbaren Positionen. Darüber hinaus muß untersucht werden, was all dies zu bedeuten hat im größeren Kontext der bürgerlichen Gesellschaftsordnung – das heißt der *politischen* Ordnung, der Art und Weise, wie Menschen Kontrolle und Macht übereinander ausüben.

Einige als schizophren etikettierte Leute zeigen (nicht alle, nicht unbedingt) in Worten, Gesten und Aktionen (linguistisch, paralinguistisch und kinetisch) ein Verhalten, das ungewöhnlich ist. Manchmal drückt (nicht immer, nicht unbedingt) dieses ungewöhnliche Verhalten (das sich uns, den anderen, wie gesagt, optisch und akustisch manifestiert) absichtlich oder unabsichtlich ungewöhnliche Erfahrungen des Betroffenen aus. Manchmal scheinen (nicht immer, nicht unbedingt) diese ungewöhnlichen Erfahrungen, die sich durch ungewöhnliches Verhalten ausdrücken, Teile einer potentiell geordneten, natürlichen Sequenz von Erfahrungen zu sein. Diese Sequenz kann nur sehr selten zum Vorschein kommen, weil wir so stark beschäftigt sind mit der »Behandlung« des Patienten durch Chemotherapie, Schocktherapie, *Milieu*therapie, Gruppentherapie, Psychotherapie, Familientherapie – jetzt manchmal am allerbesten und fortschrittlichsten auch durch alles zusammen.

Was wir manchmal bei *einigen* als schizophren etikettierten und »behandelten« Leuten sehen, ist Verhaltensausdruck eines Erfahrungsdramas. Aber wir sehen dieses Drama verzerrt, und unsere therapeutischen Bemühungen verzerren es leicht noch mehr. Ergebnis dieser unglückseligen Dialektik ist eine *forme frustre* eines potentiell *natürlichen* Prozesses, den wir unterbinden.

Zur allgemeinen Charakterisierung dieser Sequenz werde ich *im Zusammenhang* über eine Erfahrungssequenz berichten. Ich muß dazu die Sprache der Erfahrung benutzen. Viele Leute meinen, »subjektives« Geschehen in »objektive« Terminologie übersetzen zu müssen, um wissenschaftlich zu sein. Wirklich wissenschaftlich sein heißt, in einem ausgewählten Realitätsbereich fundiertes Wissen haben. So werde ich im folgenden zur Beschreibung des Erfahrungsgeschehens die Sprache der Erfahrung benutzen. Ich werde auch nicht so sehr eine Serie einzelner Ereignisse beschreiben, sondern eine einzige Sequenz von verschiedenen Gesichtspunkten aus, und dazu werde ich eine Vielfalt von Idiomen benutzen. Vermutlich sieht dieser natürliche Prozeß, der unsere etikettierenden und gutwilligen therapeutischen Bemühungen verzerrt und hemmt, folgendermaßen aus:

Wir beginnen wieder mit der Spaltung unserer Erfahrung in anscheinend zwei Welten – eine innere und eine äußere.

Normalerweise wissen wir wenig von beiden und sind beiden entfremdet; vielleicht wissen wir noch ein wenig mehr von der äußeren als von der inneren. Die einfache Tatsache jedoch, daß wir zwischen innerer und äußerer Welt trennen müssen, läßt bereits einen historisch bedingten Bruch zum Vorschein kommen. Die innere Welt ist schon ihrer Substanz beraubt, die äußere ihrer Bedeutung.

Die »innere« Welt braucht uns nicht unbewußt zu sein. Meistens realisieren wir nicht ihre Existenz. Doch viele Leute dringen in sie ein – unglücklicherweise ohne Führer und unter Verwechslung von äußeren mit inneren und inneren mit äußeren Realitäten. Im allgemeinen verlieren dann diese Leute die Fähigkeit, bei normalen Beziehungen angemessen zu funktionieren.

Das muß nicht so sein. Der Prozeß des Eindringens aus dieser Welt in *die andere* Welt und des Rückkehrens aus der anderen Welt in *diese* Welt ist so natürlich wie Sterben und Gebären oder Geboren werden. Doch in unserer Welt des Schreckens und der Unkenntnis über die andere Welt überrascht es nicht, daß beim Zerbrechen der »Realität« dieser Welt und Eindringen eines Menschen in die andere Welt dieser Mensch völlig verlassen und verängstigt ist – daß er bei anderen Menschen nur auf Verständnislosigkeit trifft.

Manche Leute dringen absichtlich, manche unabsichtlich in einen mehr oder weniger totalen inneren Raum, in eine mehr oder weniger totale innere Zeit ein – oder werden hineingeworfen. Wir sind sozial darauf trainiert, die totale Versenkung in den äußeren Raum und die äußere Zeit für normal und gesund zu halten. Versenkung in den inneren Raum und die innere Zeit gilt als antisozialer Rückzug, als Abweichung, als krankhaft, *per se* pathologisch und gewissermaßen diskreditierend.

Manchmal nach dem Durchgang durch das Spiegelglas, durch das Nadelöhr erkennt jemand das Gelände als seine alte Heimat wieder. Doch die meisten Leute sind jetzt im inneren Raum und in der inneren Zeit – um es gleich zu sagen – auf unbekanntem Gelände, sie fürchten sich und sind verwirrt. Sie sind verloren. Sie haben vergessen, daß sie schon einmal dagewesen sind. Sie greifen nach Schimären. Sie versuchen, Haltung zu bewahren durch Kompensierung ihrer Verwirrung, durch Projektion (Übertragung von Innerem nach außen) und Introjektion (Import von äußeren Kategorien nach innen). Sie wissen nicht, was los ist, und wahrscheinlich wird es ihnen niemand beibringen.

Wir wehren uns bereits heftig gegen das volle Ausmaß unserer egohaften Erfahrung. Um wieviel mehr reagieren wir dann wohl mit Entsetzen, Verwirrung und »Abwehr« auf egolose Erfahrung. Es ist nichts wirklich Pathologisches an der Erfahrung des Ego-Verlustes; doch dürfte nur sehr schwer ein Lebenskontext zu finden sein für die Reise, auf die man sich vielleicht gemacht hat.

Wer in das »Innere« eingedrungen ist, wird sich (wenn er dies erfahren darf) unterwegs finden auf einer Reise, die er unternimmt oder durch die man ihn führt – Aktiv ist da von Passiv nicht klar zu unterscheiden.

Diese Reise wird erfahren als ein Schreiten ins »in«, als ein Schreiten rückwärts durchs eigene Leben, in und zurück und durch und hinein in die Erfahrung der Menschheit, vielleicht weiter ins Wesen der Tiere, Pflanzen und Mineralien.

Auf dieser Reise gibt es viele Möglichkeiten, vom Wege abzukommen – Gelegenheiten zu Verwirrung, teilweisem Scheitern, endgültigem Schiffbruch; es gibt viele Schrecken, denen man entgegentreten muß und die man vielleicht überwältigt – vielleicht aber auch nicht.

Wir halten es nicht für eine pathologische Normabweichung, wenn jemand den Dschungel durchforscht oder den Mount Everest besteigt. Wir meinen, daß Kolumbus ein Recht auf Irrtum hatte bei der Konstruktion dessen, was er entdeckte, als er in die Neue Welt kam. Selbst mit dem nächstgelegenen Teil der unendlichen Bereiche des inneren Raumes haben wir weit weniger Kontakt als heute mit den Bereichen des äußeren Raumes. Wir achten den Reisenden, den Forscher, den Bergsteiger, den Raumfahrer. Für meine Begriffe ist es weitaus sinnvoller und außerdem dringender erforderlich, den inneren Raum und die innere Zeit des Bewußtseins zu erforschen. Vielleicht ist das eines der wenigen Dinge, die in unserem historischen Kontext noch Sinn haben. Wir haben so wenig Kontakt mit diesem Bereich, daß heute viele Leute ernsthaft behaupten können, er existiere gar nicht. Es ist kein Wunder, daß die Erforschung eines solchen verlorengegangenen Bereiches wirklich gefährlich ist. Die Situation, von der ich rede, ist präzise die, als wenn wir nicht die Spur einer Ahnung von all dem hätten, was wir die äußere Welt nennen. Was würde geschehen, wenn einige von uns mit dem Sehen, Hören, Tasten, Riechen und Schmecken von Dingen beginnen würden? Wir wären kaum verwirrter als einer, der zum ersten Male vage Anzeichen eines inneren Raumes und einer inneren Zeit wahrnimmt und dann darin eindringt. Dahin ist oft gegangen, wer in seinem Stuhle sitzt und als katatonisch gilt. Er ist gar nicht hier – er ist ganz dort. Er ist häufig im Irrtum über das, was er erfährt, und wahrscheinlich will er es gar nicht erfahren. Vielleicht ist er wirklich verloren. Nur sehr wenige von uns kennen das Gelände, auf dem er verlorenging, wissen, wie man ihn erreichen kann, und kennen den Weg zurück.

Keine Zeit in der Geschichte der Menschheit hat vielleicht so sehr den Kontakt mit dem natürlichen *Heil*prozeß verloren, der *manche* Leute einbezieht, die wir als schizophren bezeichnen. Keine Zeit hat ihn so abgewertet, keine ihn so behindert und zurückgehalten wie unsere eigene. Anstelle von »Heilanstalten«, einer Art von Reparaturwerkstätten für menschliche Zusammenbrüche, brauchen wir Orte, an denen weitergereiste und also vielleicht verlorenere Leute als Psychiater und andere Gesunde ihren Weg finden können – *weiter* hinein in den inneren Raum und die innere Zeit und wieder zurück. Anstelle des *Degradierungs*zeremoniells aus psychiatrischer Untersuchung, Diagnose und Prognose brauchen wir für die dazu Bereiten (in psychiatrischer Terminologie oft jene, die auf dem Weg in einen schizophrenen Zusammenbruch sind) ein *Initiations*zeremoniell; durch dieses sollen sie bei voller sozialer Zustimmung und Unterstützung in den inneren Raum und die innere Zeit geleitet werden von Leuten, die bereits dort gewesen und zurückgekehrt sind. In der Psychiatrie würde das heißen: Ex-Patienten helfen zukünftigen Patienten, verrückt zu werden.

Erreicht wird dadurch eine Reise

I.   von außen nach innen,
II.   vom Leben in eine Art von Tod,
III. vom Vorgehen zum Zurückgehen,
IV.   von zeitlicher Bewegung zu zeitlichem Stillstand,
V.   von irdischer Zeit in äonische Zeit,
VI.   vom Ego zum Selbst,
VII. von außerhalb (postnatal) zurück in den Schoß aller Dinge (praenatal);

und danach eine Rückreise

1. von innen nach außen,
2. vom Tod ins Leben,
3. von einer Rückwärtsbewegung wieder zu einer Vorwärtsbewegung,
4. von der Unsterblichkeit zurück zur Sterblichkeit,
5. von der Ewigkeit zurück zur Zeitlichkeit,
6. vom Selbst zu einem neuen Ego,
7. von kosmischer Fötalisierung zur existentiellen Wiedergeburt.

Die Übersetzung der obigen Elemente dieses vollkommen natürlichen und notwendigen Prozesses in den Jargon von Psychopathologie und klinischer Psychiatrie werde ich denen überlassen, die sich damit abgeben wollen. Vielleicht haben wir alle diesen Prozeß in der einen oder anderen Form nötig. Dieser Prozeß könnte eine zentrale Funktion haben in einer wahrhaft gesunden Gesellschaft.

In der Kürze habe ich nur wenig mehr als die Schlagzeilen für eine ausführliche Untersuchung und zum Verständnis einer natürlichen Sequenz von Sprungbrettern der Erfahrung geben können – einer Sequenz, die in manchen Fällen unterdrückt, verhüllt, verzerrt und behindert wird durch das Etikett »Schizophrenie« mit seinen Konnotationen von Pathologie und seinen Konsequenzen einer Krankheit, die man heilen muß.

Vielleicht werden wir lernen, sogenannte Schizophrene anzuerkennen, die zu uns zurückgekehrt sind, und sie vielleicht nach Jahren nicht weniger zu achten als die oft nicht weniger verlorenen Renaissance-Forscher. Wenn die menschliche Rasse überlebt, werden in der Zukunft vermutlich Menschen auf unser aufgeklärtes Zeitalter zurückblicken wie auf eine Epoche der Dunkelheit. Sie werden vermutlich die Ironie dieser Situation mit mehr Vergnügen genießen können als wir. Die Ausgelachten sind wir. Sie werden erkennen, daß die von uns so genannte »Schizophrenie« eine der Arten war, wie oft durch ganz gewöhnliche Leute das Licht durch Risse unserer allzu geschlossenen Gehirne zu brechen begann.

Schizophrenie war ein neuer Name für dementia praecox, ein langsame heimtückische Krankheit, von der man annahm, daß sie besonders junge Leute befalle und zu einer endgültigen Demenz führe. Vielleicht können wir den jetzt alten Namen noch behalten und die etymologische Bedeutung hineinlesen: *Schiz* = »gebrochen«; *Phrenos* = »Seele« oder »Herz«.

Der Schizophrene ist in diesem Sinne jemand, dem das Herz gebrochen ist. Man weiß, daß selbst gebrochene Herzen zu reparieren sind, wenn wir das Herz dazu haben. Doch »Schizophrenie« in diesem existentiellen Sinn hat wenig zu tun mit klinischer Untersuchung, Diagnose, Prognose und Therapie von »Schizophrenie«.

[1] J. Haley, *Strategies of Psychotherapy*, New York 1963, S. 99 f.
[2] Siehe H. Garfinkel, *Conditions of Successful Degradation Ceremonies*, in: *American Journal of Sociology*, LXI, 1956, S. 420 ff.; R. D. Laing, *Ritualisation in Abnormal Behaviour*, in: *Ritualisation of Behaviour in Animals and Man*, in: *Royal Society Philosophical Transactions*, Serie B
[3] Siehe T. Szasz, *The Myth of Mental Illness*, London 1962.
[4] R. D. Laing und A. Esterson, *Sanity, Madness and the Family*, Bd. I: *Families of Schizophrenics*, London 1964 und New York 1965, S. 4.
[5] E. Kraepelin, *Vorlesungen über Klinische Psychiatrie*, 1896; englische Ausgabe: London 1906.
[6] B. Kaplan (Hg.), *The Inner World of Mental Illness*, New York und London 1964, S. vii.
[7] E. Goffman, *Asylums. Essays on the Social Situation of Mental Patients and Other Inmates*, New York 1961, S. 303.
[8] E. Goffman, a.a.O., S. 306.
[9] G. Bateson, D. D. Jackson, J. Haley, J. und J. Weakland, *Towards a Theory of Schizophrenia*, in: *Behavioural Science*, Bd. I, Nr. 251, 1956.
[10] R. D. Laing und A. Esterson, *Sanity, Madness and the Family*, London 1964 und New York 1965.
[11] David Cooper, A. Esterson und ich.
[12] R. D. Laing, *The Self and Others*, London 1961 und Chicago 1962.
[13] G. Bateson (Hg.), *Perceval's Narrative. A Patient's Account of his Psychosis*, Stanford 1961, S. xiii f.; Hervorhebung von mir.
[14] Siehe z. B. B. Pekka Tienari, *Psychiatric Illnesses in Identical Twins*, Kopenhagen 1963.
[15] T. Scheff, *Social Conditions for Rationality: How Urban and Rural Courts Deal with the Mentally Ill*, in: *Amer. Behav. Scient.*, März 1964. Ebenfalls T. Scheff, *The Societal Reaction to Deviants: Ascriptive Elements in the Psychiatric Screening of Mental Patients in a Mid-Western State*, in: *Social Problems*, Nr. 4, Frühjahr 1964.
[16] H. Garfinkel, *Conditions of Successful Degradation Ceremonies*, in: *American Journal of Sociology*, LXI, 1956.
[17] E. Goffman, *Asylums. Essays on the Social Situation of Mental Patients and Other Inmates*, New York 1961.

ELISABETH KÜBLER-ROSS

Schweizerisch-amerikanische Ärztin. Geboren 1926 in Zürich. Nach der Heirat mit dem amerikanischen Arzt Emanuel R. Ross Übersiedlung in die USA und Tätigkeit in verschiedenen Krankenhäusern in der Psychiatrie. E. Kübler-Ross erlangte internationale Anerkennung durch ihre Forschungsarbeiten über Sterben und Tod. Charakteristisch für ihre Arbeit ist die Einbeziehung schwerkranker oder sterbender Patienten, die sie als die eigentlichen »Lehrer« ihres Forschungsbereiches Sterben und Tod ansieht. Wichtige Werke: »Interviews mit Sterbenden«; »Was können wir noch tun?«; »Reif werden bis zum Tode«, woraus auch der ausgewählte Beitrag stammt.

Der Tod als Teil meines persönlichen Lebens

Auf den folgenden Seiten möchte ich Sie gern Anteil nehmen lassen an einigen Erfahrungen meines Lebens, von denen ich den Eindruck habe, daß sie zum Entstehen dessen, was ich bin, beigetragen haben. Wahrscheinlich haben sie mich auf das Feld des Todes und des Sterbens geführt; sicher haben sie meine Ansichten vom Tod und vom Leben geformt. Vielleicht werden Sie das, was ich zu sagen habe, einfach aus diesen Gründen interessant finden. Aber wichtiger sind, wie ich meine, jene Einflüsse in meinem persönlichen Leben, die mit den Fäden zusammenfallen oder parallel zu ihnen verlaufen, welche sich durch alle Beiträge in diesem Buch aus einer Vielzahl verschiedener Quellen hindurchweben. In diesen Übereinstimmungen zwischen meinen Lebenserfahrungen und denen anderer, von denen ich einige niemals getroffen habe, könnten Sie meiner Meinung nach einige Lösungshinweise für die Mysterien des Lebens und des Todes finden, die beitragen könnten, Sie durch Ihr Leben zu führen.

Um ein Beispiel auszuwählen: Ich hatte das Glück, als Kind die Erfahrung des Todes als eines natürlichen Ereignisses zu machen, das mit Ruhe und ohne Furcht vom Sterbenden akzeptiert wird. Darin liegt, wie Sie sich erinnern werden, einer der Faktoren, die – der Untersuchung über »Leben-bis-zum-Tod« zufolge – eine gute Anpassung an das Sterben voraussehen lassen. Wie der Priester bei den Indianern Alaskas erfuhr ich die Teilnahme der Gemeinschaft am Tod und dem Vorgang des Sterbens. Ich habe persönlich den Unterschied zwischen dieser Art von vertrauter, zuträglicher Umgebung für den Tod und der sterilen, unpersönlichen Atmosphäre eines Krankenhauses empfunden. Ich habe die Verwüstung des Krieges gesehen und habe gesehen, wie Menschen daraus hervorgingen, die mehr Verständnis für das Bedürfnis nach Menschlichkeit in einer allzu oft inhumanen Welt besaßen. Dadurch, daß ich ungeschützt der Erfahrung des Todes ausgesetzt war, bin ich in die Lage gekommen, ihn als erwarteten und untrennbaren Bestandteil des Lebens zu verstehen.

Die Arbeit mit Sterbenden hat mir auch dazu verholfen, meine eigene religiöse Identität zu finden, zu wissen, daß es ein Leben nach dem Tode gibt, und zu wissen, daß wir eines Tages wiedergeboren werden, damit wir die Aufgaben erfüllen können, die wir in diesem Leben unfähig oder nicht willens waren zu erfüllen. Aus diesem Zusammenhang heraus fange ich an, die Bedeutung des Leides zu begreifen und zu verstehen, warum sogar kleine Kinder sterben müssen.

Zu dem Zeitpunkt, wo ich dieses schreibe, bin ich eine Ärztin mittleren Alters, die im ganzen Land gut bekannt geworden ist als die »Tod-und-Sterben-Dame« (einige etwas weniger begeisterte Menschen bezeichnen mich gelegentlich noch als »Totenvogel«). Ich habe einen großen Teil meines Lebens mit sterbenden Patienten, sterbenden Kindern und Erwachsenen und mit ihren Familien verbracht. Es könnte interessant sein, einen Blick zurück zu tun und zu versuchen festzustellen, welche Einschnitte und Kreuzwege in meinem Leben mich veranlaßt haben, dieses eigenartige Spezialgebiet zu wählen.

Ich wurde an einem warmen Sommertag in der Schweiz geboren nach einer langen und sehr erwünschten Schwangerschaft. Meine Eltern hatten einen sechsjährigen Sohn und wünschten sich sehr, eine Tochter zu bekommen. Meine Mutter freute sich darauf, niedliche kleine Kleider zu nähen und jemanden bei sich zu haben, wenn sie die fabelhaften Dinge backte und kochte, für die sie berühmt war.

Der erste Eindruck, den ich bei meinen Eltern auslöste, war große Bestürzung. Ich wog kaum zwei Pfund, war kahlköpfig und so winzig, daß ich offensichtlich eine Enttäuschung war. Niemand vermutete, daß dies nur der Anfang von weiteren Schocks war; fünfzehn Minuten später wurde eine ebenfalls nur zwei Pfund schwere Schwester geboren, ihr folgte ein Mädchen von fünf Pfund Gewicht, das endlich den Erwartungen entsprach.

Es ist schwer zu sagen, ob meine klägliche Einführung ins Leben der erste »Anreger« war, mich mit dem Tod zu beschäftigen. Jedenfalls erwartete man nicht, daß ich leben würde, und wäre da nicht die Entschlußkraft meiner Mutter gewesen, hätte ich auch nicht überlebt. Sie hatte die feste Überzeugung, daß solch kleine Babys nur dann überleben können, wenn sie ein großes Maß zärtlicher und liebevoller Fürsorge erhalten, häufig an der Brust genährt werden und die Wärme und das Wohlbehagen erfahren, das nur das Zuhause ihnen geben kann und nicht das Krankenhaus. Sie kümmerte sich selbst um uns drei, stillte uns alle drei Stunden am Tag und in der Nacht, und man erzählt, sie habe während der ersten neun Monate niemals in ihrem Bett geschlafen. Überflüssig zu sagen: Wir alle drei kamen durch.

So war vielleicht die erste wichtige Lektion in meinem Leben, daß ich lernte, daß allein von einem Menschen, der wirklich Sorge trägt, der Unterschied zwischen Leben und Tod abhängt.

Meine nächsten Begegnungen mit dem Tod verliefen freundlich. Wir wuchsen in einem hübschen Dorf, umgeben von Bauernhöfen, auf. Als ein Freund meines Vaters starb (nach dem Sturz von einem Baum), waren wir am Vorgang des Sterbens und des Trauerns beteiligt. Er lebte noch so lange nach seinem Unfall, um uns in sein Schlafzimmer zu rufen und uns auf Wiedersehen zu sagen. Er ermutigte uns, seiner Frau und den Kindern zu helfen, den Bauernhof zu retten. Er war jung, stand mitten im Leben, war sehr rational und vernünftig, aber es gab, soviel ich mich erinnere, kein Anzeichen der Angst.

Ich war zu dieser Zeit ein kleines Mädchen, und mein letzter Besuch bei ihm erfüllte mich mit großem Stolz und Freude. Ich bin sicher, es lag daran, daß er ein jedes von uns Kindern persönlich in sein Zimmer rief und genug Vertrauen in uns setzte, um uns um Hilfe für seinen geliebten Hof zu bitten. Ich habe niemals in meinem Leben so hart gearbeitet wie während einiger Sommer- und Herbstzeiten nach seinem Tod – um eine gute Ernte einzubringen. Jedesmal, wenn wir eine Wagenladung Heu hereinbrachten, war ich davon überzeugt, daß er uns sehen konnte, und ich sah sein Gesicht, wie es vor Stolz und Freude leuchtete.

Als ich in der zweiten Klasse war, zog ein neuer Arzt in unsere Nachbarschaft. Er war ein ruhiger und ziemlich zurückgezogener

Mann, und man wußte nicht viel über ihn, weil er aus einer anderen Gegend kam. Seine zwei kleinen Töchter gingen mit uns zur Schule. Sie waren wohlerzogene, hübsche und ziemlich gelehrte junge Damen, und es dauerte eine Zeit, bis sie Teil der Dorfgemeinschaft wurden, die auf Außenstehende noch mit einer bestimmten Skepsis reagierte, bis sie »sich bewiesen« hatten. Das ältere der beiden Mädchen, zu der Zeit etwa zehn Jahre alt, wurde krank, und schnell sprach es sich herum, daß sie Hirnhautentzündung hatte. Fast täglich verbreiteten sich in der Schule und im Gemeindehaus schlimmere Nachrichten; an einem Tag erblindete sie, dann war sie gelähmt, dann hatte sie ihr Gehör verloren. Spezialisten kamen von überallher, aber ohne Ergebnis. Als sie starb, wurde die Schule geschlossen, und mehr als die Hälfte der Dorfbewohner nahm an ihrem Begräbnis teil. Es begann in ihrem Haus, wo ihr Leichnam mit ihrem Lieblingskleid, das sie an ihrem letzten Schultag getragen hatte, bekleidet wurde. Ihre Familie ging hinter dem Leichenwagen her, ihnen folgten die Verwandten und die Lehrer. Wir alle folgten der langen Prozession zu Fuß, bis wir die Kirche erreichten, wo ein kurzer und bewegender Gottesdienst gehalten wurde. Dann folgten wir der Familie zum Friedhof, wo zwei Männer die Grube aushoben, und der Sarg wurde langsam in die Erde versenkt. Jeder von uns warf eine Handvoll Erde auf den Sarg. Wir sangen ein Lied und zogen uns dann langsam zurück, um die trauernde Familie für einen Augenblick allein zu lassen. Brigitte war das erste Kind in meinem Leben, das starb. Ich war nicht persönlich mit ihr befreundet, aber wir alle – das ganze Dorf – trauerten mit dieser Familie. Wir nahmen Anteil an der Krankheit, ihrem tragischen Verlauf, dem Verlust der Sehkraft und des Gehörs – an jedem Aspekt des Sterbevorgangs –, und wir konnten sie auf ihrer letzten Reise zum Friedhof begleiten.

Es gab ein Gefühl der Solidarität, des gemeinsamen Ertragens der Tragödie durch die ganze Gemeinschaft. Sie wurde niemals aus dem Dorf oder aus ihrem Zuhause herausgenommen. Sie mußte nicht in der fremden Umgebung eines unpersönlichen Krankenhauses sterben. Tag und Nacht war jeder in der Nähe, der ihr nahestand.

Ganz anders war das im Fall meiner eigenen gefährlichen Erkrankung, die ich bekam, als ich ungefähr fünf Jahre alt war. Ich litt an Lungenentzündung, und man brachte mich in ein Kinderkrankenhaus und hielt mich wochenlang in Isolation. Ich konnte meine Eltern nur durch ein Glasfenster sehen. Alles um mich herum war fremd, und, so jung ich war, ich litt am meisten darunter, dauernd allen Blicken ausgesetzt zu sein. Der Isolierraum war ein Glaskäfig, überall umgaben mich gläserne Wände. Selbst gebadet wurde man in diesem Raum, und ich verbrachte die meiste Zeit damit, von meinem »Schlupfwinkel in den Hügeln« zu träumen, einem kleinen verwilderten Wald mit viel Unterholz, wohin ich zu verschwinden pflegte, wenn mich zu Hause jemand geärgert hatte. Ich sehnte mich nach diesem stillen Fleck, wo Kaninchen und Vögel, manchmal ein Fuchs oder eine harmlose Schlange meine einzigen Gefährten waren. Als Drilling und daher zu oft im Rampenlicht war für mein Heranreifen ein Ort, wohin ich mich still zurückziehen konnte, von wesentlicher Bedeutung. Hier im Krankenhaus gab es keine Ausflucht. Es gab keine vertraute Stimme, keine Berührung, keinen Geruch, noch nicht einmal ein vertrautes Spielzeug. Alles war sehr sauber und routiniert. Es gab damals keine Antibiotika und keine wirksamen Behandlungsformen, so daß wenig Hoffnung bestand, daß ich überleben würde. Ich konnte nicht mit meinen Eltern sprechen, wenn sie mich besuchen kamen. Ich konnte nur ihre traurigen Gesichter sehen, die sie an die Scheibe preßten, welche mich von der äußeren Welt abtrennte. Hätte ich nicht meine lebhaften Träume und Phantasien gehabt, sicherlich hätte ich an diesem sterilen Ort nicht überlebt.

Als ich ein Teenager war, brach der Krieg mit seinen Zerstörungen, Bomben und Flüchtlingen aus. Die Schweiz blieb eine Insel des Friedens, aber wir wurden täglich an den Kampf ums Überleben, an die Opfer unserer Nachbarn und den Todeszoll außerhalb unserer Grenzen erinnert.

Langsam verbreiteten sich Nachrichten über die Verfolgung der Juden und über die unbeschreiblichen Leiden derjenigen, die aufstanden und Widerstand leisteten. Schließlich wurden die Gerüchte über schreckliche Konzentrationslager bestätigt.

Mein Bruder und mein Vater waren freiwillig in der Armee und standen Posten an der Grenze nach Deutschland. Unzählige Familien versuchten, über den Fluß zu schwimmen, um in die Sicherheit der Schweiz zu gelangen, und wurden von den Nazis mit Maschinengewehren erschossen. Viele von ihnen, die es wagten, ließen Familienmitglieder zurück, die tot oder zum Tod in Arbeitslagern und Gaskammern verdammt waren.

Ich schwor mir, daß ich, sobald es möglich war, das Land zu verlassen, gehen würde, um diesen Menschen zu helfen. In der Zwischenzeit verbrachte ich meine Wochenenden im Krankenhaus, um als Freiwillige den Tausenden von Flüchtlingen zu helfen, die den Nazis entkommen waren. Wir entlausten Hunderte von Kindern, behandelten ihre Krätze und sammelten Nahrungsmittel, Kleidungsstücke, Windeln und Babyflaschen. Monate verflogen so schnell wie Wochen. Dann kam der große Tag: FRIEDE. Ich verbrachte ihn auf dem Dach des Kantonspitals, des größten Krankenhauses in Zürich. Wir trugen alle Patienten, bei denen das möglich war, auf das Dach. Es war buchstäblich bedeckt mit Rollstühlen und Tragbahren. Niemand beschwerte sich. Wir wollten, daß sie die Glocken hörten, die Glocken des Friedens. Jede einzelne Kirche, und es gab über zweihundert, läutete in genau demselben Augenblick. Jeder weinte, jeder hielt sich am anderen fest, eine alte todkranke Frau sagte mit einem großen glücklichen Lächeln: »Nun kann ich loslassen, nun kann ich sterben. Ich habe mir so schrecklich gewünscht, lang genug zu leben, um den Frieden auf Erden wiederkommen zu sehen.«

Monate später fuhr ich per Anhalter durch das vom Krieg verwüstete Europa mit einem Rucksack, der das Notwendigste enthielt, und einer großen Menge Idealismus und Hoffnung. Ich unternahm eine lange Reise, die mich durch neun Länder führte, ich arbeitete als Koch, als Maurer, als Dachdecker, ich eröffnete Stationen für Typhuskranke und für Erste Hilfe, ich überschritt die polnisch-russische Grenze in einer Zigeunerkarawane, und als letztes, aber vielleicht als wichtigstes besuchte ich Maidanek, eines der schlimmsten Konzentrationslager, in dem Tausende von Erwachsenen und Kindern in den Gaskammern oder an Hunger, Krankheit und Folter gestorben waren. Ich sehe noch die Baracken vor mir mit den kleinen Inschriften der Opfer, ich spüre den Geruch des Krematoriums und sehe den Maschendrahtzaun, durch den einige hatten kriechen können, nur um dann von den Wachposten erschossen zu werden.

An diesem schrecklichen Ort machte ich die Bekanntschaft eines jungen jüdischen Mädchens, die selbst ein Opfer der Nazis war. Sie war aus dem Konzentrationslager gerettet worden und hatte sich der Aufgabe verschrieben, zu helfen und dieses vom Krieg verwüstete Europa wieder aufzubauen.

Es war schwer für mich, zu verstehen, wie ein Mädchen, das fast zu Tode gefoltert worden war, imstande war, den Deutschen zu helfen, die nahezu ihre ganze Familie getötet hatten. Sie war nicht verbittert, sondern ihr war bewußt geworden, daß in dieser Welt der Unmenschlichkeit mehr Menschlichkeit nötig ist!

Mit Menschen wie ihr schlugen wir ein Lager in Lucimia an dem Fluß Wista in Polen auf. Hier entschloß ich mich zum Studium der Medizin. Hier, mitten unter all dem Leiden, fand ich mein Lebensziel. Dort, inmitten von Armut, Isolierung und Leiden, habe ich intensiver gelebt als in all den Jahren zuvor und danach.

Wir drei »Doktordamen«, wie einige uns nannten, mußten lange Stunden arbeiten, um Hunderte von Patienten zu versorgen, die auf der Suche nach Hoffnung, Behandlung und vielleicht etwas Medizin von weit entfernt kamen. Unsere Regale waren leer; nichts war übriggeblieben. Ein kleines Haus mit zwei Zimmern diente als Klinik. Ein Raum wurde als Vorratsraum benutzt. Er enthielt ein paar Hühner und Eier, Butter und andere Nahrungsmittel, die die Patienten als Bezahlung für unseren Dienst brachten. Bis zu fünfzig Menschen arbeiteten in diesem Lager und bauten einen der am schlimmsten vom Krieg verwüsteten Orte in Osteuropa wieder auf. Sie kamen aus vielen Ländern als Freiwillige.

Ich schlief mit einer Decke unter freiem Himmel, als mich das Weinen eines kleinen Kindes aufweckte. Neben mir saß schweigend eine Mutter. Sie war drei Tage und zwei Nächte hindurch gewandert, um unsere Station zu finden, und trug ein gefährlich krankes Kind in ihren Armen. Janek war ungefähr drei Jahre alt, glühend heiß und mit glasigen Augen, er reagierte kaum. Er hatte Typhus, und es gab nichts, was ich für ihn tun konnte. Ich brachte die Mutter und das Kind in die »Klinik«, bot ihnen meine Decke an, um sich auf den Fußboden zu legen und etwas Schlaf zu finden. Wir tranken gemeinsam eine Tasse Tee mitten in der Nacht, und ich versuchte der Frau zu verstehen zu geben, daß ihr langer Marsch ihr Kind nicht retten konnte.

Sie hörte aufmerksam zu und wandte ihre Augen nicht von mir. Als ich mit dem zu Ende war, was ich zu sagen hatte, fügte sie sehr nüchtern hinzu: »Du mußt dies Kind retten; es ist das letzte meiner Kinder, die alle mit mir im Konzentrationslager waren.« Die Tatsache, daß sie und Janek überlebt hatten, war wie ein Wunder. Was sie sagte, klang so, als ob das ihren einzigen überlebenden Sohn endgültig unsterblich mache.

Ich habe mich niemals in meinem Leben so hilflos und ohne Hoffnung gefühlt. Ich hätte alles dafür getan, um diesen Jungen zu retten. Sollte sie Angst gehabt haben, so zeigte sie es zumindest nicht. Sie saß ruhig an meiner Seite und trank ihre Tasse Tee und wartete auf weitere Anweisung. Eine Zeitlang fragte ich mich, wie eine Frau so viele Tage mit einem kranken Kind im Arm marschieren konnte. Dann wanderten meine Gedanken hinüber zu unserem leeren Medikamentenschrank, zu Janek, zu dem Konzentrationslager ... Und noch bevor die Nacht vorüber war, wanderten wir wieder; dieses Mal wandten wir uns nach L., wo es ein Krankenhaus gab. Wir wußten, daß die Chancen gering waren. Wir wußten auch, daß sie dort alle weiteren Patienten zurückwiesen. Alle Ärzte, Schwestern und Hebammen waren von den Nazis getötet worden, und das Krankenhaus war nicht nur unterbesetzt mit Personal, sondern auch von Patienten überfüllt.

Ich erinnere mich undeutlich, wie wir vor den Mauern, die das Krankenhaus umgaben, ankamen. Ich erinnere mich daran, wie ich mich mit einem polnischen Arzt auseinandersetzte, ihm sagte, er hätte kein Herz, an sein Nationalgefühl appellierte ... Ich benutzte jeden Trick. Schließlich nahm er Janek auf, nachdem wir versprochen hatten, wir würden nicht vor drei Wochen wieder zurückkommen. Janek würde dann entweder begraben oder wieder so weit hergestellt sein, daß er nach Hause gebracht werden konnte. Die Mutter lieferte ihr Kind ruhig in die Hände des Arztes – es gab keine Tränen, keine Zweifel, nur das Gefühl, einen Auftrag erfüllt zu haben.

Frau W. wurde meine neue Assistentin. Sie hielt eine Feuerstelle in Gang, um meine Spritzen auszukochen, sie wusch Bandagen aus und hielt die Klinik sauber. Zur Nacht teilte sie meine Decke mit mir, und wir arbeiteten zusammen und sprachen wenig. Abends zündeten wir gewöhnlich ein Feuer an, setzten uns alle darum und – sangen. Wir nahmen ein Bad im Fluß und kehrten zur Arbeit zurück. Patienten kamen und verließen uns wieder, die Tage gingen vorbei. Eines Morgens, als ich aufwachte, war meine Helferin verschwunden. Ich vermißte sie, aber das Leben war so erfüllt, daß ich sie wohl schnell wieder vergessen hätte.

Einige Tage später fand ich, als ich erwachte, ein kleines weißes Taschentuch bei meiner Decke. Es war mit Erde gefüllt. Ich nahm an, es sei ein abergläubisches Zeichen eines meiner Patienten und legte es gleichgültig auf das Regal. Als es Nacht wurde und ich aufräumte, bemerkte ich dieses weiße Taschentuch wieder. Eine Frau aus dem Dorf bat mich geradezu, ihm Aufmerksamkeit zu widmen. Mehr um ihr den Wunsch zu erfüllen als aus anderem Grund sah ich mir diese seltsame Gabe noch einmal an. Es war einfach Erde – aber unter der Erde lag ein kleines Stück Papier: »Von Frau W., deren letztes von dreizehn Kindern du gerettet hast, gesegnete polnische Erde.« Spät in dieser Nacht saß ich am Lagerfeuer, blickte in den wolkenlosen Himmel und hoffte, daß Frau W. ihren Weg sicher und gesund nach Hause finden würde. Welch ein wunderbares Geschenk! Nur eine Mutter hatte in dieser zeitlosen Umgebung den Ablauf der Zeit verfolgen können. Sie wußte, daß es an der Zeit gewesen war, ihren Sohn aus dem Krankenhaus zu holen. Sie nahm ihn mit nach Hause; sie hatte immer gewußt, daß sie es tun würde. Und weil sie wie Hunderte anderer Familien in einem Erdloch – alle Häuser waren zerstört – lebte, hatte sie mir nichts zu schenken. Nichts? Sie wußte, daß ich Kraft und Glauben nötig hatte, um diese Arbeit durchzuhalten. So nahm sie einfach eine Handvoll Erde, marschierte noch einmal einen ganzen Tag zu der einzigen verbliebenen Kirche und ließ die Erde segnen, um daraus ein besonderes Geschenk zu machen. Dann marschierte sie langsam diesen endlos langen Weg durch ein Land, das wir das »polnische Sibirien« nannten, zurück zu unserem Lager, um mir leise ihr Geschenk zu übergeben. So leise, wie sie das erste Mal gekommen war, schlüpfte sie dann während der Nacht wieder davon, um zu ihrem Sohn zurückzukehren, dem einzigen Kind, das von dreizehn übriggeblieben war!

Ich trug diese Erde mit mir und klammerte mich daran fest, als ich auf meinem Heimweg in Deutschland niedergeschlagen wurde. Ich behielt sie in dem deutschen Krankenhaus, wo niemand mit mir sprechen wollte, weil man glaubte, ich sei Polin. Ich hielt sie fest, als ich endlich die Schweizer Grenze überschritt mit der Absicht, zu einem gesetzteren, »zivilisierten« Leben zurückzukehren, um Medizin zu studieren, um noch mehr Müttern und mehr todkranken Kindern zu helfen – aber dann hoffentlich mit mehr Hilfsmitteln, mehr Medikamenten und mehr Wissen. Die Fragen, auf die ich im letzten eine Antwort suchte, waren diese: Woher bekommt ein Mensch die innere Stärke und den Gleichmut, sich solchen Krisen im Leben zu stellen wie diese polnische Mutter? Und vielleicht noch wichtiger: Was verwandelt Menschen mit demselben menschlichen Potential in wundervolle, sorgende und liebevolle, sich selbst aufopfernde Menschen wie jenes jüdische Mädchen – oder im Gegenteil in haßerfüllte, zerstörerische Kreaturen wie die Nazis?

Es ist meine tiefe Hoffnung, daß mehr Menschen von diesen Fragen betroffen werden.

THEODORE ROSZAK

Amerikanischer Historiker und Kulturkritiker. Geboren 1933 in Chicago.
Roszak ist Professor für Geschichte an der California State University. Er wurde zweimal für den National Book Award nominiert. Seine Sprache zeichnet sich durch Anschaulichkeit und Lebendigkeit aus.
Wichtige Werke: »Das Ende der Computer oder Wanzen im Hirn. Ein Märchen«; »Mensch und Erde auf dem Weg zur Einheit. Ein Manifest«; »Der Verlust des Denkens. Über die Mythen des Computerzeitalters«.
Der ausgewählte Aufsatz wurde dem Band »Das unvollendete Tier. Eine neue Stufe in der Entwicklung des Menschen« entnommen.

Der Grenzbereich der Aquarier

Die andere Religion

Gott stirbt. Und wir haben somit keine andere Chance, als mit uns selbst zu beginnen. *In* uns selbst! Alles, was wir verloren haben im Verlauf der sogenannten Menschwerdung (und der Mensch ist nun einmal eine in sich zerrissene, geplagte Kreatur): die visionären Energien, die Disziplin der Heiligen; wir entdecken erneut die Tiefen unserer Identität. Entweder dort oder überhaupt nicht. Und wir graben uns einen Weg zu dieser Identität mittels des menschlichen Geistes, mit Hilfe unseres nicht lokalisierbaren Ichs, das unser anderes und inneres Universum ist.

Früher, in anderen Kulturen, wäre es selbstverständlich gewesen, in Sachen menschlicher Identität den Griff nach den Sternen als religiöse Kultübung zu empfinden. Der heilige Augustinus wußte es längst: Die Tiefendimension der Autobiographie hat den Charakter einer göttlichen Glaubensgemeinschaft: »Du schufst uns für Dich selbst, und unser Herz ist ruhelos, bis daß es ruhet in Dir.« In der modernen westlichen Gesellschaft ist die Religion längst zu einem ausgesprochenen Hindernis geworden, das den Zugang zu jener geistigen Selbsterforschung verbaut, mit der wir konfrontiert sind. Für zu viele feinnervige Zeitgenossen bedeutet »Religion« die Abblockung der eigenen Erfahrungsbereitschaft – und keineswegs eine Art von Befreiung. Schon das einzelne Wort leidet unter der Geistfeindlichkeit der Orthodoxien. Also kommt es zur Anbetung »primitiver« beziehungsweise orientalischer Kulturen, indem man aus ihren rituellen Traditionen die Ego-Techniken und Disziplinen der Selbstverwirklichung herausfiltert, die unsere Gesellschaft in derart geringem Ausmaß mit Religion assoziiert, daß sie gezwungen gewesen ist, eine profane Wissenschaft, nämlich die Psychiatrie, sozusagen aus dem Boden zu stampfen, um ein Grundbedürfnis zu befriedigen. Auf der anderen Seite überschreitet der neue geistige Impuls samt und sonders die Grenzen der traditionellen Religion. Das Ergebnis: sinnliches Bewußtsein, Parapsychologie, Bewußtseinserforschung, psychedelische Rauschzustände, Bioenergetik, okkulte Wissenschaften. Wir machen zur Zeit einen religiösen Umwandlungsprozeß durch. Religion hat einen völlig neuen Stellenwert erlangt. Und es gibt nicht wenige, die fasziniert auf dieses Phänomen starren.

Wer genau hinsieht, der entdeckt auch dort ein grundsätzliches religiöses Bedürfnis, wo Orientierungslosigkeit an der Tagesordnung ist. Zum Beispiel in Form von unkonventionellen medizinischen Praktiken. Gesundbeten und Wunderheilungen sind immer den »geweihten Mächten« zugeschrieben worden. Aber wann hat es das je gegeben: daß eine Gesellschaft über derart viele medizinische Geheimpraktiken verfügt und die Geheimnisse des Organismus dennoch mit der Hypothek des Vorurteils belastet sind. Die Lehre von den Reflexen, »Zonentherapie«, Elektronik, Selbstentstehung, Pflanzenkunde, Biorhythmus, Körperkunde und Dutzende von Massage-Heilpraktiken – all diese Methoden sprengen den üblichen Heilungsprozeß. Es geht nicht mehr ums bloße Handauflegen. Was zählt, sind egointensive und metaphysische Strukturen. Diese »Disziplinen« besitzen einen Pseudocharakter. Und der menschliche Körper ist so etwas wie ein geheiligtes Forschungsobjekt. Genau diese mystische Interpretation des Organismus sichert einem prominenten Heilsdenker wie Jack Schwarz seine Gefolgschaft. Der gebürtige Holländer, der zur Zeit in Selma (Oregon) arbeitet, unternimmt häufig Vortragsreisen zu mehreren medizinischen Zentren. Oberflächlich gesehen sind seine Experimente in Sachen »Freiwillige Kontrolle des eigenen

Gesundheitszustandes« (körperliche Schmerzen, Blutungen, Infektionen) nichts weiter als ein konventionelles Forschungsbemühen auf dem Gebiet der Psychosomatik. Doch wenn man genauer hinsieht, entdeckt man eine eklektische Mischung aus Yoga, tantrischem Vorstellungsvermögen und okkulten Kosmologien. Wenn man sich dem Menschen konkret nähert, dann spürt man, wie ihn die Aura des Schamanen, des Weisen, des Geistesberaters umgibt. Die Medizinwissenschaft hat da relativ wenig zu bestellen; die Diskussion über körperliche Krankheiten sowie über die Physiologie im allgemeinen weitet sich aus zu einer visionären Metaphysik und einer persönlichen Philosophie.

Dieselbe Atmosphäre hygienischer Religiosität durchdringt die neue Art mystischer Athletik, wie sie etwa am Esalen-Sportinstitut in San Francisco praktiziert wird. 1972 gegründet, war es ursprünglich als Forum gedacht, wo die Auswüchse des modernen Berufssports diskutiert werden sollten. Aber bald entwickelte sich das Institut zum Sammelbecken für all diejenigen, die im Begriff waren, in der Athletik eine kontemplative Therapie für Körper und Seele zu sehen – im Sinne von Aikido oder T'ai chi ch'uan. Es fällt schwer, sich eine geistige Bewegung vorzustellen, die stärker die traditionellen Vorstellungen der westlichen Welt in bezug auf das, was als religiös unantastbar oder als profan gilt, verunsichert als diese Kombination von Körperkultur und geistiger Selbstentfaltung. Michael Murphy, Autor des Buches *Golf in the Kingdom* und einer der Gründer des Esalen-Sportinstituts, integriert die mystischen Dimensionen dieser fernöstlichen Meditationsübungen in den Golfsport. Ich kenne kritische Zeitgenossen, die, möglicherweise beeinflußt durch Mike Spinos Vorlesungen (»Der Lauf als geistige Erfahrung«) ihren Gesundheitsfanatismus aufgegeben haben und nun nach dem Vorbild des Pranayama-Yoga Atem-Meditation betreiben. George Leonard, der den höchst ehrgeizigen Versuch unternommen hat, eine Philosophie des »Geistessports« zu entwickeln, spricht von »verborgenen Dimensionen« des Sports und meint damit »Musik und Poesie, die Erfahrung der Drehbewegung der Erde und ein individuelles Todesverständnis«.[1]

Um es noch einmal zu wiederholen: Diese von einer neuen Faszination beseelten Gesellschaftsgruppen haben ganz konkret einen geistigen Endzweck vor Augen, eine totale Weltanschauung; in diesem Fall geht es zum Beispiel ums Laufen, Bergsteigen, Tieftauchen oder eine Art von Tennisbesessenheit. Leonard nennt es das »Spiel der Inkarnation, das der individuelle menschliche Geist vor dem magischen Hintergrund des Planeten Erde spielt«.

Folgen wir weiter der Bewußtseinsszene, dann stoßen wir auf die derzeit im Gespräch befindlichen modischen Ernährungstendenzen. Hinsichtlich der ätherischen Gesundheits- und Heilungsprozesse liegt es im Interesse der religiösen Eiferer, daß eine intensive metaphysische Aufarbeitung erfolgt. Dann geht es um mehr als um bloße körperliche Gesundheit. Die okkulte Ernährungsharmonie, das ritualisierte Sammeln und Zubereiten von Grundnahrungsmitteln sind in den Mittelpunkt einer kontemplativen Aufmerksamkeit gerückt. Ich sage es noch einmal: Hat man unauslöschlich die herkömmlichen Wertbegriffe der abendländischen Kulturgesellschaft im Kopf, dann ist dies nicht der Ort, um eine grundsätzliche religiöse Erneuerung zu diskutieren. Unsere Kultur hat seit langem Notwendigkeiten wie Kochen und Essen in den Bereich des Banalen verwiesen. Wir verfügen nun mal über keinerlei Ernährungsmystik. Aber die fanatischen Anhänger der »Gesamtmethode« in Sachen Ernährung haben inzwischen die schlichte Weisheit der Upanischad-Texte zu respektieren gelernt: »An allererster Stelle steht die Nahrung. Davon hängt alles ab! Sie ist der Dreh- und Angelpunkt der menschlichen Existenz.« Die Wechselwirkung zwischen Yin und Yang, bezogen auf die tägliche Ernährung, ist zu einem vulgären *Mandala* geworden, zu einer Aphorismensammlung für den Abendtisch.

Und das Spektrum der heutigen geistigen Hilfsmittel erweitert sich nach diesem Wechselbad aus Shiatsu-Massage-Kerzen und makrobiotischen Läden um neue, faszinierende Dimensionen. Selbst Naturwissenschaft und Technologie der westlichen Welt – oder einige der diesbezüglichen albernen Interpretationen – fallen in den Rahmen dieser expansiven Buntheit. Es gibt speziell unter den jungen Naturwissenschaftlern einen ruhelosen Jahrgang, der die theoretischen Grenzen der Physik durchbricht und zu ungeahnten, geradezu rhapsodischen Kosmologien vordringt. Vor diesem Hintergrund geht der »visionäre Physiker« Jack Sarfatti von der Voraussetzung aus, daß »Materie durch Gravitation gebundenes Licht« ist. Er, ein Förderer der Theorien John A. Wheelers, David Bohms und Richard Feynmans, spekuliert mit dem Gedanken, daß die »Wirklichkeit aus einer unendlichen Zahl koexistierender Universen« besteht, die allenfalls von unterschiedlichen Bewußtseinszuständen »durchdrungen« werden kann. Von da aus ist es nur noch ein kleiner Schritt bis zur »Erklärung des Unerklärlichen« (und hier bietet sich Bob Toben, ein Schüler Carlo Suarez', der »Autorität in Sachen Energiecode der Kabbala«, als Mitarbeiter an). Und schon sind die Astralprojektion, die Kirlianische Fotografie und die Psychometrie längst etablierte naturbezogene Wissenschaftskategorien. – Da schon der Stil nicht mein eigener ist, kann ich erst recht nicht als Kronzeuge auftreten für Theorien wie »Wurmlöcher«, »Biogravitationsfelder«, »Negativmasse« oder »Superraum« (ich fürchte, es ist alles auf eine üble Art und Weise an den Haaren herbeigezogen), aber ich kann einen gewissen Kraftakt nicht leugnen. Es geht darum, die Materie zu vergeistigen und die Natur als Spieleug mystischer Mächte zu begreifen. Kurz gesagt: Bestreben der Religion ist es, eine Gefängniszelle, genannt »wissenschaftliche Weltanschauung«, nach ihrem eigenen perversen Geschmack zu renovieren.

Die Vorstellung des Technokraten von einer »visionären Physik« ist gleichzusetzen mit der Metaphysik der Medien eines Marshall McLuhan und eines John Brockman. In diesem Zusammenhang werden elektronische Kommunikation und System der Informationsübermittlung zu symbolischen Mächten eines psychotronischen Mystizismus, dessen eindeutiger Sinn es ist, den menschlichen Geist zu verwirren und zu verunsichern. Überzogene Analogien sowie »Grenzflächen« siedeln sich an zwischen – »advaita vedauta« und kybernetischer Technologie. Die wissenschaftliche Realität verflüchtigt sich zu einem freien Spiel des Bewußtseins, und das Universum wird zur Weltbühne. Wenn wir nun schließlich die Bewußtseinsebene bis hin zu den Auswüchsen der Pop-Kultur verfolgen, dann stoßen wir auf Science-fiction, Punk Rock und »Schwert und Hexen«-Romanzen, die einen fast ehrfurchtsvollen Respekt als Pforten der »außerordentlichen Wahrnehmung« genießen. Die gedanklichen Zielrichtungen sind einigermaßen vulgär; die Würdigung, die sie erfahren, ist auf der einen Seite zwar bemerkenswert, entbehrt auf der anderen Seite aber auch der Realitätsbezogenheit. Das erinnert an moderne Künstler, die ihre Energie an Büchsendosen und Filmidole verschwendet haben, weil sie glauben, in ihnen die degenerierten Wertsymbole unserer Gesellschaft wiedererkannt zu haben. Selbst hinter der heutigen Comic-Literatur stecken mystische Konturen. Eins steht fest: Sowohl die Autoren als auch die Konsumenten der volkstümlichen Bildgeschichten (wie etwa *Conan the Barbarian, King Kull* und *The New Gods* haben ganz konkret aus Joseph Campbells Werk *Hero with the Thousand Faces* gelernt, wo es um die Plastizität mythologischer Archetypen geht. Man sollte aber auch die pseudoreligiösen Ansprüche nicht außer acht lassen, die eine andere, ziemlich populäre Comic-Serie stellt, nämlich *Doctor Strange, Master of the Mystik Arts:*

Einst war er ein Mann wie jeder andere auch – überrumpelt und übersättigt von sogenannten *materiellen* Bedürfnissen. Aber dann entdeckte er die *andere* Wirklichkeit, wo Magie plus Mensch diejenigen Mächte formten, die ihrerseits unser Leben bestimmen. In diesem Augenblick war er *neugeboren*, um zu einem Menschen zu werden, wie es ihn nie zuvor gegeben hatte – zu einem Menschen, der uns überlebt hat, indem er gegen die unsichtbaren Gefahren aufbegehrte, die schwarz und aufdringlich unsere zerbrechliche Existenz durchgeistern.

Das besagt zugegebenermaßen wenig, ist aber auf der anderen Seite typisch für den Stil, der die psychedelischen Schauer-Comics prägt, die ja schließlich unter Schülern zu einer Art Kultobjekt geworden sind. Unorthodoxe Medizin, mystische Ernährungsgewohnheiten, visionäre Naturwissenschaft, Comic strip-Auswüchse, die eine »andere Realität« zum Thema haben, und meditativer Sport: Wenn wir es nicht schaffen, die religiösen Impulse zu begreifen, die hinter dieser faszinierenden Geistesbewegung stecken, dann verliert die zeitgenössische Kultur ihren Stellenwert, weil wir ein dominierendes Zeitelement übersehen. Was macht eigentlich den religiösen Charakter gewisser Vorurteile aus? Es ist die Rolle, die sie spielen, wenn es darum geht, aus dem Unbekannten eine konkrete Bedeutung herauszufiltern, aus der persönlichen Erfahrung eine kosmische Dimension. Im Grunde genommen ist jeder prädestiniert für die Erfahrung einer unheimlichen Realität, für eine Erlebniswelt, die den Rahmen der überkommenen Wissenschaft, des orthodoxen intellektuellen Bewußtseins sprengt. Es geht jeweils um diese spezifische »Lichtstärke«, die ausschließlich unter dem Aspekt des Menschlichen zu sehen ist. Und hier ist die Grundrichtung sozusagen vorgeschrieben. Explosionen einer visionären Energie sind an der Tagesordnung. Zeit und Materie spielen keine Rolle mehr. Was zählt, ist ein humanes Universum. Natürlich: Wer hätte nicht seit jeher dafür plädiert! Nur: Im Augenblick verlangt es rigoros nach seinem Lebensrecht.

Die heiligen Werke

Die auf den nächsten Seiten abgebildete Tabelle demonstriert einigermaßen genau die Möglichkeiten des Menschen, eine Transzendenz zu provozieren – oder irgendeinen Abglanz davon. Zugegebenermaßen wird mein eigener Erfahrungshintergrund nur begrenzt den Möglichkeiten gerecht, die Zeitbedürfnisse zu befriedigen. Das gleiche gilt für überzogene eklektische Tendenzen. Tatsache ist, daß man

GRENZBEREICH

Jüdisch-christliche Wiedergeburt

Neuer Pfingstglaube (Jesus-Sekten
und Kommunen)

Charismatische Gemeinden
innerhalb der Großkirchen

«Right on» (das Sprachrohr der
christlichen Befreiungsfront)

«Havurot»-Bewegung (die
jüdische Gegenkultur)

Chabad-Häuser

Haus der Liebe und des Friedens
in San Francisco (Rabbi
Shlomo Carlebach)

Nyingmapa-Institut
(Tarthang Tulku)

Sri Aurobindo

Meister Muktananda

Sri Chinmoy

Kirpal Singh

Guru Bawa

Baghwan Shree Rajneesh

Eknath Easwaran

Gopi Krishna

Meister Subramuniya

Buba Free John

Baba Ram Dass

Östliche Religionen

Zen

Tibetanischer
Buddhismus

Tantrismus

Yoga

Sufismus

Subud

Baha'i

Taoistischer Natur-
mystizismus

I Ging

Einzelne Gurus sowie
Massenbewegungen:

Krishna-Bewußtsein
(Meister Bhaktive-
danta)

Transzendentale Medi-
tation (Maharishi
Mahesh Yogi)

«Divine Light Mission»
(Maharadshi)

«Healthy-Happy-Holy-
Organisation: 3HO
(Yogi Bhajan)

Totaler Yoga (Meister
Satchidananda)

Ananda Marga-Yoga

Meher Baba

«Naropa Institute-
Dharmadatu
(Chögyam Trungpa)

DER AQUARIER

Esoterische Wissenschaften

*Vergleichende Religionswissen-
  schaft* (Zeitschrift der Traditio-
  nalisten)
Esoterische Gruppen:
  Theosophie
  Anthroposophie (Rudolf Steiner)
  Gurdjieff – Ouspensky – J. G.
  Bennett – A. A. Bailey
Kabbalismus
Astrologie
«Humanistische Astrologie»
  (Dane Rudhyar)
Alchimie
Tarot
Magie
Erdwahrsagung (Korn- und Kraft-
  felder)
Okkulte Geschichte (Atlantis etc.)

Eupsychische Therapien

Jungsche Psychiatrie
Gestalttherapie
Psychosynthese
Primärtherapie
Arica
Erhard-Seminar
«Centering»
Humanistische Psychologie
Transpersonelle Psychologie
Logotherapie
Synanon-Spiele
«Silva Mind Control»
Geist-Dynamik (A. Everett)

Geist-Heilung

Integrales Heilen
Akupunktur
Polaritätstherapie
Autogenese
Homöopathie
Naturopathie
Hypnotherapie
Aura-Seminare
Gehirn-Chirurgie
Regenbogendeutung
Yoga asana-Therapie
Elektronik
Pflanzenkunde
Juwel- und Blumenkunde
Introspektive
Biotonik
Medizinische Astrologie
«Aletheia Foundation»
(Jack Schwarz)

Körpertherapien

Sinnliche Warnehmung
Strukturelle Integration
  (Rolfing)
Strukturelles Planen
Bioenergetik
Orgonomie
Alexander-Methode
Feldenkreis-Methode
Gesunde körperliche
  Arbeit
Massage
Körperlehre
T'ai chi ch'uan, Aikido
  und andere östliche
  Meditationsformen
Therapeutische Athletik
(Esalen-Sportzentrum)

GRENZBEREICH

**Neoprimitivismus und
Heidentum**
Philosophische Mythologie
 (Jung, Eliade, J. Campbell)
Hexenkult und Schamanentum
 (Don Juan, Rolling Thunder)
Freiwillig gewählter Primitivis-
 mus als Lebensstil
Anpassung an primitives Wissen
 und primitive Rituale

Organizismus
Ökologischer Mystizismus
Kulte der natürlichen Ernährung
Makrobiotik
Organische Landwirtschaft
Biorhythmus
Vegetarische Kost

«Wilde» Wissenschaft
Veränderte Bewußtseins-
 zustände
Biofeedback
ASW und Parapsychologie
Traumforschung
Psychometrie
Psychedelische Forschung
Kirlianische Fotografie
Schmidt-Maschinen
Lebensfelder
Erforschung des gespal-
 tenen Bewußtseins
Hypnose der Zeitrückkehr
Morphische Wissen-
 schaft (Whyte)
Visionäre Physik (das Uni-
 versum als Bewußtsein)
Psychoenergetische
 Systeme
Parapsychisch/physische
 Grenzbereiche
Thanatologie (Tod und
 Sterben)
Synergistik (metaphysi-
 sche Geometrie: B. Fuller)
Forschungszentren:
 Institut für Geistes-
  wissenschaft (Edgar
  Mitchell)
 Stiftung für Geistesfor-
  schung: Geistspiele
  (Jean Houston)
 Kundalini Forschungs-
  institut
 Zentrale für Prämonition

DER AQUARIER

Psychologen, Spiritisten, okkulte Gruppen
Edgar Cayce
Uri Geller
Echankar
Stele-Gruppen
«One World Family»
«Höchstes Lichthaus»
«The Process»
Pyramidenforschung
Gnostica (okkulte Zeitschrift)

Psychotronik
Neurale Kybernetik
Medienmystizismus und Elektroneuronik
Manipulation des Gehirns durch Drogen und Elektronik

Pop-Kultur
Science-fiction
Metaphysische Phantasie
UFO-Studiengruppen
Schwert- und Hexenromanzen (Tolkien, Peake, Cabell, Lovecraft)
Phantasie der Comics
Punk Rock
Light shows und Multimedienspektakel
Filmfaszination
Drogen und unkontrollierte Bewußtseinserweiterung

in der Regel überfordert ist, wenn es darum geht, irgend etwas konkret beim Namen zu nennen, was *nicht* in irgendeiner Form von jemandem ritualisiert oder umgemünzt worden ist zu einer Art geistiger Innenschau (wenn nicht sogar zu einer in voller Blüte stehenden intellektuellen Disziplin). Natürlich ist es im geographischen Bereich der San-Francisco-Bucht, wo ich zur Zeit lebe – die übrigens eine der »Brutstätten« der Bewußtseinsszene ist –, unmöglich, die Spur der Leute zu verfolgen, die pseudoreligiösen oder therapeutischen Wertvorstellungen erlegen sind. Wankelmut und Oberflächlichkeit sind die bezeichnenden Negativkriterien einer flüchtigen Szene. Aber selbst diese sind ein Indiz für eine gewisse Sensibilität, die darauf basiert, daß – im Rahmen der gegebenen Möglichkeiten, versteht sich – eine bestimmte existentielle Fragestellung untermauert wird. Wenn wir letzten Endes begreifen, daß das Bogenschießen und das Basketballspiel durchaus dem Zen zugeordnet werden können, warum dann nicht auch eine Art Yoga nach der Methode »Kau fünfzigmal, bevor du schluckst!« oder eine natürliche Gartenbestellung bzw. solides handwerkliches Können. Welche Grenzen können wir der Durchleuchtung des Gemeinplatzes setzen? Der Lama Govinda hat einmal gesagt: »Man sollte sich selbst betrachten und all das, was sichtbar ist, als göttliches Mandala ansehen.« Und es gibt nun einmal Menschen, die auf Gedeih und Verderb eine solche Vergöttlichung der Natur und jeglichen menschlichen Verhaltens anstreben. Hier spielt die Zentaoistische Sensibilität eine ganz konkrete Rolle – ebenso wie das Gespür für das Kontemplative und die ritual bedingten Möglichkeiten der Alltagserfahrung. Die orientalische Kunst des Blumenarrangements und der Teezeremonie ist für uns eine Art Erleuchtung. Die neuen Psychotherapien waren immer schon gleich bei der Sache, wenn es darum ging zu verdeutlichen, wie dieser schlichte Mystizismus des »Hier und Jetzt« dazu benutzt werden kann, die menschliche Persönlichkeit zu »optimieren«. Das ist es in der Tat, was sie im Sinne Abraham Maslows zu eupsychischen Therapien macht: zu Therapien der Gesundheit und des Wachstums.

Wie soll man von Suche sprechen, wenn es derart verschiedener Ausdrucksmittel bedarf, um sie voranzutreiben. In unserer Sprache gibt es dafür kein anderes Wort; wir müßten im Grunde irgendeinen verrückten Mischbegriff erfinden, etwa: »psychisch-mystisch-halbwissenschaftlich-geistig-therapeutisch …« Da wir keine andere Möglichkeit haben, eine derartige Bandbreite von Wünschen und Zielvorstellungen sprachlich in den Griff zu bekommen, machen wir eine Anleihe bei der gängigen Tagesmythologie und nennen die gesamte

Szene mit all ihren verschlungenen Pfaden den »Grenzbereich der Aquarier« – eine zerbrechliche Landschaft, ein offenes Feld für das zeitgenössische geistige Abenteuer.

Wann genau – wenn überhaupt – das Zeitalter der Aquarier für uns begonnen hat, das müssen die Astrologen unter sich ausmachen. Aber alle sind sich darüber einig, daß diese Entwicklungsphase von hohem moralischen Idealismus und überwältigender Offenheit für visionäre Erfahrung gekennzeichnet ist: Es handelt sich um einen von naiver Neugier geprägten Zeitabschnitt, der eine alarmierende Veränderung der Sensibilität mit sich bringt. Ziel ist eine radikale Subjektivität. Allerdings: So introspektiv eine solche Epoche auch zu sein scheint, sie strebt gleichzeitig intimere Formen der Gemeinschaft und eine ehrgeizige kulturelle Synthese an. Dane Rudhyar erinnert uns daran, daß das Zeitalter der Aquarier eine »ozeanische Phase« ist; und so wie die ineinander übergehenden Weltmeere so etwas wie eine vielarmige Klammer sind, die alle Kontinente und Inseln zusammenhält, so ist das Hauptziel der ozeanischen Phase die planetarische Einheit, das »Symposion des Ganzen«.

Aber vielleicht ist die Hoffnung die hervorstechendste und überzeugendste Eigenschaft des aquarischen Phänomens. Hoffnung als Lebensquelle für eine ausgedörrte und sterbende Kultur. Aquarius, der Wasserspender – ein Sinnbild der Schöpfung inmitten der Wüste. So ähnlich lautet das Versprechen des Grenzbereichs, der vor uns liegt, obwohl wir uns eins ständig vor Augen halten müssen: Wo Fruchtbarkeit nicht mit sorgfältiger Kultivierung einhergeht, entsteht kein menschenwürdiger Lebensraum, statt dessen das tödliche Dickicht von Sumpf und Dschungel. Und wie könnte man diesem Versprechen besser auf die Spur kommen als durch eine symbolische Darstellung des Grenzbereichs, die sowohl seine Vitalität als auch seine phantastische Vielfalt offenbart. Denn gerade das Massenphänomen der Erforschung des menschlichen Geistes betreibt sozusagen das Geschäft unserer Subjektivität. Ich möchte daher ein Ereignis auswählen, das die verwirrende Vielfalt des ständig wachsenden, unbändigen Hungers des Menschen nach seelischer Erneuerung eindringlich vor Augen führt: die Kohoutek-Bewußtseinsmesse, die Ende Januar 1974 in San Francisco stattfand.

---

[1] George Leonard: *The Ultimate Athlete*. New York (Viking Press) 1975. Diese neue Vision vom westlichen Sport hat Paul Goodman in seinen frühen Kurzgeschichten und Romanen vorweggenommen, wo vom Langstreckenlauf, Handball, Radfahren und Basketball die Rede ist. Goodman nennt sie »Aktivitäten der Leidenschaft«. Goodmans Sensibilität entstand vor dem Hintergrund seiner Taoist-Gestalt-Weltanschauung, die auf brillante Weise Organismus und Psyche koordiniert.

JIDDU KRISHNAMURTI

Spiritueller Lehrer. 1895 als achtes Kind einer Brahmanenfamilie in Südindien geboren. Im Alter von 15 Jahren kam er nach England, wo er von der Theosophischen Gesellschaft zum neuen Messias ernannt wurde. Er lehnte dies aber entschieden ab und erwies sich als unabhängiger spiritueller Lehrer, der die Menschen mit unerbittlichem Nachdruck zur Selbsterkenntnis führen wollte. Krishnamurti starb 1986. Wichtige Werke: »Gespräche über das Sein. Der Weg jedes einzelnen zu einem wahrhaftigeren, freieren Leben«; »Aus dem Schatten in den Frieden«.
Der ausgewählte Beitrag wurde dem Band »Einbruch in die Freiheit« entnommen.

Der Mensch und die Welt

Der Mensch hat zu allen Zeiten etwas gesucht, das über ihn und sein materielles Wohl hinausgeht – etwas, das wir Wahrheit oder Gott oder Realität nennen, einen zeitlosen Zustand – etwas, das nicht durch Umstände, durch Gedanken oder durch menschliche Verderbtheit beeinträchtigt werden kann.

Der Mensch hat ständig die Frage gestellt: Worum geht es eigentlich? Hat das Leben überhaupt einen Sinn? Er hat die heillose Unordnung des Lebens vor Augen, die Roheiten, die Revolten, die Kriege, die religiösen, ideologischen und nationalen Spaltungen, die nie aufhören, und mit einem Gefühl tiefer Enttäuschung fragt er, was er tun soll, was denn das ist, was wir Leben nennen, und ob es etwas gibt, das darüber hinausgeht.

Und da er dieses Unbeschreibliche, das tausend Namen trägt und das er immer gesucht hat, nicht finden konnte, hat er den Glauben entwickelt – den Glauben an einen Erlöser oder an ein Ideal –, und jeder Glaube erzeugt unabänderlich Gewaltsamkeit.

In diesem ständigen Kampf, den wir Leben nennen, versuchen wir einen Kodex des Verhaltens aufzustellen, der der Gesellschaft entspricht, in der wir aufgewachsen sind, ganz gleich, ob es sich dabei um eine kommunistische oder sogenannte freie Gesellschaft handelt. Wir akzeptieren eine genormte Lebenshaltung als Bestandteil einer Tradition, der wir als Hindus, Moslems oder Christen oder was wir sonst zufällig sein mögen, angehören. Wir schauen nach jemandem aus, der uns sagt, was rechtes oder falsches Betragen, was rechtes oder falsches Denken ist, und indem wir uns nach dieser Norm ausrichten, wird unser Verhalten, unser Denken mechanisch, werden unsere Reaktionen automatisch. Wir können das sehr leicht an uns beobachten.

Seit Jahrhunderten sind wir durch unsere Lehrer, durch unsere Autoritäten, durch unsere Bücher und unsere Heiligen gegängelt worden. Wir erwarten, daß sie uns alles offenbaren, was hinter den Hügeln, den Bergen und der Erde liegt. Und wir sind mit ihrer Darstellung zufrieden, das bedeutet, daß wir von Worten leben und unser Leben hohl und leer ist. Wir sind Menschen aus zweiter Hand. Wir haben von dem gezehrt, was man uns gesagt hat, und ließen uns entweder durch unsere Neigungen und Absichten leiten oder durch das, was uns durch die Umstände und die Umwelt aufgezwungen wurde. Wir sind das Resultat aller möglichen Einflüsse. In uns ist nichts Neues, nichts, das wir selbst entdeckt haben, nichts Ursprüngliches, Urtümliches, Leuchtendes.

Während der ganzen theologischen Vergangenheit ist uns von religiösen Lehrern versichert worden, daß wir, wenn wir bestimmte Riten verrichten, bestimmte Gebete oder Mantras wiederholen, uns gewissen Normen anpassen, unsere Wünsche unterdrücken, unsere Gedanken kontrollieren, unsere Leidenschaften sublimieren, unsere Triebe eindämmen und uns sexueller Ausschweifungen enthalten, daß wir – wenn Geist und Körper ausreichend gefoltert sind – dann etwas jenseits dieses bedeutungslosen Lebens finden werden. Und das haben Millionen sogenannter religiöser Menschen Jahrhunderte hindurch getan, entweder in der Abgeschiedenheit, indem sie in die Wüste oder in die Berge oder in eine Höhle gingen oder mit der Bettelschale von Dorf zu Dorf wanderten oder sich in einem Kloster als Gruppe zusammenfanden und ihren Geist zwangen, sich einem festgelegten Vorbild anzupassen. Aber ein gequälter Mensch mit einem zerbrochenen Geist, ein Mensch, der diesem ganzen Tumult zu entrinnen trachtet, der der äußeren Welt entsagt hat und durch Disziplin und Anpassung abgestumpft wurde, solch ein Mensch, wie lange er auch suchen mag, wird nur finden, was seinem irregeleiteten Geist entspricht.

Um nun zu entdecken, ob es tatsächlich etwas jenseits dieses unruhigen, schuldvollen, furchterfüllten, ehrgeizigen Daseins gibt oder nicht, scheint es mir, daß man einen ganz anderen Weg gehen muß. Nach der traditionellen Einstellung geht man von der Peripherie nach innen, um im Laufe der Zeit durch Übung und Verzicht allmählich zu jenem inneren Erblühen, jener inneren Schönheit und Liebe zu kommen – in Wirklichkeit aber tut man alles, um engherzig, unbedeutend und minderwertig zu werden. Man löst Schicht um Schicht ab, man läßt sich Zeit, man erwartet alles vom Morgen, vom nächsten Leben – und wenn man schließlich zum Zentrum gelangt, entdeckt man, daß dort nichts ist, weil unser Geist unfähig, stumpf und unempfindlich gemacht worden ist. Wenn man diesen Prozeß wahrgenommen hat, fragt man sich, ob es nicht einen ganz anderen Weg gibt, ob es nicht möglich ist, vom Zentrum her durchzubrechen.

Die Welt akzeptiert den traditionellen Weg und folgt ihm. Die eigentliche Ursache der Unordnung in uns ist das Suchen nach einer Realität, die uns von einem anderen versprochen wurde. Wir folgen mechanisch dem, der uns ein wohltuendes spirituelles Leben zusichert. Es ist höchst seltsam, daß, obgleich wir uns der politischen Tyrannei und Diktatur widersetzen, wir innerlich die Autorität, die Tyrannei eines anderen hinnehmen, die unseren Geist und unser Leben verwirrt. Wenn wir nun jede sogenannte spirituelle Autorität mitsamt allen Zeremonien, Riten und Dogmen verwerfen, nicht intellektuell, sondern tatsächlich, bedeutet das, daß wir allein stehen und uns damit bereits in Konflikt mit der Gesellschaft befinden. Für die Gesellschaft hören wir auf, geachtete Menschen zu sein. Doch ein von der Gesellschaft geschätzter Mensch kann unmöglich dieser unendlichen, unermeßlichen Realität näherkommen.

Sie haben nun damit begonnen, etwas absolut Falsches zu verneinen, den traditionellen Weg. Doch wenn diese Ablehnung eine Reaktion ist, werden Sie eine andere Schablone geschaffen haben, in der Sie wie in einer Falle festgehalten werden. Wenn Ihnen Ihr Verstand sagt, daß diese Ablehnung ein guter Gedanke ist, Sie aber nichts daraus machen, kommen Sie nicht weiter. Wenn Sie das Falsche jedoch verneinen, weil Sie den Stumpfsinn, die Unreife der gesellschaftlichen Konvention verstehen, wenn Sie sie aus tiefer Einsicht verwerfen, weil Sie frei sind und sich nicht fürchten, werden Sie eine große Unruhe in sich und um sich hervorrufen; aber Sie werden aus der

Falle konventioneller Ehrbarkeit herauskommen. Dann werden Sie entdecken, daß Sie nicht länger suchen.

Und das ist das erste, das zu lernen ist: nicht zu suchen! Solange Sie suchen, machen Sie nur einen Schaufensterbummel.

Die Frage, ob es einen Gott gibt oder die Wahrheit oder die Realität oder wie Sie es sonst benennen mögen, kann niemals durch Bücher, Priester, Philosophen oder Erlöser beantwortet werden. Niemand und nichts kann diese Frage beantworten als Sie selbst; und darum müssen Sie sich kennen. Wenn man sich selbst nicht kennt, ist man unreif; sich selbst zu verstehen, ist der Anfang der Weisheit.

Und was ist dieses Selbst, das individuelle Wesen? Ich glaube, es besteht ein Unterschied zwischen dem Menschen an sich und dem Individuum. Das Individuum ist örtlich gebunden, lebt in einem bestimmten Lande, gehört einer bestimmten Kultur, Gesellschaft und Religion an. Der Mensch als solcher ist jedoch keine lokal gebundene Einheit. Er ist überall. Die Handlung des Individuums, das nur in einem begrenzten Winkel des weiten Lebensgebietes wirkt, ist ohne jede Beziehung zum Ganzen. Darum müssen wir daran denken, daß wir von dem Ganzen und nicht von einem Teil sprechen, weil sich im Größeren das Geringere findet, aber im Geringeren nicht das Größere. Das Individuum ist das unbedeutende, eingeengte, elende, enttäuschte Wesen, zufrieden mit seinen kleinen Göttern und seiner engen Tradition, während ein wahrer Mensch am Wohlergehen, dem Elend und der Verwirrung der ganzen Menschheit Anteil hat.

Wir Menschen sind geblieben, wie wir seit Millionen von Jahren waren – im höchsten Maße gierig, neidisch, aggressiv, eifersüchtig, ängstlich und verzweifelt, mit gelegentlichen Ausbrüchen der Freude und der Zuneigung. Wir sind eine seltsame Mischung von Haß, Furcht und Freundlichkeit. Wir sind gewalttätig und auch friedfertig. Der äußere Fortschritt hat uns vom Ochsenkarren bis zum Düsenflugzeug geführt; aber innerlich hat sich das Individuum überhaupt nicht geändert, und dieses Individuum hat die Struktur der Gesellschaft in der ganzen Welt geschaffen. Das äußere soziale Gefüge ist das Ergebnis der inneren psychologischen Struktur unserer menschlichen Beziehungen, denn das Individuum ist das Resultat der gesamten Erfahrungen, des gesamten Wissens und Verhaltens des Menschen. Jeder von uns ist das Lagerhaus der ganzen Vergangenheit. Das Individuum ist das Wesen, das die ganze Menschheit in sich trägt. Die gesamte Geschichte des Menschen ist in uns niedergeschrieben.

Beobachten Sie, was sich wirklich in Ihnen und in der Außenwelt abspielt – in dieser Wettbewerbskultur, in der Sie leben, mit ihrem Verlangen nach Macht, Position, Einfluß, Namen, Erfolg und allem Drum und Dran. Betrachten Sie die Leistungen, auf die Sie so stolz sind, den ganzen Bereich, den Sie Leben nennen, in dem alle Beziehungen voller Konflikte sind, die Haß, Widerstreit, Brutalität und endlose Kriege erzeugen. Dieser Bereich, dieses Leben ist alles, was wir kennen, und da wir unfähig sind, den gewaltigen Daseinskampf zu begreifen, fürchten wir uns natürlich davor und spüren die verborgensten Möglichkeiten auf, um zu entrinnen. Wir fürchten uns auch vor dem Unbekannten, fürchten uns vor dem Tode, fürchten uns vor dem, was hinter dem Morgen liegt. Wir fürchten uns vor dem Bekannten und fürchten uns vor dem Unbekannten. Das ist unser tägliches Leben, in dem es keine Hoffnung gibt. Darum ist jede Philosophie, sind theologische Begriffe jeder Art nur eine Flucht vor der eigentlichen Wirklichkeit, vor dem, was ist.

Alle äußeren Veränderungen, die durch Kriege, Revolutionen, Reformationen, Gesetze und Ideologien veranlaßt wurden, haben es nicht vermocht, die Natur des Menschen und damit die Gesellschaft grundlegend zu verwandeln. Als menschliche Wesen, die in dieser monströs häßlichen Welt leben, müssen wir uns fragen, ob diese Gesellschaft, die auf Wettbewerb, Brutalität und Furcht gegründet ist, zu einem Ende kommen kann – nicht in der begrifflichen Vorstellung, nicht als eine Hoffnung, sondern in Wirklichkeit, so daß der Geist frisch, neu und unschuldig ist und eine gänzlich andere Welt hervorbringen kann. Ich glaube, das kann nur geschehen, wenn jeder von uns die wesentlichste Tatsache anerkennt, daß wir als Individuen, als menschliche Wesen, in welchem Teil der Welt wir auch zufällig leben oder welcher Kultur wir auch zufällig angehören mögen, voll und ganz für den Gesamtzustand der Welt verantwortlich sind.

Jeder von uns ist für jeden Krieg verantwortlich, denn unser Leben ist voller Aggressivität; wir haben unseren Nationalismus, wir sind voller Selbstsucht, haben unsere Götter, unsere Vorurteile, unsere Ideale – und das alles trennt uns voneinander. Und nur, wenn wir klar erkennen – nicht intellektuell, sondern wirklich, wie wir unseren Hunger oder unsere Schmerzen empfinden – daß Sie und ich für das bestehende Chaos verantwortlich sind, für das Elend in der ganzen Welt – denn wir haben durch unser tägliches Leben dazu beigetragen und sind Teil dieser monströsen Gesellschaft mit ihren Kriegen, Einteilungen, ihrer Häßlichkeit, Brutalität und Gier –, nur dann werden wir wirklich handeln.

Aber was kann ein Mensch tun, was können Sie und ich tun, um eine völlig andere Welt aufzubauen? Wir stellen uns damit eine sehr ernst zu nehmende Frage. Kann überhaupt etwas getan werden? Was können wir tun? Wird es uns jemand sagen?

Man hat es uns gesagt. Die sogenannten spirituellen Führer, von denen man annimmt, daß sie diese Dinge besser verstehen als wir, haben es uns gesagt, indem sie versuchten, uns in eine neue Schablone hineinzubiegen und hineinzupressen, und das hat uns nicht sehr weit gebracht. Weltkluge und gelehrte Männer haben es uns gesagt, und das hat uns auch nicht weitergeführt. Uns wurde gesagt, daß alle Wege zur Wahrheit führen: der eine geht auf seinem Pfad als Hindu, ein anderer folgt seinem Pfad als Christ und wieder ein anderer als Moslem, und sie alle begegnen sich an derselben Tür, und das ist, wenn Sie es richtig betrachten, offensichtlich völlig unsinnig.

Zur Wahrheit führt kein Pfad, und darin liegt ihre Schönheit; die *Wahrheit* ist etwas Lebendiges. Eine tote Sache hat einen Pfad, der zu ihr führt, weil alles Tote statisch ist. Wenn Sie aber erkennen, daß die Wahrheit etwas Lebendiges ist, das in Bewegung ist, das keine bleibende Stätte hat, das in keinem Tempel, keiner Moschee oder Kirche zu finden ist, wohin Sie keine Religion, kein Lehrer, kein Philosoph führen kann – dann werden Sie auch erkennen, daß dieses Lebendige das ist, was Sie in Wirklichkeit selbst sind – Ihr Ärger, Ihre Roheit, Ihre Heftigkeit, Ihre Verzweiflung, die Trübsal und das Leid, darin Sie leben. Im Verstehen all dieser Dinge liegt die Wahrheit; doch Sie können nur verstehen, wenn Sie wissen, wie Sie auf diese Dinge, die zu Ihrem Leben gehören, zu schauen haben. Und Sie können nicht von einer Ideologie aus schauen, nicht durch einen Schleier von Worten, nicht mit Hoffnungen und Ängsten.

Sie sehen also ein, daß Sie von niemandem abhängig sein dürfen. Es gibt keinen Führer, keinen Lehrer, keine Autorität. Es gibt nur Sie – Ihre Beziehung zu anderen und zur Welt –, nichts sonst ist da. Wenn Sie das erkennen, mögen Sie in tiefe Verzweiflung geraten, aus der Zynismus und Bitterkeit erwachsen. Doch wenn Sie der Tatsache ins Auge sehen, daß Sie und niemand sonst für die Welt und für sich selbst verantwortlich ist, für alles, was Sie denken, was Sie fühlen, wie Sie handeln, dann verschwindet alle Selbstbemitleidung. Normalerweise gedeihen wir dadurch, daß wir andere tadeln, was eine Form der Selbstbemitleidung ist.

Können Sie und ich nun ohne äußeren Einfluß, ohne jeden Zwang, ohne Furcht vor Bestrafung – können wir im Kern unseres Wesens

eine totale Revolution, eine psychologische Umwandlung hervorbringen? Dann wären wir nicht länger brutal, heftig, wetteifernd, un-
ruhig, furchtsam, gierig, neidisch und was sonst noch zu den Aus-
drucksformen unserer Natur gehört, womit wir diese verrottete Gesellschaft aufgebaut haben, in der sich unser tägliches Leben abspielt.
Es ist wichtig, von Anfang an zu verstehen, daß ich keine Philosophie, kein theologisches Gebäude von Ideen oder Begriffen formu-
liere. Wichtig ist nicht eine Lebensphilosophie, sondern daß wir beobachten, was tatsächlich in unserem täglichen Leben geschieht – innen
und außen. Wenn Sie genau beobachten, was vor sich geht und es
prüfen, werden Sie sehen, daß alles auf einer verstandesmäßigen Vorstellung beruht. Der Verstand umfaßt aber nicht das Dasein in seinem
ganzen Umfang; er ist ein Stück davon, und Bruchstücke, wie klug sie
auch zusammengesetzt sein mögen, wie ehrwürdig und traditionell
sie auch sein mögen, sind nur ein geringer Teil des Lebens, während
wir uns mit seiner Ganzheit befassen müssen. Wenn wir sehen, was
in der Welt vor sich geht, beginnen wir zu verstehen, daß es keinen
äußeren und inneren Prozeß, sondern nur einen einheitlichen Prozeß
gibt, eine alles umfassende Bewegung, wobei die innere Bewegung
sich im Äußeren darstellt und die äußere wiederum auf das Innere zu-
rückwirkt. Fähig zu sein, darauf hinzuschauen – das allein scheint
mir notwendig zu sein; denn wenn wir wissen, wie zu schauen ist,
dann wird alles ganz klar, und zum Hinsehen bedarf es keiner Philosophie, keines Lehrers, niemand braucht Ihnen zu sagen, wie Sie
schauen sollen. Sie schauen eben.

Wenn Sie nun das ganze Bild vor Augen haben, es *wirklich* sehen –
nicht nur sagen, daß Sie es sehen –, können Sie sich dann mühelos
und spontan verwandeln? Das ist das eigentliche Problem. Ist es möglich, eine vollkommene Revolution in der Seele hervorzubringen?

Ich möchte wissen, wie Sie auf eine solche Frage reagieren. Sie mögen
sagen, »Ich wünsche mich nicht zu verändern«, und die meisten
Menschen wollen es auch nicht. Besonders diejenigen sind einer Veränderung abgeneigt, die in sozialer und wirtschaftlicher Hinsicht
einigermaßen gesichert leben oder die an dogmatischen Vorstellungen festhalten oder bereit sind, sich und die Dinge so zu nehmen, wie
sie sind, vielleicht in einer etwas abgewandelten Form. Mit diesen
Leuten befassen wir uns nicht. Oder Sie mögen sich etwas subtiler
ausdrücken: »Es tut mit leid, es ist zu schwierig, es ist nichts für
mich.« In diesem Falle haben Sie sich bereits blockiert und haben aufgehört zu forschen, und es wird zwecklos sein, weiterzugehen. Oder

Sie mögen sonst noch sagen, »Ich sehe die Notwendigkeit einer fundamentalen inneren Verwandlung ein, wie aber soll ich sie zustande bringen? Zeigen Sie mir bitte den Weg, verhelfen Sie mir dazu.« Wenn Sie so reden, dann hat das, womit Sie sich befassen, nichts mit wirklicher Verwandlung zu tun. Dann sind Sie nicht an einer grundlegenden Revolution interessiert; Sie suchen nur nach einer Methode, einem System, das Ihnen zur Verwandlung helfen soll.

Wenn ich töricht genug wäre, Ihnen ein System zu geben, und wenn Sie unklug genug wären, sich danach zu richten, würden Sie nur kopieren, nachahmen, sich anpassen, billigen. Wenn Sie das aber tun, haben Sie die Autorität eines anderen in sich aufgerichtet, und daraus entsteht der Konflikt zwischen Ihnen und der Autorität. Sie glauben, dieses oder jenes tun zu müssen, weil man es Ihnen gesagt hat, und doch sind Sie unfähig, es zu tun. Sie haben Ihre besonderen persönlichen Neigungen, Absichten und Nöte, die zu dem System, dem Sie glauben folgen zu müssen, im Gegensatz stehen, und daraus entwickelt sich folglich ein Widerspruch. So werden Sie ein zwiespältiges Leben zwischen der Ideologie des Systems und der Wirklichkeit Ihres täglichen Lebens führen. In dem Versuch, sich mit der Ideologie in Einklang zu bringen, unterdrücken Sie sich, während die eigentliche Wahrheit nicht in der Ideologie steckt, sondern in dem, was Sie tatsächlich sind. Wenn Sie versuchen sich zu erforschen und sich dabei nach einem anderen ausrichten, werden Sie immer ein Mensch bleiben, der aus zweiter Hand lebt.

Ein Mensch, der sagt, »Ich wünsche mich zu verwandeln; sage mir, wie ich es tun soll«, scheint sehr aufrichtig zu sein, es sehr ernst zu nehmen, aber er ist es nicht. Er verlangt nach einer Autorität, von der er hofft, daß sie ihm zur inneren Ordnung verhelfe. Aber kann Autorität jemals innere Ordnung erzeugen? Ordnung, die von außen auferlegt wird, muß immer Unordnung schaffen. Sie mögen diese Wahrheit mit dem Verstand begreifen, aber können Sie sie wirklich anwenden, so daß für Ihren Geist keine Autorität mehr in Betracht kommt, nicht die Autorität eines Buches, eines Lehrers, der Ehefrau oder des Ehemannes, der Eltern, eines Freundes oder der Gesellschaft? Da wir immer schablonenhaft nach einer Formel gelebt haben, wird die Formel zur Ideologie und zur Autorität. Aber in dem Augenblick, da Sie wirklich erkennen, daß die Frage »Wie kann ich mich verwandeln?« eine neue Autorität schafft, sind Sie mit der Autorität für immer fertig.

Lassen Sie es uns noch einmal klar und deutlich sagen: Ich sehe ein, daß ich mich vollkommen, bis in die Wurzel meines Seins verwandeln muß. Ich kann nicht länger von irgendeiner Tradition abhängen, denn die Tradition hat diese ungeheure Trägheit, Unterwerfung und Abhängigkeit geschaffen. Ich kann auf keinen Fall von einem anderen Hilfe erwarten, um mich zu verwandeln – von keinem Lehrer, keinem Gott, keinem Glaubenssatz oder System, keinem äußeren Zwang oder Einfluß. Was geschieht dann?

Vor allen Dingen: Können Sie *jede* Autorität ablehnen? Wenn Sie es können, bedeutet es, daß Sie sich nicht länger fürchten. Was ereignet sich dann? Wenn Sie etwas Falsches, das Sie seit Generationen mit sich herumgeschleppt haben, verwerfen, wenn Sie irgendeine Last abwerfen, was geschieht dann? Dann haben Sie mehr Energie, nicht wahr? Dann haben Sie eine größere Leistungsfähigkeit, mehr Schwung, eine größere Intensität und Vitalität. Wenn Sie das nicht empfinden, dann haben Sie sich nicht von der Last befreit, dann haben Sie das tote Gewicht der Autorität nicht abgeworfen.

Aber wenn Sie sie abgeschüttelt haben und damit die Energie besitzen, in der es keinerlei Furcht mehr gibt – keine Furcht davor, einen Fehler zu machen, richtig oder falsch zu handeln – ist nicht dann diese Energie selbst die Umwandlung? Wir brauchen ein gewaltiges Ausmaß an Energie, und wir verschwenden sie durch die Furcht. Doch wenn die Energie vorhanden ist, die dadurch entsteht, daß jede Furcht abgeworfen wurde, bringt diese Energie selbst die radikale innere Revolution hervor. Wir haben dazu nichts zu tun.

Sie sind sich also selbst überlassen. In diesem Zustand befindet sich tatsächlich der Mensch, dem es ernsthaft um diese Dinge zu tun ist. Und da sie nicht länger von irgend jemandem oder irgend etwas Hilfe erwarten, sind Sie bereits frei, um zu entdecken. Und wo Freiheit ist, ist Energie, wo Freiheit ist, kann nichts mehr falsch getan werden. Freiheit ist etwas ganz anderes als Revolte. In der Freiheit gibt es kein rechtes oder unrechtes Tun mehr. Sie *sind* frei, und von diesem Zentrum aus handeln Sie; daher gibt es keine Furcht mehr, und ein Mensch, der keine Furcht hat, ist großer Liebe fähig. Und der wahrhaft Liebende kann tun, was er will.

Als nächstes werden wir darum uns selbst kennenlernen, nicht durch den Sprecher oder einen Analytiker oder einen Philosophen, denn wenn wir von einem anderen etwas über uns lernen, lernen wir im Grunde etwas über ihn, nicht über uns. Wir sind hier dabei zu lernen, was wir tatsächlich sind.

Nachdem wir klar erkannt haben, daß wir, um eine totale Revolution in unserem Seelengefüge hervorzubringen, von keiner äußeren Autorität abhängig sein dürfen, stehen wir vor der weit größeren

Schwierigkeit, unsere eigene innere Autorität zu verwerfen, die Autorität unserer persönlichen belanglosen Erfahrungen und angesammelten Ansichten, Kenntnisse, Ideen und Ideale. Sie hatten gestern ein Erlebnis, das Sie etwas gelehrt hat, und was Sie da gelernt haben, wird zu einer neuen Autorität. Diese Autorität von gestern wirkt ebenso zerstörerisch wie eine tausendjährige Autorität. Um uns selbst zu verstehen, bedarf es weder der gestrigen noch der tausendjährigen Autorität, weil wir etwas Lebendiges sind, in ständiger Bewegung, fließend, niemals ruhend. Wenn wir mit der toten Autorität von gestern auf uns schauen, wird es uns nicht gelingen, diese lebendige Bewegung und die Schönheit, die darin liegt, zu verstehen.

Frei zu sein von aller Autorität, von der eigenen und der eines anderen, bedeutet, sich von allem, was gestern war, loszusagen, so daß der Geist immer frisch, immer jung, unschuldig, voller Kraft und Leidenschaft ist. Nur in diesem Zustand kann man lernen und beobachten, und das bedarf einer umfassenden Bewußtheit, eines unmittelbaren Gewahrseins des inneren Lebensprozesses, ohne ihn zu korrigieren, ohne vorzuschreiben, was er sein sollte oder nicht sein sollte. Denn in dem Augenblick, da Sie korrigieren, haben Sie eine andere Autorität, einen Zensor eingesetzt.

Wir werden uns nun zusammen erforschen – nicht indem einer erläutert, während Sie mitlesen und ihm zustimmen oder ihn ablehnen. Wir werden vielmehr gemeinsam eine Reise machen, eine Entdeckungsreise in die verborgensten Winkel unseres Geistes. Für eine solche Reise müssen wir unbeschwert sein. Wir dürfen nicht mit Meinungen, Vorurteilen und gedanklichen Festlegungen belastet sein, diesem alten Hausrat, den wir während der letzten zweitausend Jahre und länger gesammelt haben. Vergessen Sie alles, was Sie über sich wissen. Vergessen Sie alles, was Sie je von sich gedacht haben. Wir werden beginnen, als ob wir nichts wissen.

Es hat in der letzten Nacht heftig geregnet, und nun beginnt der Himmel sich aufzuklaren. Ein neuer frischer Tag ist erwacht. Lassen Sie uns diesem neuen Tag begegnen, als gäbe es nur diesen einen Tag. Wir wollen gemeinsam zu unserer Reise aufbrechen und alle gestrigen Erinnerungen hinter uns lassen – fangen wir an, uns erstmalig zu verstehen!

*HUGO M. ENOMIYA-
LASSALLE*

*Spiritueller Lehrer, Jesuit und Zen-
Meister. Geboren 1898 in Westfa-
len. 1927 zum Priester geweiht,
ging er 1929 nach Japan. 1935—49
Superior der Jesuitenmission in
Japan. 1943 erste Erfahrungen mit
der Zen-Meditation, bis er schließlich selbst zum Zen-Meister ernannt wurde. Pater Lassalle hat
Zen für das Christentum entdeckt.
Wichtige Werke: »Leben im neuen
Bewußtsein«; »Meditation als Weg
zur Gotteserfahrung«; »Zen-Meditation für Christen«. Der letzte Beitrag entstammt seinem Buch
»Wohin geht der Mensch?«, in dem
sich Lassalle mit dem Werk Teilhard
de Chardins befaßt, der diese Anthologie wiederum eröffnet hat.*

Integration des neuen Bewußtseins

Die Veränderungen im Denken, die auf vielen Gebieten zu beobachten sind, zeigen, daß das neue Bewußtsein sich auszuwirken begonnen hat. Das rationale Denken ist nicht mehr alleingültig. Die seit
mehr als zwei Jahrtausenden unüberwindlichen Schranken sind
durchbrochen. Die vierte Dimension wirkt sich schon aus, wenn sie
auch noch nicht im Allgemeinbewußtsein des Menschen lebendig ist.
Es gibt viele Gebiete, auf denen die Philosophie des Entweder – Oder,
des »Non datur tertium«, d. h. das unüberwindlich scheinende Prinzip des Widerspruchs (principium contradictionis), überwunden ist.
Wenn das auch nur auf einem Gebiet geschehen wäre, so würde das
schon genügen. Denn es gehört zum Wesen dieses Prinzips, daß es
keine Ausnahme duldet. Die gesamte ehemalige Philosophie gerät
damit ins Wanken.

Das perspektivische Denken ist also grundsätzlich überwunden.
Und zwar ist das geschehen durch eine neue Dimension des menschlichen Bewußtseins, die rational nicht faßbar ist. Das muß ja so sein;

denn wenn diese Dimension rational erfaßbar wäre, so wären wir nicht über das rationale Denken hinausgekommen. Allerdings erweisen diese Anzeichen nur die Möglichkeit, nicht aber die volle Integration dieser neuen Dimension in das allgemeine Bewußtsein der Menschheit, so wie es zu ihrer Zeit jeweils mit den vorhergehenden Bewußtseinsstrukturen der Fall war.

Damit ist aber die Möglichkeit erwiesen, den Menschen aus der Bedrängnis der Zeit zu befreien und anstatt dessen zeit-frei zu machen, was ja im wesentlichen dasselbe ist wie die neue Dimension. Daß diese neue Dimension Wirklichkeit wird, ist die dem heutigen Menschen gestellte Aufgabe. Mit dem Bewußtwerden der vierten Dimension werden die bisherigen Dimensionen, die magische, die mythische und die mentale, jedoch nicht ausgeschaltet. Vielmehr bleiben sie gültig und wirksam, aber nicht maßlos in ihrer defizienten Form, sondern in dem Maß, wie es ihnen für die Harmonie des Menschen zukommt. Daher wird das neue Bewußtsein auch integrales genannt. Durch die vierte Dimension wird das Ganze stets mitbewußt. Dieses Ganze ist das Geistige. Man könnte es auch das Göttliche nennen, das göttliche Milieu Teilhards.

Das Ganze war schon von Anfang an da, aber es wurde dem Menschen erst allmählich bewußt. Auf der magischen Stufe war es bewußtseinsdumpf, auf der mythischen bewußtseinszwielichtig, auf der mentalen näherte es sich denkerisch an. Erst in der neuen Bewußtseinsstruktur wird es wahrnehmbar, weil sie arational ist. »Der große schmerzhafte Weg der Bewußtwerdung, d. h. der Entfaltung oder Intensivierung des Bewußtseins stellt sich als ein Immer-mehr-Aufleuchten des Geistigen im Menschen dar.«[1]

Zu der Frage, die hier als dringend bezeichnet wird, kann und wird man in verschiedener Weise Stellung nehmen. Man kann all das als Phantasie, übertriebene Angst oder sonst etwas einfach beiseite schieben und sagen: Wir haben wichtigere Dinge zu tun, als uns mit solchen Theorien zu befassen. Doch wird es wohl nur wenige Menschen geben, die, wenn sie sich überhaupt mit der Menschheitsfrage beschäftigen, diese einfach bagatellisieren. Dafür ist die Lage zu ernst. Wohl aber ist es wahrscheinlich, daß nicht nur wenige, sondern viele Menschen das Gefühl haben, den Boden unter den Füßen zu verlieren, wenn sie daran denken, daß die 2500 Jahre alte Denkweise einmal aufhören könnte. Demgegenüber ist es für die Wissenschaftler leichter, in ihrem Bereich mit der vierten Dimension zu arbeiten. Denn die Frage berührt sie nicht persönlich. Nicht so ist es auf anderen Gebieten, z. B. in der Religion oder Weltanschauung. Was wird aus der christlichen Theologie, die so eng mit der scholastischen Philosophie zusammenhängt? Gewiß sind diese Zusammenhänge heute schon weitgehend gelockerter als vor einigen Jahrzehnten. Trotzdem ist die christliche Theologie, sei es die katholische oder die evangelische, noch weit davon entfernt, das Gesetz des Widerspruchs praktisch aufzugeben. Denn das bedeutet, daß es nicht mehr nur eine Wahrheit gibt. Wie kann man das akzeptieren? Die Voraussetzung, daß es nur eine Wahrheit gibt, ist nicht mehr richtig im Ansatz. Wie kann man noch von Lehrsätzen reden, wo das dualistische Denken weitgehend aufhört? Dieses Gefühl der Unsicherheit ist durchaus verständlich, um so mehr, als zugegebenermaßen niemand voraussagen kann, wie die Theologie nach Integrierung der vierten Dimension in das Bewußtsein aussehen wird.

Wir können uns nicht nur hier, sondern auch auf dem Gebiet aller anderen Geisteswissenschaften ebensowenig vorstellen, was dann kommen wird, ebensowenig wie sich ein Mensch des magischen Bewußtseins das Ich vorstellen konnte, das er noch nicht entdeckt hatte. Anderseits wissen wir aus der Vergangenheit, daß das Bewußtsein immer intensiver geworden ist. Es ist daher auch anzunehmen, daß dieser Prozeß weitergeht. Teilhard de Chardin hat schon klar gesehen, daß die Evolution zu einem immer vollkommeneren Menschen als solchem hindrängt, was hier zunächst nicht im moralischen, sondern im anthropologischen Sinn zu verstehen ist. Es geht niemals rückwärts. Wir werden auch gar nicht gefragt, ob wir das wollen. Es geschieht einfach. Auch die Religionen müssen das respektieren. Sie müssen sich darauf ein- bzw. umstellen. Es geht heute nicht mehr um neue Lehren, sondern um neue Ausdrucksweisen derselben Wirklichkeit, entsprechend dem veränderten Bewußtsein. Wenn eine Religion das nicht vermag, kann sie nicht überleben, wenn sie auch mit wenigen Anhängern vielleicht noch eine Zeitlang weitervegetiert. In diesem Sinn sagte der Präsident des Club of Rome kürzlich bei der Versammlung dieser Organisation in Berlin im Oktober 1979:»Sämtliche Religionen, Konzepte, Prinzipien, Gesichtspunkte, Vermutungen, Tabus und Wertsysteme, die unser Leben bestimmen, sind veraltet und unzuverlässig geworden. Aber die Menschheit muß erst einmal begreifen, wie groß die Gefahr ist, um zur Vernunft zu kommen.« Wenn hier von Gefahr gesprochen wird, so beinhaltet das alle eingangs erwähnten Probleme. Aber die Gefahr ist gleichzeitig die große Hoffnung der Menschheit, aus der gegenwärtigen Bedrängnis befreit zu werden.

Wie immer die kommende Welt aussehen mag, wenn sie verwirklicht ist, so wird es eine Welt sein, in der, um nur ein Beispiel zu nennen, Krieg als Lösung politischer Konflikte ausscheidet. Schon heute wissen wir, daß die modernen Kriege solcher Art sind und immer mehr sein werden, daß eigentlich kein Gewinner daraus hervorgeht, sondern alle Beteiligten schwer geschädigt werden. Gegenwärtig scheitert noch alles Bemühen, die Kriege zu vermeiden, am einseitigen Dualismus, der im rationalen Denken begründet ist. Wenn einmal das Ganze gleichzeitig im Bewußtsein präsent ist, findet man einen Ausweg. Vielleicht und oft auch sicher werden beide Teile große Opfer bringen müssen. Aber das kann auch ohne Mord und Totschlag geschehen.

Gewiß wird auch die kommende Welt nicht frei sein von Problemen. Die eingangs erwähnten Fragen sind nicht ohne weiteres gelöst. Aber die Menschheit wird sich einig sein, auch wenn es der Ordnung wegen noch Zollgrenzen gibt, bis auch diese verschwinden. Es kommt hinzu, daß der vollkommenere Mensch größere Möglichkeiten haben wird. Denken wir an den Wechsel vom mythischen zum mentalen Bewußtsein! Der Mensch des mythischen Bewußtseins hatte auch in seinen kühnsten Träumen keine Ahnung von dem, was sein Nachfolger inzwischen allein auf dem Gebiet der Technik geleistet hat. So kann es nicht anders sein, als daß der neue Mensch Wege findet, von denen wir gegenwärtig nichts ahnen noch wissen. – So gesehen, muß der Mensch den Schritt zum neuen Bewußtsein tun, oder er ist dem Untergang geweiht. In eigentümlicher Weise halten sich die Furcht vor der großen Gefahr und die Hoffnung auf die neue Zeit die Waage. Das ist in der Tat die heutige Situation.

Wo man von dem spricht, was auf uns zukommt, liegt fast immer der Ton auf der Furcht vor dem, was kommt. Vielleicht haben wir gar nicht mehr so viel Optimismus, daß wir ernstlich an den positiven Pol denken können. Teilhard de Chardin ist da eine Ausnahme. Aber bei ihm liegt der Punkt Omega in so weiter Ferne, daß der Mensch von heute sich kaum durch den Gedanken daran ermutigen läßt. Vielleicht fehlt ihm auch die Fähigkeit zu »glauben«. Teilhards Sicht liegt ja auch ganz in der Richtung des christlichen Optimismus, der sich eben gerade auf den Glauben stützt und nicht nur auf die Wissenschaft, die bei Teilhard noch hinzukommt.

Aber wir sollten auch im Auge behalten, was kommt, wenn einmal die gegenwärtige Krise überwunden ist. Das könnte ein besseres Motiv zum Handeln sein als die Angst vor dem, was kommt. Das Geistige oder das Ganze ist uns dann beständig bewußt. Mit dem neuen Bewußtsein würde der Mensch in dem Sinn Mystiker werden, daß mit dem Gebrauch der Vernunft die mystische Präsenz erwacht. In anderen Religionen würde man das in anderer Form ausdrücken, etwa daß sich ohne eigenes Bemühen das Auge der Erleuchtung öffnet. Der neue Mensch wird auf einer höheren Stufe stehen als der Mensch der mentalen Struktur, ebenso wie dieser im Vergleich zum mythischen Menschen. Wie hoch das einzuschätzen ist, erhellt daraus, daß man ohne Übertreibung sagen kann, dieser Schritt habe in der Entwicklung des Menschen außer dem Übergang vom Tier die größte Bedeutung, also auch größere als der Schritt vom mythischen zum mentalen Bewußtsein. Was auch immer wir noch zu leiden haben werden, bis dieser nächste Schritt vollzogen wird, ist der Mühe wert. Vieles, was bisher im Dunkel des Glaubens lag, wird transparent. Die Widersprüche lösen sich von selbst auf.

Es hat auch bisher schon immer Menschen gegeben, die durch viel Leid und außergewöhnliche Begnadigung in etwa das erreicht haben, was dann allgemein zugänglich sein wird. Es wird eine neue und glücklichere Menschheit sein. Und doch verbleibt diesem Menschen auch all das, was ihm seit seinem Erscheinen in der Welt geschenkt wurde, und das im rechten Maß und in Harmonie mit dem Ganzen. Für uns könnte in einem neuen Sinn gelten, was Paulus den Römern zurief: »Wandelt euch durch ein neues Denken« (Röm. 12,2).

»Die tiefe Wahrheit des Christentums von der Transparenz, der Diaphanität der Welt, könnte wahrnehmbar werden. Der lautere Einbruch des Jenseits im Diesseitigen, des Todes im Leben, des Transzendenten im Immanenten, des Göttlichen im Menschen könnte transparent werden.«[2]

Wenn man anderseits sieht, was heute in der Welt geschieht, was uns täglich Zeitungen, Radio und Fernsehen berichten, so wenig Erfreuliches und Hoffnungsvolles, so könnte mancher sagen oder denken: Wie kann man ein so optimistisches Zukunftsbild entwerfen! Aber wir sollten doch nicht vergessen, daß wohl alle ernsten Religionen uns von einzelnen ihrer Anhänger berichten, die in einer Welt lebten, die vielleicht noch hoffnungsloser aussah als die gegenwärtige, und die schon in diesem Leben ein solches Glück in ihrem Geist erlebten, daß der Körper es kaum ertragen konnte. Dennoch waren auch sie sterbliche Menschen wie wir. Beweist das nicht die Möglichkeit, daß auf einer neuen Bewußtseinsstufe der Mensch schlechthin dazu fähig werden könnte? Bedenken wir auch, daß in dem sogenannten Weltjahr die ganze Geschichte des Menschen, des »Homo sapiens«, nur die letzten 30 Sekunden dieses Weltjahres ausfüllt.

Die Menschheit steht erst an ihrem Anfang. Das Geistige im Men-

schen ist im Vergleich zu dem, was er von seinen noch nicht vernunft-
begabten Vorfahren mitbrachte, dem Triebleben, noch gar schwach.
Der Mensch ist noch längst nicht in dem Maß ein Geistwesen, wie es
ihm bestimmt ist. Denken wir an die Worte von Sri Aurobindo! Die
Konkretion des Geistigen ist also noch lange nicht zum Abschluß gekommen. Es ist noch ein langer Weg vor uns. Und dieser Weg kann
nur mit Hilfe einer neuen totalen Bewußtseinsveränderung gegangen werden.

Es ist die Mutation, in der wir uns gegenwärtig befinden. So wie
der dreidimensionale Raum durch die vierte Dimension überwunden
wird, so wird die dreidimensionale Zeit – Vergangenheit-Gegenwart-
Zukunft – durch die Zeitfreiheit überwunden, d. h., Vergangenheit
und Zukunft werden gegenwärtig. Wenn man da überhaupt noch
von Zeit reden kann, so kann es nur Gegenwart sein. Damit hängt
auch zusammen, daß das Kausalgesetz ins Wanken gekommen ist.
Denn auch dort geht es um Vorher und Nachher. Bei all diesen Erscheinungen des neuen Bewußtseins kann nicht genug betont werden, daß sie sich jeder Darstellung, wie wir sie beim mentalen Bewußtsein haben, vollkommen entziehen. Gerade die Nichtdarstell-
barkeit ist ein Kennzeichen für das neue Bewußtsein. Der heutige
Mensch sträubt sich sozusagen mit Händen und Füßen gegen alles,
was er nicht denken kann. Es bleibt ihm nichts übrig als sich zu öffnen
und nicht am Vergangenen krampfhaft festzuhalten. Diese Einstellung ist notwendig, damit sich das neue Bewußtsein, das allein uns
befreien kann, durchsetzt.

Die nächste Frage ist: Wie wirkt sich das neue Bewußtsein auf das
tägliche Leben aus? Diese Auswirkung kann erst dann Wirklichkeit
werden, wenn es von der ganzen Menschheit integriert ist. Es wird
nämlich eine Umstrukturierung geschehen, von der wir uns heute
kaum eine Vorstellung machen können. Wer sich jedoch diesem Einfluß entzieht, wird auf die Dauer ausgeschaltet. Es gibt auch heute
noch verborgene Reste von Menschen, die auf der Stufe des mythischen Bewußtseins stehengeblieben sind. Nach Integrierung des
neuen Bewußtseins bestehen Wissenschaft und Technik natürlich
weiter. Aber der Mensch, der sie vollzieht, wird bewußtseinsmäßig
anders sein als der gegenwärtige. Er wird zeitfrei sein und daher
nicht mehr unter der Bedrängnis leiden wie der Mensch der mentalen
Struktur.

Aber auch nachdem das integrale Bewußtsein Wirklichkeit geworden ist, muß der Mensch sich bemühen, von seiner Ichhaftigkeit frei
zu werden, damit das neue Bewußtsein konsolidiert wird. Denn die

Ichfreiheit ist auch ein Kennzeichen der neuen Bewußtseinsstruktur. Wenn aber die Arbeit an uns selbst getan ist, wird sich die Umgebung sozusagen von selbst zurechtrücken.

Was aber kann der Mensch tun, damit er den Einstieg in das neue Bewußtsein findet? Dafür muß er zunächst um die Sache wissen und an sie glauben. Leider ist die Zahl derjenigen, die um die Sache wissen und an sie glauben, gegenwärtig noch sehr gering. Man könnte an Diogenes denken, der am hellen Tag über den Markt schritt mit einer brennenden Lampe und, gefragt, was das solle, antwortete: Ich suche Menschen. Die Welt ist schon voll von Gerüchten, Vermutungen und Befürchtungen einer Weltkatastrophe um das Jahr 2000. Aber was eigentlich »los ist«, weiß kaum jemand. Denen, die es wissen, glaubt man nicht. Deswegen schweigen sie.

Doch gibt es Wege, die Empfänglichkeit für das Kommende zu fördern. Einer ist die Meditation, die heute so viel gefragt wird. Aber es muß dann eine Art der Meditation sein, die womöglich nicht rational getätigt wird, eine nicht-gegenständliche Weise. Das Verlangen nach dieser Art der Meditation ist heute in Europa besonders stark. Hier ist ein Ansatz. Denn die ungegenständliche Meditation geht, wenn sie richtig getätigt wird, in die Richtung der Überwindung des Rationalen. Vermutlich gibt es gegenwärtig unter denen, welche diese Meditation üben, nur wenige, die diese Zusammenhänge sehen. Ihre Motive sind im allgemeinen anderer Art. Sie meditieren, um den Streß des modernen Lebens zu ertragen, oder aus religiösen Gründen, z. B. um zu einem tieferen Gebet zu kommen, das jenseits des Rationalen liegt. Eines ist sicher, sie alle arbeiten für das neue Bewußtsein und damit für die Menschheit als ganze, ob sie es wissen oder nicht.

Es ist kein Zufall, daß gerade im Westen, der vom Rationalen geformt ist, neuerdings so großes Verlangen nach der nicht-gegenständlichen Meditation erwacht ist. Anscheinend spürt der westliche Mensch, daß ihm das rationale Denken nicht mehr zum echten Menschsein ausreicht. Die Methoden der nicht-gegenständlichen Meditation können Erfahrungen vermitteln, die für das neue Bewußtsein charakteristisch sind. Es ist natürlich nicht möglich, das im einzelnen für jede Methode darzulegen. Wir beschränken uns darauf, das für eine, nämlich die Zenmeditation, zu verdeutlichen. Diese Methode ist insofern besonders dafür geeignet, als sie von Anfang an das Rationale ausschließt. Das heißt natürlich nicht, daß das Zen den Bereich des rationalen Denkens für alle Gebiete ausschließt oder ablehnt.

Die Erleuchtung, das letzte Ziel des Zen, ist eine Erfahrung des

Ganzen und überwindet den Dualismus zwischen Mensch und Welt. Die Erfahrung des Ganzen, die Gänzlichung ist nun aber eine typische Eigenart des integralen Bewußtseins. Wenn auch nur wenige von denen, welche diese Meditation praktizieren, bis zur Erleuchtung kommen, so kann das Zazen, wie die Zenmeditation auch genannt wird, ihnen doch helfen, sich für das neue Bewußtsein zu öffnen. Desgleichen fördert sie die Transparenz oder Durchsichtigkeit, die auch wieder ein Kennzeichen des neuen Bewußtseins ist. Diese Durchsichtigkeit wirkt sich zunächst auf den Menschen selber aus in dem Sinn, daß ihm das eigene Unbewußte durchsichtig wird. Aber diese Durchsichtigkeit wirkt sich auch auf die Außenwelt aus. Wenn der Meditierende Christ ist, kann er durch die Übung des Zen einen tieferen Zugang zur Heiligen Schrift bekommen, der über das Rationale hinausgeht, ohne deswegen ein besonderes Studium des Textes vollziehen zu müssen. Auch die Liturgie kann ihm dadurch zugänglicher werden.

Auf diese Weise bewirkt die Meditation die Zurückgewinnung dessen, was vom Magischen und Mythischen verlorengegangen war und doch im rechten Maß auch zum Menschen gehört.

Die Erleuchtung, auch Wesensschau genannt, ist, in der Sprache des Zen gesprochen, die Erfahrung des ursprünglichen Selbst oder der Wesensnatur. So erklärt es sich, daß Christen bisweilen auf diesem Weg zur Gotteserfahrung kommen. Denn das ursprüngliche Selbst ist zu unterscheiden vom empirischen Selbst, das nur eine Projektion ist und in der Erleuchtung ebenso wie in der mystischen Vereinigung verschwindet. Es versteht sich von selbst, daß damit auch die Ichfreiheit erlangt wird, die wiederum eine typische Erscheinung des integralen Bewußtseins ist. Das Zenauge, einmal geöffnet, schließt sich nicht mehr, ebenso wie das neue Bewußtsein bleibt, nachdem es einmal integriert ist. Es findet nämlich auch durch das Zen eine Bewußtseinsveränderung statt. Durch die Meditation werden wir aus den Verstrickungen des Rationalen befreit, obwohl das Rationale dabei nicht seine Gültigkeit verliert. Daher ist die Erleuchtung des Zen keineswegs ein Rückfall in das Irrationale oder eine bloß »psychische« Erfahrung, die mit dem Geistigen nichts zu tun hat. Weiterhin wird durch die Zenmeditation die Fähigkeit der unmittelbaren Wahrnehmung gefördert und so das objektivierende Denken überwunden. Für das neue Denken ist die Welt vom betrachtenden Subjekt nicht mehr trennbar. Damit ist die Überwindung des Dualismus erreicht. Dieses Konzept ist in der Zenerfahrung realisiert. Die in der vierten Dimension angesprochene Zeitfreiheit ist weder magischvital noch mythisch-psychisch noch auch mental-rational, sondern geistig. Sie ist Verwirklichung des Geistigen und diaphaner Art und bisher nur wenigen Menschen geschenkt worden. Eben das ist die Wesensschau im Zen. Arationalität und Diaphanität sind Voraussetzung für die Wahrnehmung des Geistigen.

Die Zenmeditation ist auch geeignet, den Menschen von allen Vorurteilen zu befreien, die er entweder gemäß seines Charakters schon von Geburt an mitbringt oder im Lauf der Jahre durch Erziehung und eigene Erfahrung aufbaut, ohne freilich zu ahnen, daß ihm das Gelernte und Erfahrene zum Hindernis für etwas Besseres werden könnte. Damit hängt es auch zusammen, daß Menschen, die ihren religiösen Glauben verloren haben, ohne es zu erwarten oder zu beabsichtigen, zu ihrem Glauben zurückfinden. Das geschieht bisweilen bei Christen, welche diese Meditation üben.

In der Darstellung des neuen Menschen wurde darauf hingewiesen, daß die Person das Wesen des Menschen bedeute, wenigstens des westlichen, und sozusagen sein »Mythos« sei. Anderseits wurde bei der Darlegung der heutigen Weltlage festgestellt, daß der Mensch infolge der drohenden Vermassung einerseits und der Technisierung des Lebens anderseits in der Gefahr stehe, daß das Bewußtsein der Persönlichkeit verlorengehe und es schließlich dahin käme, daß die menschliche Gesellschaft mehr einem Ameisenhügel oder einem Bienenkorb gleiche als der Gemeinschaft vernunftbegabter Geschöpfe. In dieser Frage muß man unterscheiden zwischen einem projizierten oder kleinen Ich und dem schon erwähnten »ursprünglichen« Selbst. Das projizierte Ich gibt es, wie schon der Name sagt, im Menschen nicht von Anfang an. Es baut sich allmählich in der Kindheit und weiter im Erwachsenenalter auf. Dieses Ich ist das Ego, um das der Egoismus in verschiedenen Formen kreist, während das ursprüngliche Selbst übersehen oder vergessen wird. Die echte Persönlichkeit zentriert nicht im projizierten Ich, das ein Pseudo-Ich ist, sondern im ursprünglichen Selbst. Das Zen und seine Führung durch den Zenmeister bemüht sich, das Pseudo-Ich zu überwinden und den Menschen davon zu befreien, damit das tiefste Selbst bewußt werden kann. Darum, in diesem Sinn werden die Zenschüler immer wieder ermahnt, daß sie sich selbst vergessen. Insofern ist das Zen auch ein Weg zur echten Persönlichkeit. Wenn man Berichte über die großen Zenmeister liest, bekommt man spontan den Eindruck, daß sie große Persönlichkeiten waren. Und das ist so, obwohl sie Asiaten waren, bei denen das Ich im übrigen weniger betont ist als bei uns im Westen.

Wie gesagt, sollte die Zenmeditation hier nur als Beispiel gelten.

Allgemein kann jede nicht-gegenständliche Meditationsweise ähnliche Wirkungen haben, gleich ob sie im Christentum oder in einer nicht-christlichen Religion ihren Ursprung hat. Das gilt besonders für Yoga, aus dem die Zenmeditation hervorgegangen ist. Was den christlichen Bereich betrifft, so sei vor allem auf die charismatische Bewegung hingewiesen, die ganz und gar in der Linie des Geistes liegt. Sie ist gewiß nicht zufällig in unserer Zeit neu erwacht und hat eine weite Verbreitung gefunden. So verschieden sie in der Form vom Zen ist, hat sie doch mit ihm gemeinsam, daß sie über das Rationale hinausgeht auf das rein Geistige hin. Beide könnten sich gegenseitig ergänzen. Aber praktisch wird es wohl mehr von der Veranlagung des einzelnen abhängen, welchem von beiden er sich anschließt.

Für den endgültigen Durchbruch des neuen Bewußtseins ist der Unterschied zwischen der älteren und der jüngeren Generation gegenwärtig noch ein großes Hindernis. Bei den jungen Menschen ist das neue Bewußtsein bereits in etwa wirksam, wenn auch oft nur in Form einer Unruhe oder eines Suchens nach etwas, das ihnen selbst noch nicht klar bewußt ist, während die Älteren noch nichts davon spüren. Wenn man diese Zusammenhänge kennt, wundert man sich nicht, daß das Denken der älteren Generation bei den Jüngeren nicht mehr verstanden wird. Und doch ist es eine Tatsache, daß nur die jüngere Generation dem neuen Bewußtsein zum Durchbruch verhelfen kann. Wohl kann die ältere Generation durch ihr negatives Verhalten eine Verzögerung bewirken. So tragen beide eine große Verantwortung. Je eher sie sich dessen bewußt werden, desto besser ist es für den Menschen unserer Zeit.

Wie sollten sich nun diejenigen, ob jung oder alt, verhalten, welche die Lage erkannt haben und helfen möchten, daß die neue Bewußtseinsstruktur durchdringt und die gegenwärtige Bedrängnis überwunden wird? Das Entscheidende ist, daß sie wissen, wie und wo sie sich bezüglich der bisherigen Strukturen, der magischen, mythischen und mentalen zu verhalten haben. Da nun die magische Struktur die Einheit mit der Natur beinhaltet, so müssen sie wissen, wie weit sie dem natürlichen Ablauf der Dinge entsprechen können. Es darf nicht in maßloser Weise geschehen. Beim mythischen Bewußtsein geht es um den seelischen Ablauf der Bilder. Da muß man wissen, wie weit man sich von diesen leiten lassen darf. Kraft unseres mentalen Wesens sind wir imstande, dem naturhaften seelischen Ablauf der Triebe und Empfindungen eine Richtung zu geben. Es geht nicht darum, diese wahllos zu unterdrücken, sondern darum, sie zu ordnen. Auf diese Weise werden alle bisherigen Bewußtseinsarten im rechten Maß integriert und wird in gewissem Sinn die Vergangenheit zur Gegenwart. Dadurch, daß die bisherigen Bewußtseinsstrukturen maßvoll integriert werden, werden sie überwunden. Sie werden nämlich durchsichtig, anstatt den Menschen zu bedrängen. Wenn das geschehen ist, dann ist der Weg frei für das neue Bewußtsein.

Was im einzelnen Menschen geschehen kann, muß auch in den Völkern geschehen. In Europa ist dieser Prozeß schon so weit fortgeschritten, daß dort der Mensch für das integrale Bewußtsein reif ist. Das gilt auch von den Völkern der anderen Kontinente, soweit sie die europäische Kultur übernommen haben. Nicht im selben Maß dürfte das von den Völkern anderer Kulturen gelten. Das bedeutet jedoch keine Rückständigkeit. Denn es besagt, daß jene Völker noch nicht so in Not sind wie die westlichen Völker. Es ist kein Zweifel, daß die Völker Ostasiens noch nicht so vom defizienten Rationalen bedrängt werden wie die Völker Europas. In Asien lebt der Mensch, wenn auch in unterschiedlichem Maß, noch mehr vom magischen und mythischen Bewußtsein. Allerdings sind darin die Unterschiede nach den Bevölkerungsschichten sehr groß. Das gilt besonders von Indien. Japan ist in dieser Beziehung anders. Doch lebt auch dort unter der Oberfläche noch viel mehr Volksfrömmigkeit, als man meinen könnte, wenn man die hochentwickelte Technik sieht, welche der in Europa nicht nachsteht. Bewußtseinsmäßig ist das rationale Element noch nicht zu solcher Bedrängnis geworden wie im Westen.

Deswegen kann Ostasien den westlichen Völkern eine Hilfe sein auf dem Weg zur Überwindung des einseitigen rationalen Denkens. Darum werden fernöstliche Meditationsweisen heute im Westen so bereitwillig aufgenommen. Die Menschheit muß eins werden, aber ohne Zwang und Gewalt, eine Einheit, wo jeder Teil sich frei nach seiner Art entwickeln kann. Der Austausch auf dem Gebiet der Meditation kann dazu beitragen.

Die Integrierung der vierten Dimension im ganzen Umfang des neuen Bewußtseins ist nur möglich für den, der reif dafür ist. Auch dafür gibt es ein Kennzeichen: »Wer fähig wurde, bei Ungemach, Zerwürfnissen, Streit, Unglücksfällen nicht nur den anderen oder der Welt und den Umständen oder dem Zufall Vorwürfe zu machen, sondern vermag, zuallererst den Grund oder die Schuld, in ihrem ganzen Umfang, bei sich selbst zu suchen, der dürfte auch fähig sein, die ganze Welt und alle ihre Strukturen zu durchblicken.«[3]

[1] J. Gebser, *Ursprung und Gegenwart*, S. 557 u. 687.
[2] ebd. S. 543.
[3] ebd. S. 158−211.

Quellenverzeichnis

Gregory Bateson: *Einführung.* In: *Geist und Natur. – Eine notwendige Einheit.* Frankfurt 1982, S. 9–33. Mit freundlicher Genehmigung des Suhrkamp Verlags.

David Bohm: *Die implizite Ordnung,* Vortrag. In: *Andere Wirklichkeiten.* Hrsg. Rainer Kakuska. München 1986, S. 65–87. Mit freundlicher Genehmigung des Autors. .

Fritjof Capra: *Krise und Wandel in Wissenschaft und Gesellschaft.* In: *Bewußtseins(r)evolution,* Öko-Log-Buch 2, Hrsg. Rüdiger Lutz. Weinheim 1982, S. 27–35. Mit freundlicher Genehmigung des Beltz Verlags.

Hans-Peter Dürr: *Naturwissenschaft und Wirklichkeit. Der Beitrag naturwissenschaftlichen Denkens zu einem möglichen Gesamtverständnis unserer Wirklichkeit.* In: *Das Netz des Physikers.* München 1987, S. 26–49. Mit freundlicher Genehmigung des Carl Hanser Verlags.

Hugo M. Enomiya-Lassalle: *Integration des neuen Bewußtseins.* In: *Wohin geht der Mensch?* Zürich 1981, 2. überarbeitete Auflage Aurum Verlag, Freiburg 1989. S. 127–143. Mit freundlicher Genehmigung des Aurum Verlags.

Marilyn Ferguson: *Transformation: Eine Definition.* In: *Die sanfte Verschwörung.* Basel 1982, S. 76–94. Mit freundlicher Genehmigung des Sphinx Medien Verlags.

Erich Fromm: *Die Praxis des Liebens.* In: *Die Kunst des Liebens.* Deutsche Verlags-Anstalt, Stuttgart 1980, S. 157–171. Mit freundlicher Genehmigung der Liepman AG, Zürich.

Stanislav Grof: *Vorstoß ins Unbewußte.* In: *Psychologie der Wende.* Hrsg. Roger N. Walsh und Frances Vaughan. Bern 1985, S. 100–116. Mit freundlicher Genehmigung des Scherz Verlags.

Werner Heisenberg: *Ordnung der Wirklichkeit.* In: *Gesammelte Werke, Bd. 1, Physik und Erkenntnis, 1927–1955;* Hrsg. Hans-Peter Dürr u. a. München 1984, S. 218–222 und 273–278. Mit freundlicher Genehmigung des Piper Verlages.

Hazel Henderson: *Soziale Auswirkungen des nachökonomischen Paradigmas.* In: *Das Ende der Ökonomie;* Hrsg. Rüdiger Lutz. München 1985, S. 264–283. Mit freundlicher Genehmigung der Autorin.

Jean Houston: *Die Farm der Formen. Schritte zu einer neuen Naturphilosophie.* In: *Dromenon – A Journal of New Ways of Being.* Vol. 22 No. 5–6, 1980, S. 34–43. Mit freundlicher Genehmigung der Autorin.

Aldous Huxley: *Latent vorhandene menschliche Fähigkeiten.* In: *Die menschliche Lage – Vorlesungen in Santa Barbara.* London 1978, S. 236–253. Mit freundlicher Genehmigung des Chatto and Windus Verlags.

Ivan Illich: *Wider die Verschulung.* In: *Fortschrittsmythen.* Reinbek 1980, S. 113–138. Mit freundlicher Genehmigung des Rowohlt Verlags.

Erich Jantsch: *Die Geburt eines Paradigmas aus einer Metafluktuation.* In: *Die Selbstorganisation des Universums.* München 1982, S. 25–47. Mit freundlicher Genehmigung des Carl Hanser Verlags.

Carl Gustav Jung: *Einleitung und Tao.* In: *Das Geheimnis der Goldenen Blüte.* Freiburg 1986, S. 3–18. Mit freundlicher Genehmigung der Niedieck Linder AG.

Robert Jungk: *Eine Lücke im demokratischen System.* In: *Zukunftswerkstätten* (zusammen mit Norbert A. Müllert). München 1982, S. 13–21. Mit freundlicher Genehmigung des Hoffmann und Campe Verlags.

Jiddu Krishnamurti: *Der Mensch und die Welt.* In: *Einbruch in die Freiheit.* Berlin 1978, S. 10–20. Mit freundlicher Genehmigung des Ullstein Verlags.

Elisabeth Kübler-Ross: *Der Tod als Teil meines persönlichen Lebens*. In: *Reif werden zum Tode*. Stuttgart 1975, S. 173–181. Mit freundlicher Genehmigung des Kreuz Verlags.

Thomas S. Kuhn: *Das Wesen und die Notwendigkeit wissenschaftlicher Revolutionen*. In: *Struktur wissenschaftlicher Revolutionen*. Frankfurt 1978, S. 104–122. Mit freundlicher Genehmigung des Suhrkamp Verlags.

Ronald D. Laing: *Schizophrene Erfahrung*. In: *Die Phänomenologie der Erfahrung*. Frankfurt 1969, S. 91–119. Mit freundlicher Genehmigung des Suhrkamp Verlags.

Ilya Prigogine: *Ausklang. Von der Erde zum Himmel*. In: *Dialog mit der Natur* (zusammen mit Isabelle Stengers). München 1981, S. 276–294. Mit freundlicher Genehmigung des Piper Verlags.

Horst-Eberhard Richter: *Das Ende der Expansion fordert neue Leitbilder*. In: *Lernziel Solidarität*. Reinbek 1979, S. 9–19. Mit freundlicher Genehmigung des Rowohlt Verlags.

Theodore Roszak: *Der Grenzbereich der Aquarier. Die andere Religion*. In: *Das unvollendete Tier*. Reinbek 1985, S. 33–46. Mit freundlicher Genehmigung des Autors.

Ernst F. Schumacher: *Technologie mit menschlichen Zügen*. In: *Die Rückkehr zum menschlichen Maß*. Reinbek 1985, S. 133–145. Mit freundlicher Genehmigung des Rowohlt Verlags.

Rupert Sheldrake: *Die Theorie der morphogenetischen Felder*. In *Andere Wirklichkeiten;* Hrsg. und übersetzt von Rainer Kakuska, München 1986, S. 111. Mit freundlicher Genehmigung des Autors.

Charlene Spretnak: *Ganzheitliche Spiritualität und systemüberschreitende Politik*. In: *Bewußtseins(r)evolution*. Öko-Log-Buch 3; Hrsg. Rüdiger Lutz. Weinheim 1983, S. 36–42. Mit freundlicher Genehmigung des Beltz Verlags.

Daisetz T. Suzuki: Das Unbewußte im Zen-Buddhismus. In *Zen-Buddhismus und Psychoanalyse* (mit Erich Fromm u. Richard de Martino). Frankfurt 1960, S. 20–37. Mit freundlicher Genehmigung des Suhrkamp Verlags.

Pierre Teilharde Chardin: *Die Essenz des Phänomens Mensch*. In: *Der Mensch im Kosmos*. München 1959, S. 296–307. Mit freundlicher Genehmigung des Verlags C. H. Beck.

Francisco Varela: *Der kreative Zirkel. Skizzen zur Naturgeschichte der Rückbezüglichkeit*. In: *Die erfundene Wirklichkeit;* Hrsg. Paul Watzlawick. München 1984, S. 294–309. Mit freundlicher Genehmigung des Piper Verlags.

Alan Watts: *Das ist ES*. In: *Dies ist ES*. Basel 1985, S. 11–30. Mit freundlicher Genehmigung des Sphinx Medien Verlags.

Carl Friedrich von Weizsäcker: *Die unvollendete Religion im Bewußtsein*. In: *Bewußtseinswandel*. München 1988, S. 243–256. Mit freundlicher Genehmigung des Carl Hanser Verlags.

Ken Wilber: *Einführung*. In: *Halbzeit der Evolution*. Bern 1984, S 13–34. Mit freundlicher Genehmigung des Scherz Verlags.